堀景山伝考

高橋俊和　著

和泉書院

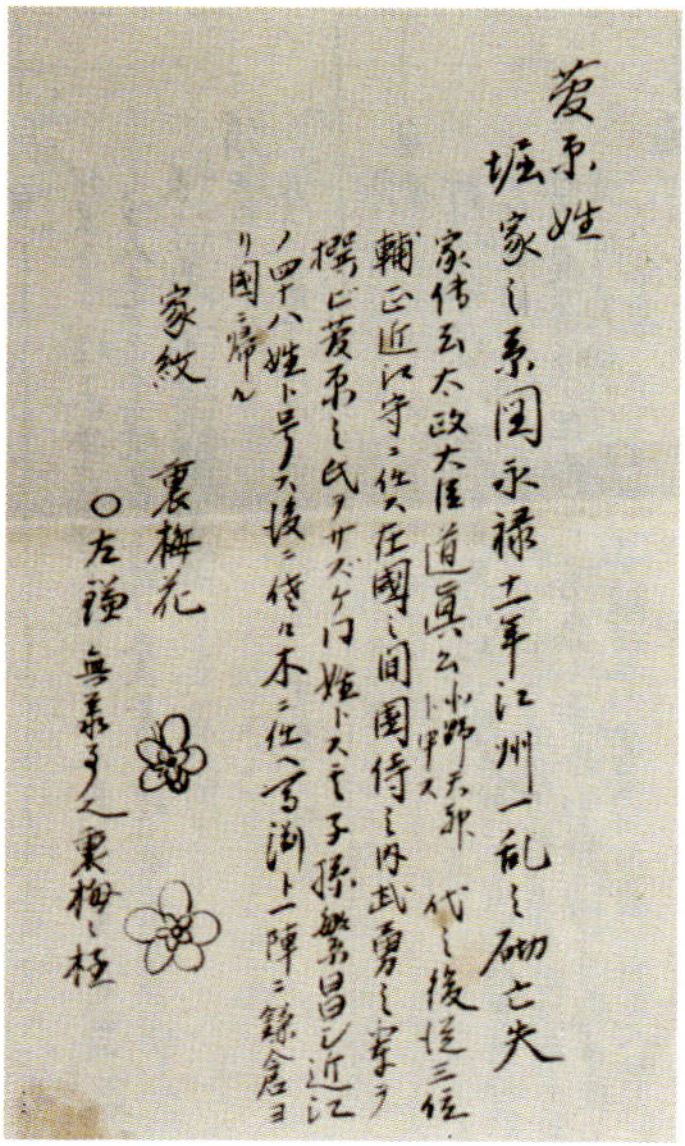
菱京姓
堀家之系図永禄十二年江州一乱之砌亡失
家紋　裏梅花

堀家略系図

一九頁参照（堀一郎氏蔵）

右：杏菴正意法眼寿像　左：貞順禅尼寿像

七〇四頁参照（堀貞一氏蔵）

堀景山筆詩幅　「齋中読書」（謝霊運『文選』巻三十・雑詩下）

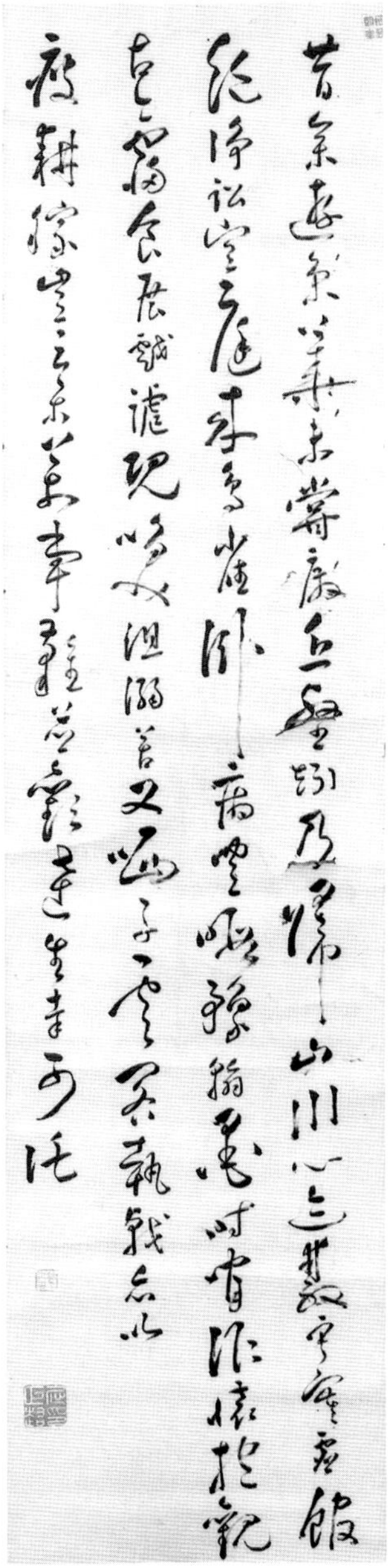

（大東文化大学・黄虎洞ギャラリー蔵）

昔余遊京華　未嘗廃丘壑　矧乃帰山川　心迹双寂寞
虚館絶諍訟　空庭来鳥雀　臥疾豊暇予（豫）　翰墨時間作
懐抱観古今　寝食展戯謔　既笑沮溺苦　又哂子雲閣
執戟亦以疲　耕稼豈云楽　万事難並歓　達生幸可託

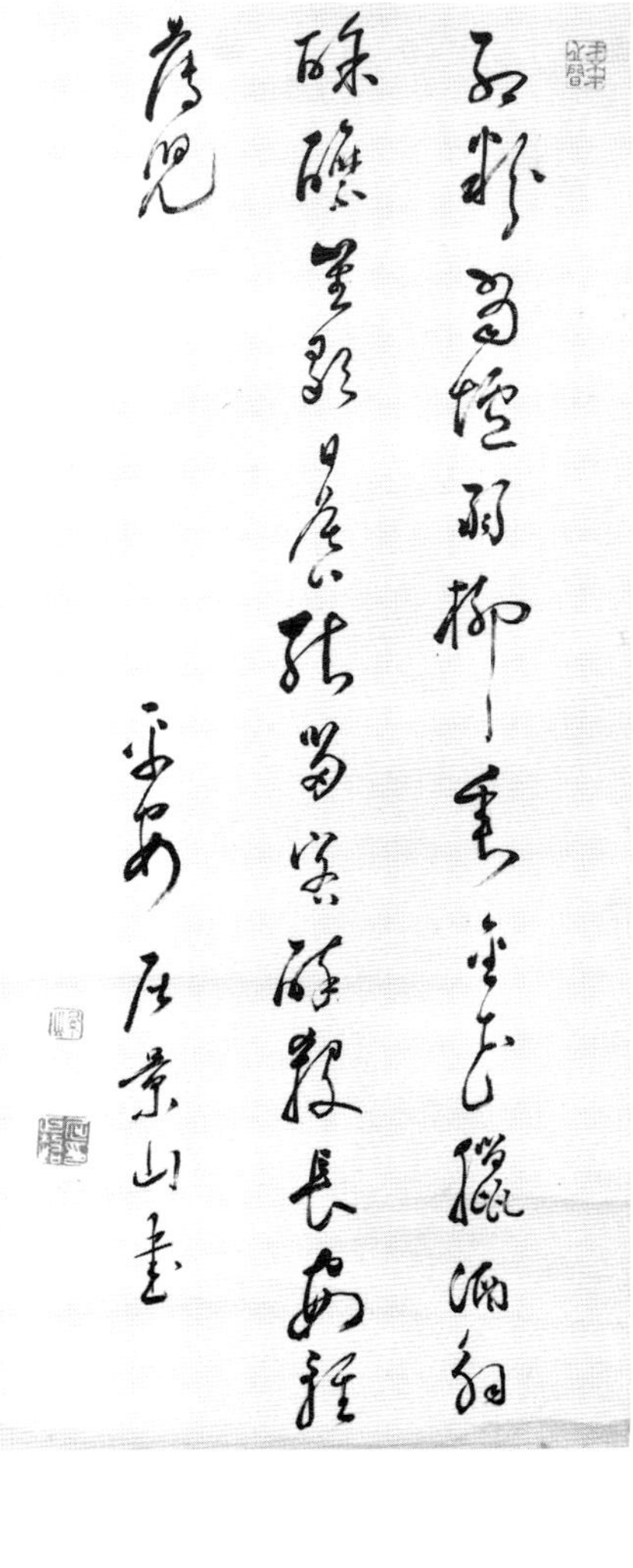

「春思」（賈至『唐詩選』巻七）　八六頁参照（本居宣長記念館蔵）

紅紛当壚弱柳垂　金花臘酒解酴醿
笙歌日暮能留客　酔殺長安軽薄児
平安　屈景山書

〔景山が、晩年の門生である本居宣長に贈った二幅の一。他の一つは、次の李白の「上皇西巡南京歌」で、二首とも『唐詩選』に収載の七言絶句。〕

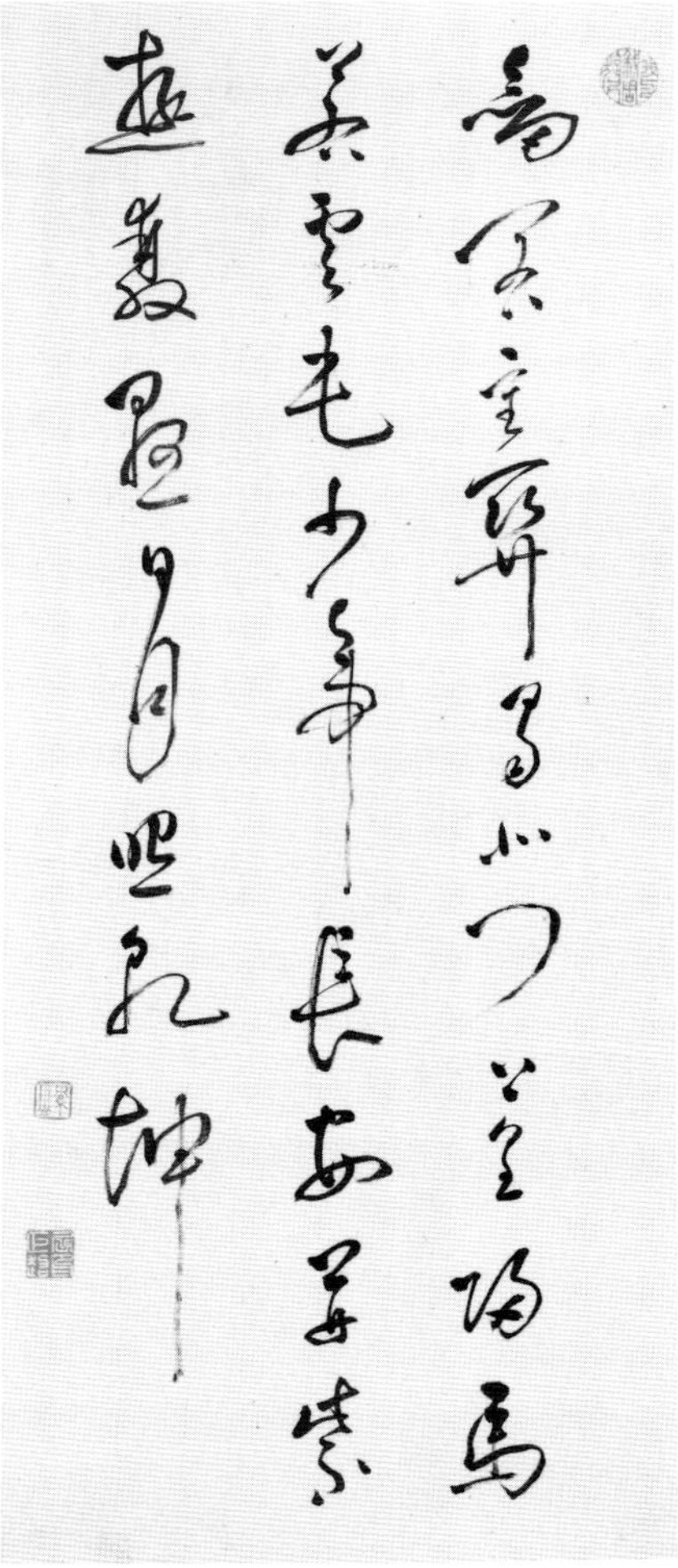

「上皇西巡南京歌」（李白『唐詩選』巻七）

八六頁参照（本居宣長記念館蔵）

剣客重関蜀北門　上皇帰馬若雲屯

少帝長安開紫極　双懸日月照乾坤

「送客」（陳子昂「全唐詩」巻八十四）

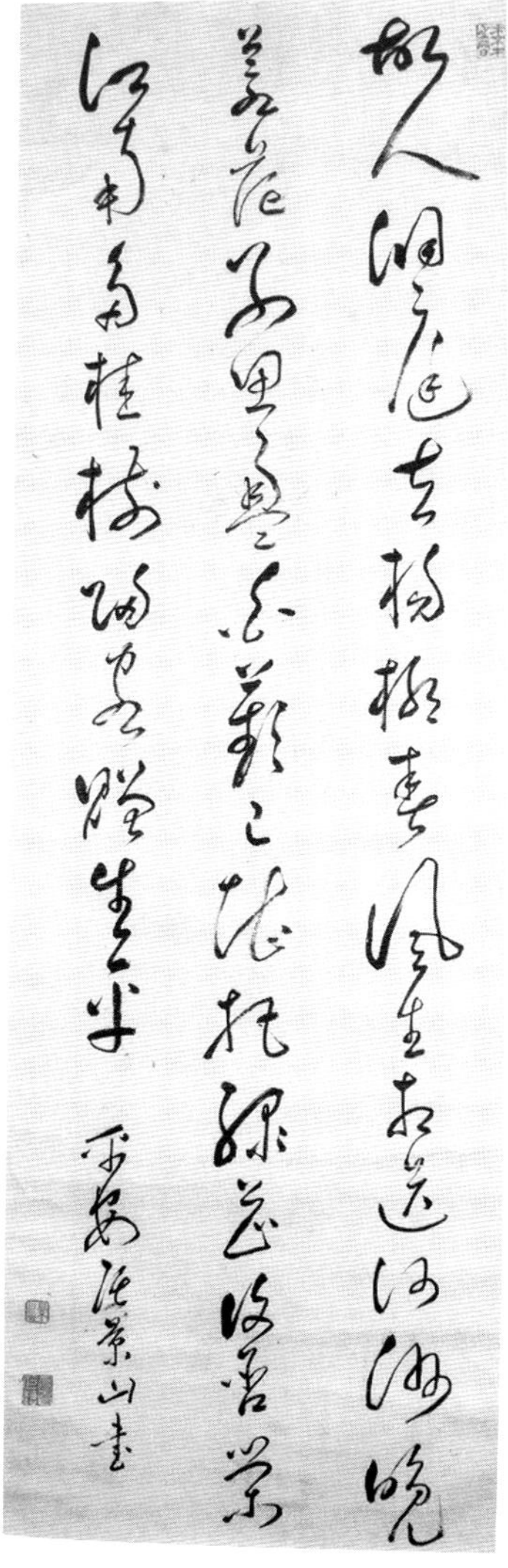

（本居宣長記念館蔵）

故人洞庭去　楊柳春風生　相送河洲晩　蒼茫別思盈
白蘋已堪把　緑芷復含栄　江南多桂樹　帰客贈生平
平安屈景山書

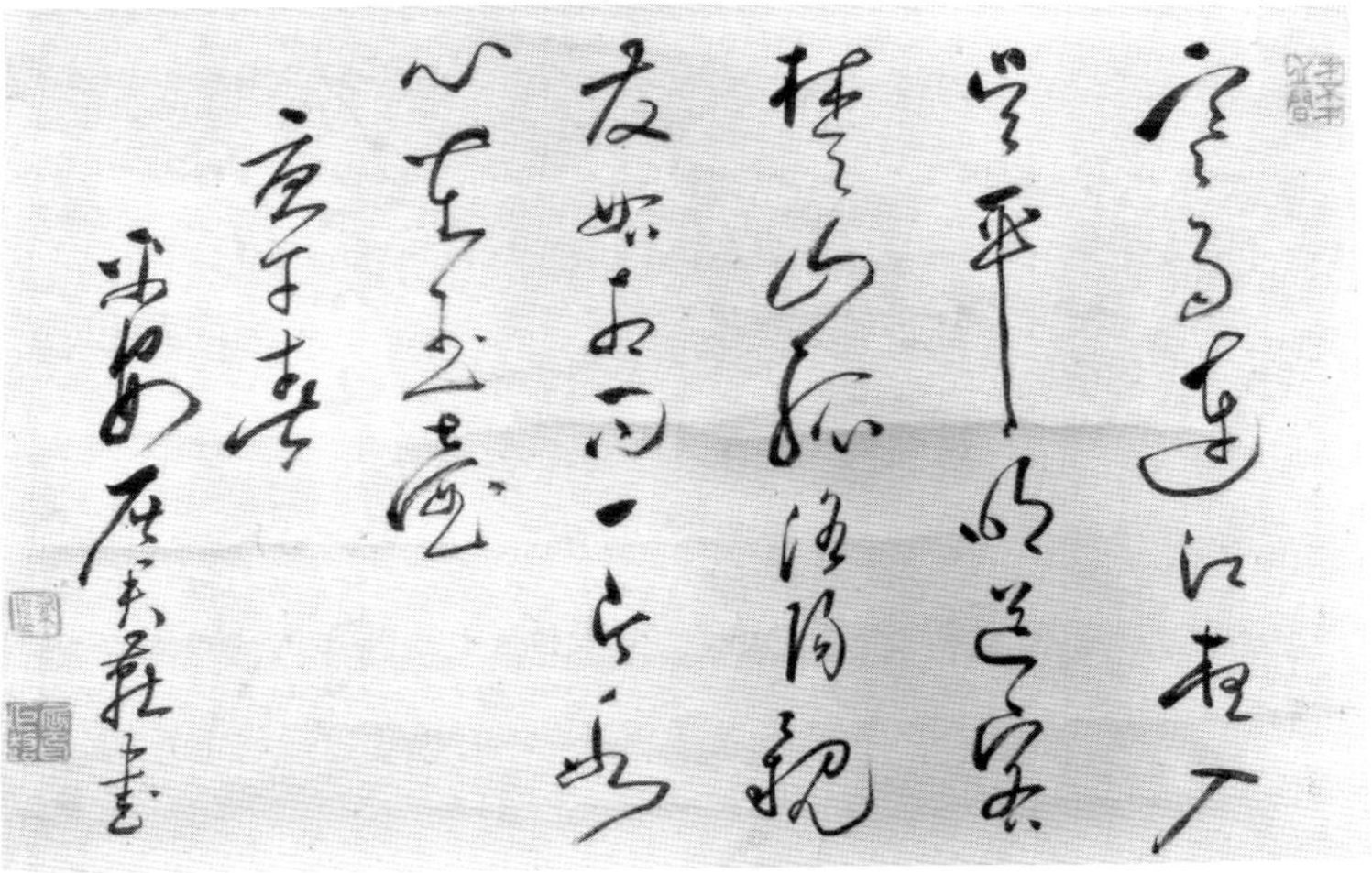

「芙蓉楼送辛漸」（王昌齢「唐詩選」巻七）

（広島県立文書館蔵）

寒雨連江夜入呉　平明送客楚山孤

洛陽親友如相問　一片氷心在玉壺

庚午春

平安屈君燕書

〔庚午は、寛延三年（一七五〇）。
景山六十三歳。〕

「贈張鶚」（蘇軾『東披志林』）

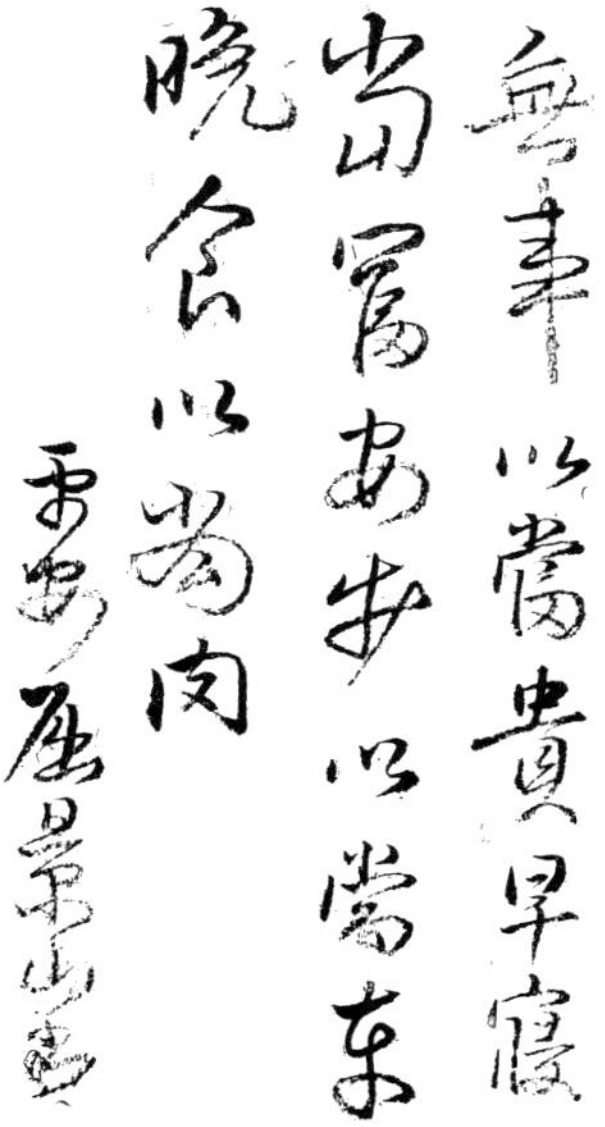

無事以当貴　早寝以当富
安歩以当車　晩食以当肉
平安屈景山書

森繁夫著『名家筆蹟考』（昭和三年　横尾勇之助出版）より転載

この書の語句は、斉の宣王に対して顔斶が言ったことば「斶願得帰、晩食以当肉、安歩以当車、無罪以当貴、清浄貞正以自虞（斶願はくは帰るを得て、晩食以て肉に当て、安歩以て車に当て、無罪以て貴に当て、清浄貞正以て自ら虞《たの》しまん）」（『戦国策』〈斉策〉）を踏まえる蘇軾の文章（『東坡志林』〈贈張鶚〉）から引いたものである。足ることを知る隠者の心を述べる。

吾聞戦国中有一方。吾服之有効、故以奉伝。其薬四味而已。一曰無事以当貴、二曰早寝以当富、三曰安歩以当車、四曰晩食以当肉。

（吾、戦国の中に一方有るを聞く。吾、之を服するに効有り、故を以て奉伝す。其の薬四味のみ。一に無事以て貴に当つと曰ひ、二に早寝以て富に当つと曰ひ、三に安歩以て車に当つと曰ひ、四に晩食以て肉に当つと曰ふ。）

序

本書は、京都の儒学者堀景山（一六八八〜一七五七）についての調査・研究の結果を一冊にまとめたものである。かつて私は、本居宣長研究の一つとして拙著『本居宣長の歌学』を出版した。対象としたのは、宣長が賀茂真淵と出会って（松坂の一夜）、古道研究に入っていく宝暦十三年までの、宣長が強い関心を持っていた歌文に関する論である。宣長の二十代から三十代前半、つまり青年期から壮年期にかけての時期にあたる。

家庭の事情により医学修業を目的として京都に遊学するまで、伊勢松坂の地で楽しみ、また地方の二条派末流の歌人に一時習ったとはいえ、ほとんど独学であった和歌への執着は、言ってしまえば裕福な商人の子どもの趣味の域を超えるものではなかった。それを学問研究の対象とするようになるのは、日本の伝統文化を育んできた京都での医学修業を含めた種々の新たな学びを通して、宣長が「学問」というものの有りようを知り、その意義に目覚めたからだと思われる。

京都における五ケ年半（宝暦二年三月〜宝暦七年十月）にわたる遊学で、宣長の師としてその中心的存在であったのが、本書で取り上げようとする堀景山である。まだ若い地方出身の宣長に対して、大雑把な言い方ではあるが、学問・研究の面で多大な影響を与えた人物として、景山を第一に挙げることに異論はないであろう。宣長（鈴屋）の後継者となる本居大平が記した「恩頼」図が、そのことを端的に示している。

前掲書に載せた拙論をあれこれ書いているときに、私は宣長が展開する論の背後に景山の影が見え隠れしているという印象をしばしば抱いた。契沖の文献学的手法、仁斎の人情論、古文辞学の方法論を援用した議論が、景山を介して漢学書生宣長に入っていたということである。このことはここで改めて言うことでもなく、すでに諸先学の言及するところであり、今では定説と化していると言ってよい。

しかし考えてみれば、これは宣長が後に国学の大成者となったが故の、宣長の思想形成を中心とした見方であり構図である。このことを我々は知っておくべきであろう。終生朱子学を奉じた景山が、どのような経緯で契沖学、古義学、古文辞学に接し、それを自分の学問・思想体系の中にどのように位置づけていたのか。また、その受容の背景には何があったのか。景山を軸にした学問論を一方で確認しておかねばならない。なぜなら、景山は契沖学や人情論を声高に主唱しているわけでもなく、また、当時流行の古文辞学に転向した儒学者でもなかったからである。塾生であった宣長は、師景山の学問・思想や人となりに、京都における日常生活の中で触れていたはずである。彼はそこから何を感じ取り、何を取らなかったのか。それを知るには景山学の全体像を明らかにすることが求められる。

これまで堀景山を主とした景山学研究は、まったくと言っていいほどなされてきていない。言い換えれば、景山はこれまで宣長の学問形成に関わる人物としての側面でしか論じられてこなかったということである。その最も大きな理由は、景山が新しい学説を打ち出すことに積極的になるような儒者ではなく、『景山文集』をはじめとする著書をもちながら、一つとして出版しなかったことにある。そしてまた、転写本にしても、『不尽言』その他の一、二が知られるだけで、景山学全体を把握するには、そのもととなる資料があまりにも少ないという事情がある。景山は、『論語』〈述而〉にいう「述べて作らず」の儒者であることを自認する。刊本として著書を上梓しないのは、堀正意以来の堀家代々の伝統か、申送りであると私は思っているが、広島藩の儒者であった景山の草稿本・転写本がほとんど今日に残らないのは、終戦の年の三月・四月の東京大空襲や昭和三十年代の大洪水による被災（堀貞一氏・堀創氏の談）、あるいは広島への原爆投下によるものと考えられる。いずれにしろ、江戸中期の儒学者であった堀景山の像は、人名事典や歴史事典に記載される景山の項からも分かるように、資料が十分でないことと相俟って、わずか十数行で説明し終える一つのパターン化した記述の枠から抜け出せないまま今日に至っている。

とすれば、宣長側から見た景山像を一旦はなれ、十七～十八世紀を生きた西儒堀景山を主体として、その学問の全体像を別の方法で改めて作り上げていく必要があろう。そのためには、現在調査可能な景山に関わるあらゆる資料（堀家および景山自身の資料、景山に言及している他者の文献資料）を蒐集し、その記述内容のみならず文章に使用される語句・熟語の典拠等を徹底して調べることによって、景山の人となりや人間関係、そして景山の学問・思想について実証的に浮かび上がらせるという方法を用いることである。景山の著書をほとんど見ることができない現状では、確かな堀景山像を作り上げていくには、これが今日取り得る唯一の研究方法であると私は考えている。

『堀景山伝考』と題した本書は、「Ⅰ　曠懐堂と堀景山年譜」「Ⅱ　学問論と思想」「Ⅲ　貴紳・儒者との交流」「Ⅳ　詩文稿」「Ⅴ　紀行文」の五部で構成している。

第Ⅰ部は、景山の伝記を考察するにあたり、父蘭皐が家号を「曠懐堂」と命名した経緯を冒頭に置き、堀創氏が所蔵される「曠懐堂堀氏譜系」をもとに、諸資料をもって補足した本書の基盤となる四つの章からなる。

第Ⅱ部の一、二、三は、朱子学者である景山が、江戸時代中期の巨儒と言っていい古学の伊藤仁斎・東涯や荻生徂徠と面識を持ち、その教えを受けることによって、父祖代々継承してきた学問・思想の何を変え、何を変えなかったかを考察の基底に置いている。四、五では、『春秋経伝集解』と『日本書紀』に景山自身が書入れした訓点をもとに、漢学者景山の施訓の特徴を検討したものである。

第Ⅲ部は、景山が交流した貴紳・儒者の例をあげて考察したものである。堀正意の曾孫として、京都における名門の出自であるということだけではなく、学識と才能が高く評価されていたことが分かる。Ⅳの「文稿」に見られる人々を含め、相当数の知識人と親交があったと推察される。何分残された資料の少ないことが惜しまれてならない。

第Ⅳ部は、景山の詩（三十一首）と文章（十三篇）を収めた。漢詩には古文辞学でいうところの模擬剽窃の気配はない。「文稿」には、序・跋・銘・記・伝・書簡を挙げた。これらは『景山文集』十巻、あるいは『景山筆記』六巻（『近世漢学者著述目録大成』による）の一部として収められていたものであろう。学問領域と趣味・教養の広さと深さ、そして幅広い人脈を知るには貴重な資料といえる。

第V部は、参勤交代で御供した江戸から、中山道を経由して京都の自宅に戻るまでの紀行文について、語句に検討を加えた上で考察したものである。『景山先生和文稿』に「木曾路日記」として収められていた作品だと思われる。漢学者景山が、日本の古典、とくに和歌や物語に関して見識を有していたことは、『不尽言』を一読すれば了解できる。しかしその見識は、作品を相当読み込み、作品の語句を自由に出入れすることができるほどのものであったことが、『ぬさのにしき』の引歌を含む文章表現から窺える。

本書は、以上の五部構成で、堀景山像を具体的に把握してみようという試みである。もとより資料に制約があり、そこから景山を掘り起こすべく対象とした資料の語釈や解釈を詳細にしたつもりではあるが、浅学ゆえの誤りや資料の取扱いの不備が多いことを懸念する。ただ、堀景山を論じた書が今まで一冊もないという現状からすれば、堀景山像の外郭を構築する試みにも、一つの大きな意味があると信じたい。

目 次

Ⅲ　貴紳・儒者との交遊

Ⅳ　詩文稿

V　紀行文

I

曠懐堂と堀景山年譜

一「曠懐堂記」

一

京都綾小路室町の西にある堀景山の居宅の家号を、曠懐堂という。本書で堀景山を論ずるにあたり、これまで言及されることのなかった「曠懐堂」命名の由来について考察を加えることから始めたい。

主に京都の貴紳・儒者・釈家五十人の文章を集めた『搏桑名賢文集』前編五巻は、古義堂門人の京都書肆、林義端が編輯し、元禄十一年に上梓した百十二篇から成る文集である。その中に、伊藤仁斎・東涯等の碩学と並んで、景山の父堀玄達の文が二篇収載されている。「曠懐堂記」（巻之一・記類）一篇と「漢高帝論」（巻之三・論類）一篇である。国書総目録には、玄達の著作は一つも挙げられていない。ここでとりあげる「曠懐堂記」は、本文の総字数が四百九十二字、「漢高帝論」も四百四十字の小品であり、たぶんこれらは、次の「堀氏譜図」中の記事に見える『曠堂文集』（所在不明）に収められていたものであろう。

玄達は、後裔の堀創氏所蔵の「曠懐堂堀氏譜系」では、宗家北堀から分かれた南堀の初代と記され、また、「曠懐堂堀氏譜系」が基礎資料の一つにしたと思われる「堀氏譜図」には次のように記載されている。

玄達

字彦直自号㆓蘭皐ト㆒　小字三四郎　同㆑母　万治三年三月二十四日　生㆓于洛ニ㆒　元禄十年三月　就㆓顕妙君之ノ辟ニ㆒
賜フ㆓禄三百石㆒　併ニ給ス㆓月支二十口糧ヲ㆒　従㆓仕于武于芸ニ㆒　宝永元年八月朔日　君臨シテ㆓于京師綾小路宅ニ㆒　賜フ㆓物若
干ヲ㆒　五年六月二十一日病没㆓于洛ニ㆒　年四十九　葬㆓南禅寺帰雲洞ニ㆒　有㆓曠堂文集㆒　（訓点ママ）

玄達（一六六〇～一七〇八）は祖父に藤原惺窩門下の大儒、堀正意（号杏庵）をもつ。広島藩に朱子学を奉じて儒官として仕え、父正英の代から、京都の居宅に藩主の親臨を賜るほどの名門の出であった。兄弟の中で、長男正乙が夭逝したため、次男の正樸が本家北堀の跡目を継ぎ、三男の玄達は南堀と称して分家した。曠懐堂は、景山の父玄達が名付けた家号であり、その命名の由来を記して後に残したのが「曠懐堂記」である。

二

最初に、「曠懐堂記」（『搏桑名賢文集』巻之一所収、元禄十一年刊・内閣文庫蔵）の全文を掲げ、語釈を試みる。原文には、不完全ながら訓点が施されている。書下し文におおむねそれを生かしたが、杏庵以後、堀家では「レバ則」を「トキハ則」とする。「則」を置字として訓んでいない。また、読みやすさの便をはかるため、句読点を新たに付した。漢字は通行の字体を原則として用い、適宜ルビをつけた読みを本文の後にあげた。

曠懐堂記

堀玄達

予命其所居曰曠懐。不取之居而取之懐者、蓋其居非有高軒傑棟直欄横檻之構。而無復有佳花美木之観対山臨流之致。唯托其所寓、欣其所遇而安神肆志、処間散而不悶也。曠之為義也虚明、虚明也無物。

夫物之自外而至者無窮。以方寸之懐、従無窮之物、則苶然而不知其所休。是故達人遊乎曠。所以忘其外者而存其内者也。夫曠之遊、得於耳目、与得之於心者、雖或有異至各楽其楽、則未嘗不同。予之有曠四焉。平居無事戢形一室、考信六芸、遠遡軒虞之上、旁捜百家之編、諷誦嘈囋、藻練精神而無纖翳芥乎其間。是書曠也。賓明偶来、引壺觴命紙筆、飲者淋漓、歌者激烈、沈吟酣詠、世与我其遺。是詩曠也。憑有浄几之養和。薫有翠烟之遮邪。志倦体疲則昏然遊乎無何有之郷、不独漆園之蘧栩。是夢曠也。調以糸桐、鳴以笙磬、滌邪蕩穢、崇雅還淳。物有盛衰而此無変。滋味有厭而此不倦。是声曠也。嗟夫、四曠之遊楽乎。楽則楽矣。其如悖何哉。今天下之所趨者、功名利禄、有一於是則不得為曠。今天下之所好者、貨色気俠、有一於是、則不得為曠。天下曰為之。予曰莫為。天下曰莫為。予曰為之。何其悖也。然則将易其楽哉。予嘗求之於古憂世傷民以道自任之人、亦未嘗無四者之為也。韋編三絶、学而不厭者、非書曠乎。可以興可以群者、非詩曠乎。曲肱而枕之楽亦在其中矣者、非夢曠乎。三月不知肉味者、非声曠乎。予以其所楽者、不易天下之趨且好者也。

【訓読】

予、其の居る所を命じて、曠懐と曰ふ。之を居に取らずして、之を懐《こころ》に取るは、蓋し、其の居、高軒傑棟直欄横檻の構《かまえ》有るに非ず。而して復た、佳花美木の観の、山に対し流れに臨むの致《おもむき》有ること無し。唯、其の寓《よ》る所に托し、其の遇ふ所を欣《よろこ》びて、神《しん》を安んじ志を肆《ほしいまま》にし、間散に処《お》りて悶《うれ》へざればなり。曠の義たるや虚明、虚明や物無し。夫れ、物の、外よりして至る者の窮り無し。方寸の懐を以て、窮り無きの物に従ふときは、苶然《でつぜん》として其の休む所を知らず。是の故に、達人、曠に遊ぶ。其の外なる者を忘れて、其の内なる者を存する所以なり。夫れ、曠の遊び、耳目に得るは、之を心に得ると、或は異なること有りと雖も、各々其の楽しみを楽しむに至るときは、未だ嘗て同じからずんばあらず。予が曠有るは四つ。平居無事、形を一室に戢《あつ》め、信を六芸に考へ、遠く軒虞の上に遡り、旁ら百家の編を捜り、諷誦嘈囋《そうさん》、精神を藻練《そうれん》して、繊翳《せんえい》其の間に芥《かい》する無し。是れ書曠なり。賓朋、偶《そろ》ひ来れば、壺觴を引き紙筆を命じ、飲む者は淋漓《りんり》、歌ふ者は激烈、沈吟酣詠し、世に、我とともに其れ遺る。是れ詩曠なり。憑《よ》るに、浄几の和を養ふ有り。薫るに、翠烟の邪を遮る有り。志倦み、体疲るるときは、昏然として無何有の郷に遊ぶ。独り漆園の蘧栩《きょく》のみにあらず。是れ夢曠なり。調ぶるに糸桐を以てし、鳴らすに笙磬を以てし、邪を滌《すす》ぎ、穢を蕩《うご》かし、雅を崇び、淳に還り、物に盛衰有れども、此れ変ずること無し。滋味、厭くこと有れども、此れ倦まず。是れ声曠なり。嗟夫《ああ》、四曠の遊《あそび》楽しきかな。楽しきことは則ち楽し。其れ、悖《もと》るを如何んぞや。今、天下の趨く所の者は、功名利禄、是に一つも有るときは、曠と為すことを得ず。今、天下の好む所の者は、貨色気侠、是に一つも有るときは、曠と為すことを得ず。天下曰く、之を為《せ》よと。予曰く、為《す》ること莫れと。天下曰く、為ること莫れと。予曰く、之を為よと。何ぞ其れ悖れる。然るときは、其の楽しみを易《か》へんとするか。予嘗て、之を古への、世を憂へ民を傷み道を以て自任する人に求むるに、亦未だ嘗て四者の為す無くんばあらざるなり。韋編三たび絶え、学んで厭はざる者は、書曠に非ずや。以て興るべく、以て群すべき者は、詩曠に非ずや。肱を曲げて之を枕す。楽しみも亦其の中に在る者は、夢曠に非ずや。三月肉の味を知らざる者は、声曠に非ずや。予、其の楽しむ所の者を以て、天下の趨き且つ好む所の者に易へざるなり。

【語釈】

○曠懐　広々とした心。また、心を広くする、の意。『杜少陵詩集』巻十六〈贈秘書監江夏李公邕〉に「例吾が家の詩に及べば、曠懐氛翳を掃く」。『文選』巻二十八・鮑照〈放歌行〉に「小人自ら齷齪たり、安んぞ曠士の懐を知らんや」とある。○其居　堀玄達の自宅は、京都綾小路室町の西入ル南側にあった。『本居氏系図』の宣長の条に、「（景山の）家ハ綾ノ小路室町ノ西ニ在リ」と記す。○傑棟　「傑」は大きい、の意。○直欄横檻　縦横の欄干。この前後の語句は、大きく立派な家の形容である。○佳花美木　美しい花や樹木。○致　おもむき。ありさま。様子。○托其所寓　「所寓」は身を寄せるところを意味するが、ここは自宅ではなく「曠懐」をさしている。「托」は、かこつける、の意。○欣其所遇　「欣」はよろこぶ、たのしむ、の意。「遇」は、出会う、もてなす、の意。○安神　心を安らかにし落ち着ける。「神」は、心、の意。『後漢書』巻三十九〈仲長統伝〉に「神を閨房に安んじて、老氏の玄虚を思ひ、精和を呼吸して、至人の彷彿たるを求む」とある。○肆志　こころざしをほしいままにする、の意。『荘子』外篇〈繕性〉に「軒冕の為に、志を肆にせず」とある。○間散　仕官せずに無職であることをいう。○不悶　「悶」は憂える、の意。『孔子家語』巻三〈弟子行〉に「国に道無ければ、賤きに処りて悶へず」。○虚明　心、の意。『文選』巻四十六・任昉〈王文憲集序〉に「虚明の絶境に非ず」（李善注）「虚明も亦心なり」。○方寸　一寸四方。わずかな大きさ。○苶然　くたくたに疲れるさま。『荘子』内篇〈斉物論〉に「苶然として疲役し、其の帰する所を知らず」とある。○達人　広く道理に精通する人。『春秋左氏伝』〈昭公・七年〉に、「聖人明徳有る者の、若し世に当たらざれば、其の後必ず達人有り」。○平居　ふだん。いつも。○戢形一室　身体を小さな一つの部屋に隠す、の意か。隠逸を好む文人を意識した語句であろう。○信　真実・まこと。○六芸　六経の別名。○軒虞　「軒」は軒轅氏（黄帝）、「虞」は有虞氏（舜帝）。○編　書物。○諷誦　詩文などを暗唱する、の意。○嘈囋　声がさわがしいことの形容。○藻練　洗いすすぐ、錬磨する、の意。○纖翳　わずかなくもり。『世説新語補』〈言語〉に「時に天の月明浄にして、都て纖翳無し」。○芥　「介」に通ずる。○賓朋　来客。○引壺觴　「壺觴」は、酒を入れるつぼとさかずき。「引」は、それになみなみとつぐ、の意。『文選』巻四十五・陶淵明〈帰去来辞〉に「壺觴を引きて以て自ら酌み、庭樹を眄て以て顔を怡ばす」とある。○淋漓　勢いのあるさまをいう。『杜少陵詩集』巻四〈奉先劉少府新画山水障歌〉に「元気淋漓として障猶ほ湿ふ、真宰の上り訴へて天応に泣くべし」。○激烈　きわめて激しいこと。『文選』巻二十九〈蘇武詩〉に「長歌正に激烈、中心愴として以て摧く」。○沈吟　深く心に思う、の意。○酣詠　心ゆくまで詩を作って楽しむ、の意。○憑　よりかかる。もたれる。『書経』〈顧命〉に「皇后、玉几に憑る」。○浄几　埃などのついていない清らかな机。○養和　心を穏やかにする。『後漢書』巻七十三〈台佟伝〉に「佟幸に、性命を保ち終へて、神を存し、和を養ふことを得たり」。○翠烟　青みを帯びた煙。香草を焚くときにでる煙。○昏然　暗いさま。○無何有之郷　何もなく、はてしなく広々としたところ。荘子の説く理想郷。『荘子』内篇〈逍遥遊〉に「今、子、大樹有りて其の用無きを患ふ。何ぞ之を無何有之郷、広莫之野に樹ゑて、彷徨乎として其の側に為す無く、逍遥乎として其の下に寝臥せざる」とある。○漆園　荘子が役人をしていた場所。それについては諸説ある。『史記』巻六十三〈老荘列伝〉に「荘子は蒙人なり。名は周。周嘗て、蒙の漆園の吏と為る」。○蘧栩　有名な「荘周夢に胡蝶となる」話で、『荘子』〈斉物論〉の最後に出てくる文章からの語。「昔は荘周、夢に胡蝶と為る。栩栩然として胡蝶なり。自ら喩しみて志に適へるかな。周たるを知らざるなり。俄然として覚むれば、則ち蘧蘧然として周なり」とある。「栩栩然」は、活発に動き回り、よろこぶさまをいう。「蘧蘧然」は、驚くさまをいう。○糸桐　琴の別名。桐の木で作ることからいう。○笙磬　「笙」は、しょうの笛。「磬」は、つるしてうち鳴らす楽器。○滋味　うまい味。美味。また、栄養になる食物。○功名　功績と名声。○利禄　利益と俸禄。○貨色　財貨と女色。○気侠　おとこだて。義侠。○自任之人　以下の文章で、『史記』〈孔子世家〉と『論語』を引用していることから、孔子を指している。○韋編三絶　書物を熱心に何度も読むこと。『史記』巻四十七〈孔子世家〉に「孔子晩にして、易を喜《この》み、彖・繋・象・説卦・文言を序す。易を読むに、韋編三絶す」とある故事に拠る。○可以興可以群　『論語』〈陽貨〉に「詩は以て興すべく、以て観るべく、以て群すべく、以て怨むべし」とある語句に拠る。感激を興し、大勢の人と事をともにして和らぎ楽しむことができる、の意。○曲肱而枕之　「曲肱」は、貧しくて枕が無く、肱を枕とすることをいう。『論語』〈述而〉に「疏食を飯《くら》ひ、水を飲み、肱を曲げて之を枕とす。楽しみ其の中に在り」とある語句に拠る。○不知肉味　韶楽に感嘆して、肉を食べてもその味に気づかない、の意。『論語』〈述而〉に「子、斉に在りて韶を聞く、三月肉味を知らず」とある語句に拠る。「韶」は、舜帝が作ったといわれる音楽で、『論語』〈八佾〉に「子、韶を謂ふ、美を尽くせり。又善を尽くせり」とある。

三

玄達の著した「曠懐堂記」は、『搏桑名賢文集』巻之一・記類に分類収載されている。「記」はもともと、事実を書き記した文で、事の由来を記して後に遺すためのものである。玄達の「記」は、居宅の家号命名の由来を述べたものであるが、その叙述からは、彼が平生抱いていた感懐もまた看取できる。

「曠懐堂記」が執筆されたのは、『搏桑名賢文集』が出版される前年の元禄十年三月、玄達（三十八歳）が広島藩の儒官に登用され、宗家である北堀から分家して南堀を興した頃と推測される。この時に「曠懐堂」の家号が誕生したと考えられる。管見した資料から言えることは、分家した年の前後十数年は、玄達が伊藤仁斎・東涯父子（古義学）、村上冬嶺（程朱学）、北村篤所（仁斎に師事）、伊藤宗恕（程朱学）、那波古峯（豪商）等の、京都の一流の文人達と精力的に交際していた時期にあたる。

東涯は、玄達が親しくしていた人物の一人である儒医、村上冬嶺の条に、「晩く、篤所・蘭皐諸人と会集して、二十一史を閲る。逐月六次、寒暑伏臈を避けず」（『先游伝』原漢文）と記す。玄達（号蘭皐）は、冬嶺・篤所をはじめとする諸人と二十一史を読む結社をつくり、会集の場所を各人の家あるいは別宅を持回りにして、毎月六回のペースで史書を読み進めていた。その場では、会読のほか、詩会あり議論あり小宴ありで、東涯が「談吐爽快、議論風生、朝儀を語り、世変を知る。聴く者、倦むを忘る。社中会集するに、必ず左を虚《あ》けて之を迎へ、車公無くんば楽しまず」

（同前・北村篤所の条）と述べるように、そこは学問的にも極めてレベルの高い、しかも議論が飛び交う、実に活気に満ちた社交の場であったと言っていい。社交の意気込みや雰囲気は、『遊東詩集』（冬嶺）・『篤所詩集』（篤所）・『蕉牕吟』（古峯）・『古学先生詩集』（仁斎）・『紹述先生文集』（東涯）等の個人の詩文集や、総集である『當世詩林』『文翰雑編』『搏桑名賢詩集』に収載された諸人の漢詩からも、具体的に窺うことができる。

『晋書』〈車胤伝〉の故事を引いて、「車公無くんば、楽しまず」として、参集の場に「左を虚けて」迎えられた賢人の代表は、伊藤仁斎その人であったと思われる。玄達が参加した席に仁斎が同席していたのは、元禄五年八月十五日を最初として、同六年三月、同八年四月と九月、同九年五月と十一月、同十年一月と六月と八月、同十一年一月、同十三年十月、同十五年二月の計十二回、そのうち、綾小路室町の玄達宅で開催した二十一史を読む会に、仁斎が賓者として招かれたのは傍線を付した年月であり、五回を数える。実際は、それ以上に多い来訪であったであろう。

元禄八年の大晦日、『晋書』の会読で社友が玄達宅に集う。その場で詩の酬和があった。

除夜蘭皐子宅読晋史　篤所

少小迎春景　屈指仍欣然　老大坐今夕　百感送流年
俯仰一歳事　過眼幾変遷　交遊減故旧　詩稿添新篇
左癖五六輩　会読典午編　只有志汲々　共見腹便々
盍簪常多障　此社幸綿聯　久酌洛陽酒　月花青眼前
主人開此例　除日肆綺筵　門外人闐咽　自誇壺中天

（『當世詩林』巻下）

除夕会読晋史篤所氏有詩次韻　蘭皐

市井紛紜交　朝睦夕怫然　清要豪華族　進退不待年

唯斯文字好　不逐時俗遷　窮年首戢々　遇境句篇々
雪侵年時鬢　眼枯灯花編　往々相顧笑　勤苦何所便
独能修吾名　不願雁塔聯　独能伸吾膝　不屈王侯前
特此聊自楽　輪転共開筵　開筵当此夕　別有筵上天

（同右）

篤所の詩は、大晦日の門外の喧騒をよそに、青眼が参集した玄達宅での雅遊の世界を「壺中の天」になぞらえ、それを楽しむ感慨を綴っている。詩作に励み、また『春秋左氏伝』を愛好した（「左癖」――『晋書』〈杜預伝〉）出席の面々は、『晋書』の「典午編」を懸命に読み進め、「共に見る腹便々」と云うように、その知識を豊富に蓄えていたらしい。篤所の詩に次韻した玄達も「往々相ひ顧笑す、勤苦して何れの所ぞ便《やすらか》なる」と述べてその場の諸人の様子を伝え、「独り能く吾が名を修して、雁塔に聯《つら》ぬるを願はず、独り能く吾が膝を伸ばして、王侯の前に屈せず」と、隠士を気取った物言いをする。功名利禄とは無縁の隠逸の世界を彷彿とさせる「筵上の天」に浸り、それを「特《た》だ此れ聊か自ら楽しむのみ」と豪語して、今夕自宅に集まった社友とともに、俗界から切り離された世界で自楽できる境地を堪能するというものである。また、冬嶺も〈春日会堀蘭皐曠懐堂次主人韻〉と題する七律で、「曠懐堂裡相ひ逢ふ日、春雨泥の乾きて裳を湿さず、方に熱官爛熟の慮りを免れ、更に清友交歓の長なるを欣ぶ――」（首聯・頷聯）と云い、長い間の諸友との交誼のよろこびを表現している。

二十一史を読む会の社友を中心とした諸賢人との交際は、何事にも束縛されない曠く大きな懐の世界で、存分に充実した時を自由に楽しむことができているという思いを、玄達に強く抱かせるようになった。文人意識の共有である。「大隠は朝市に隠る」に近い意識を抱こうとしていたことを想像させる。こうして、書曠・詩曠・夢曠・声曠の四曠に遊ぶ楽しみを説く「曠懐堂記」は成った。

四

玄達が二十一史を読む会の諸友と交流した十数年は、嫡子景山の五歳から十六、七歳頃にあたる。前述したごとく、綾小路室町の自宅は何度か諸友参会の場となるが、そこは直接あるいは間接に、子息景山に対する絶好の教育の場にもなっていたことは容易に察せられよう。元禄十三年（一七〇〇）十月十三日には、仁斎（七十四歳）も諸友に交じり曠懐堂を訪れ、当時十三歳の景山の詩に次韻して、その尾聯を「汝に勧む、将来実学に勤めば、姓名自ら百花とともに芳しからん」（『當世詩林』続編）という句でまとめた（大谷雅夫『當世詩林』〈昭和五十六年刊・臨川書店〉解説）。こうした場では、子が親からだけではなく、参集した諸賢人からも教えられる機会があったということである。朱子学・古義学等の学派を超えて、熱心に、また楽しく学問の研鑽に励む父と諸友の姿勢を、おそらく景山は側にいて自然に学び取っていたであろう。

後年、広島藩の儒官となり、時の執政から諮問を受けて成った『不尽言』で景山は「我が心の真実に面白いと思ひ好むことは、古聖人の書を読み、学文をし義理を分別し、心を清浄にする方がはるか安楽にして増したること、此の真実の楽みは、又何にもかへられたものではないと、かの富にて自由なる楽みと両方をくらべて、迚もならぬことを辛苦して求めやうとするよりは、はるか此方の楽みがましときはめて、従吾所好と宣ひしことなり」と云い、この後、「（凡人は）富貴をうらやみ、ならぬことも知りながら、是非共と万が一を僥倖し、力わざ無理に求めんと、全く富貴名利にのみ心が入きつて居るゆえ、外の事には目がつかず」と続けて、私欲とは無縁の学問の楽しみを強い口調で説く。『論語』〈述而〉の「従吾所好（吾が好む所に従はん）」を引用し、大衆が求める富貴名利ではなく、自分の好む学問に従事することを真実の楽しみとしたいというのは、玄達が「曠懐堂記」で説いた「自楽」が、そのまま景山に受け継がれていることを意味している。

加えて言えば、その「自楽」の思想は景山にとどまらず、後年景山の門人となる本居宣長に確実に受け継がれていた。宣長は、同じ漢学書生の友人とやりとりする書簡（筑摩書房版『本居宣長全集』第十七巻所収・書簡番号九）の中で、「私有自楽（私かに自ら楽しむ有り）」のこととして「和歌の楽しみ」を繰り返し主張する。それが後に、和歌の実情論から歌・物語の本意論へと展開して、「もののあはれ」論という大輪を花咲かせ、その信念はさらに宣長の古道研究へと発展する。玄達が信条とした「曠懐」の精神が、跡目を継ぐ景山を経て、景山塾で青春時代を過ごした宣長に、学問に対する基本的な姿勢の形成という面で、強い影響を与えていたということである。景山塾の学問における自楽と自由討究の精神は、景山の父玄達が京都の学派を越えた諸賢人との交遊から生み出されたものであることを、「曠懐堂記」は教えている。

二　「曠懐堂堀氏譜系」と「堀氏譜図」

堀正意（号杏庵）を祖とする堀家の家系は、正意が安芸広島藩、のちに尾張藩に聘せられたことから、江戸時代には両藩に分かれて幕末まで続く。広島藩に仕える正意の子孫は、北堀（宗家）・南堀（分家）、また尾張藩に仕える子孫は尾州堀と称して、各々一家を構えて世に人材を輩出してきた[1]。

前述したように「曠懐堂」は、正意の孫にあたる堀玄達（号蘭皐）が、元禄十年（一六九七）三月に分家して一家を興し、その時に南堀の初代として命名した家号である。

従来、広島藩に仕えた堀家の系譜については、「記中の七八は曠懐堂堀氏譜系前冊に拠り編述した」と記す小鷹狩元凱の「芸儒堀家略譜」（「尚古」第七十号・大正六年九月）によってその概略史を知るのみであった。しかし今回、南堀の後裔にあたる堀創氏（堀東三の孫）[2]の御厚意により、同氏が所蔵する「曠懐堂堀氏譜系」および「堀氏譜図」その他の資料について調査する機会を与えられた。その恩恵に感謝しつつ、「曠懐堂堀氏譜系」と「堀氏譜図」について考察を加え、翻刻して紹介したい。

一

「曠懐堂堀氏譜系」は、袋綴で藍表紙。縦二十二・五糎、横十五糎で、前冊・後冊の二冊から成る。題簽に「曠懐堂堀氏譜系　前冊」とあるが、後冊の題簽は剝落している。半葉九行の罫紙に一行字数を一定にしないで書かれ、前冊は墨付四十一丁、後冊は墨付十四丁で書きさしてある。一筆書きで、全五十五丁のうちの約半分が、藩校教授を勤める堀正敏（南堀六代目・号蠖葊）とその倅である正絹の記事で占められ、明治七年の正絹と麻都の縁組の次第を書き留めたところで筆が置かれている。

正敏の男正絹が、後に何かの目的で自分の履歴を、明治三十二年三月四日まで箇条書きの形で書き記した草稿が残されている（堀創氏蔵）。その中の明治四年十二月一日の記述の後に、「以上ハ辞令書之レ無、亡父ガ系譜ヘ記シタル者ニ依テ筆記ス」という注記がある。明治四年十二月一日の記述以前の正絹の辞令の抜書きを、「曠懐堂堀氏譜系」と対照してみると、すべてが一致している。このことから、正絹の亡父すなわち正敏が「曠懐堂堀氏譜系」を作成したことは明らかである。

「曠懐堂堀氏譜系」は前冊・後冊とは別に、記述内容から見て大きく二部に分けることができる。菅原道真に溯る堀家の祖の記述に始まり、江戸初期の正意を経て分かれる尾州堀・北堀・南堀の系譜を、天保から明治にかけて生きた正敏の代に至るまで、それぞれ、名・号・生没年・役職等を加えて、堀家全体のつながりの中で大まかに記している。それが前冊十七丁までの第一部である。

次いで前冊十八丁から、玄達に始まる曠懐堂の家号をもつ南堀を改めて取り上げ、後冊の終わりまで種々の資料を加えて詳述している。「曠懐堂堀氏譜系」の中心をなす部分である。正敏は、自分と倅正絹の経歴を量的に最も多く記しているが、次に多いのは、正意（号杏庵）と正超（号景山）である。正意の経歴については、世に知られた大儒であったためか、「頤貞先生年譜」をはじめとして、「士林泝洄」その他の資料にも詳しいが、正超に関していえば、管見するところ、「曠懐堂堀氏譜系」の記述以上に詳細な資料は無い。

南堀を詳述する「曠懐堂堀氏譜系」第二部の、玄達から後の跡目・家督相続者の記事のなかに、受禄や役職の任免などを記した種々の切紙が書き写されている。「杉原紙竪四切」あるいは「横四切」と、その大きさを示して書写されている切紙は、景山（正超）のものが数としては最も多い。景山が宝暦三年七月四日に、格式を三次御横目の次に仰せ付けられた際の切紙が一枚現存する（I・三・七七頁参照・堀創氏蔵）。

二

ところで、「曠懐堂堀氏譜系」は記載内容から推して、南堀の当家に伝わる資料は勿論のこと、他の堀家の系図を参照して作成していたと考えられる。執筆するときの基礎資料の一つとして、「堀氏譜図」と打付書きし、内題に「堀氏略譜図」と記した堀創氏所蔵の家系図がある。「堀氏譜図」は共紙表紙の袋綴仮冊子で、縦二十九糎、横二十二・五糎、半葉十行、一行二十字前後で書かれている。内題に「略譜図」とあるから、そのもとになる別の系図があったと思われる。[3] いずれにせよ、この系図は墨付十丁で、親子関係を示す線は朱で引かれ、不十分ながら訓点が施されている。堀氏の本貫から起筆して、佐渡守貞直から順に系譜を書き継いでいるが、北堀の正修（号南湖）・南堀の正超の記述の途中で筆が止まっている。「堀氏譜図」終わりの一、二丁の記述内容によって、この「譜図」は、正修や正超が三十歳前後の頃に作成されたと見てよいであろう。

正修・正超の記事の中に、共に「今藩主賜禄二百石」とあるのは、宝永五年（一七〇八）八月二十五日のことである。藩主は浅野吉長、この時景山二十一歳、南湖は二十五歳。また、「堀氏譜図」の直近の記事は、南湖が正徳五年（一七一五）八月に広島を発って京都に戻った記述である。南湖の子供は三男の忱までで、末子正徴は記載されていない。その時点では、まだ生まれていないということである。正徴の誕生は、享保二年（一七一七）正月だから、「堀氏譜図」はこれ以前、つまり正徳五年から翌年の享保元年頃に書かれていたということになろう。(4)

「堀氏譜図」は誰によって書かれたか。「堀氏譜図」が南堀の末裔に伝わっていることや記述の書きさしの状態から考えて、書き手は景山である可能性が高いが、速断は出来ない。

「曠懐堂堀氏譜系」を「堀氏譜図」と比較対照してみると、年号のあとに干支を補筆したり、訓点を省いたりとかの相違はあるが、正敏が「曠懐堂堀氏譜系」を執筆するにあたって、「堀氏譜図」を基礎資料の一つとしたことは間違いない。とくに正意の父徳印をはじめとして、正意・正英（正意の長男）・正樸（正英の次男、南湖の父）に関する「曠懐堂堀氏譜系」の記述は、「堀氏譜図」をほぼそのまま写しているし、第二部における南堀の玄達・景山の記述でも、「堀氏譜図」を踏まえたうえで、当家に伝わる切紙等の別の資料を加えて経歴を書き進めている。

「堀氏譜図」には見えず、「曠懐堂堀氏譜系」に加筆されている部分もあるが、それは北堀・尾州堀・西川家（正意の弟安之を祖とする）など、親しく行き来する南堀ゆかりの他家から、系図を借覧などして補ったものであろう。

「曠懐堂堀氏譜系」は、当家に伝存する「堀氏譜図」や切紙等の資料をもとに、他家の資料を参照して、正敏が自らの代まで書き連ねた南堀（曠懐堂堀氏）の系譜である。江戸時代において、広島藩に代々儒者をもって仕えてきた名門堀家、その一族である南堀最後の儒者であるという自覚が、正敏に家系図を一旦まとめるべく筆を執らせたのではないかと推測する。

ここでは、正敏の養父正瀾（号雲山・蘭澤の孫）までの「曠懐堂堀氏譜系」（前冊三十二丁まで）と「堀氏譜図」（全）を翻刻する。紙幅の都合上、正敏および正緝の経歴が主となる「曠懐堂堀氏譜系」の後半部分は、本書の目的と大きく関わらないので収載しない。
「曠懐堂堀氏譜系」と「堀氏譜図」を、片面の行数・一行字数をそのままにして翻刻する。翻刻に際しては、原則として旧字体のものは通行の字体に改めた。

注

（1）「曠懐堂堀氏譜系」では、北堀については十代目の正哲まで記載がある。その後は、正哲を養父とする堀観次郎（実父は広島に在住していた宇留島常造）が堀氏を嗣いでいるが（中村久四郎「堀景山先生について」「尚古」第三年第二号・明治四十一年五月）、今の当主は不明。尾州堀は、「曠懐堂堀氏譜系」では九代の貞順まで記している。十代目は鉞之丞、十一代目は孝と続き、当代の堀貞一は十二代目である。尾州堀の系譜に関しては、尾張藩士の系図集「士林泝洄」（巻百一・壬之部一・堀）に詳しい。別に堀一郎所蔵の「堀家略系図」（口絵参照）がある。

（2）堀東三は、南堀七代目の正絹の三男である。「曠懐堂堀氏譜系」十七丁ウに、正絹の長男禎一、次男仙二までが記載されていて、その後の東三から記されていない。東三には、長女春子、次女正子、長男寛爾、三女豊子がおり、創は寛爾の子で、東三の孫にあたる。

（3）栗田元次の「堀杏庵」（「郷土文化」第二巻第二号・昭和二十二年三月・名古屋郷土文化）に、杏庵が浅野家に仕えた年次を「堀氏家譜」に基づいて考証している一文が見える。この「堀氏家譜」が、それに該当するかどうかは別として、堀家に伝わる譜図があったと考えるべきであろう。

（4）正超の記述（九丁オ）の下方に「男　母同　正之助」とあるのは、景山の長男正通（享保四年十一月生まれ、同六年没）ではなく、次男の正亮（蘭澤、享保七年十月生まれ）のことで、これは「堀氏譜図」を書き止した後、数年を経てメモ風に書き加えたものと推測する。

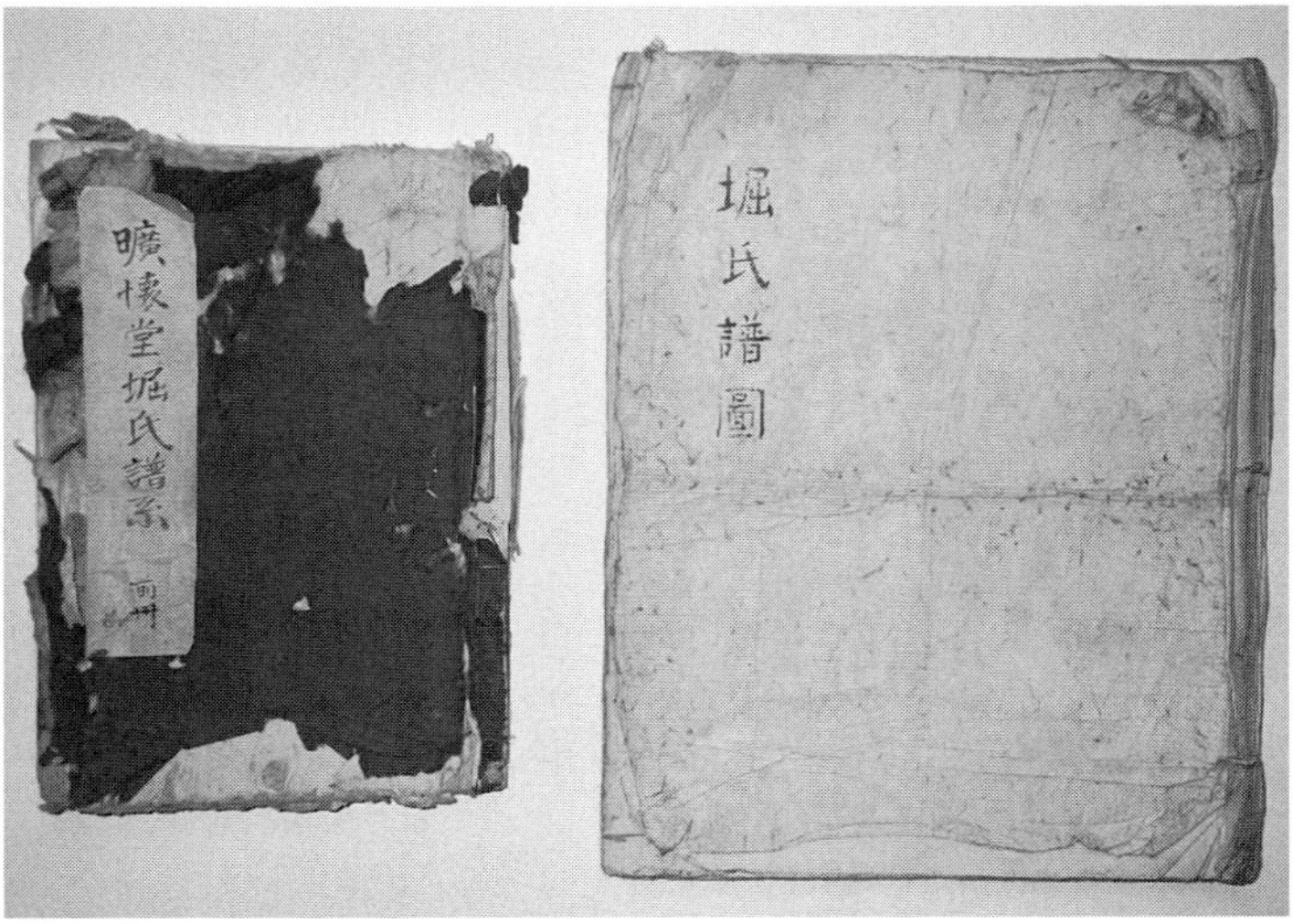

「曠懐堂堀氏譜系」と「堀氏譜図」（堀創氏蔵）

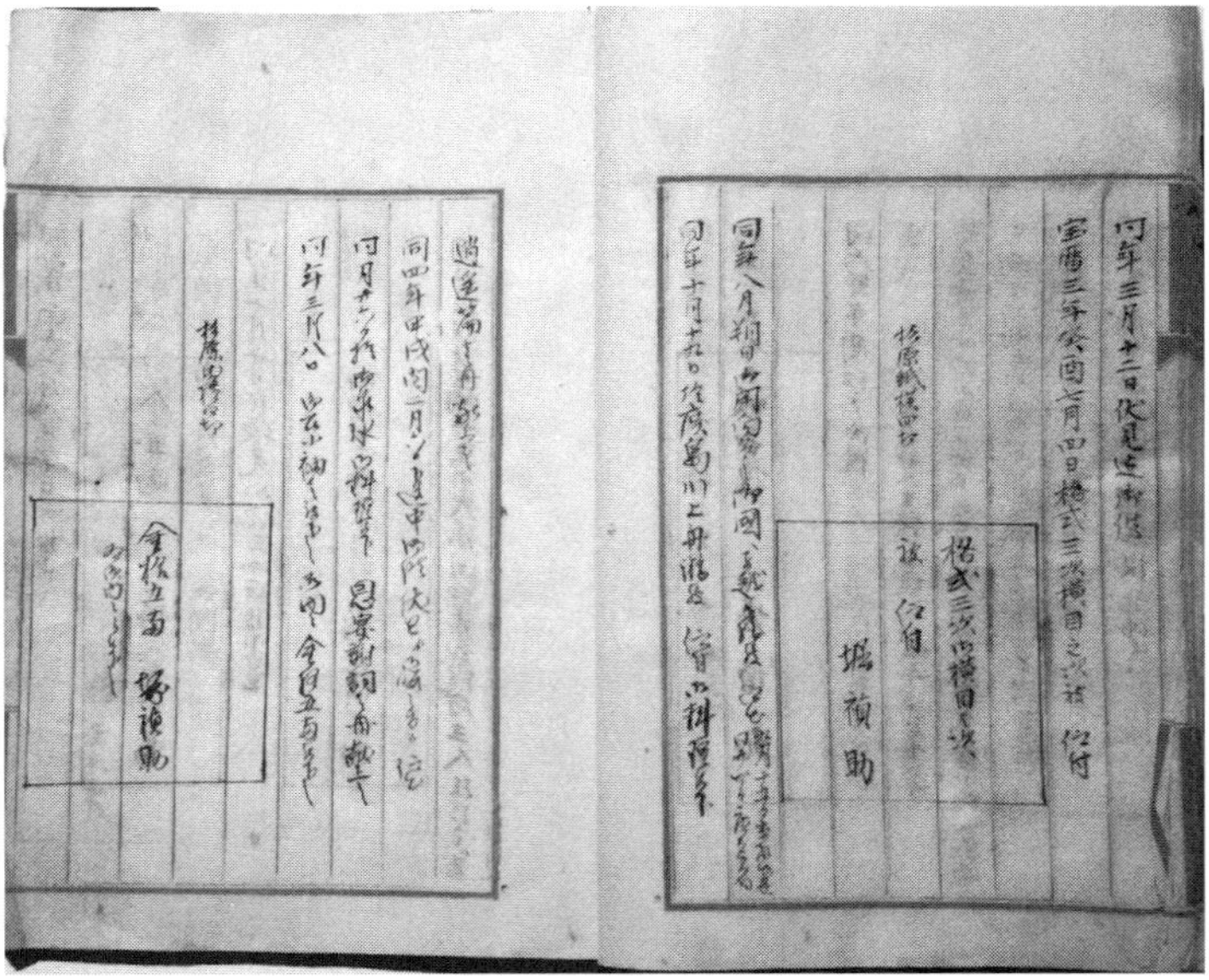

「曠懐堂堀氏譜系」　前冊

曠懐堂堀氏譜系

本貫近江国野洲郡野村里
姓菅原氏堀
家伝云右大臣菅原道真公之苗裔也
初公任近江守在国生一子任満還京
其子留住焉子孫蕃衍世謂之近州四
十八姓堀辻西河原其族也
家章　餅中裡梅　圏中左鎌　釘貫

（一オ）

貞直　堀佐渡守
貞澄　堀伊豆守
仕佐々木定頼及義賢後帰於家天文二十二年癸丑
九月十七日没年九十二
貞俊　堀清兵衛
貞則　堀新介
仕佐々木義賢永禄九年丙寅九月九日戦死
貞氏　弥次郎　後号一葉斎心也
永禄八年与叔父嘉祐斎同在上州沼田城翌

（一ウ）

年父死故帰国仕佐々木義賢後仕惟任
光秀天正十年帰旧里剃髪改名寛永八年
辛未十月三十日死年八十九
貞安　弥三左衛門
貞元　半兵衛　権大夫　仕有馬忠郷
貞喬　重兵衛
貞宣　喜六郎　六兵衛
休位　甚介　仕京極高次
女　和爾次郎大夫母

（二オ）

女　江州人辻宗清妻　辻肥前守重勝中村左衛門元次
林兵部信吉母
女　堀理右衛門則貞同庄右衛門母
徳雲　改堀号小川　後嘉祐斎
自幼成長葦浦観音寺後仕長尾謙信永禄六年
預上州沼田城給八百貫天正三年乙亥四月廿四日死
貞次　弥二郎　仕上杉景勝
重政　堀十助　仕佐久間右衛門尉

（二ウ）

重則　庄九郎　対馬守
始仕宮部是善祥坊後仕豊臣秀吉元和元年乙卯
五月七日於大坂城与秀頼同自害

（三オ）

重信　庄九郎　権兵衛
始仕秀頼後仕浅野長治
重賢　儀兵衛　継坂原家
女

正雲
男　津田右京進　仕前田利光

女
女
女

貞家　辻新左衛門尉　仕上杉謙信

（三ウ）

重則　吉六　仕佐久間右衛門尉
貞吉　吉右衛門――貞次　庄左衛門

重時　吉蔵　長左衛門　仕浅野孫左衛門
重政　亀之助　長左衛門　継兄重時跡
女　千賀喜兵衛妻
重定　水上源太養子

重成　助左衛門　仕浅野長晟君及光晟君
重興　宇右衛門　仕浅野摂津守
重長　安兵衛

（四オ）

貞尊　堀藤右衛門　仕浅井備前守長政

善慶　弥助
正定　十助
正次　弥五郎
正信　藤兵衛
道意　立哲　正意門人　仕中川内膳正給禄三百石
貞幸　孫左衛門　入道号善斎
貞之　弥十郎　入道号順誓
貞勝　弥三郎　入道号長順　在京為医

（四ウ）

嘉吉　六右衛門　仕富田信濃守
吉春　加兵衛
正行　助六
吉重　安兵衛

女　為尼　住長東祐国院

―徳印　堀―

幼時避乱於江之成就山延命寺後入京遂留焉従典薬和気氏
学医晩好儒学慶長十五年庚戌七月十七日没年七十七葬于
京都瑞龍山南禅寺塔頭帰雲院
（五オ）

（始）正意　堀―

宇孟敬小字大貳自号杏菴母江州人宇野氏
天正十三年乙酉五月廿八日生於江州安土甫
七歳随父上京入南禅寺帰雲洞読書習字在
洞十年所騰（謄）写書甚多後就医師正淳校古薬方
最篤志儒学文章日進与林道春菅玄洞（同）松永昌
三等友善慶長十一年丙午春見惺窩藤子執弟
子之礼十五年庚戌冬代倉満泰次作答安南国大
監掌文理侯駙馬都尉広富侯書十六（二）年時清光君
（五ウ）
守藩南紀崇儒好士聞意声名厚聘招之遂就辟
于紀十七年還京十八年　清光君捐館舎継事　自得
君賜禄三百石是歳二月叙法橋 上卿華山大納言職事蔵人左少弁藤原業光
十九年之駿府奉　東照大君教作為政論是冬大坂兵

興　自得君率軍赴征意亦従焉元和五年　自得君
自紀遷鎮芸備意因従行之芸六年庚申還京八年従
君之武都尾邸　源敬君与　君有姻旧因知意学行固請
君招致其邸辞別日　君臨其寓舎語至日旰遂仕尾邸
食禄七百石恩遇優渥自此以降　源敬君詣武之日与
（六オ）
老臣等同登　営拝謁　台徳大猷両大君賜酒食時
服歳以為例九年還京授学者甚衆寛永三年丙寅
五月叙法眼 上卿西園寺大納言職事蔵人左少弁藤原経広 秋　大猷大君上洛
自得君及下野守松平侯臨其三本木行宅饗燕終
日其余列侯来訪者衆十年二月上丁林道春始釈
菜於武学意時在武亦預其事十一年在京六月　大猷
大君上洛閏七月　尾亜相君紀亜相君水戸黄門君臨其
駒福行宅特被恩顧冬十月
太上天皇 後水尾天皇 聞意有名下　詔召見　玉音親問
（六ウ）
大学三綱領之義意応対便捷弁析兼美大称　聖旨
特有賜賚意時五十歳十三年朝鮮国三使来聘意与
書其学士権侙問疑条数件侙復書弁答服其博

洽明年春伏帰道洛与石川丈三（山）逢言及意之文伏曰
吾与意以書往復真博雅之士也吾願以意為文苑
之老将又曰此土之士詩不如丈三（山）文不如意十九年
在武三月伊豆守松平信綱対馬守阿部重次奉　教令
意与林道春同撰諸家系譜去歳　大猷大君命林
道春撰諸家系譜列侯諸士上世系家譜者数千計
（七オ）
簡牒叢委因申令僧録司元良及意与撰焉其譜
以源氏藤氏諸氏為三項各分撰之而諸氏者意
掌之稿具未及上十一月二十日病没于武都僑舎
年五十八葬于芝金地院所著有杏陰文集二
十巻杏陰雑録二十巻易詩礼記訳解若干巻大
学訳解一巻釈奠名義一巻医指続注一巻国字
素問弁髦二巻国字三川記十五巻国字朝鮮征
伐記九巻国字柴田記一巻
（七ウ）

西川㊀安之　西川角左衛門
慶長八年継同族西河原氏後改西川就辟于紀
仕浅野自得君寛文三年癸卯四月廿二日没　葬于広島金龍寺

女　永原某妻
女　池永某妻
貞政　先父没
㊁重政　始貞勝　安之丞　宝永五年戊子七月十一日没
女　竹腰某妻
㊂盛貞　勘右衛門　元文五年庚申七月十七日没
（八オ）
㊃盛房　与四郎　禄三百五十石
同藩士河瀬四郎兵衛二男　天明六年丙午三月十三日没
㊄盛盈　勘右衛門　禄三百石
同藩士佐々木久右衛門二男　文化二年乙丑八月十九日没
㊅盛利　左源次　禄二百三十石
同藩士鳥井九兵衛三男　天保三年壬辰四月六日没
女　盛利妻
㊆盛直　庫之丞　禄百七十五石　天保四年癸巳十二月六日没
女　太田某妻
（八ウ）
㊇盛徳　民人　禄百二十五石後加三十石
同藩士浅野権大夫弟　文化二年壬戌八月十三日没

⑨安貞　角左衛門
同藩士龍神織人弟

徳太郎

盛徳子母龍神氏

（九オ）

女　黒川寿閑妻 ― 黒川道祐

黒川玄通

植長老　建仁寺僧

北堀②正英

小字七大夫自号立菴母茅原田氏慶長十五年庚戌九月廿九日生于洛寛永十一年甲戌十一月玄徳君給糧百石十四年十一月叙法橋（上卿日野新大納言 職事蔵人左少弁 藤原綏光）十九年賜禄五百石従仕于武于芸　君之武道（洛）路時臨其宅有恩賜慶安元年戊子十二月叙法眼（上卿園大納言職事 右中弁藤原俊広）寛文二年壬寅六月八日病没于京駒福行宅年五十三葬南禅寺帰雲洞有黙桃文集十巻

（九ウ）

女　三宅正堅妻 ― 三宅堅恕　仕松平因幡守

女　福井是庵妻 ― 福井道喜　仕板倉近江守

尾州堀②

女　道家仙庵妻

貞高　堀勘兵衛
始貞邦称源五郎又右京外記初父正意令長男英仕芸藩貞高与道林仕于尾藩寛永十九年壬午十二月　源敬君賜禄五百石後加三百石

（十オ）

道林　始正龍
称七九郎後剃髪叙法橋仕尾藩賜禄二百石

③貞儀　始貞忠　秀澄
称外記又治部左（右）衛門嗣父後賜禄六百石後加二百石

④貞紀　始貞之
称源五郎又外記勘兵衛父致仕之日賜禄六百石

澄矩　又四郎

⑤貞俊　勘兵衛　禄二百五十石
尾藩士兼松源兵衛三男

（十ウ）

⑥信貞　源五郎　源之進　禄三百石

⑦貞韶　与十郎　禄三百石
尾藩士小笠原三郎右衛門六男

⑧貞剛　金次郎　勘兵衛　禄三百石
尾藩士広瀬七右衛門二男

⑨貞順　永之進

(十一オ)

女　里村昌陸妻
母木下延俊女
――里村昌億
昌西堂
相国寺僧

③正乙
小字七大夫自号槐庵母小杉氏慶安五年壬辰九月九日生于洛寛文二年壬寅六月父没八月　玄徳君給月支三十口糧七年病没于洛年十六葬南禅寺帰雲院(洞)有集名槐庵遺稿

女　福井道喜妻――女　梅園正珉妻

④正樸
(十一ウ)
字毅父自号蒙窩小字一六兵衛母小杉氏明暦元年乙未五月三日生于洛寛文二年壬寅六月父没八月　玄徳君給月支二十口糧八年十月以兄正乙没故増給十口糧寛文十二年壬子九月赴芸十一月還洛延宝元年癸丑四月之武都謁　顕妙君十月賜禄

三百石自此以降従仕于武于芸　君赴武時臨其京師宅以優遇焉貞享元年甲子冬以病家居元禄二年己巳乞致仕不許八年正月固請致仕給月支十口糧養病于家十三年庚辰六月四日没于洛年四十六葬帰雲院(洞)有蒙斎文集

(十二オ)

⑤正修
字身之自号南湖小字(阿脱カ)斎後改一六郎又改七大夫又改正蔵母木下平之丞貞幹女貞享元年甲子十月九日生于洛元禄八年乙亥十二月廿日　顕妙君給月支三十口糧宝永五年戊子八月廿五日　体国君賜禄二百石自此以降従仕于武于芸宝暦三年癸酉七月十一日病没于洛年七十葬帰雲院十一月九条内大臣尚実公親撰墓表山本三位中将藤原実観卿篆書之石

(十二ウ)

新之　同母　元禄八年三月没

毓　七之丞　享保十三年七月没

⑥正珪　始濬

字仲玭自南雲（号脱カ）称七十郎後改七左衛門母妾某氏
宝永七年庚寅七月生于洛寛延二年己巳二月（ママ）日
鶴皐君賜歳俸二十石月支三口糧以降数従仕于武
宝暦三年癸酉七月父没九月三日賜禄二百石明和
三年丙戌八月十五日没于家年五十八葬帰雲院亡後
三年山本三位中将実観卿自撰墓表幷書于石
（十三オ）

忱
正徴　始玠
字明卿称左膳後改七郎右衛門又改新助同母
享保二年丁酉正月生于洛後在尾州名古屋
以儒為業兼善射娶尾藩儒員深田正室女
生一子宝暦八年戊寅十月二十七日没于名古屋
年三十九葬同所長栄寺

正輔　為宗家正洪養子

正隆　大七郎母奥村源二女　元文三年八月没
（十三ウ）

㊆正洪
字師淹称六一郎母奥村氏元文二年丁巳八月生

于洛明和三年丙戌八月父没十月十日　鶴皐君賜
禄百七十石同八年辛卯十二月廿八日以病致仕天明
九年
己酉正月五日没年五十三葬帰雲院

師愈　弥一郎　同母　後改弥尋　宝暦十二年七月没

女　同母　北小路宮内少輔養女　南都橋井利左衛門妻　天明二年五月没

女　同母　寛延四年正月没

温　同母　四郎
為佐藤彦五郎一重養子改彦五郎重長住于洛世仕
水戸藩
（十四オ）

㊇正輔
字君弼称大弥同族正徴子母深田氏宝暦五年乙亥
七月生于名古屋明和八年辛卯六月十二日為正洪養
子十二月廿八日父致仕
同日　鶴皐君賜禄百石以降従仕于
武于芸寛政十一年己未七月十五日加賜三十石
（十四ウ）

正美

字君暢称圭一初名清太郎母木村治兵衛女安永六年丁酉六月十六日生洛（于脱カ）文化十年癸酉八月二十二日没
年三十七葬帰雲院
女　母福井入道前壱岐守正重女文化二年七月夭
⑨正武
字子徳称主計近江彦根藩真壁権内子文政十二年己丑為正輔養子
（十五オ）
⑩正哲
字習吉称内記後改謙之介北小路大学助子文化九年壬申生于洛天保二年辛卯為正武養子
（十五ウ白紙）
（十六オ）

南堀㊥初
玄達　母小杉四郎兵衛利房女
㊁正超　母脇氏
女　同母　菅某妻
直之　同母　平五郎号東湖　元禄九年正月五日生正徳二年十二月没年十七

女　同母　東儀三河守妻
直通　同母　脇伊三郎　宝永三年十二月生　外祖脇氏絶祀因冒其姓
女　母四方田氏　正徳四年七月生
（十六ウ）
正通　同母　丹之丞　享保四年己亥十一月十四日生　同六年辛丑十一月十五日夭
㊂正亮　同母
女　同母　八幡公文所某妻
正慈　母鳥居小路氏　正二郎　寛延二年己巳五月朔生　宝暦三年癸酉十月三日没
男　禎次　早世
女　時　産母堀田清八女
正貞
字子幹号景雲小字正助後改九十九母堀田氏宝暦八年戊寅九月五日生安永八年己亥十月五日没年二十二
（十七オ）
正名　同母　正一郎　出嗣隠岐氏後帰家改正大夫
男　正吉
女　歌　母奥西氏　水口若狭守妻
㊃正路　同母

女　房　同母　渡辺貫蔵妻　文化九年壬申九月三日没

正篤　母妾　延太郎　文化四年丁卯四月二十六日生　文政五年壬午八月三十日没年十六

女　同母　文政五年壬午十月七日生明年五月十五日没

（十七ウ）

㊄正邇　同母

女　薫　母西池栄八郎女　離縁随母往西池氏絶信　蛯蛇子（徳永氏）（正敏後妻）

㊅正敏

㊆正緝　父村上藤助四男（正敏養子トス）

女　麻都《マツ》　父尼子長三郎三女

長男　禎一　明治七年十一月二十四日生　明治八年七月七日夭

次男　仙二　明治九年十月二日生

（十八オ）

堀玄達　字彦直　号蘭皐　小字三四郎　玄達

父正英母小杉氏万治三年庚子三月廿四日　京都ニテ出生

元禄十年丁丑三月廿五日　顕妙君綱長公於江戸知行高

三百石幷弐十人扶持被下置後帰京

杉原紙竪四切

知行高三百石　堀　玄達 弐拾人扶持

以後江戸広島度々御供

元禄十五年壬午四月廿五日　御召小袖壱被下之

（十八ウ）

宝永元年甲申八月朔日　顕妙君京都綾小路玄達

居宅江被為入拝領物品々被下之

同二年乙酉三月廿一日銀三枚被下之

同五年戊子六月廿一日於京都病死四十九歳

諡号　文懿

京都東山瑞龍山南禅寺塔頭帰雲院江葬

妻　脇平右衛門直弘女　名佐濃

寛文八年戊申十二月十六日生

享保十一年丙午三月十日於京都病死五十九歳

（十九オ）

諡号　貞寿　帰雲院へ葬

玄達┬正超
　　└女

直之

女

直通

堀正超　字彦昭　号景山　小字源之丞　玄伯　禎助　正超

（十九ウ）

父玄達母脇氏元禄元年戊辰十月二日於京都出生

宝永五年戊子八月廿五日　体国君吉長公知行高二百石

被下置　父玄達跡目

杉原紙竪四切

> 知行高弐百石　玄達跡目　堀　玄伯

享保四年己亥九月五日御側儒被　仰付

同五年庚子江戸御供

同年十二月廿五日郡内島羽織地壱疋被下之

（二十オ）

杉原紙竪四切

> 郡内島羽織地　堀　正超

同九年甲辰正月廿五日銀四百目被下之

杉原紙竪四切

> 銀四百目　堀　正超

同年二月廿日於伏見　御召羽織壱　御手従被下之

同十一年丙午江戸御供

（二十ウ）

同年九月十六日銀七百五拾目被下之

杉原紙横四切

> 銀七百五拾目　堀　正超
> 右道中御供ニ付被下之

同十二年丁未十二月十三日束髪改名禎助初名正超

同十三年戊申江戸御供

同十四年己酉正月廿九日分部左京亮家中前田久弥女

妻、縁組仕度願之通相整　後離縁

（二十一オ）

同二十年乙卯五月朔日金五百疋被下之

同年十二月廿四日永代禄被　仰付

> 堀　正蔵
> 堀　禎助
> 此度諸士一統永代禄被　仰付下
> 右両人ハ格別之長故永代禄被　仰付

但只今迄之通御蔵米ニ而被下

（二十一ウ）

堀　正蔵
堀　禎助
右名跡之輩学問之儀不怠
精出永々致相続候様被　仰出

元文三年戊午江戸御供
同四年己未九月四日銀二枚　世子鶴皐君宗恒公ゟ被下之

（二十二オ）

杉原紙竪四切

銀弐枚　堀　禎助

同六年辛酉江戸御供
寛保二年壬戌五月廿二日銀三枚　世子ゟ被下之
延享四年丁卯十月廿四日青蓮院門跡坊官鳥居小路大蔵卿
女嫡子正助妻ニ縁組仕度願之通相整
寛延二年己巳　世子江戸御供
同三年庚午五月四日銀三枚被下之

（二十二ウ）

同年三月十二日伏見迄御供
宝暦三年癸酉七月四日格式三次横目之次被　仰付

杉原紙横四切

格式三次御横目之次ニ
被　仰付
堀　禎助

（二十三オ）

同年八月朔日御用向有之御国へ被越候様被　仰出九月十五日京都出足同廿四日広島着
同年十月十九日於広島川上舟游被　仰付御料理被下
逍遥篇壱冊献上之
同四年甲戌閏二月六日下道中御供伏見ゟ御暇之旨被　仰出
同月廿六日於御泉水御料理被下　恩宴謝詞壱冊献上之
同年三月八日　御召小袖壱被下之御内々金拾五両被下之

杉原紙横四切

金拾五両　堀　禎助
右御内々ニ而被下之

（二十三ウ）

同六年丙子六月八日金五両被下之

杉原紙竪四切

金五両　堀　禎助

同年十月廿日於伏見加増三十石被下置

杉原紙竪四切

加増三拾石　堀　禎助

同日於同所嫡子正大夫儀御切米弐拾石三人扶持被下置

（二十四オ）

被　召出格式三次御横目次御側儒被　仰付

杉原紙竪四切

切米弐拾石三人扶持　禎助倅 堀　正大夫

学問厚心掛候ニ付被召出候 年若之儀深以家業相励候 様被　仰出

御側儒 格式三次御横目次 堀　正大夫

（二十四ウ）

同七年丁丑当年齢七十歳ニ付　鶴皐君御自詠之和歌
御自毫被下之幷ニ御家中之輩毛同題之詩歌作被　仰付
被下之

同年九月十九日於京都病死七十歳病中人参数両被下之
賜諡　忠靖　帰雲院江葬
碑銘諡号被下幷墓石御建被下　御代作堀七左衛門へ被　仰付

碑銘

継踵百世之師以諭導研精万巻之書而教誨
亹々励怠遑々興廃嗚呼哀哉永訣難再報之

（二十五オ）

無日茫々大塊秋霜共消名伝海内展如之人
斯文風概忠哉靖哉徳音安在嗚呼哀哉嘆惜
無已聊以此告正超之霊
宝暦丁丑七年季秋中旬
安芸守侍従源朝臣宗恒建石以銘

妻　四方田重之丞寛命女　名栄
享保十一年丙午七月十一日病死
諡号　寿芳　帰雲院へ葬

（二十五ウ）

後妻　平井某女　名房

天明七年丁未十月廿八日病死七十八歳
諡号　梅宝　　帰雲院江葬

正超┬女
　　├正通
　　├正亮
　　└女

（二十六オ）

堀正亮　字釆卿　号蘭澤　小字大二郎　正助　正大夫　貞次　禎助
父正超母四方田氏享保七年壬寅十月廿日於京都出生
宝暦六年丙子十月二十日　鶴皐君宗恒公御切米弐拾石
三人扶持被下置被　召出御側儒格式三次御横目次被
仰付

杉原紙竪四切
切米弐拾石三人扶持　禎助倅　堀　正大夫

（二十六ウ）

御側儒 格式三次御横目次 　　堀　正大夫

学問厚心掛候ニ付被　召出 年若之儀深以家業相励 候様被　仰出

同七年丁丑十一月十四日亡父跡目知行高弐百石被下置　取来御切米御扶持方ハ上候

杉原紙竪四切
知行高弐百石　禎助跡目　堀　正大夫

（二十七オ）

明和七年庚寅広島勤番　三月中出足
同年三月五日改名禎助　前名正大夫
同八年辛卯為休息京都ヘ被差戻　三月十五日広島出船
同年十月国泰寺進山開堂ニ付御請疏述作被　仰付
同九年壬辰広島勤番　三月廿六日京都出足 四月四日広島着
安永二年癸巳為休息京都ヘ被差戻　閏三月十五日出船
同四年乙未広島勤番　三月廿八日京都出足 四月九日広島着
同年八月三日次男正一郎儀一条家諸大夫隠岐相模守養子ニ
遣度段願之通相整後離縁帰家

（二十七ウ）

同五年丙申為休息京都ヘ被差戻　三月六日出船
同八年己亥広島勤番　八月十六日京都出足 同月廿六日広島着
同年十月五日嫡子九十九病死
同九年庚子二月廿三日次男正大夫儀嫡子ニ仕度願之通相整

同年秋京都へ被差戻　閏九月十一日出船
寛政元年己酉十月十六日嫡子正大夫儀勤番ニ付末子禎次
嫡子ニ仕度願之通相整
同年十一月九日於京都病死六十八歳
　諡号　恭質　　帰雲院へ葬

（二十八オ）

妻　鳥居小路大蔵卿法印敬雄女
　宝暦二年壬申八月十一日病死
　諡号　祖因　　帰雲院へ葬
妾　奥西某女　名里
寛政二年庚戌十二月十八日病死四十二歳
　諡号　恭順　　帰雲院へ葬

正亮─┬─正慈
　　　├─男
　　　├─女
　　　├─正貞
　　　├─正名
　　　└─男

（二十八ウ）

　├─女
　├─正路
　└─女

堀正路　字義卿　小字乙之助　栄三郎　禎次

（二十九オ）

父正亮母奥西氏
寛政元年己酉十二月廿六日　恭昭君重晟公亡父禎助跡目
知行高百四拾石被下置御小姓頭支配被　仰付

杉原紙竪四切

知行高百四拾石　禎助跡目　堀禎次

杉原紙横四切

家業学文之儀相励候様
被　仰出
　　　　堀禎次

文政六年癸未八月廿九日於京都病死
　諡号　慧質　　帰雲院へ葬
妾　某氏　名幸

（二十九ウ）

文政九年丙戌七月廿四日病死
諡号　慧順　　帰雲院江葬

正路 ― 正篤
　　　 女
　　　 正邇

堀正邇　字君遠　号雲山　栄次郎
父正路母某氏名幸文化十三年丙子四月廿日於京都出生
文政七年甲申三月十七日　天祐君斉賢公亡父禎次跡目
知行高百石被下置大御小姓頭支配被　仰付

（三十オ）

杉原紙竪四切

知行高百石　禎次跡目　堀　栄次郎

（三十ウ）

杉原紙横四切

家業学文之儀相励候様
被　仰出
堀　栄次郎

天保十一年庚子正月廿六日御国勝手被　仰付

杉原紙横四切

御国勝手
被　仰付
堀　栄次郎

同年五月広島移住

（三十一オ）

同年七月朔日御花畠明御多門梶山俊平元之多門之事当分御貸被下
同年九月十三日右御多門当分差上置初段申出之通相整
同十二年辛丑二月廿三日為学事修行京都岡崎謹吉方江
被越度願之通相整同年冬病気ニ付広島江帰着
同年十二月十三日同藩士中島右馬介弟小一郎儀養子ニ仕
度願之通相整
同十三年壬寅正月廿四日病気ニ付隠居仕度願之通相整倅
小一郎江家督拾弐人扶持被下置
弘化二年乙巳四月廿一日於広島病死三十歳

（三十一ウ）

諡号　順節
広島城北新山法花宗英心山日通寺江葬
妻　保科弾正忠内京都住西池栄八郎女　名喜多

離縁
正邇┐女　母西池氏
　　└正敏

（三十二オ）

堀正敏　字好古　号蠖葊　小一郎　真忠　真中
同藩中島六大夫忠僚四男母飯田氏文政二年
己卯九月廿四日於広島生幼名永介
天保十二年辛丑十二月十三日栄次郎養子仕度段
願之通相整

杉原紙
横四切

願之通養子　　堀　栄次郎江
中島　右馬介弟
小一郎

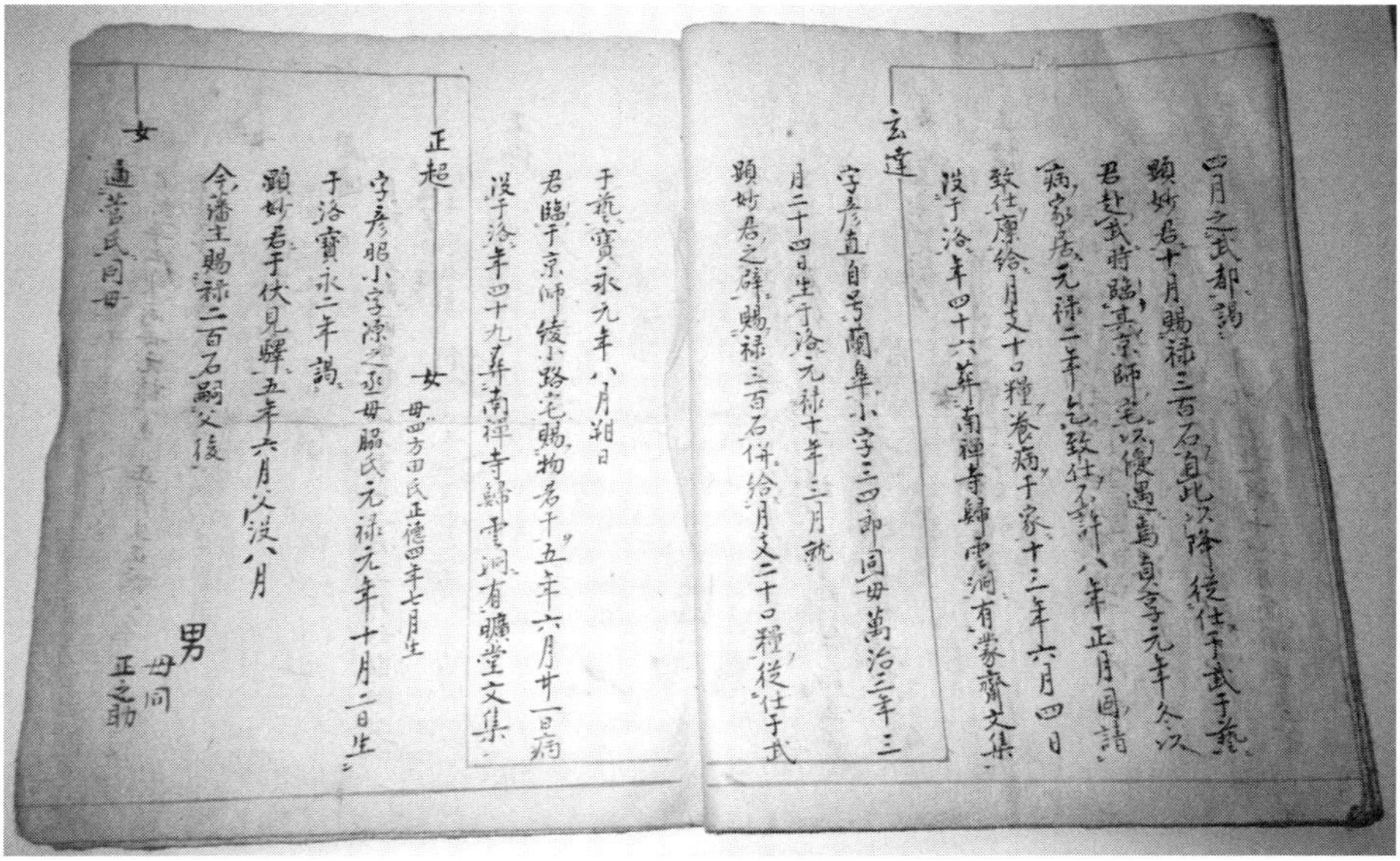
四月之武都謁
顕妙君十月賜禄三百石自此以降従仕于武于京
君赴武時臨京師宅以便邁島貞享元年冬以
病家居元禄二年乞致仕不許八年正月因請
致仕廩給月支十口糧養痾于家十三年六月四日
没于洛年四十六葬南禅寺帰雲洞有㒵齋文集
玄達
字彦直自号蘭皐小字三四郎同母萬治二年三
月二十四日生于洛元禄十年三月就
顕妙君之辟賜禄三百石俸給月支二十口糧従仕于武
于燕寶永元年八月朔日
君臨于京師綾小路宅賜物若干五年六月廿一日病
没于洛年四十九葬南禅寺帰雲洞有曠堂文集
正超
字彦明小字深之丞母脇氏元禄元年十月二日生
于洛寶永二年謁
顕妙君于伏見驛五年六月父没八月
今藩主賜禄二百石嗣父後
女
母四方田氏正徳四年七月生
女
適菅氏同母
男
母同
正之助

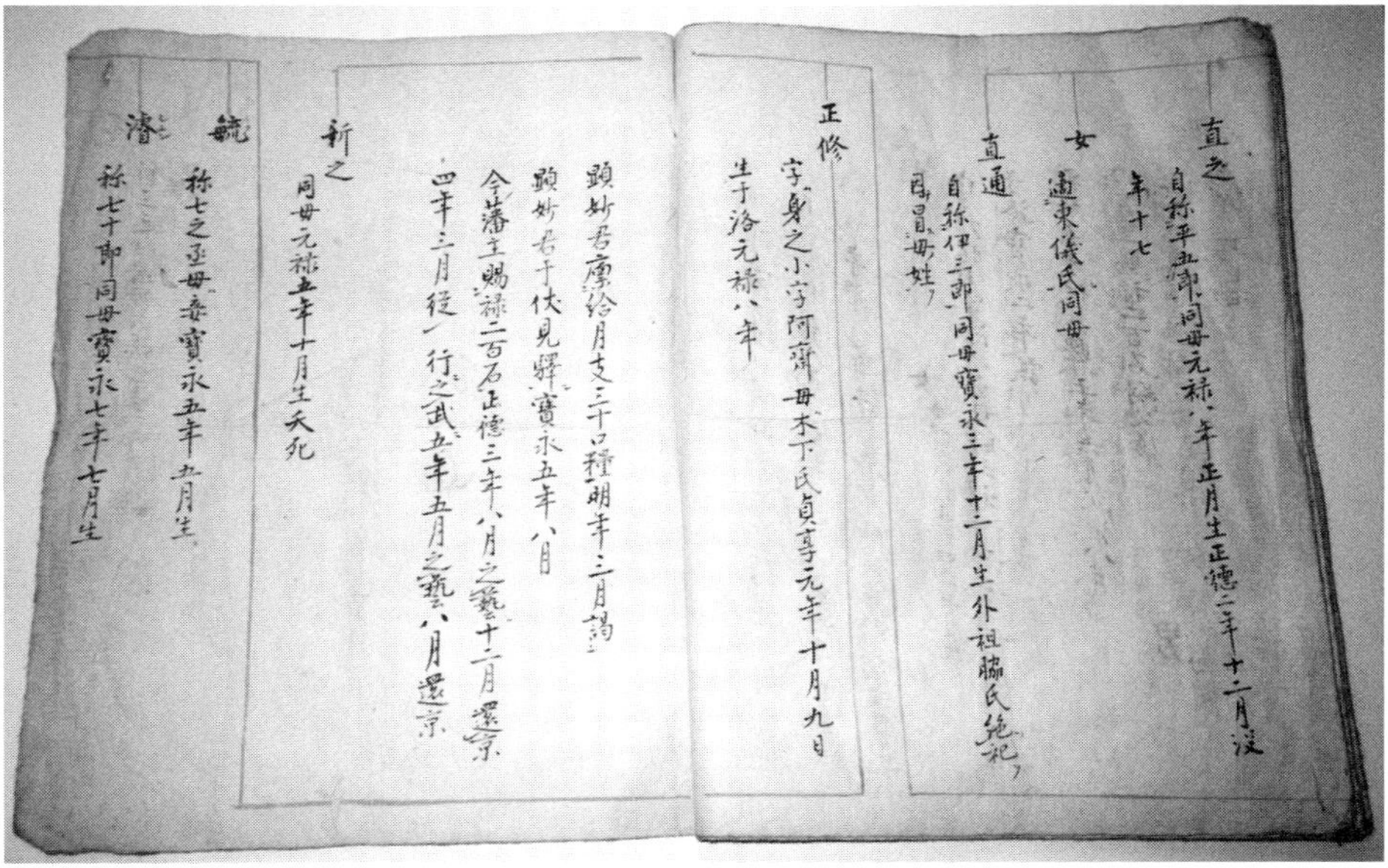
直之
自称平五郎同母元禄八年正月生正徳二年十二月没
年十七
女
適東儀氏同母
直通
自称伊三郎同母寶永三年十二月生外祖脇氏絶祀
因冒母姓
正修
字身之小字阿齋母木下氏貞享元年十月九日
生于洛元禄八年
顕妙君廩給月支三十口糧明年三月謁
顕妙君于伏見驛寶永五年八月
今藩主賜禄二百石正徳二年八月之藝十二月還京
四年三月従行之武五年五月之藝八月還京
新之
同母元禄五年十月生夭死
毓
称七之丞母妾寶永五年五月生
潘
称七十郎同母寶永七年七月生

「堀氏譜図」（堀創氏蔵）

○堀氏略譜図

本貫　近江州　野洲《ヤス》郡　野《ノ》村《ムラ》里

堀氏《ノ》之先本《ト》出《ツ》二於贈相国菅原公《ノ》之苗裔一《ヨリ》初公補《ス》二知近江州《ニ》一時《ニ》生《ム》二一子《ヲ》一公任満《テ》還《ル》レ京遂《ニ》留《ム》二其《ノ》子《ヲ》于江《ニ》一後雲仍蟬聯世謂《フ》二之《ヲ》江州《ノ》四十八姓《ト》一堀其《ノ》一也佐々木《ノ》氏族越前《ノ》守時綱亦以レ堀《ヲ》為《ス》レ氏《ト》子孫相承《ク》蓋其《ノ》菅姓《ノ》者居《ル》二于江南《ニ》一其佐々木氏《ノ》者居二于江北《ニ》一江人因以《テ》二南北堀氏《ヲ》一別《ツ》焉

（一オ）

△佐渡守　貞直

家世《々》隷《ス》二佐々木氏《ニ》一闕《ク》二其《ノ》名字事迹《ヲ》一

貞澄　伊豆守

隷《ス》二佐々木定頼《ノ》帳下《ニ》一永正中従二定頼《ニ》一与レ敵戦《フ》二于京北舟岡山《ニ》一斬獲居多定頼卒《ス》継《テ》事《フ》二其子義賢《ニ》一天文末義賢与二三好氏一相二拒《ムテ》於京江摂河《ノ》間《ニ》一彌《ワタル》レ年《ヲ》貞澄毎《ニ》将《トシテ》レ兵《ニ》累戦甚力《ム》永禄四年秋義賢築《ク》二塁《ヲ》于京東勝軍山《ニ》一使上其驍将永原某等《ヲ》一守下之《ヲ》冬

（一ウ）

三好族松永松山卒帥《イテ》二大兵《ヲ》一陳《ス》二于山下《ニ》一永原出戦死レ之敵乗《シテ》レ勝急《ニ》攻《ム》其先鋒将三郷修理亮者躍《ラシ》レ馬《ヲ》前闘《ス》貞澄従《カ》卒従《リ》レ旁以レ鎗撃《ツ》レ之《ヲ》人馬共仆《ニタフルヲツ》墜《ツ》二于崖下《ニ》一貞澄馳《セ》下《リヲサヘテ》捽二其《ノ》首《ヲ》一斬《ル》レ之敵兵気沮《ハヽム》不二敢進《テ》一軍遂交《コモ〳〵》綏《シリゾク》義賢大《ニ》壮《トシ》二其《ノ》功《ヲ》一加二賜《シ》禄秩及手書《ヲ》一褒美《ス》後帰二老《ス》於家《ニ》一天文二十二年九月十七日没《シヌ》年九十二

（二オ）

貞則

自称二新介《ト》一事二佐々木氏《ニ》一勝軍《ノ》之戦与二敵卒《ノ》長佐井々小和泉一接戦《シテ》斬《ル》レ之《ヲ》義賢賜《テ》二備身刀及手書《ヲ》一賞《ス》焉永禄九年義賢率《テ》レ軍討二江北《ノ》浅井氏《ヲ》一貞則戦功頗《ル》多九月九日大戦《テ》二于野良田《ニ》一陣没

徳雲

号二嘉祐斎《ト》一後冒《ヲカシ》二小川氏《ヲ》一事二上杉謙信《ニ》一知《ツカサトル》二越後郡事《ヲ》一

重政

自称二十助《ト》一事二佐久間右衛門尉一

女

（二ウ）

女

女

高好

自称二藤兵衛一冒二辻氏一事二浅井備前守一

貞家

自称二新左衛門一事二上杉謙信一知越後郡事

貞尊

自称二藤右衛門一事二浅井備前守《ニ》一江州姉川之戦《ニ》陣没

女

徳印　弥七郎

幼時避二乱《ヲ》於江《ノ》之成就山延命寺《ノ》僧舎《ニ》一後入レ京《ニ》愛二其

山水《ヲ》一遂《ニ》留《テ》為二京人《ト》一従二典薬和気氏《ニ》一学レ医《ヲ》晩《ニ》好レ儒

（三オ）

学《ヲ》略《々》捗《ル》二経史《ニ》一慶長十五年七月十七日没年七十七

葬二于京東龍山南禅寺帰雲洞《ニ》一

正意

字《ハ》孟敬小字《ヲサナ、ハ》大弐自号《ス》二杏菴《ト》一母《ハ》宇野氏天正十二年

五月二十八日生二於江州安土《ニ》一甫《ハシメテ》七歳随レ父《ニ》上レ京《ニ》入二南禅

寺帰雲洞《ニ》一読レ書《ヲ》習レ字《ヲ》在レ洞《ルコトニ》十年所謄写《ノ》書甚多《シ》

後就《テ》二医師正淳《ニ》一校《ヘ》二古《ノ》薬方《ヲ》一最篤《シ》二志《ヲ》儒学《ニ》一文章日《ニ》進《ム》

与二林道春菅玄同松永昌三等一友《トシ》善《シ》慶長十一年

春見《ヘ》二惺窩藤子《ニ》一執《ル》二弟子《ノ》礼《ヲ》一十五年冬代《ツテ》二倉満泰

（三ウ）

次《ニ》一作《ル》下答《ル》二安南国大監掌文理侯駙馬都尉広富侯《ニ》一

書《ヲ》上十二年時

清光君守《ル》二藩《ヲ》南紀《ニ》一崇《ヒ》レ儒《ヲ》好レ士《ヲ》聞《テ》二意《カ》声名《ヲ》一厚《ク》聘《シテ》招《ク》レ之《ヲ》

遂《ニ》就《ク》二辟《メシニ》于紀《ニ》一十七年還レ京《ニ》十八年

清光君捐《ツ》二館舎《ヲ》一継《テ》事《フ》二

自得君《ニ》一賜《フ》二禄三百石《ヲ》一是歳二月叙《ス》二法橋《ニ》一　上卿華山大納言職事蔵人左少弁藤原業光

十九年之二駿府《ニ》一奉

東照大神君教《シテ》作《ラシム》二為政《ノ》論《ヲ》一是《ノ》冬大坂兵興

自得君率《テ》レ軍《ヲ》赴《キ》征《ス》意亦従焉元和五年

自得君自レ紀遷《テ》鎮《ス》二芸備《ニ》一意因《テ》従《テ》レ行《ニ》之《ク》レ芸《ニ》六年還レ京《ニ》

（四オ）

八年従レ君之二武都尾《ノ》邸《ヤシキニ》一

源敬君与レ君有二姻旧一因《テ》知二意学行《ヲ》一固《ク》請《テ》レ君《ニ》招致《テス》二

其ノ邸《ニ》一辞別《ノ》日君臨《シ》二其寓舎《ニ》一語《テ》至二日旰《タクルニ》一遂《ニ》仕《フ》二尾邸《ニ》一

食禄七百石恩遇優渥自レ此以降《コノカタ》
源敬君詣《ル》レ武《ニ》之日与二老臣等一同登《クテ》　レ営《ニ》拝二謁《ス》
台徳大猷両大君《ニ》一賜二酒食時服《ヲ》一歳々以為《テ》レ例《ト》九年還レ京《ニ》
授《カル》レ学者甚衆寛永三年五月叙二法眼《ニ》一　上卿西園寺大納言 職事蔵人左少弁
藤原経広 秋
大猷大君上洛
自得君及下野守松平侯臨《ス》二其三本木行《ノ》宅《ニ》一饗燕終日
（四ウ）
其余《ノ》列侯来訪《リフ》者衆《シ》十年二月上丁林道春始釈二
菜於武《ノ》学《ニ》一意時在レ武《ニ》亦預二其《ノ》事《ニ》一十一年在レ京
六月
大猷大君上洛閏七月
尾亜相君紀亜相君水戸黄門君臨《シ》二其駒福行《ノ》宅《ニ》一
特被《ニ》二恩顧《ヲ》一冬十月
太上皇帝 後水尾帝 聞《テ》二意有《カルヲ》レ名下《シテ》　レ詔《ヲ》召見《ル》　玉音親《ク》
問《フ》二大学三綱領之義《ヲ》一意応対便捷弁析兼美《ナリ》　大称《ニカナフ》二
聖旨《ニ》一特有《ニ》二賜賚《ライ》一意時《ニ》五十歳十三年朝鮮国《ノ》三使
来聘意与《ヘ》二書《ヲ》其《ノ》学士権佽《ショクニ》一　問《フ》二疑条数件《ヲ》一佽復書
（五オ）

弁答服《ス》二其《ノ》博洽《ニ》一明年春佽帰道《テシ》レ洛《ニ》与二石川丈山一
逢《フ》言及二意之文《ニ》一佽曰《カ》吾与レ意以レ書往復真《スニ》博雅《ノ》之
士也吾願《クハ》　以《テ》レ意《ヲ》為二文苑之《ノ》老将《ト》一又曰此土《ノ》之士詩《ハ》不
レ如二丈山《ニ》一文《ハ》不レ如レ意《ニ》十九年在二武都《ニ》一三月伊豆守松
平信綱対馬守阿部重次奉《シテ》　レ教《ヲ》令下意《ヲ》与二林道
春一同撰《クヒ》中諸家系譜上去歳
大猷大君命《シテ》二林道春《ニ》一撰《シム》二諸家系譜《ヲ》一列侯諸士上《ル》二世系
家譜《ヲ》一者数千計簡牒叢委因《テ》申《シテ》　令上僧録司元良及意一与《アツカリ》
撰《セ》上焉其《ノ》譜以二源氏藤氏諸氏《ヲ》一為《シ》二三項《ト》一各《々》分《テ》撰《セシム》レ之《ヲ》而
諸氏者《ハ》意掌《ル》レ之稿《ヲ》具《シテ》　未《タ》レ及　レ上《ルニ》　十一月
（五ウ）
二十日病没《テ》二于武都《ノ》僑舎一年五十八葬二于芝之
金地院《ニ》一所《ノ》レ著書有二杏陰文集二十巻杏陰雑録
二十巻易詩礼記訳解若干巻大学訳解一巻
釈奠名義一巻医指続注一巻国字素問弁髦
二巻国字三川記十五巻国字朝鮮征伐記九巻
国字柴田記一巻一

安之

自称ス二角左衛門一ト慶長八年出テ、後タリ二同族西川原氏ニ一後
改テ二西川原ヲ一為二西川一ト

貞政
先テレ父ニ没

重政
自称二安之丞一ト嗣二父ノ後一

女
適ユク二竹腰氏ニ一

女
適二永原氏一

女
適二池永氏一

（六オ）

適二黒川寿閑一

女
母ハ茅原田氏

黒川道祐

（六ウ）

黒川玄通

植長老

建仁寺僧

正英
小字七太夫自号二立菴一ト同スレ母ヲ慶長十五年九月廿
九日生二于洛一寛永十一年十一月
玄徳君給ス二糧百石一十四年十一月叙二法橋一（上卿日野新大納言職事蔵人）
（左少弁藤原綏光）十九年賜二禄五百石ヲ一従二仕ス于武ニ芸ニ一
玄徳君之テレ武ニ道レ洛ニ時臨二其ノ宅ニ一有二恩賜一慶安元年
十二月叙二法眼ニ一（上卿園大納言職事右中弁藤原俊広）寛文二年六月八日
病没二于京師駒福行宅一年五十三葬二南禅寺帰雲
洞ニ一有二黙桃文集十巻一

（七オ）

女
適二三宅正堅一

三宅堅恕
事フ二松平因幡守ニ一

女
適二福井是菴一

福井道喜
事二板倉近江守一

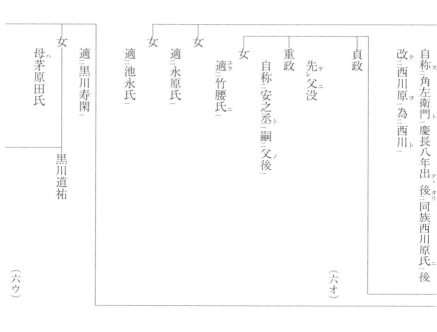

女
適道家仙菴

貞高
自称勘兵衛小字源五郎初父令長男英仕本藩
貞高与季子道林仕于尾邸寛永十九年十二月
源敬君賜禄五百石後加賜三百石

（七ウ）

貞儀
自称治部右衛門仕尾嗣父後食禄六百石後加賜
二百石

貞之
自称勘兵衛仕尾父致《カヘス》仕食禄六百石

道林
初名正龍小字七九郎仕尾食禄二百石

女
適里村昌陸
母木下右衛門大夫延俊之女

里村昌億

昌西堂
相国寺僧

正乙
小字七太夫自号槐菴母小杉氏慶安五年九月

（八オ）

九日生于洛寛文二年六月父没八月
玄徳君廩《リン》給月支三十口糧《サンジウニンフチ》七年病没于洛年十
六葬南禅寺帰雲洞有集名槐菴遺稿行于世

女
適福井道喜

女
同母

女
適梅園正珉

正樸
字毅父自号蒙窩小字一六兵衛同母明暦元年
五月三日生于洛寛文二年六月父没八月
玄徳君廩給月支二十口糧八年十月以兄乙没故増
給十口糧寛文十二年九月赴芸十一月還洛延宝元年

（八ウ）

四月之武都謁
顕妙君十月賜禄三百石自此以降従仕于武于芸

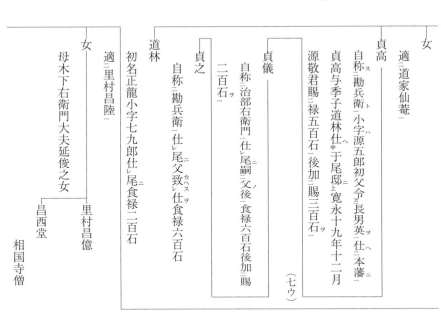

君赴《ク》レ武《ニ》時臨《シテ》二其《ノ》京師《ノ》宅《ニ》一以《テ》優遇《ス》焉貞享元年冬以
レ病《ヲ》家居《ス》元禄二年乞《フ》二致仕《ヲ》一不レ許八年正月固《ク》請二
致仕《ヲ》一廩二給《ス》月支十口糧《ヲ》一養二病《ヲ》于家《ニ》一十三年六月四日
没二于洛《ニ》一年四十六葬二南禅寺帰雲洞《ニ》一有二蒙斎文集一

玄達
字彦直自号二蘭皐《ト》一小字三四郎同レ母万治三年三
月二十四日生二于洛《ニ》一元禄十年三月就二
顕妙君《ノ》之辟《ニ》一賜《フ》二禄三百石一併《ニ》給《ス》二月支二十口糧《ヲ》一従二仕
（九オ）
于武于芸《ニ》一宝永元年八月朔日
君臨《シテ》二于京師綾小路宅《ニ》一賜《フ》二物若干《ヲ》一五年六月廿一日病
没二于洛《ニ》一年四十九葬二南禅寺帰雲洞《ニ》一有二曠堂文集一

正超
字《ハ》彦昭小字源之丞母脇氏元禄元年十月二日生二
于洛一宝永二年謁《ス》二
顕妙君《ニ》于伏見駅《ニ》一五年六月父没八月

女
母《ハ》四方田氏正徳四年七月生

今《ノ》藩主賜二禄二百石一嗣二父後一
男
母同

女
適二菅氏《ニ》一同母
正之助
（九ウ）

直之
自称二平五郎《ト》一同母元禄八年正月生正徳二年十二月没
年十七

女
適二東儀氏《ニ》一同母

直通
自称二伊三郎一同母宝永三年十二月生外祖脇氏絶《ツ》レ祀《ヲ》
因《テ》冒《ス》二母《ノ》姓《ヲ》一

正修
字《ハ》身之小字阿斎母《ハ》木下氏貞享元年十月九日
生二于洛一元禄八年
（十オ）
顕妙君廩二給月支三十口糧一明年三月謁二
顕妙君于伏見駅《ニ》一宝永五年八月

今ノ藩主賜㆓禄二百石㆒正徳三年八月之㆑芸ニ十二月還㆑京

四年三月従㆑行ニ之㆑武ニ五年五月之㆑芸八月還京

新之

同母元禄五年十月生夭死

毓《イク》

称七之丞母ハ妾宝永五年五月生

濬《シユン》

称七十郎同母　宝永七年七月生

忱《シン》

称三之助同母正徳三年九月生

（十ウ）

三　堀景山年譜考証

万治三年（一六六〇）庚子

○三月二十四日　景山の父堀玄達（字は彦直、号を蘭皐、小字《おさなな》〈幼名〉を三四郎）は、父を正英（小字は七大夫、号を立庵）、母を小杉四郎兵衛利房の女として京都に生まれる。祖父は堀正意（字は孟敬、小字は大弐、号を杏庵）である。「曠懐堂堀氏譜系」では、正意を、芸州堀、尾州堀の初代とし、長男正英を芸州北堀の二代目、次男の貞高を尾州堀の二代目とする。姓は菅原、氏が堀である。

貞享元年（一六八四）甲子

○十月九日　景山の従兄堀正修（字は身之、小字は斎〈「堀氏譜図」では阿斎〉、一六郎と称し、のち七大夫・正蔵と改む。号を南湖・習斎、正修は名）は、父を堀正意の玄孫堀正樸（字は毅父、小字は一六兵衛、号を蒙窩）、母を木下平之丞貞幹（順庵）の女として京都に生まれる。景山より四歳年上になる。資料によっては、正修は正脩とも表記される。本書では、正修で通した。

元禄元年（一六八八）戊辰　　一歳

『古今墨蹟鑑定便覧』近世儒家部（国立公文書館内閣文庫蔵）

○十月二日　景山は、堀玄達を父として京都に生まれる。名は正超、字は彦昭または君燕、小字は源之丞、号を景山。通称は玄伯、のち禎助。母は脇平右衛門直弘の女、名は佐濃。

元禄五年（一六九二）壬申　五歳

○八月十五日　父玄達（三十三歳、号蘭皐）は、伊藤仁斎・東涯・伊藤坦庵・北村篤所・村上冬嶺・子郁等とともに、緒方宗哲（仁斎の室の弟）亭に参集して月見、詩会。山本通春編の編年体歌文集『文翰雑編』巻十五に「中秋会飲緒方氏亭」と題する五律がある。管見した資料の中では、景山の父玄達が古義堂およびそれに関わるグループと交流することが判明する最初である。

中秋会飲緒方氏亭　蘭皐

偶逢今夕霽　倚檻仰秋旻
賓与月併浄　詩兼境共新
無瑕修七宝　下碍輾孤輪
杯酒夜参半　冷光欲襲巾

仁斎（この年、六十六歳）・東涯（二十三歳）や坦庵（七十歳）・冬嶺（六十九歳）・篤所（四十六歳）など、当時の京都における一流の文化人との交わりの中で、玄達（三十三歳）はかなり若い世代に属する。玄達は、堀正意以来の朱子学者であるが、学派を超えて古義堂と積極的に交際していたことがこれから後の記事からわかる。

元禄六年（一六九三）癸酉　六歳

○三月　玄達は、伊藤仁斎・東涯・北村篤所等諸人を綾小路室町西の自宅に招いて詩会。

次堀蘭皐丈人見呈諸友詩韻　仁斎

陪醼曾従高客後　泥乾不用更褰裳
談中詩就詞愈巧　酔後茶清興益長
旭日乍収千嶂雨　春風自惹百花香
擬次瑰韻都忘字　欲倩梁朝顧野王

（『古学先生詩集』巻一・『當世詩林』巻中）

同諸尊長遊堀蘭皐亭次主人韻　東涯

騒盟幸属陽和日　満苑杏桃曝綉裳
句句瓊瑰詞最老　団団龍鳳味方長
九衢卜築野情適　三世蔵書手沢香
又喜人間徳星会　接談盧駱与楊王

（『紹述先生文集』巻二十四）

侍曠懐堂飲次韻主人見呈　篤所

陰雨連々暝不霽　霽風此日払雲裳
佳招尽意風流在　勝集投閑午景長
翠柳紅春□趣好　白頭青眼笑談香
早知人世浮栄事　偏以南柯独倜王

（『篤所詩集』）

元禄七年（一六九四）甲戌　七歳

○二月九日　玄達は、北村篤所等諸友を自宅に招いて詩会。『篤所詩集』に「二月九日遊堀玄達宅応主人求」とある。

○大晦日　玄達は、村上冬嶺・北村篤所・熊谷了庵等を自宅に招き『晋書』の会読および詩会。

除夕会蘭皐亭席上呈主人　冬嶺

応嫌名籍在朝班　野眼置身街市間
送旧迎新残臘尽　談今論古暁更閑
樽盈北海孔文挙　燭剪西窓李義山
除却一年雖可惜　還欣不日聴綿蛮

（『遊東詩集』・『當世詩林』巻上）

除夕曠懐堂次韻冬嶺翁　篤所

風雪無情解迎送　春回臘去咄嗟間
貧而能楽実斯楽　忙裏得閑真是閑
何用因心兼屈膝　応須漁海又樵山
一年塵事水流去　笑殺般々争触蛮

（『當世詩林』巻上・『文翰雑編』巻十八）

甲戌除夜赴蘭皐主人読晋書会

道中口号　冬嶺

争場商賈執相駆　何況歳除垂夕時
応是不羈方外客　故携晋史問幽期

（『遊東詩集』）

元禄八年（一六九五）乙亥　八歳

○正月　玄達は、伊藤東涯・梅于・介亭の三兄弟、北村篤所・緒方宗哲・山中玄迪・安田立堅・沢田訥斎・永井養遷・大町敦素・田立朝・熊谷了庵・巨勢彦仙・平井春益・中島正介等と詩会。ほとんどが古義堂門下である。

同（元旦）　　堀玄達

処世本非疎礼数　書窓自似野人間
懶生久拌嵆中散　末俗未知元魯山
竹裏春声幽鳥度　牆頭臘味歳星還
新年不改故年観　口業猶窺詩一班

（『文翰雑編』巻十八）

○四月八日　玄達は、仁斎・東涯・坦庵・冬嶺・篤所・宗哲・前田松宇・三浦養安・豊満某・河端某・松子節等とともに、豪商那波古峯宅に会集して詩会（『紹述先生文集』巻二十四）。

○四月十四日　玄達は、仁斎・東涯・冬嶺・篤所・宗哲・古峯・大角・良可とともに公卿勘解由小路韶光の邸に招かれ、探題により詩を作る（『紹述先生文集』巻二十四）。

○九月二十三日　玄達は、仁斎・東涯・冬嶺・篤所・三浮陽・坂口文安・梅元端・浅周迪を古峯の別宅耕雲庵（八坂にある）に誘って宴を催し、また東山に登る（『古学先生詩集』巻一、『紹述先生文集』巻二十四、『篤所詩集』）。その時の東涯の詩「秋晩赴蘭皐之飲登東山雨中即事」には、北堀の堀正修（南湖の名）も、その場にかけつけていたことを記す小序がある。正修は十二歳である。正修が十二歳でありながら俊逸であったことは、正修の祖父である木下順庵が「儒林三世の学、復た前人を継ぐべし」「歳星一紀の春、家学年を逐ふて新なり」（『錦里文集』巻九〈東武稿〉）と詩句に述べていることからも分かる。

○十二月二十日　正修の父堀正樸は病により致仕し、特旨を以て十口糧を賜る。広島藩第四代藩主浅野綱長により、正修は召されて綱長の儒員となる。正修は、月額三十扶持を給せらる。

○大晦日　玄達の自宅で『晋書』の会読と詩会。『篤所詩集』・『當世詩林』巻下に載る篤所の「除夕蘭皐子宅読晋史」と題する詩から、このことは知られる。

除夕蘭皐子宅読晋史　　篤所

少小迎春景　屈指仍欣然　老大坐今夕　百感送流年
俯仰一歳事　過眼幾変遷　交遊滅故旧　詩稿添新篇
左癖五六輩　会読典午編　只有志汲々　共見腹便々
盍簪常多障　此社幸綿聯　久酌洛陽酒　月花青眼前
主人開此例　除日肆綺筵　門外人闐咽　自誇壺中天

除夕会読晋史篤所氏有詩次韻　　蘭皐

市井紛紜交　朝睦夕怫然　清要豪華族　進退不待年
唯斯文字好　不逐時俗遷　窮年首戢々　遇境句篇々
雪侵年時髩　眼枯灯花編　往々相顧笑　勤苦何所便
独能修吾名　不願雁塔聯　独能伸吾膝　不屈王侯前
特此聊自楽　輪転共開筵　開筵当此夕　別有筵上天

玄達は、冬嶺・篤所をはじめとする諸友と二十一史を読む会を作り、会集の場所を持回りにして読んでいた。しばしば賓者として招かれていた仁斎が、二十一史を読む会のメンバーであったと思われる那波古峯の別宅に遊んだ時の詩〈遊那波氏鷹嶺別業〉（『古学先生詩集』巻二）に、「性亦好読書、終日葬棐几、案上春秋経、左右漢晋史」とある。

古峯の机上には、いつも春秋をはじめとする史書が置かれ、読まれていたということであり、他の社友も似たような熱中ぶりであったと推測される。東涯の『先游伝』に記される村上冬嶺の条には、「晩与篤所蘭皐諸人、会集閲二十一史。逐月六次、不避寒暑伏臈」とあり、寒暑も夏・冬の祭りも関係なく、毎月六回のペースで集まり二十一史の読書会をしていたことがわかる。また北村篤所の条には「晩歳与冬嶺蘭皐等諸人、会集閲史、青衿之士、多所造就」とある。この会には向学心に燃える若い書生も多く参加していたらしい。二十一史の会読の場は「談吐爽快、議論風生」（『先游伝』）であったという。後に景山が『不尽言』で、「愚拙は幸に資治通鑑も二十一史も所持したれば、年来に徧く一覧せしに」という二十一史の中には、和刻されていないものが多いことから、父玄達が東涯や冬嶺・篤所等との会読に使用していた唐本を後に譲り受け、読んでいたということになる。前掲の元禄六年三月に玄達亭に遊ぶ東涯の詩に、「三世蔵書手沢香」とあり、また別に、室鳩巣は、景山家蔵の神像を詠む詩の中で「景山奕世文献伝」（『後編鳩巣文集』巻之一）という。二十一史の唐本は、正意―正英―玄達―景山へと受け継がれていたものと思われる。

○この年、玄達は、篤所・恒庵・養庵・冬嶺・古峯・松宇等と三井寺の後方に位置する長等山に登る。

登聳長等山観音閣遠眺　　蘭皐

梅天雨足子規叫　　半牖微寒気似秋
故巻新蕉不妨湿　　過花緑木転添幽
相逢坐上孔文挙　　久見平々生馬少
游肯守屋廬聴淋　　瀝故来領写間愁

（『文翰雑編』巻十八）

元禄九年（一六九六）丙子　九歳

○正月五日　弟の直之（次男）生まれる。

丙子新年作　　　　　　　　　　蘭皐

造化小児遭苦久　　浮休代謝日無窮
添丁新歳祐盧氏　　鑾子去年捨白公
心抱百憂非独我　　面生一皺不重童
従前須遨悲歓外　　得失解言塞上翁

（『當世詩林』巻下）

○三月　正修は、伏見の宿駅にて広島藩藩主綱長公に謁す。伏見には本陣があり、藩主が参勤交代のときに宿所としていた。

○五月九日　玄達は、仁斎・東涯、坂口立益・文安の各父子、宗哲・篤所・毅庵・古峯・三浮陽とともに村上冬嶺の小隠に会集。

○十一月十五日　信州出身の野沢氏（夕雲翁と呼ばれ、京都の東郊外に住む）に、玄達は東涯・冬嶺・篤所・宗简・専益・宗順等とともに招かれ、『南史』の会読（『紹述先生文集』巻二十二）。

○十一月二十一日　玄達は、仁斎・東涯・冬嶺・篤所・宗简・文安・夕雲・立宜・三村・梅元端を自宅に招く（『紹述先生文集』巻二十二）。

謝蘭皐堀丈人之招　　　東涯

羨君長省事　　且向硯田耕
紅獣撥灰白　　蒼竜当屋明
人推黄叔度　　経遺韋玄成
比日頻頻集　　更無鄙吝萌

○年の暮れに、玄達は篤所等を自宅に招く（『篤所詩集』）。

元禄十年（一六九七）丁丑　十歳

○正月十七日　玄達は、仁斎・東涯・冬嶺・篤所・宗簡と、知恩院の傍にある古峯の別宅（晩翠亭）に雅游して詩会（『紹述先生文集』巻二十四）。

○二月　玄達は篤所と東山に遊ぶ（『篤所詩集』）。

○閏二月七日　玄達は、鷹嶺にある古峯の別宅（知還堂）に、冬嶺ら社友と遊び詩会（『當世詩林』巻下）。

遊鷹嶺知還堂　　蘭皐

世事峥嶸近撩我　勝筵偶被主人催
微寒笠子午天雨　細雨杖児北里梅
澗愧負君他日涙　社盟惜別一時盃
本無長索繋桑影　此処好懐幾度開

○三月二十五日　玄達は江戸において広島藩藩主綱長より、禄三百石並びに二十人扶持を給与せられて本藩儒者に登用される。宗家の後嗣正修が十四歳と、まだ幼なかったためか。北堀から別に一家を興す。この家を南堀と称す。時に玄達三十八歳。

○四月　『篤所詩集』の〈冬嶺勝集〉（四月二十一日）と題する詩に、「社盟共恨蘭皐子、官況索居東武州」とあることから、玄達は広島藩の儒員として、江戸に赴いていることが知られる。「曠懐堂堀氏譜系」には、「以後江戸広島度々御供」とある。居を京都に置いたまま、江戸・広島に往復して藩主・世子の相談・教育にあたっていた。

○六月二十四日　玄達は、冬嶺・仁斎・東涯・篤所・寿軒・松宇・穀庵とともに、古峯に黒谷の西翁院に招かれる（『紹述先生文集』巻二十四）。

○八月十四日　夜、玄達は、鴨川のほとりにある古峯の別宅（枕流亭）に、仁斎・東涯・冬嶺・篤所とともに参集して玩月の会（『紹述先生文集』巻二十四）。

元禄十一年（一六九八）戊寅　十一歳

○正月十八日　玄達は、古峯の別宅（湛然居）に、仁斎・東涯・冬嶺・篤所・松宇とともに招かれる（『紹述先生文集』巻二十二）。

○二月十三日　玄達は、自宅に東涯等諸友を招き詩会（『伊藤氏家乗』・『紹述先生文集』巻二十四）。

蘭皐丈人席上次韻　東涯

千里東遊期已近　今宵延客助清歓
十年有友辱青顧　一事無為恥素餐
吟対高材知益渋　愁因酒力覚稍寛
詩筒不隔蒼波遠　如面莫嗟会面難

元禄十二年（一六九九）己卯　十二歳

○秋　玄達は、冬嶺・篤所と一緒に露山の紫雲峯に遊ぶ（『當世詩林』続編）。

元禄十三年（一七〇〇）庚辰　十三歳

○六月四日　伯父の堀正樸（宗家北堀、正修の父）没す。享年四十六。葬地は南禅寺帰雲院。

○十月十三日　玄達は、仁斎・東涯父子をはじめ、諸友を自宅に招く。『伊藤氏家乗』（元禄十三年）に、「十月十三日堀蘭皐へ被召、閑話到鶏鳴、冬嶺、篤所、芸庵、寿軒、予父子、至夜義庵到ル、掛物ハ四暢図、先生有詩」と見え

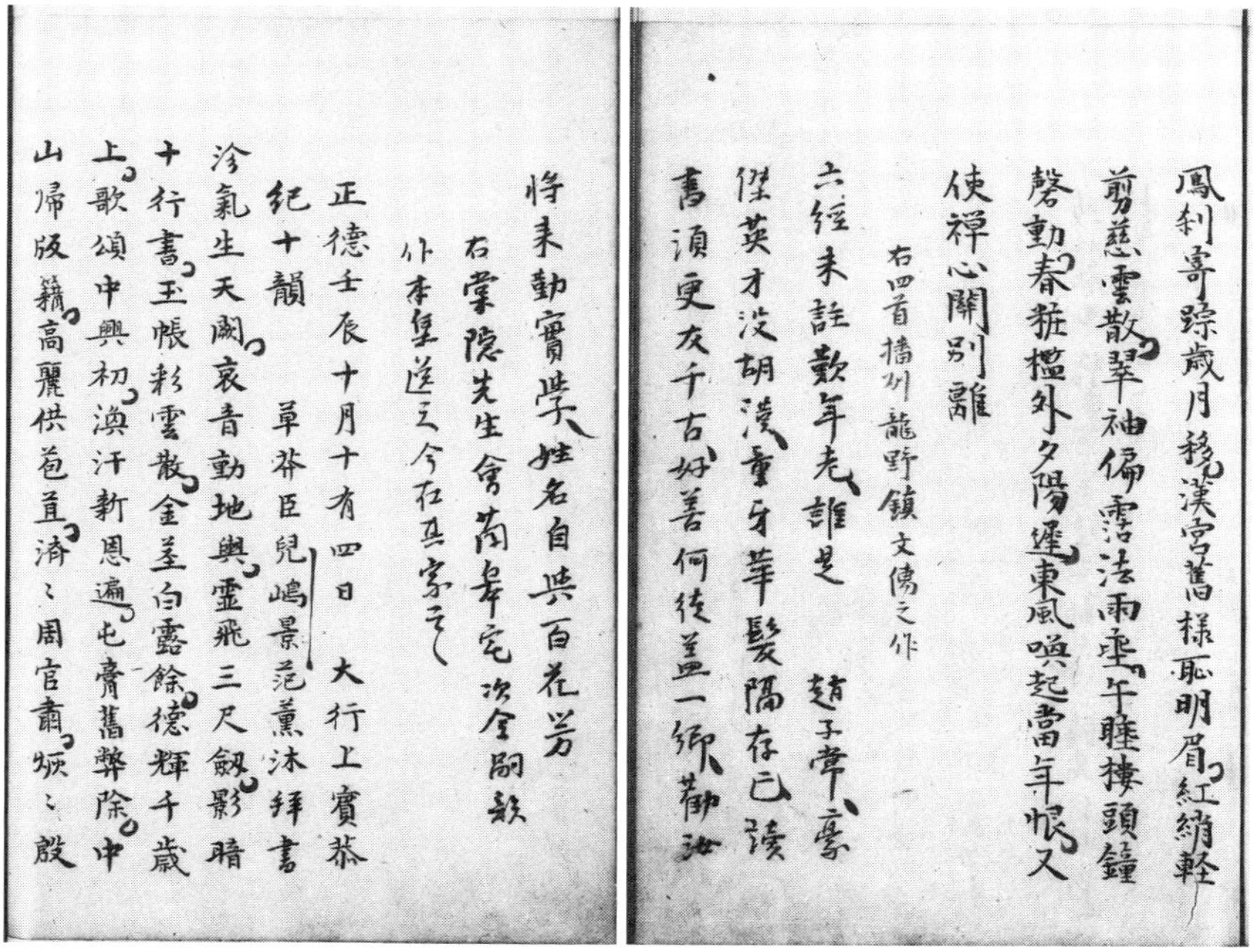
鳳刹寄蹤歳月移。漢宮舊様恥明眉。紅綃軽翦慈雲散。翠袖偏霑法雨垂。午睡撞頭鐘磬動。春粧檻外夕陽遅。東風喚起當年恨。又使禅心鬧別離
右四首播州龍野鎮文儁之作
六経未註歎年老。誰是　趙子常。豪傑英才没胡漢。童牙華髪隔存亡。讀書須更友千古。好善何徒蓋一郷。勸汝将来勤實學。姓名自與百花芳
右棠隠先生會蘭皐宅次令嗣韻
作本集逸之今在其家云
正徳壬辰十月十有四日　大行上賓恭紀十韻　草莽臣兒嶋景范薫沐拜書
沴氣生天闕。哀音動地輿。霊飛三尺劔。影暗十行書。玉帳彩雲散。金茎白露餘。德輝千歳上。歌頌中興初。渙汗新恩遍。屯膏舊弊除。中山帰版籍。高麗供苞苴。濟々周官肅。炳々殷

『當世詩林』続編（天理大学附属天理図書館蔵）

る。大谷雅夫氏は『當世詩林』（京都大学国語国文資料叢書二十六）の解説で、「先生有詩」という仁斎の作を、『當世詩林』続編に載る次の七律に擬せられ、

六経未註歎年老　誰是□□趙子常
豪傑英才没胡漢　童牙華髪隔在已
読書須更友千古　好善何徒蓋一郷
勧汝将来勤実学　姓名自与百花芳

右棠隠先生会蘭皐宅次令嗣韻
作本集逸之今在其家云々

左注「右棠隠先生、会蘭皐宅、次令嗣韻作、本集逸之、今在其家云々」から、玄達の令嗣は景山であろうと推察されている。令嗣の詩に次韻した仁斎（七十四歳）をして、その詩の尾聯で「勧汝将来勤実学、姓名自与百花芳（汝に勧む、将来実学に勤めば、姓名自ら百花とともに芳しからん）」と言わしめた景山は、この時十三歳である。

元禄十四年（一七〇一）辛巳　十四歳

○正月二十五日　契沖没す。享年六十二。
○二月三日　玄達は、東涯・冬嶺・篤所と銀青光禄大夫藤韶光卿に謁す（『紹述先生文集』巻二十四。韶光の初出は、元禄八年四月十四日）。
○四月十三日　玄達と正修は、東涯・冬嶺・篤所・黙堂と藤韶光卿を訪う（『紹述先生文集』巻二十二）。

元禄十五年（一七〇二）壬午　十五歳

○玄達「壬午新年の作」成る。

壬午新年作　　蘭皐

此生浪走催衰疾　又使青春上髩辺
詩倩杜翁駆瘧鬼　贏如楽令学曜仙
天機衰々物皆老　人事紛二懶独先
唯有新年懐一発　韶光到処着吟篇

（『當世詩林』続編）

○二月七日　玄達は、仁斎・東涯・冬嶺・篤所・前田松宇を自宅に招く（『伊藤氏家乗』）。
○四月二十五日　玄達は、御召により広島に赴き、小袖を賜る。
○十二月十四日　赤穂浪士討入り。景山が後に記す『不尽言』に、忠臣義士四十七人を一人も残さず殺した幕府の処断に対しての強い批判が見える。

宝永元年（一七〇四）甲申　十七歳

○八月朔日　藩主浅野綱長が、京都綾小路室町にある玄達の居宅を訪れる。玄達は物品を拝領する。広島藩藩主が参勤交代の途次、藩儒である京都の堀家の居宅に立ち寄ることは、正英や正樸の代からあった。堀杏庵以来の名家である所以であろう。堀家は広島藩の儒者の中でも特別な存在であった。

宝永二年（一七〇五）乙酉　十八歳

○三月十二日　伊藤仁斎没す。享年七十九。

○三月二十一日　玄達は、広島藩より銀三枚拝領する。

○八月二十九日　村上冬嶺没す。享年八十二。

○この年、景山は伏見の宿駅にて、広島藩藩主綱長公に謁す。

宝永三年（一七〇六）丙戌　十九歳

○弟の直通（三男）生まれる。

宝永四年（一七〇七）丁亥　二十歳

○この頃、濂洛関閩の学（周敦頤・程顥・程頤・張載・朱子の唱えた宋学）を主として学び、また韓愈・欧陽脩を誦す。『屈物書翰』第二書「復物徂徠書」に「僕自結髪授念書、欽味濂雒旁誦韓欧」と述べる。『文選』巻二十九、蘇武〈詩四首〉の一句「結髪為夫妻恩愛両不疑」の李善注に、「結髪始成人也、謂男年二十女年十五時笄冠為義也」とあるように、「結髪」は男子では二十歳をいう。景山は二十歳の頃から本格的に程朱学の学問を考究し、また韓愈・欧陽脩などの文章を学び始めた。

宝永五年（一七〇八）戊子　二十一歳

○正月一日　正修の七律「戊子元日書懐」あり（『熙朝文苑』巻二）。
○二月十一日　広島藩第四代藩主浅野綱長没す。
○三月二十六日　同藩第五代藩主として、浅野吉長が襲封。
○六月二十一日　父玄達没す。享年四十九。諡号は文懿。葬地は南禅寺帰雲院。景山の墓の後に墓石がある。『曠堂文集』の著作がある。
○八月十四日　正修は、東涯・篤所・品川希明・脇延明（兄）・脇長準（弟）と、従兄（父の姉の長男）里村昌億法眼の亭に赴き月見の宴（『伊藤氏家乗』・『紹述先生文集』巻二十五）。脇氏兄弟は、景山の母（脇平右衛門直弘女、名は佐濃）と同族か。里村昌億の母は、景山・南湖の伯母にあたる。堀家と古義堂の交際は、連歌師の里村家を媒介にしたものであろうか。
○八月二十四日　伊藤坦庵没す。享年八十六。
○八月二十五日　広島藩藩主吉長から、禄二百石を給与せられ、父玄達の業を嗣ぐ。従兄の正修も、この日同じく禄二百石を賜る。

宝永六年（一七〇九）己丑　二十二歳

○一月十日　第五代将軍綱吉没す。

宝永七年（一七一〇）庚寅　二十三歳

○七月　正修の次男正珪（名は初め濬、字は仲玭、南雲と号す。七十郎と称し、後に七左衛門と改める）生まれる。正修の長男は毓、七之丞と称し、父正修に先立ち早世す（享保十三年七月没）。したがって、宗家北堀では、正修のあと南雲を嗣子となす。

正徳二年（一七一二）壬辰　二十五歳

○四月十二日　室鳩巣が正修に対して「答堀正修書」を書く（『後編鳩巣文集』巻之六）。
○六月十九日　同じく「答堀正修第二書」を書く（同右）。
○九月二十五日　同じく「答堀正修第三書」を書く（同右）。
○十月十四日　第六代将軍家宣没す。
○十二月　弟の直之没す。享年十七。

正徳三年（一七一三）癸巳　二十六歳

○八月　広島藩藩主浅野吉長は、正修を側儒となす（八月広島に赴き、十二月に帰京）。年代は不明だが、正修は近衛相公家熙の侍講をつとめている（芥川丹邱『薔薇館集』下・巻五〈贈二屈南湖先生一〉）。
○十月　正修『縮景園記』一冊成る（広島市立中央図書館・浅野文庫蔵。正修の『霊泉記』『広胖亭記』『楽器図』も同文庫蔵）。

正徳四年（一七一四）甲午　二十七歳

○三月　正修は、参勤交代で江戸に随行。
○七月　長女生まれる。

正徳五年（一七一五）乙未　二十八歳

○二月　正修の依頼により、室鳩巣は堀正意の詩文二集の序の執筆を承諾。またかつて正修の父正樸と遊んだことをいう（『後編鳩巣文集』巻之十二）。

○五月　正修は広島に赴く（八月に帰京）。

享保元年（一七一六）丙申　二十九歳

○四月三十日　第七代将軍家継没す。

享保二年（一七一七）丁酉　三十歳

○五月十六日　正修は彭城政五郎を書状を介して、伊藤東涯に紹介する。東涯『初見帳』に「彭城政五郎　長崎大通事之息、堀正周《ママ》ゟ書状ニ而申来」とある。政五郎は長崎大通事彭城藤治右衛門の三男で、『訳司統譜』によれば、享保四年に稽古通事、享保八年には小通事末席を仰せ付けられた人物である。

享保三年（一七一八）戊戌　三十一歳

○七月十一日　北村篤所没す。享年七十二。

享保四年（一七一九）己亥　三十二歳

○九月五日　藩主吉長によって側儒を仰せ付けられる。

○十一月十四日　長男の正通生まれる。

○中国清代の魏惟度の「八居詩」に次韻した七律八首を作る（Ⅳ・一・五二七頁）。また、次韻詩を伊藤東涯に呼びかける。

享保五年（一七二〇）庚子　三十三歳

○参勤交代で江戸に随行。

○十二月二十五日　広島藩より、郡内島羽織地一疋賜る。

享保六年（一七二一）辛丑　三十四歳

○十一月十五日　長男の正通（丹之丞）没す。二歳。南禅寺塔頭帰雲院に葬る。墓石が現存する。「曠懐堂堀氏譜系」には、同年十二月十五日とあるが、墓碑に拠るべきであろう。

享保七年（一七二二）壬寅　三十五歳

○七月二十九日　石清水八幡宮西隣の神応寺の僧虎渓を書状を介して、東涯に紹介する。東涯『初見帳』に「虎渓八幡神応寺之僧　堀正超〆書来ル」とある。

○十月二十日　次男蘭澤（字は釆卿、号を蘭澤、小字を大二郎、名は正亮。後に正助・貞次・正大夫・禎助と改む）京都に生まれる。

享保九年（一七二四）甲辰　三十七歳

○正月二十五日　広島藩から銀四百目を拝領する。

○二月二十日　伏見の本陣に御召があり、藩主吉長公から羽織を直に拝領する。

○三月十七日　正修は小倉の家中石川平吉なる者を同道し、古義堂を訪れ紹介する。東涯『初見帳』に「石川平吉小倉之家中也、堀正修子之同道」とある。
○四月十九日　近衛家より「苅」の字について、意見を徴される（山科道安『槐記』）。

享保十年（一七二五）乙巳　三十八歳

○三月二十三日　景山か正修のいずれかが、芸州の井上新五なる者を東涯に紹介し、寄宿せしめる。東涯『初見帳』に「井上新五　芸州之人、堀氏介、寄宿」とある。
○秋、伊藤東涯に「磐梯晴峯」（会津の倘佯亭十景の一）を詩題として、七絶の詩を求める（『紹述先生文集』巻二十九）。
○十月　幕府の医官法眼山田正方（号は李陰）の子息正朝（号は麟嶼）は、儒学を修めるため天野景胤・篠崎東海と共に京師におもむき、東涯の門を叩く。この時期を、東涯自筆の「山田麟嶼学博墓誌銘」（天理大学附属図書館・古義堂文庫蔵）では「享保十年夏四月」、東涯の長男東所が校正出版した『紹述先生文集』巻十三には、「享保十年冬十月」とする。また、『寛政重修諸家譜』巻千四百九十四「正朝」の記述では、享保九年九月八日に京都に赴くとしている。景山が京都で麟嶼を世話したことは、享保十一年七月二十一日に荻生徂徠が景山に宛てて書いた最初の書翰「復屈君燕書」に、「及乎菅童子西游也。聞足下周旋甚勤。李陰君喜以見諗」とあることによってわかる。景山が「僕姓亦本菅偶与李陰君同宗」（「復物徂徠書」）と述べているように、同族の誼からの世話であろう。享保十年十月二十五日に徂徠門下の神童であった麟嶼は東涯と対面している。同日の『初見帳』には「山田大助殿　去年被召出候官儒、十四才之由」とあって、紹介者の名は記されていない。『東涯家乗』享保十年には「十月二十五日　山田大助殿入来、先達而篠崎金吾ゟ書状到来、今月十八日京着にて三四年も在京学問願申上、上京なり」とある。したがって、「山田麟嶼学博墓誌銘」に記す月日は東涯の記憶違いであり、『寛政重修諸家譜』の記述も誤りということになる。

享保十一年（一七二六）丙午　三十九歳

○三月　参勤交代で藩主浅野吉長に従い江戸にいたる（「与物徂徠論文書」「復物徂徠書」）。将軍吉宗への藩主吉長の拝謁は三月十五日（『徳川実紀』）。

○三月十日　母脇氏の女（佐濃）病没す。享年五十九。諡号は貞寿。南禅寺塔頭帰院に葬る。「堀玄達妻脇氏之墓」側面に「享保十一年丙午三月十日卒」と刻む墓石が現存する。

○七月　荻生徂徠に書翰「与物徂徠論文書」を呈す。書翰の取次は、景山と同宗族の幕府の医官山田正方である。

○七月十一日　三月の母の死に続いて、初配（四方田重之丞寛命の女、名は栄）病没す。神沢杜口の『翁草』巻百七十九〈吉益周助堀元厚等の事〉に、古医方派の吉益周助（東洞）が景山を頼って芸州から上京したことを述べている中に、「国の儒者堀景山に便りて、医を弘めんとす。景山口入して、予が合壁の四方田某方へ洞庵（周助の号）を引合す、四方田は景山縁者たる故なり」とある。景山は「復物徂徠書」に、妻の死を述べた後「其奈二幼終失撫字」と書き、妻の栄が亡くなったあとに二人の幼児が残されたことを嘆いている。長男の正通はすでに夭逝（享保六年十一月十五日）しているから、この二人は、長女（正徳四年七月生まれ、この時十二歳）を除いた次男の蘭澤（四歳）とその妹をさしていることになる。栄の諡号は寿芳。帰雲院に葬る。景山の後妻は平井氏の女（名は房、天明七年十月二十八日に病死。諡号は梅宝。享年七十八）であるが、再婚の時期は未詳。

○七月二十一日　徂徠が景山に宛てて返翰「復屈君燕書」を書く。

○八月六日　徂徠に宛てて第二書「復物徂徠書」を呈す。この中で亡き母の遺嘱として景山と正修（字は身之）の「魁星詩」への和韻を徂徠に求めたが、この依頼は次の徂徠の返書で断られている。徂徠宛ての第二書から類推すれば、その後「香火」(杏庵の墓所である芝の金地院への墓参り)を理由に藩の許可を得、途中徂徠宅を訪問して再度和韻を願ったらしい。その結果、徂徠は和韻詩ではない「斗之魁有序」を作る。それが『徂徠集』巻一の冒頭を飾る(平石直昭『荻生徂徠年譜考』一五七頁)。その中で徂徠が言及している魁星の像(景山の母が崇奉していた家蔵の神像)について、室鳩巣は「鋳造の古像(斗魁神像)」で「面貌甚だ異」であったという。また正修の「題神像」の詩に、鳩巣は村上某を介して和韻を求められている(『後編鳩巣文集』巻之一)。景山は、徂徠の他に伊藤東涯にも「魁星詩」への和韻を依頼していた(『紹述先生文集』巻二十一)。

○八月九日　景山の第二書に対して徂徠が「再復屈君燕書」を書く。

○九月十五日　藩主吉長は就封の暇をもらい帰国する。景山が初めて室鳩巣を訪ねたのは、この年の在府期間中(三月十五日〜九月)であったと推定される。参勤交代の交代期が四月から三月・九月に変更になるのは、財政難の応急措置としてとられた「上米制度」が執行された享保七年七月〜同十六年の間である。在府が半年、在国一年半となった。この間の参勤交代で、享保十五年三月十九日に、景山が伊藤東涯と京都愛宕の真浄庵に遊ぶ記事が東涯の『家乗』に見えるから、江戸に随行していないことがわかる。景山が御供したことが明白なのは、この期間中では、「曠懐堂堀氏譜系」によれば享保十一・十三年の二回である。『後編鳩巣文集』巻之三に収めた「和屈景山韻二首并序」と題する序に「先是君従安芸侯役於東都始顧余於草廬……今歳春復従侯来乃訪余……至秋季将之中帰京方告別請中庸首章既去即日造門来謝又賦詩二篇」とある。「今歳春復従侯来」とあるこの文言は、鳩巣宅への訪問は二度目であることを示している。景山の詩に和韻した鳩巣の詩と序は享保十三年の可能性が高い。

○九月十六日　江戸随行に対して、銀七百五十目を賜る。

享保十二年(一七二七)丁未　四十歳

○正月二十七日　伊藤東涯の門人朝枝玖珂（三十一歳）松室熙載（三十六歳）、宇野明霞の門人田中大観（十八歳）芥川丹邱（十八歳）等とともに、黄檗僧大通元信（四十六歳）に唐音を学び、『論語』を読み習う（宗政五十緒「松峡松室熙載年譜」）。景山が最年長である。後に『不尽言』で、字義・語勢、漢文直読を主張するのも、この唐音の学習で得た成果の一つであろう。平賀中南の『学問捷径』（安永八年刊）に、「今ノ人唐音ハ詩文ノ用ニハナラヌト云、屈景山ダニマノアタリ予ガ友松子純ニ向テ云ハレシト松子純予ニ語リタリ、是皆唐音ヲ知ラヌ故ナリ」と景山の唐音の力についての言及がある。

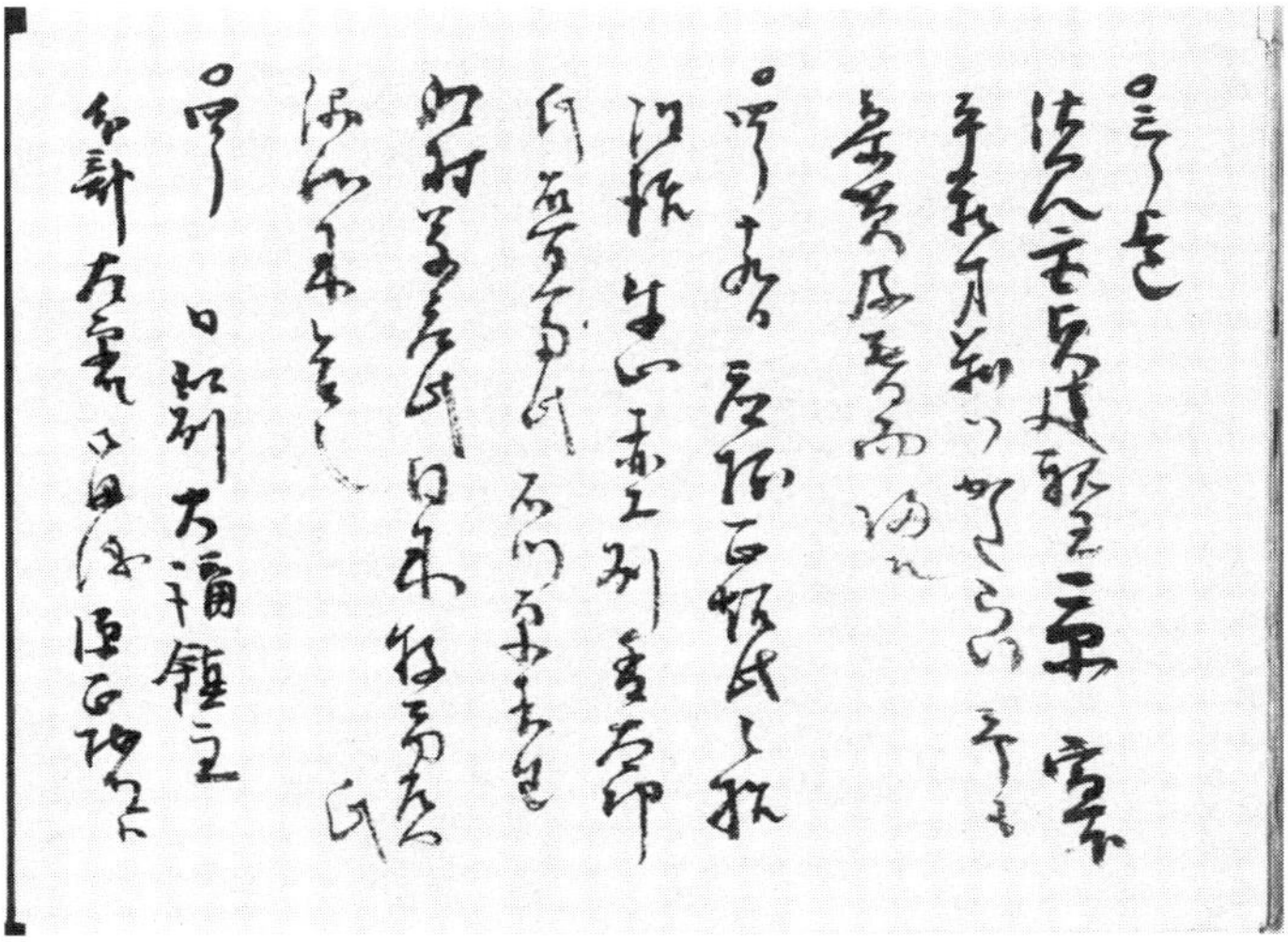

伊藤東涯『家乗』享保12年４月19日の条
（天理大学附属天理図書館　古義堂文庫蔵）

○四月十九日　伊藤東涯等諸友を自宅に招く。東涯の『家乗』に「応堀正超氏之招、往話」とある。

○六月二日　田丸吉貞宅に行き、東涯等と談ず。東涯の『家乗』に「田丸吉貞氏宅へ往話。柳馬場三条上ル町、赤塚香月、堀景山氏入来なり」とある。

○八月　儒学を伊藤東涯に、茶道を千宗左に学んだ茶人三谷宗鎮の著作『和漢茶誌』の叙を書く（Ⅳ・二一・(4)「茶誌叙」・五八三頁参照）。また南湖は跋を書いている。

○十二月十三日　束髪して禎助と改名する（「曠懐堂堀氏譜系」）。『広島県史』近世史料編Ⅵの解説では、「(寺田臨川)の時代まで儒医は世間一般の風にならい僧形をとっていたが、享保十年（一七二五）吉長の命により蓄髪することになった。この頃堀景山らも蓄髪を認められており、吉長の儒学に対する特別な関心をうかがうことができる」と記すが、「曠懐堂堀氏譜系」に「同十二年丁未十二月十三日束髪改名禎助初名正超」とあるように、景山の蓄髪は正確には享保十二年である。景山はこの年まで僧形であったということになる。景山は広島藩に、儒学者として召し抱えられている。延享二年（一七四五）五十七歳の時、堀元厚の『隧輸通考』に寄せた跋文（Ⅳ・二・(6)・五九〇頁参照）からは、景山が医学に対して一つの見識を持っていたことはわかる。ただ、その中で「余、素より医理に闇し」と述べ、また『不尽言』に「儒医などと云名目は、文盲の甚だしき事也」とも言う。景山が、杏庵と同じく儒医であったとはいえない。

○この年、正修『広胖亭記』一冊成る。

享保十三年（一七二八）戊申　四十一歳

○正月十九日　荻生徂徠没す。享年六十三。

○三月十五日　藩主吉長、参勤交代。景山は江戸に御供する。在府期間中、再び室鳩巣を訪ねるか。

○七月　正修の長男毓（七之丞）没す。

○九月　景山は江戸を去る挨拶をするため鳩巣を訪れ、その際に『中庸』首章の講説を請うか。

○九月十五日　吉長は就封の暇をもらい帰国する。景山はこの日、鳩巣を訪ね、詩二篇を賦すか（鳩巣に関する右の三条は、前掲『後編鳩巣文集』巻之三による）。

享保十四年（一七二九）己酉　四十二歳

○分部左京亮家中、前田久弥の女と縁組。後に離婚（時期不祥）。この後、後妻として平井某の女（房）を娶ることになる。景山の子供の母は、四人（男女各二人）とも初配四方田氏の女（栄）である。
○六月二十五日　近衛家より「南鐐」「弓居」の文字について意見を徴せらる（山科道安『槐記』）。

享保十五年（一七三〇）庚戌　四十三歳

○三月十九日　伊藤東涯と愛宕にある真浄庵に遊ぶ。この時に作った東涯の「愛宕暁雪」という詩の題下に、「真浄庵十勝之一、庚戌之春、堀禎助丈懇」と割注がある（『紹述先生文集』巻二十六）。東涯『家乗』には、「清水辺之真浄庵へ往遊。但内山僧正之別宅ナリ」とある。
○四月『日野阿新伝』に栗原文蔵・宇野三平（明霞）・石川正恒（麟洲）らと並んで、『太平記』巻二に見える阿新丸（藤原国光、中納言資朝子）伝の漢訳「阿新伝」を試みる（Ⅳ・二・⑽・六一四頁参照）。
○この年、正修は『南湖々陰集』（全八丁・京都大学附属図書館蔵）を撰す。

享保十七年（一七三二）壬子　四十五歳

○この年、正修『易弟子問』三冊成る。

享保十九年（一七三四）甲寅　四十七歳

○十月　景山自ら書写した『古今集序六義考』一冊を、桜月堂小野田重好に貸与。宝暦三年十月二十五日の宣長の書写本の奥書に、「古今集六義考一巻者井口氏寿適先師述作而歌道之奥旨也、堀氏君燕雅丈以書写之本不違一字写之成功畢、享保十九歳甲寅神無月下浣、洛陽遊士桜月堂重好記之」、「右六義考一本者以小野田重好本書写之竟其功乎間灯火矣一校焉此時復遇宝暦三年癸酉十月二十五日、神風伊勢意須比飯高、本居栄貞」とある。宣長が景山から伝

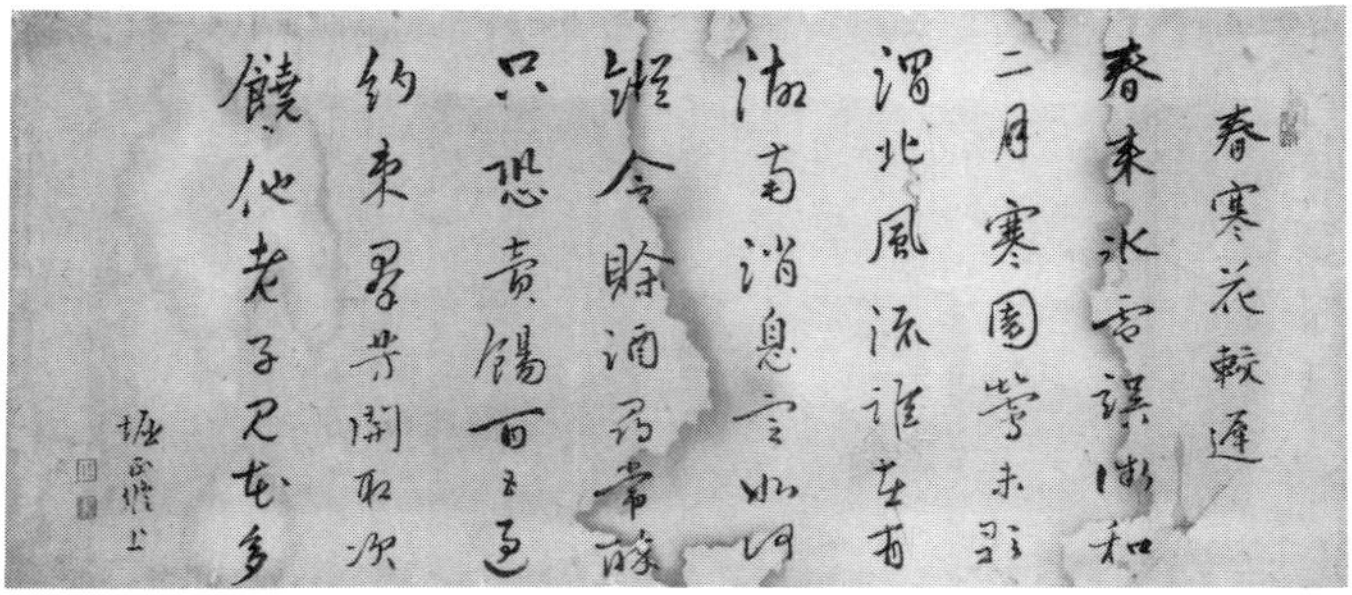

堀正修筆詩稿（架蔵）

与された『日本書紀』には、小野田重好の奥書が記されており、そこに「余父友樋口宗武老先生之游学……」とあって、重好は樋口宗武の友人小野田某の子息であることがわかる。北岡四良氏によれば、重好は海北若冲の門下である（『復刻近世国学者の研究』）。景山はこの頃から宗武の書入れ本をもとにそれを書写した重好とも交流を深めていたらしい。いくつかの書の小野田重好本を宣長は書写するが、それらはみな景山から借りて写したものであろう。

享保二十年（一七三五）乙卯　四十八歳

○五月朔日　広島藩より、金五百疋賜る。

○十二月二十四日　宗家の正修と共に、広島藩から「永代禄」を仰せ付けられる。
京住の堀家は、広島藩儒の中でも格別な待遇のされ方であった。

元文元年（一七三六）丙辰　四十九歳

○五月二十九日　正修は妙法院宮（堯恭法親王）に妙法院の書院にて拝謁する。

○七月十七日　伊藤東涯没す。享年六十七。

○九月　香月牛山の著『国字医叢』に叙を寄せる（Ⅳ・二・(2)・五六七頁参照）。

○十二月九日　正修は妙法院宮に召し寄せられ、詩数篇あり。

元文二年（一七三七）丁巳　五十歳

○四月五日　正修は『大唐六典』校訂のため、近衛邸に赴く（『三百藩家臣人名事典』）。
○十二月　小野田重好は『藤経衡集』一冊を、同年十月に達賢を雇い書写せしめた樋口宗武の所蔵本をもとに書写。景山はそれを借りて写したか、譲り受けたものと思われる。本居宣長記念館所蔵の写本は小野田重好本であり、景山が宣長に譲与したものか。

元文三年（一七三八）戊午　五十一歳

○三月　芸州より、後に古医方の大家となる吉益東洞が、景山を頼って上京する。初配の父である四方田重之丞寛命（医師であろう）へ口入れし、東洞を引き合わす（『翁草』）。『東洞先生行状』『東洞先生遺稿』によれば、この時東洞（三十七歳）は父母それに妹を連れて上京し、万里小路春日町南入に居を構えて医を開業している。
○四月十五日　広島藩藩主吉長、将軍吉宗に拝謁。景山は参勤交代で江戸に随行する。
○この年、正修『楽器図』一巻一冊成る。

元文四年（一七三九）己未　五十二歳

○九月四日　藩主吉長の世子宗恒公より、銀二枚賜る。

元文五年（一七四〇）庚申　五十三歳

○正月　正修は『大唐六典』校訂を終え、広島藩から銀三枚賜る（『三百藩家臣人名事典』）。近衛家からは、『杜氏通典』『大唐六典』銀五枚を賜る。
○七月　伊藤龍洲の著『源家伝統録』の序を請われて記す（Ⅳ・二・(3)・五七六頁参照）。

○八月二十二日　伊藤錦里宛てに、伊藤坦庵三十三回忌の招きを受けたことに対して返書する（Ⅳ・二・⑿・六一九頁参照）。
○十一月　小野田重好は『蜻蛉日記』八冊を師の海北若冲本によって校正。その書入れ本を景山が後に借りて写したものと思われる。宣長は宝暦四年、版本に自筆で重好本の書入れを写している。景山から借りて書き入れたものであろう（Ⅰ・四・注⒀・一〇七頁参照）。

寛保元年（一七四一）辛酉　五十四歳

○参勤交代で、江戸に随行する。
○六月七日　小野田重好は『馬内侍集』一冊を、樋口宗武本をもとに書写。本居宣長記念館所蔵の写本は、景山や宣長が書写したものではなく、小野田重好の書写本である。景山が後に重好から譲り受け、さらに宣長に伝与したものか。
○正修は広島藩の執政岡本大蔵（名は貞喬）とともに、同藩の儒者寺田立革の著『臨川全集』の序を書く。

寛保二年（一七四二）壬戌　五十五歳

○五月二十二日　宗恒公より、銀三枚賜る。
○岡本大蔵の諮問に応えた『不尽言』の成立はこの年か。西荘文庫旧蔵本で中村幸彦氏旧蔵の『不尽言』に貼付されている紙片には、「宗恒公御部屋住之時御学事ニツキ毎々京ヨリ江戸へ被為召在勤也、寛保戊《（ママ）》戌在府之時資治通鑑ヲ御勧メ被申上……」とある。和暦の寛保は、元年（辛酉）・二年（壬戌）・三年（癸亥）しかない。戊戌は、この中では壬戌である可能性が高い。この年、景山は江戸詰めであった。だとすれば『不尽言』は、在府中の執筆である。『不尽言』で言及している和書は、『万葉集』『日本紀』や『古今集』をはじめとする二十一代集、『源氏物語』『枕草子』『平家物語』『詠歌大概』『百人一首』『八雲御抄』『愚問賢注』『井蛙抄』、それに「古今系図」等である。その中で、古今伝授を批判し契沖を高く評価している。儒学者でありながら、歌学に造詣が深かったことが知られる。この見識が、六年後の契沖著『百人一首改観抄』の出版につながる。

寛保三年（一七四三）癸亥　五十六歳

○四月　北野天満宮の画馬殿西に建立した碑「艸冢銘」の韻文を作る（Ⅳ・二・(7)・五九八頁参照）。

○六月九日　正修は七条にある門跡寺院妙法院にて『歴史綱鑑補』の会読を始める。

○中秋　伏見法蔵寺に参る。「癸亥中秋伏見法蔵寺作」の五言律詩を作る（Ⅳ・一・(10)・五一六頁参照）。

延享元年（一七四四）甲子　五十七歳

○五月　正修は藩主吉長に「書名書付」と『韋編啓端』一冊を提出する。

延享二年（一七四五）乙丑　五十八歳

○三月　京都の医学講説人堀元厚著の経穴学書『隧輸通考』に跋を書く。正修も前年の十二月に同書に序を書く。

延享三年（一七四六）丙寅　五十九歳

○冬　広島出身の歌僧似雲と詩歌の贈答（似雲『としなみ草』巻十九）。

延享四年（一七四七）丁卯　六十歳

○春　「宗箇松頌幷序」を書く（Ⅳ・二・(5)・五八九頁参照）。
○十月二十四日　嫡子蘭澤、青蓮院門跡の坊官鳥居小路大蔵卿敬雄の女と縁組。当時、妙法院に出入りしていた正修の仲介によるか。

寛延元年（一七四八）戊辰　六十一歳

○契沖の『百人一首改観抄』を今井似閑の門人樋口宗武と相談して刊行。『近世畸人伝』巻三に「印行の改観抄は此樋口氏屈景山子にはかりて校合せる所なり」とある。『群書一覧』巻四「百人一首改観抄　刊本　五巻」には「契沖卒後今井似閑の門人京師の樋口主水宗武といふ人　屈景山とはかりて改観抄のあやまれるところ〴〵を删り追考を加へて梓行す　今井似閑は契沖の門人也　延享四年九月宗武の序あり　同五年正月刻す」と記す。

寛延二年（一七四九）己巳　六十二歳

○この年、芸藩の世子宗恒公に従い、江戸に御供。
○正修の嗣子南雲、藩主吉長より歳俸三十石と月額三人扶持とを与えられる。
○五月一日　蘭澤の長男正二郎生まれる。
○七月　『楽教訳解』一冊成る。識語は「寛延己巳秋七月　平安屈正超訳進」。『本居宣長稿本全集』第一輯・一三二頁に「景山ガ君侯ニ上レル書ニシテ、詩歌ト同ジク、音楽モ人情ニ基キ、世道ヲ裨益スルモノナルコトヲ説ケリ」と注記する。
○十一月　正修『霊泉記』一巻一冊成る。

寛延三年（一七五〇）庚午　六十三歳

○三月十二日　江戸からの帰途、伏見まで世子宗恒公の御供。
○五月四日　銀三枚、拝領する。
○十二月　正修は『唐書』百七十六巻の校訂を終える。

寛延四年（一七五一）辛未　六十四歳

○五月十四日　正修は、妙法院にて『歴史綱鑑補』の会読講釈。『妙法院日次記』同日の条に、「一、綱鑑御会、堀正蔵」とある。妙法院宮（堯恭法親王）について宣長は、「此宮は、霊元院帝の皇子にてましゝます。学問好み給ふ宮なりける」（『在京日記』）と記す。
○五月十五日　正修は、妙法院に参上。「堀正修参上、御菓子等出」（『妙法院日次記』）。
○六月二十日　第八代将軍吉宗没す。
○九月五日　正修は、妙法院に参上し、御相伴にあずかる。「滋野井入道殿御伺公、於御座之間御対面、已後於積翠亭ニ夕食御料理出、赤塚土佐・堀正蔵両人参合、相伴也」（『妙法院日次記』）。
○この年の一月二月に、日下生駒と書簡のやりとりをするか（Ⅳ・二・⒀「復河内日下生書」六二二頁参照）。

宝暦二年（一七五二）壬申　六十五歳

○一月十三日　広島藩藩主浅野吉長没す。
○三月七日　吉長の嫡男浅野宗恒が、原封四十二万六千二百石を嗣ぎ、広島藩第六代藩主となる。
○三月十六日　綾小路室町の自宅で、本居宣長と初めて対面する。宣長の『在京日記』の記述が、これ以後の景山を

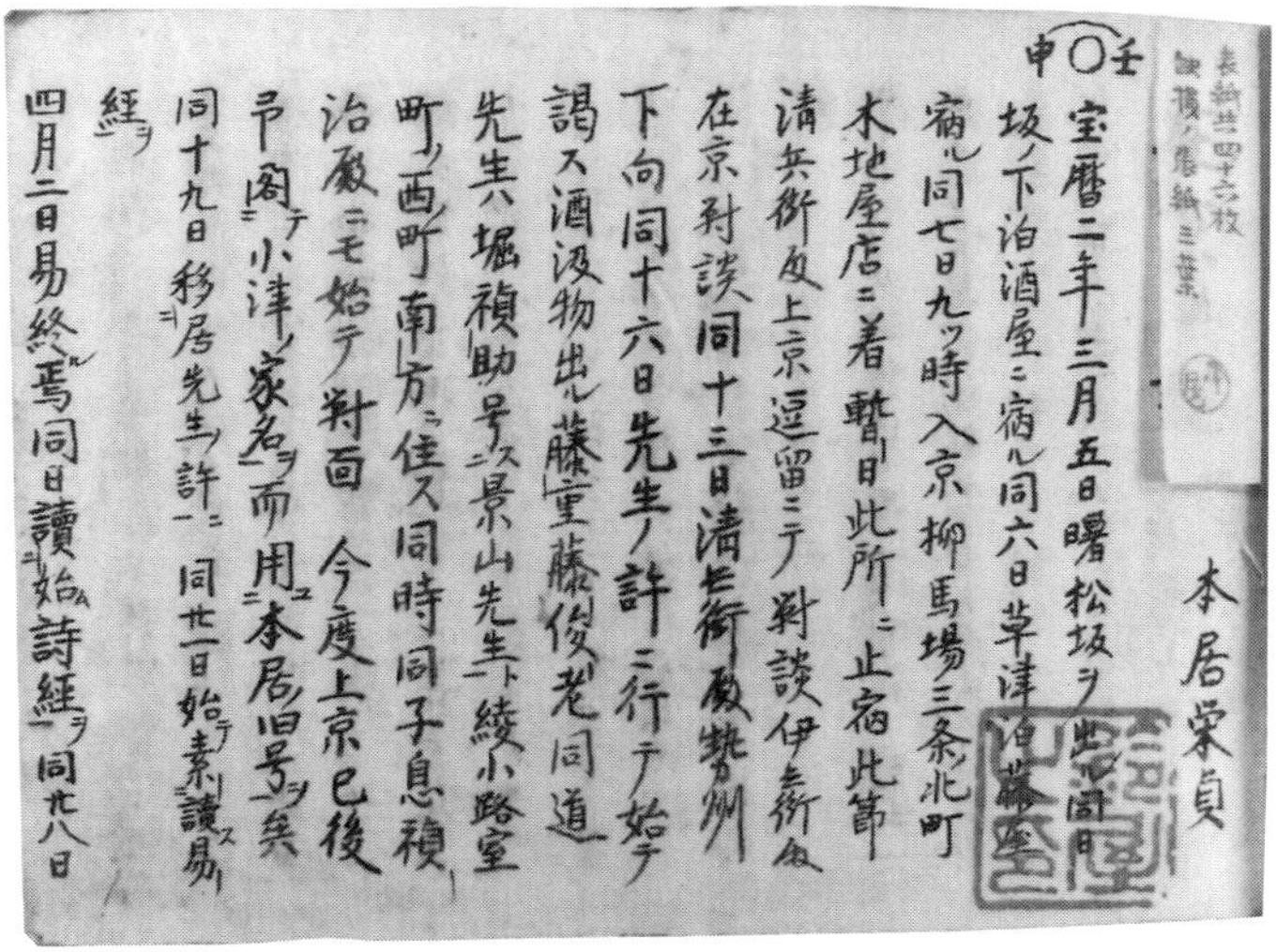
本居栄貞

壬〇申
宝暦二年三月五日曙松坂ヲ出テ同日
坂ノ下泊酒屋ニ宿ル同六日草津泊藤屋ニ
宿ル同七日九ツ時入京柳馬場三条ノ北町
木地屋店ニ着 暫ク日此所ニ止宿此節
清兵衛殿上京逗留ニテ对談伊兵衛殿
在京对談同十三日清兵衛殿勢州
下向同十六日先生ノ許ニ行テ始テ
謁ス酒吸物出ル藤重藤俊老同道
先生ハ堀禎助号ス景山先生ト綾小路室
町ノ西町南方ニ住ス同時同子息禎ノ
治殿ニモ始テ对面　今度上京已後
予閣テ小津ノ家名ヲ而用ニ本居旧号ヲ矣
同十九日移居先生ノ許ニ　同廿一日始テ素読ス易
経ヲ
四月二日易終ル焉同日読ミ始ム詩経ヲ同廿八日

本居宣長『在京日記』宝暦2年3月（本居宣長記念館蔵）

堀景山居宅跡　綾小路室町ノ西ノ町南（京都市下京区）

知る有力な資料となる。それには「十六日、先生ノ許ニ行テ始テ謁ス、酒吸物出ル、藤重藤俊老同道、先生ハ堀禎助、号《ス》㆓景山先生《ト》㆒、綾小路室町《ノ》西町《ノ》南方ニ住ス、同時、同子息禎治殿ニモ始テ対面」とある。蘭澤（禎治）も同席していた。

○三月十九日　宣長を家塾に寄宿させる。

○五月一日　『史記』会読が堀塾で行われる（式日は二・七の日、宝暦三年二月二十八日からは、三・八の日となる。宝暦四年十二月八日まで続く）が、その場に景山も同席して指導していた。そのことは、宝暦四年十二月八日の『在京日記』の記事「屈先生史記会読功畢」によって判明する。以後、宣長ら門弟仲間での『文選』『列子』の会読もあるが、景山が加わっていたことが明確なのは、『史記』『晋書』『前漢書』『春秋左氏伝』『南史』等の史書の会読である。かつて、父玄達が村上冬嶺・北村篤所等と結社を作り、二十一史を汲々として読んでいた様子が重なってくる。

○五月六日　宣長等門弟を連れて鞍馬山、貴布禰社に参詣。

○五月九日　『晋書』の会読（式日は、四・九の日。宝暦三年二月二十九日まで続く）。『史記』と同じく景山が門弟を指導していたものと思われる。

○五月二十五日　蘭澤が塾生に『春秋左氏伝』の講釈を始める。以後『在京日記』には、六月五日、十五日、二十日に講釈の記事が見える。

○六月晦日　高台寺前大坂屋亭で門弟と詩会（戒題「烏夜啼」）か。

○八月一日　蘭澤の室（鳥居小路大蔵卿法印敬雄の女）安産、次男禎次誕生。

○八月四日　蘭澤の次男死す。

○八月十一日　蘭澤の室、巳刻に没す。享年二十一。胎前より病痾。同十二日、南禅寺帰雲院に葬る。

○九月六日　蘭澤は、宣長、藤重藤伯とともに伏見大亀谷即成院に参詣。

○九月十四日　蘭澤は、宣長、藤伯、横関斎、福永源兵衛、井上伊四郎等と大坂屋に参会。
○九月二十日　七月上旬から中断していた『晋書』の会読を再開する。
○九月二十七日　『史記』の会読、世家を読了。
○十月三日　蘭澤は、宣長、藤伯とともに栂尾・槇尾・高雄に紅葉見物。
○十月七日　京東本国寺山法華寺に出向き、門人や蘭澤等と詩会（戒題「長安月」）。
○十月二十三日　目的は不明だが、大坂に下向。
○十月二十七日　京都に戻る。
○十一月二十四日　蘭澤は、宣長、孟明、藤伯、要人、中川升平、高木理兵衛等と朱雀大路東小路南にある壬生寺に参集し、詩会。
○十二月十四日　広島藩藩主浅野宗恒は江戸城に召されて、比叡山延暦寺の山門・中堂・および諸堂の修復、手伝いを仰せつかる。
○この年、家蔵本『百人一首改観抄』『枕詞鈔』（十一月二十一日、宣長書写畢る）『伊勢物語』（五月十二日、宣長書写畢る）を宣長に貸与か。景山所蔵の『伊勢物語』書入れ抄録の奥書に、「右伊勢物語釈契沖之説、而景山先生所増益也、蓋記臆断者皆契師之解矣、其余又有彼師説乎、未詳焉、然不出於右両人説也」（宣長『和歌の浦』四に抄録）とあり、契沖の『勢語臆断』の説に景山説を増益したものとする。景山の歌学における力量が窺える記述である。宣長の『玉かつま』二の巻に、『百人一首改観抄』をはじめとして、契沖の著書を「人にかりて見て」とある「人」は、ほかならぬ景山であろう。

宝暦三年（一七五三）癸酉　六十六歳

○正月十一日　正修は、妙法院宮に御家来として医師土岐元信を紹介する。「堀正蔵依頼、土岐元信御家来被仰付、蛸薬師通高倉西入町土岐元叔悴也」（『妙法院日次記』）。
○二月十一日　蘭澤は、宣長、藤伯、伊四郎と藤森に遊び、小栗栖野の梅花見物。
○二月十四日　伊勢の津の藤堂侯の侍医、草深玄弘の長男敬所入門。
○二月二十六日　蘭澤は、宣長、水口左近府生と紫宸殿東階下を拝覧。

切紙（縦17.0×横23.5糎　堀創氏蔵）

○『史記』の会読は、この日以降三・八日を会日とする。
○三月六日　宣長が松坂に一時帰省するにあたり、五言絶句の詩を餞す。
○五月十、十一日　広島藩藩主浅野宗恒は、山門を修復するために比叡山に登り巡覧する。前年の十二月十四日に、比叡山延暦寺の山門や諸堂修復の公役を幕府から課せられていた。
○七月四日　正修とともに格式を三次御横目の次に仰せ付けられる。『不尽言』に見える儒者の格付けがむくわれたことになる。
○七月十一日　夜、正修没す。享年七十歳。敬節先生と諡する。
○七月十六日　正修を南禅寺帰雲院に葬る。
○七月二十二日　景山の同族堀元厚に、宣長が医学書の講説を聴くために入門。
○八月朔日　芸州侯より、御用の向きあって本藩へ赴くべしとの招請あり。

○八月二十三日　妙法院に初めて参上。堯恭法親王に御目見得を仰せ付けられる。『妙法院日次記』に「堀禎助初而参上、御目見被仰付」とある。
○九月三日　正修の嗣子南雲、亡父の禄二百石を受け継ぐ。
○九月八日　妙法院に参上、『歴史綱鑑補』の御会。寛保三年六月以来、『歴史綱鑑補』を担当していた堀正修が、この年の七月十一日に没したため、その後を引き継いだものと思われる。「一、堀禎助、綱鑑補御会」（『妙法院日次記』）。
○九月　芸州侯の招請によって本藩に赴くことになり、安井御門前江戸屋亭に蘭澤とともに招かれ、門弟たち（安田図書・山田孟明・武川幸順・横関斎・福永源兵衛・井上伊四郎・岩崎栄令・岡本周治・草深敬所・本居宣長等）による餞の宴。この頃、『古今余材抄』を宣長に貸与か。宣長は宝暦四年三月二日に書写を畢る（宣長の書写本は、本居宣長記念館蔵）。
○九月十五日　芸州に向けて発駕。卯刻京を出立、伏見から難波まで舟にて下る。蘭澤・孟明・敬所・宣長等が淀まで見送る。
○九月二十四日　広島に到着。
○十月三日　蘭澤の長男正二郎（五歳）、暁方に没す。四日申刻、南禅寺帰雲院に葬る。
○十月十九日　藩命をもって城外の太田川に船遊びをし、家臣を接待役として優待される。「逍遥篇」および「書逍遥篇後」の執筆は、数日後のことであろう。
○十月二十日　広島の商人松井古泉に来翰の返事を認める。
○十月三十日　この年の初め頃、『春秋左氏伝』全十五冊に訓点国読傍注句読を自ら書入れした校正本を宣長に貸与するか。この日宣長は、所持する版本への書入れを第四冊まで終えている。第十五冊の書入れの終了は、宝暦六年六月二日であり、景山が『左伝』の会読を始めた五ケ月後である（本居宣長記念館所蔵の宣長の書入れ本の奥書に拠る）。曾祖父杏庵には『春秋経伝集解』（寛永八年跋刊）の訓点本がある。また、蘭澤にも宝暦八年九月に朱書きを終えた改点本がある（広島市立中央図書館蔵）。正修も、かつて（元文元年～寛保三年）、妙法院宮（堯恭法親王）のもとで、出入りの輩として『左伝』を講釈していた。経学より歴史に関心をもっていた杏庵以来の家学の伝統であろう。

◯十一月「厳島神廟」を作る（景山自筆の一葉は、本居宣長記念館蔵）。

◯この年の広島下向時における漢詩文の創作がある。Ⅲ・四「宝暦三年　本藩に赴く」参照。

宝暦四年（一七五四）甲戌　六十七歳

◯一月　七言律詩「甲戌広城新年作」を作る（景山自筆の一葉は、本居宣長記念館蔵、Ⅳ・一・(1)・四九一頁参照）。

◯一月十九日　蘭澤は、宣長を連れて石清水八幡宮に参詣。

◯一月二十四日　堀元厚没す。享年六十九。誓願寺に葬る。

◯二月十五日　蘭澤は、水口左近府生、岡本周治、岡本幸俊、宣長と東福寺に参詣。ついで藤森に遊び、小栗栖野の梅を見物。

◯閏二月六日　参勤交代で、広島から伏見まで宗恒侯の御供の旨を、仰せ付られる。

◯閏二月二十三日　蘭澤は、孟明、宣長、嗣忠、府生、敬所と伏見城山の桃花見物。

◯閏二月二十六日　広島藩城下の縮景園で、藩命による宴を賜る。『恩宴謝詞』一冊を作り、献上する。

◯三月八日　広島藩から御召があり、小袖と金十五両を賜る。

◯三月十二日　半年を過ごした広島を出立（宗恒侯の江都に赴くに従って京に戻る）。

◯三月二十三日　京に帰る。門弟ら、歓迎の宴。この後、祇園をはじめ東山の所々に、藩主宗恒侯を案内する（宣長

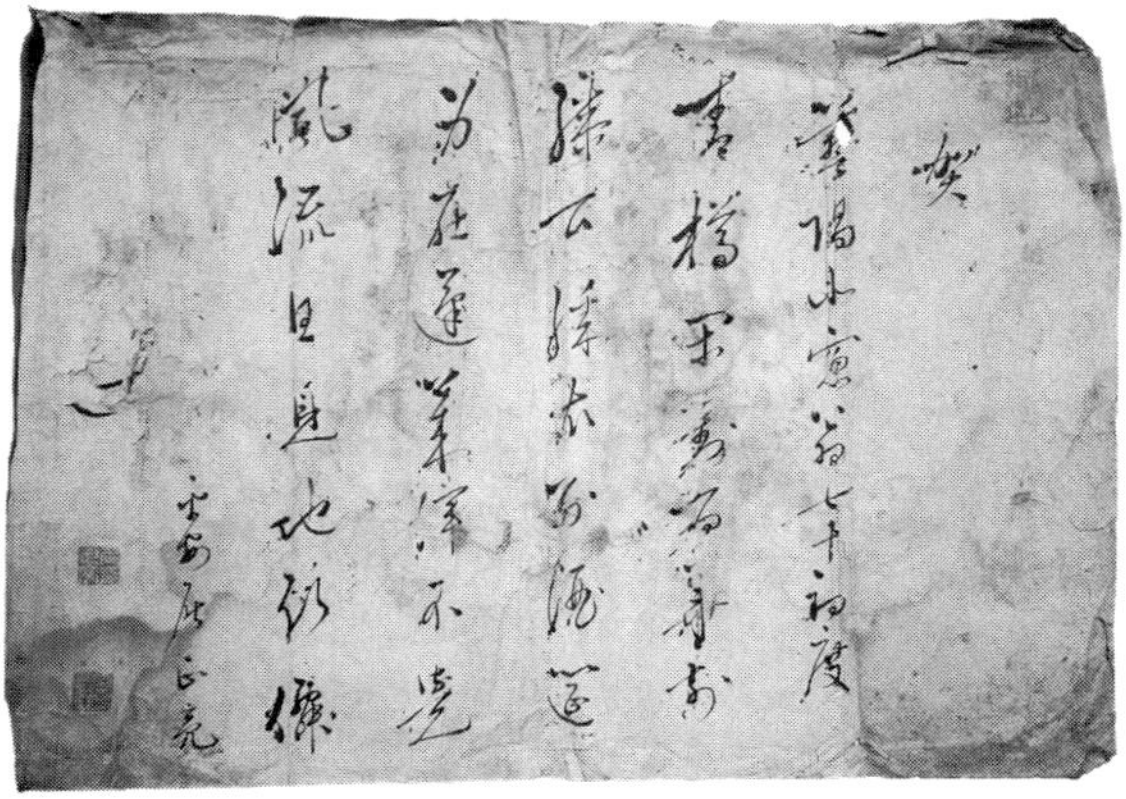

堀蘭澤筆詩稿（堀創氏蔵）

『石上稿』に拠る）。

○四月十五日　蘭澤は、孟明、宣長、敬所と嵯峨野の二尊院に参詣。

○四月二十四日　蘭澤は小堀十左衛門臣堀田清八の女を娶る（再婚）。この夜婚礼。

○五月十九日　この日より『易学啓蒙』を門弟に講釈する（式日は、二、四、七、九の日。後改め、五、十の日とす）。

○七月十一日　正修の一周忌につき、妙法院宮より香儀として方金二百疋が六一郎（正修の孫）に下される。正修は『妙法院日次記』に、貞白先生として記されている。

○七月二十八日　門人藤重藤伯は、父藤俊の職（医師）を嗣ぐために本藩阿波に下向する。

○八月一日　広島の松井古泉が、似雲師一周忌参拝のとき綾小路室町にある景山宅を訪れる（松井古泉『宝暦四年旅行日記』）。

○九月五日　門人草深敬所は、業（医学）成って伊勢国津に帰郷。

○九月十一日　松井古泉来訪。

○九月二十七日　門人であった田中常悦の男允斎、難波より上京し寄宿。

○九月　允斎の入門後、允斎、蘭澤、宣長、嗣忠等を伴い、洛東白川照高院宮の御殿や庭を拝見する（『石上稿』）。

○十月七日　横関斎、允斎、宣長、蘭澤をつれて、洛東白川の照高院に紅葉見物。蘭澤の前妻の父鳥居小路大蔵卿法印敬雄も同道し、皆詩歌あり。

○十月十日　宣長は、寄宿していた景山宅から武川幸順法橋宅へ移る（『本居氏系図』）。
○十一月十七日　樋口宗武没す。享年八十一。
○この年、清水吉太郎（十三歳）入門か。宣長『在京日記』宝暦七年三月十五日の記事には「清水童子は、ことし十六歳なるか、おと、しのころより、景山先生の弟子になりて学問はけみけるか、世にたくひなき英才にてなんある」と見えるが、同じ『在京日記』宝暦四年十一月の記事に、六日より、同門中川升平宅で『歴史綱鑑補』の会読をする会人として吉太郎の名前が出る。
○十二月七日　蘭澤や門弟（宣長、孟明、福永源兵衛、横関斎、片岡吾一郎、岡本知安、岡本幸俊、僧恵雲、上柳藤五郎、高村好節）等と下河原佐野屋に参会。
○十二月八日　門弟との『史記』の会読畢る。
○十二月十六日　横関斎、宣長、蘭澤と内侍所の御神楽を拝見する。

宝暦五年（一七五五）乙亥　六十八歳

○一月二十一日　会読始め。『前漢書』巻六十八「霍光伝」より読む。式日は、五、十の日。
○三月十四日　蘭澤の室、男子出産（名を貞治）。
○三月二十八日　山田孟明、横関斎（嗣忠）、宣長、蘭澤を伴い、船で宇治川を逍遥す。
○六月二十四日　『歴史綱鑑補』御会のため妙法院に参上するが、所労により退出（『妙法院日次記』）。
○八月十四日　妙法院に参上、月見につき御夜食を御相伴する。同席者は、堯恭法親王、金剛院実恕（妙法院宮院家）、菅谷大輔寛裕（妙法院宮御内）、山本立仙（妙法院家来）、城道敬（同上）等（『妙法院日次記』）。
○十一月二十五日　『前漢書』の会読を十ケ月で畢る。どこまで読みすすめたかは不詳。

○十一月二十九日　妙法院に参上、『歴史綱鑑補』御会。

宝暦六年（一七五六）丙子　六十九歳

○一月九日　門人山田孟明宅（綾小路西洞院西入町）へ行き、『平家物語』を語り、酒を飲み歓談（横関斎、宣長等参集）。
○一月十五日　門弟と『春秋左氏伝』の会読を始める。七言律詩「早春寓懐」を作る（Ⅳ・一・(4)・四九九頁参照）。
○一月二十四日　蘭澤は、宣長、岩崎栄良と知恩院に参詣。
○一月二十五日　門弟と『南史』の会読を始める（式日は五、十の日）。
○二月　藩主宗恒の『自警編』に序を付す（Ⅳ・二・(1)・五五七頁参照）。
○二月晦日　修業を終えて肥前に帰国する岩崎栄令を伴い、三月三日の住吉の潮干狩見物のため難波に下る。
○三月三日　住吉の潮干狩見物か。
○三月十九日　宣長と一緒に東山の花見。道すがら、吉野の花の物語などして、高台寺で詠んだ景山の歌一首。

みよし野のおくゆかしさも咲つゝく花をみやこの山にわすれて

（宣長『在京日記』）

○三月二十三日　医師武川幸哲・幸順父子、宣長と東山にある高台寺の春光院および双林寺にて花見。和歌数首（『在京日記』に一首、それを含む詠草が『本居宣長稿本全集』の注に、堀東三氏旧蔵の景山自筆のものとして四首掲載されている）詠む。

双林寺に花見にまかりて、折ふし嵐のはげしければ
春風にあらそひかねてやまざくらちらでも花やしづごころなき

（『在京日記』では、下句「ちらぬ花さへしつ心なき」）

春光院にて、花の盛りなれば

陰たかく春のひかりはあらはれて花にぞしづむ入相のかね

けふこずはとばかりみねの花の雲雪ときえんや根にかへるらん

木の本にかへる山路は見えわかでなを《ママ》くれ残る花の夕ばへ

○四月六日　蘭澤は、宣長、田中允斎と洛中の等持院に参詣。

○四月十四日　妙法院に参上、『歴史綱鑑補』御会。

○四月二十八日　晦日に行われる新日吉社御神事に、妙法院御出入りの輩として初めて召される書状が届く。

○四月二十九日　新日吉神事に出席できない旨の挨拶を妙法院に参上して申し上げる。『妙法院日次記』のこの日の記事に、「一、堀禎助参上、明晦日御神事被為召候段、昨日蒙仰、難有奉存候、御礼申上候、然ル処、明晦日無拠要用御座候ニ付、乍自由御断申上度候、此段宜御沙汰可被下之旨也、但、禎助今年初而被召也」とある。

○五月十四日　妙法院に参上し、『歴史綱鑑補』御会。

○五月二十三日　蘭澤は、宣長と東山の麓にある清閑寺に参詣。

○五月二十五日　最近、木屋町松原上ル二町目の鴨川に臨むあたりに座敷（樵亭）を借りて、広島藩藩主宗恒の命による『唐律疏義』（三十巻、唐の長孫無忌等の奉勅撰）の校訂及び訓点を付す仕事を始める。綾小路室町の自宅は、「風塵さはかし」という理由による借家であった。『南史』の会読も樵亭で行われた。

○六月八日　広島藩より、金五両を賜る。

○六月十三日　妙法院に参上、この日から『歴史綱鑑補』に替えて『周易』の御会。

○六月十九日　妙法院に参上し、『周易』御会。

○六月二十四日　妙法院に参上し、『周易』御会。

○七月七日　鱉山という僧の描いた東方朔の画および竹の絵に、宣長を介した或る人の依頼により賛を作る（『在京日記』)。

〈東方朔の画賛〉

避世金馬侍宴瑶池　蟠桃偸得王母素知

滑稽遠害放言諷時　星文見異昇僊有期

〈竹の画賛〉

姸而不艶疲有余清　湘江暮色宛含幽情

○七月十六日　樵亭にて、孟明や宣長と歓月、歓談。景山は「つねに月は七月にまさることなし」と言っていた（『在京日記』）。

○七月二十四日　妙法院に参上し、『周易』御会。

○七月二十六日　経業（『唐律疏義』の仕事）に暇なく、宣長に託した『日本書紀』の校訂作業を、宣長がこの日に終える。

○八月九日　妙法院宮（堯恭法親王）の仰せにより、五言律詩「方広大王教詠茉莉花」を作る（Ⅳ・一・(3)・四九七頁参照）。

○八月十二日　蘭澤は、宣長と去年から始まった西廓の灯籠を見物。

○八月十五日　樵亭にて孟明、宣長、嗣忠、恆亮、蘭澤等と歓月、歓談。詩会。

○九月六日　妙法院に参上し、『周易』御会。

○九月十四日　妙法院に参上、積翠亭にて夕御膳の御相伴にあずかる。即席の詩会あり。また、『周易』の御会あり。

○九月二十九日　妙法院に参上し、『周易』御会。

○十月四日　妙法院に参上し、『周易』御会。

○十月二十日　伏見で、講学励精の功により、広島藩より禄三十石を加増される。同じ日同所で、嫡子蘭澤も歳俸二十石と月額三人扶持とを与えられて側儒となり、格式を三次御横目の次に仰せ付けられる。
○十一月十四日　妙法院に参上し、『周易』御会。広島藩藩主よりの加増に対して、妙法院宮からもその御祝儀を頂戴する。『妙法院日次記』に「先達而国主より加恩有之由ニ付、為御祝儀御目六、方金二百疋被下之」とある。
○十一月二十二日　明後二十四日の子祭に、妙法院から御出入りの輩として召される書状が届く。二十四日伺候する。
○閏十一月二十四日　妙法院に参上し、『周易』御会。
○閏十一月二十九日　妙法院に参上し、『周易』御会。
○十二月四日　妙法院に参上し、『周易』御会。
○十二月十九日　妙法院に参上し、『周易』御会。
○十二月二十三日　妙法院に参上し、『周易』御会。『妙法院日次記』に見える景山が出席する御会の最後である。

宝暦七年（一七五七）丁丑　七十歳

○一月　芸州侯宗恒は、景山の古稀の祝いに自詠の和歌（題「松契千春」）を下賜する（宣長『石上稿』）。「曠懐堂堀氏譜系」の景山の記事に、「鶴皐君御自詠之和歌御自毫被下之、幷ニ御家中之輩モ同題之詩歌作被仰付被下之」とある。宗恒は家臣たちにも、同じ題で詩歌を作ることを命じ、それを贈った。景山が宗恒侯に重用されていたことが、これによっても知られる。
○一月　「丁丑新年」（七言律詩）、「歳朝自述」（七言絶句）、「詠福寿艸自祝」（七言絶句）、「春寒」（七言絶句）を作る（Ⅳ・一・(28)〜(31)五四九〜五五五頁参照）。
○一月二十日　景山塾の新年の読書始め。

○三月三日　武川家より誘われ、宣長、藤重藤伯、上月氏の知源尼、直海元周などをつれて、高台寺の春光院にて花見。
○三月四日　蘭澤は、宣長、藤伯を誘い、東山の知恩院・双林寺辺りへ花見。
○四月十日　春から心地例ならず、養生のため、木屋町の樵亭より西石垣通を一町ばかり下がった所に座敷を借りて移る。宣長、孟明が見舞いに来る。
○四月二十八日　妙法院より明後日の新日吉御神事につき、御出入りの輩として召される書状が届く。晦日の神事に、景山は断りを入れて欠勤している。体調不良によると思われる。
○五月九日　景山が『万葉代匠記』に拠って校訂した『万葉集』（二十巻）への書入れを、宣長が書写し畢る。
○五月二十一日　武川法眼幸哲没す。享年六十九。二十三日、京極綾小路の南にある勝円寺に葬る。
○七月十日　門人田中允斎の訃報（享年二十）に接し、哀傷の詩を贈る。
○この頃、李白の七言絶句「上皇西巡南京歌」（『唐詩選』巻之七）の詩幅を、帰郷間近の宣長に贈ったか。これ以前に賈至の七言絶句「春思」（『唐詩選』巻之七）一幅を贈ったか。ともに、本居宣長記念館蔵（口絵）。
○八月八日　蘭澤は、藤伯等と芝居見物。
○八月十七日　蘭澤は、宣長、孟明と祇園を散策し、西石垣の辺りで観月。
○九月十九日　暁方に病没す。享年七十。
『在京日記』には、「景山先生、春よりわつらひはかはかしからて、此程はいとおもくなり給ひたれは、見すて奉りてはいかゝ下らんと思へは、しはしのはし侍る、やう〳〵大切に成給ひて、十九日のあさの暁につゐにゆかをかへて、身まかり給ひぬ」とあり、春からの病が高じて亡くなったことがわかる。「曠懐堂堀氏譜系」には、芸侯宗恒が景山に人参数両を病中に下賜していたことが記されている。『在京日記』に「門人ひそかに議して、良靖先生と諡したり」とある。
○九月二十二日　南禅寺帰雲院に葬られる。『在京日記』に、「二十二日の朝、またよをこめて南禅寺にわたし奉りて、帰雲院に葬りける、儒家の式は、俗家とかはりて、何事もくいとこまやかに、心いれたること共也ける、まして柩なとのしつらひは、はふりの用意なと、事多くていねい也けれは、其日のくれつかた迄にはふり終りぬ」とある。
○「宝暦丁丑七年季秋中旬　安芸守侍従源朝臣宗恒建石以銘」と記した「忠靖先生之碑」の碑文を、藩の命を受けて堀南雲（正修の男）が代作したと碑の裏に刻む。
○十一月十四日　蘭澤は、景山の跡目として知行高二百石を受け継ぐ。

（南禅寺塔頭帰雲院）

景山堀氏正超之墓

裏に「宝暦丁丑九月十九日没」

忠靖先生之碑

〔碑文〕

継踵百世之師以諭導、研精万巻之書而教誨、亹々励怠、遑々興廃、
嗚呼哀哉、永訣難再、報之無日、茫々大塊、秋霜共消、名伝海内、
展如之人、斯文風概、忠哉靖哉、徳音安在、嗚呼哀哉、嘆惜無已、
聊以此告正超之霊、

宝暦丁丑七年季秋中旬　安芸守侍従源朝臣宗恒建石以銘

裏に
「従姪正珪奉藩命書」

四　堀景山小伝

一

堀景山（一六八八～一七五七）、名は正超、幼名を源之丞、字は彦昭・君燕、通称を玄伯のち禎助、景山は号。諡号を忠靖先生、家号を曠懐堂という。広島藩に仕えた江戸時代中期の朱子学者である。林羅山・那波活所・松永尺五と並んで、藤原惺窩門下の四天王の一人といわれた堀杏庵（一五八五～一六四二）の曾孫に当たる。元禄元年（一六八八）十月、父を堀蘭皐（一六六〇～一七〇八）母を脇平右衛門直弘の女（名は佐濃、生年未詳～一七二六）として京都に生まれた。(1) 景山の初配は四方田重之丞寛命の女（名は栄、生年未詳～一七二六）で、間に長男正道（一七二一～一七二一年に夭逝）、次男蘭澤（一七二二～一七八九）と、二人の娘がいた。(2) 享保十四年（一七二九）に前田久弥の女と縁組したが、後に離縁。継配は平井氏の女（名は房、生年未詳～一七八七）である。(3) 堀家の姓はもと菅原であり、遠祖を菅原道真とするという。家紋は丸に梅の花。「堀」は江州四十八姓の一つであり、景山がしばしば「屈」と書くのは、「堀」から「土」を去った省画による修姓である。省画の意図については、Ⅳ・二・(7)「烏石散人草塚銘」の【余説】（六〇一頁）を参照されたい。

大儒として名を揚げたのは杏庵からで、最初は儒医として慶長十六年、和歌山藩主浅野幸長に禄五百石で召し抱えられた。幸長の跡を継いだ弟長晟の安芸国転封に伴い、元和五年広島へ赴いて文教・医術に貢献することになる。ま

堀杏庵
- 立庵（芸州侯に仕える）
  - 槐庵（早世）
  - 蒙窩（宗家　北堀）―南湖―南雲―正淇―
  - 蘭皐（分家　南堀）―景山―蘭澤―正路―
- 貞高（尾州堀　徳川義直・光友に仕える）―貞儀―
- 道林（一に道隣）（貞高と同じく尾州侯に仕える）

た、元和八年には、尾張藩主徳川義直に招致されて、禄三百石（寛永十五年に七百石に加増）を賜り、尾張藩の儒臣となった。杏庵の子孫が、芸州と尾州の藩儒として二つに分かれて家学を継承してゆくのは、杏庵のこの経歴に由来している。

杏庵は、長男立庵（一六一〇～一六六二、名は正英、号は立庵・黙桃軒）を広島藩に、次男貞高（一六二四～一六九五、名は貞高、号は忘斎・寒扇子・勘入）と三男の道林（一六三一～一六九五、名は正龍、号は孤山・三遷子・道林）を尾張藩にそれぞれ仕えさせた。尾張藩では、杏庵の次男貞高の尾州堀が存続し、現在の堀貞一氏は十二代目の後裔である。

一方、立庵とその子孫も、代々芸藩の藩主に厚遇された。すぐれた人材を生み出している。立庵の長男槐庵は早世（寛文七年没、十六歳）するが、その惜しまれた才は『槐菴遺稿』に収められた漢詩と序によって知ることができる。次男の蒙窩（一六五五～一七〇〇、名は正樸、字は毅父、一六兵衛と称す）は、室鳩巣と交流を深め「恂恂篤学の人」（『鳩巣先生文集』「答堀正修」）と称された人物である。妻は木下順庵の女で、南湖が生まれる。

また、三男である景山の父蘭皐は、「曠懐堂記」（I・一）で述べたように伊藤仁斎をはじめ、嗣子東涯・伊藤坦庵（程朱学、儒医）・村上冬嶺（程朱学、儒医）・那波祐英（豪商）・北村篤所（仁斎に師事）等、京都における当時一流の文化人達と、積極的に交際していた儒者である。彼は冬嶺・篤所等諸人と二十一史を読む会を作り、会読の機会を多く持つが、そこは「談吐爽快、議論風生」（『先游伝』）の場でもあり、詩会もたびたび開かれた。『古学先生詩集』『紹述先生文集』『文翰雑編』『當世詩林』『伊藤氏家乗』『篤所詩集』等の資料に見えるだけでも、元禄六年・七年・八年・九年・十一年・十三年・十五年に、仁斎・東涯・冬嶺・篤所が蘭皐宅に雅游している(4)。蘭皐は年若くして社交性と学識とを兼ね備えた人物であったと思われる。景山や南湖が、後に室鳩巣、伊藤東涯、荻生徂徠など当代の儒学界を代表する儒者達と交際できるようになるのも、父親が著名な儒医であった杏庵の血を受け継ぎ、その名に恥じない学問の素養と広い交友関係をもってそれを子息に教授し得た結果ゆえであろう。

蘭皐は、兄の蒙窩が病により致仕した後の元禄十年、芸藩藩主浅野綱長から禄三百石二十人扶持を賜り儒臣となり、その時に分家して南堀と称した。蘭皐三十八歳、景山十歳の時である。しかし、宝永五年六月、蘭皐は四十九歳にして没する。父の死の二ケ月後（八月二十五日）、同年三月に綱長の跡を継いだばかりの第五代藩主浅野吉長から、二十一歳になった景山は禄二百石を拝領し、父蘭皐の業を嗣ぐことを命ぜられている。致仕した父蒙窩の跡を継ぎ、元禄八年十二月に月額三十人扶持で既に綱長に召し出されていた宗家北堀の南湖（正修）も、この日景山と一緒に禄二百石を与えられた。四歳年上の従兄にあたる南湖は、宗家・分家の違いはあるが、よく似た境遇・立場にあった。残された資料から浮かびあがる景山・南湖の像からすれば、学問その他の面において、二人はお互いをよく知り、長幼の序を守りつつも尊敬しあえる従兄弟同士であったと推察される。正徳三年八月に既に侍講を拝命していた南湖に続き、享保四年九月、景山（三十二歳）は禄三十石三人扶持を加増されて藩主吉長の侍講となり、京都に在住して参勤交代では江戸に御供し、帰途は京都伏見まで随行した。また招請のある時には広島に赴いて藩主・世子に進講することを仕事としていた。

さて、景山の年譜の上では、ちょうど芸藩の側儒に命ぜられる三十歳を過ぎた頃から、父蘭皐と同様に堀川の古義堂と交際のあったことが、東涯の『初見帳』や『紹述先生文集』『東涯家乗』などの資料からわかる。(5) 享保十五年（景山四十三歳）春には、東涯と一緒に愛宕の真浄庵に遊び詩を賦して楽しんでいる記事（『日乗』三月十九日）もあることから、十八歳年長の東涯が亡くなる元文元年（一七三六）頃までの長い間、東涯とは古学と朱子学の学派を超えた交際が続いていたと考えられる。前述したように、父蘭皐は仁斎・東涯を中心とするグループとかなり密度の濃い親交があった。つまり、蘭皐・景山は、古義堂と父子二代にわたるつき合いがあったのである。そのことは、「夏初奉謝　諸君見過」(6) と題する東涯を意識したと思われる景山の七律（Ⅳ・一・(2)・四九四頁参照）の第二句「再世交游皆老蒼」（「再世」は父子二代にわたる交際の意）からも推定できる。

三十代の後半、景山は江戸の室鳩巣や荻生徂徠と書簡を通じ、あるいは参勤交代の折に直接面会して、積極的に議論を戦わし教えを乞うという注目すべき動きをしている。(7) 思うに、正徳二年、従兄の南湖が室鳩巣と三度にわたる書簡のやりとりをして、「文章」について論じたこと（『鳩巣先生文集』巻六）が、景山にとっては大きな刺激となっていたのではなかったか。『物屈論文書』（『屈物書翰』）に収載される徂徠に宛てた二通の長文の書簡「与物徂徠論文書」「復物徂徠書」は、四十歳を前にした景山が、自ら信ずる文章論を当代儒学界の大家に真正面からぶつけたものである。この往復書簡のやりとりは享保十一年のことであるが、この前年に徂徠が人の問いに答えた書『徂徠先生答問書』が刊行されていた。

儒学において、学問と文章とは相表裏する関係にある。南湖が鳩巣に、景山が徂徠に議論を持ちかけた長文の書簡は、いずれも「文章」を中心としたものであった。元和九年十月に広島藩の儒員となった石川丈山は、『朝鮮筆談集』の中で堀杏庵を「儒而医也、博聞強記、殊工文章、是又当時之英才也」といい、筆談相手であった朝鮮通信使の権菊軒（姓は権、名は侙、菊軒は号）は、「以正意為文苑之老将、其余亦有唱和之作、而詩不如尊公、文不如正意也」と評した。詩より文章に長じていた杏庵の学の伝統が、曾孫の二人に受け継がれていたことは確かであろう。景山は、代々継承してきた朱子学を基盤に置きながら、当代流行の古義学や古文辞学をただ斜視するのではなく、それらの主張するところを自ら検討してみることによって、朱子学理論の正当性を再認識しようとする進取の精神・気性を持ち合わせた儒学者であったと思われる。

　ちょうどこの頃、江戸の古文辞学の流行が京都にも波及してくる。石崎又造氏（『近世日本に於ける支那俗語文学史』）によれば、享保年間の中頃には京都で唐話学が盛んになる。また、中村幸彦氏（「古義堂の小説家達」）の指摘によれば、享保十年、十一年頃に蘐園の唐音と小説の熱が、古義堂に飛び火したという。父蘭皐の代から同じ京儒として古義堂と深い交流があった景山は、京都における唐話学の流行と相前後して前述の書簡二通を徂徠に呈し、議論し意見を求めていたのである。徂徠との長文の往復書簡は享保十一年のことであるが、翌十二年には、東涯の門人朝枝玖珂・松室熙載、宇野明霞の門人田中大観・芥川丹邱などとともに、かつて太宰春台に唐音を教えたことのある黄檗僧大通元信から唐音を学んでいる。宗政五十緒氏が「松峡　松室熙載年譜」[8]に紹介された『松室熙載日記』享保十二年閏正月二十七日の記事からこのことは教えられるが、同日の条に、大通は「原来長崎訳士彭城敬右衛門ノ族也」と記されている。また同氏が別に紹介された勝部青魚の『剪燈随筆』に、「俗姓彭城氏也、彭城は劉氏にて自ら劉善明と称せられし也」と大通元信について言及している。本姓を劉氏とする彭城は、唐通事の名門の家柄であるが別家が多い。大通の一族とした唐通事の右の彭城敬右衛門なる人物名は、『訳司統譜』には見出されない[9]。名改めがあったのであろうか。享保二年五月十六日に、長崎大通事である彭城藤治右衛門の三男政五郎を、南湖が書状を介して東涯に紹介している（東涯『初見帳』）。政五郎は『訳司統譜』によれば、二年後の享保四年に稽古通事、享保八年には小通事末席を仰せつけられた人物である。

　景山や南湖が、このように長崎の唐通事と間接的であれ、何らかの関わりがあったことは、京都に在住する以上、唐話学という一つの学問の流行に無関心ではいられなかったことを物語っていよう。景山と一緒に唐音を黄檗僧大通元信から学んだ松室熙載と朝枝玖珂は、後に稗官の五大家に数えられるようになる。しかし、景山が彼らと同じように白話小説を講ずることまでを目的として唐音を学んでいたとは考えられない。太宰春台が「今吾党ノ学者ハ、中華ノ文字ニ通ジ、中華ノ言語ニ達シテ、経術ヲ明ラメ、文章ヲ作ント志ス」（『倭読要領』）と言ったのと同じく、あくまで目的は、道にかかわる文章の真意の把握と和習漢文とならない文章を作るためのものだったのではあるまいか。

これも、唐音に関心を寄せはじめた京都にあって、古義堂との交誼があったからこそ実現したと考えられる。ともあれ、唐音の学習では、景山（四十歳）が最年長の弟子であった。[10] 注（5）に示したように、この年の四月十九日に景山は自宅に東涯等諸友を招き、また六月二日には、田丸吉貞なる人物の宅（柳馬場三条上ル）に東涯等と参集し談論している。景山は、唐音の学習の必要性を痛感していたと思われる。唐話学の学習は、東涯等諸友からの影響と、おそらく前年に展開した徂徠との議論から吸収した新しいものの考え方に触発されたものであろう。その成果は、後に成る『不尽言』（寛保二年執筆か）における字義・語勢・漢文直読などの強い主張となって現れてくる。

景山は徂徠に宛てた第二書「復物徂徠書」で「僕結髪にしてより、念書を授かる。濂雒を欽味し、旁ら韓欧を誦す。今歯漸く強境、学闡明なること無く、樸陋業已に成心。縦令、造物鑪錘すとも、亦転化せしむること易からず」（原漢文）と、韓愈・欧陽脩の文章や程朱学を学ぶことによって、自らの学問の拠り所を「強」（四十歳）以前にほぼ確立していると言明していた。ところが、十数年後に成る『不尽言』中の言葉「愚拙、経学は朱学を主とする事なれとも、詩と云もの、見やうは、朱子の註その意を得さる事也」に見られるように、朱子学についての部分的な懐疑心を抱くようになる。『詩経』に見る人間性の是認である。三十代後半から四十代前半にかけての学問論の変容が、景山の後半生の学問観を決定づけることになった。『不尽言』を見る限り、基本的に朱子学を奉じていることは動かない。しかし、父蘭皐以来二代にわたって親交のあった古義堂の学問観・人間観が、部分的な修正であるにしろ、景山の中に入りこんでいたと考えるのはむしろ自然であろう。景山の学問・思想には、同じ京儒である仁斎・東涯の学問の影が相当大きかったことを大谷雅夫氏は夙に指摘している。(11) 古義学、そして、そこから出発した古文辞学は、学問の方法論としては、観念的な朱子学に比べればはるかに合理的である。また、古学の欲の肯定は人間の本来的なものである。その方法論と人情論を、景山は朱子学を主とする自らの学問の中にうまく取り込むのである。十七世紀中頃から始まる儒学界の大きなうねりの中で、彼は旧い家学の伝統に縛られて、擡頭してきた新たな思想・学問論を吟味することすらしないという頑な学者ではなかった。こうした中で、享保十二年十二月十三日、景山は儒学を奨励する好学の芸藩藩主吉長によって、僧形から束髪することを認められ禎助と改称する。

二

一方、本業である儒学とは別に、国書に関する知識が相当なものであることは、『不尽言』をはじめ、その他いくつかの資料から窺い知ることができる。

景山や南湖と面識があったという南川維遷の『金渓雑話』（京大本）に、『源氏物語』をめぐる景山の逸話が次のように載る。

屈景山初テ徂徠へ書ヲ贈リシハ、二十七歳ノ時也、其後再ビ江戸ニ下リシ時、徂徠へ相見セラレ、終日談論アリ、徂徠モトヨリ源氏物語ニ熟セシ人ニテ、景山モ弱冠ノ比此書ヲ読レケルニ、源氏ノ事共ヲ語リテ、中古ノ風義ヲ評シタリシトナリ、景山予ニ語テ曰、古今ニ大家ナル人、如何ニ暇多クシテ、是ラノ書ニモ渉ラレケルニヤ、

享保十一年八月六日付の徂徠宛の書簡「復物徂徠書」の中で、「僕、未だ顔を奉じて範《あ》ふを獲ず」（原漢文）と述べていることから、徂徠との対面は三十九歳の時に書いたこの書簡以後のはずである。徂徠との終日の談論は、往復書簡の議論の中心をなす文章論であろうと推測されるが、ついでに源氏物語論に話題が発展し、それが平安時代の習俗

にまで及んだというのは、想像するだけでも面白い。

年代はともかく、景山と徂徠との面会は事実であろうし、源氏論・中古の風儀論で徂徠の相手をするほどの知識を有していたことは注目すべきである。維遷は、景山が弱冠の頃から『源氏物語』を読んでいたと伝えるが、『源氏物語』のみならず、上代から中古・中世の古典にいたるまでの幅広い教養があったことは、和文で書かれた木曾路の旅日記『ぬさのにしき』の文章からも具体的に見て取れる。

景山がとりわけ和歌に対して興味・関心を抱き、相当の知識に裏打ちされた和歌観を有していたことは、『不尽言』の後半部で展開される古今伝授批判の言説から知られるが、『不尽言』の執筆から六年後の寛延元年、今井似閑の門人樋口宗武が、契沖の『百人一首改観抄』を景山とともに校合し刊行にこぎつけたという事実は、歌学の分野における景山の力量を物語るものであろう。景山晩年の門下生であった宣長の手沢本『万葉集』（本居宣長記念館蔵・宝暦七年）の手識に、

右万葉集二十巻、以景山屈先生家蔵本校正之、至加冠注旁注亦皆拠其本已、此本也先生所自校正、蓋以契沖先師代匠記為拠（中略）先生与似閑之門人樋口老人宗武友善

とある。契沖の『万葉代匠記』をともに、家蔵本『万葉集』二十巻の校正作業を自らしていた景山は、京都では著名な青蓮院流書家樋口宗武と親交があった。宗武は万葉研究では、谷川士清を弟子として教授する程の力を有し、似閑の蔵書を上賀茂神社（三手文庫）に奉納する仲介者として功労のあった人物である。景山とはいつ頃から、どのような経緯で交際が始まったかは明白でない。ただ一つの手がかりとしてⅢ・一「堀家と妙法院宮」（三二九頁以降）を見ていただきたいが、妙法院堯恭法親王のサロンにおける従兄堀正修と樋口宗武との出会いが、そのきっかけであったのではないかと私は考えている。従弟である景山の学問の嗜好をよく知る正修と、妙法院出入りの輩として法親王に『万葉集』を講釈する宗武が妙法院で同席するようになるのは元文二年からである。『百人一首改観抄』が刊行される

十一年前のことである。正修が景山と宗武の仲介役であったのではあるまいか。

景山は享保十九年には、宗武の友人某の男で、海北若沖の弟子である桜月堂小野田重好とも交際していたことが、宣長の書写本の奥書によってわかる。[12] その重好は、延享四年に著した『紀氏三絶』（穂久邇文庫蔵）で次のように言う。

ちかごろ、逸民高士たゞ歌人と歌学者はことゞゝなるもの、やうに心得て、歌人の学問をよくするをきかず。歌学者もまた、諸家記録日記などに眼をさらし、もろこしの経史などに身をくるしむるはいとも聞え侍らず。されば、今の世の歌よみ人、たれもゝゝ六経左国史漢諸子百家に通じ、我朝の六国史諸家記録日記等をくはしく見給はば、かならず中古の諸君子にもさまで恥る所なく侍らまし

歌学者のみならず、歌人も我が国の歴史書・諸記録・日記はもちろん、漢籍にも広く通じた教養が必要であることを主張している。幅広い学問に支えられた歌学を兼ね備えること、このことが契沖文献学を高く評価する景山・宗武・重好達の、歌よみの資格として求めた共通の認識ではなかったか。こうした姿勢に立つ小野田重好や樋口宗武の書写本を景山が転写や校合に用い、あるいは景山の書写本を重好が転写し、それらを景山の門弟である宣長が借りて校讐したり写したりしていたのである。[13]

『不尽言』で言及している和歌・和文を主とした国書は、『万葉集』『日本紀』や『古今集』をはじめとする二十一代集、『源氏物語』『枕草子』『平家物語』『詠歌大概』『百人一首』『八雲御抄』『愚問賢注』『井蛙抄』等、かなりの数にのぼる。儒学を専門とする傍ら、こうした国書にも早い時期から慣れ親しんでいたものと考えられるが、景山自ら書写した井口寿適の『古今集序六義考』を小野田重好に貸与した享保十九年頃から、『百人一首改観抄』を刊行した寛延元年頃まで、すなわち四十歳代後半からの十数年の間に、和書の書写や歌学に関する論が目立って展開されているのが注目される。

このことは推測するに、四十歳前後の儒学における景山自らの学問論の変容が、和歌・和文関係の書にも波及して

いった結果であろう。つまり、朱子学の理念をあくまでも中心としながら、古義堂や徂徠から詩歌における人情論と字義・語勢を重視した古学の客観的方法の意義を教えられ、それを納得したことが、国書で構造としてほぼ同じ方法を用いる契沖学への接近を促したということである。少し後のことになるが、国学を荒木田久老に学んだ橘泰は文化三年刊の『筆のすさび』（巻一）で、契沖を評して次のように言う。「このあざりは、万葉集このかた、かず〳〵の書に註解せられて、儒門にていはゞ、伊、物の二子の出て、古義を発明せられしにひとしく、ふること学びの輩の為には、大に功ありて、げに津梁（手引き、案内―著者注）ともいふべき、尊きあざりなりけらし」（『日本随筆大成』第三期二巻）。前に述べたように、契沖の学流に属す宗武や重好との交流は、国書における契沖のいわば文献学の方法論を景山が高く評価していたことを意味する。景山が没するまで、その側で学んでいた高弟宣長が、処女作『排蘆小船』で採った方法論はまさしく契沖の文献学である。景山は亡くなる前の年まで、家蔵本『日本紀』を重好本や『厚顔抄』等によって校正していた（『在京日記』）。『不尽言』執筆後も景山が契沖学を信奉し続けていたことは間違いないであろう。

三

景山に関する限られた資料の中で、彼の晩年について現在もっとも多くの情報を提供してくれるのは、宝暦二年三月、医学修業のために漢学書生として景山の家塾に入門し寄宿していた本居宣長の日記（『在京日記』）である。景山が没するのは宝暦七年九月十九日であるが、同年十月までの五年半、宣長は京都で実りの多い遊学生活を送り、『在京日記』に日々の記録を書きとめている。宣長の筆まめはよく知られるところ。全体像ではないにせよ、身近にいた門下生宣長の目を通して、生涯を終えるまでの晩年の景山像が浮かび上がってくる。『在京日記』で注目される点は、一に、景山塾での門人指導の実態であり、二に、弟子たちとの風流韻事、三に、広島藩の儒者としての活動である。

まず門人の学問教育から見てみよう。景山の塾は、京都綾小路室町西入ル南側にあった。『在京日記』に登場する景山の弟子は、漢籍の勉強や詩会それに四季を通しての行楽で、宣長と行動を共にした者たちがほとんどであり、具体的に約三十名の名前があがる。実際にはもっと多くの弟子がいたと予想されるが、この三十名の中では、宣長と同様、医者を志す書生の多いのが目につく。医学書を読むために、漢文読解の力が必要とされたためであろう。

堀塾での授業の形態は、漢学塾で一般的な素読・会読・講釈である。宣長の場合、入門してすぐ『易経』の素読を始め（八ケ月間で、漢学の基礎となる五経すべての素読を終了）、それと並行して『史記』『晋書』の会読に参加している。さらにその後、『漢書』『左伝』『南史』『世説新語』『蒙求』『歴史綱鑑補』『本草綱目』『列子』『武経七書』『文選』『荀子』などの会読に精力的に加わっている。会読ではそれぞれ、二、七、あるいは五、十というように式日を中四日あけて決め、交錯させながら読み進めている。景山が会読に加わっていたことが明確なのは、『史記』『晋書』『漢書』『左伝』『南史』であり、『文選』『列子』は門下生同士での会読である。また講釈の形で、景山は『易学啓蒙』、嗣子蘭澤は『左伝』を、同じく式日を設けて教授している。

吉川幸次郎氏（『本居宣長』）によれば、こうした漢籍の学習の中で、とくに『晋書』と『世説新語』を景山塾での課本としていたことは、きわめて注目すべきことであるという。中国魏晋六朝時代における風流曠達の人物の伝記を中心としたこの二書は、厳格な宋の道学からは異端の書として排斥された。ところが一方で、『晋書』は、わが国では反朱子学の立場をとる徂徠の尊重する書であり、志村楨幹とともに徂徠自ら和訓を施し元禄十六年から宝永二年にかけて和刻本として刊行している。このことから吉川氏は、景山塾の学風や気風が、朱子学を標榜しつつも、徂徠に親近したものであったという。

ただ景山の場合、『晋書』に親しんだことが、徂徠の影響であるとは一概には言い切れないであろう。「愚拙は幸に資治通鑑も、二十一史も所持したれば、年来偏く一覧せし」(『不尽言』)と言うように、大部な冊数となる『資治通鑑』や二十一史は父蘭皐が所蔵していたものであると考えられる。それはかつて蘭皐が、村上冬嶺や北村篤所たちと二十一史を読む会を結成して熱心に読んでいた書物である。蘭皐は、元禄八年・九年の大晦日に、彼ら諸人を自宅に招いて『晋書』の会読をし、また、元禄九年十一月十五日には、東涯・冬嶺・篤所・江村毅庵の常連、それに専益・宗順たちと、仲間の誰かの宅で『南史』を会読している。振り返ってみれば、景山が門下生にまじって会読している書は、『晋書』や『南史』をはじめとする二十一史の書が多いということに気づく。景山が執筆した書簡・序・跋・記などの文章に、『晋書』を含む多くの史書を典拠した語句が多用されている。父蘭皐の、比較的自由な学風や気風が景山にも影響していたと考えられる。

次に、学問分野を離れた晩年の景山を見てみよう。門下生を連れ立って、鞍馬山、貴船神社に参詣(宝暦二年五月六日)、法華寺に参詣(同二年十月七日)、白川照高院御殿御庭の拝見(同四年十月七日)、内侍所の御神楽を拝見(同四年十二月十六日)、宇治川逍遥(同五年三月二十八日)、住吉の潮干狩見物(同六年二月晦)など、景山はしばしば物見遊山に出かけ、詩を作り歌を詠んで楽しんでいた。『在京日記』に見える詩会には、大方出席していたであろうし、三月の花見、八月の月見には弟子とともに風流を満喫している様子がうかがえる。とくに東山の高台寺春光院での花見は気に入り、恒例のことであったらしく、宝暦六年には三月十九日と二十三日の二度も出かけて、その都度宣長と和歌を唱和している。

景山公のよみ給へる

春風にあらそひかねて山さくらちらぬ花さへしつ心なき

やつかれ(宣長)もよめる

咲花に風も心やとまるらんさはく梢のちるとしもなき

此外、景山先生も歌多くよみ給へる、いとおもしろきこと共なりし、　（二十三日）

景山は、詠歌を苦にしていない[14]。宣長が京都遊学中に見聞きした和歌を写しとめておいた自筆の『座右雑記』（「天理図書館稀書目録和漢書之部第三」）に、冷泉為村・森河章尹・有賀長川等の宣長に関わる歌人の歌にまじって、桜月堂（小野田重好）の歌一首と、君燕（景山の字）の歌三首が見える（吉田悦之氏のご教示による）。その中の景山の詠歌一首に、

浦帰雁

志賀のうらや霞のうちに鳴声も遠さかり行く雁の一つら

右の歌高松殿御褒美のよし

とある。高松殿は、堂上歌壇の中心人物武者小路実陰の末子高松重季であると考えられるが、「御褒美のよし」を文字通りに受け取れば、細川幽斎の門流を受ける歌学者重季に褒められた景山の和歌の腕前も、なかなかのものであったということになる。『在京日記』宝暦六年八月九日の条によると、景山は、霊元院の皇子堯恭法親王の妙法院に召されており、『歴史綱鑑補』と『周易』の会読や講釈をしている。宝暦三年八月二十三日、妙法院に初めて参上するが、それは七月十一日に没した従兄南湖の後を引き継いだものである。霊元院との関わりで言えば、重季は霊元院に和歌の勅点を受けた第一の弟子実陰の息であり、また霊元院の勅命により歌道を家業とする高松家を再興している。右の景山の歌は、重季が同席した妙法院宮で作られたものであろうか。

宣長は、「先生年比もみちをこのみ給ひし」（『在京日記』宝暦七年）と言うから、景山は紅葉狩りの季節には花見や月見にもまして気分を昂揚させて郊外に出かけ、漢詩や和歌を作って存分に紅葉を楽しんでいたであろうと想像される。

神沢杜口は、堀南湖を「究て温和の人にていかなる賤夫とも、うらなく語りて、我知らぬ道の事を問ひ、かりにも人を撰び避る事なし」といい、景山を「之に反して、仮初の書入も字画を改め、常に行状威儀を正しくするの質なり、

故に書生の輩両氏を明道伊川と称せり」（『翁草』百九十五）という。杜口が南湖・景山とどのような交流があったかは分からない。ただ、景山の初配である栄の実家（四方田重之丞寛命）の隣りに杜口の家があったらしいから（『翁草』）、根も葉もない評言ではないかもしれない。景山が宣長に与えた『日本紀』の書入れの字を見ると、たしかに字画を改めて縦横を直線的に書く生真面目な印象を受ける。しかし、実際景山の一書生であった宣長の『在京日記』を見るかぎり、「常に行状威儀を正しくするの質なり」の評言は必ずしも当たっているとは思われない。宝暦六年正月の次の一節は、景山が儒学の師として教育しているだけではなく、日頃からいかに書生を可愛がり、また自らも楽しんでいたかを語ってくれている記事である。

九日の夜、山田孟明の宅へとふらひ侍りけれは、堀先生、横関斎なとはやうよりき給ひて、しめやかに物語なとせられける、後には、平家をかたりて、酒のみなとし、夜ふくるまて、平家かたり物語せられける、その堀先生は、もとより平家よくし給ひけるか、横関山田両人は、去年の春より心かけてまなはれけるが、いとうよく成て、冬の会にも出られける、やつかれもせう〳〵かたらはやと思へは、かたはしならひ侍るが、いとむつかしき物也、古風成物にて、いとう殊勝に聞え、お(を)かしき物なり、

学問の面ではともかく、夜更けまで弟子宅で雑談し、酒を飲み平曲を楽しむ景山の姿に、杜口がいう「常に行状威儀を正しくする」質という言葉は、はたして妥当であろうか。夫婦間の思慕深切の情（思無邪）を人情の本とし、理屈ではなく、その人情に通ずることが人君政治の最も大事なことだと主張する『不尽言』の内容や、本居清造が「景山ガ君侯ニ上レル書ニシテ、詩歌ト同ジク、音楽モ人情ニ基キ、世道ヲ裨益スルモノナルコトヲ説ケリ」（『本居宣長稿本全集』注）という現在所在不明の『楽教訳解』一冊があったことからしても、四角四面の儒学者とはおよそかけ離れた人物像が浮かんでくる。景山は、四季折々の京都の自然を愛で、平曲を趣味とし、酒を嗜み、弟子の教育では学問の面では厳しく、学問を離れたときには人情に通じた人望の厚い先生であったと想像される。その意味では、神

沢杜口よりも景山と交流のあった伊藤錦里や、その弟たち江村北海・清田儋叟の評言の方が、景山の人となりをよく伝えているように思われる。

景山篤学精通。而和厚近人。循循奨掖後学。是以従遊之士多嚮彬雅。（『日本詩史』巻三）

梁蛻巌・屈景山ノ二先生、誉望世ニ高キハ、イフマデモナシ。コノ二先生、万人ニ勝レタル徳アリ。マケヲシミトイフコト、我ヲ立ルトイフコト、オヲ妬ミ己ニ勝ル人ヲ排スルトイフコト、襟ニ附クトイフコトナド、露バカリモナシ。後輩末学ノ詩文ヲミルトテモ、必ズ心ヲ潜メテコレヲ読ムコト二三遍ス。此等ノコトハ元ヨリ儒者分上ノコトナレドモ、コレヲナス人ハ甚少シ。（『孔雀楼筆記』巻一）

最後に、広島藩に長年召し抱えられた儒者としての晩年はどうであったか見てみよう。前述したように、彼は享保四年（三十二歳）に、第五代藩主浅野吉長の側儒に登用され、京都在住のまま、参勤交代では江戸に随行し、また藩主からの招聘があれば広島に赴いていた。その役割はあくまでも藩主・世子の侍講であり、藩士や篤志の町人の教育にあたるということではなかった。宝暦二年に吉長が亡くなった後も、第六代藩主となる宗恒やその男の重晟に引き続いて仕え進講している。世子の時代から、宗恒は景山に絶大の信頼を置いている。宗恒が史書・経書から格言を抄出した『自警編』（二冊）に、序を付すことを景山は命ぜられて執筆している（宝暦六年二月に成る。Ⅳ・二・⑴「自警編序」五五七頁参照）。四百字余りからなるこの序から推察すれば、景山は文徳による経世済民を願って、経書や歴史書を進講していたと考えられる。宝暦三年七月四日、南湖と共に側儒の格式を、三次御横目の次席に上げられた。

宝暦六年五月、鴨川沿いの木屋町に座敷を借りてそこを樵亭と名づけ、藩主宗恒の命による『唐律疏義』（三十巻）の校訂作業につとめる。この頃まで続けていた『日本書紀』（三十巻）の校訂作業を巻十八で中断し、経業に暇がないとして宣長にその仕事を託したのも、藩主の命による仕事を優先させたことによるのであろう。同年正月に作った新年の詩「早春寓懐」（Ⅳ・一・⑷・四九九頁参照）には、「我　芸藩侯、頃歳郷学、日夕校讐典籍、因以比諸漢河間王云屈景山」という添筆がある。藩主の好学を、学問を好み諸儒みなこれに従った漢の劉徳（景帝の第三子）になぞらえて称賛している。また逆に景山が、吉長と同じく宗恒という学問好きの藩主の知遇を得ていたことは、宗恒の著作『自警編』の序の執筆、「逍遥篇」「書逍遥篇後」に記される藩主の特命による太田川や縮景園での歓待（宝暦三年）、講学励精の功による禄三十石の加賜（宝暦六年）、さらに藩主宗恒から、古稀の祝いに和歌（題「松契千春」）を贈られ、没後には「忠靖」と諡されて碑文を作成してもらう光栄[16]に浴したことなどからも具体的に窺い知ることができる。

景山を重用した理由には、一つに、曾祖父杏庵から立庵・蒙窩・蘭皐・南湖・蘭澤と藩儒を勤めてきた京住の堀家に対する歴代藩主からの信頼があったからであろう。しかし、それにもまして、前掲の江村北海や清田儋叟の評言にも見られた景山自身の優れた徳望と学問が、「堀景山南湖ハ文ヨクカケリ。光ヲツ、ミタル学者ナリ。平安ニハ東涯ト此三人マデナリ。」（湯浅常山『文会雑記』、服部南郭の言を引く）と言われ、

翼子賢孫、家声を墜さず。君に至り大に前烈を振ひ、祖業を恢にし、旁ら師友の益を求めて已まず

（『鳩巣文集』巻三・原漢文）

足下光を葆み、自ら晦まし、誉を時に競はず。何ぞ其の家風の未だ衰へざる。（徂徠「復屈君燕書」・原漢文）

と、当時の碩学にも評価されるほどのものであったことが、藩主の寵遇の因をなしていたと思われる。

宝暦三年九月、宗恒の招請により広島に赴くことになった景山のために、門弟達が送別の宴を開く。その時の門人宣長の漢詩「奉送景山先生赴芸州」（七律）（Ⅲ・五・⑶・四七七頁）の頸聯・尾聯に「功業日新師大国　徳音年発壮皇京　曾知優待君恩渥　須見載陽衣錦栄」とある。師景山の徳望と芸侯からの特別の待遇は、門弟たちの自慢であったに相違ない。景山は、杏庵以来の家学を継いだ京都の文化人であった。

芸侯に信頼され、門下生たちに慕われた景山であったが、宝暦七年、春から患っていた病が高じて、九月十九日の早朝に身まかった。藩主宗恒は「忠靖」と諡し、門人は議して「良靖先生」と私諡した。二十二日朝、儒家式で、洛

東にある南禅寺搭頭帰雲院に門弟子らに見守られて葬られた。折しも、景山が好んでいた紅葉の真っ盛りであったと『在京日記』は記している。

注

（1）南禅寺搭頭帰雲院に、堀家の墓地がある。現在は、わりあいに狭い墓地の左奥に、杏庵・立庵・蒙窩・蘭皐・南湖・景山・南雲・蘭澤などの、いわゆる広島藩に仕えた堀家の墓が並び、入り口右手前に、その妻や子孫達の墓石がまとめて置かれている。いずれも風化が著しい。それらの墓碑から、景山の母親が脇氏であり、没したのが享保十一年三月十日であること（墓石には「堀玄達妻脇氏之墓」「享保十一年丙午三月十日卒」と刻まれている。これは同年八月六日の日付をもつ徂徠に宛てた「復物徂徠書」に、「僕春末抵東、亡何値聞母喪」とある文面の内容と一致する）、また、早世した景山の長男正通の没したのが、享保六年十一月十五日であることが新たに判明する。

（2）Ｉ・二の「曠懐堂堀氏譜系」を参照。

（3）同右。

（4）伊藤仁斎が堀蘭皐宅に招かれたのは、元禄六年春、同九年十一月二十一日、同十三年十月十三日、同十五年二月七日、東涯のそれは父と一緒であった元禄六年・九年・十三年・十五年と、同十一年二月十三日である。村上冬嶺と北村篤所の場合は、元禄六年春、同七年の二月九日、同年の除夕、同八年の除夕、同九年の十一月二十一日、同年の除夕、同十年の二月、同十三年十月十三日である。また、『紹述先生文集』や『伊藤氏家乗』『篤所詩集』『遊東詩集』などの資料から、蘭皐が自宅以外で社友との会読・詩会等に参加したことが明白になるのは、十五回以上にのぼる。実際はこの何倍かの回数になるであろう。同資料から、蘭皐が行動を共にした諸友の名前が二十四人見いだせる。その回数のとくに多いのが、篤所（十七回）・東涯（十三回）・冬嶺（十三回）・仁斎（八回）・祐英（七回）である。

（5）景山は、東涯に作詩を求めることがたびたびあったらしい。資料に残る最初は、享保四年（景山三十二歳）に、魏惟度の「八居詩」の次韻詩を依頼したものである（『八居題詠』）。同十年の秋には「磐梯晴峯」を詩題とした題詠詩を懇願している（『紹述先生文集』巻二十九）。また享保七年七月二十九日、石清水八幡宮神応寺の僧虎渓なる人物を、書状を介して東涯に紹介（『初見帳』）。同十年十月には、徂徠門下の神童山田正朝が業を修めるため東涯の門を叩くが、その際に景山が正朝と同族であるよしみから、甚だ熱心に東涯とのあいだを取り持ち、世話をしている（『復物徂徠書』「復屈君燕書」）。同十一年には、三月に亡くなった母の遺嘱として景山が作った「魁星詩」への和を徂徠に求めるが、東涯にも依頼している（『紹述先生文集』巻二十一）。東涯の『家乗』には、景山が同十二年四月十九日に東涯等諸友を自宅に招き、六月二日には東涯と一緒に田丸吉貞の宅に集まり談話したという記事、それに本文にあげた同十五年の記事が見える。

（6）天理大学附属図書館・古義堂文庫蔵。七律の詩は、景山自筆の草字で、

袷衣緑木居然好　再世交游皆老蒼　但説雕虫真細事　無何飲酒定良方
論高不屑十年読　坐久更余三日香　緬識天文夜来異　賢人端爾集茅堂

と書かれ、「偶記先君嘗方夏初会客賦詩有緑木袷衣時正好之句因情不能已復用原韻　卒賦奉呈　諸君乞正　屈君燕拝草」と添書する（Ⅳ・一・(2)・四九四頁参照）。この一葉をおさめた包紙には、別の筆で「伊藤徳蔵様　樋口淑人」とあり、その裏には「屈景山名正超字君燕称禎助南湖之従弟芸藩儒臣」と記されている。徳蔵は、景山に遅れること一世紀半、古義堂六代目の伊藤輶斎の字であり、樋口淑人はいかなる人物かは未詳。景山の漢詩と添書は、かつて父蘭皐が自宅に諸友を招き詩会を開いた時のことを思い起こし、その時の詩韻を用いて、今また自分（景山）の代にも、同様に諸友を招くことができた喜びを述べている。蘭皐の諸友が仁斎・東涯・冬嶺・篤所・古峯等であったこと、また、この一葉が古義堂に贈られていること、さらに漢詩の第二句「再世交游皆老蒼」などから判断して、景山のいう諸君の中心人物は伊藤東涯であったのではないかと推定する。

（7）Ⅰ・三「堀景山年譜考証」享保十一年・十三年の記事参照。

（8）「龍谷大学仏教文化研究所紀要」三輯・昭和三十九年六月（後に『日本近世文苑の研究』昭和五十二年刊・未来社に所収）。

（9）『長崎県史』史料編4に所収。宮田安の『唐通事家系論攷』（昭和五十四年刊・長崎文献社）にも彭城敬右衛門の名前は見出せない。

（10）宗政五十緒「享保元文期京都における唐話通たち―松室松峡を中心として―」（「國語國文」第三十一巻二号・昭和三十七年二月、注（8）の前掲書に「近世中期における京都の白話小説家たち」として所収）で指摘しているように、大通元信に入門した時の年齢は、堀景山（四十歳）・松室松峡（三十六歳）・田中大観（十八歳）・芥川丹邱（十八歳）である。華音の師である元信は、この時四十六歳。

（11）大谷雅夫「近世前期の学問――契沖・仁斎――」（岩波講座『日本文学史』第八巻・平成八年八月刊）

（12）Ⅰ・三「堀景山年譜考証」享保十九年十月（六七頁）参照。

（13）本居宣長記念館に、樋口宗武本を小野田重好が転写したとする奥書をもつ写本『経衡集』（一冊、元文二年十月宗武・同年十二月重好）と『馬内侍集』（一冊、享保三年五月宗武・寛保元年六月重好）、それに重好が転写したという奥書を有する『為家後撰抄』（一冊、寛保三年九月重好）がある。「宝暦二年以後購求謄写書籍　附書目」の「書目」に、この三書の書名が見えるが、いずれにも所有している符合がつけられ『経衡集』と『為家後撰抄』にはさらに「写」の字が付されている。本居宣長記念館蔵の『馬内侍集』の外題には本居清造の筆で「馬内侍集小野田重好写」とあり、『経衡集』二丁オの付箋に、同じく清造の筆で「小野田重好写」とある。三書とも同筆であり、また、小野田重好の自筆稿本『紀氏三絶』とも同じ筆であることから、三書はすべて重好本で、景山が所持していたのを宣長が譲り受けたものではないかと考えられる。一方、「宝暦二年以後購求謄写書籍」を見ると、宝暦四年九月二十八日に、『日本紀』（九冊、十三匁）・『蜻蛉日記』（八冊、十七匁五分）・『藤経衡集』（一冊、五分）・『為家後撰集』（一冊、五分）・『馬内侍集』（一冊、五分）の合計五つの書を刊本で購入している。ところが『蜻蛉日記』は、刊本購入後一週間も経たないうちに、「右日記全篇以野重好本校正之雖一字而不敢加臆断矣唯本之従耳　　宝暦四年甲戌十月三日　神風伊勢意須比飯高　本居栄貞」と奥書に記すように、重好本で校合し版本に書入れをしている（同記念館蔵）。また、購入した刊本とは別の、景山から伝写された『日本紀』（三十巻九冊、同記念館蔵）の第三冊の巻尾には、「此日本紀者景山堀先生所蔵本也　自神代巻至安閑帝元年紀　先生親以小野田重好本校讐訂正如歌詠引契冲厚顔抄増註之　然以経業不暇故弗能終其功　深以為憾則以此本伝与乎予続其緒業　予謹領之重以小野田氏本校之（中略）宝暦六年丙子七月念六日　神風伊勢意須比飯高　本居春庵清宣長題」と記した奥書がある。つまり、宝暦四年九月二十八日に宣長が購入した版本のすべてに、後で小野田重好本が関わっているのである。重好の伝記の詳細は、宣長への景山からの伝与本『日本紀』にある重好の奥書の冒頭「余父友樋口宗武老先生」とあること、及び海北若冲門であったこと以外は現在未詳であるが、宣長が書写したものの奥書から、樋口宗武と同様、重好が晩年の景山ときわめて親しく交際していたことは推察できよう。

（14）『本居宣長稿本全集』第一輯・五五頁に、景山の詠草が数十葉あったことが注記されている。また後掲する巌島で詠んだ景山の歌（Ⅲ・四・（3）「途次の吟詠」四四七～四五一頁参照）を見ても、詠歌が手なれたものであったことが分かる。

（15）同右第一輯・一三二頁に、「堀東三氏ノ蔵ニ景山自筆ノ『平家』九冊アリ。謡本ニシテ、朱ヲ以テ譜ヲ附シタリ」とある。

（16）墓石の傍らにある「忠靖先生之碑」と題する碑の文章は、中村久四郎「堀景山について」（「尚古」第一年第四号・明治四十年二月）で紹介され、小鷹狩元凱の「芸儒堀家略譜」にもこの碑文を載せている。現存する碑の裏には「従姪正珪奉藩命書」とあり、南湖の嗣子（次男）南雲が広島藩の命により代作したことを刻む。

II　学問論と思想

一　下学の道から上達の理へ

一

徳川幕藩体制確立の精神的基底となったわが国宋学の祖は藤原惺窩であり、彼に従って程朱学を修めた門人は数多い。なかでも林羅山・松永尺五・那波活所・堀杏庵は藤門の四天王と称されたが、はやくも、十七世紀中頃から始まる朱子学への懐疑と主体性の芽生えは、山鹿素行・伊藤仁斎・荻生徂徠という人物の擡頭をみて一挙に高まる。藤門の四天王が活躍した時代から約一世紀を経て、子孫がその学統を脈脈と受け継いでいたのは、代々大学頭となって幕府の学問をつかさどった林家と、広島藩・尾張藩の儒者をつとめた堀家のみであった[1]。

景山の著書は、『不尽言』『ぬさのにしき』を除いて、最近まで、稿本・写本ともに一本も見ることができない状況にあった。景山の学問論・思想を考察する場合には、芸藩執政岡本大蔵の七ケ条にわたる諮問に答えた『不尽言』（寛保二年・景山五十五歳の時の執筆と思われる）を、唯一その拠り所とせざるをえなかった。しかるに、昭和四十九年にみすず書房の小尾俊人氏が、荻生徂徠と景山の往復書簡四通を収めた『屈物書翰』（京都大学附属図書館蔵写本）、さらに「享保十四己酉冬十有二月上澣写記之」の識語をもつ同内容の静嘉堂文庫蔵写本（『物屈論文書』）を発見された[2]。書簡のやりとりの時期は、享保十一年七月から八月にかけてであり、このとき、当時の儒学界における第一人者徂徠

（六十一歳）は死の二年前、景山は不惑を目前にひかえた三十九歳であった。気鋭の朱子学者景山が、古文辞学を標榜し海内を風靡した荻生徂徠に宛てた二通の書簡は、「学問の道は文章の外無之候」（『答問書』下）と言った徂徠の文章論・学問論への疑問と、景山自身の持論の表明を内容としている。『不尽言』を遡ること十六年の時点での景山の学問論を窺うには恰好の資料であるといえるであろう。この二通の書簡と『不尽言』、その他若干の資料をもとに、景山の思想・学問論の形成過程の一端をうかがってみたい。

享保十一年八月六日付で徂徠に宛てた二通目の書簡「復物徂徠書」（以下、「第二書」と記す）に、景山は自らの学業の経歴を振り返って、次のように述べる。

> 僕結髪にしてより、念書を授かる。濂雒《れんらく》を欽味し、旁ら韓欧を誦す。今歯《よわい》漸く強境、学闡明なること無く、樸《ぼく》陋《ろう》業《す》已《で》に成心。縦令、造物鑪錘すとも、亦転化せしむること易からず。（原漢文）

「結髪」は一人前の成人になることで、男子では二十歳を意味する。「濂雒」は「濂雒関閩之学」、いわゆる宋学のこと。「強」は四十歳をいう。程朱学と韓愈・欧陽脩らの学を二十歳の頃から本格的に勉強し始め、自らの学問の骨格を不惑の年四十歳になろうとする段階で、ほぼ確立していたことが分かる。謙遜の辞を用いながらも、景山は自分が宋学と、朱子が重んじた韓愈・欧陽脩等の唐宋の学を奉ずる儒学者であり、また今後もそのようであり続けることを確信していた。

ところが、『不尽言』を読むかぎりにおいて、不惑の強い意思は明らかに変化を見せている。そのことを端的に示すのは、本書で何度も引用することになる次の一文である。

> 愚拙、経学は朱学を主とすることなれども、詩と云もの、見やうは、朱子の注その意を得ざること也。（『不尽言』）

景山は、「強境」から十数年を経て、人君の学問・政治の肝要を説くことに主眼を置いて『不尽言』を執筆する。この中で、右のように『詩経』の見様の朱子注は誤りだと指摘する。また『論語』『孟子』を基軸に、史書を第一にして人情を知ることの必要性を説き、「理と云ものは極まつて極まらず、空なるものなれば」と述べて「理」に対する懐疑を前面に打ち出し、さらには、朱子の『通鑑綱目』より司馬光の史書『資治通鑑』を重視するなど、敬虔な朱子学徒とは呼べない見解を表明している。徂徠に宛てた書簡の執筆時から、『不尽言』の執筆に至るまでの十数年の間に、朱子学への全幅の信頼が揺らぎ始めている。何がそうさせたのであろうか。

二

文章は道を載せるという儒家の伝統的な考え方がある。それは、文章は学問と相表裏するものであるということと同義であろう。前述の「学問の道は文章の外無之候」という徂徠の言葉は、そのことを言っている。「僕、素より漢已上の文書を読むを喜ぶ」（「与物徂徠論文書」、以下「第一書」と記す）という景山が、当世儒者の文章に不満を抱いていたことは、「国の習鹵烈《ろれつ》にして文辞を弁へざる」（第一書）と述べている言葉からも知られるが、これを受けて徂徠は、返書で「是れ来喩の云ふ所、適に不佞の意と同じきなり」と同意を示す。しかし、当世儒者の文章についてはこうした共通の認識をもちながら、儒家が理想とした聖人の道を載せる唐虞三代の文章へのアプローチの仕方は、両者の間では相当の懸隔があったこともまた事実である。景山は自ら信ずる文章観を、二通の書簡を通じて徂徠に正面から問いただし、その教えを仰ぐことになる。

景山のこの書簡の趣旨は、簡単に言ってしまえば、徂徠が高く評価した李攀龍・王世貞の古文辞学の修辞による文章の欠点を指摘し、その対極に「一気」に貫かれた達意の文章を置くというものであった。景山の論難の背景に、前述の学業の経歴にあった宋学や、韓愈・欧陽脩の古文の理論があったということは当然予想されよう。後漢から隋に至るまでの八代の文章、特に六朝時代に隆盛した四六駢儷文のような過度の修辞にはしった文章への反省から、韓・

欧は「言」と「気」と「学問」とを次のように関連づけている。

気は水なり。言は浮物なり。水大にして物の浮かぶ者、大小畢《ことごと》く浮かぶ。気と言とは、猶ほ是のごとし。気の盛んなるときは、則ち言の短長と声の高下とは皆宜《よろ》し。　（韓愈「答李翊書」）

学ぶ者は当に経を師とすべし。経を師とするには必ず先づ其の意を求む。意得れば、則ち心定まる。心定まれば、則ち道純なり。道純なれば、則ち中に充つる者実す。中充実すれば、則ち発して文と為る者輝光《きこう》あり、事に施す者果毅《かき》なり。三代両漢の学も此に過ぎざるなり。　（欧陽脩「答祖択之書」）

儒家の経典を学び、その真意を探って心を定め、聖人の道を知る。それによって「気」の充実・拡充をはかり、「気」の充実・拡充から言辞・文章の発現を見る。これが儒家の学問の道であるという主張である。先王の道を載せ、その基盤に孟子の「浩然の気」「養気」説を据える精神主義的な韓・欧の文章観は、後の朱子学派において高く評価されて受容される。景山の文章論が、六経―孔子―孟子―韓・欧―朱子と繋がるこの延長上にあることは、次にあげる見解から判断して間違いなかろう。

夫れ古の文、一つとして已むことを得ずして已まざるより出でざるは靡《な》し。而して其の気凜然《りんぜん》として、以て能く人を動かす。死して且《な》ほ朽ちざる所以なり。故に、文の古・不古や、斯れ亦諸《これ》を験《ため》すは一気なるか。　（第一書）

窃に経術文章を謂《おも》ふに、原《も》と二致無し。六経の言を為すや、一つとして之を文に用ゐること有らざるは靡し。故に、文章諸《これ》経術に原《もと》づかざるは、皆無用と謂ふべきなり。（中略）韓公の文、八代の衰を起す所以の者は、ただ辞法の弊を矯《た》むるのみに非ず、亦其れ諸《これ》経術に原づくと以《な》せばなり。　（第二書）

養気説を説く孟子を仰望し、経書に依拠する達意の文を提唱した韓愈・欧陽脩は、景山にとってはまさしく文章の師であったといっていい。「文章」のキーワードを「気」と「経術」に置いた景山は、この観点から「辞」の模擬剽窃を唱える李・王の古文辞学を、書簡の随所で批判することになる。

李王の文に於けるが若きは、徒に弁博に逞《たくま》しく、綴緝を工にし、務めて骫骳《いひ》を為して読み難し。鉤句《こうく》事を摘み、眗嫗《くう》陶化す。蒲盧《ほろ》過ぐる克《あた》はず。故に字は左国七雄にあらざるに非ず。口吻は西漢にあらざるに非ず。愈々誦して愈々人をして懈《おこた》らしむること佗《た》無し。是れ、一気の貫、古に及ばざればなり。能く人を喜ばすも、人を動かすこと能はざる所以なり。（第一書）

其の（李王の──著者注）文章、諸を経術に原《もと》づかしめざるを以て、徒に文辞を玩び、采絢《さいけん》を逞《つく》すのみ。（第二書）

これに対して徂徠は、返書で「人心は面の如く、好尚各々殊なり」を繰り返し、「亦習異なるのみ」としながら、「李王二公は没世、其の力を文章の業に用ひて、経術に及ぶに遑《いとま》あらず。然れども不佞は其の学に藉《よ》りて、以て経術の一斑を窺ふを得たり」（「復屈君燕書」第一書の返書）という。景山の指摘するとおり、李・王の文章は経術に基づいていないことを認める。その上で、改めて模擬剽窃の意義を述べ、経書を引用した文章を展開して、聖人の道を学ぶ辞を媒介とした方法論を説いた。その結果、経術と文章については「鄙意大いに足下に誖《たが》はざる」（第二書）というごとく、徂徠の考え方とほぼ同じであることを景山は確認している。しかし、「経術」と並んで文章の要となるもう一つの要素、即ち「気」が欠如していることから、学問の上で徂徠の古文辞学を次のように位置づけた。

僕辞を嫻《なら》はずと雖も、然れども復た辞を尚ばざる者に非ず。但以為へらく、文は気を以て主とせずして、徒に修辞に務るときは抑々末なりと。然り而して、六経は皆聖人の言なり。其の言を知るに非ずして、明らかに聖人の心を見るを為さんや。其れ然り。顧るに、言を経に考へんと欲するに、迺ち文辞を舎《お》きて、夫れ亦何を以てせんや。是れ、足下の李王の道を倡《とな》ふる所以か。然るときは、足下の倡ふる所は下学の道なり。僕の論ずる所は上達の理なり。未だ下学して上達すること能はざる者有らざるなり。足下の説、豈に以て要と為さんや。（第二書）

聖人の道を載せる六経を学ぶ時に、我々は遺された六経の言葉を媒体とせざるを得ない。それは、そのとおりである。その意味では確かに辞に習熟する必要がある。しかしそれは学問の基礎作業に過ぎない。もっと大事なのは六経の文章を深く味わい、かつ内省し、そこに充満する「気」を感得して文章に載せることである。してみると、李・王の古文辞は六経を読む手近な方法論を説いているに過ぎないから、『論語』〈憲問〉にいう「下学して上達す」の「下学」に該当し、自分の「気」を主にした文章論は、聖学（高妙の理）の域に達することを目的としているから、「上達」の理であるということになる。「下学して上達す」という孔子の言葉を、景山は『論語集註』の「凡そ下、人事を学び、便ち是れ上、天理に達す。然れども、習ひて察せざれば、則ち亦上達する能はず」と注する朱子の解釈によって理解していたと思われる。「気」と「辞」の主従関係をここで明確にして持論の正当性を主張している[3]。

ただ、ここで見落としてならないのは、「僕辞を嫺はずと雖も、然れども復た辞を尚ばざる者に非ず」という言葉に着目して下学上達の主張を見直したとき、六経の真意に到達するための「辞」の役割、つまり「辞」に習熟することの必要性を、徂徠の返書を通して認識するようになっていたという点である。文章の要はあくまでも経書に根ざした「気」にある。しかし、私意の混じらぬよう真実に経書を理解するには、古言に習熟しなければならない。「辞」に対する新たな認識が芽生えている。「気」を主とした論を展開しながら、一方で徂徠を評価するのは、徂徠が李・王の古文辞学を客観的な方法として、朱子学派が窮理の対象とする経書の読解へ応用してみせたからである。上達する（高妙の理に達する）ためには、主観的合理的な理屈に拠らない「下学」、つまり客観的手続きを踏まねばならないことを、景山は徂徠の返書で教えられたのではなかろうか。「足下の先見の明、法を李王に誦す。以て今の弊を撥《のぞ》き、之を古道に反《かえ》すこと一世に卓然たり。之と与に京《おおい》なる者莫からん」（第二書）と徂徠をほめたたえ、また同書で『論語』〈衛霊公〉の言葉を引いて、「吾、而今而後、面を革《あらた》め内に訟《せ》め、以て臠巻《れんけん》の故習を除き、力めて李王の業を誦し、真に力を積むこと久しうするときは、能く足下の説の信《まこと》に然るを知るを得ること有らんや」という。「臠巻」はいびつにゆがんだ様の意、「故習」は朱子学や韓・欧の文章をこれまで規範としてきたことを指す。これを学問に志す新たな決意と取るか、社交辞令の単なる挨拶言葉と取るかについては、この後の景山の言動から判断するしかあるまい。

三

経術に基づいた辞の機能を説く徂徠は、「再復屈君燕書」（第二書への返書）で、文章の古今の別を論じた景山の説に関して、改めて論を展開している。その中で、文章においては、景山のように「韓欧を執り、古は自ら古、今は自ら今といふを以て論を立つる者」は、「之を要するに、皆古聖人を以て未だ足らざる所有りと為す」からだと分析してみせ、「学問の道は必ず古を貴ぶ。顧ふに古人の骨のみ朽ちて、惟だ書のみ存するなり。書の識るべき者は、事と辞のみ」と述べて、間に人（注釈）を入れずに、直接六経に辞と事とを求めるべきだとした。それによって、聖人の道を学ぶことができるとしたのである。

夫れ、善く華言を学ぶ者は、倭訓を仮らずして直ちに華言を学び、華言明かにして倭訓の謬り自ら見はる。古今の弁も猶ほ是の如し。（中略）今人の古人と為ること能はざるも、亦猶ほ華倭のごときか。知らざる者は之を性と謂ふ。然れども、唯だ習のみ以て之を移すべし。是れ聖人の学を貴ぶ所以なり。

聖人の道の真意を理解する方法（後世の伝注に拠らずに直接原典にあたり、古言に習熟することで古人に化して事を知る方法）の構造の意義は、唐音直読法のそれと同じである。それは、徂徠が「華と和とを合して之を一にするは、是れ吾が訳学。古今を合はせて之を一にするは、是れ吾が古文辞学。此れ等の議論、大いに是の編と没交渉なるに似て、其の実は亦大関係の焉《ここ》に存する有り」（『訳文筌蹄初編巻首』）という「訳学」「古文辞学」の関係を、言葉を換えて説明したものである。徂徠の訳学と古文辞学は、ともに「習ひ性と成る」（『書経』〈太甲上〉）の教えを前提としている。字義・語勢に習熟することによって、時間・空間を超えて文章の真意を把握する。そのことを徂徠は、まず唐音での漢文直読法で確信していたに違いない。徂徠から第二書の返事を受け取った後、この教えの真偽を確かめる機会が意外に早く景山に訪れることになる。唐音の学習である。このことについては、Ⅰ・四「堀景山小伝」で詳しく述べてあるので、ここで改めて繰り返すことはしない。ただ、唐話学の学習体験の成果が、日本人が華言に熟することの意味（徂徠のいう「訳学」）を了解させ、理論構造としては同じになる「古今之弁」の主張を容認する方向に、景山を仕向けていったであろうということを確認しておけばよい。

四

『不尽言』は、広島藩の執政岡本大蔵が人君の学問を中心に様々な事柄につき質問してきたのをうけ、それにまとめて答えた著作である。本書から窺える思想は、「聖人の教は近くいはゞ人情に通ずるまでのこと也」という言葉に代表される「仁」を中心とした徳治主義である。議論・理屈をもってする武家の治道に対して、孔子・孟子の教えを基軸に置き、「史」と「人情」に通達した人君の学問・政治を説いているが、一見して、仁斎の主張に酷似しているという印象を受ける。『不尽言』全体を読んでいて気づくことの一つは、論じている内容が多岐にわたっているにもかかわらず、『不尽言』の冒頭で展開する字義・語勢を重視する思想が、共通して底流に脈打っていることである。対象が国書の場合は、契沖の文献学をあてている。冒頭の字義・語勢論は、次のごとくである。

古聖賢の語は書をはなれて外にはなきこと、その書と云ものは皆中華の物也。しかれば、書をよまずしては、聖賢のありがたき教は何を以て知るよすがあるべきや。その書と云ものこそ、皆文字にしてその文字を積で語を成し、語を積で書と成り、古来伝授し来れば、何をいふても先づ文字の意に通達せいでは、聖賢の語意を実に合点のゆこうやうはなきこと也。（中略）かの字義を弁ずる内には、又中華の人の語勢をとくと合点せねば文字の意義に通達したばかりにて、又書が読まれぬもの也。（中略）中華の人のやうに書を直読して義を通ずることは、日本人の意持でゐる内は、なんぼでも合点のゆかぬと云ことは、天性語勢の習せが相違あればなり。（中略）書を読むには日本人の心持をとんとはなれて、中華人の心持になりかはりて見ねば、正真のことにてはなき也。（中略）日本人の学文へ入りやうは、先づ字義と語勢とをよく弁じて、それをずいぶんちがはぬやうにそろ〳〵と和語に翻訳し、合点するが最第一のことなるべし。

人君の学問・政治のあり方を古聖賢の書に正すことをいうが、その際に字義・語勢を重視した文献学的方法を用いること、その上で中国人の心に化すことを積極的に説く。文字論・字義論・語勢論、そして中国人に化す論、これらは言ってみれば原典主義の立場に立った考え方である。倭華の弁は古今の弁と同じ理屈である。日本人が中国人の心になりきることは、当世の人間が古人に化すことと同じだということである。景山が唐話学の学習によって会得した真理を、徂徠の教えに沿う形で聖人の学に応用した見解であるといえるであろう。右の一節の「日本人の学文へ入りやう」は、かつて第二書で景山が「下学の道」と決めつけていた徂徠の古文辞学の方法論に、酷似したものであることがわかる。

二通の徂徠の返書に書かれた古文辞の意義の教え、唐話学に関心を持つ古義堂との接触、唐音の学習体験、こうした過程を経て形成された「下学の道」は、『不尽言』では初心の者の「日本人の学文へ入りやう」として、必要不可欠の基礎的作業として是認されている。景山が第一書・第二書で見せた李・王の古文辞に対する不信は、十六年後の『不尽言』では、聖人の道を学ぶにあたっての積極的な役割をになう有効な方法であるという評価に、大きく転回している。

五

景山は、『論語』を仁斎と同様に「古今天地間の大文章」（第一書）として、六経以上に尊重する。『論語』〈憲問〉の「下学して上達す」という孔子の言葉に従えば、字義・語勢を客観的検証の有効な手段・方法として採用したことにより、今まで念頭に置いてきた「上達の理」を再検討する必要にせまられることになる。具体的には、字義・語勢の観点から、自ら奉ずる朱子の経学を古聖賢の書に重ねてみることである。

字義・語勢の検証によって、朱子理学の考え方から離脱することになった例として最も明確なものは、自らそのことに言及している『詩経』の意義の解釈であろう。前掲『不尽言』の一文「愚拙、経学は朱学を主とすることなれども、詩と云ものゝ見やうは、朱子の注その意を得ざること也」の後に、言葉は次のように続いている。

思無邪と云を、朱子は人の詩を学ぶ法をの玉へると見られたるゆゑ、論語の此所の註に勧善懲悪の事とせられたるなり。しかれども、勧善懲悪と云は春秋の教にてこそあれ、詩の教にてはなき也。

『論語』〈為政〉で孔子がいう『詩経』の意義は、「思無邪」（邪念が無い実情の発露）である。この「邪」の字を、朱子は人の邪悪の心と解釈し、「思無邪」を勧善懲悪の教えと見る。景山は「邪」の字義の解釈を朱子の誤解であるとして、「邪の字など、邪とあればどこでもおしなべて必ず佞悪なること、心得るは、末を知りて本を知らぬと云もの也。しかるゆへに字義と云もの大切なるものにて、その意義をとりそこなへば、聖語の味ひ大きに相違すれば、聖人の意にかつてなきことを心得るやうになること也」という。

このことを、もう少し掘り下げてみよう。景山が批判している朱子註は、次のごとくである。

凡そ詩の言、善き者は以て人の善心を感発すべし。悪き者は以て人の逸志を懲創すべし。其用、人をして其情性

の正を得しむるに帰するのみ。（『論語集註』道春点）

『詩経』の本質論・効用論ともに、勧善懲悪の考えに立って解釈されている。しかし景山は、『不尽言』の中でそれは春秋の教えであって詩の教えではないとして「思無邪」の字義と意義を改めて問い直す。その上で『詩経』の本質（体）は、

我しらずふつと思ふとほりを云出すが詩と云ものなるべし

またその用は、

詩を学ぶと云は、全く人の五倫、世上朝夕の間にをいて、貴賤上下、色々様々なる人情の善も悪も酸も甘いも、委細に知り通ずる為めと見へたり

と断じた。そして世俗の人情を知ることが、いかに為政者にとって大事かということを

聖人の教は近くいはゞ人情に通ずるまでの事也

として、聖人の究極の教えに帰着させる。

この「思無邪」論について、景山が朱子注を退けるのは、結論から先に言えば、日野龍夫氏が指摘された（岩波新日本古典文学大系『不尽言』一二〇頁脚注）ように、仁斎・東涯の著述から景山が学んだことによると考えるべきであろう。仁斎の『論語古義』為政第二「思無邪」の注と解では次のように述べている。

・不《ル》レ過《ギ》レ使《ムルニ》下人《ノ》之所《ヲシテ》レ思《フ》無《カラ》中邪曲上耳

・思無《キハ》レ邪直也……思無《シノ》レ邪一言、足《レリ》三以《テ》蔽《ヒ》二尽《スニ》詩《ノ》之義《ヲ》一也

またその用は、

・思無《シノ》レ邪一言《ハ》、実《ニ》聖学《ノ》之所二以成《シテ》レ始《ヲ》而成《ス》レ終《ヲ》也

である。景山が『不尽言』で説く「思無邪」論に、仁斎説が援用されていることは明らかであろう。景山が『論語古

義』を学んでいたことは、『論語』の訓みからも窺える。仁をめぐる子貢の問いに対して孔子が答える「夫《レ》、仁者《ハ》己欲《シテ》レ立《タムト》而立《ツ》レ人《ヲ》。己欲《シテ》レ達《セムト》而達《ス》レ人《ヲ》」（雍也）の言葉に、次の一文が続く。

能近取譬、可謂仁之方也已

仁斎以前の訓みは、刊本『論語集註』の道春点により

能《ク》近《ク》取《ルヲ》レ譬《ヘヲ》、可《キ》レ謂《フ》二仁之方《ト》一也已《ノミ》

と訓むのが一般的であったはずである。ところが景山は「孔子の能く近取て譬《たとふ》るは、可レ謂二仁之方《ト》一也已と仰せられしにても知るべし」（『不尽言』）とあるように、「近取て譬る」と訓んでいる。これは

能《ク》近《ク》取《ッテ》譬《フル》、可《キ》レ謂《フ》二仁之方《ト》一也已

とある仁斎の『論語古義』の訓みである。『論語集註』では譬えを他人の私欲にとり、それに打ち勝って天理を全うすることを注記しており、羅山の訓点はその内容に沿って付されている。一方、仁斎の『古義』は、「己に在る今日の切なる所」、つまり現在切実としている所のものをもって譬えたとする解釈であり、またその訓みである。景山は、このことを理解した上で『論語古義』の訓みを採っていた。

このようにして新たに学び得た「思無邪」論は、景山自身に本業とする儒者の業を改めて考えさせることになる。

儒者の業と云ものは、五倫の道を知り、古聖賢の書を読み、その本意を考へ、身を修め国家を治むる仕形を知る事なれば、人情に通ぜずして、何を以てすべきにや。世間の俗人をはなれて、五倫はいづくに求めんや。（『不尽言』）

代々朱子学を奉ずる堀家は、聖人の教えを学び、広島藩の侍講として藩主や世子に、道を説くことを業としてきた。景山の場合、古義堂との交際の中で、聖人の教えが結局は世俗の人情に通暁することにあることを教えられ、またそれが確かなものであることを藩主吉長や宗恒の側儒を務めた上で実感していたから、「愚拙、経学は朱学を主とする

ことなれども、詩と云もの、見やうは、朱子の注その意を得ざること也」と、敢えて言明せざるを得なかったのであろう。

また、景山は「礼記にもすでに人の温柔敦厚になるやうにとするが、詩の教じやと云てあることなり」と補足説明し、徂徠宛の書簡でこだわっていた経書で確認をとっている。字義を誤り、経書や史書に拠らなければ、古聖賢の言葉の解釈は誤りやすく、それは聖人の心・道の曲解に繋がる。朱子の『詩経』の解釈は、まさしくこの例に他ならない。同じ『不尽言』で、勧懲史観で編集した朱子の『通鑑綱目』より、司馬光の編年体通史『資治通鑑』の方を評価しているのも同じ理由からであった。

以上のように見てくると、景山が『詩経』の朱子注を批判する背景に、字義・語義や世俗の人情を重視した古義学や経・史をとり入れた古文辞学の影響があることは否定できないであろう。景山自身、京都の第一級の文化人近衛家熙から何度か具体的な文字の字義について意見を徴されている。字義の判別が相当なものであったことがわかる。しかし、ここで誤ってならないことは、古学の影響・感化は、『不尽言』に繰り返し出てくる初心の学者の「日本人の学文へ入りやう」の方法（下学の道）において特に顕著なのであって、そのことをもって、景山が古義学あるいは古文辞学に転向したなどという言い方はできないということである。「上達の理」の目的とするものが、基本的に揺らいでいないからである。仁斎が孔子の遺書ではないとした『大学』が、景山の学問の基底にしっかりと位置づけられている。

大学中庸などその理高妙なるものゆゑ（中略）大学の教は天下国家を治め、人の上に立つべき人の学文にて一等向上なる教なれば、凡民の上には先づ急用ならぬこと也。（中略）小学の教は畢竟は敬の一字に帰することなれば（中略）人は兎角に幼少からの教がいち大切のことにて、その教と云は心の敬より外のことはなき也。

人君の学ぶべき経理の高妙の教えは『大学』『中庸』にあり、初心の者は『小学』を学ぶべきであるとして、朱子の主敬・持敬説を信奉していることなどは、上達の理の認識が依然として朱子学の範疇にあることを示している。また、かつて徂徠に宛てた書簡で「上達の理」の要としていた内発的な「気」は、『不尽言』では、「人情は善悪曲直千端万緒なるものなれば、人の心の種の内にも発生の気欝したるが、見るもの聞くものに触れて、安排工夫なしに思はず知らず、ふつと言ひ出せる詞にすぐにその色をあらはすもの也」というように、当世流行の「人情」（「実情」）に結びつけられ、『不尽言』から窺える中心をなす思想「聖人の教は近くいはゞ人情に通ずるまでのこと也」に直結している。前述したように、藤原惺窩の門人の子孫で、今日までその業を伝えているのは林家と堀家だけであるという自負心に裏打ちされた言及が、第二書の冒頭にある。景山の曾祖父杏庵は、「学は騶軻（孟子のこと）の気を養（ふ）」（石川丈山『覆醤集』）と言われ、また「徳は本なり、政は末なり。（中略）君子の政を為すは徳に在り」（『杏陰集』）と自ら言うごとく、特に孟子を尊重し、徳治主義の立場をとる朱子学者であった。『不尽言』に目立つ『孟子』の文章による思想的な意義の裏付けは、たしかに結果として仁斎学に似ている。とはいうものの、朱子学の基軸となる『大学』や持敬説などに対する見解はまったく相違している。このことはつまり、孟子を尊重する杏庵以来の家学の伝統が、景山の代まで確実に継承されていたことを示すものであろう。字義の検証（下学の道）による朱子経学の見直しはあっても、「上達の理」の根本思想は基本的に変化していない。あえて「愚拙、経学は朱学を主とする」と断らなければならなかった景山の言葉には、多少の揺らぎが感じられるものの、やはりその言葉どおり、朱子学派に属する儒学者であることは動かないであろう。

実践窮行を重んじた山崎闇斎の講説、貝原益軒の『大疑録』に見られるような朱子学者内部からの程朱学への懐疑、熊沢蕃山の良知説、素行・仁斎・徂徠の人情論、仁斎・徂徠の字義論・語勢論・原典主義等々、十八世紀前半に生きる景山の前に、日本の儒学界全体が大きなうねりを生じていた。そうした中にあって、その時代思潮と無縁でいることは不可能であったと思われる。古義学や古文辞学と直接の交渉のあったことが、そのことを端的に示している。字義・語勢の持つ客観的方法の真実を、唐音の体験によって実感し、それに関わる古義学や古文辞学の学説の展開に、大いに関心を抱くようになったのではないかと推測される。気を人情に結びつけたのもその結果であろう。しかし、それが景山の学問論の根本思想を大きく変えるまでには至っていないことは、前に見てきたとおりである。ただ、後に出てくる宣長の国学思想を支える方法論につながる字義・語勢論を、「日本人の学文へ入りやう」の基礎学問（下学の道）として、景山が自らの学問体系の中に位置づけていたことは確認しておく必要があろう。三十九歳の時の文章を論じた書簡と、五十五歳の時の人君の学問・政治を論じた著述は、その間に景山の思想・学問の何が変わり何が変わらなかったか、その一端を両者の比較を通して垣間見せてくれている。

注

（1）「復物徂徠書」に「嘗て滕公の門に及ぶ者、著録幾ばく人かを知らず。而るに、其の子孫の業を伝ふる者、存するを見るは亦尠し。独り今の祭酒林公と僕の家と有るのみ」とあって、惺窩門下の中で子孫がその業を伝えているのは林家と堀家だけだと景山は言う。代々、公に仕えているという意味で言っているのであろう。

（2）吉川幸次郎氏の『本居宣長』（昭和五十二年六月刊・筑摩書房）に、景山の書簡の翻刻と考証が載る。この書から多くの教示を得た。

（3）仁斎は「下学上達」の朱注を踏まえて、「下学は、人事の近きを習ふなり。上達は、道徳の奥に造《いた》るなり」（『論語古義』）、後にやや解釈を変えて「上達とは、漸次に自ら進むの義、高遠の理を指して言ふに非ず」（『童子問』）とするが、徂徠は「下は今を謂ふなり、上は古を謂ふなり。先王の詩書礼楽を学びて、先王の心に達するを謂ふなり」（『論語徴』）という。

二　荻生徂徠宛て書簡訳注

荻生徂徠（一六六六～一七二八）の没後、服部南郭ら蘐園の門人が編集・上梓した『徂徠集』三十巻（元文五年刊・了）の冒頭は、風雅一首〈斗之魁有序〉と題して「屈君君燕」の語から始まる。広島藩の藩儒であった堀景山は、享保十一年（一七二六）三月、参勤交代の藩主浅野吉長に随行して江戸に赴く。その年の七月、景山は市ヶ谷に住んでいた儒学界の第一人者荻生徂徠に、幕府の医官山田正方を介して、書簡「与物徂徠論文書」を呈した。

徂徠は「学問の道は文章の外無之候」（『答問書』下）という考えに立ち、日本で初めて古文辞学を首唱して一世を風靡するが、景山はその古文辞学の論を真っ正面から批判した文章論を展開する。景山三十九歳、徂徠六十一歳のことである。同月二十一日、徂徠から折り返し景山に宛てた返簡「復屈君燕書」（『徂徠先生学則』附録に「答屈景山書」、『徂徠集』巻之二十七に「答屈景山」として収める）があった。それに対して景山は、八月六日に再度徂徠に宛てて二通目の書簡「復物徂徠書」を書き送った。三日後、徂徠は景山の第二書への返簡「再復屈君燕書」（「又」として『徂徠集』の前書簡に次いで載せられているが、徂徠の生前に刊行された『徂徠先生学則』附録には収められていない）をしたためることになる。〈斗之魁有序〉は、景山が第二書の中で、亡き母の遺嘱として彼が作った「魁星詩」への和の求めに変則的に応じた徂徠の詩文である（Ⅲ・三・（3）・三九八頁参照）。

二度にわたる、漢文体のしかもかなりの長文である往復書簡は、堀杏庵の学統を受け継ぐ気鋭の朱子学者景山と、

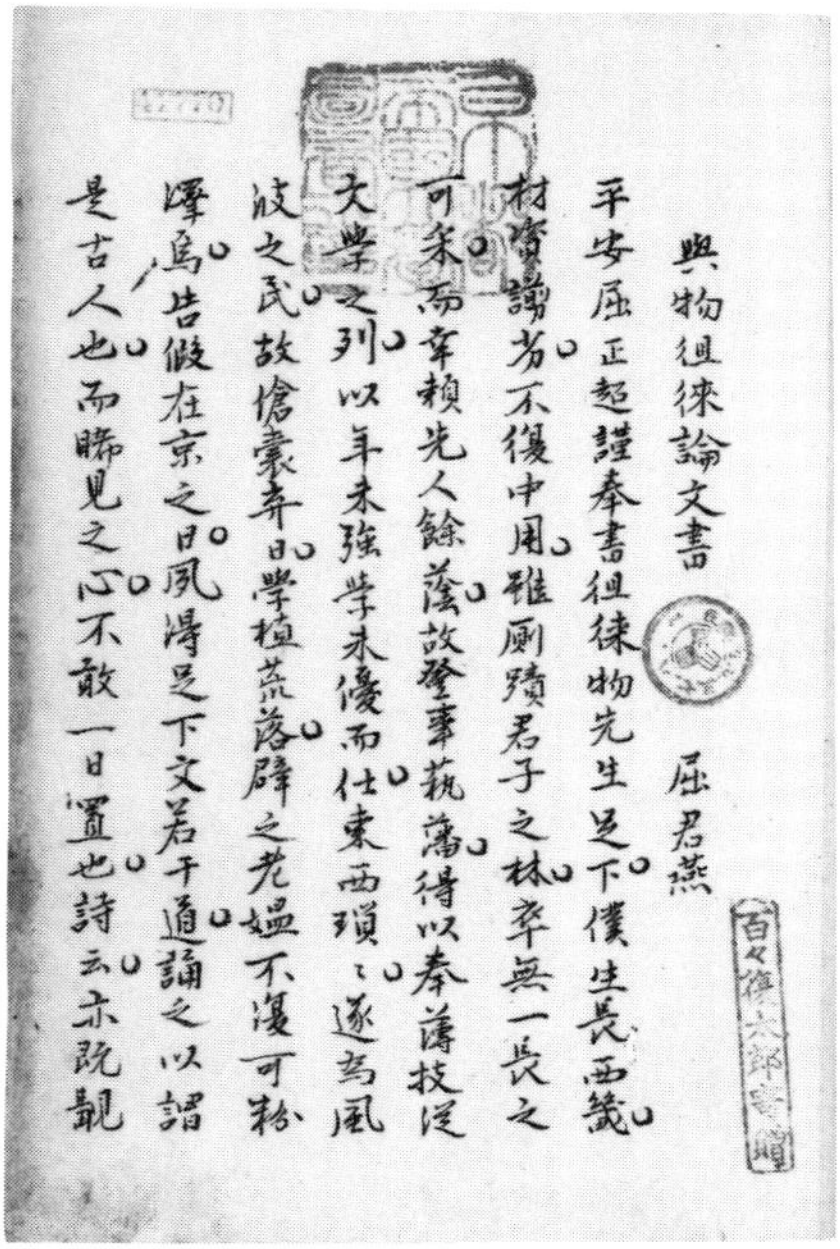
與物徂徠論文書　屈君燕
平安屈正超謹奉書徂徠物先生足下。僕生長西畿。材資譾劣。不復中用。雖厠蹟君子之林。卒無一長之可采。而幸頼先人餘蔭。故登事藩。得以奏薄技従大學之列。以年未強。學未優。而仕東西。瑣々。遂為風波之民。故愴褰弃日。學植荒落。辟之老媼。不復可粉澤焉。昔僕在京之日。風得足下文若干道。誦之以謂是古人也。而晞見之心。不敢一日置也。詩云。亦既覯

『**屈物書翰**』（京都大学附属図書館蔵）

古文辞学を標榜し従来の学問の方法を一変させた老儒徂徠の、貫道の器とされた「文章」をめぐっての論駁のやりとりである。その四通の書簡は、景山・徂徠各々の学問上の立場や主義・主張を窺うに充分な内容を有している。

従来、この四通のうち徂徠の書簡のみが『徂徠集』『徂徠先生学則』附録に収められて知られ、景山のものは全く知られていなかった。『徂徠集』巻之二十七に載る二通の書簡の注は、岩波の日本思想大系『荻生徂徠』五二七頁以下に、また景山第一書への返簡の注は、天明元年刊の『徂徠先生学則幷附録標註』下に詳しい。II・一「下学の道から上達の理へ」で述べたように、一九七四年にみすず書房の小尾俊人氏が、この四通の往復書簡を収めた京都大学附属図書館蔵写本（『屈物書翰』）と、さらに「享保十四己酉冬十有二月上澣写記之」の識語をもつ静嘉堂文庫蔵写本（『物屈論文書』）を見つけられた。それを吉川幸次郎氏が筑摩書房刊の『本居宣長』の中に翻刻（『屈物書翰』を『物屈論文書』により補訂）して入れ、また、四通の書簡の趣旨について詳しい資料紹介をしておられる。

以下の試みは、右の解説に依拠しながら、吉川氏が「大へん気負っている。当代第一の大家に寄せるのだから、当然といえば当然だが、その筆力の限りを尽くそうとしているように見える」（前掲書）と言われた景山の書簡二通に、訳注をつけてみることである。儒者として景山の主著となるはずの著作（『教問釈義』『景山文集』『景山筆記』等）は、現在所在不明で見ることができない状況にある。そうした中で、徂徠に宛てた書簡で開陳している文章論は、景山の

それまでに培ってきた思想を窺うに恰好の資料となろう。また、文中に用いられている典拠をもつ多くの語句は、景山がいかなる古聖賢の書を好み読んでいたかを教えてくれている。

＊

転写本の『屈物書翰』『物屈論文書』は、ともに一行二十字で書かれている。『屈物書翰』（京都大学附属図書館蔵）の写本に基づいて、景山の徂徠宛書簡第一書および第二書の訳注を掲載する（第二書は一六三頁～に掲載）。字体は概ね通行のものに改め、「原文」「訓読」「通解」「語釈」の順で記した。原文の文字の右旁の下につけてある圏点は、句点と読点とを区別しない点法である。

（1）「与物徂徠論文書」

『屈物書翰』

与物徂徠論文書　　　屈君燕

平安屈正超謹奉書徂徠物先生足下。僕生長西畿。材資譾劣。不復中用。雖厠蹟君子之林。卒無一長之可采。而幸頼先人余蔭。故登事芸藩。得以奉薄技従文学之列。以年未強学未優而仕。東西頊々。遂為風波之民。故倉嚢棄日。学植荒落。辟之老嫗不復可粉沢焉。告仮在京之日。夙得足下文若干道。誦之以謂是古人也。而睎見之心。不敢一日置也。詩云亦既覯止。我心則降。僕於足下。迺未覯而我心既降也。伏惟足下以間世之英。挺生東方。武野之浩。以養其気。富岳之秀。以毓其材。崇論谹議。気魄蓋世。迺首倡明古文辞之学。海内祈郷。従風而靡。然後学者有帰。人各知方。其及門之徒。皆為竜為鳳。雖為私淑。亦不失尚類鶩者。是以天下之文。一変将復至於道矣。

【訓読】

物徂徠に与へて文を論ずる書　屈君燕

平安の屈正超、謹んで書を徂徠物先生足下に奉る。僕は西畿に生長し、材資譾劣《せんれつ》にして、復た用ひらるるに中《あた》らず。蹟《あと》を君子の林に厠《まじ》ふると雖も、卒に一長の采るべき無し。而るに幸に先人の余蔭に頼《よ》り、故に登りて芸藩に事へ、以て薄技を奉じて文学の列に従ふを得たり。年未だ強ならず、学未だ優ならずして仕ふるを以て、東西瑣々、遂に風波の民と為る。故に倉嚢《そうのう》にして日を棄て、学植荒れ落つ、之を老嫗の復た粉沢すべからざるに辟《たと》ふ。仮《いとま》を告《こ》ひて京に在るの日、夙に足下の文若干道を得、之を誦するに、以謂へらく是れ古人なり、と。而して見《まみ》ゆるを睎《のぞ》む心、敢へて一日も置かざるなり。詩に云ふ、亦既に覯《あ》はば、我が心則ち降《くだ》らん、と。僕足下に迺ち未だ覯はざるも、我が心既に降る。伏して惟《おもん》みれば、足下は世に間《まれ》なる英を以て東方に挺《ぬき》んで生まれ、武野の浩きは以て其の気を養ひ、富岳の秀は以て其の材を毓《いく》す。崇論谹議《すうろんこうぎ》、気魄は世を蓋《おお》ふ。迺ち明の古文辞の学を首倡するに、海内祈《もと》め郷《むか》ひ、風に従ひて靡《なび》く。然して後、学者に帰する有り。人各々《おのおの》方を知り其の門に及ぶの徒、皆竜と為り鳳と為る。私淑を為すと雖も、亦尚ほ鶩《ぼく》に類するを失はず。是を以て天下の文一変し、将に復た道に至らんとす。

【通解】

京都の堀景山、謹んで書を荻生徂徠先生に捧げます。

わたしは京都に生まれ育ち、性来の浅薄・拙劣な資質ゆえ、とりたて用いられることはありませんでした。道を学び徳を修めて治国・平天下を心がける学者の仲間に入ってみたものの、結局一つとして才能の採るべきものがないのです。ところが幸いなことに、先祖の残しためぐみにより、芸藩に登用されて仕えることとなり、拙い才能を奉じて経書を教授する儒臣の列に加わることになりました。年齢は未だ四十に至らず、学問は未熟なままにお仕えし、あちらこちらと煩わしい雑務に追い立てられて、今では徳とは無縁の落着きのない人間となっています。そのために毎日が慌ただしく過ぎ、学問もすさび衰えてしまいました。化粧しても仕方のない老婆のようなものです。

休暇を請い広島から京都に戻ったある日、あなたの文章を何篇か読ませていただきました。読んで思ったことは、昔の聖賢の真の精神が伝えられているということでした。そこで、一日も早くあなたにお目にかかりたい、と願う気持ちになりました。『詩経』には「お顔を見れば、ほっと落着くことでしょう」とあります。わたしは未だあなたにお目にかかってはいませんが、（きっとお目にかかることができるでしょうから）お会いできない憂いの心は持ってはおりません。

つつしんで考えますに、あなたは世に稀なる傑出した才能を持って東国に生まれ、武蔵野の広さでその気は養われ、富士山の秀峰でその資質を育まれました。見識の高い堂々とした議論や気概は、世を圧倒するくらいすばらしいものです。あなたは（日本で）明の古文辞学を真っ先に唱えました。天下こぞって古文辞学を求め、皆その風潮になびいています。そして、学問をする人の中には、古文辞学に転ずる者も出てきました。その学問の方法を知り、その門下に至った弟子は皆すぐれた人物になっています。あなたを慕い、その学問を見習い学ぶ者は、直接教えを受けなくとも、それなりの成果を挙げています。ここで天下の文章は一変してしまい、今や古文辞学が聖人の道を明らめる最高最上の学問となりそうな趨勢になってきています。

【語釈】

○西畿　京都をいう。「畿」は帝都の意。景山は京都に定住し、藩の招請により広島や江戸に赴いた。○材資　生まれつきの資質のこと。○譾劣　浅薄で拙劣の意。自分を謙遜して言う。○厠蹟君子之林　「厠」は、まじわる・まじえるの意。道を学び徳を修めて、治国・平天下をねがう儒者になることであろう。『論語』〈雍也〉の「子、子夏に請ひて曰く、女《なんじ》君子の儒と為れ、小人の儒と為ること無かれと」、『文選』巻四十一〈司馬子長報任少卿書〉の「以て世に託して、君子の林に列すべし」に見える「為君子儒」や「列於君子林」と同意。○先人余蔭　「先人」は、曾祖父堀杏庵を指す。杏庵は、芸藩の文教・医学に儒医として貢献した。徂徠の父である医師荻生方庵（景明）が、かつて江戸で堀杏庵に接見したことがあり、杏庵の人柄についても徂徠が聞いていた旨を、景山への返書「復屈君燕書」に述べる。「余蔭」は、お蔭の意。○登事芸藩　景山は、宝永五年（一七〇八）八月、芸藩第五代藩主浅野吉長公に、俸禄二百石で儒官として召し抱えられる。側儒となるのは、享保四年（一七一九）九月。○薄技　浅薄な才能。薄才。同じく『文選』の〈司馬子長報任少卿書〉に「薄技を奏して、周衛の中に出入するを得しむ」とある。○強　四十歳をいう。『礼記』〈曲礼・上〉に、「四十を強と曰ふ。而して仕ふ」とある。○瑣々　こせこせした様。『易経』〈下経・旅〉に「初六は、旅のとき瑣々たり」。○風波之民　心が動揺して、落ちつきのない人間のことをいう。『荘子』外篇〈天地〉に「天下の非誉も、益損すること無し。是を全徳の人と謂はんかな。我を之風波の民と謂ふ」とある。

○傖囊　乱れるさまをいう。『集韻』に「傖囊は、乱るる皃」。○棄日　日をむなしく過ごす、の意。『漢書』巻五十七〈司馬相如伝〉に「嗟呼、此れ太だ奢侈、朕覧聴の余間を以て、日を棄つるを事とする無からん」とある。○学植　学問の素養。学力。『晋書』巻四十六〈王舒伝〉に「恒に私門に処り、心を学植に潜む」。○粉沢　化粧の意。『初学記』〈文部・経典一〉に「太公六韜」を引いて、「文王に対へて曰く、礼は理の粉沢」とある。○告仮　休暇を請うこと。「仮」の旧字体「假」は「暇」に通ず。「告」は請うの意。○睎見　「睎」はのぞむ、「見」は会うの意で、ここは徂徠にお目にかかりたいということ。○亦既覯止我心則降　「覯」は遇う、の意。「止」は意味のない助辞。「降」は憂いの心が消滅すること、心が落ちつくことをいう。『詩経』〈国風・召南・草蟲〉の次の文章を踏まえる。「未だ君子に見《あ》はず、憂心忡忡《ちゅうちゅう》たり、亦既に見、亦既に覯はば、我が心則ち降らん」。○武野　武蔵野の原のこと。○富岳　富士山の別名。徂徠が、富士山を礼讃していたことについては、吉川幸次郎『仁斎・徂徠・宣長』（昭和五十二年六月刊・筑摩書房）の二二八頁以下に詳しい。○崇論谹議　見識が高く、堂々と議論すること。『史記』巻百十七〈司馬相如伝〉に「必ず将に崇《たか》く論じ谹《ふか》く議し、業を創して統を垂れ、万世の規と為さんとす」とある。○気魄　気力。気概。『朱子語類』巻五十二〈孟子・公孫丑〉に「人若し気魄有らば、方に事を做得て成す」とある。○蓋世　世の中を圧倒する気性や才能のことをいう。『史記』巻七〈項羽本紀〉に「力は山を抜き、気は世を蓋ふ」とある。○首倡　一番先に唱え出すこと。○明古文辞之学　明の中頃、李夢陽・何景明ら（前七子）が「文は必ず秦漢、詩は必ず盛唐」をスローガンとして掲げて、その格調を模倣することを唱え、その後李攀龍・王世貞ら（後七子）がこれを継承して擬古主義を唱えた。この流派を古文辞学派という。○海内　国内。天下。『孟子』〈梁恵王・上〉に「海内の地、方千里なる者九」。○祈郷　求めむかうの意。「祈嚮」と同意。『荘子』外篇〈天地〉に「而して今や天下を以て惑へり。予祈嚮有りと雖も、得べからざるなり」とある。○為竜為鳳　すぐれた人物になる意。○私淑　直接に教えを受けなくとも、内々にその人を慕い、その人の著書などによって自分を修養すること。『孟子』〈離婁・下〉に「予未だ孔子の徒為るを得ざるなり。予諸を人に私淑するなり」。〇尚類鶩者　白鳥を彫刻してできそこなっても、あひるには似る。つつしみ深い人を学べば、それに及ばずとも善良な人間にはなれるたとえ。また、学業のいくぶんかは成績を上げていることにもたとえる。『後漢書』巻二十四〈馬援伝〉「伯高に効《なら》ひて得ざるも、猶ほ謹勅の士為らん。所謂、鵠を刻んで成らざるも、尚ほ鶩に類すといふ者なり」を踏まえている。

今茲我
侯入朝東都。僕亦従行。因予規得一登竜門。以為宗族交游光寵。不意一自入邸門。鞅掌卯申。莫敢喘息。旦邸約厳苛。不妄允外交。以故無縁獲趨走瞻侍以綴於門闌之游也。於是日傾渇坐馳。頊然有似失所憑焉。僕素喜読漢已上文書。在官労勩。少間便不復停披覧。是僕性所然也。想僕与足下。雖非有一日之雅。而艸木臭味。亦不甚相遠者。是故事欲講於左右者甚衆。迺欲執謁面験。而為邸禁所掣肘。幾将咫尺。猶之千里。欲書以于懇。而以僕椎不文。非所以陳諸高明。然則匿情恥問。嘿閉而息乎。又恐非孔子盍各之義。幸因李陰君為致先游。故不自知其量。叨献狂愚。以犯厳函丈。不罪々々。

【訓読】

今茲《ことし》、我侯の東都に入朝するや、僕も亦従ひ行く。因りて予め一たび竜門に登るを得て、以て宗族交游の光寵を為さんと規《はか》りしに、意《おも》はざりき、一たび邸門に入りて自りは、卯より申まで鞅掌《おうしょう》し、敢へて喘息する莫く、且つ邸約は厳苛にして、妄りに外の交りを允《ゆる》さず。故を以て、趨走瞻侍《すうそうせんじ》して、以て門闌《もんらん》の游に綴がるを獲るに縁《よし》無し。是に於て、日傾くも渇して坐馳《ざち》し、頊然《きょくぜん》として憑《よ》る所を失ふに似たる有り。僕、素より漢已上の文書を読むを喜ぶ。官に在りては、労勩《ろうえい》するも、少間便ち復た披覧するを停められず。是れ僕の性の然らしむる所なり。僕、足下と一日の雅有るに非ずと雖も、艸木の臭味亦甚だしくは相遠からざるを想ふ。是の故に、事を左右に講ぜんと欲すること甚だ衆し。迺ち執謁《しつえつ》をして面験せしめんと欲すれども、邸禁の為に掣肘《せいちゅう》せらる。幾《ほと》んど将に咫尺《しせき》ならんとするも、猶ほ之千里なるがごとし。書を以て懇ろならんと欲すれども、僕の椎《つい》なるを以て文ならず。諸を高明に陳ぶる所以に非ず。然るときは、情を匿して問ふを恥ぢ、嘿閉《もくへい》して息《や》まんか。又孔子の盍ぞ各々の義に非ざるを恐る。幸に李陰君に因りて、先游を致すを為す。故に、自ら其の量を知らずして、叨《みだ》りに狂愚を献じ、以て厳しき函丈《かんじょう》を犯すとも、罪せざれよ、罪せざれよ。

【通解】

今年、我が芸藩侯が江戸にお入りになられ、それにわたしも随行しました。そこで、ひとたび貴方にお目にかかることによって、親戚・朋友の光栄とするところを為そうと考えていましたが、思ってもみなかったことに、江戸の藩邸に一旦入ってしまってからは、卯の刻から申の刻まで忙しく働いて息つく暇もなく、おまけに藩邸の掟は厳しく、妄りに他の藩士と交際することを許してもらえません。それ故、宮仕えであちこち走り回っていて、門を越えた交際をする機会がありませんでした。日が傾いても、切望して心は瞬時も休まることがなく、（往来できないことがわかると）拠り所を失ったようにすっかり気抜けしてしまいました。

わたしは元来、漢以前の書物を読むのが好きです。職にあっては苦労してはいますが、少しの暇を見つけて、書を開き見ることが止められません。これはわたしの性質であって、しかたありません。わたしはあなたと交際があるわけではありませんが、（この性質は）草木の臭いや味のように、（あなたと）ほとんど同じでたいして違わないと想像しています。それゆえに、何度も事を同僚にはかろうとしました。取次の者をして、あなたにお目にかかることを試みましたが、藩邸の掟のためにそれは叶いませんでした。（あなたとの距離は）非常に近いようですが、それでもなお千里もあるかのようです。手紙をもってお近付きになろうとも思いましたけれど、わたしの拙い能力では文章がうまく書けません。心の内を、あなたに申し述べる方法がないのです。

それならばいっその事、自分の思いを包み隠し、質問することを恥じ、このまま黙っていようとも考えましたが、このままで終わることはできません。その上、孔子が『論語』で「盍ぞ各々爾の志を言はざる」と言われた言葉の意義に背くことを恐れます。幸いなことに、李陰君が予め取り持って紹介してくれることになりました。こういうわけですので、自分の力量をも顧みず、みだりに道理を弁えないことをあなたに申し上げ、甚だしく礼を欠くことがあっても、どうか御容赦ください。

【語釈】

○今茲我侯入朝東都　「今茲」は「今年」の意で、享保十一年。「我侯」は広島藩第五代藩主浅野吉長を指す。参勤交代のため江戸に赴く。将軍吉宗への吉長の拝謁は、三月十五日（『徳川実紀』）。○登竜門　出世の糸口をつかむこと。ここは、『後漢書』巻五十七〈李膺伝〉の「膺、独り風裁を持して声名を以て自ら高し。士其の容接を被る者有れば、名づけて登竜門と為す」の例から推して、徂徠と近づきになることをいう。○宗族　一族。一門。『周礼』〈春官・大宗伯〉に「飲食の礼を以て、宗族兄弟を親しむ」とある。○光寵　恵み。恩寵。司馬遷の〈報任少卿書〉に「以て宗族交遊の光寵を為す」（『文選』）とあり、これをそのまま踏襲している。○鞅掌　忙しく働いて暇がないことをいう。『詩経』〈小雅・北山〉に「或は棲遅《せいち》偃仰《えんぎょう》し、或は王事《おうじ》鞅掌《おうしょう》す」。○喘息　あえぎ息をすること。『後漢書』巻四十六〈張綱伝〉に、「魚の釜中に遊びて、須臾の間に喘息するが若きのみ」とある。○邸約　「邸」は藩主が江戸にのぼった時の宿舎。「約」はそこでの規則。○厳苛　厳しいこと。『晋書』巻三十五〈衛瓘伝〉に、「弱冠にして魏の尚書郎と為る。時に魏の法、厳苛なり」とある。徂徠は返書の「復屈君燕書」に「封を拆《ひら》きて之を読むに、具に、一たび草廬に造《いた》りて相見んと欲すれども、藩法厳にして能はざる者の状を言ふ」と記す。○趨走　あちこち走りまわること。『史記』巻四十二〈趨世家〉に「臣不佞、疾に寝し、未だ趨走し以て滋進する能はざるなり」。○瞻侍　うやまい侍ること。ここは、主君にお仕えすること、つまり宮仕えを言う。『晋書』巻三十〈志・礼中〉に「思慕煩毒、陵に詣で、瞻侍して以て哀憤を尽くさんと欲し、主は行備を具へよ」とある。○門闌　門のしきり、の意。『史記』巻四十〈楚世家〉に、「儀の甚だ門闌の廝《し》と為らんことを願ふ所の者と雖も、亦大王に先んずる無し」。○坐馳　身はここに坐っていても、心は外にはせ回っていること。『荘子』〈人間世〉に「吉祥は止《むな》しきに止《あつ》まるなり。夫れ且つ止《むな》しうせず。是れを之《これ》坐ながらにして馳《は》しると謂ふ」。○項然　自失のさま。『荘子』〈天地〉に「子貢、卑陬《ひすう》として色を失ひ、項項然として自得せず」。○労勣　くたびれるの意。『蘇東坡全集』内制集巻八〈賜大遼人使賀坤成節入見訖帰駅御筵口宣〉に「式《もつ》て眷懐を示し、且つ労勣を旌《あら》はす」。○少間　少しのひまをいう。『礼記』〈曲礼・上〉に「若し告ぐる者有りて、少間願はくは復すこと有らんと曰へば、則ち左右に屏《しりぞ》きて待つ」。○披覧　文書などを開いて見ること。「披見」と同意。『北史』〈周明帝紀〉に「性、典墳を好み、聖賢の余論を披覧す」とある。○一日之雅　交際が浅いことをいう。次の『漢書』巻八十五〈谷永伝〉からの語句。「永奏書し、鳳に謝して曰く、永は斗筲の材にして、質薄く学朽ち、一日の雅、左右の介無しと」〈注―師古曰く、雅は素なり。介は紹なり。言は宿素の交はりに非ず。又紹介無くして進む）。○艸木臭味　身についた悪い気風。同じ臭みの者。ここは、漢以前の書物を、暇があれば読もうとする癖が徂徠と同じであることを言おうとしている。『春秋左氏伝』〈襄公・八年〉に「今草木に譬ふれば、寡君の君に在るは、君の臭味なり」。○執謁　取次の者。揚雄〈廷尉箴〉に「獄臣司理、敢へて執謁に告ぐ」。○面験　お目にかかることを試みるの意か。○掣肘　人に干渉して自由を束縛すること。『孔子家語』〈屈節〉に「宓子臣をして書せしめて、肘を掣く。書悪くして又臣を怒る」。○咫尺　きわめて接近している意。『春秋左氏伝』〈僖公・九年〉に「天威、顔を違《さ》ること咫尺ならず」とある。享保十一年には、浅野家の上屋敷は外桜田霞が関、中屋敷は永田馬場、下屋敷は築地・赤坂台・青山原宿にあった。景山が江戸より木曾路を経て京都に帰る時の旅日記『ぬさのにしき』の冒頭の一節に、「九月十三日の暁に、霞が関を出つゝ、夜べ来りしこれかれ、またおひつき手むけしつゝ……」とある記述からも、側儒であった景山は外桜田霞が関にあった上屋敷で生活していたと思われる。徂徠はこの時、市ヶ谷に居を構えていた。○椎　にぶく拙いの意。『漢書』巻四十〈周勃伝〉に「其の椎に、文少きこと此の如し」。○高明　人に対する敬称。あなた。○嘿閉　黙って口を閉じていること。「嘿」は静かにだまるの意。○盍各之義　この語句は、『論語』〈公冶長〉「子曰く、盍ぞ各々爾《なんじ》の志を言はざると」の内容を指している。○李陰君　「李陰」は幕府の医官法眼、山田正方《まさかた》の号。『学則幷附録標註』に「姓は菅原氏、氏は山田、名は正芳、宗円と称す。李陰は其の号。医を以て官に仕ふ」と注があるが、正芳は正方の誤り（『寛政重修諸家譜』巻第千四百九十四）。正方の男である正朝《まさとも》（号は麟嶼）が享保九年（一七二四）に、父の業を修めるため京都に赴いた時、景山が世話をしたことが後の文面から知られる。○先游　推薦の労をとること。『漢書』巻五十一〈鄒陽伝〉に「人有りて先游するときには、則ち枯木朽株に、功を樹てては忘られず」。徂徠は「復屈君燕書」で、「七月中元日、李陰菅君、足下賜ふ所の書を致す」と述べて、正方が景山の書を徂徠に渡していたことについて言及している。○狂愚　おろか。道理をわきまえないこと。『論衡』〈率性〉に「堯舜政を為せば、民に狂愚無し」。○函丈　師と自分の席の間に一丈の距離をおくことをいう。「函」は入れるの意。『礼記』〈曲礼・上〉に「若し飲食の客に非ざれば、則ち席を布《し》くに、席間丈を函《い》る」とある。

僕窃以為古之時無所謂文人。而不復以文論人。何則未嘗有蘄於文也。故古之有文。皆弸於涵毓蘊鬱。而彪於議論告誡。文理自然。欲已而不得者也。若列国之詩。亦類出於労人思婦。是将得已乎。且彼焉知其有文也。達而已矣。初未嘗唯文之尚也。是又古之文所以郁々乎天下也矣。而垂拱揖讓都兪吁咈。是虞夏之文也。而被之四表。曰仁曰義。説志説性。是孔孟之文也。而垂之竹帛。夫虞夏之代。風尚一。而道徳同。耳聞目睹。靡適不文。故天下之文人。皆見而知焉。辟猶日星麗於天也。及周轍一東。斯文将喪。而家異道。人殊論。是以天生夫子。使得以与於斯文。終以誦而伝焉。以筆而簡焉。於是乎虞夏之文。可以幾而見也。由此観之。一部論語是古今天地間大文章。而雖復周誥殷槃。其蔑以加於此矣。孟氏之言云。予豈好弁哉。予不得已也。夫子嘗欲無言。而未敢無言焉。猶且自云。文吾猶人也。子貢亦謂夫子文章。可得而聞也。其有文也亦即欲已得邪。

【訓読】

僕窃に以為へらく、古の時は所謂文人無し。而して復た、文を以て人を論ぜず。何となれば則ち、未だ嘗て文に蘄《もと》むること有らざればなり。故に古の文有るは、皆涵毓蘊鬱《かんいくうんうつ》に弸《み》ちて、議論告誡に彪《あざや》かに、文理は自然、已まんと欲するも得ざる者なり。列国の詩の若きは、亦類《おおむ》ね労人思婦に出づ。是れ将た已むことを得んか。且つ彼もまた焉くんぞ其の文有るを知らん。達せんのみ。初めより、未だ嘗て文の尚きを唯とせざるなり。是れ又古の文の、天下に郁々たる所以なり。而して垂拱・揖譲・都・兪・吁・咈、是れ虞夏の文なり。而して之を四表に被らしむ。仁と曰ひ義と曰ひ、志を説き性を説く、是れ孔孟の文なり。而して之を竹帛に垂る。夫れ虞夏の代、風尚一にして道徳同じうす。耳に聞き目に睹《み》るもの、適《かの》ふて文ならざるは靡《な》し。故に天下の文は、人皆見て知れり。辟《たと》ふるに、日星天に麗なるがごとし。周の轍、一たび東するに及び、斯の文将に喪《ほろ》びんとす。而して家は道を異にし、人は論を殊にす。是を以て天は夫子を生み、得て以て斯の文に与《あずか》らしめ、終に誦するを以て焉《これ》を伝へ、筆を以て焉を簡《えら》ばしむ。是に於てか、虞夏の文以て幾《あき》らかにして見るべきなり。此に由りて之を観れば、一部の論語は、是れ古今天地間の大文章、而して復た周誥殷槃と雖も、其れ以て此を加《しの》ぐ蔑《な》し。孟子の言に云ふ、予豈に弁を好まんや、予已むことを得ざればなり、と。夫子嘗て言ふこと無からんと欲すれども、未だ敢へて言ふこと無きにあらず。猶ほ且つ自ら云ふ、文は吾れ猶ほ人のごときなり、と。子貢亦謂ふ、夫子の文章得て聞くべきなり、と。其の文有るや、亦即ち已めんと欲するも得んや。

【通解】

古代には、いわゆる職業的な文人はおらず、そしてまた文雅を以て人を論うこともなかった、とわたしは内々思っています。なぜなら、今まで一度も、文章にそうしたことを求めることが無かったからです。それ故に、古代の文章は皆人を潤し育て、かつ豊かな気に充ち議論や教誡にあざやかで、文脈は自然につながっていて、已めようとしても已められないものでした。『詩経』三百篇に出てくる多くの国々の詩は、大概、苦役に従う人や物思いに沈む婦人の情から生み出されています。この実情の吐露を已めることができたでしょうか。また、彼らはそれを詩文にすることを知っていたでしょうか。知らなかったと思います。自分の思いが十分達していさえすれば、それでよかったのです。昔から今まで、一度も文章それ自体を尊しとすることはありませんでした。これは、古代の文章が、世の中にかおり高く盛んであった所以であります。垂拱・揖譲・都・兪・吁・咈、これらは舜・禹の時代の言葉です。そして、これを四方の外にまで充たしめました。仁・義といい、志・性を説く、これは孔子・孟子の言葉です。そしてこれは、書物に書き残されて、後世に伝えられました。

そもそも、虞夏の時代は一様に気高く、人の踏み行うべき正しい道は同じでした。耳に聞き目に見るもので、礼儀に外れたものはありませんでした。それ故、美しい世の中を、人は皆見て知っていたのです。それはちょうど、太陽と星の光が天空に美しく輝いているようなものです。西周から東周に時代は移り、この秩序ある世の中は今にも亡くなろうとしていました。家々では踏み行うべき道を異にし、人々は主張を別にしていました。そこで、天は孔子を誕生させてこの道徳・秩序に関与させ、しまいには、読誦することでこれを伝え、筆を以て文章を選ばせたのです。ここで虞夏の時代の道徳は明らかになり、見ることができるようになりました。

このことを考えれば、『論語』という一冊の書は、昔から今に至るまでの世の中における大文章であり、また『書経』の周誥や殷槃の文章であっても、これを凌ぐことはありません。孟子の言葉に「私は、どうしていたずらに弁論を好みましょうか、好みはしません。已むに已まれないものがあるからこそ、弁じているのです」とあります。孔子はかつて、もう何も言うまいと思っていましたが、決して何も言わないということはありませんでした。その上、自ら「文章ないし学問は、人並みにできなくもない」と言っておられます。子貢はまた、「先生の文章は、拝見しまた拝聴することができた」と言っています。徳が外にあらわれる文章というものは、已めようとして已められないところから生まれ出るものではないでしょうか。

【語釈】

○文人　詩歌・文章など文雅なことに携わる人。吉川幸次郎氏が前掲書一八六頁で言及されているように、ここは「職業的な文学者」のことであろう。○蘄　「求」と同意。○弸　満ちるの意。○涵毓　潤して育てること。「毓」は「育」と同字。『宋書』巻八十一〈顧覬之伝〉に「夫れ聖人は懐を虚しうして以て涵育し、明を凝らして洞照す」。○蘊鬱　ものごとが盛んなさまをいう。○彪　あざやかの意。○告誡　さとし戒めること。朱子『中庸章句』序に「其の授受の際に、丁寧に告げ誡むるは、此くの如きに過ぎず」。○列国之詩　『詩経』三百篇を指す。○労人　苦役に従う人。『詩経』〈小雅・巷伯〉に「驕人は好々たり、労人は艸々たり。蒼天々々、彼の驕人を視よ、労人を矜《あわれ》め」とある。○思婦　物思いに沈む婦人のこと。『文選』巻二十四・陸機〈為顧彦先贈婦二首〉に「東南に思婦有り。長歎幽閨に充つ」。○郁々　あや模様が美しくさかんなこと。『論語』〈八佾〉に「周二代に監みて、郁々として文なるかな」とある。○達而已矣　文章・言語は、自分の意志が十分達しさえすればそれでよいの意。『論語』〈衛霊公〉に「子曰く、辞は達せんのみ」。○垂拱　衣を垂れ、手をこまぬく礼。続く「揖譲」の語とともに、『礼記』『書経』に頻出する。○揖譲　拱手の礼を行って、へりくだる意。○都兪吁咈　「都・アア」「兪・シカリ」「吁・アア」「咈・イナ」、上二字は討論する時の賛成、下二字は反対の意を表す語。○虞夏　舜と禹。またその時代をいう。『礼記』〈表記〉に「虞夏の質、殷周の文至れり」とある。○四表　四方の外。『書経』〈堯典〉に「四表に光《み》ち被らしめ、上下に格《いた》る」。また『漢書』巻八〈宣帝紀〉に「陛下の聖徳、天地に充ち塞《ふさが》つて、四表に光ち被らしむ」（注―師古曰く、四表は四方の外なり）とある。○垂之竹帛　「竹帛」は書物のこと。ここは孔子・孟子の言葉が、書き残され後世に伝えられたことを言う。『後漢書』巻十六〈鄧禹伝〉に「願はくは、明公の威徳四海に加へんとき、禹其の尺寸を効《いた》して功名を竹帛に垂ることを得ん」。○風尚　気高い様子。○耳聞目睹靡適不文　『朱文公文集』巻七十〈読唐志〉の「得て見るべき所は、適ふて文に非ざる所無し」を意識しているか。○日星　太陽と星のこと。『礼記』〈礼運〉に「故に、天陽を秉《と》りて日星を垂れ、地陰を秉りて山川に竅す」。『朱文公文集』の同じく〈読唐志〉に「天是の気有れば、則ち必ず日月星辰の光輝有り」。○及周轍一東　紀元前七七〇年、平王が洛邑に都を移した後を、それまでの西周に対し東周という。ここは、西周から東周に時代が移ったことをいう。○斯文将喪　『論語』〈子罕〉の次の一節を踏まえている。「天の将に斯の文を喪《ほろぼ》さんとするや、後死の者斯の文に与るを得ざるなり。天の未だ斯の文を喪さざるや、匡人其れ予を如何せん」。○以誦而伝焉以筆而簡焉　『史記』巻四十七〈孔子世家〉に記されている次のような内容を指す。「孔子の時、周室微にして礼楽廃れ詩書欠く。三代の礼を追迹し、書伝を序《つい》で、上は唐虞の際を紀し、下は秦繆《しんぼく》に至るまで、其の事を編次す」。○周誥殷槃　「周誥」は『書経』周書中の〈大誥〉〈康誥〉〈酒誥〉〈召誥〉〈洛誥〉の五篇を、「殷槃」は商書の〈盤庚〉をいう。難解な文章とされる。『韓昌黎全集』巻十二〈進学解〉に「上は姚姒《ようじ》の渾々として涯《はて》無き、周誥殷槃の佶屈聱牙《きつくつごうが》なる、春秋の謹厳なる、左氏の浮誇なる、易の奇にして法ある、詩の正にして葩なるに規《のっと》る」とある。○孟氏之言　「予豈好弁哉。予不得已也」は、『孟子』〈滕文公・下〉に見える。○夫子嘗欲無言　『論語』〈陽貨〉の「子曰く、予言ふこと無からんと欲す」を指す。○文吾猶人也　『論語』〈述而〉の「文は吾れ猶ほ人のごときこと莫からんや」を指す。○夫子文章可得而聞也　子貢のこの言葉は、『論語』〈公冶長〉に見える。『論語集註』の朱註に「文章は、徳の外に見はるる者、威儀文辞皆是れなり」とある。

王仲淹有曰。文乎文乎。苟作云乎哉。必也貫乎道。其所以貫。迺一気貫之也。所謂欲已而不得。必至之勢。是迺一気所在也。是以文章必以一気為尚也。然則凡得已而不已者。焉能所見其気象乎。夫古之文靡一弗出於不得已而不已。而其気凛然。以能動人。所以死且不朽也。故文之古不古也。斯亦験諸一気也与。若夫二京両都之述。迺沾々自喜耳。無復済世用。秖足以覆瓿也。此是得已而不已。雖多亦奚以為。不如已之為愈焉。然僕之所誦者。顧是白豕之故轍。固非可与達者道。而僕区々之意。亦有欲已而不得者也。方今足下欲以古文文天下士。一開口輙崇李王於明。而絀韓欧於唐宋。是大反前脩之成案。而不落乎庸人之窠臼者。於是李王之文。四方競相師用。家蔵士習。雖五尺之童。亦羞称韓欧。僕亦興起下風。勤誦李王。始読而愕。中而喜。終迺斆且懈。嗚呼。是胡俾之然。生今之世。我独何心。能不自怪。顧駑下之性。固非可以語上者。吁我其終不獲知李王乎。

【訓読】

王仲淹なるもの曰ふ有り、文なるかな文なるかな、と。苟も作ると云はんや。必ずや道を貫く。其の貫く所以は、迺ち一気之を貫けばなり。所謂已まんと欲して得ざれば、必ず之の勢に至る。是れ迺ち一気の在る所なり。是を以て、文章は必ず一気を以て尚しと為す。然るときは、凡そ已むことを得て已まざる者、焉くんぞ能く其の気象に見《あらわ》れんや。夫れ古の文、一つとして已むことを得ずして已まざるより出でざるは靡《な》し。而して其の気凛然《りんぜん》として、以て能く人を動かす。死して且《な》ほ朽ちざる所以なり。故に、文の古・不古や、斯れ亦諸を験《ため》すは一気なるか。夫の二京両都の述ぶるが若きは、迺ち沾々《ちょうちょう》として自ら喜ぶのみ。復た済世に用ふること無し。秖《た》だ以て瓿《かめ》を覆ふに足るのみ。此を是れ已むことを得て已めざるものなり。多しと雖も、亦奚《なに》を以て為さん。已むに如かざるに、之愈《しか》りと為す。然るに、僕の誦する所は顧るに是れ白豕《はくし》の故轍《こてつ》、固より達者の道に与すべきに非ず。而して僕の区々の意、亦已まんと欲して得ざる者なり。方に今、足下古文の文を以て天下の士たらんと欲し、一たび口を開けば、輒《すなわ》ち李王を明に崇めて、韓欧を唐宋に絀《しりぞ》く。是れ大に前脩の成案に反すれども、庸人の窠臼《かきゅう》なる者に落ちざらんや。是に於て李王の文、四方に競ひ相《たが》ひに師用し、家蔵の士も習へり。五尺の童と雖も、亦韓欧を称するを羞づ。僕も亦下風に興起し、李王を勤誦す。始めは読みて慴《おどろ》き、中ごろにして喜び、終にして迺ち斁《いと》ひ且つ懈《おこた》る。嗚呼、是れ胡《なん》ぞ之をして然らしめん。今の世に生くるに、我れ独り何の心をもて、能く自ら怪まざる。顧るに、駑下《どか》の性、固より以て上を語るべき者に非ず。吁、我れ其の終に李王を知ることを獲ざりしか。

【通解】

王仲淹は次のように言っています、「道を載せた文章というものは、何とすばらしいものであることか」と。仮にも、文章は意識して「作る」と言っていいものでしょうか。間違いなく、文章は道を貫いているものです。その道を貫く所以は、「一気」がこれを貫いているからにほかなりません。已めようとしてそれができなければ、必ずこの気勢を生ずるに至ります。そこには「一気」が存在しています。この故に、文章は必ず「一気」をもって尊ぶということになります。それならば、おおかた已められるのに已めないという場合、それが気色に現れるということがありましょうか。現れはしません。そもそも、古の文章は一つとして、已むを得ないところから生み出されないものはないのです。だからその一気が引き締まって、よく人を感動させるのです。これが、作者は死んでも文章は朽ちてしまわない理由です。

ですから、古の文章が古いか古くないかを判断する基準は「一気」にあるといえるのではないでしょうか。『文選』に載るあの西京賦・東京賦・両都賦のような文章は、外面を飾り整えて自分でうれしがっているだけのものに過ぎず、世の中を救うに、何ら採り用いるものは無いのです。ただ酒瓶に蓋をするに足るだけのもので、反古同然のものです。このことを、已められるのに已めないというのです。こうした文章は多くあるとはいっても、また何の役に立ちましょうか。役に立つことはないと思われます。そんな文章は書かないほうがましなのに、意義有るものとしているのです。

そうはいっても、わたしが主張しているところは、思うに、これはひとりよがりに旧い轍にならって言っているようなもので、もともと見識が高く道理に通じた人の道に与すことができる内容のものではありません。しかし、わたしのこのつまらない考えを、どうにも捨てかねています。当今、あなたは古の文章をもって天下の知識人になろうとされ、一度口を開けば、明代の李攀龍・王世貞を崇拝して、唐宋の韓愈・欧陽脩をしりぞけておられます。これはあまりにも古の賢人の考えに反した主張ですが、それを真理を得た最もすぐれた考えだとして、人はみな満足してしまっています。こうして、李攀龍や王世貞の文章は、天下において競って文章の手本として用いられ、我が門下生も習得に懸命です。幼い子供であっても、文章の手本に韓愈や欧陽脩を挙げるのを恥じるといった具合です。

わたしもまたあなたの主張に従って奮い立ち、李・王の文章を口ずさむことに努めてみました。最初は読んで驚き、やや慣れてきた頃には楽しく感ずるようになりましたが、しまいにはとうとう飽きて怠ってしまいました。ああ、どうしてこうなのでしょうか。同じ今の世の中に生きているのに、わたし一人がどうしてこんな気持ちになるのでしょう。才能があまりに拙く鈍く、もともと君子の道を語る資格などないものと思われます。結局わたしは李攀龍・王世貞を知ることができないのでしょうか。

【語釈】

○王仲淹　王通。隋、竜門の人。仲淹は王通の字。門人、文中子と諡す。著書に『文中子』十巻があり、和刻本では阮逸注・深田明峯校の元禄八年刊（四冊）がある。○文乎文乎　『文中子中説』巻第三・事君篇に「陸機を謂へらく、文なるかな文なるかな……」（注—機字は士衡、文賦及び弁亡論を作る。蓋し述作の志有りて、祖の風を復す）、また「子謂く、文士の行見るべし、謝霊運小人なるかな、其の文傲れり。君子は則ち謹む。……（中略）……子、顔延之王倹任昉を謂へらく、君子の心有り。其の文約にして以て則あり」とある。君子の心、すなわち道を述べた文章を評価する。「文乎文乎」の重言は褒めて言った言葉である。○貫乎道　李漢の『韓昌黎集』序の冒頭に、「文は貫道の器なり。斯に深からずして道至ること有りといふ者、不らざるなり」とある。「貫道の器」は文章をいい、文章は道を述べるのでいう。○一気　万物の根源となる気。景山は、このキーワードを基にした気一元論で、徂徠の古文辞学を批判してゆく。『荘子』外篇〈知北遊〉に「故に曰く、天下の一気に通ずるのみ、と。聖人は、故より一を貴ぶ」。○凛然　心の引き締まるさまをいう。『漢書』巻六十六〈楊惲伝〉に、「凛然として、皆節概有り。去就の分を知る」。○二京両都之述　『文選』巻二・巻三に載る張衡の〈西京賦〉〈東京賦〉と、巻一の班固の〈両都賦〉をいう。長安と洛陽の比較論である。○沾々自喜耳　「沾々」は外面を整えるさまをいう。『史記』巻百七〈魏其伝〉に「魏其は沾々と自ら喜するのみ」、注に「張晏曰く、沾沾は自ら整頓するを言ふなり」。『漢書』巻五十二の〈竇嬰伝〉にも同様の文がある。これらに拠った語句。○済世　世の中を救うこと。『荘子』雑篇〈庚桑楚〉に「髪を簡《えら》んで櫛《くしけず》り、米を数へて炊ぐ。

窃窃乎たり。又何ぞ以て世を済ふに足らんや」。○覆瓿　酒かめの蓋にすること。著書などの世に行われずに反古になること。『晋書』巻六十二の〈左思伝〉に「班固が両都、理其の辞に勝り、張衡が二京、文其の義に過ぐ。……陸機、弟雲に書を与へて曰く、此間傖父有り、三都賦を作さんと欲す。其の成るを須つに、当に以て酒甕を覆ふべきのみ。思が賦出づるに及び、機絶歎し伏して以て加ふることあたはざると為す」と見える。○奚以為　『論語』〈子路〉に出る語句。反語。何の役に立とうか、立たないの意。○白豕　「遼東豕」（遼東の人が白頭の豚を珍しいと思い、これを献上しようと河東に行ったところ、河東の豚は皆白頭であって、恥じて帰ってきたという故事）に拠る。『後漢書』巻三十三〈朱浮伝〉に「伯通自ら伐り、以為へらく功天下に高し。往時遼東に豕有り、子を生みて白頭なり。異として之を献ぜんとし、行きて河東に至り、群豕皆白きを見て、慙を懐きて還れり。若し子の功を以て朝廷に論ぜば、則ち遼東の豕為らん」とある。○故轍　旧いわだち。ここはその前例にならっていることをいうか。○達者　見識が高く道理に通じた人。『春秋左氏伝』〈昭公・七年〉に「吾聞く、将に達者有らんとす。孔丘と曰ふ」。○区々之意　つまらない考え。自分の心について、へりくだっていう。『孔叢子』〈答問〉に「臣是を以て懼る。故に区々の心もて、王の備さに之を患へんことを欲するなり」。○前脩　古の賢人・君主。『楚辞』〈離騒〉に「謇《ああ》吾夫の前脩に法る、世俗の服する所に非ず」。○庸人　凡人の意。○窠臼　「窠」は鳥の巣のこと。「臼」はその巣の中央が窪んでいることをいう。鳥がその巣にあって安住の思いをなすというところから、学者が真理を得たとして心を落ち着ける場所。または最上のものとして満足している一つの考え方。ここは徂徠の考え方を受け入れて満足している学者を批判して言う。『葛原詩話』巻四〈窠臼〉に「禅録に多く脱窠臼と云ことあるは、窠は鳥の巣なり。とりのすは、多くふちだかにして、中を臼の如くくぼめて造るゆへ窠臼と云。鳥棲托して安住の想を生する故、学者の得たりとして、心をおとしつくる場所を指して窠臼と云なり。窠と臼と二つものを指すには非ず」とある。『徂徠先生答問書』上に、「（史記・左伝は）……宋学之学問の窠臼に落不申候益も有之候」と見える。○師用　師として用いること。『漢書』巻五十六〈董仲舒伝〉に「文王天に順ひ物を理め、賢聖を師用す」。○家蔵　家に所蔵する意であるが、ここは景山が塾を開き、門下生を持っていたということであろう。○五尺之童　幼少の子供をいう。『孟子』〈滕文公・上〉に「五尺の童をして市に適かしむと雖も、之を欺くこと或る莫し」とある。○興起　ふるいたつこと。『孟子』〈尽心・下〉に「百世の上に奮ひ、百世の下、聞く者興起せざる莫きなり。聖人に非ずして、能くかくの若くならんや」。○下風　人の下位。人の支配下。『春秋左氏伝』〈僖公・十五年〉に「皇天后土、実に君の言を聞く。群臣敢へて下風に在り」。○駑下　才能が鈍く、人に劣ることをいう。自分をへりくだっていう言葉。『史記』巻五十六〈陳丞相世家〉に「陛下は其の駑下を知らずして、罪を宰相に待たしむ」とある。

雖然。窃以愚管所見。若李王於文。徒逞弁博工綴緝。務為骫骳難読。鉤句摘事。眗嫗陶化。蒲盧之弗克過焉。故字非不左国七雄也。口吻非不西漢也。愈誦而愈俾人懈。無佗。是一気之貫不及古。所以能喜人而不能動人也。究之。庸詎知非其衣冠抵掌之優孟也哉。如韓之仏骨諍臣。欧之本論朋党。至乃贄之奏状。翺之復性。銓之封事。洵之弁奸之類。挙之出於不得已者。而其気亦能足以動人于千載之下矣。較諸李王之意実浅易而詞飾奇詭。索文字於班馬已上。賈議論於釈老之余者。将大有逕庭也。抑不知所謂古文辞者。亦為如何也爾。設徒以易読為非古耶。則是典謨固為不及鳥文。論孟又為不及槃誥也。雖然。人之有文。原生於心。而非心生於文也。則是悪能模写規倣渠堰檃栝之所得哉。如槃誥之佶屈聱牙之与論孟之敷暢温醇。皆其一気必至。不知所為而然者。非復後世之所敢指擬也。

【訓読】

然りと雖も、窃《ひそか》に愚管を以て見る所、李王の文に於けるが若きは、徒《た》だに弁博《べんぱく》に逞《たくま》しく綴緝を工にし、務めて骩骳《いひ》を為して読み難し。鉤句《こうく》事を摘み、昫嫗《くう》陶化《とうか》す。蒲盧《ほろ》過ぐる克《あた》はず。故に字は左国七雄にあらざるに非ず。口吻は西漢にあらざるに非ず。愈々誦して、愈々人をして懈《おこた》らしむること佗《た》無し。是れ、一気の貫、古に及ばざればなり。能く人を喜ばすも、人を動かすこと能はざる所以なり。之を究るに、庸詎《なん》ぞ其れ衣冠して、掌を抵つ優孟に非ざるを知らんや。韓が仏骨・諍臣、欧が本論・朋党の如く、乃ち贄が奏状、翺が復性、銓が封事、洵が弁奸の類に至るまで之を挙ぐるは、已むを得ざることより出づればなり。而して其の気、亦能く以て、人を千載の下に動かすに足れり。諸と較ぶるに、李王の意、実に浅易にして、詞の飾は奇詭《きき》なり。文字を班馬已上に索《もと》め、議論を釈老の余に賈ふは、将《は》た大いに逕庭《けいてい》有るなり。抑々所謂古文辞を知らざる者は、亦如何と為す。設《も》し徒だ、読み易きを以て古に非ずと為すか。則ち是れ、典謨《てんぼ》固より鳥文に及ばざると為し、論孟は又槃誥《ばんこう》に及ばざると為す。然りと雖も、人の文有るは、原々《もともと》心に生ずればなり。而して心の文に生ずるには非ざるなり。則ち是れ、悪くんぞ能く模写規倣《きほう》して、渠堰檃栝《きよえんいんかつ》の得る所ならんや。槃誥の佶屈聱牙《きつくつごうが》の如きは、之《これ》論孟の敷暢温醇《ふちようおんじゆん》なると皆其れ一気必ず至れり。為す所を知らずして然るは、復た後世の敢へて指擬《しぎ》する所に非ざるなり。

【通解】

しかしながら、心の中で愚かな自分の考えをめぐらしてみますに、李・王の文章は、ただ才学の広さを尽くし、たくみに（古語を）つづり集めて屈曲した文章にしようとしているだけで、実に読みづらいものです。読みにくい語句や文章で事柄を表し、それをあたため育てて自分自身のものとしています。（それに化すことの）速さたるや、蒲や葦でもかないません。（用いる）文字は春秋戦国時代のものですし、物の言いようも、前漢時代のそれでないものはありません。（李・王の文章を）誦んずれば誦んずるほど、ますます人に嫌気を起こさせるようになるばかりです。これは、一気の貫通が、古の文章にはとうてい及んでいないからです。人を喜ばすことができても、人を感動させることが出来ない所以であります。つまるところ、古人の衣冠を着け手をうって荘王を驚かせた優孟の演技のように、外形だけが似て、その中身が違っているからでしょう。

韓愈の「仏骨を論ずる表」や「争臣論」、欧陽脩の「本論」や「朋党論」をはじめ、陸贄の「陸宣公奏議」、李翺の「復性書」、胡銓の封事、蘇洵の「弁奸論」等に至るまで、これを讃えるのは、已むを得ない要求から書かれているからです。だから、その「気」というものは、千年の後も人を感動させることが出来るのです。これと較べてみると、李・王の文章の意《こころ》は、実に薄っぺらなものであり、詞のあやは普通のものと違っています。使用する文字を班固や司馬遷より古い時代に求め、戦わす議論を釈迦や老子の恩恵に求めるなどというのは、常識ではとても受け入れられるものではなく、あまりにも現実ばなれしています。

そもそも、所謂古文辞を知らない者はどうしたらよいのでしょう。もしかして、文辞がただ読みやすいということで、それは古くはないとしているのでしょうか。してみるとこれは、『書経』の堯典・舜典の二典や大禹謨・皐陶謨・益稷の三謨が、蒼頡の作った文字に及ばないということであり、『論語』や『孟子』の文章が、『書経』の周誥殷槃の難解な文章に及ばないということになります。しかし、人に文章があるのは、もともと文章が心から生まれるからであって、心が文章から生まれるわけではありません。それから判断すると、どうして、古の文章・文辞を真似ならうことによって、自在に制したり誤りを正したりすることができるようになるでしょうか。いや、できるようにはなりません。『書経』の周誥殷槃の堅苦しく難しい文章のようなものでも、『論語』や『孟子』の教えを広める誠実な文章と同じで、皆「一気」が行き渡っています。自然なふるまいをしてそうなることは、後世の者があえて指し示して真似ることではないと思います。

【語釈】

○愚管　狭小な考え。自分の見解の謙称。○弁博　才学などが明らかで広く行きわたることをいう。『風俗通』〈正失〉に「天資弁博にして、善く文辞を為る」。○綴緝　つづり集めるの意。『韓昌黎集』巻五〈招揚之罘《ようしふ》〉に「先王文章を遺す、綴緝実に余に在り」。○骫骳　まがる。屈曲するの意。『漢書』巻五十一〈枚乗伝〉に「其の文骫骳、曲《つまび》らかに其の事に随ひ、皆其の意を得」。○鉤句　「鉤章棘句」の略。読みにくい文章や語句のこと。韓愈〈貞曜先生墓誌銘〉に「鉤章棘句、胃腎を掐擢《とうてき》す」。○呴嫗　あたため育てること。「呴」は「煦」に通ずる。「煦」は息をかけるの意。「嫗」は体温であたためるの意。『礼記』〈楽記〉に「陰陽相得て、万物を煦嫗覆育す」とある。○陶化　造り育てること。『淮南子』〈本経訓〉に「天地合和し、陰陽万物を陶化するは、皆人気に乗ずる者なり」。ここの「呴嫗陶化」は、徂徠が「久しうして之に化し、習慣天性の如きときは、外より来ると雖も我と一為り」（「復屈君燕書」）と主張する「化す」理論を言っているか。○蒲盧　がまとあし。生えやすく成長の速やかなものを強調していう。『中庸章句』二十章に「蒲盧は、沈括《しんかつ》の以て蒲葦と為す、是なり。人を以て政を立つるは、猶ほ地を以て樹を種うるがごとく、其の成ること速かなり。而して蒲盧は又生じ易き物にして、其の成ること尤も速かなり」とある。○左国七雄　「左国」は『春秋左氏伝』と『国語』のこと。ともに周の左丘明の撰といわれる。『左伝』は魯国、『国語』は春秋時代の列国の事蹟を記している。「七雄」は、戦国時代の七強国（秦・楚・斉・趙・燕・韓・魏）。「左国七雄」は、春秋戦国時代（紀元前七七〇～同二二一）をいう。○西漢　前漢（紀元前二〇六～紀元八）。○庸詎　「何以」と同じで、反語の助辞。推量の語法である。『荘子』〈斉物論〉に「庸詎ぞ吾が謂ふ所の知の不知に非ざるを知らんや。庸詎ぞ吾が謂ふ所の不知の知に非ざるを知らんや」とある。○衣冠抵掌之優孟　「抵掌」は、話ながら手をうつこと。盛んに談ずる様をいう。「優孟」（優は役者・道化の意、孟は字）は楚の荘王に仕えた音楽師。生前、手厚く待遇してくれた楚の丞相の孫叔敖が亡くなった後、その息子が貧困であったので、優孟は仮に孫叔敖となって、その衣冠を着け、歌を作って荘王を驚かせ、遂に孫叔敖の息子をして封を得しめたという『史記』滑稽列伝に載る故事。外形だけが似ていて、その実の異なる喩である。○韓之仏骨諍臣　韓愈の「論仏骨表」と「争臣論」をいう。○欧之本論朋党　欧陽脩の「本論」と「朋党論」をいう。○贄之奏状　唐の陸贄の「陸宣公奏議」のこと。○翺之復性　唐の李翺の「復性書」をいう。○銓之封事　宋の胡銓の封事。『宋史』巻三百七十四の〈胡銓伝〉に載っているような上表文をいう。○洵之弁奸　宋の蘇洵の「弁姦論」のこと。○奇詭　めずらしく他に異なるの意。『唐書』巻百五十七〈陸贄伝〉に「兵に攻討する有り、鎮守するあり。権《たいらに》し以て難を紓《ゆる》め、暫《にわか》に以て機に応ず。事に便宜有り、謀に奇詭有り」。○班馬　後漢の班固と前漢の司馬遷の併称。『晋書』〈陳寿等伝論〉に「丘明既に没し、班馬迭《たが》ひに興る」。○釈老　釈迦と老子のこと。『周書』〈武帝紀・上〉に「帝大徳殿に御し、百僚道士沙門等を集め、釈老の義を討論せしむ」。○逕庭　大きな違い。へだたり。『荘子』〈逍遥遊〉に「吾其の言猶ほ河漢のごとくにして、極《は》てし無きに驚怖せり。大いに逕庭有りて、人情に近からず」。○典謨　『書経』の堯典・舜典の二典と、大禹謨・皐陶謨・益稷の三謨をいう。○鳥文　黄帝の臣下の蒼頡が、鳥の足跡を見て初めて文字を作ることを思いついたという故事から、「文字」のことをいう。『蒙求』〈蒼頡制字〉・『淮南子』〈本経訓〉。○槃誥　周誥殷槃、既出。○規倣　真似してならうこと。○渠堰隱栝　「渠堰」は、溝とせきのことをいい、「隱栝」は、二字ともに曲木を直す道具のことである。『荀子』巻第三〈非相篇〉に「渠堰隱栝の已れに於けるが若きなり」。ここでは、制御したり誤りを正したりすることの喩えとして使う。○佶屈聱牙　「佶屈」も「聱牙」も、文章・言語のごつごつと堅苦しく難しいことをいう。前に掲げた『韓昌黎集』巻十二〈進学解〉に見える語。○敷暢　教えを広める、の意。『文選』巻四十五〈孔安国、尚書序〉に「文を約し、義を申べ、厥の旨を敷暢す」。○指儗　指し示してなぞらえること。「儗」は「擬」に通ずる。『資治通鑑』巻百九十一〈唐紀〉に「彼の中明粛代の伝継は、指擬する所有りて以て口実と為すに非ざるを得んや」とある。

設以体製論焉耶。則是韓自韓欧自欧。李王亦自李王。各存一家之体。是雖在父兄不能移諸子弟也。而韓欧之文。固未嘗不以古自体然而不専門古文者。亦以其古自古今自今。而古今辞体之不斉也。必不能以其善用古辞而遽謂之古体矣。雖有典刑惟肖。無乃剽窃為工乎。其然不獲以不韓責欧。不欧議韓。遂又不可獲以不李王而絀韓欧也。蓋人之所以為心。各自不一。則文之具体也。不得人々固不異。故与論其文辞之古不古。孰若験其一気之貫之為要矣。大氐一気於人。雖云関盛衰之運。然而未必皆然。亦顧其存乎人者如何也爾。是故孔孟生於澆周。其気象之偉。絶於百世矣。夫今之与古邈矣。而人心之霊。弗能有異。則其一気之於古。亦将無不同也。是一気之為存乎人也亦孰禦哉。

【訓読】

設《かり》に体製を以て焉《これ》を論ぜんか。則ち是れ韓は自ら韓、欧は自ら欧、李王亦自ら李王、各々一家の体を存す。是れ父兄在りと雖も、諸を子弟に移す能はざるなり。而して韓欧の文、固より、未だ嘗て古を以て自らの体とせずんばあらず。然れども、古文を専門とせざる者、亦其れ古は自ら古、今は自ら今にして、古今の辞体の斉《ひと》しからざると以《な》す。必ず其の善く古辞を用るを以てして、遽《にわか》に之を古体と謂ふ能はず。典刑に惟《こ》れ肖《に》ること有りと雖も、乃ち剽窃して工を為すこと無からんや。其れ然り。韓ならざるを以て欧を責め、欧ならずして韓を議するを獲ず。遂に又、李王ならざるを以て韓欧を絀《しりぞ》くるを獲べからざるなり。蓋し、人の心を為す所以は、各々自ら一ならず。則ち、文の体を具《そな》ふるや、人々固より異ならざるを得ず。故に、其の文辞の古なるや古ならざるやを論ずるよりは、其の一気の貫の要と為すを験《ため》すに孰若《いずれ》ぞ。大氐《たいてい》一気の人に於ける、盛衰の運に関はると云ふと雖も、然れども、未だ必ずしも皆然らず。亦顧るに、其れ人に存すれば如何にせん。是の故に、孔孟澆周《ぎょうしゅう》に生まれ、其の気象の偉なること百世に絶す。夫れ、今之《これ》古と邈《はるか》なり。而るに、人心の霊は異なること有る能はず。則ち一気の古に於ける、亦将《ほと》んど同じからざる無きなり。是れ一気の人に存すと為すや、亦孰《たれ》か禦《とど》めんや。

【通解】

仮に、文体を例にとって意見を述べてみましょうか。たとえば韓愈は韓愈、欧陽脩は欧陽脩、李・王はまた李・王と、それぞれ一家独自の文体をもっています。親であっても子供にこれを移譲することはできません。韓愈や欧陽脩の文章は、達意の文章である古文をもとから自分の文体としてきました。しかし、古文を専門としていない者は、昔は昔今は今であって、昔と今の文辞や文体は同じであるはずがないとしています。上手に古の文辞を用いることをもってして、すぐにそれを古体の文章だと言うことはできません。たとえ古い手本となる文章に似ることがあっても、それは手本を剽窃し、細工を凝らして作ったということにはならないでしょうか。そうだと思います。

韓愈の文体ではないとして欧陽脩を責め、欧陽脩の文体でないといって韓愈をそしることはできません。それは結局はまた、李・王の文体でないからといって、韓愈や欧陽脩をしりぞけることはできないということになります。思うに、人が心に思いを抱く理由は様々ですから、文体は、各人によって異ならざるを得ないということになります。そうしますと、文辞が古いか古くないかを議論するのと、一気の貫通が文章の要となっているかどうかを調べるのとでは、どちらが大事になってくるでしょうか（それは、一気の貫通のほうです）。

おおよそ、人にあって一気は、時代の盛衰の移り変わりと関係していると言われますが、必ずしも皆が皆そうだとは限りません。顧みますに、一気が人に存在しているというのであれば、それをどうしたらよいのでしょうか。孔子や孟子は道徳風俗の乱れた人情の薄い周の時代に生まれながら、一気を具現したその気質たるや、万世並ぶ者がないほどです。今と古とでは、時代が遠く離れています。けれども、人の心の精気は、相違することなどはあり得ません。一気は、古に於ける場合とほとんど同じであるはずです。一気が人に存在するのを、誰がとめることなどできましょうか。

【語釈】

○体製　詩や文章の体裁。『滄浪詩話』〈詩弁〉に「詩の法五有り、曰く体製、曰く格力、曰く気象、曰く興趣、曰く音節」。○古文　魏・晋以来の外形的修辞を重んじた四六騈儷文に対抗して、内容を重んじて達意を主とした文章のこと。先秦・漢代の古い文章にかえそうとしておこした「古文復興運動」は、唐の韓愈が唱え、宋の欧陽脩に至って達成された。○典刑　古い手本の意。『詩経』〈大雅・蕩〉に「老成人無しと雖も、尚ほ典刑有り」とある。○無乃「ムシロ」とも読む。反語表現。○盛衰之運　『黄帝内経素問』〈天元紀大論〉に、たとえば「夫れ五運陰陽は、天地の道なり。万物の綱紀、変化の父母、生殺の本始、神明の府なり」とあるように、五運（木・火・土・金・水）と六気（厥陰《けついん》・少陰《しょういん》・太陰《たいいん》・少陽《しょうよう》・陽明《ようめい》・太陽《たいよう》）が、たがいに盛大になったり虚衰したりして移り変わってゆくことをいう。ここは、時代の盛衰をいう。『荘子』外篇〈天道〉に「万物化作して、萌区《ほうく》、状《かたち》有り。盛衰の殺は、変化の流なり」。○澆周　道徳風俗の乱れた周の時代。「澆」は人情が薄い、の意。○気象　気質のこと。前掲の『滄浪詩話』にも見える。○絶於百世　永久に同様のことがない、の意。『論語』〈為政〉に「其れ或は周に継がん者は、百世と雖も知るべきなり」。○人心之霊　「人心」は、人のこころ。『易経』〈咸〉に「聖人は人心に感じて、天下和平す」。「霊」は、たとえば『書経』〈礼運〉の「人は、其れ天地の徳、陰陽の交、鬼神の会、五行の秀気なり」に見られるようなたましい（精気・元気）をいうか。

今也足下一言。天下仰之。士大夫法之。其余力游刃。発之文辞者。四方争伝。幾致紙貴。是便事体重大。談何容易。而足下動輒揚李王而排韓欧。故近日士夫於韓欧之文。不啻束之高閣。又辟之甚於蛇蝎。若将浼焉。若然。而今而後。唐宋之文。其幾乎熄矣。僕切計足下必其以国習鹵烈不弁文辞故姑為此激論。以木鐸一世而警駴庸俗者也歟。然乎否耶。僕太惑且異焉。足下納蔵之量。不設城府。聞諸李陰君也熟矣。顧夫決不我遐棄。故為此喋々。以慁厳聴。適足以発咲而自点耳。孫卿曰。有争気者。勿与弁也。僕以弱植。無復争気。伏冀足下莫以僕此書為商得失角意気。而有大揚搉者。而発薬提命。獲借歯牙之余。以啓蔽蒙。請勿呼牛呼馬聴之而已。是祈々々。即日留熏灼人。未間。千万為道自重。

【訓読】

今や足下の一言、天下之を仰ぎ、士大夫之に法《のっと》る。其の余力游刃《ゆうじん》たり。之を文辞に発すれば、四方争ひ伝へ、幾んど紙貴を致す。是れ便ち事体重大、談何ぞ容易ならんや。而るに足下、動《やや》もすれば輒ち李王を揚げて韓欧を排す。故に近日、士夫は韓欧の文、啻に之を高閣に束《つか》ぬるのみならず、又之を辟《さ》くること蛇蝎《だかつ》よりも甚し。将に浼《けが》さんとするが若し。若し然らば、而今而後、唐宋の文は其れ熄《や》むに幾《ちか》乎からん。僕切《せつ》に計るに、足下、必ず其れ国の習鹵烈《ろれつ》にして文辞を弁へざる故を以て、姑《しばら》く此の激論を為し、木鐸《ぼくたく》を一世に以てして、庸俗を警駴《けいかい》せんとするか。然るや否や。

僕太《はなは》だ惑ひ且つ異とす。足下の納蔵の量は、城府を設けず。諸を李陰君に聞くや、熟せり。顧《おも》ふに、夫れ決して我を遐棄《かき》せざらん。故に、此の喋々《ちょうちょう》するを為し、以て厳しく聴せらるゝを愿《うれ》ふ。適に、以て咲《わら》ひを発せられて自《みずか》ら点《けが》すに足るのみ。孫卿曰く、争気有る者とは与に弁ずる勿かれ、と。僕 弱植《じゃくしょく》なるを以て、復た争気無し。伏して冀《ねが》はくは、足下、僕の此の書を、得失を商《はか》り意気を角《くら》ぶると以《な》す莫かれ。而して大揚搉《だいようかく》有る者は、而ち発薬提命《はつやくていめい》す。獲て歯牙の余を借り、以て蔽蒙《へいもう》を啓《ひら》かん。牛と呼び馬と呼ぶも、之を聴くこと勿きを請ふのみ。是れ祈る、是れ祈る。即日留熏は人を灼《や》きて、未だ間《ゆる》まず。千万道の為に自重せよ。

【通解】

今では、貴方が一言口にすると世の中の人々は皆それを崇め、士大夫はその言をお手本にします。その影響力たるや、非常に大きいものがあります。口にした言葉を文字に記して著書にすると、あちらこちらでそれを争って書写し、紙価が高騰する結果を招いてしまいます。これは、ただごとではない事態であり、議論するなど容易なことではありません。ところが貴方は、ともすれば、そのたび毎に李攀龍や王世貞を称揚し、韓愈や欧陽脩を排斥されます。それだから、近ごろでは、士大夫は韓・欧の文章をただ束ねて高い棚の上において置くだけではなく、それを避けて甚だしく嫌うこと蛇や蠍以上です。今にもけがれてしまうかのごとき取扱いであります。もしこの状態が続くのなら、今後、唐宋の文章はほとんど滅びてしまうでしょう。わたしが切に考えますに、（今や）文章の和読は大雑把すぎて文辞を弁えていないことから、貴方はきっと一時この激しい議論を戦わして当代に木鐸を打ち鳴らし、大衆を戒め、目を醒まさせようとしたのではないでしょうか。どうでしょうか。わたしは、（貴方の議論に）たいそう迷いながらも、（それを）すぐれたものと考えています。

貴方は人を受け入れる度量が大きく、人に対して隔てを置きません。このことは、李陰君からよく聞いております。思いますに、貴方はけっして私をお見捨てなさることはないでしょう。そう思って今まで多言してきましたが、（愚昧な私の意見を）厳しくお聞きになることを心配しております。まさしく（わたしのこの行為は）、人に笑われ自分自身を汚しているにすぎません。孫卿は「人と競い、勝とうとする気持ちを持っている者とは、一緒に議論するな」と言っています。わたしはまだ未熟者で、争おうとする気持ちなどはいささかも持ち合わせていません。

　つつしんでお願い申したいことは、どうかわたしのこの書を、得失を秤にかけて意気込みを競っているものだなどと思わないでいただきたいのです。根本の原理を体得している者は、直接に面と向かって有益な教えを諭すものです。わたしは貴方の口から漏れる僅かな言葉を拝借し、それでもって愚昧な自分の知識をひらきたいと思っています。どうか、自分には係わりの無いことだとして無視なさらないでいただきたいのです。このことを、切にお願い致します。残暑厳しき折から、くれぐれも学問の道のためにお体を大切になさって下さい。

【語釈】

○士大夫　人格高潔な役人のこと。『徂徠先生答問書』下に「士大夫の学問は、国君を輔佐して、家中国中を能く治め、文武政務の才を致成就候為の学問に候」。後に出てくる「士夫」も同じ意。○余力游刃　事を処理するのに、ゆったりと落着き余裕のある喩え。『荘子』〈養生主〉の「恢恢乎《かいかいこ》として其の刃を遊ばすに、必ず余地有り」に拠る表現。○紙貴　紙の値段が高くなる。著書がよく行われることの喩えである。晋の左思が三都賦を作ったとき、世人が相伝写したために、洛陽の紙価が騰貴したという。『晋書』巻六十二〈左思伝〉に載る故事に拠る。「是に於いて、豪貴の家、競ひ相伝写す。洛陽之が為に紙貴《たつと》し」。○談何容易　『漢書』巻六十五〈東方朔伝〉に「先生曰く、於戯《ああ》可ならんや、可ならんや。談何ぞ容易ならん」とある。この表現に拠るのであろう。○束之高閣　束ねて高い棚の上に置く、の意。長い間使用しないこと。『韓昌黎全集』巻五〈寄盧仝〉に「春秋三伝高閣に束ね、独り遺経を抱きて終始を究む」とある。景山の『不尽言』にも、「世の人も或は嘲けり或は悪み、儒者なるゆへ世事は知らぬはず、政事など青表紙の儒者などのなることにてはないなど、用にたゝぬものゝやうに思はれ、此輩当に高閣に束ぬべしといへる如く、棚へあげてのけものにし、俗人の高名なる者の目からは愚に見ゆるやうになつて、今時の大名の家などにて、わるうすれば儒者を武士より各段に格を下て賤しむるやうになるは、無念のことなり」と、この語句を使用している。
○蛇蝎　へびとさそり。恐ろしく、また嫌われるものの喩え。『小学』〈嘉言〉に「賢に親しむこと芝蘭に就くが如く、悪を避くること蛇蝎を畏る丶が如し」とある。○国習鹵烈不弁文辞　徂徠の高弟太宰春台が「大抵其れ人句読を知らず、文法を解せず、字義を暁らず、只倭語の意にて読める故に、文義を誤ること甚多し」（『倭読要領』巻上）というのと同じである。日本の訓読法の欠点を指摘している。「鹵烈」は「鹵莽滅裂」の意で、事をなすに粗略で雑駁なこと。『荘子』〈則陽〉に「君政を為すに、鹵莽にすること勿れ。民を治むるに、滅裂にすること勿れ」とある。○木鐸　振り子を木で作った金属性の鈴。法令や教令をふれまわる時に鳴らした。世人を教え導く者、の意にもいう。『論語』〈八佾〉に「天下の道無きや久し。天将に夫子を以て木鐸と為さん」とある。○警駴　いましめおどろかす、の意であろう。○庸俗　一般の大衆をいう。○納蔵之量　人を受け入れる度量が大きいことをいうか。○不設城府　人に対して隔てを置かない、の意。「城府」は、人に対しての警戒心が強いことをいう。『宋史』巻三百四十一〈傅堯兪伝〉には「堯兪《ぎようゆ》は厚重寡言、人に遇ふに城府を設けず。人自ら欺くに忍びず」と見える。○李陰君　既出。○遐棄　遠ざけて見捨てる、の意である。『詩経』〈周南・汝墳〉に「既に君子を見れば、我を遐棄せず」とある。○喋々　淀みなくしゃべるさま、口数の多いことをいう。『史記』巻百十〈匈奴列伝〉に「顧ふに、多辞する無かれ。喋々として佔々ならしむ」とある。○自点　自分をけがす、自らを辱める、の意。『文選』巻四十一〈司馬子長報任少卿書〉に「適に、以て笑はれ、自ら点すに足るのみ」に拠る表現。○孫卿　戦国時代の儒学者荀子を、漢代では孫卿といった。○有争気者勿与弁也　『荀子』〈勧学篇〉に出る語句。○弱植　弱くて自ら樹立しえないこと。『春秋左氏伝』〈襄公・三十年〉に「其の君弱植にして、公子侈《おご》り、太子卑しく、大夫敖《おご》る」とある。○大揚搉　根本原理。宇宙に行われる一大法則。ここは、徂徠の古文辞の主張を礼を尽くして褒めて言う。『荘子』〈徐無鬼〉に「則ち大なる揚搉有りと謂はざるべけんや」とある。○発薬　薬になるような教えを発すること。『荘子』〈列御寇〉に「先生既に来る。曾て薬を発せざるか」とある。○提命　「提耳面命」の略。「提耳」は、耳に口を近づけて教え諭すこと。「面命」は、面と向かって直接教えること。『詩経』〈大雅・抑〉に「手之を携くのみに匪《あら》ず、言に之に事を示す。面之に命ずるのみに匪ず、言に其の耳に提す」とある。○歯牙之余　歯牙から漏れ出る僅かな言葉。数語によって自分に助言を与えることのできる場合に、相手に頼んでいう語。『南史』巻十九〈謝朓伝〉に「歯牙の余論を惜しむ無かれ」とある。○蔽蒙　愚かで事理に暗いこと。『荘子』〈繕性〉に「性を俗に繕《おさ》め、学びて以て其の初めに復らんことを求め、欲を俗に滑《みだ》し、思ひて以て其の明を致《きわ》めんことを求む。之を蔽蒙の民と謂ふ」とある。○呼牛呼馬　『荘子』〈天道〉に「我を牛と呼べば、之を牛と謂《おも》はん。我を馬と呼べば、之を馬と謂はん」とある文章に拠る表現。人が牛・馬と呼べば、自分はこれを受けて迷わない、の意。是非は人の批評にまかせて、自分はこれにかかわらないことをいう。景山は『荘子』のこの語句を逆手にとって使用している。○留熏灼人　残暑が厳しいこと。

（2）「復物徂徠書」

復物徂徠書

往月李陰君患痁。僕以不獲親存候。故走价看問。因附致足下抵僕回教。僕爵躍捧之。以謂若自天墜焉。便即剝解何漏。行艸爛然。殆奪人目。伏読数回。久而能通。開誨已懇。論討又悉。諄々焉数千言而奇。令我聞所不聞。奉以周旋。永矢弗諼。吁足下之辞。迺玉迺金。僕獲之。可謂貧児暴富。其錫我之厚。不啻躬奉夏楚也。書中又具言昔僕先人正意与先尊公。曾有縞紵之識。雖不復数暱。是為通家。僕聞之。且愕且感。愈益喜不自勝。郷往日甚一日。僕迺正意曾孫。而有従兄正修者。亦世禅業儒。仕藉同藩。是僕宗家也。嘗及滕公之門者。著録不知幾人。而其子孫伝業者。見存亦尠矣。独有今祭酒林公与僕家而已。其廑々而存。

亦多墜箕裘。或非其胤属也。僕自結髪授念書。欽味濂雒。旁誦韓欧。今歯漸強境。学無闡明。樸陋業已成心。縦令造物鑪錘。亦不易転化焉。

【訓読】

物徂徠に復する書

往月、李陰君患《うれ》へ痁《や》むも、僕以て親しく存候《そんこう》するを獲ず。故に、走价をして看問せしむ。足下に附致せしに因りて、僕に教を回《かえ》すに抵《いた》る。僕爵躍《じゃくやく》して、之を捧ぐ。以謂へらく、天より墜つるが若しと。便即《すなわ》ち、剝《さ》き解《と》きて何ぞ漏らさん。行艸爛然として、殆《ほとん》ど人の目を奪ふ。伏して読むこと数回、久しうして能く通ず。誨《おしえ》を開くこと已《はなは》だ懇なり。論討又悉《つく》し、諄々《じゅんじゅん》焉たる数千言にして奇なり。我をして、聞かざる所を聞かしむ。奉じて以て周旋し、永く矢《ちか》つて諼《わす》れず。吁《ああ》、足下の辞は、迺ち玉迺ち金。僕之を獲て、貧児暴富となると謂ふべし。其れ我に錫《たま》ふの厚き、啻に躬《みずか》ら夏楚《かそ》を奉ぜしむるのみならず、書中又、昔の僕の先人正意と先尊公とは、曾て縞紵《こうちょ》の識有るを具言す。復た数々暱《なじみ》ならずと雖も、是れ通家と為す。僕之を聞き、且つ愕《おどろ》き且つ感ず。愈々益々喜び、自ら勝へず。郷往すること、日一日より甚し。僕迺ち正意の曾孫にして、従兄に正修なる者有り。亦世々禅《ゆずりつた》へて儒を業とし、仕ふるに同藩に藉《とりたて》らる。是れ僕の宗家なり。嘗て滕公の門に及ぶ者、著録幾ばく人かを知らず。而るに、其の子孫の業を伝ふるは、存するを見るに、亦尠《すくな》し。独り今の祭酒林公と僕の家と有るのみ。其れ廑々として存す。亦多くは箕裘《ききゅう》を墜《おと》し、或は其の胤属するを非とす。僕結髪にしてより念書を授かる。濂雒《れんらく》を欽味し、旁ら韓欧を誦す。今歯《よわい》漸く強境、学闡明なること無く、樸陋《ぼくろう》業已《すで》に成心。縦令、造物鑪錘《ろすい》すとも、亦転化せしむること易からず。

【通解】

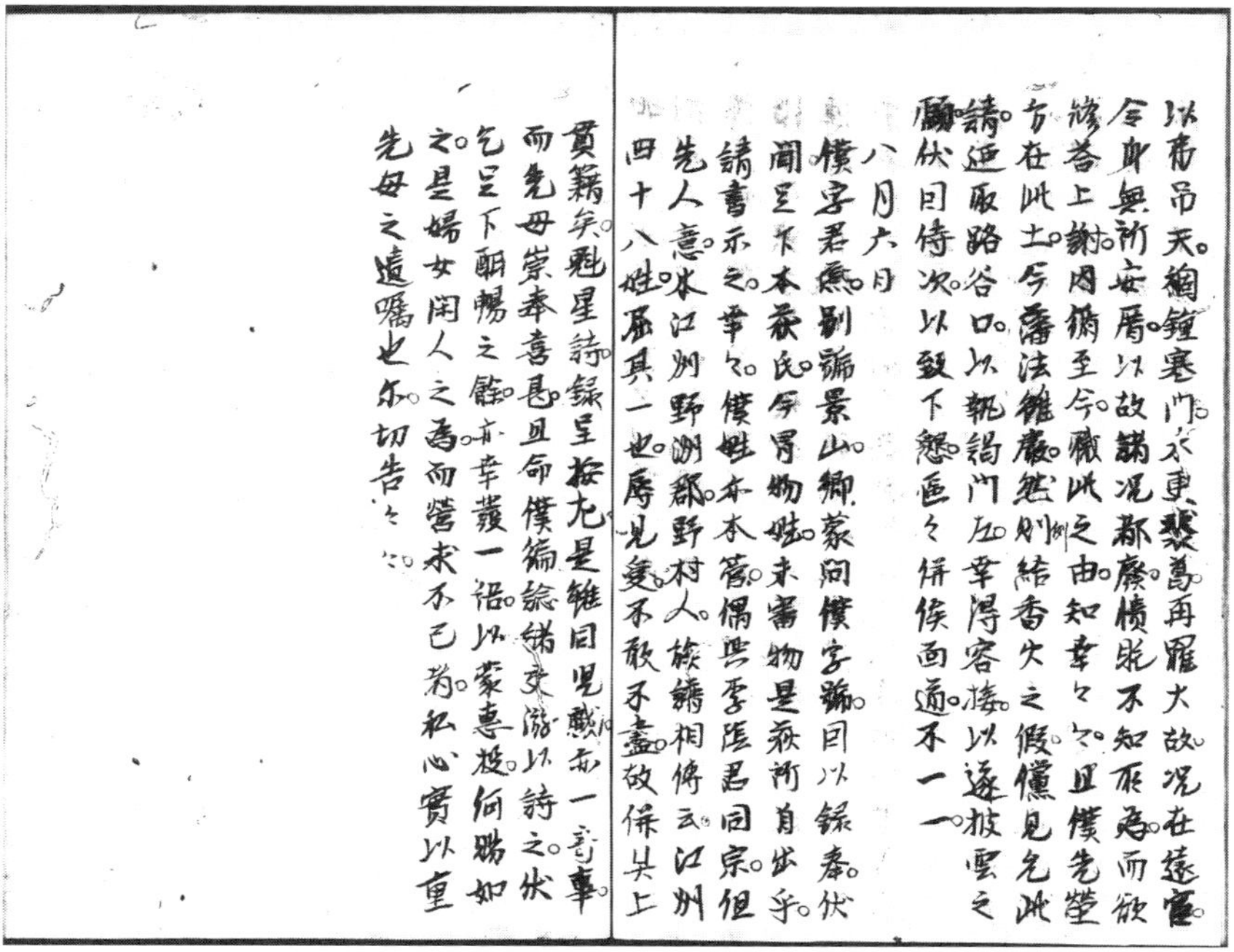
以希弔天。觸鍾塞門。不更裘葛再羅大故。况在遠宦。
今身無所安厝。以故諸況都廢。懶慣不知所為。而欲
修答上謝。因循至今。職此之由。知幸々々。且僕先塋
方在此土。今藩法雖嚴。然則給香火之假。儻見允此
請。迺取路谷口。以執謁門下。幸得容接。以遂披雲之
願。伏日侍次。以致下懇。區々併候面適。不一一。
八月六日
僕字君熙。別號景山。鄉家向僕字號。曰以録奉。伏
聞足下本荻氏。今冒物姓。未審物是荻所自出乎。伏
請書示之。幸々。僕姓本本藤。偶與李陰君同宗。但
先人意。以江州野洲郡野村人。族譜相傳云。江州
四十八姓。居其一也。屢見變不敢不盡。故保其上
貫籍矣。魁星詩録呈。按尤是雖曰児戯。亦一奇事。
而先母崇奉喜甚。且命僕編綴緒文。微以詩之。伏
乞足下酬暢之餘。亦幸蒙一語。以蒙惠投。何賜如
之。是婦女閑人之為。而營求不已者。私心實以重
先母之遺囑也。尔切告々々。

『物屈論文書』「復物徂徠書」享保14年　藤伯省括写（静嘉堂文庫蔵）

先月、李陰君は病にふせっておられたものの、わたしは自分で見舞いにいくことができませんでした。そこで、下僕をして見舞いに行かせましたところ、（李陰君を介して）貴方に書簡を送り届けたことにより、貴方からの返書がわたしにありました。大変嬉しく思い、この書簡を捧げ持った次第です。まさに天から落ちるような思いでありました。

さっそく貴方からの書を一字一句漏らさないよう読んでみたところ、行草の書体はすばらしく、人の目を強くひきつけるものでした。つつしんで読むこと数回、しばらくしてから理解できるようになりました。ものごとの道理に暗いわたしに対しての教えは、まことに親切・丁寧です。是非を論ずること全てに及び、懇ろに教えている数千言は見事としか言いようがありません。わたしに、聞き知ることのなかったことを教えてくれています。その教訓を大事に守り、いつまでも心に誓って忘れないつもりです。吁《ああ》、

貴方の言辞は、すなわち玉であり金であります。わたしはこれを手に入れることができて、貧家の子供がにわか成金になったような思いです。

貴方の御厚意は、単にみずから教えさとして下さっているだけではありません。書簡の中に、わたしの曾祖父正意と貴方の父上が、かつて知人であったことを事細かに書き記してくれています。昵懇の間柄であったとまではいかなくとも、父祖の代から交際のあった家ということになります。この事をうかがい、驚きつつも感動しています。ますます嬉しくなり、自分でこの感情をおさえることが出来ません。仰慕すること一日一日と甚だしくなります。

わたしは正意の曾孫であり、従兄に正修という者がいます。代々受け継いで儒者を仕事とし、わたしと同じく広島藩に召し抱えられてつとめています。これは本家にあたります。かつて、藤原惺窩の門下生は、名簿に記録されている者数多く、どれくらいいたかわかりません。しかし、その子孫で、儒者のつとめを現在も受け継いでいる者は多くはありません。ただ大学頭林家とわたしの家堀家とがあるだけで、僅かに存続しています。多くは、祖先伝来のつとめを止め、あるいはその仕事の相続を嫌ってきました。

わたしは成人してから、本格的に書物を読み始め、宋学をつつしんで味わい、その傍らに、韓愈・欧陽脩を読誦してきました。今年やっと四十歳になろうとしています。学問の道にまだ暗く、いなかびた自分の心の中には、すでに偏見が出来上がってしまっています。たとえ、天地万物を創造した神がわたしを鍛練・陶冶したとして、それを変えることは容易ではありません。

【語釈】

○李陰君　荻生徂徠に宛てた景山の第一書「与物徂徠論文書」に既出。○恚疷　うれい病む。「疷」は病む・悩む、の意。『礼記』〈曾子問〉に「君子の礼を行ふや、人の親を以て患に疷ましめず」。○存候　見舞う、の意『唐書』巻百七十三〈裴度伝〉に「衛兵を分ちて第を護らしめ、存候して路に踵《つ》ぐ」。○走价　走り使いをする下僕のこと。『宋史』巻二百五十八〈曹彬伝〉に「会々《たまたま》隣の道守、走价を将《もち》ひ、書を馳せて来たり詣る」。〇因附致足下　第一書に対する徂徠からの返書に「七月中元日、李陰菅君致足下所賜書」とあり、七月十五日に景山の書簡が李陰君を介して徂徠のもとに届けられたことがわかる。徂徠は一週間も経たないうちに（二十一日）、『徂徠集』の中では最も長い文章である返書を書いた。〇爵躍　「爵」は「雀」と同意。非常に喜ぶ、の意。『荘子』〈在宥篇〉に「鴻蒙は、方に将に髀を拊《う》ち雀躍して遊ぶ」。〇便即　岡白駒の『助辞訳通』上に、「即便ハ、サツソクナリ、即便ト二字連用スレバ、即ノ字ヲ主トス」とある。〇剝解　深長な文面を解釈する、の意であろう。『漢書』巻八十七〈揚雄伝〉に「皆以て玄の体を解剝し、其の文を離散するも、章句尚ほ存せず」。〇爛然　あざやかなさまをいう。『史記』巻六十〈三王世家〉に「天子共譲し、群臣義を守る。文辞爛然と甚だ観るべきなり」。〇開誨　「誨」は、ものごとの道理に暗い人に言葉で教える、の意。「開」は、説く、解説する、の意。〇論討　是非を論じきわめること。『北史』本紀〈斉文宣帝紀〉に「群臣更に新令を論討すべし」。〇諄々焉　ねんごろに教えるさまをいう。『孟子』〈万章・上〉に、「天の之を与ふるは、諄諄然として之を命ずるか」。〇周旋　とりもつ。世話すること。『春秋左氏伝』〈文公・十八年〉に「行《こう》父《ほ》奉じて以て周旋し、敢へて失墜せず」、これに拠る表現であろう。〇永矢弗諼　いつまでも心に誓って忘れない、の意。『詩経』〈衛風・考槃〉に「考槃澗《こうはんかん》に在り、碩人の寛なる、独り寐《いね》て寤《さ》めて言ふ、永く矢つて諼れず」とある。これに拠る表現。〇暴富　にわか成金のこと。〇夏楚　「夏」は「榎《ひさぎ》」、「楚」は「荊《いばら》」で、ともに笞の材料。むちうって教訓する、の意に用いられる。『礼記』〈学記〉に「夏楚二物は、其の威を収むるなり」。〇先人正意　曾祖父堀杏庵のこと。第一書に既出。〇尊公　他人の父の敬称。ここは徂徠の父荻生方庵をさす。『徂徠先生学則幷附録標註』に、「物子之父方庵、憲廟の朝、侍医と為り法眼に除す」とある。〇縞紵之識　春秋時代に、呉の季札が鄭の子産に縞帯を贈り、子産が紵衣を献じた故事から、友情をいう。『春秋左氏伝』〈襄公・二十九年〉に「子産を見て旧相識の如し。之に縞帯を与ふ。子産紵衣を献ず」。〇不復数暱　「暱」は「昵」と同意。なじむ、意。徂徠の返書に「先大夫も亦嘗て一二接見すと云ふ」とあるのを踏まえる。〇通家　父祖の代から親しく交際している家のこと。『後漢書』巻六十〈孔融伝〉に「当世の名人及び通家とに非ざるよりは、皆白《もう》すことを得ず」。〇郷往　関心を寄せる、の意。『史記』巻四十八〈孔子世家〉に「至る能はざると雖も、然るに心之に郷往す」。徂徠の返書に「私心の郷往する所」とある。〇日甚一日　一日一日と甚だしくなる、の意。〇従兄正修　名は正修、字は身之、号は南湖。父を堀杏庵の玄孫蒙窩、母を木下順庵の女として京都に生まれる。景山より四歳年上。宝永五年（一七〇八）広島藩藩主浅野吉長から禄二百石を賜り儒官となる。一六八七年生～一七五三年没。〇宗家　本家。北堀と称し、蒙窩の代から宗家（北堀）と分家（南堀―景山の父玄達から始まる）に分かれる。〇滕公之門　「滕公」は藤原惺窩のこと。惺窩の門弟として著名な四天王（林羅山・那波活所・松永尺五・堀杏庵）がいる。〇著録　姓名を名簿に記載すること。また、その人をいう。『後漢書』巻六十九〈張興伝〉に「声称著《あらわ》れ聞こゆ。弟子遠きより至る者、著録して且に万人ならんとす」。〇祭酒　大学頭の唐名。〇廑々　「廑」は「僅」の意。〇箕裘　祖先伝来の業。〇胤属　子孫が相続することをいうか。〇結髪　一人前の成人になること。男子は二十歳で成人の髪を結うことからいう。『史記』巻百九〈李将軍伝〉に、「臣結髪にして、匈奴と戦ふ」。〇念書　書物を読むこと。〇濂雒　「濂雒関閩《れんらくかんびん》之学」（周敦頤・程顥・程頤・張載・朱子の唱えた宋学）のこと。〇今歯漸強　「強」は、四十歳をいう。『礼記』〈典礼・上〉に「四十を強と曰ふ。而して仕ふ」。〇樸陋　いなかびて、行儀作法などがいやしいことをいう。ここは自分のことをいう謙称。『韓非子』〈六反〉に「寡聞にして令に従ふは、法を全うするの民なり。而るに、世之を少として樸陋の民と曰ふ」。〇成心　本来、自己の内に持っている心をいう。『荘子』〈斉物論〉に「夫れ其の成心に随ひて、之を師とせば、誰か独り且つ師無からん」。〇鑪錘　「鑪」は金を溶かす火床、「錘」は溶かした金を打って鍛える、の意である。鍛練・陶冶して人をつくりあげること。ここは宋学や韓欧の文章から離れることをいう。『荘子』〈大宗師〉に、「夫れ無荘の其の美を失《わす》れ、拠梁の其の力を失れ、黄帝の其の知を亡《わす》れしは、皆鑪錘の間に在るのみ」。これに拠る表現。

足下先見之明。誦法李王。以撥今弊。反之古道。卓然一世。莫之与京。而来書徧挙今世作者。以道知有僕者。噫是何見与之過。僕素不嫺辞。悪能善文。固非可与今世作者。同年而談者。但足下大雅愷悌。愛而忘其醜。而是豈不願借誉於左右。祇恐累足下知言爾。雖然僕頗有意文章。其於好尚。未知適従。故前書以論文章而足下迺旁引経術見喩。以謂僕之恠尤将愈益甚者。適見鄙意不大諄於足下也。愚不肖竊謂。経術文章。原無二致。六経為言。靡一匪有用之文。故文章不原諸経術者。皆可謂無用也。苟無所用。将焉用彼文矣。所謂貫乎道者。方是謂之邪。故至於建安已下之文。豈復不美乎。殆与児戯侔已。曷足以観焉。韓公之文所以起八代之衰者。非亶矯辞法之弊而已。亦以其原諸経術也。古者聖人在上。垂拱南面。不復娭言喩。而道明天下。風化之隆。比屋可封。辟之天不言。而四時行焉。百物生焉。如夫子教人。亦云予欲無言。又云。吾無隠乎爾至於世之至治与人之成徳。迺雖云無言亦可也。

【訓読】

足下の先見の明、法を李王に誦す。以て今の弊を撥《のぞ》き、之を古道に反《かえ》すこと一世に卓然たり。之と与に京《おおい》なるもの莫からん。而るに、来書、徧《あまね》く今世の作者を挙げ、以て僕有るを知ると道《い》ふは、噫《ああ》、是れ何ぞ与にせらるゝの過ちならん。僕、素より辞を嫺《なら》はず。悪くんぞ能く文を善くせんや。固より今世の作者と、年を同じくして談ずべき者に非ず。但だ、足下は大雅愷悌《がいてい》にして、愛して其の醜を忘るゝのみ。而るに、是れ豈に誉れを左右に借るを願はざらんや。秪《た》だ、足下言を知るを恐累するのみ。然りと雖も、僕頗る意文章に有り。其れ、好尚に於て、未だ適従するを知らず。故に、前書以て文章を論ぜり。而して、足下迺ち旁《あまね》く経術を引き、喩《さと》さる。以謂へらく、僕之恠《あや》しみ尤《とが》むること将に愈々益々甚しからんとするは、適々《たまたま》鄙意大いに足下に詿《たが》はざるを見ればなり、と。愚不肖、窃に経術文章を謂《おも》ふに、原《も》と二致無し。六経の言を為すや、一つとして之を文に用ゐること有らざるは靡《な》し。故に、文章諸《これ》経術に原《もと》づかざるは、皆無用と謂ふべきなり。苟も用ゐる所無くんば、将た焉くんぞ彼の文を用ゐん。所謂道を貫く者は、方に是れ之を謂ふか。故に。建安已下の文に至りては、豈に復た美ならざらんや。殆ど児戯に侔《ひと》しきのみ。曷《なん》ぞ以て観るに足らんや。韓公の文、八代の衰《おとろえ》を起す所以の者は、亶《ただ》辞法の弊を矯《た》むるのみに非ず、亦其れ諸《これ》経術に原づくと以《な》す。古は、聖人上に在りて垂拱南面し、復た言を竢《ま》たずして喩す。而して、道は天下に明らかに、風化之隆《さかん》にして、比屋《ひおく》して封ずべし。之を辟《たと》ふれば、天言はずして四時行はれ、百物生ず。夫子、人に教ふるが如し。亦云ふ、予言ふこと無からんと欲す、と。又云ふ、吾隠すこと無きのみ、と。世の至治《しち》に至り、人の成徳に与《くみ》しては、迺ち言ふこと無しと云ふと雖も、亦可なり。

【通解】

先を見抜く貴方の眼力がすぐれているのは、文章作法の手本を李・王にとったことにあります。それでもって今の弊害をとり除き、古の道に戻すことは、当代においては最もすぐれた考え方です。これに並ぶものは無いと思います。貴方のお手紙では、今の文章家を残らず列挙し、そしてわたしの存在を知るようになったと言われていますが、（わたしを彼等と）一緒に並べられることは、何とした過ちであることでしょうか。わたしは、もとより辞を習ったことはありません。どうして、上手く文章を作ることなどできましょうか、とてもできません。もともと、今の文章家とは、一緒にして語ることのできるほどの力量を持った者ではありません。ただ貴方は学識があり立派な徳を備えておられるので、いつくしんでくれていて、拙文の見苦しさに注意が向けられていないだけなのです。かといって、（わたし自身）今の文章家と並べ称せられる名誉を願わないはずはありません。ただ、貴方が（わたしの）言葉を聞いて、その善悪正邪を明らかに知ることを恐れるだけです。

とはいっても、わたしは文章にたいそう興味があります。自分の好み尊ぶことについて、従い頼ることのできる人をまだ知りません。それで、前に差し上げた書で文章を論じた次第です。貴方は、広く経学を引いて教え諭してくれました。わたしが貴方の主張に疑問を抱き、とがめる気持ちが次第に強くなってきたのは、たまたま自分の考えが、貴方の考えとは大して違っていないということがわかってきたからです。

語る資格の無い私が、ひそかに経学と文章を考えますに、元来それに、別個の二つの趣旨があるとは思われません。六経の言葉は、一つとしてこれを文章に用いることのないものはありません。したがって、経学に基づいていない文章は皆無用のものというべきです。もしも、経学を用いることが無いということであれば、どうして六経の文章など用いる必要がありましょうか。つまり、文章が道を貫くというのは、まさにこのことを言っているのではないでしょうか。

後漢の建安年間以降の文章に至っては、美しい言葉で飾った文章でないものはありません。ほとんど、取るに足らないものばかりです。見て耐えられるような文章があるでしょうか。（そんな中で）後漢から隋までの八代にわたって衰退していた文章を、韓愈がふたたび盛んにしました。そのわけは、ただ言葉と文章作法の法則の弊害を正し改めただけではなく、文は経学に基づくとしたからです。

昔は、聖人がただ上にいて、何もせずに南面し、何も言わないで、人民を教化・善導しました。それで道は天下に明らかとなり、上に立つ者が下の者を盛んに感化し、民は皆聖人の徳に化したものです。天は何も言わないのに、春夏秋冬は絶え間なく運行し、百物は立派にそれぞれ生長を遂げています。孔子が弟子に教えたとおりです。孔子はまた、「わたしはもう何も言うまい」と言っています。また、「わたしは隠しだてすることは全くない」とも言っています。世の中が大変よく治まるようになり、民が聖人の完全な徳に与するようになれば、何も言うことがないといっても、それはそれでよいと思います。

【語釈】

○誦法　手本として万事を律すること。『学則幷附録標註』下に載る「答屈景山書」に、「法は文法なり」とある。文章の作り方・作る法則をいう。『史記』巻六〈秦始皇本紀〉に「諸生皆法を孔子に誦す」。○卓然　高くすぐれているさま。『漢書』巻六〈武帝紀〉に、「孝武初めて立ちて、卓然として百家を罷黜《はいちゅつ》す」。○莫之与京　これに並ぶものがない、の意。「京」は「大」のこと。『春秋左氏伝』〈荘公・二十二年〉の「八世の後には、之と与に京なるもの莫からん」に拠る語句。○挙今世作者以道知有者　徂徠の景山に宛てた第一書に「頗る今世の作者を窺ふことを得たり。洛に伊原蔵（伊藤東涯）有り。海西に雨伯陽（雨森芳洲）有り。関以東には則ち室師礼（室鳩巣）有り。未だ足下有ることを聞かず。足下有ることを知るは、此の書より始まる」とある。この内容をさす。○同年　一緒にして、の意。『文選』巻五十一・〈賈誼過秦論〉に「則ち、年を同じくして語るべからず」。○大雅　学識ある者。『文選』巻一〈西都賦〉に、「大雅宏達、茲《ここ》に於て群を為す」。○愷悌　徳が立派なさまをいう。『文選』同前の賦に、「大漢の愷悌を流《し》きて、亡秦の毒螫《どくせき》を蕩《ほろぼ》す」とある。○借誉於左右　今世の作者と同列に並べられることをいうか。○恐累　おそれること。「累」は「恐」と同意。○知言　他人の言葉を聞いて、善悪正邪を明らかに知ること。『論語』〈尭曰〉に「言を知らざれば、以て人を知ること無きなり」。○好尚　好み、嗜好。『文選』巻四十二〈与楊徳祖書〉に「人、各々好尚有り」。○適従　その人を主として従い頼る、の意。『春秋左氏伝』〈僖公・五年〉に「退きて賦して曰く、狐裘尨《ぼう》茸《じょう》たり。一国三公あり。吾誰にか適従せん」。○経術　経学。経書を研究する学問。『漢書』巻八〈宣帝紀〉に、「故の掖庭《えきてい》の令張賀、朕が躬を輔導し、文学経術を修めしむ」。○二致　二つの旨趣。『宋史』巻四百三十一〈周尭卿伝〉に「聖人の意、豈に二致あらんや」。○六経　易・詩・書・礼・楽・春秋をいう。孔子がこれらを重んじて自ら刪修したと伝え、儒学の基本の経典とされた。『史記』巻百三十〈太史公自序〉に「厥《そ》れ、六経の異伝に協《かな》ひ、百家の雑語を整斉す」とある。○貫乎道　李漢の『韓昌黎集』序の冒頭「文は貫道の器なり」を指す。第一書「与物徂徠論文書」に既出。○建安　後漢の建安年間（一九六〜二二〇）。○児戯　既出。○八代　後漢・魏・晋・宋・斉・梁・陳・隋の八つの時代をいう。『蘇東坡全集』後集・巻十五〈潮州韓文公廟碑〉に、「文は八代の衰を起して、道は天下の溺を済《すく》ふ」。これに拠る表現である。○垂拱　手をこまぬいて、何もしないこと。ここは、何もしないで人民を教化・善導し、天下を治めることをいう。『書経』〈武成〉に「垂拱して天下治まる」。○南面　天子の座は、南向きに置かれるのでいう。『春秋左氏伝』〈襄公・二十六年〉に「鄭、是に於て敢へて南面せず。楚、華夏を失ひしは、則ち析公の為なり」。○風化　上に立つ者が、下の者を感化すること。『詩経』〈国風・豳・七月序〉に「故に、后稷先公風化の由る所を陳ぶ」。○比屋可封　軒並みに諸侯に取り立てる値打ちがある、の意。尭舜の民が、皆聖人の徳に化したことをいう。「比屋」は、軒（家）を並べる、の意。『漢書』巻九十九〈王莽伝〉に「唐虞の時、比屋して封ずべし」。また、『論衡』巻二〈率性〉に「尭舜の民は、比屋して封ず。桀紂の民は比屋して誅すべし」とある。○天不言而四時行焉百物生焉～予欲無言　ここの文章は、『論語』〈陽貨〉の「子曰く、天何をか言はんや。四時行はれ、百物生ず。天何をか言はんや」を踏まえる。○吾無隠乎爾　『論語』〈述而〉に拠る言葉。○至治　きわめてよく治まる、の意。『漢書』巻五十八〈公孫弘伝〉に「蓋し聞く、上古の至治は衣冠を画し、章服を異にして、民陰陽の和を犯さず」。○成徳　立派に成熟した徳。『書経』〈伊訓〉に、「伊尹乃ち明かに烈祖の成徳を言ひて、以て王に訓《おし》ふ」とある。

是故議論告誡之所由皆以其不得已而不已也。若夫怨困之極説楽之至発諸咨嗟咏嘆亦皆出於不能已者也。故僕前所謂文出於不能已者。斯亦以其有用也。已其得已而不已者。又将焉所用諸。是作無益害有益也。書云玩物喪志。無用之文亦将喪人志矣。且古之文不必蘄諸文而能文。故徒蘄諸文者。是後世之出。非復文之真。是以不足以動人。僕故以古無文人発之也。語所謂学文々学。是読書博我之謂也。初未嘗不以為上焉。然而謂以其余力則其非若後世文人必蘄於此也。亦可知已矣。夫道学先生之云。不亦宜乎。而有徳之言必出於不得已。故能動人々々。故能有用。而其動人者。是迺一気所在也。夫一気存乎人也。亦自有高卑。衆人之気。従生之欲。所以卑而劣。及見君子而後厭然。曷足以動人也。聖賢之気生於集義。所以高而偉。迺所謂以直養而剛大浩然者也。而此気也根柢天地。而人所得以生者也。夫然故人与天地相通也。文与気相発也。是以論文必見其気高卑何也。文原生於心。心々非可見而稍為可見者気也。孟子有云気体之充也。又云不慊於心則餒矣。如書画一技。已而気有不全。則薾然而餒。是亦可以見焉。又云志気之帥也。志至焉。気次焉。心已全乎道。則気自全。気全故可以塞乎天地而死且不朽也。是故見文見気。以見其心。亦可以弗畔矣夫。

【訓読】

是の故に、議論告誡の由る所、皆其の已むことを得ずして已まざるを以てす。夫の怨困の極、説楽の至のごときは、諸を咨嗟詠嘆に発するも、亦皆已むこと能はざるより出づる者なり。故に、僕前に謂ふ所の、文は已むこと能はざるより出づとは、斯れ亦其の用ゐる有るを以てするのみ。其の已むを得て已めざる者は、又将た焉くんぞ諸を所用せん。是れ無益を作し、有益を害す。書に云はく、物を玩《もてあそ》べば志を喪《うしな》ふ、と。無用の文、亦将た人の志を喪ふ。且つ古の文は、必ずしも諸を文《あや》に蘄《もと》めずして、文《ぶん》を能くす。故に、徒らに諸を文《あや》に蘄むる者は、是れ後世の、文の真に復《か》へすに非ざるより出づ。是を以て、以て人を動かすに足らず。僕故《ことさ》らに古は文人無くして之を発すと以《な》せり。語の所謂学文・文学は、是れ書を読み、我を博むるの謂なり。初より未だ嘗て以て上の為にせずんばあらず。然り而して、其の余力を以てするを謂ふときは、其れ後世文人の必ず此に蘄むるがごときに非ざる、亦知るべきのみ。夫の道学先生の云へること、亦宜《むべ》ならずや。而して、有徳の言、必ず已むことを得ざるより出づ。故に能く人を動かす。人を動かす、故に能く用ゐる有り。而して其れ人を動かすは、是れ迺ち一気在る所なればなり。夫れ一気の人に存するや、亦自ら高卑有り。衆人の気は、生の欲に従ふ。卑しくして劣なる所以なり。君子を見て而して後に厭然《えんぜん》とするに及びては、曷《なん》ぞ以て人を動かすに足らんや。聖賢の気は、集義より生ず。高くして偉なる所以なり。迺ち、所謂直を以て養ひて、剛大にして浩然たる者なり。而して此の気、天地に根柢して、人の得て以て生ずる所の者なり。夫れ然り。故に、人と天地と相通ずるなり。文と気と相発するなり。是を以て文を論ずるに、必ず其の気の高卑を見るは何ぞや。文は原《も》と心に生ず。心は見るべきに非ず。而して、稍々見るべきと為す者は、気なり。孟子云ふ有り、気は体の充なり、と。又云はく、心に慊《よか》らざるときは餒《う》う、と。書画の如きは一技のみ。而して、気全からざること有るときは薾然《でつぜん》として餒う。是れ亦以て見るべし。又云はく、志は気の帥《すい》、志至り気次ぐ、と。心已に道に全きときは、気自ら全し。気全し。故に以て天地を塞ぎ、而して死して且ほ朽ちざるべきなり。是の故に文を見、気を見て、以て其の心を見れば、亦以て畔《そむ》かざるべきか。

【通解】

ですから、議論し諭し戒めることのよって来る所は、皆已むを得ずして、已められないところにあるとするのです。あの恨み苦しむことや喜び楽しむことが極まれば、ため息をついて嘆き、声を長くひいて歌うというように外に表れます。それは皆已めることができないところから生じてくるのです。わたしが以前に、文は已めることのできないところから生み出されると述べたのは、これは、役に立つものだと考えたからにほかなりません。

已められるのに已めないものについては、そもそもどうしてこれを用いることがありましょうか。これは、無益なことをなして、有益なことを害なうというものです。『書経』では次のように言っています、「物をいい加減に扱えば、志をなくす」と。役に立たない文は、また人の志をなくしてしまいます。そのうえ、古の文章は必ずしもこれを文《あや》（修辞）に求めないで、役立つものにしています。したがっていたずらに文章を文（修辞）に求めるのは、これは後世の文章家の、文の正しいあり方に戻そうとするのではないところから出ていることになります。こういう次第で、無用の文は、それで以て人を感動させることができません。

わたしは、とりたてて（前書で）昔は職業的な文人がいなくとも、思いを（外に）表せたとしました。『論語』にいういわゆる学文・文学は、詩・書・礼・楽などを学んでその意義に通じ、我々の知識を博くする学問のことをいいます。昔から、（学問は）天子のためにするものでありました。そして、『論語』で余力をもってするというのは（実行が第一で、学問による意義づけはその後でよい、の意で）、後世の文人が必ず文章を第一義に求めるようなものではないということだけは、知っておくべきです。道学先生の言うこともまた、無理からぬことでありましょう。徳を備えた言葉というものは、必ず已むを得ないところから出ています。だから人を感動させ、また役に立つことができるのです。

人を感動させるのは、そこに一気が存在しているからです。いったい、一気が人間に存在するにしても、そこには自然と高卑の区別があります。凡人の気は、人欲に従ったものです。賤しく劣ったものとされる所以です。（小人は）君子の前に出ると、その不善をなす気力がくずれ不善を隠そうとしますが、そうなってしまっては、どうして人を動かすことなどできましょうか。聖人や賢人の気は、道義の積重ねから生じて来るものです。尊くすぐれたものとされる所以です。つまり、（その気は）正しく真っすぐな道をもって養い、この上なく強く大きく、広く行き渡るものです。そしてこの気は、天地に基づくものであり、人が（道義の積重ねによって）得て生ずるものです。そうだと思います。それ故に、人間と天地は互いに通じあい、文と気とは互いに（内から外に）あらわれて来るのです。

そこで、文章を論ずる場合、必ずその文の気の尊卑を見るのはどうしてでしょうか。文はもともと心から生まれます。心は見ることが出来ません。わずかに見ることができるのは、気です。孟子は次のように言っています。「気は体の中にいっぱいになっているものだ」と。また「心に不満足なことがあれば、この気は飢えてしまう」とも言っています。書画のようなものは、一つの技にほかなりませんが、気が備わっていなければ、疲れてしまい書けなくなってしまいます。このことをもって思うべきでしょう。孟子はまた、次のようにも言っています。「志は気を従えて行くものであり、志の至るところ気は必ずこれに従うものである」と。心が既に道義を十分備えておれば、気は自然と備わります。気が十分備わるから、それが天地の間にいっぱい満ちるようになり、死んでも朽ちてしまうことがなくなるのでしょう。こういうわけで、文章を見、気を見て、それでもってその心を見れば、道に背くことはないだろうと思います。

【語釈】
○告誡　第一書に既出。○怨困　恨み苦しむ、の意。○説楽　喜び楽しむ。『漢書』巻二十二〈礼楽志〉に「先王の楽に因り、以て百姓を教化し、其の俗を説楽せしむ」。○咨嗟　ため息をついて嘆くこと。『後漢書』巻六十三〈公孫瓚伝〉に「其の痛怨を為すこと、咨嗟せずといふこと莫し」。○咏嘆　声を長く引いて歌うこと。「咏」は「詠」に同じ。『礼記』〈楽記〉に「之を咏嘆し、之を淫液するは何ぞや」。○有用　役に立つ、の意。『韓非子』〈外儲説・左上〉に「人主其の文を覧て、有用を忘る」。○作無益害有益　『書経』〈旅獒〉に出る語句、「言は道を以て接る。無益を作して有益を害せざれば、功乃ち成る」に拠る。無益なことをして有益なことを害なう。の意。○玩物喪志　これも同じく『書経』〈旅獒〉に出る語句で、「作無益害有益」の直前の文にある「人を玩べば徳を喪ひ、物を玩べば志を喪ふ」に拠る。物をいい加減に扱えば志をなくしてしまう、の意。朱子学でいう文学説の要点の一つ。○古無文人発之　景山のこの考え方は、第一書に既出。○語所謂学文文学　『論語』でいう「文学」のことで、詩・書・礼・楽などを博く学び、その意義に明らかなことをいう。○読書博我　『論語』〈子罕〉の「我を博むるに文を以てし、我を約するに礼を以てす」に拠る語句である。○以其余力　『論語』〈学而〉に「行ひて余力有らば、則ち以て文を学べ」とある。人としての正しい行いをしたうえで、まだ余力があったら学問をせよ、ということ。○道学先生　徂徠が景山への返簡第一書で記した「世に道学先生と称する者、多く此を藉《か》りて其の陋を文《かざ》る。足下過ちて取るのみ」、これをうけていう。「道学先生」は、ここでは程子・朱子らの唱えた宋学を主として修めた学者。○不亦宜乎　無理もない、の意。『論語』〈子罕〉に「夫子の云へること、亦宜ならずや」とある。○一気　第一書に既出。○生之欲　人欲。『礼記』〈楽記〉に「物に感じて動くは、性の欲なり」。○厭然　おおい隠す形容。『大学』に「君子を見て而して后《のち》に厭然として、其の不善を揜《おお》ひて其の善を著はす」とある。これを踏まえた表現であろう。○集義　集まり積もった善行・正義。また、道義を積み重ねること。『孟子』〈公孫丑・上〉に「是れ集義の生ずる所の者にして、義襲ひて之を取るに非ざるなり」。次の語釈と同じく、ここは『孟子』を下敷きにしている。○以直養而剛大浩然者也～人所得以生者也　『孟子』〈公孫丑・上〉に「曰く、我言を知る。吾善く吾が浩然の気を養ふ。敢へて問ふ、何をか浩然の気と謂ふかと。曰く、言ひ難きなり。其の気為るや、至大至剛、直を以て養ひて害すること無ければ、則ち天地の間に塞がる。其の気為るや、義と道とに配す。是れ無ければ餒うるなり」とある。○剛大　右の『孟子』〈公孫丑・上〉にある「至大至剛」のこと。限りなく大きく、どんな力にも屈しないほど強い、の意。○浩然　広大なさま、ゆったりとしたさまをいう。『孟子集註』には、「浩然は、水の流れて止むべからざるが如し」とある。「浩然の気」は、孟子が創唱したことばで、天地間に充満している至大至剛の「元気」のこと。○根柢　「根底」に同じ。○気体之充也　『孟子』〈公孫丑・上〉に出る語句。「夫れ志は、気の帥なり。気は体の充なり。夫れ志至り、気次ぐ」とある。気というものは、人間の体の中にいっぱいになっている、ということ。○不慊於心則餒矣　前項の『孟子』〈公孫丑・上〉の後に出る語句。道義を欠いたために、心に不満足なことがあれば、気は飢えてしまう、の意。「慊」は満足する、

「餒」は飢える、の意。○一技　一つのわざ。『淮南子』〈泰族訓〉に「一事に徹《とお》り、一辞に察《あきら》かに、一技に審かなるは、以て曲説すべくして、未だ広く応ずべからざるなり」。○薾然　疲れるさまをいう。『荘子』〈斉物論〉に、「薾然として疲役す。而して其の帰する所を知らず」とある。○志気之帥也志至焉気次焉　前の『孟子』〈公孫丑・上〉に出る語句。志は、人の気を率いていくものであり、志があらわれると気はそれに伴って活動する、ということ。○塞乎天地　前項と同じ一節に出る語句。天地の間にいっぱいになる、の意。○亦可以弗畔矣夫　『論語』〈雍也〉に、「子曰く、君子は博く文を学び、之を約するに礼を以てせば、亦以て畔かざるべきか」とある。これに拠る語句である。道にそむくことはないだろうなあ、の意。「畔」は背く、「矣夫」は意味を強めた語助の辞。

僕

又論文。以古今立説。足下以為非。鄙意以謂。今対古之名。謂之古文。迺又弗能無今文。且言有古今之殊。則文之有古今也。亦固矣。而所謂古文。是謂西漢以上乎。則僕所謂今文。亦偏謂六朝以降。後世輓近之文也。原不専指韓欧。又非敢謂闈中時様之文矣。顧是亦僕所以不嫺辞。而不免所謂倭人也乎。而雖以僕不嫺辞。然非不復尚辞者。但以為文不以気為主。而徒務修辞。則抑末矣。然而六経皆聖人之言也。非知其言。明為見聖人之心乎。其然。顧欲考言於経。迺舍文辞。夫亦以何哉。是足下所以倡明李王之道也乎。然則足下所倡者。下学之道也。僕所論者。上達之理也。未有不下学而能上達者。足下之説。豈不以為要乎。且僕不信李王者。固非袒左妬者。而此方無復時師者。肯有阿時之理乎。但以其文章不原諸経術。徒玩文辞以逞采絢。

【訓読】

僕又文を論ずるに、古今を以て説を立つ。足下以て非と為す。鄙意以謂へらく、今は古に対する名なりと。之を古文と謂へば、迺ち又今文無きこと能はず。且つ言に古今の殊《こと》なり有るときは、文に之《これ》古今有るや亦固よりなり。而して、所謂古文は、是れ西漢以上を謂ふか。則ち、僕の所謂今文は、亦偏く六朝以降後世輓近《ばんきん》の文を謂ふ。原《もと》と専ら韓欧を指すにあらず。又敢へて闤中時《いちゆうじ》様《よう》の文を謂ふに非ず。顧みるに、是れ亦僕辞を嫺《なら》はずして、所謂倭人たるを免れざる所以か。而して以て、僕辞を嫺はずと雖も、然れども復た辞を尚ばざる者に非ず。但以為へらく、文は気を以て主とせずして、徒らに修辞に務るときは抑々末なり、と。然り而して、六経は皆聖人の言なり。其の言を知るに非ずして、明らかに聖人の心を見るを為さんや。其れ然り。顧みるに、言を経に考へんと欲すれば、迺ち文辞を舎《お》きて、夫れ亦何を以てせんや。是れ、足下明《みん》の李王の道を倡ふる所以か。然るときは、足下の倡ふる所は下学の道なり。僕の論ずる所は上達の理なり。未だ下学して上達すること能はざる者有らざるなり。足下の説、豈に以て要と為さんや。且つ、僕李王を信ぜざるは、固より左を袒《はだぬ》ぎ妬《ねた》む者には非ず。而も、此の方復た時師《じし》とする者無し。時に阿《おも》ねるの理有るを肯《うべな》はんや。但其の文章、諸を経術に原《もと》づかしめざるを以て、徒らに文辞を玩び、采絢《さいけん》を逞《つく》すのみ。

【通解】

わたしはまた文章を議論するに、古と今を分ける説を立てました。貴方はその考えを否定されています。愚考しますに、今というのは古に対する名です。古の文章を古文というなら、（それに対して）今文が無いわけにはいきません。その上、言葉に古今の区別があれば、文章に古今の区別があることは言うまでもないことです。そして一般に古文というのは、前漢以前の文章をいうのではないでしょうか。つまりわたしのいう今文は、六朝時代以降最近の文章までを広く含みます。もともと、韓愈や欧陽脩の文章だけを指しているわけではありません。また、八股文のことをすんで言っているのでもありません。思うに、このように考えるのは、わたしが辞に熟達しておらず、言うところの倭人であることの疾を免れていないからかもしれません。

しかし、わたしは辞に熟達していないからといって、辞を尊ばないわけではありません。ただ、「気」を要とすることなく、いたずらに修辞にはげむのは、文章においてはそもそも末のことであると思います。六経は皆聖人の言葉です。その言葉を知らないで、どうして聖人の心を明らかに見ることなどできましょうか、いやできません。そのとおりです。思いますに、言葉でもって経術を考えようとするときに、文辞をすえおいては、また何を以てしたらよいのでしょう。これが、貴方が明の李・王の道を唱えられる理由でしょうか。してみると、貴方の唱えられるのは、手近なところを学ぶ道であり、わたしの説くところは、徳義に達する理ということになります。これまでに、手近なことを学ぶことに努めて高明な城に達しなかった人はいません。下学の道である古文辞の説を、どうして文章の要とすることができましょうか。

また、わたしが李・王を信じないのは、言うまでもなく、同意してそのよい所を羨み妬むからではありません。しかもわたしには、時の先生とする人がいません。時に媚び諂う道理など、どうして首肯できましょう。李・王の文章は、これを経術に基づかしめることなく、ただいたずらに文辞を玩び、彩り・文《あや》を尽くしているだけのものです。

【語釈】

○足下以為非　第一書の徂徠の返書「復屈君燕書」に、「是れ乃ち二公の時に当りて、妬忌《とき》する者の言なり。足下の言に非ざるなり。明《みん》経義を以て士を策するに、必ず朱注を以てす。此に非ずんば、則ち進士に第するを得ず。其の文は必ず八股を以てす。此に非ずんば、則ち亦進士に第するを得ず。是れ時王の制なり。時王の制なるを以ての故に、之を今文と謂ふ。専ら韓欧を指すに非ざるなり。韓欧も亦自ら古文と称す。其の之を今文と謂ふ者は、我より之を言ふなり。足下何ぞ深く考へざる」とあるのを指している。○輓近　古代に対して近頃の世をいう。『史記』巻百二十九〈貨殖伝〉に、「老死するに至るまで相往来せず、必ず此を用ゐて務と為し、近世を輓《ひ》き、民の耳目に塗らば、則ち幾んど行はるゝ無からん」とある。○闈中時様之文　「闈」は、官吏登用試験を行う所、「時様」は、時代の流行のすがたをいう。徂徠が「復屈君燕書」にいう「時王之制」で、明代に官吏登用試験である科挙の答案に用いられた「八股文」を指す。○抑末矣　『論語』〈子張〉に出る語句。○下学之道　後に出る「上達」とともに、『論語』〈憲問〉「子曰く、天を怨まず、人を尤《とが》めず。下学して上達す。我を知る者は其れ天かと」に拠る。「下学」は手近なことを学ぶこと、「上達」は高明の城にまで達し、悟り得ること。徳義に精通すること。○袒左　味方すること。他人に同意すること。「袒」は、着物を脱いで肩を出す、はだぬぐ、の意。『史記』巻九〈呂后本紀〉に載る故事「遂に印を解き、典客に属して兵を以て大尉に授く。大尉之に将とし、軍門に入り、行々軍中に令して曰く、呂氏の為にするもの右袒せよ。劉氏の為にするもの左袒せよ。軍中皆左袒し、劉氏の為にす」に拠る表現。○時師　ここは時の先生をいうか。徂徠の第一書に「従游（門人の意）時師に過ぐ。時師の妬を来す所以なり」とあり、これを踏まえている。

且若王公之文。多宗釈老之言。故鄙意以為是意見浅易客気仮合。雖不復襲四比八股之態。然均之亦六朝之類也耳。而僕毎見後世之文。亦必律諸経術。固不欲観無用之文。故於文所取亦尠矣。是亦理錮偏執。俾之然者也与。如僕中下之資。既已弗克知二。矧可知十乎。今也獲聞高喩。幾乎得一隙之明。然猶尚柴柵支盈。未能若覩青天白日也。且吾儒麗沢之道。固非若禅悟頓入者。夫子曰。日夜以思無益。不如学也。吾而今而後革面内訟。以除鬱巻。故習力誦李王之業。真積力久。則能有得。知足下之説之信然乎。

【訓読】

且つ王公の文の若きは、多く釈老の言を宗とす。故に鄙意以為へらく、是の意見浅易にして客気《かくき》仮《か》合《ごう》す、と。復た四比八股の態を襲はずと雖も、然れども之亦六朝の類に均しきのみ。而るに、僕毎《つね》に後世の文を見るに、亦必ず諸を経術に律《はか》る。固より、無用の文を観んと欲せざればなり。故に文に於て取る所、亦尠し。是れ亦理《り》偏執を錮《もつぱら》にして、之をして然らしむるか。僕の如き中下の資は、既已《すでに》二を知る克《あた》はず。矧《いわ》んや十を知るべけんや。今や高き喩《おしえ》を聞くを獲て、一隙の明を得るに幾《ちか》乎し。然るに猶ほ柴柵支盈《さいさくしえい》を尚び、未だ青天白日を観《み》るに若く能《し》はず。且つ吾儒の麗沢の道は、固より禅悟頓入の若き者に非ず。夫子曰く、日夜以て思ふ。益無し。学ぶに如かざるなり、と。吾、而今而後、面を革《あらた》め内に訟《せ》め、以て攣巻《れんけん》の故習を除き、力めて李王の業を誦し、真に力を積むこと久しうするときは、能く足下の説の信《まこと》に然るを知るを得ること有らんや。

【通解】

そのうえ、王世貞の文章などは、多く釈迦や老子の言葉を主としています。そこで思うのは、李・王の考えは薄っぺらなものであって、道理にあわないこじつけだということです。彼らの文章は、四比八股文の文体を受け継ぐものではなくても、外面を飾る六朝時代の類に等しいものと言わざるを得ません。しかし、わたしは後世の文章を見る時にはいつも、必ずこれを経学によって測り正すことにしています。言うまでもなく、無用の文章を見ようとは思わないからです。したがって、修辞の善し悪しで取ることはほとんどありません。

わたしが理を主とした自分の偏った考えにあまりに捉われすぎているから、このようなことになるのでしょうか。普通の人より劣る資質しか持ち合わせていないわたしのような者は、もとより一を聞いて二を知ることはできません。まして十を知ることなどは不可能なことです。今、貴方の高邁な教えを伺う機会を得て、かすかな明かりが見えてきたような気がします。しかしながら、一方で旧弊のしがらみを尊ぶものですから、いまだに青空に太陽の輝きを見るようなわけにはまいりません。

また、わが儒学の道、すなわち朋友が互いにたすけあいながら学を講じ徳を修める道は、もともと仏教の悟りのようなものではありません。孔子は「日夜、思索してみたものの何も得るところがなかった。古の聖賢の教えを学ぶことの効果には及ばないようだ」と言っています。わたしは今後、貴方の意見におとなしく従い、自分の過ちを見つけて自らを責め、まつわりついて離れない昔からの習慣を除いて李・王の見解をそらんじ、そうすることに一所懸命つとめれば、貴方の主張する説が本当に正しいかどうかを知ることができるようになるのでしょうか。

【語釈】

○王公之文　王世貞（一五二六～一五九〇。明の政治家・文人。字は元美、号は鳳洲、弇州山人）の文章をいう。湯浅常山の『文会雑記』巻上に、「堀正超ハ王元美ガ文ニ其マ、ナリ」と服部南郭の言葉を引くが、景山がここで王世貞の文を「多く釈老の言を宗とす」と言っているのが面白い。第一書「与物徂徠論文書」でも「李王の意、実に浅易にして、詞の飾は奇詭なり。文字を班馬已上に索め、議論を釈老の余に買ふは、将た大いに逕庭有るなり」と述べている。○釈老之言　既出。○是意見浅易　第一書の返書「復屈君燕書」で、徂徠は「来喩又二公を以て浅易と為す。亦唯だ人心は面の如し。不佞が知る所に非ざるなり。不佞は以て深しと為す。足下は以て浅しと為す」という見解を示す。○客気　一時のから元気。『春秋左氏伝』〈定公・八年〉に「陽虎《ようこ》、冉猛《ぜんもう》を見ざる者と偽りて曰く、猛、此に在らば必ず敗らん、と。猛、之を逐ふ。顧みるに継ぐもの無し。偽りて顚る。虎曰く、尽く客気なり、と」。○仮合　道理に合わないことを、もっともらしくいう。都合のいいこじつけ、の意。『字彙』に「牽彊は仮合なり」。○四比八股　八股文は、破題・承題・起講・四股・結束で構成される。四股は四比ともいわれ、提股（提比）・虚股（虚比）・中股（中比）・後股（後比）から成り、それぞれ対句を用いる。○偏執　自分のかたよった考えにとらわれて、他人の意見を聞かないこと。片意地。○弗克知二矧可知十乎　『論語』〈公冶長〉の「回や一を聞きて以て十を知る。賜や一を聞きて以て二を知る」を踏まえる。○一隙之明　かすかな明かり、の意か。○柴柵支盈　「柴柵」は柴で作った囲い、「支盈」は柵を張りめぐらす、の意。『荘子』〈天地〉「内は柴柵に支盈せられ、外は纆繳《ぼくしやく》を重ね睆睆《かんかん》然として纆繳の中に在り」に拠る語である。○青天白日　晴れわたった空に太陽の輝くさま。○麗沢　朋友が相たすけて学問を講じ、徳を修めることの喩え。二つの沢が水脈を通じて相互に潤しあっていることからいう。『易経』〈兌〉に「麗沢あるは兌なり。君子以て朋友講習す」とある。○禅悟頓人　修行の段階を経ずに、ただちに内省的な悟りに到ることで、ここは儒教に対して仏教の一つの方法をいう。○日夜以思無益不如学也　『論語』〈衛霊公〉による言葉。「子曰く、吾嘗て終日食はず、終夜寝ねず、以て思ふ。益無し。学ぶに如かざるなりと」。○革面　おとなしく従う、の意。『易経』〈革〉の「君子は豹のごとく変ず、其の文蔚《うつ》なり。小人は面を革む、順にして以て君子に従ふなり」に拠る語。○内訟　自らを責める、の意。『論語』〈公冶長〉に「吾、未だ能く其の過ちを見て、内に自ら訟むる者を見ざるなり」とある。○攣巻　いびつにゆがんだ様をいう。『荘子』〈在宥〉に「之の八者（聡・明・仁・義・礼・楽・聖・知）は、乃ち始めて攣巻傖嚢《れんけんそうのう》して天下を乱さん」とある。「傖嚢」は、ごたごた乱れている様のこと。○故習　昔からの習慣。『商子』〈更法〉に「夫れ常人は、故習に安んず」とある。○積力　一所懸命につとめる。『淮南子』〈人間訓〉に「力を積みて官を受け、爵禄を貪らず」。

来教又以諍臣朋党仏骨本論。挙為争論之言。誠是。然愚又以為諍臣朋党。迺出於君臣公義。而来教所謂栄辱休戚之相関者也。至於仏骨本論。斯亦孟子遺意。而有志於聖人之徒也。挙是前所謂生於集義不得已而不已者。而非如両造構鬩之私論也。僕非崇韓欧。亦崇孔孟之道也。僕陳此言於左右。亦鑿枘相刃者。猶恐足下又以為争論耳。然而固不是然。夫辞達而已矣。不達。故不能已已。亦唯以僕不嫺辞。特弗能令之達也已。是以叮嚀呴

愈作此老婆挙動。猶且主先入之語。重為慁譊。干瀆
高明。伏冀鄙意之見察。而非敢発於争気桀心者也。
昔人云。清之而愈濁者口也。顧僕之言。無迺愈濁乎。
僕雖未獲奉顔範。然已有通家之因。迺是未傾蓋而
心有如故也。且足下当世名宿。而僕是孤陋小生也。
是僕於足下。固雖非有師友之素。然而扣以大者。則
大鳴以尽其声者。是足下之事也。僕固不可以不曰
如之何如之何也矣。

【訓読】

来教、又、諍臣朋党仏骨本論を以て、挙げて争論の言と為す。誠に是なり。然るに、愚又以為へらく、諍臣朋党は迺ち君臣の公義より出でて、来教の所謂栄辱《えいじよく》休戚《きゆうせき》の相関る者なり、と。仏骨本論に至りては、斯れ亦孟子の遺意にして、聖人の徒に志有るなり。挙げて、是れ前の所謂集義より生じ、已むを得ずして已まざる者にして、両造構鬩《りようぞうこうげき》の私論の如きものに非ざるなり。僕、韓欧を崇むるに非ず、亦孔孟の道を崇む。僕、此の言を左右に陳ぶ。亦鑿枘《さくぜい》相刃すれば、猶ほ足下又以て争論と為すを恐るるのみ。然れども、固より是れ然らず。夫れ、辞は達せんのみ。達せず、故に已《や》む能はず。亦唯だ僕辞を嫺《なら》はざるを以て、特に之をして達せしむること能はざるのみ。是を以て、叮嚀呴《ていねいく》兪《ゆ》して、此の老婆の挙動を作す。猶ほ且つ先入の語を主とし、重ねて慁譊《こんどう》を為し、高明を干瀆《かんとく》す。伏して冀くは、鄙意の見察《さつ》せよ。而ち敢へて争気桀心《けつしん》を発する者に非ざるなり。昔人云はく、之を清めんとして愈々《ますます》濁る者は口なり、と。顧みるに、僕の言、迺ち愈々濁ること無けんや。僕、未だ顔を奉じて範《あ》ふを獲ずと雖も、然れども已に通家の因有り。

洒ち、是れ未だ傾蓋《けいがい》せざれども、心故の如くする有り。且つ足下は当世の名宿、而るに僕は是れ孤陋の小生なり。是れ僕足下に於て、固より師友の素有るに非ずと雖も、然れども扣《たた》くに大なる者を以てするときは、大きく鳴り、以て其の声を尽くすは、是れ足下の事なり。僕、固より以て之を如何せん、之を如何せん、と曰はざるべからざるなり。

【通解】

書簡でのあなたの教えでは、諍臣・朋党・仏骨・本論の文章を、みな争論の言葉であるとしています。確かにそうでしょう。しかしわたしの愚かな考えでは、「諍臣」「朋党」は君子と臣下の間の道義から出ている文章であって、あなたの書簡にありました栄辱（名誉と恥辱）・休戚（喜びと憂え）に関わるものでもあります。「仏骨を論ずる表」と「本論」にいたっては、これは孟子の遺した心を述べたものであり、聖人の弟子であることを志した文章にほかなりません。つまりこれはみな、前に述べた集義から生まれ、已むを得ないところから生み出されたものであって、原告と被告が言い争うような私的な論議ではありません。わたしは韓愈や欧陽脩を崇拝しているのではなく、孔子や孟子のいう道を尊んでいるのです。このことを、いつもまわりの者に言っています。

ただ、二人の見解が異なり、お互いに傷つけあうことになった場合、あなたがわたしの意見を言い争いの論とされるのを恐れるだけです。しかしながらわたしの文章は、もともと論争することを意図したものではありません。そもそも、言語文章というのは、十分に自分の意志が達しさえすればよいものです。あなたにわたしの真意が伝わらないので、已められないのです。ただ、わたし一人が言語文章に熟達していないから、自分の意志を通達できないでいるだけなのです。こういう次第で、ねんごろに顔色を和らげて、このお節介ともいえる余計な意見を述べさせてもらっています。それでもやはり、わたしは最初に習って身についてしまっている言葉にとらわれ、見識が高く知恵の明らかなあなたを何度もけがし辱めてしまいました。つつしんでお願いいたします。愚かなわたしの気持ちをどうかお察しください。わざわざ、あなたと争う気持ちやあなたに従わない心を表しているわけではありません。昔の人が言っています。清らかにしようとしてますます濁ってくるものは口である、と。顧みるに、わたしの言葉がまさしくそれで、ますます濁ってきているもののようです。

貴方には未だお会いしたことがございませんが、既に父祖の代から親しく交際している家であるという縁があります。それで、一度お会いして古くからの友達のように親しむことがなくとも、心の中では貴方を古くからの知合いのように思っています。また、貴方は当世における年功を積んだ立派な学者でありますが、わたしは世間からかけはなれた見識の狭い初学者にすぎません。貴方とわたしは、前々から先生と友人といった関係ではありません。しかし、大きい物で打てば大きく鳴り、美しい音で応えるという鐘がありますが、それは貴方のことにほかなりません。わたしは、言うまでもなく問う者として、これをどうしたらよいか、これをどうしたらよいかと、貴方にむかって言わないではいられないのです。

【語釈】

○公義　公人として守るべき正しい道。『荀子』〈修身〉に「此れ君子の能く公義を以て私欲に勝つを言ふなり」とある。○栄辱休戚　「栄辱」は名誉と恥辱、「休戚」は喜びと憂えをいう。第一書の徂徠の返書に「臣の君を諌め、子の父を諍むるは、栄辱休戚の相関るなり」と見えた語を指す。○遺意　前人の残した心。韓愈の「仏骨を論ずる表」と欧陽脩の「本論」は、仏教を放逐することを説くが、その論の基底には、中国の先王の教えとしての儒教がある。その儒教の仁義の教えを孟子の遺意といったのであろう。『後漢書』巻二十九〈劉愷伝〉に「当に般の爵を襲《つ》ぐべくして、父の遺意を称して、国を弟の憲に致す」。○集義　既出。○両造　原告と被告のこと。『書経』〈呂刑〉に「両造具《つぶさ》に備はり、師は五辞を聴き、五辞簡孚にして五刑を正す」。○構鬩之私論　言い争う私的な意見。「鬩」は言い争う、の意。徂徠の「復屈君燕書」に「弟子の礼を秉《と》りて訟者の鬩《せめ》ぎを用ゆ。鬩げば斯に礼を害す」とある。○鑿枘相刄　「枘」は、はめ木、ほぞのこと。「鑿」は、その穴のことである。ここは「枘鑿不相容」と同意で、両者齟齬して互いに相容れずに、きずつけあうことの喩え。『史記』巻七十四〈孟荀伝〉に「方枘を持し、円鑿に内《い》れんと欲すれども、其れ能く入らんや」。○辞達而已『論語』〈衛霊公〉に見える語句。既出。○已已　止める、の意。『世説』〈倹嗇〉に「郗《ち》公《こう》之を聞き、驚怪して已已む能はず」。○叮嚀　丁寧と同じ。○呴兪　うわべだけ顔色を和らげる、の意。『荘子』〈駢拇〉に「礼楽に屈折し、仁義に呴兪して、以て天下の心を慰むる者は、其の常然を失ふなり」とある。○慁謑　汚す、辱める、の意。○干瀆　犯しけがす。「干黷」に同じ。『韓昌黎全集』〈上宰相書〉に「尊厳を干黷し、地に伏して罪を待つ」とある。○桀心　かたい心、従わない心。『漢書』巻九十四〈匈奴伝・下〉に「本始の初に至り、匈桀心有り」（注―師古曰く、桀は堅なり。言ふこころは、其の起立順ならず、と）。○通家　父祖の代から親しく交際している家。『後漢書』巻六十〈孔融伝〉に「我は是れ李君が通家の子弟なり」。○傾蓋　一見して古くからの友達のように親しむこと。孔子と程子がたまたま道で出会い、互いに車の蓋を傾けて立ち話をしたという故事（『孔子家語』〈観思〉「孔子郯《たん》に之く。程子に塗《みち》に遭ひ、蓋を傾けて語り、終日甚だ相親しむ」）に拠る。○名宿　年功を積んだ立派な学者。『後漢書』巻二十三〈朱浮伝〉に「州中の名宿涿郡の王岑が属を辟召して、以て従事と為す」。○孤陋　世間からかけはなれて見聞が狭いこと。『礼記』〈学記〉の「独学して友無ければ、則ち孤陋にして聞くこと寡し」に拠る。○師友之素「師友」は先生と友人、「素」はもとより、元来、前々から、の意。徂徠の最初の返書に見える。○扣以大者則大鳴以尽其声者『礼記』〈学記〉からの語句「善く問を待つ者は、鐘を撞くが如し。之を叩くに小なる者を以てすれば、則ち小さく鳴り、之を叩くに大なる者を以てすれば、則ち大きく鳴る。其の従容を待ちて、然る後に其の声を尽す」を用いている。

来教又以芸有禹祠。要聞其建置所由。祠制之詳。僕亦時赴芸。固未見其所在。今又偏質諸藩下僚臣。無有復知者。州乗亦所不載焉。未審藩国沿革墜典不挙之使然与。以僕所聞。則有一焉。雒人伝道。建武時。河連決於鴨子。懐襄氾濫。城市渰没。氓有其魚之嘆。有何人。為営祠河側。以奉神禹。虔奠哀告。水患遂息。今雒永昌行東有一祠。是也。而祠制窄陋。享食不典。且地迫賈区。湫隘囂塵。人不知何神。無復以頌美哉者。意是正謂之乎。而僕春末抵東。亡何値聞母喪。罔極之痛。崩裂何及。心喪未闋。往月末。忽又夢炊臼。訃聞踵至。雖云三復南華至楽篇。凡情亦未能釈遣此耳。奚啻中饋無主。其奈二幼終失撫字。以弗吊天。禍鍾寒門。未更裘葛再罹大故。況在遠宦。令身無所安厝。以故諸況都廃。憒眊不知所為。而欲修答上謝。因循至今。職此之由。知幸々々。且僕先塋方在此土。今藩法雖厳。然例給香火之仮。儻見允此請。迺取路谷口。以執謁門左。幸得容接。以遂披雲之願。伏因侍次。以致下懇。区々併俟面道。不一。

八月六日

【訓読】

来教又、芸に禹祠有るを以て、其の建置の由る所、祠制の詳らかなるを要《もと》め聞く。僕亦、時に芸に赴くも、固より未だ其の在る所を見ず。今又、徧《あまね》く諸を藩下の僚臣に質《ただ》せども、復た知る者有ること無し。州《くに》の乗《じょう》、亦所は載せず。未だ藩国の沿革墜典《ついてん》に審らかならざれば、之を挙げて然らしめざるか。僕の聞く所を以てするときは、一有り。雒人伝へ道ふに、建武の時、河連《しき》りに鴨子に決し、懐襄《かいじょう》氾濫し、城市渰没《えんぼつ》す。氓《たみ》、其れ魚の嘆を有つ。何人か有らん。為に祠を河の側に営み、以て神禹を奉じ、虔《つつし》み奠《まつ》り哀告す。水患、遂に息《や》む。今雒の永昌を東に行くに、一祠有り、是れなり。而るに祠窄陋に制《つく》り、享食《きょうしふ》不典《てん》なり。且つ、地は賈区《こく》に迫り、湫隘囂塵《しゅうあいごうじん》なり。人何の神なるかを知らず。復た以て頌美する者無し。意《おも》ふに是れ正に是を謂ふか。而して僕、春の末に東に抵《いた》る。何《いく》ばく亡《な》くして、母の喪を聞くに値《あ》ふ。罔極《もうきょく》の痛み、崩裂何ぞ及ばん。心喪《しんそう》未だ闋《おわ》らざるに、往月の末、忽ち又炊臼《すいきゅう》を夢み、訃聞踵《つ》いで至る。南華の至楽篇を三復すと云ふと雖も、凡情亦未だ此れを釈《と》き遣ること能はざるのみ。奚んぞ啻に中饋《ちゅうき》するに、主無きのみならんや。其れ、二幼の終に撫字《ぶじ》を失ふを奈《いかん》せん。天に吊《あわれ》まれざるを以て、禍寒門《かんもん》に鍾《かさ》なり、未だ裘葛《きゅうかつ》を更《か》へざるに、再び大故《たいこ》に罹《かか》る。況《ま》して、遠宦に在り、身をして安厝《あんそ》する所無からしむ。故を以て、諸況《これここ》に都《すべ》て廃す。憒眊《かいもう》にして、為す所を知らず。而して答を修め上謝せんと欲するも、因循《いんじゅん》して今に至る。此の由を職《しる》す。幸を知る、幸を知る。且つ、僕の先塋《せんえい》、方に此の土に在り。今、藩法厳なりと雖も、然れども例して香火の仮《いとま》を給はる。儻《も》し、此の請を允《ゆる》さるれば、迺ち路を谷口に取り、以て謁を門左に執《と》らん。幸に容接《ようせつ》を得れば、以て披雲の願を遂げん。伏して侍次を因《たの》まん。以て致すに懇を下されよ。区々併せて面道を俟つ。不一一。

八月六日

【通解】

お手紙の中で、安芸の国に禹を祭った祠あり、それを建てて置いたことの理由と造った詳細をお尋ねですが、わたしは何度か芸藩に赴いているものの、まだその祠を見たことがありません。今、あちらこちらとこの祠のことを藩の下役人に問いただしているのですが、知っている者はいません。国の記録や歴史にも載っていません。わたしが芸藩の沿革やすたれてしまった法度について詳しく知らないので、示してお答えすることができないのかも知れません。

わたしの聞いたところでは、禹を祭った祠が一つあります。京の人の伝えいう話では、「建武の時代に鴨川がしばしば決壊し、洪水が山をもつつみ陵にものぼる勢いで氾濫して、京の都が一面水でおおわれることがありました。人々は、住みかを失った魚のごとく困り果てていたところ、誰かが鴨川の側に祠を造り、洪水を治めて功のあった禹王を奉じ、つつしんで祭って、哀痛の心情を告げました。すると、洪水の禍はなくなりました」ということです。今、京都の永昌坊を東の方に行くと一つの祠がありますが、それがこの祠です。ところが、その祠は狭くてお供えの食物も粗末、その上その場所は市場に近く、また土地は低くて狭く、さわがしくてごみごみしています。どういう神を祭っているのか誰も知りません。また、ほめたたえる者もいませんが、これはまさしく禹を祭った祠です。

さて、わたしはこの春の末に江戸にやってきました。そう月日を経ないうちに、母親が亡くなったという知らせを聞きました。はてしない悲しみは、口に出して言い表す言葉を知りません。心の中での服喪がまだ終わっていないというのに、先月の末に、今度は妻の訃報が届きました。妻の死を悲しまなかったという荘子の「至楽篇」を何度も繰り返し読みましたが、わたしにはどうしてもこれは理解できません。妻の死は、ただ単に、家で料理や炊事をする主婦がいないということばかりを意味しません。二人のこどもには、撫でいつくしみ育ててくれる母親がいないということにもなります。それをどうしたらいいのでしょう。天にもあわれまれずに、不幸が我が家に重なり、まだ母のための喪服を更えていないのに、ふたたび妻の喪に遭ってしまいました。ましてや、今は京都からは遠い地で職を奉ずる身とあっては、安らかに葬ることもできません。

こういう次第で、すべて（仕事・学問など）を中断しました。心が乱れて暗くなり、何をどうしていいのかわかりませんでした。そして、あなたに返事を書いて、お礼を申し述べようと思っていましたが、ぐずぐずしてためらっているうちに今日に至ってしまいました。返事の遅れた理由を書き記した次第です。（こうしてお手紙を差し上げて、過ちをご指摘いただける今の）幸せを十分かみしめております。

また、わたしの祖先の墓はこの江戸にあります。いま藩の規則はとても厳しいのですが、みな墓前にお参りするお暇をいただいています。わたしにもその許可が下りましたら、市ヶ谷方面に道をとり、おうかがいしたいと思っています。幸いにもお近づきになることができましたなら、その時はやっとわたしの願いが遂げられたということになります。どうかお側近くにはべらしてください。そして貴方と親しい交際をさせてください。わたしは直接お会いして、教え導いてくださることを期待しています。

不一

八月六日

【語釈】

○来教　以下の文章は、徂徠の最初の返書「復屈君燕書」に付された依頼・問合わせに対して回答したものである。徂徠の「未審足下貴字貴号伏請見告以便称呼。又云聞芸有禹祠。々制何如。何人建之。若足下不知則訪諸同藩諸君子。必有知者。伏請示之」は、『徂徠集』および『学則』では削除されている。○禹祠　洪水を治めて大功のあった禹王（夏の始祖）を祭ったやしろ。○建置　建てて設置する、の意。『漢書』巻六十三〈武五子伝賛〉に「河南を略し取り、朔方を建置す」。○祠制之詳　『物屈論文書』では「詳」、『屈物書翰』では「祥」の字で書写されているが、前者に従うべきであろう。徂徠が禹祠について尋ねてきたのは、先ごろ、老中水野忠之が酒匂川辺に建てる禹祠についての碑文の潤色を、徂徠に依頼してきたことと関係があろう。これは『徂徠集』巻之十七〈対問〉に載るが、『物屈論文書』にはその全文が、『屈物書翰』には前半分が書写されている。○僚臣　下役のこと。『春秋左氏伝』〈昭公・七年〉に「隷の臣は僚、僚の臣は僕」。○乗　記録・歴史のこと。『孟子』〈離婁・下〉に「晋の乗、楚の檮杌《とうごつ》、魯の春秋は一なり」。○藩国　ここは芸藩をさす。○墜典　すたれた法度。すたれた儀式。『旧唐書』〈刑法志〉に「千年の墜典を補ふ」とある。○雒人　「雒」は「洛」と同じで、ここは京都の雅称として用いる。○伝道　世に伝えられている話。古来の伝説。『周礼』〈夏官・訓方氏〉に「四方の伝道を誦す」とある。○建武　一三三四～一三三六年。○決於鴨子　「決」は、堤防などが破壊されて水があふれ出る、の意。「鴨子」は京都の鴨川をいう。○懐襄　山をつつみ、陵にのぼることで、洪水のものすごさを形容する語。『書経』〈堯典〉の「湯湯たる洪水は、方《あまね》く割す。蕩蕩として山を懐《つつ》み陵に襄《のぼ》り、浩浩として天を滔《みだ》し、下民は其れ咨《うれ》ふ」に拠る語であろう。○氾濫　水があふれひろがること。『孟子』〈滕文公・下〉に「堯の時に当り、水逆行し、中国に氾濫す」。○渰没　一面水におおわれる、の意か。○魚之嘆　生活の場を失うことをいうか。○神禹　禹王の敬称。『荘子』〈斉物論〉に「神禹有りと雖も、且に知《さと》す能はざらん」。○哀告　悲しみいたむ心情を告白すること。『詩経』〈小雅・四月〉に「君子歌を作り、維《こ》れ以て哀を告ぐ」。○水患　水害。『後漢書』巻二〈明帝紀〉に「今兗予の人、多く水患を被る」。○雒永昌　京都の左京で、三条大路と四条大路の間の区画を「永昌坊」といった。○窄陋　「窄」「陋」ともに狭い、の意。○享食　食物をすすめる、の意。『春秋左氏伝』〈成公・十四年〉に「古の享食を為すや、以て威儀を観、禍福を省《み》るなり」。○不典　正しくない、の意であるが、ここは音通で「不腆」（粗末なこと）のことか。『春秋左氏伝』〈僖公・三十三年〉に「不腆なる敝邑《へいゆう》、従者の淹《ひさ》しきが為に居らば則ち一日の積を具へ、行かば則ち一夕の衛を備へん」。○賈区　商いをする所、市場。『漢書』巻六十七〈胡建伝〉に「北軍の塁の垣を穿ち、以て賈区と為す」。○湫隘囂塵　「湫隘」は、低くて狭いこと。「囂塵」は、さわがしく、ごみごみしていることで、繁華な市街のさまをいう。『春秋左氏伝』〈昭公・三年〉の「子の宅、市に近し。湫隘囂塵なり。以て居るべからず」に拠る語句。○頌美　ほめること。『唐書』巻百二十七〈斉澣伝〉に「瀚、清毅を以て、吏民頌美す」。○春末抵東　享保十一年三月に江戸に赴いたことをさす。○母喪　景山の母は、脇氏の女で、現存する京都南禅寺塔頭の帰雲院にある墓碑によれば、亡くなったのは享保十一年三月十日である。○罔極之痛　母を亡くしたことによるはてしない悲しみ。「罔極」は限りがない、の意。『詩経』〈小雅・蓼莪〉に「之が徳に報いんと欲すれども、昊天《こうてん》極り罔《な》し」。○崩裂何及　崩れる、裂けるなどという言葉ではとうてい言い表せない、の意か。○心喪　喪服をつけないで、心の中で喪に服すること。『礼記』〈檀弓・上〉に「師に事ふるは、犯す無く隠す無く、左右に就養《しゅうよう》して方無し。勤め服して死に至る、心喪三年」。○夢炊臼　妻を失うことの喩え。『酉陽雑俎』〈夢〉「江淮に王生なる者有り。善く榜言を卜して夢を解く。賈客膽将に帰らんとするに、臼中に炊ぐを夢み、王生に問ふ。生曰く、君帰らば妻を見ざらん、と。（中略）賈客家に至れば、妻卒すること已に数月」の故事に拠る。景山の妻は、四方田氏の女。享保十一年七月十一日没す。○訃聞　訃報。この徂徠宛の第二書は、後に出るように「八月六日」であるから、妻の死の知らせを聞いたと景山が記している「往月の末」は七月末ということになる。○三復　なんども繰り返すこと。『論語』〈先進〉に「南容白圭《はくけい》を三復す」。○南華至楽篇　「南華」は『南華真経』、『荘子』の別名。『荘子』〈至楽篇〉に、妻の死を悲しまなかった荘子の話をはじめとして、死生観に関するいくつかの説話が載せられている。○未能釈遺此耳　『南史』巻三十一〈張瓌伝〉の「未能遺此耳」と類似の表現。○中饋　婦女子が家庭で料理や炊事をすることをいう。『易経』〈家人〉に「六二遂ぐる攸《ところ》无し。中饋在るは貞《ただ》しくして吉」。○二幼　長男の正通は、享保六年十一月十五日に夭逝しているから、次男の蘭澤ともう一人子供がいたことになる。「曠懐堂堀氏譜系」によれば、蘭澤の姉である。○撫字　なでいつくしむ。「字」は、いつくしむの意。『後漢書』巻八十四〈程文矩妻伝〉に「穆姜慈愛温仁、撫で字《やしな》ふこと益々隆なり」。○弗吊天　天にもあわれまれない、の意。「吊」は「弔」の俗字。

『詩経』〈小雅・節南山〉に「昇天に弔《あわれ》まれず、宜しく我が師を空《きわ》むべからず」に拠る語句か。○寒門　自分の家の謙称。○裘葛　皮ごろも（冬服）とくずかたびら（夏服）。衣服をいう。『韓昌黎全集』巻十六〈答崔立之書〉に「蓋し以て裘葛を具へ、窮孤を養はんと欲す」。○大故　大喪。ここは妻の喪をいう。『孟子』〈滕文公・上〉に「今や不幸にして、大故に至れり」とある。○遠宦　遠方の地に職を奉ずる、の意。○安厝　葬る、の意。『白虎通』〈崩薨〉「安厝の義、貴賤同じ」。○憒眊　心が乱れてくらい。『漢書』巻四十五〈息夫躬伝〉に「小夫愞臣《しょうふだんしん》の徒は、憒眊にして為す所を知らず」とある。これに拠る語句であろう。○修答　返事を書く、の意か。「修」は書く。○上謝　御礼をのべる。○因循　ぐずぐずしてためらう。『顔氏家訓』〈勉学〉に「因循して墻に面するも、亦愚かと為すのみ」。徂徠から景山に宛てた書簡は七月二十一日付で、それに対する景山の書簡は八月六日であった。七月の末に、妻の死の知らせが届いた。○知幸　『論語』〈述而〉の「子曰く、丘や幸なり。苟くも過ち有れば、人必ず之を知ると」を踏まえての言葉か。○先塋　先祖の墓域。堀杏庵の墓地は、芝の金地院と京都南禅寺の塔頭帰雲院に現存する。『文選』巻五十八〈斉敬皇后哀策文〉に「敬皇后の梓宮《しきゅう》、先塋より啓し、将に某陵に祔せんとす」。○例　概ね、皆。「例字ヲシナヘテト訳ス。例シテ是レ、例シテ其ノ、例シテ知ラズナド、使フナリ。必句首ニアルナリ」（徂徠『訓訳示蒙』巻五）。○谷口　市ヶ谷方面、の意か。当時、徂徠は市ヶ谷大住町（月桂寺前、中の町）に住んでいる（平石直昭『荻生徂徠年譜考』昭和五十九年五月刊・平凡社、二〇四〜二〇六頁に詳しい）が、そこは尾張藩の中屋敷の西にあたる。杏庵はかつて尾州の藩儒であった。景山が先祖の墓参りの許可を得て、徂徠を訪問すべく市ヶ谷に向かったのは、このことと何らかの関係があったか。○執謁門左　徂徠の家を訪れて、取り次いでもらうことをいうか。「執謁」は、取り次ぐの意。「門左」は、『礼記』〈曲礼・上〉に「主人は門を入りて右し、客人は門を入りて左す」とある。○容接　近づきになる。交際する。「与物徂徠論文書」の「登龍門」の【語釈】参照。○披雲　障害を除き去る、の意。『晋書』巻十三〈楽広伝〉に「此れ人の水鏡、之を見れば瑩然として、雲霧を披《ひら》き青天を覩《み》るがごとし」。○侍次　お側近くにはべること。○区々　「区々之心」に同じ。自分のつまらぬ心を謙遜していう。○面道　じかに会って教え導くこと、の意であろう。○不一一　書簡の結尾の語。「不一」に同じ。

僕字君燕。別号景山。郷蒙問僕字号。因以録奉。伏聞足下本荻氏。今冒物姓。未審物是荻所自出乎。請書示之。幸々。僕姓亦本菅。偶与李陰君同宗。但先人意本江州野洲郡野村人。族譜相伝云。江州四十八姓。屈其一也。辱見愛不敢不尽。故併具上貫籍矣。魁星詩録呈按左。是雖同児戯。亦一奇事。而先母崇奉喜甚。且命僕徧諗諸交游以詩之。伏乞足下酣暢之余。亦幸発一語。以蒙恵投。何賜如之。是婦女閑人之為。而営求不已者。私心実以重先母之遺囑也爾。切告々々。

【訓読】

僕、字は君燕、別に景山と号す。郷《さき》に、僕の字号を問はるゝを蒙る。因りて以て、録して奉ず。伏して聞かん、足下は本と荻氏なるに、今物姓を冒すを。未だ審らかにせず、物是れ荻の自りて出づる所なるかを。請ふ、書に之を示さるれば、幸ひなり幸ひなり。僕の姓、亦本と菅、偶々李陰君《りいんくん》と同宗なり。但だ、先人の意は、本と江州野洲郡野村の人なり。族譜、相伝へて云はく、江州四十八姓、屈は其の一なりと。辱《かたじけな》くも愛せられ、敢へて尽さずんばあらず。故に併せて、貫籍を具上す。魁星の詩、録して呈し左に按《なら》ぶ。是れ児戯に同《ひと》しと雖も、亦一奇事にして先母崇奉し、喜ぶこと甚だし。且つ僕に命じて徧《あまね》く諸を諗《つ》げ、詩を以て之に交游せしむ。伏して乞ふ、足下酣暢《かんちょう》の余に、亦幸ひに一語を発せよ。以て恵投を蒙らば、何の賜か之《かく》の如くならんや。是れ婦女閑人の為すことにして、営求して已まざる者なるも、私心、実に以て先母の遺嘱なるを重んずるのみ。切に告ぐ、切に告ぐ。

【通解】

わたしの字は君燕、別に景山と号します。前に、字・号を尋ねられましたので、書面に記して献上いたします。つつしんでお伺いしたいことがあります。貴方は、もと荻生氏であるのに、今は「物」の姓を借りておられます。「物」が、荻生の出所なのかどうか、いまだに明確にすることができません。返書でご教示いただければ幸いです。

わたしの姓は、もと「菅原」で、李陰君と同じです。ただ、祖先の正意は、もと近江の国、野洲郡野村の出身です。当家の家譜の伝えるところでは、近江国に四十八の姓があり、堀はその一つということです。（貴方に）もったいなくも気にかけていただいておりますので、どうしても言い尽くさないではいられなくなり、あわせて戸籍をもつぶさに申し上げた次第です。

作りました魁星の詩を、書き記してたてまつり、左にあげておきました。これらの詩は、まったく取るに足りないものですが、（魁星像が伝わっていることが）珍しいとして、亡き母が崇めたてまつってたいへん喜び、その上、わたしに、この詩をあまねく告げて、詩をもって交遊させようとしていました。どうかお願いいたします、貴方のお暇なときに、この詩に和していただけないでしょうか。そうなれば幸いです。もし、その詩をご恵贈賜れば、これにまさるものはございません。これは、ひまな婦女子の考えたことで、求めて止まないものですが、わたし自身としては、心から亡き母の遺言を重んずるばかりです。どうか、なにとぞよろしくお願い申し上げます。

【語釈】

○物姓　徂徠は、先祖の物部氏にちなんで、中国風に物徂徠・物茂卿と称した。『学則幷附録標註』上の冒頭に、「物夫子、名は茂卿、姓は物部氏、氏は荻生、称は総右衛門、東都の人なり、初め名は雙松、字は茂卿、憲廟の朝、儲宮の称を避け、更めて茂卿を以て名と為す、徂徠は其の号」とある。○与李陰君同宗　「同宗」は、同族の意で、ここは「菅原氏」。李陰君については、第一書「与物徂徠論文書」【語釈】を参照。○先人意　景山の曾祖父にあたる堀杏庵（名は正意）のこと。○江州　近江の国。○族譜　一族の系譜。家譜。『南史』巻六十二〈賈希鏡伝〉に「凡そ十八州の士族譜、合せて百帙、七百余巻」。○四十八姓　堀一郎氏所蔵の『堀家略系図』に、「家伝云太政（ママ）大臣道真公（北野天神ト申ス）代之後従三位輔正近江守ニ任ス　在国之間国侍之内武勇之輩ヲ撰ビ菅原之氏ヲサズケ同姓トス　其子孫繁昌シ近江ノ四十八姓ト号ス　後ニ佐々木ニ仕ヘ馬淵ト一陣ニ鎌倉ヨリ国ニ帰ル」とある。○辱見愛　徂徠から第一書の返事が届き、懇切丁寧な教えがあったことや、自分の字・号を尋ねられたりしたことを指しているのであろう。○具上　つぶさに申し上げる、の意。○貫籍　戸籍。本籍地。『唐書』巻百四十五〈楊炎伝〉に「明星夷狄に事へ、戍者多く死に、辺将の諱以て聞かず。故に貫籍除かず」。○魁星詩　「魁星」は、北斗七星の魁《あたま》の前に位置する六星をいう。文昌星。昔、中国で科挙を受けようとする者が、文運をつかさどるこの星を祭って、合格を祈願する風習があった。代々伝わる文昌神像が、南堀に所蔵されていた。○先母　亡くなった母をいう。○酣暢　酒を飲んでのんびりした気分になること。『晋書』巻十九〈阮修伝〉に「酒店に至り、便ち独り酣暢す」。○蒙恵投　徂徠の第二書「再復屈君燕書」には、「来喩又、魁星の詩を以て和を求む。因りて、足下及び身之君の作を見るを獲たり。諷咏して之を味はふに、当世の作者と謂ふべきのみ」とあって、従兄の堀南湖（名は正修、字は身之）の詩とともに徂徠に呈していたことがわかる。この「再復屈君燕書」の時点では、徂徠は景山と南湖の魁星詩に和すことを断っている。しかし、景山が前に述べているように、「香火」（先祖の墓参り）を理由にして藩の許可を得、途中徂徠宅を訪れてお目にかかって、再度和韻を願ったものと思われる。結果として、徂徠は「斗之魁」と題して詩を贈る。『徂徠集』巻一の冒頭〈斗之魁有序〉に、徂徠が景山に会い、景山の依頼に応える経緯を説明して、その詩を載せている（Ⅲ・三・（3））。

○営求　はかり求める、の意。○遺嘱　遺言。

三　『不尽言』考

（1）『不尽言』の伝本

一

『不尽言』には伝本がいくつか現存する。管見に入ったものは、以下の九本である。

「不尽言」（京都大学経済学部図書室蔵本、二冊）
「不尽言」（竹柏園文庫旧蔵天理図書館蔵本、一冊）
「不尽言」（旧東京教育大学附属図書館蔵本、二冊）
「不尽言」（岩瀬文庫蔵本、一冊）
「不尽言」（洲本市立図書館蔵本、一冊）
「景山先生不尽言」（内閣文庫蔵本、二冊）
「景山先生不尽言」（北野天満宮蔵本、二冊）
「屈景山不尽言」（旧西荘文庫蔵本、一冊）

「堀貞介遺書」（広島県立図書館蔵本、一冊）

右の伝本のうち、天理本・内閣文庫本・北野本には、奥書は一切記されていない。岩瀬文庫本は、写本の巻末に「寛政三年辛亥夏四月十日校　幽」と、校合を加えた年月日を記すが、次にあげる京大本・旧東教大本・広島県立図書館本・洲本市立図書館本・旧西荘文庫本の奥書（旧西荘文庫本には別に、柚木太玄が記したと思われる一枚の紙片が貼付されている）は、『不尽言』執筆の経緯とその成立を知る上で貴重な資料となる。

［京大本奥書］

此不尽言西京屈景山先生所答本藩大夫岡本大蔵者問之草稿也予乞借先生謄写蔵家云寛延元年戊辰八月　定章

寛政十二年庚申冬十一月　借抄大田氏
山内　彝

［旧東教大本・広島県立図書館本・洲本市立図書館本・旧西荘文庫本奥書］

右冊子不知何人所抄或謂芸之文学堀貞助（ママ）所答於其大夫岡本大蔵也今閲此論雖一時所述而切於事情最有功於勧学因謄以充童蒙読書之資原写展転致孟浪衍文誤字不少乃闕疑俟後校　東海波臣某跋

［旧西荘文庫本貼付異本奥書］

私記《ニス》右不尽言ノ一書ハ景山先生所《ノ》レ著《ハス》也（姓屈名正超字君燕号景山俗称禎助）宗恒公御部屋住《ノ》之時、御学事ニツキ毎々京ヨリ江戸へ被レ為レ召、在勤也、寛保戊戌（ママ）在府《ノ》之時、資治通鑑ヲ御勧メ被レ申上、其比御国御年寄、岡本貞喬、学文好キニテ、先生へ書通ノ序ニ、上ノ御学文ニハ、貞観政要ナトコソ可レ然、歴史ハサノミ御益ニ成間敷等ノ事、申来、幷ニ自分ノ学事ニツキ、何角難レ解品々、一ツ書ニシテ書状ニ申来ル由、其答ニ先生書テ贈玉フ也、ソレユへ事品取交へテ記シアル也、此本紙伝写ユへ、誤字多ク、所々推量シテ改メ写ス、疑シキ事モ多クアレトモ、余ハ本書ノマヽニ任カス、

延享丙寅年　　　　　　　　　　　錦山

右の伝本の奥書から、『不尽言』を執筆した経緯やその成立年代がほぼ明らかになる。とくに柚木太玄（号は綿山、また『平安人物志』安永四年版によれば錦山）の記した奥書の内容は、有力な手がかりを与えてくれる。景山が筆を執った事情はその奥書に記してあるとおりだが、成立年代については、年号「寛保」を書き誤ることは干支のそれに比べてはるかに可能性は低いと思われるから、寛保元年（辛酉）、二年（壬戌）、三年（癸亥）のいずれかの年であると考えるべきであろう。「戊戌」と誤記する可能性が高いのは、この中で「壬戌」である。とすれば、寛保二年壬戌（一七四二）が『不尽言』の成立年代であり、時に景山五十五歳、定章が草稿を直接景山から借りて書写したのが、その六年後（寛延元年・一七四八、京大本奥書）であり、錦山の伝写（延享三年丙寅、一七四六）は『不尽言』執筆の四年後であったことになる。

異本の奥書を記した柚木太玄が、他の伝本に無い『不尽言』成立の詳しい事情を知り得たのは、彼が京都の医者であり、儒学者としての景山を高く評価する清田儋叟の兄江村北海の弟子であったこと、また北海の『日本詩史』に、景山の弟子であった医師武川幸順とともに序を寄せていることなどから推測して、景山に極めて近い距離にいたからであろうと思われる。

また、この奥書によれば、広島藩の執政岡本大蔵（名は貞喬、のち貞誠、号を蘭州、靫負・宮内・大蔵と称す。一七〇四～一七五四）の好学から発せられた疑問が、景山をして『不尽言』を執筆せしめる契機であったとあるが、大蔵は没年となる宝暦四年に『読書録抄・続読書録抄』（広島市立中央図書館・浅野文庫蔵）を作り、その冒頭で次のように述べている。

宝暦四甲戌歳今歳恩余暇日書牖下読読書録嗚呼抑学何用修身要居敬窮理而已朱学宜骨刻所謂僻歟後人可笑吾甚有感仍書抜畢　　　　　　　　　　　岡蘭州

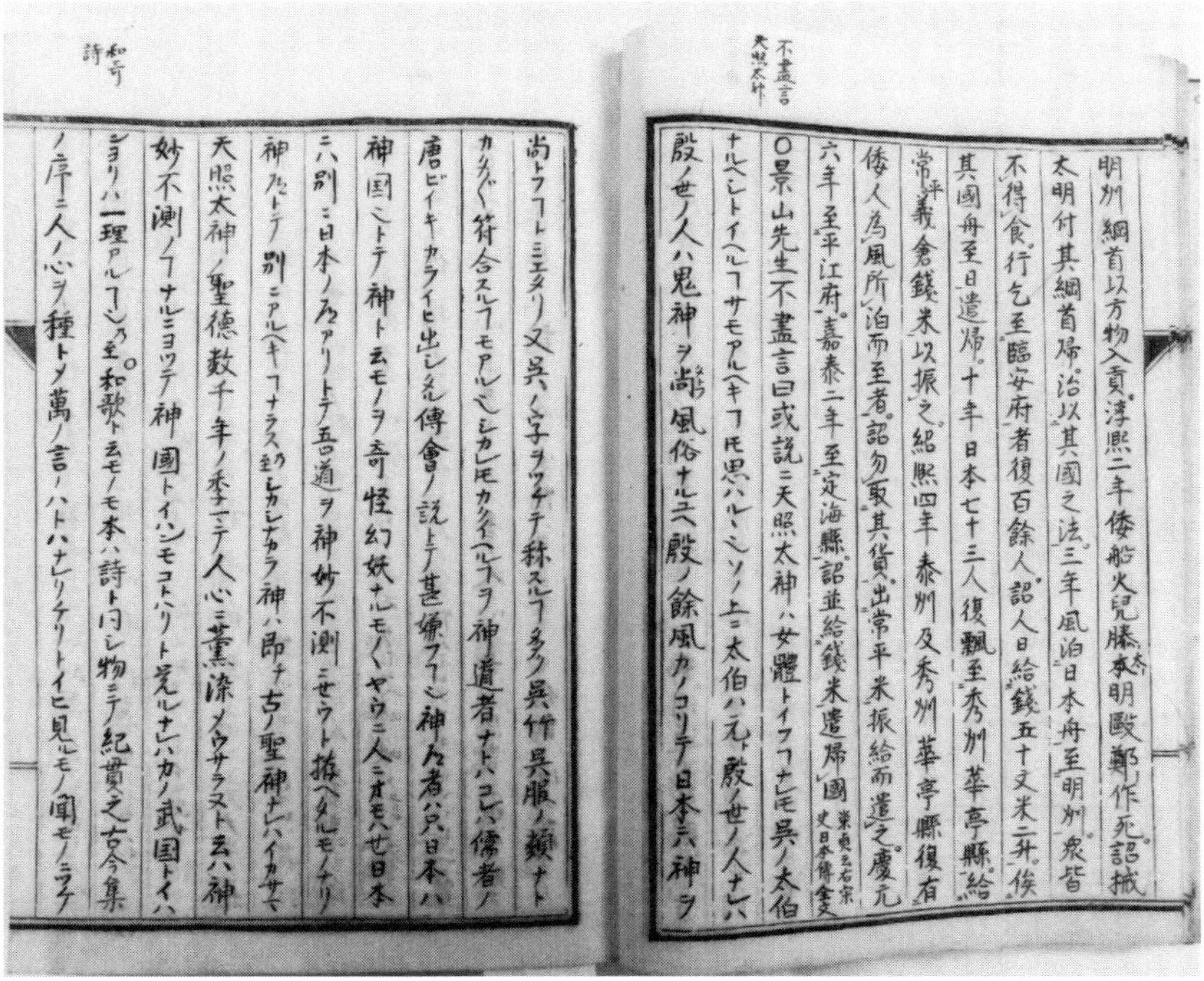

『不尽言』からの宣長の抜書（「随筆第二巻」本居宣長記念館蔵）

大蔵は、学は修身にもとづき、修身は居敬窮理にありとする典型的な朱子学信奉者であった。景山は、荻生徂徠や古義堂に学ぶ新風の儒学説を杏庵以来の家学の中に採り入れ、「愚拙、経学ハ朱学ヲ主トスルコトナレトモ、詩ト云モノ、見ヤウハ、朱子ノ注ソノ意ヲ得サルコト也」（『不尽言』）と言うが、彼以上に朱子学を尊崇する執政を相手に『不尽言』を書いていたということになる。

『不尽言』の翻刻は、日本経済叢書・一一（大正四年刊・日本経済叢書刊行会）と、日本経済大典・一七（昭和四年刊・啓明社）に所収されているが、前者はカタカナ表記の京大本を底本にしたものであり、後者は前者の翻刻に基づき、一行字数・一頁行数をそのままにして、平仮名表記に改めたものである。ただ、両方とも冒頭の語「文字」を「文学」とするなど、翻刻の過程での誤りが散見する。平成十二年三月に、旧西荘文庫本を底本にした日野龍夫氏校注本が、新日本古典文学大系99に収められ刊行されたことは前述したとおりである。

また、武川幸順とともに景山晩年の弟子であった本居宣長が景山の自筆本から直接書き抜いた抄録が『本居宣長随筆』第二巻に収められている（本居宣長記念館蔵）。それは主に、宣長が関心を抱いていた和歌関係の内容についてのものであり、十行罫の美濃紙九枚にわたって抜粋され、追込みの形をとって抄録される。抜書の末尾に「右以屈先生自筆不尽言抜書之者也」と記す。後述する諸伝本の内容に比して、一部分ではあるが景山自筆本に最も近い転写ということが予想される。

そこで本章では、自筆本『不尽言』からの宣長の抄録を土台に置いて、それとの字句等の異同を比較対照することにより、校訂本作成のための前段階として、諸伝本の系統・位置づけを検討してみたいと思う。

二

前述したように、自筆本『不尽言』からの宣長の抄出は十行罫紙九枚にわたる相当な分量である。異文は、底本の誤読・誤字・脱字・脱文・衍文、また錯簡など、伝写条件の様々な事情により生ずる。景山自筆稿本に最も近い校訂本を作る手続きを考えるにあたり、『不尽言』の諸伝本を次の二つの視点で比較してみたい。

1　宣長抜書の範囲を対象とした用字の異同と誤字・脱字・脱文について

2　宣長抜書の範囲に見られる錯簡・衍文について

まず1から検討してみよう。

岡本大蔵の景山への来書の質疑内容は、景山の返答の一つ書きの書き方「一――」からすれば、全部で七ケ条にわたるものであったと推察される。諸伝本の用字の特徴は、宣長抜書全体を調査してみると、一部分を採り上げてもそれは全体の傾向を反映していることがわかることから、紙幅の都合上、ここでは一例として、六番目の冒頭「和歌伝授」の一節を比較対照の範囲とした結果を一覧表にしてみる。諸伝本の異同を見やすくするために、比較の基盤とする宣長の抜書の字句の所在を、『本居宣長全集』（筑摩書房版）第十三巻の頁数・行数で示し、それに対応する諸伝本の字句の異同内容を掲げる。

宣長の抜書の字句に付した〰線部分は、諸本異同のある箇所で、○印は宣長抜書と同じもの、×印は伝本にその表記が無いことを示す。また、景山自筆本は、宣長の抜書や京大本の奥書から、漢字を交えたカタカナ表記であったと考えられるが、カタカナ表記の伝本は、宣長の抜書・京大本の他に天理本・北野本・岩瀬本であり、ひらがなを用いているのは、内閣文庫本・旧西荘文庫本・旧東教大本・広島県立図書館本・洲本市立図書館本である。比較対照表には、カタカナ・ひらがなの相違と漢字の旧字体・略字体の相違以外で、表記の仕方が異なるものをその表記のままで示し、最後に、宣長抜書との異同数の合計とその内訳を用字と誤字・脱字・脱文とに分類して載せた。

表中の㊟「畢竟カノ世ワタルハシニシタル事也」

宣長抜書	頁	行	京大本	天理本	旧西荘本	旧東教本	広島本	洲本本	内閣本	北野本	岩瀬本
一八雲ノ伝授	60	14	×	○	○	○	○	○	○	○	○
秘訣トスル	〃	〃	スル事	スル事	する事	する事	する事	する事	する事	スル事	スル事ヲ
ソノワケハ	〃	〃	○	○	其訳は	其訳は	其訳は	其訳は	其訳は	ソノ訳ハ	ソノ訳ハ
知ラネトモ	〃	〃	○	○	し	し	し	し	し	○	○
〃　トモ	〃	〃	ト	ト	ど	ど	ど	ど	共	共	○
理　窟ヲ	〃	〃	屈ヲ	屈ヲ	屈を	屈を	屈を	屈を	屈を	屈ヲ	屈ノ

コシラヘタル	〃	〃	○	○	○	○	○	○	拵	拵	拵
思ハル、ナリ	〃	15	也	也	也	也	也	也	也	也	也
畢竟〜事也㊟	〃	〃	×	×	×	×	×	×	×	×	×
云事ハ	〃	〃	○	○	云ふ事	云ふ事	云ふ事	云ふ事	いふもの	云モノ	云モノ
カツテナキ	〃	〃	○	○	○	○	○	○	曾て	曾テ	曾テ
ノ玉ヒシ也	〃	16	宣ヒ	宣ヒ	宣ひ	宣ひ	宣ひ	宣ひ	宣	宣ヒ	宣ヒ
秘伝ト云事	〃	〃	○	○	云ふ	云ふ	云ふ	云ふ	する	スル	スル
思ハレス	〃	17	○	○	○	○	○	○	×	×	○
拵ヘ事	〃	〃	○	○	○	○	○	○	×	○	×
議論ニハ	〃	〃	○	○	○	○	○	○	×	×	×
及ハヌ事	〃	〃	○	○	○	○	○	○	×	×	×
コレモ又	〃	〃	○	○	○	○	○	○	是	○	○
〃　又	〃	〃	○	○	○	○	○	○	○	亦	亦
サリナカラ	〃	18	○	○	○	○	○	○	去	去	去
ト云事	〃	〃	○	○	○	○	○	○	いふ	○	○
重典ニナリ	〃	〃	○	○	○	○	○	○	と	ト	ト
〃　ナリ	〃	〃	○	○	○	○	○	○	成	○	○
〃　〃　来リ	〃	〃	×	○	○	○	○	○	○	○	○
事々シキ	〃	〃	事々ト	コト〱ト	○	○	○	○	○	○	○

宣長抜書	頁	行	京大本	天理本	旧西荘本	旧東教本	広島本	洲本本	内閣本	北野本	岩瀬本
言ヒツクシ	〃	19	言ヲ	言ヲ	言を	言を	言を	言を	言を	言ヲ	言ヲ
〃ツクシ	〃	〃	尽ク	尽ク	尽く	尽く	尽く	尽く	尽	尽	尽
其外	〃	〃	ソノ	ソノ	その	その	その	その	○	ソノ	ソノ
ヨミカタ	〃	〃	方	方	方	方	方	方	○	○	○
頓阿法師	61	1	○	○	○	○	○	○	○	○	河
〃カ	〃	〃	○	○	○	○	○	○	×	×	×
愚問賢注	〃	〃	○	○	間	間	間	間	聞	○	○
思ハル、也	〃	〃	○	○	○	○	○	○	○	×	×
和歌ノ道モ亦	〃	〃	○	○	○	○	○	○	○	○	×
イハユル	〃	〃	○	イワユル	いわゆる	いわゆる	いわゆる	いわゆる	所謂	所謂	所謂
委細ニ	〃	2	○	○	○	○	○	○	×	×	×
言ヒ伝ヘ	〃	〃	○	○	○	○	○	○	云	云	云
〃伝ヘ	〃	〃	○	ツタヘ	つたへ	つたへ	つたへ	つたへ	○	伝	伝
イヘル	〃	3	○	○	○	○	○	○	云	云ヘ	云ヘ
名ニテモ	〃	〃	○	○	○	○	○	○	×	×	×
シルヘシ	〃	〃	○	知ルヘシ	知るべし	知るべし	知るべし	知るべし	可知	可知	可知
中リタル	〃	〃	○	○	○	○	○	○	あた	アタ	アタ
同シケレハ也	〃	4	ナリ	ナリ	○	○	○	○	○	○	×

我朝古来	〃	〃	○	○	○	○	○	○	○	和	和
オイテ	〃	〃	○	ヲイ	○	○	○	○	於	於	於
別ニ	〃	〃	○	×	×	×	×	×	○	○	○
少シモ	〃	〃	○	○	○	○	○	○	○	×	×
ナキ事ト	〃	〃	×	×	×	×	×	×	○	×	※（ナク）×
ミユレトモ	〃	〃	見	見	見	見	見	見	見	見	○
及ンテハ	〃	〃	○	○	○	○	○	○	×	×	×
古今伝授ナト	〃	〃	ス	ス	す	す	す	す	○	○	○
イヘル事	〃	5	○	○	○	○	○	○	云る	云ヘル	云ヘル
ヨマレヌ物	〃	〃	モノ	モノ	もの	もの	もの	もの	もの	モノ	モノ
歌ト云物ハ	〃	6	云モノ	云モノ	いふもの	いふもの	いふもの	いふもの	云もの	云モノ	云モノ
ヨマヌ事	〃	〃	○	○	○	○	○	○	よまれぬ	ヨマレヌ	ヨマレヌ
歌ヲヨムハ	〃	〃	コノム	コノム	このむ	このむ	このむ	このむ	○	○	○
ヤウニナリ	〃	〃	○	○	○	○	○	○	様	様	○
〃ナリ	〃	〃	也	○	○	○	○	○	○	○	○
地下ノ者ノ	〃	〃	○	○	○	○	○	○	もの、	モノ、	モノ、
タトヒ	〃	7	イ	イ	○	○	○	○	○	○	○
真ノ事	〃	〃	○	○	○	○	○	○	本	○	○
事デナイ	〃	〃	ヒ	ヒ	ひ	ひ	ひ	ひ	ひ	ヒ	○

宣長抜書	頁	行	京大本	天理本	旧西荘本	旧東教本	広島本	洲本本	内閣本	北野本	岩瀬本
ナリユク事ハ	〃	〃	×	×	×	×	×	×	○	○	○
左様ノ事	〃	〃	此ヤウ	此ヨウ	此よう	此よう	此よう	此よう	○	○	○
〃ノ事	〃	8	○	○	○	○	○	○	×	×	×
人ノ生レツキ	〃	〃	○	○	○	○	○	○	×	×	×
カハリハ	〃	〃	○	○	○	○	○	○	○	○	ワ
〃ハ	〃	〃	○	×	×	×	×	×	※（上十五字脱）×	×	×
数奇テ	〃	9	○	○	○	○	○	○	にて	○	○
深カラハ	〃	〃	カ、	カ、	かか	かか	かか	かか	○	○	○
アルマシキ	〃	〃	○	○	○	○	○	○	有	○	○
集メラレシ	〃	〃	○	○	○	○	○	○	×	○	○
地下ノ者	〃	〃	○	○	○	○	○	○	○	○	モノ
古今集ヨリ	〃	10	○	○	○	○	○	○	○	○	ヲ
地下ノ人	〃	〃	○	○	○	○	○	○	○	○	×
歌ヲ載ル	〃	〃	載スル	載スル	載する	載する	載する	載する	のする	ノスル	○
ソノ数ヲ	〃	11	○	○	○	○	○	○	其	其	○
〃シラス	〃	〃	○	知ラス	知らず	知らず	知らず	知らず	不知	不知	○
ソノ内ニモ	〃	〃	○	○	○	○	○	○	其	○	○
名ヲ呼ハレ	〃	〃	○	×	×	×	×	×	×	×	×

地下ノ者モ	入タル	盛ナリシ	差別ハ	ナキ事ト	ミエタリ	※宣長抜書との異同数	内訳 用字	内訳 誤字・脱字等
〃	〃	〃	〃	〃	〃			
〃	〃	12	〃	〃	〃	計		
○	入リ	○	×	○	見へ	(30)	17	13
○	○	盛ン	×	○	見へ	(35)	21	14
○	○	盛ん	×	○	見へ	(36)	22	14
○	○	盛ん	×	○	見へ	(36)	22	14
○	○	盛ん	×	○	見へ	(36)	22	14
○	○	盛ん	×	○	見へ	(36)	22	14
×	○	盛に	○	×	見へ	(58)	32	26
×	入リ	盛ニ	○	×	見へ	(55)	30	25
×	○	盛ニ	○	×	ミへ	(54)	24	30

さて、用字の相違と誤字・脱字・脱文について諸本を比べてみたとき、まず第一に、京大本・天理本・旧西荘文庫本・旧東京教育大本・広島県立図書館本・洲本市立図書館本のグループ（仮に甲本系と呼ぶ）と、内閣文庫本・北野天満宮本・岩瀬文庫本のグループ（仮に乙本系と呼ぶ）とに大きく分けることができる。前掲の奥書からも窺えるように、甲本系の写本の中で、旧西荘文庫本（二巻一冊）と旧東京教育大本（二巻二冊）・広島県立図書館本（一冊）・洲本市立図書館本（一冊）は、書写の文字の形こそ違ってはいるが、本文墨付（一丁の行数・一行の字数）だけではなく、訓点や評語などの書入れまで同一である。また一覧表の異同の状況から、天理本は、京大本と旧西荘文庫本・旧東京教育大本・広島県立図書館本・洲本市立図書館本との中間に位置する写本であることがわかる。そしてこの宣長抜書の範囲内で、京大本の転写が宣長抜書に近いことは、抜書と一致する○印の数が最も多いこと（京大本56・天理本51・旧東京教育大本50・旧西荘文庫本50・広島県立図書館本50・洲本市立図書館本50・内閣文庫本28・北野本31・岩瀬文庫本32）や脱字・脱文

の数の少ないこと（一覧表参照）からも明らかである。

つまり、甲本系の伝本は、宣長抜書との用字・誤字・脱字・脱文等の異同数とその表現の仕方をほぼ同じくするものの、さらに、京大本と天理本、それに旧西荘文庫本・旧東京教育大本・広島県立図書館本・洲本市立図書館本の三つに細分され、中でも京大本が宣長抜書に近似した写本であるということができる。

一方の乙本系の写本はどうか。内閣文庫本・北野天満宮本・岩瀬文庫本の三本は、宣長抜書との異同数は甲本系の六本に比較して格段に多い。共通している特徴としては、例えば「曾て」（かつて）、「去なから」（さりなから）、「所謂」（いはゆる）、「可知」（しるへし）、「於て」（おいて）、「不知」（しらす）などのように漢字を多用する点や、活用語尾・テニヲハを省略する傾向が強いという点をあげることができよう。内閣本・北野本・岩瀬本は、それぞれ互いに重なる部分もあれば相違する部分もあり、結局、甲本系に対して乙本系統に属する写本として位置づけるしかない。

このように見てくると、諸伝本の中では甲本系の方が、乙本系よりも全体としては宣長の抜書に近く、宣長が直接景山の自筆本『不尽言』から抄録しているという事実から、抜書が最も誤写が少ないと想定すれば、京大本が最も優れた転写本であると言うことができる。そしてまた、自筆稿本の出現を見ない現状では、日本経済叢書の翻刻は結果として適切な伝本を底本にしていたということになる。ただ、前述したように、翻刻本には翻字の誤りが見うけられる。またそれ以上に、一覧表「左様ノ事」（全集六一頁七行目）のように、宣長抜書と乙本系統の三本の表記が同じで、京大本を含めた甲本系の六本が相違している例が、この対照表以外の範囲でいくつも見いだせる。一例を示せば、

南北朝戦国ノ時ニ至リ二条家断絶セシ処ニ二条家ハ南朝ヘ仕フ東ノ野州【常縁ハ二条家ノ舅タルニヨツテ家ノ記録トモ悉ク濃州ノ常縁ノ方ヘ引取ラレ歌モ常縁達者ナリシユヘツヒニ一時ノ宗匠ト仰カレシ也】常縁ヨリ古今ヲ宗祇ヘ伝ヘ宗祇ヨリ……　（六一頁一六～一九行目）

右の宣長抜書中の【】内の文章は、乙本系伝本にあり甲本系伝本には無いが、この文章が無ければ前後の文脈が

うまく繋がらない。後の「常縁（ヨリ）」の語に引かれて誤った甲本系伝本の脱文である。『不尽言』の新しい校訂本が必要とされることになるが、その作業の過程では当然のことながら乙本系の諸本を無視するわけにはいかなくなる。

三

景山晩年の弟子であった宣長が、直接師匠の自筆本を借り受け抄録した末尾に、「右以屈先生自筆不尽言抜書之者也」と記している以上、部分的であるとはいうものの、その範囲の文章に関しては、他の諸伝本に比して最も景山自筆本に近いと考えるのが普通であろう。しかし、このことについては、もう少し細部にわたる検討が必要である。なぜなら、宣長の抄出した語句あるいは文章が、（1）他の写本のいずれとも合致しない場合、（2）他の写本の一部と合致する場合、それをどう判断したらよいかという問題にぶつかるからである。

（1）は具体的には、以下の三通りの区別をして考察する必要があろう。

（A）表記が宣長の抜書にのみ存在し、他本に無い場合

（B）表記が他本にのみ存在し、宣長の抜書に無い場合

（C）宣長の抜書と他本の表記が相違する場合

まず（A）から検討してみる。九本の伝本すべてに存在せず、宣長の抜書にだけある語句は合計十四である。それを次に【　】に括って示す。（　）は『本居宣長全集』第十三巻の頁数と行数である。宣長自筆の抜書には句読点はない。

① 神ト云モノヲ奇怪幻妖ナルモノノヤウニ【人ニ】オモハセ　（五六頁一二行目）

② 神道トテ【別ニ】アルヘキ事ナラス　（同右一三行目）

③　紀貫之古今【集】ノ序ニ　（同右一七行目）
④　只一言ノ思無邪ノ三字【ノ意】ヨリ出デ来ヌ詩ト云モノハ　（五七頁九行目）
⑤　欲ノナキハ木石ノ類也ソノ【天性自然ノ欲ニアシキ事ハナケレトモ人ト云モノ】天性自然ノトヲリニシテハ居ヌモノニテ　（五八頁一六行目）
⑥⑦　大英雄ノ士テモ必コレニハ惑ヒ溺レテ【ソノ】平生ノ心ヲトリ失フ事ナルユヘ人ノ最モ第一ニ【コレヲ】大事トシ　（五九頁二行目）
⑧　ソノ事ノミヲ恋ト【モ】心得ルナルヘシ　（六〇頁四行目）
⑨　理窟ヲ臆断ニテコシラヘタルモノト思ハル、ナリ【畢竟カノ世ワタルハシニシタル事也】惣シテ秘伝ト云事ハ　（同右一五行目）
⑩　実枝公ヨリ細川玄旨ニ伝ヘラレシ【ト】也　（六一頁一九行目）
⑪　細川玄旨ノ丹後ノ田辺【ノ城】ヲ石田治部少輔攻メ囲ム事数十日ニシテ　（六二頁一行目）
⑫　古今集【モナ】ヲ貫之ノ心ニハ十成セサルニヤ　（同右七行目）
⑬　契沖師ハ水戸ノ文庫ノ秘書ヲモ偏クミソノ外【ニ】歌学ヲ極メシ宏覧逸材ノ人ナレハ　（同右一七行目）
⑭　ソノ方ガ心ナドカラ伝授ト云事キツトアルヤウニ思フハ不審ナルヘシトノ玉ヒシトイヘル【事】タシカナル物語ヲ聞シ也　（六三頁一六行目）

右の十四ケ所の【　】内の語句は、それを挿入して前後の文章のつながりを見たとき、何ら矛盾を来すことはない。というより、⑤⑪などは【　】の語句があってこそ意味を成す文となる。他の写本にはない宣長の録した語句は、景山自筆本にもともと存在していたものと考えていいであろう。

ややこしいのは（B）の場合である。たとえば、宣長は思無邪の「邪」の字義について、次のように文章を抄録している。

邪ノ字ノ義ハ邪行《ナナメニユク》邪視《ナナメニミル》ナト、イヘル邪ノ字ノ義ニテアルヘシ元来邪ノ字ノ音義ニ斜ノ字アリ即チ邪ノ字ノ本義也　（五八頁二・四行目）

ところが、『不尽言』の他の写本九本は、カタカナ・ひらがな表記の違いは別として、すべて次のように書写する（カタカナ表記で示す）。

邪ノ字ノ義ハ邪悪邪佞ナトノ字ノ気味ニテハアルマシ邪行邪視又ハ邪幅ナト、イヘル邪ノ字ノ義ニテアルヘシ元来邪ノ字ノ音義ニ斜ノ字ノ意カアリ即チ邪ノ字ノ本義也

ａｂｃの傍線部分の語句が、宣長の抜書には無い。これは、宣長の無意識の脱字・脱文であろうか。要を摘んだ故意の省略とも考えられないであろうか。なぜならば、宣長の抜書は、景山自筆本『不尽言』から関心のある和歌関係の事柄について部分的に抄出し、それを追込みの形で録したものであり、『不尽言』の全文を書写する写本とは性格を異にしているからである。目的を有した抄録という形をとる以上、そこに恣意の入り込む可能性がある。右の文章の趣旨は、「邪」の字の本義は「斜」の字の義であるということである。宣長の抜書と京大本にのみ、「邪行邪視」の左に「ナ、メニユクナ、メニミル」と訓みを付しているが、次の「邪幅」をどう訓んだか。また、音義は字音と字義の意で、「邪」は「斜」に通ずるということである。とすれば「ノ意」は不要と考えたか。宣長抜書の脱字・脱文が故意なのか無意識なのか、このあたりの判別は難しい。いずれにせよ、宣長が録していない語句は、このほかに抜書全体で七ケ所見いだせる。【　】は宣長抜書に無く、九本の伝本全てに存在する語句である。

①　紀貫之【カ】古今集ノ序ニ　（五六頁一七行目）

②　発生ノ気カ内ニウツシテ【ソレト（甲本系）、ヲノレト（乙本系）】自然ニズツト生イツル　（五七頁二行目）

③　三百篇アル詩ハ只コノ一言デ以テ詩ノ義ハ【此内ニ】蔽籠《ヲホヒコモル》トノ玉ヒシナルヘシ　（同右一九行目）

④　夫婦ノ間ニ楽ムト淫スルトハドウヤラ似タヤウナモノデ【悪ウシタラハ踏ミソコナイソウナ危ナイ場ニシテ】
然カモソノ情思ノ邪正相ヒ判《ワカ》ル、事ハ　（五九頁六行目）

⑤　我朝和歌ノ道モ自然トコ、ヲ【以テ】大切トスル所以也　（六〇頁一三行目）

⑥　世上ニ秘訣トスル【事】ソノワケハ知ラネトモ　（同右一四行目）

⑦　何ソヤ秘伝トイヒテ自ラ【狭ク】小クスル事ソヤ　（六四頁一〇行目）

【　】内の語句を入れても、①から⑦までの文は前後のつながりに問題はなく、むしろよく理解できると言えよう。宣長のミスも当然考慮に入れねばならないが、「邪ノ字ノ義」の文章や右の④の例などから、誤解を恐れずに言えば、宣長が意図的に語句を略して抄録した部分があったのではないかと推測する。したがって、校訂本作成にあたっては、【　】内の語句を補完して作るのが妥当ではないかと思う。

以上、（A）（B）にあげた【　】の語句は、景山自筆本に存在したものであると想定して、次に論を進めたい。

脱字・脱文以外に、宣長抜書が諸本全部の表記と相違している場合（C）を検討してみよう。例えば「理窟」「ナリ」「ミエタリ」「撰テ」（宣長抜書）を、「理屈」「也」「ミヘタリ」「撰ンテ」（諸本）と表記するような漢字表記の違い・仮名と漢字表記の違い・仮名遣いの違い・送り仮名のあるなしの違いをもつ語は数多く、一々列挙して示すことは紙幅の都合でできない。それらの相違のパターンを除いた語句の出入りの全部を、先に宣長抜書、後に諸本としてあげてみる。

①　サレトモ人ノ大事ニノゾミ　（五七頁三行目）
　　ナレトモ　〃

②　詩ハ三百篇アルニ詩ト云モノハ　（同右八行目）
　　〃　アレト　〃

③　実情ヲ吐露シタ所ヲ無レ邪ト云　（五八頁六・七行目）
　　情実　〃
④　淫慾ヲノミ目アテニスル無下ノ俗人　（六〇頁三行目）
　　〃　目アテト　〃
⑤　和歌ノ道ノ極意ハ古今ノ序ニ言ヒツクシ　（同右一九行目）
　　〃　言ヲツクシ
⑥　殊ノ外貧ニ侍フマ、恵ミ玉ヘ　（六一頁一四行目）
　　〃　侍レハ　〃
⑦　宗祇ヨリ逍遥院殿実枝ヘ伝授シ実枝公ヨリ細川玄旨ニ伝ヘラレシ　（同右一九行目）
　　〃　実枝逍遥院殿　〃　（甲本系）
　　〃　実隆逍遥院殿　〃　（乙本系）
⑧　伝授ト云事ヲ拵ヘテ伝ヘ侍ラレシ理ハ　（六二頁六行目）
　　〃　侍ラン　〃
⑨　是ヲ注シテ密勘ト名付ラレシ外ニ伝授ト云事アルヘキニアラス　（同右一五行目）
　　〃　名付テヲカレシ外モ　〃
⑩　為世卿［為家ノ孫ニテ為氏ノ子也］ノ方ヘ古今ノ事ナラヒニ　（同右一八行目）
　　〃　ノ方ヘ［為家ノ孫ニテ為氏ノ子也］古今ノ事ナラヒニ
⑪　四度メニソ人ナクテ伝ヘラレシ　（同右一九行目）
　　〃ニハ　〃　（甲本系）

〃ソノ　〃　（乙本系）
⑫　頓阿ノ子法印経賢ヨリ　（六三頁一行目）
〃法師　〃
⑬　堯孝ハ古今ノ事ヨリ始メテ歌道ノ事ニクハシキ人也　（同右二行目）
〃　初テ　〃
⑭　古今ノ伝授ハ大切ナル事下賤ノ者ナトニ伝フヘキニアラス　（同右七行目）
〃　者ナトカ　〃
⑮　和歌ヲコソ我朝ノ大道ト思ハル、ヲ　（六四頁一〇行目）
和歌ヲ能　〃　（乙本系・京大本）
和歌ヲヨクスルハ〃　（京大本を除く甲本系）
⑯　軍学ナトコソ其ノ本原ヲ尋レハミナ隠謀ヲ主意トシタル　（同右一一行目）
〃　立意　〃
⑰　軍学ニシクナハシ　（同右一四行目）
〃　シクハナシ

この中で、前後のつながりから宣長の誤写と思われるのは①⑥⑰の傍線部であり、諸本の誤写は③⑨⑩⑫⑬⑭⑮⑯である。②④⑤⑧⑪は、いずれでも意味が通り判別できない。①は「サレトモ」「ナレトモ」ともに逆接の意の接続詞でどちらでもいいが、宣長の抜書中、他に「ナレトモ」が六例見え、「サレトモ」は一例もない。宣長の誤記であろう。

⑦については、古今伝授が宗祇より三条西実隆（号は逍遥院）に伝えられ、実隆からその息公条（号は称名院）へ、

そしてその息実枝（号は三光院）から細川幽斎に伝えられていることから、乙本系の「実隆逍遥院殿へ」とするのが妥当であるように思える。しかし、次の言葉が「実枝公」と続き、また数行後に「宗祇ヨリ逍遥院三代ニ伝ハリ」と記述しているのを見れば、「宗祇ヨリ逍遥院殿」、その後公条を経て「実枝へ伝授シ実枝公ヨリ細川玄旨ニ伝ヘラレシ」という文脈と読むこともできよう。

省略もしくは脱字・脱文を除く宣長抜書の表記と、全ての伝本の表記が相違している場合を右のように検討してきて言えることは、宣長が抄録している語句については、直接抄録しているだけあって諸伝本よりも誤写が少ないということである。となれば、三節の冒頭にあげた（2）の場合、つまり宣長抜書の表記が、諸伝本の一部と合致しているときは、たとえそれが一本の写本であろうとも、前後の文脈で矛盾しない限りその表記を採用すべきであるということになる。前掲の比較対照表を見ても知られるように、この例が圧倒的に多い。「神妙不測ノ事ナルニヨツテ神国トイハンモコトハリト覚ル」（五六頁一五行目）とある傍線部は乙本系と同じであるが、甲本系の写本では「イハレン」と、受身の助動詞「レ」が入る。どちらでも意味は通るが、こういう場合は宣長抜書の表記に従うということである。

ただ、唯一例外がある。「康福記ニ云」（六三頁二行目）として、中原康富の日乗『康富記』の享徳四年（一四五五）七月五日に見える堯孝のエピソードに言及した文章がある。宣長の抜書と同じく書名を「康福記」としているのは北野天満宮本であるが、「富」を「福」と誤読したことによるのであろう。

以上、『不尽言』の諸本と宣長抜書との比較を通して、校訂本を作成するときの脱字・脱文についての考え方を考察してきた。

四

次に、宣長の抜書の範囲に見られる目立った錯簡と衍文について簡単に触れておきたい。『宣長全集』第十三巻五六頁一九行目から五七頁九行目までにわたり、以下のような文章がある。

人情ハ善悪曲直千端万緒ナルモノナレハ、人ノ心ノ内ニ発生ノ気ノ鬱シタルカ、見モノ聞モノニ触テ、安排工夫ナシニ、思ハズ知ズフツトイヒ出セル詞ニ、スグニソノ色ヲアラハスモノ也、草木ノ種ト云モノ、内ニ生《ハヘ》ント思ヒ工夫シテ生スル物デハアルマジ、発生ノ気カ内ニウツシテ、自然ニズツト生《ハヘ》イツルモノ也、シカレハ、其《ノ》詞ヲ見ルニヨツテ、世上人情ノ酸《スイ》モ甘《アマイ》モヨクシル、事也、サレトモ、人ノ大事ニノゾミ、自警《ミラメ》テタシナミ、安排工夫シテ、心ノ内ニテソノ善悪ヲシラベ、吟味シテ詞ニ発スル事ハ、皆ソレハ作リ拵ヘタルモノナレハ、中々人ノ実情ハシレヌ事モアル也、ソレユヘニ、簞食豆羹ナトニ心ノ色ヲアラハスト云テ、人ノ心ヲユルシ、ウツカリト思ハズ知ズニフトイヒ出シタル詞ニテ、人ノ実情ハヨクミユルモノ也、俗諺ニ、問ニハ落イデ語ルニ落ルト云モ、人ノ思ハス知スフツト実情ヲイヒアラハス事也、コレガ詩トナルモノニテ、人ノ底《ソコ》心《シン》骨髄カラ、ズツト出タルモノ也、[a]詩ハ三百篇アルニ、詩ト云モノハコト〳〵ク只一言ノ思《ヒ》無《シ》レ邪《ー》ノ三字ノ意ヨリ出《デ》来《キ》ヌ詩ト云モノハ、一篇モナキ也

文中の前の傍線部の一文が、九本の伝本では皆後の傍線aの前に位置している。人情と詞の関係を説く中で、微妙な読解であるが、この一文の位置は文脈の流れからみて、やはり宣長抜書のままの方が妥当であろう。

古今ノ伝授ハ大切ナル事下賤ノ者ナトカ伝フヘキニアラスシカルニ野州ノ時ヨリ古今伝授ノ漸ナレトモ左ホト大切ナル事ヲ下賤ノ者ナトカ伝フヘキニアラスシカルニ野州ノ時ヨリ古今伝授ノ漸ナレトモ宗祇ニ伝ヘラレタルハ

野州ノ時ニハイマタ貴賤ヲヱラフ事ニアラスト見ヘタリ　（京大本）

実線の傍線部分は、前文の一部を繰り返した明らかな衍文である。甲本系の六本とも皆同じであるが、宣長抜書と乙本系伝本にこの繰り返しは無い。こうした錯簡・衍文に見られる比較的大きな誤写は、前に考察した脱文にもあった（第二節末尾参照）。

宣長抜書はこれまで見てきたように、自筆本『不尽言』からの抄録にあたっては若干の誤写や省略はあるものの、諸本の書写と比較してはるかに正確であり大きなミスがない。和歌という関心のある事柄についての書写であり、かつ抄録範囲が限定されていたからであると思われる。宣長が『不尽言』全文の書写をしていれば、それが最善本となっていたであろうと予想されるが、それはないものねだりである。宣長が写した景山自筆本が見られない以上は、可能な限りそれに近い校訂本を作る必要があろう。範囲が限定された抄録である宣長抜書を土台に、比較を試みた九本の伝本では、既述したように甲本系の伝本が全体的に景山自筆本に近いと言える。

しかし『不尽言』の校訂本を作る時に、仮に比較的誤写の少ない甲本系の伝本のいずれかを底本にするとしても、前掲の錯簡・衍文・脱文の例を見れば、乙本系統の伝本を校合本として使用する必要性を思うのである。それが、現段階では最も景山自筆本に近い校訂本ということになろう。

最後に『不尽言』の諸本の系統・位置づけを図示しておく（上図）。

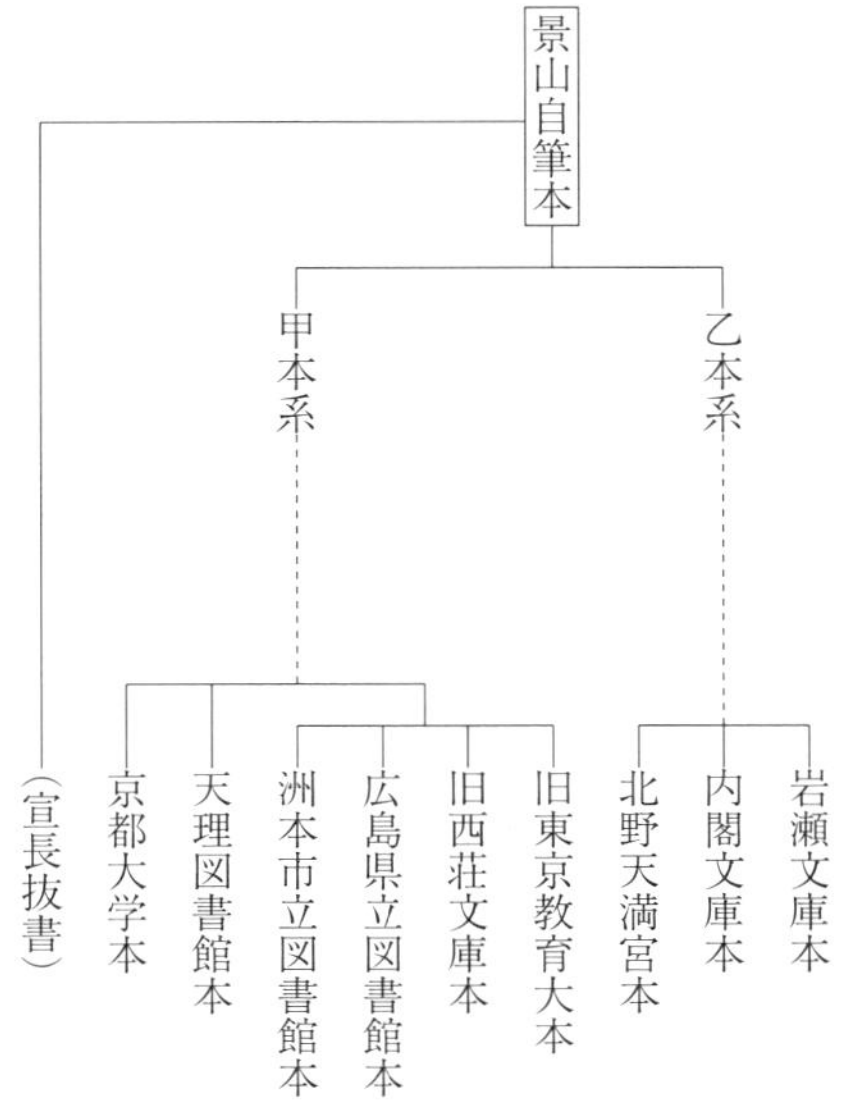

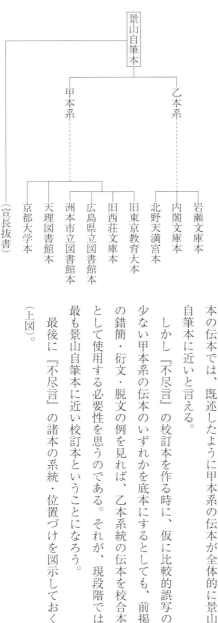

（2）側儒としての自負

一

新日本古典文学大系99（平成十二年三月刊）に、堀景山の著作『不尽言』が、日野龍夫氏による校注で収められた。詳しい脚注によって、十八世紀前半の儒学思想と学問の中で、とくに徂徠学派をはじめとする先進的な学問とその方法論が、『不尽言』で展開される言説のうちに、どのように受容され変容されているかという事実を、『不尽言』の全体を通して具体的に知ることができるようになった。

『不尽言』は、寛保二年（一七四二）景山が五十五歳の時に執筆したと考えられる書である。広島藩の重臣岡本貞喬が、書状で質問した七ケ条の事目について、同藩の側儒として答えたものである。現在、景山の著作のほとんどは散逸している。その中にあって、『不尽言』は、彼の思想・学問に関して比較的まとまった見解を開陳している唯一の資料である。

これまでに『不尽言』を一書として扱い、(1)その全体を考察した論文は多くない。景山の思想・学問が窺い知られるはずの『景山文集』『景山筆記』『教問釈義』等の他の著作は見ることができず、また経歴も大雑把なことしか分からないという資料面での不足が理由の第一としてあげられる。そして、晩年の弟子である本居宣長が、後に国学の大成者となったことから、宣長の思想の萌芽という視点で『不尽言』が取り上げられ論じられることがほとんどであったという偏向がある。この二つが積極的に『不尽言』が一つの書として研究対象とされてこなかった理由であろう。

従来の数少ない研究の中で、『不尽言』全体に目配りして考察している論文は、管見によれば西尾陽太郎氏の「不尽言と徂徠派」(「史淵」昭和二十四年三月・九大史学会)と、ローレンス・マルソー氏の「堀景山著『不尽言』序説―恋愛論を超えて―」(「日本文学」平成五年十一月)しかない。新日本古典文学大系本に、日野龍夫氏による校注と要を得た解説が新たに加えられて、ようやく『不尽言』全体が見渡せるようになってきたと言えよう。

『不尽言』を執筆する前年の元文六年(一七四一)、景山は藩主浅野吉長の参勤交代で、京都から合流して江戸に随行している(「曠懐堂堀氏譜系」)。それ以前にも、享保四年(一七一九)に側儒を拝命してから、同五年を最初として、同十一年、同十三年、元文三年に江戸御供を命ぜられている。上桜田霞ヶ関にあった広島藩の上屋敷で、吉長と嫡子宗恒の学問・教育を担当する儒官として、景山は重用されていたと思われる。岡本貞喬への回答は、元文六年から寛保二年の江戸在勤中に書かれたものと推察される。『不尽言』に見られる自負、すなわち、京住みの広島藩側儒としての意識を考えるとき、景山が持論を展開する相手の学問分野における力量を、あらかじめ知っておくことが前提としてまず必要であろう。

そこで最初に、岡本貞喬(一七〇四～一七五四)について、『飽薇光華録』(2)に依拠して述べておきたい。貞喬は宝永元年(一七〇四)に、広島藩第四代藩主浅野綱長の庶子(十二男)として生まれた。第五代藩主となる吉長(一六八一～一七五二)の異母弟ということになる。名は貞喬、後に貞誠、幼名吉五郎、通称を宮内・靱負、さらに大蔵と改める。蘭州と号した。吉長の時に、御年寄岡本主馬の養子となり、その跡を継いで享保六年(一七二一)、弱冠十七歳にして執政職に就いた。その職責の重さからすれば、あまりに若いように思われるが、執政の職務とその適性について、藩政史料『芸藩志』(3)では、次のように記述する。

体国公(吉長―著者注)に至り、宝永六年(一七〇九)七月七日藩政の大改革を為し、太祖公(長政)以来の一新面目を致されたり、其概略を述ふれは、従来藩老即ち国老は年寄と称して、百般の藩政を裁断するの例規を改め、年寄役浅野甲斐上田主水浅野豊前を以て新に家老の職に補して之を優遇し、専ら軍備の事務を担当せしめて政務裁断の任を解きて、以後は藩主親裁に移して之をして関与せしめず、以て宿弊を除去せられたり、又家老並の職名を廃して新に中老の職を設置し、此職は必す公族をして補充せしめ、暗に藩政の幾分を関知せしめんとす、此日公の庶弟を臣籍に移されたり、又従前藩老に副て藩政に参与せし者を加判役と称せしが、此日之を廃して新に年寄役を新置し、之を中老の下に置き専ら藩政に参与せしむ、世に之を執政と呼へり、其任補撰択の如き藩士の家格を論せす、才力ある者を撰抜して之を命し、家格世襲の弊を絶たれたり（第百三十三巻「藩士職録」）

「家格世襲の弊を絶」ち、「才力ある者を撰抜して」執政職に命じたとあることから、臣籍に移った庶弟貞喬が、いかに非凡な才識に恵まれていたか想像できよう。藩政改革を強力に推し進めた吉長の治世は、幕府の儒官室鳩巣をして「当代の賢侯第一」と言わしめた。貞喬は名君の誉れ高い長兄を藩主と仰いで、若い頃から藩政に参与し、執政として晩年に至るまで吉長を補佐していたのである。吉長の貞喬に対する信任は頗る厚かった。

貞喬が藩政の改革にその才力を発揮した事例の一つに、飢饉対策として社倉法の採用に積極的であったことがあげられる。社倉法は、「享保の飢饉」と呼ばれる享保十七年の大凶作を教訓として検討された米粟を貯える制度である。この制度は、もともと朱子の『社倉法』に範をとるものである。日本では、山崎闇斎が自ら序・跋を記して、刊年は明らかではないが編集・出版している。(4) その闇斎に京都で神儒学を学び、綱長の時、芸藩に招聘された儒官が植田艮背（一六五一～一七三五）である。芸藩における崎門派の学統は、この艮背に始まる。安芸郡海田市の庄屋加藤缶楽（一六六三～一七三八）は植田艮背に従い、深く程朱学を信奉する儒者の一人であった。

缶楽は、凶作飢饉を憂慮して『朱子社倉法』を講ずるなどしているが、藩財政の窮乏に苦慮する貞喬から社倉法の具体的な検討を命ぜられ、享保二十年（一七三五）『社倉攷意』を著して提出した。缶楽は元文三年に没する。この年、男の加藤十千（一六九九〜一七七八）が、父の遺志を継ぐべく、儒者として芸藩に召し抱えられる。十千も缶楽と同じく植田艮背に師事し、『朱子社倉法』に関する『朱子社倉法事目』『朱子社倉法事目浅解』などの編集・著述をなした。(5)そしてさらに、父の『社倉攷意』を整理編集して、寛保二年（一七四二）に再度藩の岡本貞喬に差し出している。藩内の飢渇および財政の窮乏が相当に深刻な問題であり、対策を講ずることが急務であったと思われる。貞喬も寛延二年（一七四九）に、自ら『朱子社倉法和解』（一冊）を書き著す。

芸藩では、好学の藩主といわれた吉長の時代、(6)味木立軒（一六五〇〜一七二五）・寺田臨川（一六七八〜一七四四）・堀南湖（一六八四〜一七五三）・堀景山を側儒として抱える程朱学が行われていたが、とくに享保期以降は、新たに植田艮背・加藤缶楽・加藤十千等の崎門派の学問がそれに加わり、二つの学統が中心となって儒学の盛行をみている。

述べてきたように、缶楽の『社倉攷意』が、十千によって再び提出されたのは寛保二年である。この年に三十九歳の執政岡本貞喬は、民の飢渇に策を講じ、藩の財政を立て直すことに奔走する一方で、景山に七ケ条にわたる質問状をしたためていたのである。

二

ところで、『不尽言』の成立年次が寛保二年と考えられることについて、旧西荘文庫蔵本『不尽言』の巻末に貼付された一枚の紙片にその手がかりが求められることは、前に言及した。この紙片に記す異本の奥書には、貞喬の学問観の一端が示されている。煩を厭わず再掲してみよう。このような文章である。

私記《ニス》、右不尽言ノ一書ハ、景山先生所《ノ》レ著《ハス》也、姓屈名正超字君燕号景山 俗称禎助
宗恒公御部屋住之《ノ》時、御学事ニツキ毎々京ヨリ江戸へ被レ為レ召、在勤也、寛保戊戌（ママ）在府之《ノ》時、資治通鑑ヲ御勧メ

被レ申上、其比御国御年寄、岡本貞喬、学文好キニテ、先生へ書通ノ序ニ、上ノ御学文ニハ、貞観政要ナトコソ、可レ然、歴史ハサノミ御益ニ、成間敷等ノ事、申来、幷ニ自分ノ学事ニツキ、何角難レ解品々、一ツ書ニシテ書状ニ中来ル由、其答ニ先生書テ贈玉フ也、ソレユヘ事品取交ヘテ記シアル也、此本紙伝写ユヘ、誤字多ク、所々推量シテ改メ写ス、疑シキ事モ多クアレトモ、余ハ本書ノマ、ニ任カス、

延享丙寅年　錦山

コハ異本ノオクカキナリ

異本奥書の錦山の記述から、まず第一に「上ノ御学文」すなわち人君の学問、具体的には近い将来藩主の地位を継ぐはずの宗恒（一七一七〜一七八七）の学問について、その習得を気遣う執政職にある者としての意識が読み取れよう。貞喬は宗恒の教育の一科目として景山が勧める『資治通鑑』を退け、『貞観政要』を採るべきことを言う。藩主となるための教育には、歴史より政治の実践記録ともいえる人君経世の書が必要であることを強く主張している。『貞観政要』は、為政者にとって実際の政治を行う上で大いに参考にされた書である。慶長五年（一六〇〇）、伏見版『貞観政要』を開板させた徳川家康の愛読ぶりは周知のところだが、貞喬の場合も同じく、藩政の要職にある立場からすれば、人君教育の教科書として『貞観政要』を推すのは無理からぬことであった。

異本奥書ではまた、貞喬が学問上の「何角難解品々」について景山に意見を求めていたことを言う。一つ書きにして送ってよこした七ケ条の項目の中身は、生来の向学心から発せられた疑問であろう。

岡本貞喬は、どのような学問を修めていたのだろうか。その一つの手がかりとして、『読書録抄』と題して、広島市立中央図書館浅野文庫に所蔵される貞喬手抄の写本一冊がある。程朱学の摘要書として、修身・斉家の要道を説く薛敬軒の『読書録』から、三百ケ所余りを抜書きしたものである。『読書録』は、手間をかけずに程朱学を知ることができるという便利さゆえに、江戸時代に広く読まれた書である。

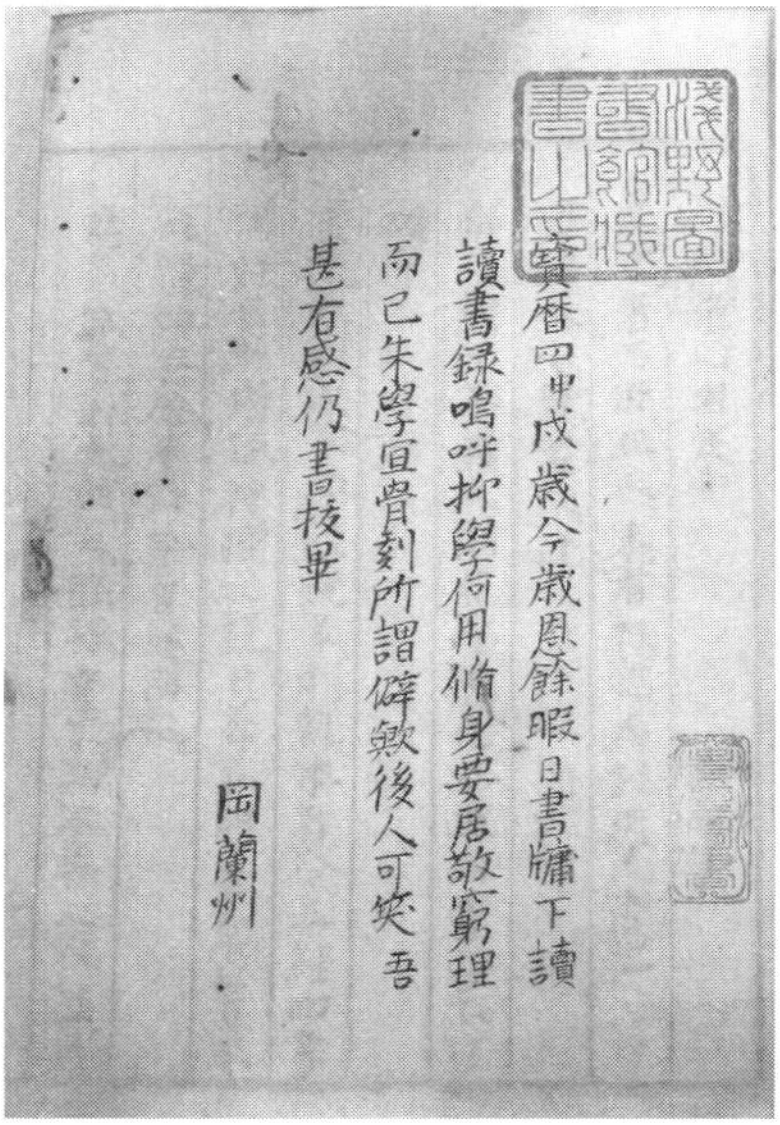

岡本貞喬『読書録抄』（広島市立中央図書館蔵）

宝暦四年（一七五四）に抄録したことを記す貞喬自筆の識語に「嗚呼、抑学何用修身、要居敬窮理而已、朱学宜骨刻、所謂僻歟、後人可笑、吾甚有感、仍書抜畢」と記す。学問は修身に基づき、修身は居敬窮理にあって、結局は朱子学に帰すべきことを述べる。ここで貞喬は、朱子学に傾倒していることを、はっきりと表明している。崎門派植田艮背に学んだ加藤缶楽・十千父子の建策を受けて、社倉法の施行を検討し、また、自ら『朱子社倉法和解』を著したのも、このことと無関係ではあるまい。岡本貞喬は、藩政万般の政務を掌る役職にあって、厚く朱子学を奉じ、それを事業に措く有能な執政であったと思われる。

『不尽言』を論ずる時、従来、貞喬については広島藩の重臣であることのほかに、ほとんど言及されることはなかった。ここで岡本貞喬について、いささか回りくどい説明を加えたのは、『不尽言』という書は、もともと朱子学を尊信し、その教えに忠実であろうとする人物を相手に回答した書簡草稿である、ということを確認しておきたかったからである。『不尽言』では、質問された各箇条にわたり、教えさとすように意見を差し挟みながら、景山は自信に満ちた持論を展開している。同じく朱子学を奉ずる者であるのに、何が景山をしてそうさせたのであろうか。

三

景山の曾祖父である堀杏庵（名は正意、一五八五～一六四二）は、藤原惺窩門の林羅山と並ぶ大儒である。『先哲叢談』巻二には、「杏庵人となり、謙にして以て自ら牧す。羅山が行状に曰く、幕下の士、阿部正之、杏庵正意に語りて曰く、聞く今時の博物者は羅山子にして、其の之に次ぐ者は足下なりと。吁、得難きの才なり」（原漢文）と記す。景山にとって、このように評価される杏庵の存在とその学問がいかに大きく誇らしいものであったか。享保十一年（一七二六）に荻生徂徠に宛てた書簡で、景山は次のように述べていた。

僕迺正意曾孫、而有従兄正修者、亦世禅業儒、仕藉同藩、是僕宗家也、嘗及滕公之門者、著録不知幾人、而其子孫伝業者、見存亦尠矣、独有今祭酒林公与僕家而已、其廑々而存、亦多墜箕裘、或非胤属也、僕自結髪授念書、欽味濂雒、旁誦韓欧、今歯漸強境、学無闡明、樸陋業已成心、縦令造物鑪錘、亦不易転化焉（「復物徂徠書」）

自己紹介する中で、自分が杏庵の曾孫であり、宗家を継ぐ従兄の南湖とともに先人の業（儒学）を伝えて、広島藩に仕えていることをいう。そして、不惑を前にした（「歯漸強境」）今、濂雒関閩の学、いわゆる宋学を中心とした自分の学問が、他に転ずることはありえないとも述べる。景山の学問の基幹は、間違いなく家祖杏庵の儒学にあった。

慶長十九年（一六一四）四月、杏庵は家康の命により作文した「為政論」(7)に、「徳」を重視して次のように記述する。

蓋物有本末、事有終始、徳者本也、政者末也、其身正則不令而行焉、其徳盛則不招而服焉、至誠之感人也、桴鼓不足喩其捷、景表不足喩其神、堯舜有性之徳、故無為而天下治、湯武有反之之性、故応天順人而治、夫物亦有然也、（中略）君子之為政在徳、不在威刑也（『杏陰稿』(8)二）

政治は、誠意・正心・修身の「徳」の領域を根幹とするものであり、君子が「徳」を体得することによって、それをそのまま「政」に連続させ、治国・平天下を実現するという朱子学の基本的な考えに立っている。徳治主義である。生前、杏庵は儒医として名声があった。杏庵の推薦を受けて芸藩の儒者となった石川丈山は、五言排律の詩「送医正意帰尾陽」（『覆醤集』上）に「管鮑締交旧、李蘇臨別愁」と旧友との別れを詠じた後、「学養騶軻気、術包盧扁儔」と五・六句に続けた。杏庵の学問は騶軻（孟子）の養気説を重んじ、医術は伝説的名医盧扁（扁鵲）と同じ力をもつことをいう。儒学と医術に共通するところを「気」を養うところに見る杏庵は、「徳」と「気」の関係を次のように述べる。

或曰、養生之説昉於黄老、医家推之、儒亦言之耶、曰是儒之本指也、易曰、天地之大徳曰生、身在而徳存、孟子曰善養浩然之気、吾性之中集義所生、勿忘勿助長、而塞乎天地之間、人生気中、気旺則形全、

（『杏陰集』(9) 巻八・養生説）

「天地之大徳」（『易経』〈繫辞・下〉に出る語句）は、生々やまない働きの「生」であり、身に存する。「集義」、すなわち性善を前提とする「生」は、「気」を養い拡充することによって充実する。儒学本来の教えはそこにあるとして、孟子の性善養気説を根底に置いている。儒医の道家正休は『杏庵先生追悼詩文集』(10)で、杏庵の学問について「依孔孟之正道、継程朱之遺伝、而使後学者於道知所向矣」と記した。後学の徒、それも家学を継承する立場にある景山は、当然のことながら孟子の性善養気説に基づいた「徳」を重視する杏庵の程朱学によって孔子の教えを学んでいたと思われる。しかし、『不尽言』に見られる言説からは、貞裔が「朱学宜骨刻、所謂僻歟」（『読書録抄』識語）というのと同じレベルで朱子学を奉じていない景山をわれわれは見る。「愚拙、経学は朱学を主とする事なれども、詩と云もの、見やうは、朱子の註その意を得ざる事也」（『不尽言』）の一文が、そのことを端的に物語っている。

『不尽言』が朱子学を基調としながら、「理」に定準はないとして、『詩経』の解釈のように一部に仁斎・徂徠や契沖の学説を受け入れていることは、これまで繰り返し述べてきた。このことは、夙に諸先学によって指摘されている

ところである。宣長研究の古典的名著『本居宣長』（村岡典嗣）や『日本政治思想史研究』（丸山真男）にも、無論その指摘はある。しかし、それらは朱子学を逸脱している景山の主張の一部分と宣長の「もののあはれ論」の重なりに注目するものであり、景山の『不尽言』そのものを対象として論じているものではない。

前述の西尾陽太郎氏の「不尽言と徂徠派」は、『不尽言』の一書を、その意味では初めて分析的に考察した論文である。『不尽言』の言説は、徂徠派の学問・思想との関わりが深いことを論証する一方で、徂徠学受容の限界にも言及して、西尾氏は最終的に次のように結論づけた。

要するに景山の態度は当時として珍らしく自由なものであったという事が考へられる。そしてその自由思想家的立場というものが、朱子学者にして朱子学を反省し、徂徠派に理解をもち、更に国学的な教養を深めてゐて、この三者を近世的な人間主義立場で統一してゐたところに成立したものであり、此処に彼の自由な思索と進歩性があったと思はれる。

「不尽言と徂徠派」とする論題ゆえに、国学の教養については深く検討されていないが、この結論はおおむね首肯できるものではなかろうか。ただ、ここでおおむねとする所以は、この結論が、そのことを裏づける別の課題を内部に抱えているからである。景山が何ゆえに「当時として珍らしく自由な」態度をとりえたのか。また、朱子学者を自認する景山が「朱子学を反省し、徂徠派に理解をもち、更に国学的な教養を深め」、「この三者を近世的な人間主義立場で統一」できたのはなぜか、という疑問である。

この問題を考察するには、景山が十八世紀前半という時期に、かつて藤原惺窩とその門人林羅山・堀杏庵・松永尺五・那波活所等が儒学者として研鑽を積んだ京都で、朱子学者として生きていた事実を改めて念頭においてみる必要があるだろう。前述のごとく、徂徠学の受容と国学の教養が『不尽言』に見られることは確かである。しかし、「難解品々」とする貞喬の一つ書きに対する回答でありながら、人君の学問と政治を主題とするといっていい『不尽言』

一書の基底には、家祖として誇る杏庵以来の「気」を重んじた学問（朱子学）観があり、それは大きく揺らいではいないと思われる。『不尽言』に見られる景山の学問は、杏庵から一世紀あまりの時間を経て、否応無しに京都に押し寄せた新しい学問・思想の洗礼を受け、代々受け継いできた家学を見直した結果である。自ら思考する新しい価値観によって摂取すべきは摂取し、それを継承してきた家学と統合せしめたところに、西尾氏のいう「自由」があり景山像があるように思う。旧来の堀家の家筋と学統を基盤に、当時の時代思潮と東儒・西儒、そして国学者たちとの交流を通して、それはなされている。

四

『不尽言』は、堀景山が岡本貞喬の質問に答えた書翰の草稿を、そのまま一編の書としたものである。この書名が『易経』下・繋辞上伝の「子曰、書不尽言、言不尽意」に拠るものであることは、すでに先学の指摘するところである(11)。ただ、このことを前提としてみたとき、七ケ条の事目について所懐を述べた書翰の内容を、景山が自ら後に、一書として『不尽言』と命名した理由が別に問われなければならない。書翰の末尾に付す慣用的な表現を書名にしたとは、内容から推して考えにくいからである。だとすれば、難解な種々の疑問の回答を一書として扱い、書名をあえて『不尽言』とすることによって、景山は何を言おうとしたのであろうか。この視座を念頭に置き、『不尽言』で展開する景山の独自の主張を検討してみたい。

まず最初に、貞喬の諮問七ケ条に対して詳述した各条個々の回答を、煩を厭わず要約してみる。『不尽言』に記載する順に全七章を並べてみる。

㈠　古聖賢のありがたい教えは、中国人の語でもって記された書に遺されている。書は文字から成る。文字が語を成し、語が積まれて書と成る。古聖賢の語意を書に学ぶとき、もともと文字を持たない日本人は、漢字・漢文の字義と語勢に通暁していなければ、正しく理解することはできない。字義と語勢を弁別する力が必要不可欠である。

(二)　人君の学問は、古聖人の正真の理を学ぶことにある。そのためには、経と史を学ばねばならない。ただ、学問初心の人には、経書は高妙な理を説く『大学』『中庸』からではなく、具体的な修己の徳行を説き「敬」の一字に帰する『小学』から始めるのがよい。孟子は「楽則生矣。生則悪可已（楽しめば則ち生ず。生ずれば則ち悪くんぞ已むべけんや）」という。心に楽しみ、面白いと思い、感徹したいと思わせる動機付けがしやすいのは史書である。古の事実の成敗得失の実態がありのままに記され、今にも通じる世上の人情が書かれているからである。政治の亀鑑の書であるとはいえ、『貞観政要』のような議論の文章を先行させては学問することに厭き、合点させることが難しい。その意味では『資治通鑑』がよい。日本人の場合、書を読む基礎は、やはり字義・語勢の学習にある。

(三)　人君が臣下の諫言を受け容れることは、稀有のことである。孟子は、古今の人君の通患として「不好臣其所受教（其の教を受くる所を臣とするを好まず）」と言うが、蓋し名言である。日本の近世武家の風は、下の者の諫言を極力嫌う。それは、「威」と「法」をもって民を治めようとした秦の短命な政治の風に酷似する。天子を諫めることの自由な風俗であることは、古聖人の遺教である。諫言を容れ用いた明君として、古来前漢の文帝と唐の太宗があげられてきた。聖人とは、時運に恵まれなかった孔子を例外として、人の諫めを容れ「徳」をもって天下を治め得た天子のいいに他ならない。

(四)　当世の武士は、「武士の道」「武士」「文武二道」を言挙げし、「武」をもって威張るが、それは字義を知らない盲目の至りである。戦のない世で、武威だけで国を治め民を安んずることはできない。漢の高祖のように、臣下の諫言を容れ、寛仁の徳をもってすれば自然と人心が慴服し、没後も治国平天下は久しい。日本は武国ではなく、元来天照大神を祖とする聖人の国である。天照大神の聖徳は、数千年を経ても日本人の心を去ることはない。天照大神は至徳の聖人である。自然に人心が感服する「聖徳」をもった武威は、武力のみを恃む武威とは違う。清盛から秀吉までの成敗の歴史を振り返って知るべきである。

㈤　儒者の仕事は、人倫の道を知り、古聖賢の書を読んでその本意を考え、修身治国の仕方を知ることにある。そのためには、人情に通じていなければならない。聖賢の教えは、人情に通ずるまでのことと言ってよい。人情に通ずることは、「恕」の道にほかならず、人の本心である「仁」を求める方術だと言える。聖人が世間の様々な人情を知らせるための書としたのが『詩経』であり、その本意は「思無邪（思邪無し）」である。人情の中で最も重く大事なものは、夫婦の思慕深切なる情である。夫婦の情を含む五倫は、みな思慕深切の実情の上に成り立っている。人の思慕深切の情は、孟子のいう「不忍人之心（人に忍びざるの心）」であり、性善の「仁」の本体である。人情の本を知り、五倫における人の実情を察することができるようになれば、心が公平になり気量が大きくなる。人の上に立ち国家の政をする人は、学問をして人情をよく知り、委曲の情をよく察しなければ、人民を心から帰服させることはできない。人情に通じて諫言を容れ用いることは、人君政治の肝要である。

㈥　『古今集』仮名序に人の心を種としてとあるように、和歌は人の「思無邪」、すなわち「実情」から生み出される。そこに堂上・地下の差別はない。和歌の道は以心伝心のものであり、委細を言語で伝えることはできない。伝授の名目は東野州常縁に始まり、宗祇と細川玄旨を経て成就し、朝廷の大事となったが、それは理屈を臆断でこしらえたものである。公家の独占であった古今伝授の理屈は、和歌の歴史からいえば否定されるべきものである。定家の時分に伝授の沙汰がなかったことは、多くの歌書・故実・記録を以て徴した契沖や、弟子の似閑の言葉からも明らかである。和歌は我朝の大道である。それは、聖人の道が正大であり、日月が天に中するがごとく人が仰ぐものだからである。伝授として秘して隠すことは何もない。

(七)学問をすれば、人を非に見るようになり人柄が悪くなるというのは俗論である。その論は、批判する人自身が文盲で、真に学問している人に対するねじけた心から出たものにほかならない。無学の人はもちろん、学者の中にもそのように言われてしかるべき人がいる。しかしそのような人は、私意をもって理屈をつけ、薄っぺらな知識で学問をしているにすぎず、言ってみれば文盲と同じである。武威を誇る武士は、学問を中国のこととし、元来武国である我朝には武士の道があるという。そして文盲の学者を見て「なまぬるき儒者の青表紙の上などにていふことは、国家は治まるものにてはない」として、「不好臣其所受教」と孟子が言うように、頑なに考えを変えようとしない。その意味で我朝の近代は、周季、春秋戦国の時分の風に似ている。しかし、民の上に立つ人は、心を公平で私意のないようにし、字義・語勢に通達して聖人の教えを学ぶ真の儒者（下様の人）の助言・諫言を受け入れて、聖人の道を見つけるべきである。

以上、七ケ条の質問に対する回答の要約である。岡本貞喬が一つ書きにして質問した「何角難解品々」（「異本奥書」）に対して、景山は日野龍夫氏の言われるごとく、一編の書物を著す意気込みで一通の書翰としたと思われる。(12)

五

七ケ条の質問に対する回答の中で、第二・第三・第四・第五・第七の五章は、人の上に立つ者の学問と政治について論じている。書翰のやりとりの中で、執政職にあった貞喬と側儒である景山が念頭に置いている「人君」は、この時はまだ部屋住みの身であった宗恒（二十六歳）であることは間違いなかろう。近い将来、藩主となるはずの宗恒を意識し、景山は第二・第三・第四・第五・第七章の論述を通して、武断ではなく文治、すなわち「徳」による政治の実践とそのための学問の必要性を説いた。

他の二つの章については、次のように考えられる。まず、第一章の主張である字義・語勢論は、第二・第三・第四・第五・第七各章の議論を根底で支える主張であり、学問の基礎としての重要な役割を担っている。字義・語勢に通じていない書物の私的理解は、利欲に目が眩んだ「文盲」として景山に繰り返し批判される。

また、第六章は、第五章の人情論〈思無邪〉を古今伝授に応用した議論である。貞喬が和歌にも相当の知識を持った執政であったことが分かるが、景山の持論の展開では、和歌は我朝の大道であり、『古今集』序に和歌の極意が尽くされているとする。人情の発露こそが和歌の原点であるという考えである。これは聖賢の教えとして、人情に通達することが第一に求められるのと同じ構造であり、その正しさは、漢文における字義・語勢論のもつ意義に通ずる契沖の文献学的方法や、和歌の歴史によって証明されるという。景山にとって、人情と歴史を重視し、古代語を正しく理解する手続きを経た上で聖人の道を知るというその仕方は、和歌の道を知ることにおいても同じであった。

新日本古典文学大系本『不尽言』の解説で、日野龍夫氏は景山が全七章のうち最も力を込めて論じているところを、第三章の武家政治否定論と第四章の徳治重視論であるとされた(13)。そしてこの二つの章の展開が「「徳」の反対物に措定されている「武」への批判の徹底性において、独創的という評価を与えてもよいだけの内容を備えている」とし、それが過激な論であるが故に、「筆禍を招きかねないぎりぎりの限界線上の表現」であると述べておられる。誤解を招かないように補足して言えば、景山の「武」の否定は、無論「武」それ自体を否定したものではない。太平の世に武威のみで国を治めようとする武士の意識に対する批判を意味している。武家政治否定論と徳治重視論は、治国を論ずる上では表裏の関係にある。武断と文治は、政治のあり方を議論する上での対義語である。国を治めるには文・武の兼備は当然であるが、時勢に応じて使い分けなければならないとする考え方は古来からあった。近世初期においても、例えば曾祖父の杏庵は戦国淆乱し、白羽相望み、霜刃相接するときは、文は武に及ばず。時勢の然らしむる所なり。妖氛掃退し、干戈既に韜み、礼楽聿に修まるときは、武は文に及ばず。守成の難き所以なり。国家を治るは、兼備せざるべからず。（『杏陰襍録』「帳中秘集跋」原漢文）(14)

と言っている。太平の世となった時代に、治道の要を「文其の武に勝つときは、国祚修かり。武其の文に勝つときは、国脈蹙まる」（原漢文、『童子問』中・第三十一章）と説く仁斎の言葉は確かに説得力をもつ。しかしこの考え方に立って、それとは異なる現実に直面したとき、批判の言葉が口をついて出てくることになる。

天下一統しても、何れも文盲にて古を稽へ文徳に返る事をしらず。太平の今に至るまで、官職も軍中の役割を其儘に用ひ、政治も軍中の法令を改めず候。是によりて武威を以てひしぎつけ、何事も簡易径直なる筋を貴び候事を武家の治めと立て、是吾邦に古より伝はり候武道に候などと文盲なるものの存候にて御座候。（『徂徠先生答問書』下）

『不尽言』における文治論は、景山より一世代前の儒学者である仁斎や徂徠の右のような言説の延長上にあるといってよい。

家祖杏庵以来の徳治重視論を基軸に、武家政治否定論を言い立てるとき、景山は何をもってその根拠としていたのであろうか。それは徂徠の『答問書』に見える「文盲」の一語で示されている。景山は徂徠と同じく、あるいはそれ以上に「文盲」の語に、単に文字が読めないということのほかに、世の中の人情が把握できない弊害を嘆く意味を込めているのであろう。「文盲」であることを批判する景山にとって、学問の基礎力として字義・語勢に通ずることは、経書の正しい理解につながるだけではなく、世上の人情を『詩経』や史書を通して歪めることなく知る階梯でもあった。字義・語勢に習熟することの大切さの認識は、徂徠に周官の「女史」に通ずると言われた母佐濃の教育によって、早くに父を亡くした景山にもたらされたものと思う(15)が、いずれ「理」に傾きすぎる朱子学を批判する仁斎・徂徠の新しい学問の方法論が、「人情」や「歴史」の重要さを伴って景山に入って来ていることは間違いない。

『不尽言』を一書として見たとき、論旨の中心は「徳」による政治であることは動かない。その正当性を言うために、景山には現実にはびこる武断政治を論難する必要があった。景山は、武士や経生儒者が文盲であることにその原因があると見て、経・史を正しく理解するための字義・語勢論と人情論をもって武断政治を批判している。そうであるならば、もう一方の人情は、政治とどのように関わると景山は考えていたのだろうか。

六

『不尽言』一書の最後は、次の一文で締めくくられている。

只々心を公けに平かにして、少しにても我を立て私意を指し出さぬやうにせねば、真実に聖人の道は見つけられまじき事也。

字義・語勢に通達することは、学問の基本である。それを以て聖賢の書を読み、「心を公けに平かにして」吟味するというやり方は、理屈にとらわれない正真の意を探る方法として、『不尽言』では繰り返し説かれている。「心を公けに平かに」することは、人情を知ることと連関する。人情を知ることの難しさと人情と政治との関わりを、景山は第五章で次のように述べる。

夫婦の情は五倫の内にて最も重きものなれば、是は人情の本なる事を知る也。人情の本を知り、五倫の間の人の実情を察する事明かなれば、心が公やけに平かになり、気量が大きになつて、料見よく物を容る〻によつて、すべて人を憐憫し、自然と人の諫をも容れ用るやうになる事也。人情にうとく、人の身の上になりかはつてその情にとくと通達する事ならずば、万事に気のつかぬ事多く、事によつて我しらずとむごい事が出来るもの也。しかれば人情に通ずるは、とりもなをさず即ち是恕の道也。人情に通じ、恕をなし得て、その恕に熟した時は、即ち仁に至る事なれば、前に云へる如く、とかく人情を知るは仁を求るの端となる事也。人情に達するは、国家の政をせば、古聖人の徒ともなるべき事なれば、人情に達するは又政の本に達すると云もの也。

儒教における基本的な人間関係の徳目である五倫は、景山に言わせれば、皆思慕深切の情の上に成り立つ。人君が古聖人の徒となるには、「仁」に至る徳治主義をとるための「恕」の道、すなわち五倫の間の実情に通ずることが求められている。五倫のうちで、とくに夫婦の情（男女の欲）は人倫の始め、人情の本として重要である。このことを『礼記』『易経』序卦伝の聖語や『列女伝』『詩経』などを引いて景山は説いている。しかし右の文章は、

然れども此夫婦の情が人情の本たると云事は、能く心を公けに平かにし、吟味せねば、真実に合点ゆかぬ事、言語の上にては尽されぬ事なり。人情に疎き経生儒者などの気のつかぬ事也。俗にいへる以心伝心の場なれば、聊爾には無下の俗人や又は年若き初学の書生輩など、説き聞かすべき事にあらず。

と続く。夫婦の情が人情の本であることは、そのことを記す聖人の語をもってしても、真の合点に至る事ができない。言語の上からだけではなく、「能く心を公けに平かにし、吟味せねば」真に理解することはできない。この言葉は、古代中国語の文字・言語を理解することの難しさ以上に、「人情」というものの奥の深さと、それを摑むことの難しさを言っている。景山の人情論が、仁斎・徂徠の人情論を踏まえていることは確かであるが、それとは異なる独自の主張がここに見られる。日本人である以上、字義・語勢に通達しようとしても、母語でないゆえにそれには限界がある。また、文字・言語はもともと人の思いをすべて伝え得るものではない。したがって、たとえ日本人であって字義・語勢に通達する力があったとしても、それだけでは古聖人の真意の理解は不可能である。景山のこの考え方は、文字・言語がもつ伝達能力の限界（「言不尽意」）を認めた上に成り立っていると言ってよい。

そうだとすれば、文字・言語の伝達能力の限界を十分の承知した上で、さらに「以心伝心の場」で「能く心を公けに平かにし、吟味」するとはどういうことなのだろうか。このことは、本書を『不尽言』と命名した景山の意図する

ところと深く関わってくるはずである。

七

前述したように、「不尽言」は、『易経』下・繫辞上伝の「子曰、書不尽言、言不尽意」に拠る語である。繫辞伝を含む『易経』の十翼は、孔子の作と伝えられ、『易経』全体の哲学的意義を説くとされる(16)。朱子の『易本義』で分かつ章節では、右の二句は繫辞上伝の最後の第十二章で説かれる。この「書不尽言、言不尽意」の意味するところは、書は古聖人の思うところを文字・言語で全て書き尽くしてはおらず、また、表現の媒体たる言語は伝達能力において万全ではない、ということであろう。つまり、書は古聖人の真意を後世に伝えきれていないということになる。そこで「然則聖人之意、其不可見乎（然らば則ち聖人の意は、其れ見るべからざるか）」と孔子は続け、古聖人が心に思う真意を、後世の人はどのようにして理解したらよいかと問う。そして、次のように自答する。

聖人立象以尽意、設卦以尽情偽、繫辞焉以尽其言、変而通之以尽利、鼓之舞之以尽神。
（聖人は象を立てて以て意を尽くし、卦を設けて以て情偽を尽くし、辞を繫けて以て其の言を尽くし、変じて之を通じ以て利を尽くし、之を鼓し之を舞して以て神を尽くす）

『易経』の八卦の「象」と卦辞・爻辞に古聖人たちは自ら思うところのすべてを表し、言い尽くしているとする。そして続けて、この効用の大きさを言い、「挙而錯之天下之民、謂之事業（挙げて之を天下の民に錯く、之を事業と謂ふ）」として、天下の民のために実行すること、それを聖人の事業であるとした。これに従えば、後世の人は八卦の「象」と卦と爻の辞を玩味することによって、古聖人の真意を知ることができるということになる。

しかし、ことはそう簡単には運ばない。「書不尽言、言不尽意」と記した第十二章、つまり繫辞上伝の最終章では、聖人の真意を理解することができる人の人格について言及し、次のように説いて終わる。

神而明之、存乎其人。黙而成之、不言而信、存乎徳行。

（神にして之を明らかにするは、其の人に存す。黙して之を成し、言はずして信なるは、徳行に存す）

『易経』は、古聖人が思うところの神妙な効用をすべて言い表していることを説いている書だが、それを明瞭に察してその力を十分に発揮できるのは徳行に優れた人だけだ、というはっきりした言明である。「徳」は修養によって得る高い品性、道徳のことであり、「行」はそれを実際に行うことである。

このことを踏まえて、第四節の冒頭に置いた課題をここで改めて考えてみよう。景山が七ケ条の事目について書いた書翰草稿を一書としてまとめ、それを『不尽言』と命名した。『易経』の「書不尽言」と「言不尽意」の二句は、それぞれを切り離して理解するべきではない。この二句は媒体としての言語の伝達能力の限界を認めた上で、結局は、書は意を尽くさないことを言っている。それならば、古聖人の真意を知るにはどうしたらよいか。それは、徳を体得し、それを実行に移すことのできる人間になることである。景山が『不尽言』という書物で主題としたのは、これまでに述べてきたように徳治主義をよしとする人君の学問と政治のあり方であった。一編の書名を『不尽言』と名付けたとき、「書不尽言、言不尽意」の二句を含む繋辞上伝の最後の一文「黙而成之、不言而信、存乎徳行」、この文言が景山の念頭にあったのではあるまいか。古聖人の真意を書物に学び、さらに文字・言語の限界を超えて「能く心を公けに平かにし、吟味」するという言葉は、「徳」を養うこと、つまり学問を積むことによって得られる道徳的能力をもって判断するということを意味していよう。『論語』〈先進〉に、孔門の四科（徳行・言語・政事・文学）を述べた一節がある。[17] 仁斎はこの四科について、次のように論じている。

徳行者聖学之全体、兼言語政事文学三者。豈可作一科言之哉。而三者亦不本於徳行、則言語雖可聞、徒弁而已矣。政事雖可見、徒法而已矣。文学雖可取、徒博而已矣。不足以為学也。

（徳行は聖学の全体にして、言語・政事・文学の三者を兼ぬ。豈に一科を作して之を言ふべけんや。而して三者亦徳行に本づかざるときは、言語聞くべしと雖も徒弁のみ。政事見るべしと雖も徒法のみ。文学取るべしと雖も徒博のみ。以て学と為すに足らず）

（『論語古義』巻之六）

言語・政事・文学は、皆「徳行」に基づかなければ意味はない。つまり、聖人の学の根本は「徳行」にあることを言っている。杏庵が『杏陰稿』二で、「徳者本也。政者末也。（中略）君子之為政在徳（徳は本なり。政は末なり。……君子の政を為すは徳に在り）」といっている考えと、「徳」と「政」のかかわりにおいては同じである。景山が「不尽言」の三文字を書名にしたのは、この「徳行」を実践する能力を備えることによって、古聖賢にならう人君政治がはじめて可能となることを強く意識していたからではなかろうか。景山は「徳」の学問の修得とその実践を、藩主となるはずのまだ若い宗恒に期待しているのである。

八

享保十一年に徂徠に宛てた二通目の書翰「復物徂徠書」で、「今歯漸く強境、学闡明なること無く、樸陋業已に成心。縦令、造物鑪錘すとも、亦転化せしむること易からず」と云い、不惑の齢になろうとする自分の学問の主体が、朱子学から他に変わることのないことを景山は徂徠に宣言した。十五年後の天命を知る年齢になっても、景山の学問が孔子・孟子を尊重し、歴史を重視する堀杏庵の学統を受け継ぎ、それを基盤にしていることは揺るがない。

景山にとっては「僕迺ち正意の曾孫にして、従兄に正修なる者有り。亦世々禅へて儒を業とし、仕ふるに同藩に藉らる」（同前）というように、曾祖父に文章の大家と称された碩儒杏庵をもったことは大きな誇りであった。[18]『論語』〈公治長〉に、孔子の「文章」について言及する「子貢曰、夫子之文章、可得而聞也」という一文がある。[19]朱子は

『論語集註』で「文章、徳之見乎外者、威儀文辞皆是也（文章は徳の外に見はるるものにして、威儀文辞皆是なり）」と言い、「文章」は、その人の「徳」が外に現れ出たものだとしている。杏庵の「文章」と「徳」については、当時の知人の誰もが認めるところであった。しかし、杏庵から景山までには一世紀近い時間的隔たりがある。その間に社会情勢は変化し、儒学界でも官学である朱子学に疑問を抱き、それを批判する新しい学問・思想が登場する。景山とて、この流れと無縁でいるわけにはいかなかった。父蘭皐の代から同じ京住みの西儒として頻繁に交流していた仁斎・東涯の学問が、景山をして旧来の朱子学に疑いを抱かせる端緒を作りだしたと考えられる。学派を超えて他の儒者と自由に交流していた古義堂が堀杏庵と同様に孔子・孟子を高く評価し、気と徳行を重視していたところに、景山が古義学に近づく第一歩があった、と私は推測する。これをきっかけに、さらに仁斎の首唱する人間主義（人情）と原典主義（字義）に景山は目覚めていったのではなかろうか。日本の言語・文学・歴史に関心をもち、世間ではほとんど知られていなかった契沖学に強い関心をもち積極的に学んでゆくのも、このことと関係していよう。

やや遅れて儒学界の寵児となる徂徠が、古義学を踏まえた上で原典復帰のために古代語を媒体とする明確な方法論を示し、景山はその学問に接する。しかし、「文盲」に対する批判としてある古文辞学の言語上の復古の理念は認めるものの、そこに「心」に達する「気」がないことに景山は不満を抱いた。享保十一年にやりとりされた徂徠との往復書翰はこの経緯が詳細に記されている。

有徳の言、必ず已むことを得ざるより出づ。故に能く人を動かす。人を動かす、故に能く用ゐる有り。而して其れ人を動かすは、是れ迺ち一気在る所なればなり。（中略）文は原と心に生ず。心は見るべきに非ず。而して稍々見るべきと為す者は気なり。（「復物徂徠書」）

杏庵が高く評価した孟子の性善養気説に基づく考えである。古代の言語によって古聖人の心を知るには「気」を熟慮しなければならないとするのは、文字・言語に伝達能力の限界があり、「言は意を尽くさず」の信念があるからであろう。この「気」が、家学の中心をなす孟子の性善養気説をもととする「徳」と結びつき、人君政治においては「徳行」の主張となる。Ⅱ・一で述べたように、徂徠の古文辞学は景山にとって「下学の道」として、「上達の理」に達するために必要とされた新しい学問の方法論であった。第三節で提示しておいた西尾陽太郎氏の結論に対する疑問は、以上の説明によって氷解するのではなかろうか。

このように見てくると、景山は「徳」の現れである「文章」に秀でた杏庵の思想をしっかり継承しながらも、同じ京都の儒者としての古義堂との交流、そして徂徠学、契沖学との出会い、これらを通して朱子学者を自認していた自らの思考の原理あるいは回路を、少なからず修正せざるを得なかったと考えるべきであろう。そうして軌道修正した学問の方法論と意義論をもって、旧来の朱子学に固執している貞喬に、人君の学問と政治のあり方を諄々と説く。それを一書としたものが『不尽言』である、と私は思う。

九

さてここで、以上述べてきた独自な視点で人君の学問・政治を論じている『不尽言』に、もう一つの主張があることを指摘しておきたい。それは、人君を諫める諫言者の存在についての主張である。前述したように、太平の世における文・武の本末先後の判断は、景山にとっては人君政治の肝要とするところであった。浅野宗恒が、吉長の後継者として、広島藩の第六代藩主に就いた後に景山が執筆したものに、「自警編序」（宝暦二年〜同七年の間に成る）と「書逍遥篇後」（宝暦三年に成る）の二つの小品がある。Ⅳ・二・(1)とⅢ・四で改めて詳述するが、その中で文治と武断、そして主君へ諫めについて次のように言う。

聖人已れを虚しくして、弐無く、問ふことを好み、言を察し、狂夫を必ず択り、芻蕘に詢ふ有り。乃ち是れ其の睿明の資の、衆と敻絶する所以なり。我が芸藩侯、寛簡にして度有り。未だ色を喜慍に借ることを肯ぜず。（中略）方今、海内馬上の業、久しく已に成立すれども、金鼓振はざること亦百年にして奇なり。是に於いて、侯、世を文運に属き武を用ふるの時に非ずと以す。故に詩書に敦くして文化を崇び、力を鄙む。政は武断を黜け、能く其の先務を急にするを知り、文備を顚修するを以てす。而も武事、固より、未だ嘗て講肄せずんばあらず。先後する所を知るときは、道に近しと謂ふべきかな。（「自警編序」[20]原漢文）

乱を撥ふ者は、武を以てせざるべからず。乃ち是れ湯武の逆取、戈を止むる所以なり。正に反へるに及びて後、文を舎きて、其れ亦何を以てか為さん。是を以て、先王の道、斯の文に具存す。乃ち国を経むるの大業、必ず諸を文学に資す。設或に天下を馬上に得る者、寧ぞ復た馬上を以て之を治むべけんや。亦是れ高帝、陸賈に慙色し孫通に守成せしむる所以にして、漢四百年の業、創《はじ》めて此に基ゐす。（「書逍遥篇後」[21]原漢文）

『不尽言』の成立から十年余り後に書かれた右の二つの文章は、『不尽言』の第三・第四・第五章とその趣旨を同じくすると言ってよい。天下統一後の文治、すなわち武断ではない徳行による政治（先王の道）を取り立てていうが、その一方で、諫言を受け容れる人君の度量の大きさと、人君を諫める者の存在の必要性を説いている。晩年に至るまで、景山のこの考えは変わっていないことが知られる。

『不尽言』では、家臣の諫めに耳を傾ける大きな度量が上に立つ者には必要であり、また、人君に諫言するのが臣下の重要な役目であることを、第三・第四・第五・第七章で説く。景山が書翰で相手にしているのは、執政職にある岡本貞喬であり、貞喬は家臣として漢の高祖における陸賈、唐の太宗における魏徴の如く、上に対する諫言者の立場にある。その貞喬に対し、景山は自らの考えを述べている。藩主のみならず執政職にある者をも学問の道から助言し補佐するのが側儒、すなわち自分の役目であるということを、景山は強く自覚していたに相違ない。京住みの堀家が、代々受け継いできた広島藩のお抱え儒者としての自負である。

享保期、広島藩に新たに加わった崎門派の朱子学の感化を受けたと思しい執政貞喬に対し、文盲の茶儒や武士の物言いがはびこる今こそ、孟子の王道を説くことに自分の責務があると景山は考えていたであろう。『不尽言』の中で、当世江戸の風潮を周末春秋戦国時代に比している。景山は自分を孟子になぞらえて、儒者の存在意義を主張している観すらある。

同じ時期同じ西儒として生きた清田儋叟が、景山を「万人に勝れたる徳あり」（『孔雀楼筆記』巻一）と評した言葉は、景山が一儒学者として「徳行」を言葉の上だけではなく、日常生活の中で自ら体得し、実践していたことを物語っている。

注

（1）京都大学経済学部図書室蔵本『不尽言』（写本二冊）の識語に「此不尽言西京屈景山先生所答本藩大夫岡本大蔵者問之草稿也　予乞借先生謄写蔵家云　寛延元年戊辰八月　定章」とある。書簡草稿が、『不尽言』一書として書写されている。宣長が京都遊学中（宝暦二年〜七年）に、景山のもとで「右以屈先生自筆不尽言抜書之者也」として、和歌に関する文章を書き抜いている（『本居宣長随筆』第二巻）。岡本大蔵宛の書簡草稿を、景山が自ら『不尽言』と題していたことがわかる。

（2）益田敬編『飽薇光華録』（明治四十四年刊・広島県市立修道中学校）。

（3）橋本素助・川合鱗三編『芸藩志』第二十巻（印影版）収録（昭和五十三年四月刊・文献出版）。

（4）山崎闇斎編『朱子社倉法』（江戸初期刊）は、後の文化三年に補刻出版されている。

（5）森元国松編『芸備郷土誌目録』（昭和九年刊・三朋社）に拠る。社倉法は延享四年（一七四六）に安芸郡矢野村で施行され、次第に藩内に普及してゆく。藩も明和七年（一七七〇）十月、「社倉法示教書」を頒布して奨励した。

（6）吉長に「安芸国主世子並代々家相続之方々江」と宛書する『遺教録』（二巻二冊、『広島県史』近世資料編Ⅵ・昭和五十一年三月刊に所収）がある。「善悪の道を糾し順道に成事は文学より出すして成間敷也」という考えのもとに、国務を執り行う上での学問の重要性を具体的に説いており、吉長の政治思想・学問観の一端が窺い知れる。また、『芸藩輯要』（林保登篇、昭和四十五年七月刊・芸備風土研究会）第三編に所収する「歴代御役人帖」（『藩士名鑑』）には、「御側儒」は「三次御横

目」の次に職位を位づけられ、

御　側　儒

元禄三　味木立軒○宝永元　寺田立革（半蔵）○正徳三　堀正修（一六郎、七大夫、正蔵）○享保四　堀正超（禎助）
○寛延三　（正蔵倅被召出）堀七左衛門○宝暦六　（禎助倅同）堀正大夫（禎助）○明和三　（七左衛門跡目）堀六一郎

として、そこに七人の名が挙げられている。そのうち五人が堀南湖と景山、およびその子孫である。

（7）慶長十九年三月七日、『論語』為政第二の冒頭「為政以徳、譬如北辰居其所、而衆星共之」を題として、家康は五山の僧侶と林羅山に作文を命じている（『大日本史料』第十二編之十三に各々の文が収載される）。同年四月、杏庵は駿府に赴き、同じ題で作文を命じられた。

（8）『杏陰稿』（四冊）、東京大学史料編纂所蔵（堀寛次郎蔵本写）。

（9）『杏陰集』（二十一巻十冊）、陽明文庫蔵。

（10）『杏庵先生追悼詩文集』（一冊）、東京大学史料編纂所蔵（堀寛次郎蔵本写）。

（11）『日本古典文学大辞典』第五巻「不尽言」の項（岩田隆の項目執筆、昭和五十九年十月刊・岩波書店）。

（12）新日本古典文学大系99（平成十二年二月刊・岩波書店）五一〇頁。

（13）同右、五一一頁。

（14）『杏陰襍録』東京大学史料編纂所所蔵（堀寛次郎蔵本写）。

（15）Ⅲ・三・(3)「荻生徂徠の風雅一首—斗之魁有序—」参照。

（16）『易』（上）（中国古典選1・昭和五十三年三月刊・朝日新聞社）本田済の解説参照。

（17）『論語』〈先進〉に「子曰、従我於陳・蔡者、皆不及門也。徳行顔淵・閔子騫・冉伯牛・仲弓。言語宰我・子貢。政事冉有・季路。文学子游・子夏」とある。

（18）堀杏庵の推挙で儒臣となった石川丈山が、慶長十四年（一六三七）朝鮮の学士権菊軒と筆談したときの筆記『朝鮮筆談集』に、「有教授正意者、儒而医也。博聞強記、殊工文章、是又当時之英才也」と述べて、杏庵（名は正意）は文章に巧みであり、当時の英才だと評している。また権菊軒は、「以正意為文苑之老将」として杏庵を高く評価した。

（19）『論語』〈公冶長〉に「子貢、夫子之文章、可得而聞也。夫子之言性与天道、不可得而聞也」とある。ここの「文章」は、今日使う狭義の意味だけではなく、朱子が「威儀文辞皆是也」（『論語集註』）というように、「威儀」をも含む内容のものであろう。杏庵が文才のみならず「徳」のある人物であったことは、享保十一年七月に徂徠が景山に宛てた書翰「復屈君燕書」によって知られる。

(20)　Ⅳ・二・(1)「自警編序」参照。

(21)　Ⅲ・四・(1)に掲載の「書逍遥篇後」参照。

四　本居宣長手沢本『春秋経伝集解』考

（1）慶長古活字本

一

本居宣長記念館所蔵の版本に、京都遊学中（一七五二〜一七五七）の宣長が、漢学の師堀景山の訓点・傍注・鼇頭・句読等を書き入れた『春秋経伝集解』（三十巻十五冊）がある。遊学中のメモ「経籍」に、「左伝　十五　四拾三匁」とある。後に景山点を書き込むことになる所持本は、四十三匁で購入していた杜預注のこの版本であろう。

書入れ本十五冊の各冊の末尾に、小さく墨書された次のような奥書がある。

第一冊……右書入改点等皆是　景山先生所是正也予以其自筆本写之云爾　本居栄貞（巻二）

第二冊……右書入改点等　景山先生所是正也　本居栄貞（巻四）

第三冊……右書入改点等　景山先生所是正也　本居栄貞（巻六）

第四冊……右書入改点等皆是　景山先生所考正而予以其自筆本写之云爾　宝暦三年癸酉十月卅日　本居栄貞記（巻八）

第五冊……右書入改点等皆是　景山先生所考正也予以其自筆本写之云爾　宝暦四年甲戌正月六日

本居栄貞記（巻十）

第六冊……右書入改点等我　景山屈先生所是正也予以其自筆本写之云爾　宝暦四年閏二月十三日此一策畢

本居栄貞（巻十二）

第七冊……右標註改点等我　景山屈先生所考加也予以其自筆本写焉云爾　宝暦四年甲戌五月二日畢此一策矣

門生本居栄貞（巻十四）

第八冊……右標註音点等皆　景山屈先生所考正也即以　先生自筆本写之　宝暦五年乙亥二月八日此一冊畢

後学　本居栄貞謹識（巻十六）

第九冊……右鼇頭旁註訓点等皆是　景山先生所是正也予以其自筆本改正之云爾　宝暦五年乙亥四月八日

本居春菴清宣長謹書（巻十八）

第十冊……右訓点句解旁註等皆是　景山屈先生所考正也以其自筆本写之矣　宝暦五年乙亥六月朔日

清春菴本居宣長謹識（巻二十）

第十一冊……右句読訓点旁註鼇頭是　景山先生所考校也以其自筆本瀉《ママ》之畢　宝暦五年乙亥九月四日

清蕣庵宣長謹書（巻二十二）

第十二冊……右鼇頭旁註訓点者　景山先生所集識考正也予今以其家蔵自筆之本書写之　宝暦五年十一月五日畢此一策矣

蕣庵清宣長謹書（巻二十四）

第十三冊……右訓点句読旁註鼇頭者　景山屈先生所校正也予以其自筆本書附之云爾　宝暦六年二月三日畢此一策

清蕣庵本居宣長謹書（巻二十六）

第十四冊……右国読訓点句読旁註皆是　景山屈先生所校正也予以其家蔵自書本附之雖一字半点不加臆矣謹写云

宝暦六年丙子四月二日

本居宣長書（巻二十八）

第十五冊……右春秋左氏伝全十五本訓点国読旁註句読是　景山屈先生所校正也予以其自書之本写之全部正畢矣

時宝暦六年丙子年六月二日

伊勢飯高春庵本居宣長謹書乎平安寓居（巻三十）

景山の「訓点国読旁註句読」を、丹念に私見をまじえず書き写したものであることは、以上の奥書により知ることができる。

遊学中の日記（『在京日記』）によれば、上京して景山のもとに寄宿した宣長は、まもなく『易経』をはじめとして「五経」の素読を開始し、約八ケ月で終了している。「経籍」には「五経　十一　十五匁五分」として、購入した記録を残す。五経十一冊本は、寛永五年（一六二八）に刊行された惺窩訓点本をはじめとして、明暦三年（一六五七）跋刊の道春点本など他にもいくつかあるが、宣長が使用したテキストは分からない。(1)

『在京日記』に見える『春秋』の注釈書『春秋左氏伝』に関する記事は次のとおりである。

宝暦二年（一七五二）

五月二十五日　今日蘭澤先生左伝講釈始

六月五日　左伝講釈

六月十五日　左伝講釈

十一月二十六日　左伝素読始、先レ是書経読畢、自二今春一至二今月一乃五経素読既終

宝暦三年（一七五三）

十一月二日　二日夜、左伝会読之始、以二十七之日一会レ之

宝暦六年（一七五六）
一月十五日　屈先生読初左伝会

『左伝』の学習は、景山の男蘭澤を先生とした講釈に参加する宝暦二年五月二十五日から始まる。翌三年十一月には会読の形態をとった。景山は二ケ月前の九月二十四日に藩儒として広島に赴き、帰京するのは翌四年三月二十三日（『在京日記』）だから、『左伝』会読の中心には蘭澤がいたと考えられる。この会読が、どのようにして次の景山の『左伝』会につながるのかの仔細は知られない。

宝暦六年一月十五日の「屈先生読初左伝会」は、景山が指導する『左伝』の会読である。景山塾は歴史の学問を重んじた。宣長が寄宿する宝暦二年には『史記』（五月一日～同四年十二月八日了）と『晋書』（五月九日～同三年二月二十九日まで記事あり）、宝暦四年『歴史綱鑑補』（閏二月四日～同年十一月二十六日了）、宝暦五年『漢書』（一月二十一日～十一月二十五日了）、そして宝暦六年には『左伝』のほかに『南史』（二月二十五日～）を読んでいる。史書の会読に途切れがない。景山による『左伝』会は、宝暦五年十一月二十五日に「屈氏漢書会読了」（『在京日記』）とあるから、『漢書』の会読の後をうけて新たに始められたものであろう。

このように見てくれば、京都遊学中の宣長にとって『春秋左氏伝』は、景山塾における漢籍の勉強の中でも特に意を注いで学んだ漢籍の一つであったと言える。宣長が、景山点を丹念に書き写した所以である。

二

景山家蔵の自筆本の書き込みを忠実に書写した宣長手沢本は、いかなる版本であったのだろうか。

最初に宣長手沢本『春秋経伝集解』の書誌を、「重要文化財　本居宣長稿本類並関係資料追加指定目録」（平成十三

年三月刊・本居宣長記念館）に拠って述べる。

袋綴冊子装。薄茶表紙。縦二八・五糎、横二〇・五糎。匡郭、縦二二・三糎、横一七・二糎。八行。墨付（一）七十六枚、（二）五十三枚、（三）七十六枚、（四）六十三枚、（五）五十六枚、（六）七十三枚、（七）八十三枚、（八）七十枚、（九）七十枚、（十）七十枚、（十一）七十二枚、（十二）七十四枚、（十三）六十五枚、（十四）五十六枚、（十五）九十一枚。外題「左伝、一之二（以下・巻数）」。内題「春秋経伝集解隠公第一」。小口「春秋、一之二（以下・巻数）」。柱刻「左伝一（以下・巻数）、丁数」。蔵書印「鈴屋之印」他。

右の記述内容を踏まえた上で、ここで確認しておきたいのは、宣長の所持する版本が一枚雕の整版本であったのか、それとも木活字を使用した古活字本かということである。

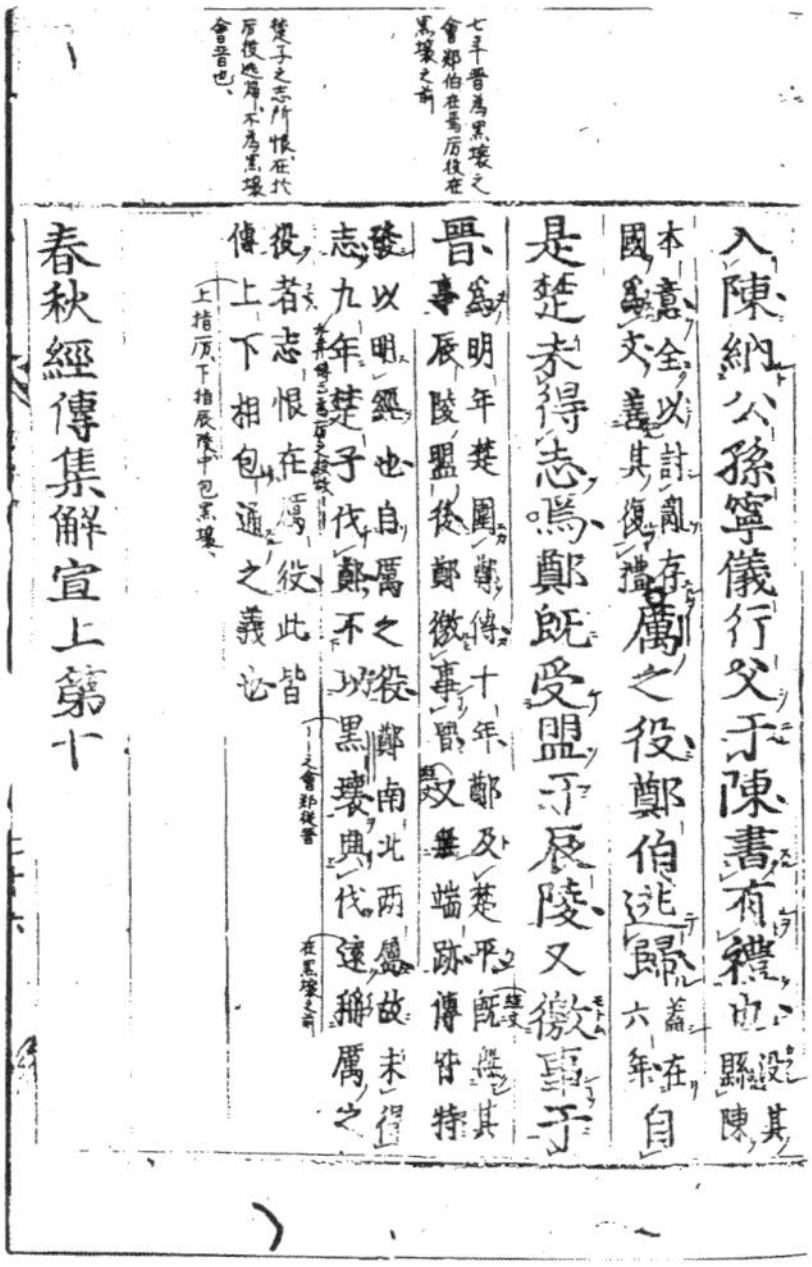

図版Ⅰ　巻十・巻末（本居宣長記念館蔵）

従来の研究で、宣長書き入れ本『春秋経伝集解』について、この点に触れているのは、井上進氏（『三重県公蔵漢籍目録』平成八年四月刊・三重県図書館協会）の言及が最初であり、唯一のものである。井上氏はその中で「慶長中木活字印本　本居記念館蔵　この本は慶長古活字版ということでも注意される所であるが、その価値は何より累々とある批注、そして最後にしるされる跋に在ろう」として、これ以上の説明はないが、慶長古活字版（慶長中木活字印本）であることを指摘している。

宣長所持本が活字版であることは、活字の組

図版Ⅱ　全十五冊（本居宣長記念館蔵）

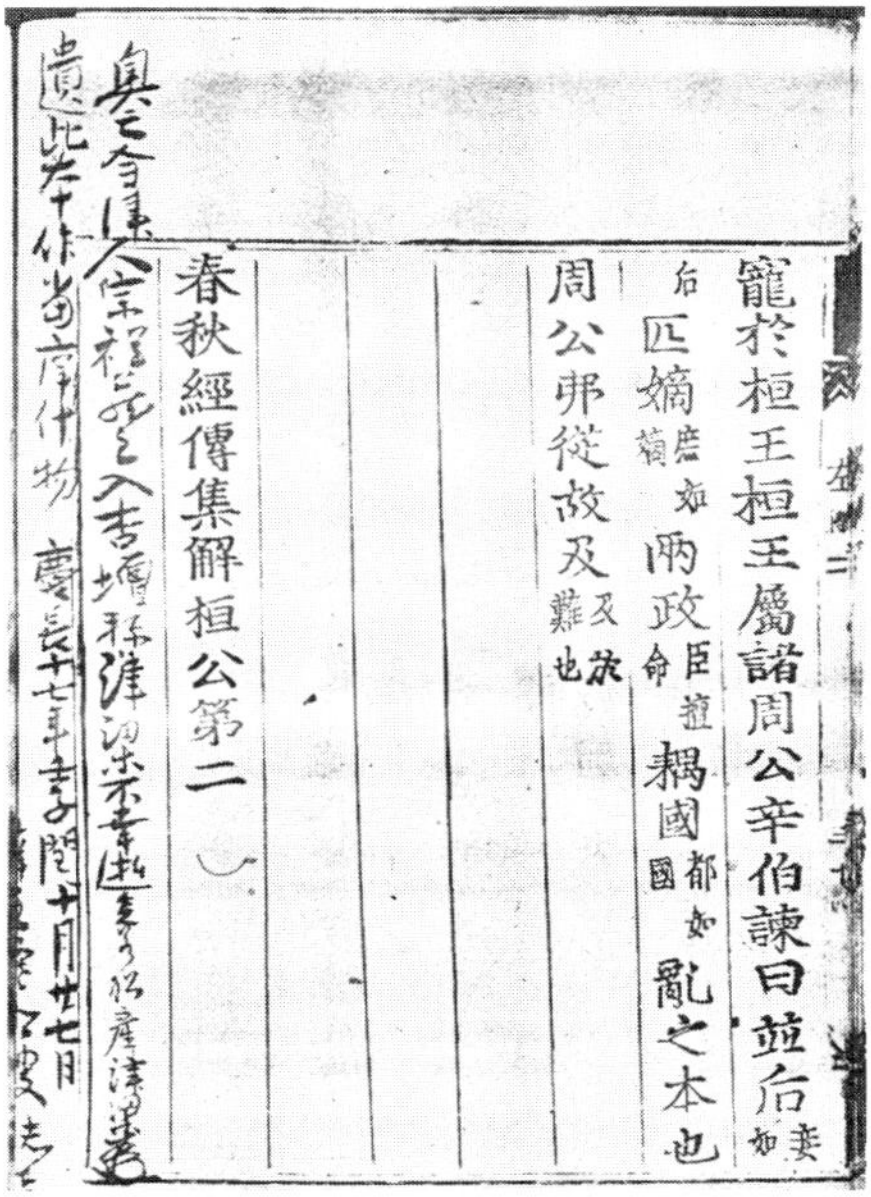
寵於桓王桓王屬諸周公辛伯諫曰並后妻如后匹嫡庶如嫡兩政臣擅命耦國都如國亂之本也
周公弗從故及難及於難也
春秋經傳集解桓公第二

図版Ⅲ　巻二・巻末（足利学校遺蹟図書館蔵）

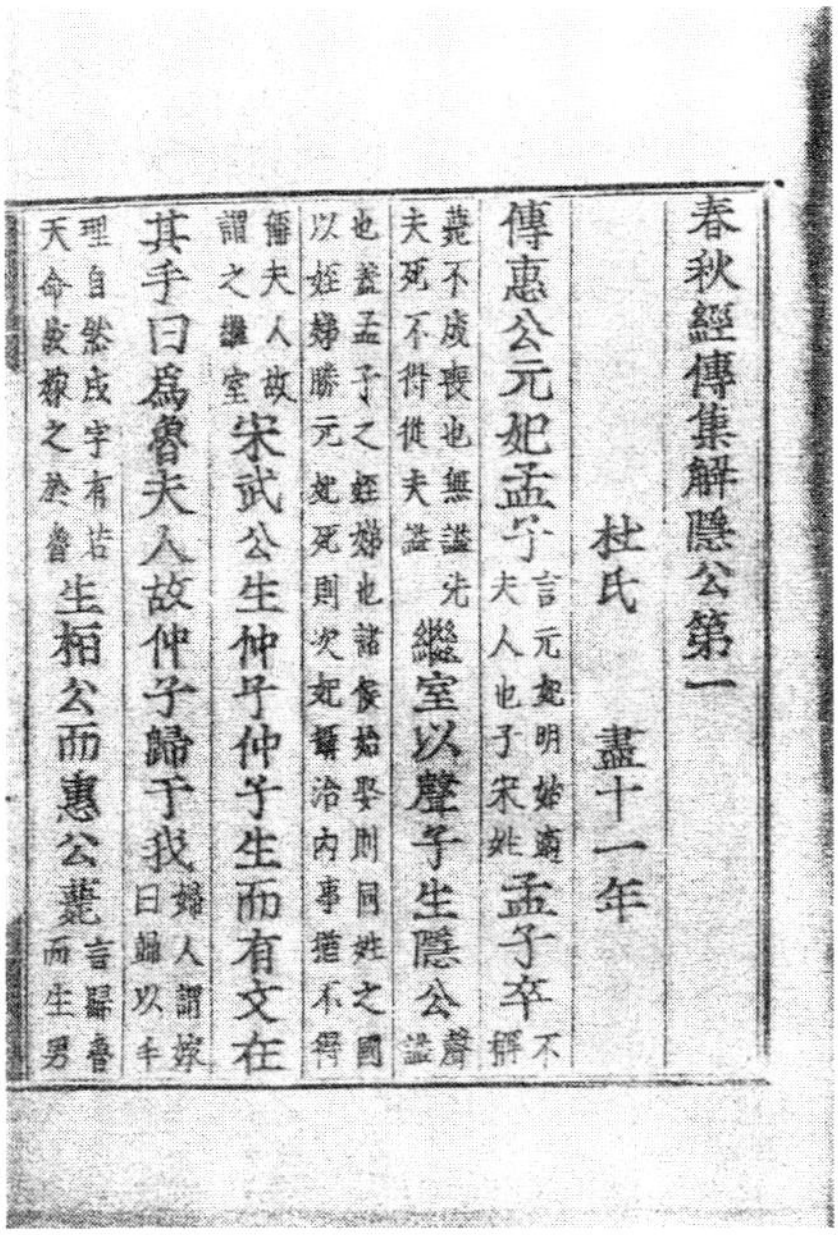
春秋經傳集解隱公第一
杜氏　盡十一年
傳惠公元妃孟子言元妃明始適夫人也子宋姓孟子卒不稱薨不成喪也無謚先夫死不得從夫謚繼室以聲子生隱公聲謚也蓋孟子之姪娣也諸侯始娶則同姓之國以姪娣媵元妃死則次妃攝治內事猶不得稱夫人故謂之繼室宋武公生仲子仲子生而有文在其手曰爲魯夫人故仲子歸于我婦人謂嫁曰歸以手理自然成字有若天命故嫁之於魯生桓公而惠公薨言歸魯而生男

図版Ⅳ　巻一・巻首（一般財団法人石川武美記念図書館成簣堂文庫蔵）

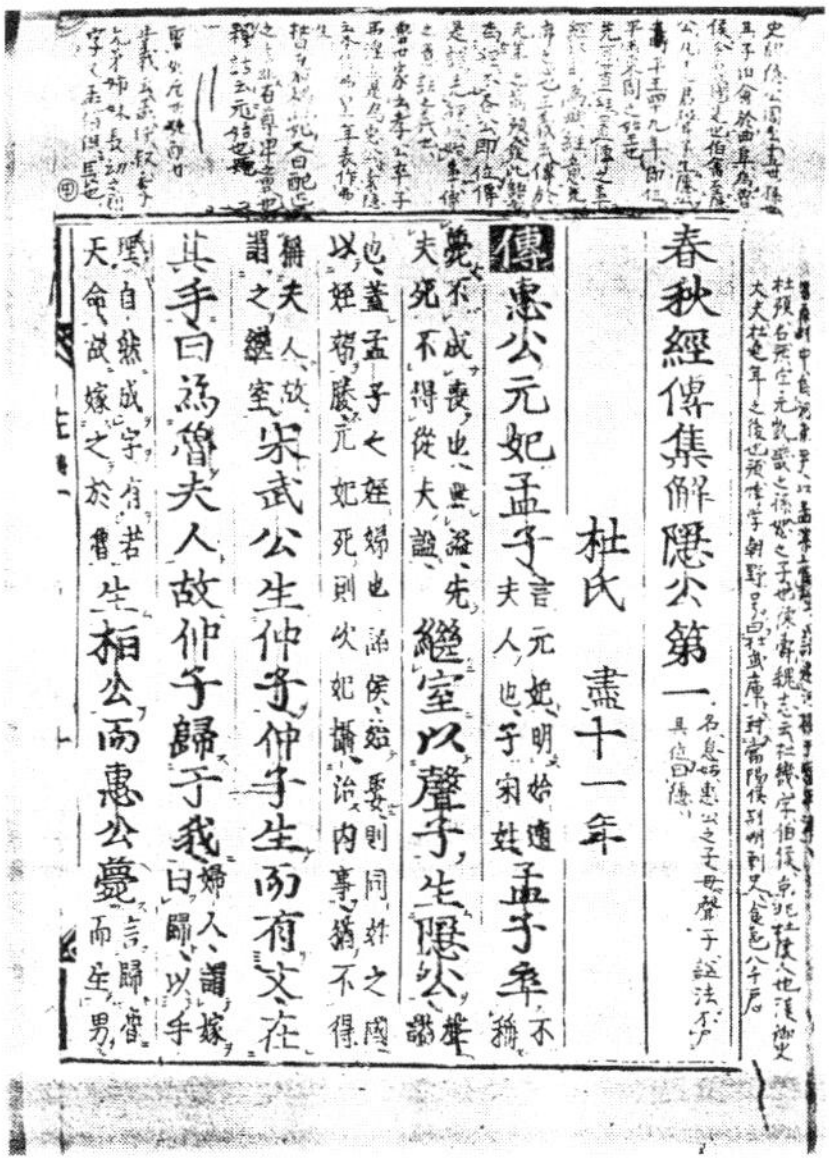
春秋經傳集解隱公第一
杜氏　盡十一年
傳惠公元妃孟子言元妃明始適夫人也子宋姓孟子卒不稱薨不成喪也無謚先夫死不得從夫謚繼室以聲子生隱公聲謚也蓋孟子之姪娣也諸侯始娶則同姓之國以姪娣媵元妃死則次妃攝治內事猶不得稱夫人故謂之繼室宋武公生仲子仲子生而有文在其手曰爲魯夫人故仲子歸于我婦人謂嫁曰歸以手理自然成字有若天命故嫁之於魯生桓公而惠公薨言歸魯而生男

図版Ⅴ　巻一・巻首（足利学校遺蹟図書館蔵）

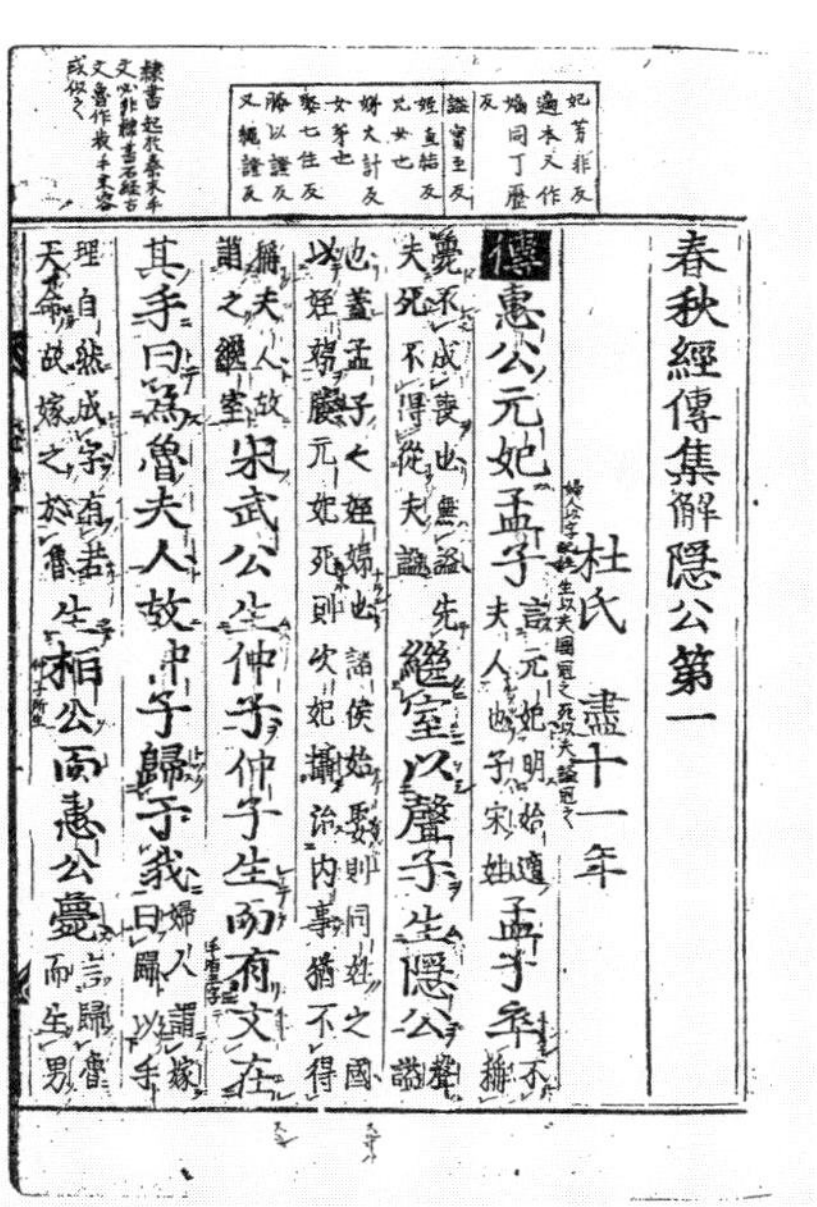
春秋經傳集解隱公第一
杜氏　盡十一年
傳惠公元妃孟子言元妃明始適夫人也子宋姓孟子卒不稱薨不成喪也無謚先夫死不得從夫謚繼室以聲子生隱公聲謚也蓋孟子之姪娣也諸侯始娶則同姓之國以姪娣媵元妃死則次妃攝治內事猶不得稱夫人故謂之繼室宋武公生仲子仲子生而有文在其手曰爲魯夫人故仲子歸于我婦人謂嫁曰歸以手理自然成字有若天命故嫁之於魯生桓公而惠公薨言歸魯而生男

図版Ⅵ　巻一・巻首（本居宣長記念館蔵）

版・印刷の特徴となる次のa～fの諸点からして明らかである。(2)

a　匡郭の縦線と横線が四隅で接続せず、隙間ができる（図版Ⅰ・Ⅵ）

b　行間の縦線が上下の欄線とつながらず、また、途中で消えたりする。（図版Ⅰ・Ⅵ）

c　字面の墨付きの濃淡にむらがある。（図版Ⅰ・Ⅵ）

d　活字の新古をまじえ、文字の大きさや筆画の太さが一致していない。（図版Ⅰ・Ⅵ）

e　文字の配列が不揃いで、斜めに傾いているものがある。（図版Ⅰ・Ⅵ）

f　書口の上欄線と下欄線が、それぞれ揃う。（図版Ⅱ）

木版本である覆刻整版本とも考えられるが、a・c・fの点から見て、その可能性はない。であれば、宣長が書き入れた活字本は、いつ刊行されたものであろうか。川瀬一馬氏は大著『増補　古活字版之研究』の中で諸伝本を調査し、古活字版『春秋経伝集解』（三十巻十五冊）を大きく二つに分類する。(3)

㈠　慶長十七年以前刊（足利学校蔵本識語。双辺、有界、八行十七字）

㈡　慶長中刊（双辺、有界、八行十七字。叡山月蔵坊刊本なる可し。本書に同種活字の異版あり）

㈠の慶長十七年以前刊は、足利学校遺蹟図書館蔵本巻二の巻末に、

奥之会津人宗祥蔵主入杏壇祢津梁不幸逝矣遺此本作当庠什物(4)

慶長十七年壬子閏十月廿七日　庠主寒松叟誌焉

と記す墨書識語（図版Ⅲ）によって、㈡の慶長中刊と区別される。㈠㈡とも「双辺、有界、八行十七字」は同じである。しかし、活字が異なる。川瀬氏が㈠慶長十七年以前の刊行とする足利学校遺蹟図書館蔵本（図版Ⅴ）と㈡慶長中刊の一本とした石川武美記念図書館成簣堂文庫蔵本（図版Ⅳ）(5)を比較してみれば、使用している木活字の違いは明白であろう。

宣長書入れ本（図版Ⅵ）は、この足利学校遺蹟図書館蔵本（図版Ⅴ）と同種の印本であることが分かる。つまり、宣長が景山点を書き入れた版本『春秋経伝集解』は、慶長十七年以前に刊行された古活字版であるということになる。とすれば、井上進氏が最初に指摘された「慶長中木活字印本」が、川瀬氏が分類する㈡の「慶長中刊」の古活字版を意味するものでなければ、その「慶長中刊」と区別する意味で、より正確には㈠の「慶長十七年以前刊」の木活字印本とするべきであろう。

注

（1）長澤規矩也『和刻本漢籍分類目録　増補補訂版』（平成十八年三月刊・汲古書院）に拠る。
（2）藤井隆『日本古典書誌学総説』（平成三年四月刊・和泉書院）や、魏隠儒・王金雨『漢籍版本のてびき』（波多野太郎・矢嶋美都子訳、昭和六十二年五月刊・東方書店）に、鑑定方法として活字本の基本的特徴を紹介している。本書では、これらを参考にした。
（3）川瀬一馬『増補　古活字版之研究』（昭和四十二年十二月刊・ＡＢＡＪ日本古書籍商協会）上巻三七五・三七六頁に、『春秋経伝集解』（三十巻　晋杜預注　十五冊）を、㈠慶長十七年以前刊・㈡慶長中刊・㈢無注本の三種に分類しているが、杜預の注を刻する活字本は㈠㈡の二種類である。
（4）識語一行目「不幸逝矣」の下に、異筆の小字で「若松産津梁（花押）」とある。生前の宗祥の自書であろう。
（5）図版Ⅳは、一般財団法人石川武美記念図書館成簣堂文庫所蔵の古活字版『春秋経伝集解』巻第一巻首の部分である。同図書館および日本古書籍商協会の許可をいただき、『古活字版之研究』下巻・図録篇一七五番より転載した。

（2）堀景山改訓の意義

一

宝暦二年、医学修業を目的として松坂から京都に遊学（一七五二～一七五七）した宣長は、医学の基礎教養としての漢学を景山塾に寄宿して学んだ。青年期の宣長が、景山のもとでいかに真摯にかつ貪欲に漢学を修得しようとしていたか。その過程の詳細は、筑摩版『宣長全集』第十八巻に収載する種々の漢籍からの抜粋のみならず、『在京日記』や漢学書生仲間とやり取りした書簡、遊学中のメモ（「経籍」）等に記された内容から具体的に窺うことができる。

現在、本居宣長記念館には、宣長の自筆稿本をはじめとする膨大な数にのぼる関係資料が収蔵される。しかし、医学関係の書を除く漢籍は、ほとんど散逸している。おそらく、後人の手によって意図して除かれたものであろう。その中で唯一残る漢籍が、師景山の改訓を景山の自筆本[1]をもとに丹念に書き入れた宣長手沢本『春秋経伝集解』（三十巻十五冊）である。宣長が書き込みした所持本は、前述したように慶長十七年以前刊の古活字版である。「経籍」には、「左伝　十五　四拾三匁」とメモ書きが見える。遊学中に四十三匁で手に入れた版本であったと思われる。

わが国において、最初に訓点を付して出版された杜預注『春秋左氏伝』は、寛永八年（一六三一）跋刊の版本である。全巻にわたる施点は、景山の曾祖父堀杏庵（一五八五～一六四二）によるものであり、跋文も杏庵である。後裔の景山にしてみれば、堀家の家学ともいえる『左伝』の訓読は、家祖として誇る杏庵の訓点を踏襲するのが当然であった。

しかし、杏庵と景山には百年ちかい時代の隔たりがある。その間、漢唐の古注疏に基づく従来の訓読法に、宋儒の新注の訓法を取り入れた貝原益軒の『点例』（元禄十六年刊）や、唐音に通じた音読を主とすることを説く太宰春台の『倭読要領』（享保十二年刊）に代表される新しい訓読法が提唱されている。いずれも、原文の意を出来るだけ正確に読み取ることを目的とするところから主張された訓法であった。春台は「薩摩ノ僧文之四書ヲ読ミ、羅山先生四書五経ヲ読テヨリ、後来コレニ倣フ者数十家、各其本アリテ世ニ行ハル」（『倭読要領』巻上）と言う。[2]江戸中期は、旧来の博士家の古点から、『桂庵和尚家法倭点』を源流とする新注の訓法に及ぶ「数十家」が自らの訓みを展開するという、漢文訓読史においては、まことに不安定な混乱した時代であったといえる。[3]

こうした状況の中にあって、曾祖父杏庵の加点になる『春秋経伝集解』を敢えて改訓せざるを得なかった景山には、いかなる理由があったのか。そして、それが宣長の訓読観、さらには学問観にどのような影響を及ぼすことになったか。以下、景山点の特徴をふまえて、この問題について考察してみたいと思う。

二

宣長が景山点を書き入れた版本は、二巻を一冊とした全三十巻十五冊である。各冊の末尾に、小さく墨書した奥書がある。

右書入改点等皆是　景山先生所是正也予以其自筆本写之云爾　本居栄貞（第一冊・巻二）

右春秋左氏伝全十五本訓点国読旁注句読是　景山屈先生所校正也予以其自書之本写之全部正畢矣

時宝暦六年丙子年六月二日　伊勢飯高春庵本居宣長謹書乎平安寓居（第十五冊・巻三十）

第二冊から第十四冊の奥書も、右の二冊とほぼ同じ内容で記されるが、第四冊（巻八・宝暦三年発酉十月三十日）以降の各冊の奥書には、みな訓点の書写を終えた年月日を明記してある。第五冊（宝暦四年正月六日）・第六冊（同四年閏二月十三日）・第七冊（同四年五月二日）・第八冊（同五年二月八日）・第九冊（同五年四月八日）・第十冊（同五年六月朔日）・第十一冊（同五年九月四日）・第十二冊（同五年十一月五日）・第十三冊（同六年二月三日）・第十四冊（同六年四月二日）・第十五冊（同六年六月二日）とあって、二巻一冊の書き入れに、各冊およそ二ケ月を要している。

景山塾入門の三ケ月後（宝暦二年五月二十五日）に、景山の男蘭澤（一七二二〜一七八九）による『左伝』の講釈が始まり、宣長はそれに参加している。翌三年の十一月には「二日夜、左伝会読之始、以二七之日会之」（『在京日記』）と記すように、会読の形態をとった。前述の購入本に、景山点を書写し始めたのは、『左伝』のこの講釈と会読に関係していると思われる。

ここで注目したいのは、その購入本である。書き入れ本となる慶長古活字本は、本来白文であったはずである。ところが、宣長が景山の改訓をそのまま白文の版本に書き込みしているのは、巻十八の三丁から後のことで、それまでは購入本に既に書き込まれていたと思われる訓点を、胡粉や朱で消し、あるいは見せ消ちにした上で景山点を書き入れている。「春秋左氏伝序」から一例をあげる。

胡粉の下の訓点及び訂正の朱筆が、印刷の紙面に鮮明に浮かび上がってこないので、それぞれに分けて述べる。胡粉で消されているが、古活字本に最初に付された訓点は、かすかにa「其微《カクシ》レ顕《アラハナルヲ》闡《ヒライテ》レ幽《カクレタルヲ》」と読み取ることができる。そして胡粉の上に、b「其微《ーニシ》(レ)顕《ーヲ》闡《ーシ》(レ)幽《ーヲ》」のように、改めて音読みを示す竪点と小振りの送り仮名が添えられる（返り点は、次のcのレ点の下に付されていたと思われる）。それはさらに朱で消されて、宣長の筆でc「其《ノ》微《フカフシ》レ顕《アラハナルヲ》闡《ヒラキ》レ幽《カクレタルヲ》」と景山点が書き込まれている。私にはaとbのカタカナはそれぞれ別人の筆であり、宣長の筆ではないように見える。そうだとすれば、宣長が入手した古活字版の『左伝』には、宣長以前に途中までで

（序）

はあるが、aの第一次加点者とbの第二次加点者が存在したことになる。

第一次・第二次の施点は、どのような特徴を持っているのであろうか。胡粉で消された訓点の中には、胡粉の塗りが薄いために読み取りが可能な部分が多い。それを検証してゆくと、施点は寛永八年跋刊の杏庵点を移点したものであることがわかる。つまり、第一次加点者は古活字本に杏庵点を書き入れていたのである。そしてそれを第二次加点者が塗沫し、新たに訓点を施した。第二次加点者のこの付訓に目立つ特徴は、助字を主とする独特の訓読法にある。通常の訓とは異なる読みの例を、巻三と巻十二から拾ってみる。

巻三では、其《アニ》（6オ）・則《コレ》（6ウ）・可《ラル》（7オ）・乃《ココニ》（11オ）・者《トキ》（13オ）・者《ナラハ》（27ウ）・以《ヨリテ》（28オ）・所《タル》（24オ）・於《アルハ》（27ウ）・其《ヘシ》（27ウ）・猶《ヲナシ》（32ウ）・夫《ヲヨソ》（34オ）・為《ヨリ》（40オ）、巻十二では、能《エテ》（5ウ）・請《ヘシ》（7オ）・乃《タタチニ》（7ウ）・矣《タリ》（8ウ）・其《ケタシ》（10オ）・及《マタハ》（16オ）などの和訓が、繰り返し出てくる。「于」と「於」は、一般に置字といわれる中でも特に使用される頻度の高い助字である。「降《ル》㆑于《ニ》㆓斉《ノ》師㆒」（巻三7オ）・「有《テ》㆑寵㆑於《ニ》㆓僖公㆒」（同8オ）・「盟《ス》㆑于《ニ》㆓赤棘㆒」（巻十二1オ）・「還《リ》㆑於《ヨリ》㆓新築㆒」（同4ウ）のように、いずれも「于」「於」に訓をつけて直接読んでいる。ただし宣長所持本では、巻十八まで「于」「於」の置字は直接訓読されているが、朱筆による訂正・見せ消ちは巻四までであり、巻五からは一切訂正せずにそのままにしてある。独特の訓読といえる第二次加点者によるこの訓法は、「今三平、乃取解説之法而施諸誦読。幾不入於鄙俗」（太宰春台「対客論文」[4]）、あるいは「例ナキ新奇ナル訓訳」（江村北海『授業編』[5]巻之三）と批判されながら、口語的に文脈に即して読みをあてようとした宇野明霞の訓法（三平点）であるといってよいであろう。このことは、『明霞先生遺稿』に施された詩文の読みや、明霞の『語辞解』を修補した釈大典の漢語文典『文語解』の語例と、比較対照することによって裏づけられる。[6]

このように検討してくると、宣長が入手した古活字本には、何某氏によって最初に杏庵点が版本より移点され、次にそれを胡粉で消した人物によって明霞点[7]が新たに書き加えられていたということになる。宣長は、訓法の姿勢を異にする二つの訓点を修正しながら、景山の改点を丹念に写していた。

三

ここで順序として、最初に書き込まれた堀杏庵の訓読法そのものについて考察しておく必要があろう。『春秋左氏伝』の杏庵点に関して、管見の及ぶところでは、要を得たものとして、上野賢知氏の「堀杏庵訓点の春秋左氏伝について[8]」をまず第一に挙げねばならない。上野氏はこの中で、江戸期の『左伝』の研究は、藤原惺窩門の四天王、つまり林羅山、堀杏庵、那波活所、松永尺五、およびその子孫によって創められたことを指摘する。とりわけ、最初に出版された寛永八年跋刊の堀杏庵訓点本を高く評価している。それは、杏庵訓点本の後に続く『左伝』に関わる刊本、すなわち『音注全文春秋括例始末左伝句読直解』（寛文元年刊・松永昌易訓点）、『春秋左氏伝注疏』（寛文頃・何某氏訓点）、『首書春秋集注』（享保九年刊・松永昌易訓点）の訓読のいずれもが、ほとんど杏庵の訓読を踏襲しているという理由による。[9]加えて言えば、後に版を重ねて流布する那波魯堂による『春秋左氏伝』の訓点本が宝暦五年（一七五五）に板行されるまで、春台のいう「数十家」（前掲『倭読要領』）の訓法は、杏庵点の刊本を基礎にして改訓されていたものと推測される。伊藤東涯（一六七〇〜一七三六）の手沢本『春秋左氏伝』（古義堂文庫蔵[10]）などもその一例で、元禄五年から六年にかけて朱筆で杏庵訓点本に改点を加え、それを会読で使用していた。

杏庵点の特徴は、どこにあるのだろうか。上野氏は、次の四点を挙げる。[11]①句読点を施さない。②二字接続の上下の音読と訓読を、左右の竪線で区別する。③助字として、「コレ」と読む場合の「之」を読まない。④訓読語が多く、国文読みに近い。「耋矣《シレタリ》」「往歳《コゾ》」「軍《イクサダチス》」「誘《アザムク》」「恕《オモンハカル》」「威《カシコシ》」「欲《ス》レ求《メマク》」「奉《ツカヘン》レ馮《ニ》」を例示する。

③と④の内容について、もう少し詳しく分析してみる。例えば、巻十九〈襄公・二十九年〉の冒頭からわずか三丁の訓点を調べてみるだけで、次のような特徴が見出せる。具体例を挙げて示せば、

A　訓読語が多い。「城《（キヅ）ク》」(12)「来《（キ）テ》盟《（チカ）フ》」「比《タクヒ》」「及《ト》」「両《（フタツ）ナカラ》盛《（サカリ）ナラ》」「有《（タモ）タハ》レ国《（クニ）ヲ》」「微《イヤシ》」「不二暇《（イトマ）アキ》跪《（ヒザマヅ）キ》処《（ヲ）ラ》一」「寧《ヤスク》処《（ヲラ）ンヤ》」「戸《ヘコトニ》」

B　時制を区別する助動詞を読み添える。「リ」「タリ」「ン」「ツ」「ヌ」などを補読する。「踰年《セリ》」「死《タリ》」「蕃《タラン》」「弑《シツ》」「病《ヌ》」

C　文末に、断定の意を表す助動詞「ナリ」や助詞「ゾ」を読み添える。「疏《スルナリ》レ我《ヲ》」「大夫《ノ》家臣《ソ》」

D　現行の訓読では、「コレ」と読む「之」を一切読まない。起点を表す「自」も置字として不読である。「以《テ》討《ス》之既《ニ》得《ツ》之矣」「至《ル》二自楚一」

E　ク語法を用いる。「欲《ス》レ依《マク》二遣《テ》レ使《ヲ》之比《タクヒニ》一」

F　「レバ則」ではなく、「トキハ則」である。「則」は置字として読んでいないと思われる。「不《トキハ》レ見則終《ニ》不レ言」

G　使役の「使」は〈一二点〉または〈上下点〉と〈レ点〉を合わせて返り点とし、使役の対象に「（ヲ）シテ」と送らず、「使」を直接「シ（テ）～シ（ム）」と読む。「使《テ》《ム》二札《ヲ》来聘《セ》一」。また、「使」の左下の返り点は、連語の場合「使レ○-○」「使二○-○一」の二つを用いる。「使《テ》《ム》下公治《ヲ》一問《ハ》上」「使《テ》《ム》二印-段《ヲ》往一」

H　主格を表す助詞「カ」と連体格の助詞「カ」を読み添える。「子-羽《カ》曰」「季-孫《カ》家」

I　形式名詞の「コト」を読み添える。「書《コトハ》二此《ノ》一-年《ヲ》一者」

J　連語「ト云フ」を読み添える。「何《ノ》常《ト云コトカ》之有《ラン》」

K　杜預の注文で最初に置かれる「言」を、解釈を加える意味にとって「いふこころ（ハ）」と読む。「言《ハ》王一事無レ不《ト云コト》二堅一固《ナラ》一」

L　杜預の注文で、原因・理由を表す場合に、「レバナリ」を読み添える。「未《タ》レ同《レハナリ》二於《カラ》上一国《ニ》一」

杏庵点は訓読語が多く、国文読みに近いという上野氏の指摘は右のA～Lにあげたような特徴を内に含むものであろう。

ところで、寛永八年跋刊本[13]の跋文に、杏庵は次のように言う。

杉田氏玄与、欲刊訓点左伝、以行四方、属予求善本、予嘉此書之裨益学者、遍考数本、正字画之紕繆、改和訓之異同、可者存之、闕者補之、以俟後之君子矣

『左伝』の訓点本を出版しようとした杉田玄与は、杏庵に善本を求めてきた。そこで杏庵は、数本調査して字画の誤りを正し、和訓の異同を改めた。

とするならば、「遍考数本」の中で、とりわけ「和訓之異同」について杏庵が参考にしたのは、どのような由来をもつ『左伝』であったのだろうか。前掲『倭読要領』巻上に、「羅山先生四書五経ヲ読テヨリ、後来コレニ倣フ者数十家」とある。春台のこの言及を一つの手がかりとして、杏庵が参酌したと思われる訓点本について検討してみる。

羅山（一五八三～一六五七）が『春秋』について考察した書に、新注に基づく『春秋大全』と古注に基づく『春秋左伝注疏』がある。両書に取り組んだ羅山の姿勢を窺うことができる手校本が、現在、国立公文書館内閣文庫に所蔵される。『五経大全』の一つ『春秋大全』は、汪克寛の『春秋胡伝纂疏』に拠るものである。したがって、ほとんど『左伝』訓読の参考にはならない。一方の『左伝注疏』は、『十三経注疏』の中の一つであるが、羅山にとって『十三経注疏』のもつ意味は特別なものであった。そのことについては、村上雅孝氏による一連の詳細な論考がある[14]。村上氏はその中で、「羅山の経書解釈の理想は、古注の訓詁・新注の義理という特質をあわせ備えることにあったと見ら

れる」（『近世初期漢字文化の世界』三三七頁）と述べ、さらに「『毛詩注疏』の和訓は、清家点によっている。しかし、それを全面的に継承しているのではなく、和訓を自らの方針で取捨選択している所もあるようである。このように考えると、『十三経注疏』の訓点は、羅山点に古点の要素を取り入れるためのフィルターの役割を果たしているのではないか」（同　三五一頁）と言われる。羅山と同じ惺窩門の一人であった杏庵の和訓の法を考察する上で、村上氏のこの指摘は示唆的である。

前に、杏庵点の特徴を巻十九〈襄公・二十九年〉の冒頭から拾いあげてみたが、そのＡ～Ｌの例を、羅山点と清原家点とで、ここで改めて比較してみよう。杏庵点は寛永八年跋刊の後印本（汲古書院　和刻本経書集成本）、羅山点は『左伝注疏』（国立公文書館内閣文庫蔵本）[15]、清原家点は宣賢（一四七五～一五五〇）点の『春秋経伝集解』（京都大学附属図書館清家文庫蔵本）[16]による。ただし宣賢点は、ヲコト点と仮名点（送り仮名）を併用している。左の表では、仮名点で統一した。

	〈杏庵点〉	〈宣賢点〉	〈羅山点〉
A	城《ク》レ杞《ニ》	城《クニ》レ杞《ニ》	城《ク》レ杞《ニ》
	来《テ》‐盟《フ》	来《テ》盟	来《テ》盟《フ》
	遣レ使之比《タクヒニ》	遣《ヤル》レ使《ヲ》之比《タクヒニ》	遣《ル》レ使《ヲ》之比《タヒニ》
	及《ト》二陳‐侯鄭‐伯…一	及《ト》二陳侯鄭伯…一	及二陳侯鄭伯…一
	不二両《ナカラ》‐盛《ナラ》一	不両《ナカラ》盛《ナラ》	不二両《ツナカラ》盛《ナラ》一
	○有《タハ》レ国《ヲ》	有《タン》レ国《ヲ》	有《タン》レ国《ヲ》
	式《テ》‐微《イヤシ》	式《テ》微《イヤシ》	式《モテ》‐微《イヤシ》

	〈杏庵点〉	〈宣賢点〉	〈羅山点〉
	不二暇《アキ》跪《キ》‐処《ラ》一	不二暇《アキ》跪‐処一	不二暇《マアキ》跪《ツキ》処《ラ》一
	寧《ヤスク》‐処《ンヤ》	寧《ヤスク》‐処《ヲラン》	寧《ヤスクヲ》処《ン》
	戸《ヘコトニ》一‐鐘	戸《ココトニ》《ヘコトニ》一‐鐘	戸《ヘコトニ》一‐鐘
B	踰‐年《セリ》	踰‐年《セリ》	踰‐年《セリ》
	而《シテ》‐後死《ニタリ》	而後死《ニタリ》	而《シテ》‐後死《ニタリ》
	蕃《‐タラン》二王‐室《ニ》一也	蕃《ハンタラン》二王‐室《ニ》一也	蕃二王《タラン》‐室《ニ》一也
	以《テ》レ刀《ヲ》弑《シツ》之	以レ刀《ヲ》弑《ツ》之	以《テ》レ刀《ヲ》弑《ツ》之

	〈杏庵点〉	〈宣賢点〉	〈羅山点〉
	民-病《ヌ》	民病《ヌ》	民病《ヌ》
C	踈《スルナリ》レ我《ヲ》	踈《スルナリ》レ我《ヲ》	○ 踈《シテナリ》レ我《ヲ》
	大-夫《ノ》家-臣《ソ》	大-夫《ノ》家-臣《ソ》	大-夫《ノ》家-臣《ソ》
D	以《テ》討《ス》之既《ニ》得《ツ》之矣	以《テ》討《ス》之既《ニ》得《ツ》之矣	以《テ》討《ス》之既《ニ》得《ツ》之矣
	○ 至《ル》二自楚《ニ》一	至《ル》レ自レ楚	至レ自レ楚
E	欲《ス》レ依《マク》二遣《テ》レ使《ヲ》之比《タクヒニ》一	欲《ス》レ依《ラマク》二遣《ヤル》レ使《ヲ》之比《タクヒニ》一	欲《ス》レ依《ラマク》二遣《ル》レ使《ヲ》之比《タクヒニ》一
F	不《トキハ》レ見則終《ニ》不レ言	不《トキハ》レ見則終《ニ》不レ言	○ 不《トキ》レ見則終《ニ》不レ言
G	使《ム》《テ》二レ札《ヲ》来-聘《セ》一	使《ム》二レ札《ヲシテ》来-聘《セ》一	○ 使《ム》《シテ》下レ札《ヲ》来-聘《セ》上

	〈杏庵点〉	〈宣賢点〉	〈羅山点〉
	使《ム》《テ》下二公-治《ヲ》問《ハ》上	使《ム》二公-治《ヲシテ》問一	○ 使《シテ》下二公-治《ヲ》一問上
	使《ム》《テ》二レ印-段《ヲ》往一	使《ム》二レ印-段《ヲシテ》往一	○ 使《シテ》下二印-段《ヲ》一往上
H	子-羽《カ》曰	子-羽《カク》曰	子-羽《カ》曰
	不レ入二季孫家《カニ》一	不レ入季孫家《カニ》	不レ入《ラ》二季孫家《カニ》一
I	書《コトハ》二此《ノ》一-年《ヲ》一者	書《コトハ》二此一-年《ヲ》一者	書《スコトハ》二此《ノ》一年《ヲ》一者
J	何《ノ》常《ト云コトカ》之有《ラン》	何《ノ》常《ト云コトカ》之有《ラン》	何《ノ》常《ト云コトカ》之有《ン》
K	言《ハ》王-事無レ不《ト云コト》二堅-固《ナラ》一	言《ハ》王-事無レ不《ト云コト》二堅-固一	言《ロハ》王-事無レ不《ト云コト》二堅-固《ナヲ》一
L	○ 未《タ》レ《レハナリ》同《カラ》二於上-国《ニ》一	未レ《レハソ》同二於上-国《ニ》一	未レ《レハソ》同《カラ》二於上国《ニ》一

一瞥するに、杏庵点・羅山点ともに、ほぼ宣賢点を踏襲していることがわかる。送り仮名や返り点の一部に、わずかに相違が見られるが（表中の○印）、それは村上氏の言われるように清家点の全面的な継承ではなく、杏庵・羅山ともに自らの考えで和訓を取捨選択していたからであろう。とするならば、杏庵は羅山点の『左伝注疏』を介して古注の訓読である清家点に触れたか、あるいは清家点『春秋経伝集解』を直接参考にしたか。それとも両方から参酌したかということが問題となる。羅山手校本『左伝注疏』の識語に、

左氏伝一部点之、此歳自季秋至仲冬終、其巻訖、蓋口授侍側者筆之、而又一電矚焉、粗為校正也

寛永四年丁卯十一月二十七日夕　羅山叟　道春誌

とある。ところが『羅山林先生集附録』[17]巻第二〈年譜下〉の寛永十二年の条には、「秋冬之際、再覧十三経注疏、加

点朱於注文」と記されている。この記述から村上氏は、「(羅山の)寛永四年の加点は、本文のみで、注文に加点が及んだのは、その八年後であったことが知られる」(前掲書四五六頁)と断定された。『春秋左伝注疏』は、晋の杜預注、唐の孔頴達疏を合わせたものだが、羅山本の疏には全く施点の跡がない。『左伝』本文に付された訓点は、やや大きく太い筆で、注文のそれは小さく細い。点を加えた時期が違うという一つの証拠となろう。つまり、羅山手校本『左伝注疏』の加点が、本文は寛永四年、注文は寛永十二年ということになる。杏庵本が寛永八年跋刊本であることを考えてみたとき、杏庵が羅山の『左伝』本文の訓点を見ていた可能性は無いとはいえないにしろ、杜注に加えられた点を見ることはあり得ない。むしろ逆に、羅山が杏庵点の付された刊本を参照にしていたことは十分考えられる。

また、二人の師である藤原惺窩が、新注の意で加点した『五経白文』[18](跋文は羅山)が、寛永五年(一六二八)に安田安昌によって出版されている。その中の『春秋経』を比較検証すると、杏庵点・羅山点と大体において同じであるが、より清家点に近いことが知られる。惺窩の新注の訓読が、古注の訓読を基盤に置いているからであろうか。惺窩点の『春秋経』、羅山点の『左伝』の本文を杏庵が参考にしていた可能性はある。しかし、杜預の注文まで点を加え、それが同じく清家点であることを考えれば、杏庵が『春秋経伝集解』の要として参酌していたのは、清原宣賢の訓点本であったとするのが妥当であろう。

四

見てきたように、寛永八年跋刊本には、清原家の古点を踏襲したと思われる訓読が施されている。しかしそれは、貝原益軒が『点例』で提唱した訓法の見直しによって、後々改点を余儀なくされる。

わが国の学問は、経伝の本文と注意をよく見わかちて、訓点を正しくしてあやまらざるをよしとす。訓点もしあやまりぬれば、義理も又ちがへり。いにしへ本朝にも漢唐の古注を用ひ、近代にいたりてもしかり。故に其義は古注疏にしたがひ、訓点は官家につたはり、其訓点の法例誠に古雅なれば、随ひ用べき事云に及ばず。しかれども宋儒の新注にをいては、其義古注疏にかはりぬれば、ことごとく古点にしたがひがたし。（「訓点新例序」）(19)

ここには、官家の古点が古注疏にしたがった古雅な訓法であって、倣うべきものであるとする認識がある。しかしその一方で、新注の訓読にあたっては、古点の和訓を採用するのは注釈の内容によって取捨選択すべきであるという疑義をさしはさむ。そして、

先注ヲ詳ニ考ヘテ、義理ヲ明ニシ、注意ニ合ハンコトヲ求ム。次ニ字義ヲ能考ヘ正スベシ。訓ニヨムト、テニハトハ古雅ナルベシ。訓モ、テニハモ麗飾ノ語ト鄙俗ノ言ヲ禁ズ。又訓モ、テニハモ無用ノ贅言ヲ不用。

（「経伝訓点ノ凡例」『点例』巻之上）

というごとく、注の文意に合った義理を明らかにして、「麗飾ノ語ト鄙俗ノ言ヲ禁」じ、「無用ノ贅言ヲ」用いるべきではないと付言した。漢文を正確に把握するために、字義・文義に即した適正な訓とテニハを求めているのである。これは、訓読の簡素化と音読の傾向の芽生えを意味している。『点例』は、官家点の古雅なる訓法を是認しながら、漢文の義理を重視したことから、簡素化した訓読の新しい方向性を打ち出した啓蒙の書ということができる。新注の訓読をきっかけとした益軒のこの考えが古注疏の訓読にも波及し、江戸中期の訓読界に大きな波紋を投げかけ、結果として春台の言うごとく「数十家」の訓法が生み出されたことは、すでに諸先学の指摘するところである。

さきに述べた杏庵点の特徴（A～L）の中で、「麗飾ノ語ト鄙俗ノ言」の程度の判断は難しいが、『点例』ではGとFは

G　使《シテ》《シム》二下門人《ヲ》一為《ラ》上臣。カヤウニカヘリ点多クナレバ紛レテアシシ。

（使ノ字ノ点例）

F　然ラバ則トヨマズシテ然ルトキハ則トヨム説アリ。……時ノ字ヲ加ルハ、ムヅカシク詞多クナリテ、無用ノ贅

言蛇足ノ如シ。　（則ノ字ヲヨム例）

とあるように、「贅言」という意味で批判されることになる。Ｂの時制の助動詞は「古雅ナル」テニハとして必要とされるが、Ｉの形式名詞「コト」、Ｊの連語「ト云フ」などの読み添え語は、益軒に言わせれば「無用ノ贅言」に属する語となろう。

文章の義理を重んじた益軒の訓読についての考え方は、次世代に新しい時代を築く徂徠・春台の訓読観につながってゆく。徂徠の訓読に対する考えは、正徳五年（一七一五）刊の字典『訳文筌蹄』（巻首）題言十則と、元文三年（一七三八）刊の『訓訳示蒙』（巻一）にまとまって述べられている。徂徠は「和訓廻環之読」、つまり従来の訓読そのものを基本的に認めない。訓読を排して、華音による直読を真の読書法とする。

・今時ノ和人和訓ヲ常格ニ守リテ和訓ニテ字義ヲ知ントスルユヘ一重ノ皮膜ヲ隔ツルナリ　（『訓訳示蒙』）

・悉ク古ヨリ日本ニ習来ル和訓ト云フモノト字ノ反リト云モノトヲ破除スヘシ　（同右）

・読書欲速離和訓。此則真正読書法　（『訳文筌蹄』）

これは、徂徠が首唱した古文辞学の方法論を支える基本的な姿勢である。堀景山に対して回答した次の言説からも、そのことは明瞭に窺える。

今人率不習事与辞。而以伝注解経。乃曰。古之道吾豈不知乎。殊不知経者古也。伝注者今也。以伝注解経者。以今視古者也。非通古者也。故不佞喩諸仮倭訓以求通華言焉。夫善学華言者。不仮倭訓。直学華言。々々明。而倭訓之謬。自見矣。　（『物屈論文書』「再復屈君燕書」[20]）

ところが徂徠は、

崎陽之学。世未甚流布。故又為寒郷無縁者。定為第二等法。先随例授以四書小学孝経五経文選類教以此方読法。　（『訳文筌蹄』）

という。唐音読みが困難な現実を考慮に入れざるを得ず、「第二等法」としてわが国の訓読の使用を、消極的な意味において認めるのである。[21] 徂徠のこの考え方を保持したまま、訓点・訓読に関する所見を展開したのが、春台の『倭読要領』（三巻）であった。

中華ノ書ヲ読ムハ、中華ノ音ヲ以テ、上ヨリ順下ニ読テ、其義ヲ得ルヲ善トスレドモ、吾国ノ人ニシテ、華音ノ読ヲ習フコト容易ナラネバ、已コトヲ得ズシテ、倭語ノ読ヲナスナリ、然レバ文義ヲダニ失ハズハ、其読法ハ人人ノ心ニ任スベシ、何ゾ必シモ門戸ヲ立テ、一家ノ法ヲ定ンヤ　（巻上「倭読ノ総説」）

春台は、倭訓の五つの害（1字音の混同　2字義の混同　3句法・字法の喪失　4助語辞の遺漏　5句読の不明）を巻中でとりあげる。それでも訓読を用いなければならないのは、徂徠と同じ理由からであり「已コトヲ得ズシテ」のことであった。ここで注目すべきは「文義ヲダニ失ハズ」ということが、訓読に際して唯一求められている条件だということである。訓読の簡素化を、益軒より前にすでに行っていたとされる崎門派山崎闇斎の訓法[22]（嘉点）が、徂徠と春台に徹底して批判されるのは、文義・字義に意を注いでいないと見なされていたからである。益軒が方向性を打ち出した義理を重視する訓読の考え方は、華音読みを理想とした徂徠派の消極的な訓読観にしっかりと継承されている。その「文義ヲダニ失ハズハ」を受けて、「其読法ハ人人ノ心ニ任スベシ」と春台は述べる。訓読は中華の言そのものではなく、日本語の翻訳である。したがって、漢文の義理さえ通じていれば、一家の訓法を取り立てて定める必要はないという。しかし、そこに一つの心構えが要求されていることを見落としてはならない。

点ハトニモカクニモ読ベシ、只点ニ目ヲツケズ、本文ニ目ヲツケテ、中華ノ人ノ読法ノ如ク、上ヨリ順ニ読クダス意ニテ、其文義ヲ尋求ムベキナリ、（中略）既ニ其旨ヲ得テハ、点ハ読ム者ノ心ニ在リ、其極功ヲイフトキハ、点ヲ捨テ、中華ノ人ノ心ニナリテ、心ト目トヲ用テ、漢語ノ読ヲスルニアラザレバ、真ノ読書トイヒガタシ、是読書ノ第一義ナリ、　（巻中）

訓点は読む。しかし、「心」と「目」は上から順に読み下すという心の用意である。これは、徂徠の「唯々心目双照、始得窺其境界」（『訳文筌蹄』巻首）に基づいている。已むを得ないとする訓読の背後に、理想とする唐音による直読の意識を据えている。古文辞学が一世を風靡したのは、享保（一七一六～一七三五）の中頃から寛延（一七四八～一七五〇）にかけてである。古文辞学の流行とともに、徂徠・春台の訓読観が広まっていったことは、容易に推測されよう。

こうした状況の訓読界の中にあって、宝暦五年（一七五五）、那波魯堂点の『春秋左氏伝』が刊行された。杏庵の訓点本の出版以来、百二十年余りを経ての和刻本である。その間、『左氏伝』の訓点本は他に出版されていない。魯堂（一七二七～一七八九）は、惺窩の門下であった那波活所の玄孫にあたるが、かつて岡白駒に師事して徂徠学を学んだ儒者である。魯堂と同時代を生きた江村北海（一七一三～一七八八）は次のように言う。

今世上ニ、新刻ノ左伝ト称スルハ、往年那波魯堂ノツケシ訓点ニテヨロシ、凡ソ和刻ノ書ノ訓点、セメテアレホドニハアリタキ事ナリ
（『授業編』巻之二）

北海が評価する魯堂の訓点本は、宝暦五年本が初刻、安永六年（一七七七）再刻、寛政十二年（一八〇〇）に三刻と版を重ねる。杏庵点と比較するに、魯堂点は音読みが多く、送り仮名が極めて少ない。また、杏庵訓点本にはない句読点を新たに付している。魯堂が生きた時代は、漢唐訓詁学に基づく古点の優雅な訓法が主流となる時代ではなかった。漢文の義理をいかに正確に把握するかということを第一義とする時代である。そのための訓法であった。

大抵点ノツケヤウハ、音ト訓トノマクバリヲ勘《カン》ガエ、音ハ多キ方、訓ハ少キ方ニ従ヒ、コレヲ誦シテ口中サワヤカニ、是ヲ聞テ耳ニタ、ズ、訓ハ、ナルタケ古雅ナルヲ用ユトイヘドモ、余リマワリ遠キ訓ヲ省キ、又卑俗ナル訓ノナキヤウニ心ヲ用ユベシ、
（同右、巻之三）

魯堂の訓点を「セメテアレホドニハアリタキ事ナリ」と賞賛する北海の評言は、右の一節から見て前述の益軒の『点例』に拠っているかのようにも思える。しかし、この一節に続く次の文章からは、徂徠や春台の訓読観を踏まえた発

言であることが知られる。

世ノ唐音ニ通ジタル人ハ、唐音ヲ知ラザレバ、タトヘ文芸ニ名高クテモ、靴ヲヘダテ、カユキヲ掻クニ似テ、畢竟吾邦ギリノ文芸ニテ、一詩一文、モロコシ人ヘシメシ難シ、サレバ、文芸ニ志ス人ハ、モツトモ唐音ヲ学ブベシト云、又唐音ヲ知ラヌ人ハ、眼アリテ書ヲ読ミ、心アリテ剪裁ス、眼ト心ト相謀リテ、学業ハ成就スル事ニテ、音ノ異同ハアヅカル事ナシト云、両方トモ一理ハアレドモ、イハバ互ニ過激アリテ、至公ノ論トハ云ベカラズ、故ニ余二ツヲ折衷シテ、此ニ論列スルモノナリ、（同右、巻之三）

訓読を隔靴掻痒として排斥する「唐音ヲ知ラヌ人」と、「心」と「眼」で書は読解できるとした「唐音ニ通ジタル人」の主張を、それぞれ一理はあるものの「互ニ過激」な考え方だと見ている。そこで北海は、両者を折衷した考えを「至公ノ論」とするのである。魯堂訓点本に対する高い評価を、その観点から下した。漢文の義理さえ貫くことができれば、その訓読法は自由であると言ったのは徂徠派の春台である。その中で、魯堂点の『春秋左氏伝』は、版を重ねて流布した。それは、魯堂点が、北海のいう「至公ノ論」に則った最も標準的な『左伝』の訓読として、当時一般に受け入れられていたことを物語っている。

五

堀景山点の『左伝』を、ここで検討してみたい。男の蘭澤は、那波魯堂と没年（寛政元年・一七八九）を奇しくも同じくする。時代的経験をほぼ共有していることになる。その蘭澤が、寛永八年跋刊の後印本『春秋左伝』（三十巻十五冊）に改点を書き加えたものが、広島市立中央図書館浅野文庫に所蔵されている。第一冊の裏表紙に、朱で「宝暦八年戊寅秋九月十四日　朱書整」と記した付箋が貼付され、また第十五冊の識語には、「臣平安屈正亮改点」（正亮は蘭澤

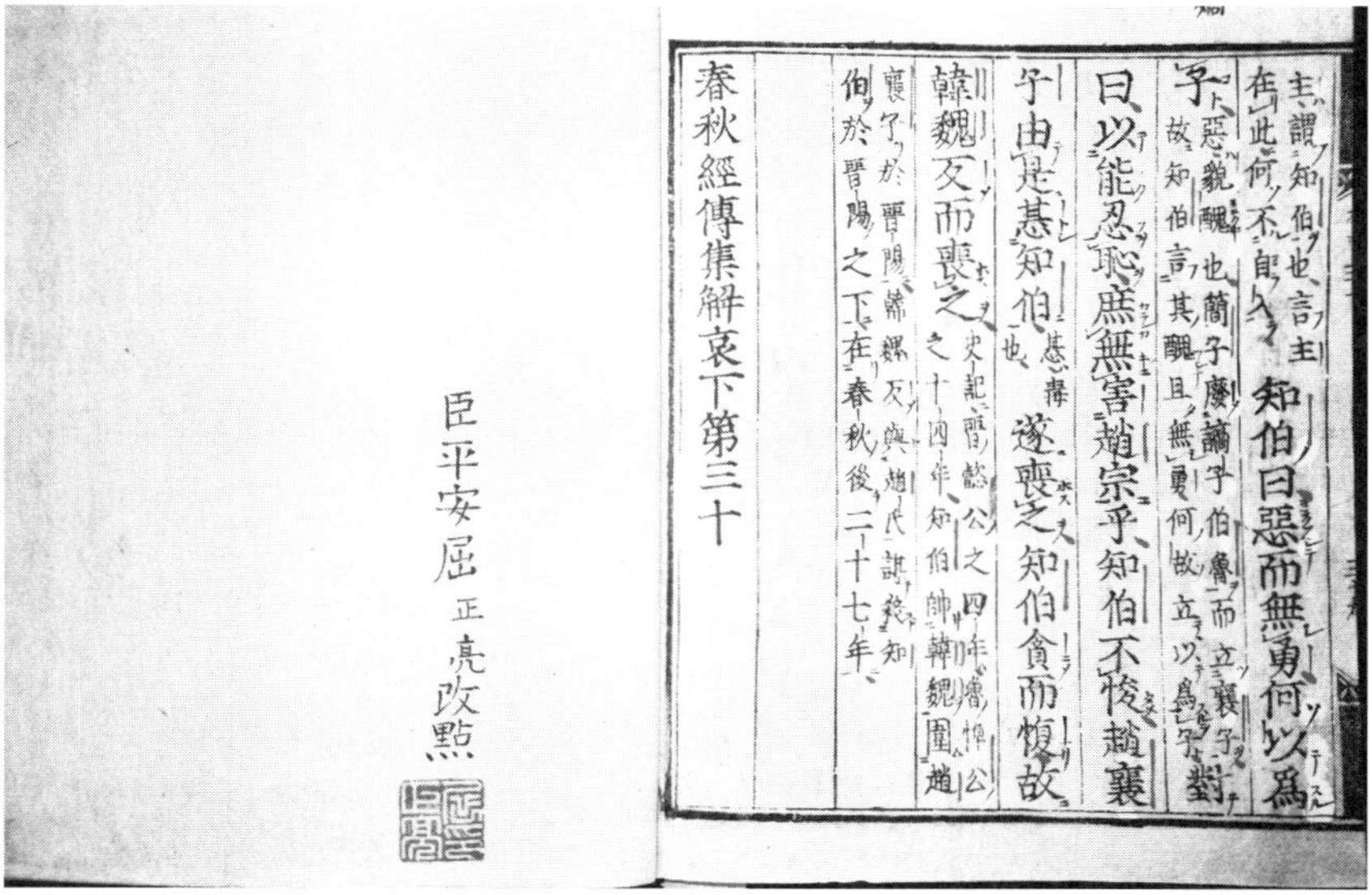
主謂知伯也。言主在此何不自入。知伯曰、悪而無勇、何以爲子。悪貌醜也。簡子廢適子伯魯而立襄子。故知伯言其醜且無勇何故立以爲子。對曰、以能忍恥、庶無害趙宗乎。知伯不悛。趙襄子由是惎知伯。惎毒也。遂喪之。知伯貪而愎。故韓魏反而喪之。史記晉懿公之四年魯悼公之十四年知伯帥韓魏圍趙襄子於晉陽晉陽韓魏反與趙氏謀殺知伯於晉陽之下在春秋後二十七年。

春秋經傳集解哀下第三十

臣平安屈正亮改點

堀蘭澤点『春秋経伝集解』巻三十・末尾（広島市立中央図書館蔵）

の名―著者注）とある。杏庵点の版本で、改める訓点箇所には胡粉を塗り、その上に新たに書き入れている。宣長が写した景山の自筆本は、おそらくこの蘭澤本と同じ体裁で改訓されていたものと思われる。宝暦五年に没した父景山の改訓本を、蘭澤は当然参考にしていたであろう。

この辺りの事情を整理する意味で、宣長手沢本に書き込まれた景山点を、この蘭澤点と刊本（宝暦五年版）の魯堂点[23]と対比してみる（次頁の表参照）。杏庵点・宣賢点・羅山点との比較を兼ねて、前に取りあげた杏庵点の特徴（A～L）の語句例を用いる。例の上に＊印を付けてあるのは、杏庵点の訓みをそのまま用いていることを示す。

景山点、蘭澤点、魯堂点の中で、加点の時期は、宣長手沢本の奥書から知られるように、景山の改点が宝暦三年以前に成り、次いで刊本の魯堂点（宝暦四年序・五年刊）、そして蘭澤点（宝暦八年）の順である。三点とも、それまでに日本で出版されていた前掲の林堯叟注『左伝句読直解』や、杜預注・孔頴達疏の『左伝注疏』に示さ

	〈景山点〉	〈蘭澤点〉	〈魯堂点〉
A	城スレ杞ニ	城-スレ杞ニ	城スレ杞ニ
	*来テ-盟フ	*来テ-盟フ	来盟
	遣スノレ使之比ニ	遣スノレ使ヲ之比ニ	遣レ使ヲ之比ニ
	及二陳侯鄭-伯……一	*及ト二陳侯鄭伯……一	及二陳侯鄭伯……一
	不二両盛一	*不二両ナカラ-盛ナラ一	不ヲ二両盛一
	有ツレ国ヲ	有ツレ国ヲ	有レ国ヲ
	式テ-微ニ	式テ-微ニ	式テ微
	不レ暇二跪処一	不レ暇アラ二跪キ-処ルニ一	不ヒレ暇二跪-処ニ一
	寧-処セン	寧-処セン	寧処セン
	*戸コトニ一-鐘	*戸コトニ一-鐘	戸ニ一-鐘
B	踰ユレ年	踰ユレ年ヲ	踰レ年ヲ
	而後死ス	而後チ死ス	而シテ後死
	蕃タル二王室ニ一也	蕃タルナリ二王室ニ一也	蕃タル二王室ニ一也
	以レ刀弑レ之	以テレ刀ヲ弑スレ之ヲ	以レ刀ヲ弑レ之ヲ
	民病ム	民-病ム	民病ム

	〈景山点〉	〈蘭澤点〉	〈魯堂点〉
C	疏ムレ我ヲ	疏トンスレ我ヲ	疏レ我ヲ
	大夫ノ家臣	大夫ノ家臣	大夫ノ家臣
D	以討レ之既得レ之矣	以テシ討レ之ヲ既ニ得レ之ヲ矣	以討シレ之ヲ既ニ得レ之ヲ矣
	至レ自レ楚	至ルレ自リレ楚	至レ自レ楚
E	欲レ依ラント二遣スノレ使之比ニ一	欲スレ依ラント二遣スノレ使ヲ之比ニ一	欲レ依ト二遣レ使ヲ之比ニ一
F	*不レ見トキハ則終ニ不レ言	*不レ見ルトキハ則終ニ不レ言ハ	不ハレ見則終ニ不レ言
G	使二札ヲシテ来聘一	*ム使テ下札来-聘セ一	使二札ヲシテ来聘セ一
	使メ二公-冶ヲシテ問セ一	*メ使テ下公冶ヲ一問セ上	使メ二公冶ヲシテ問ハ一
	使ム二印-段ヲシテ往一	*ム使テ下印段ヲ一往カ上	使二印段ヲシテ往一
H	子-羽曰	子羽ノ曰	子羽曰
	不レ入二季孫家一	不レ入ラ二季孫ノ家ニ一	*不レ入二季孫カ家一
I	書ハ二此ノ一年一者	書スハ二此ノ一-年一者	書二此一年ヲ一者ハ
J	何ソ常之有レン	何ソ常之有レラン	何ノ常カ之有レン
K	言王-事無レ不二堅固一	言フ王-事無シレ不ルコト二堅固ナラ一	言下王事無レ不二堅固一
L	未レ同二於上国一	ス未タレ同カラ二於上-国ニ一	未レ同二於上国ニ一

れる解釈を、当然参考にした上での加点であったと思われる。景山点に若干残る杏庵点の跡をみれば、景山は訓読では杏庵の祖点をもとに改訓し、蘭澤は父の景山点を参酌しながら杏庵点を改めたものと考えられる。景山、蘭澤、魯堂の三人の点には、音読みが多くなり、益軒のいう「無用ノ贅言」がほとんど見られない。また、点本に句読点が付されていることも、三者共通している。清家点、杏庵点、羅山点のいわゆる古点による訓読とは、明らかに別のものである。一覧表に＊印を付した杏庵点と同じ語句例の数を比べてみても、魯堂点が杏庵点から最も離れた訓読であることがわかる。景山点では『点例』で贅言としてあげられた「トキハ則」、蘭澤点では同じく「トキハ則」と「使」の字の訓点が杏庵点を踏襲している。景山点よりも男の蘭澤点の方が、より杏庵点の名残をとどめる。このことは、訓点に対する考え方を同じくしても、具体的な付訓がまだ一定のものとして、定着していない当時の状況を語っていよう。

近世に入り、杏庵点が『春秋左氏伝』の基本的な読みとして世に重宝されてきたことは既述のとおりである。宝暦五年に魯堂の訓点本が新しい読みを公にするが、その魯堂訓点本の出現を待つことなく、すでに景山は古点に基づく杏庵の読みから離れていた。景山が父祖伝来の訓点をもととしながら、それを改めた背景には何があるのだろうか。

杏庵以来、堀家は代々朱子学をもって奉ずる。しかし、景山は「愚拙、経学は朱学を主とする事なれども、詩と云もの、見やうは、朱子の注その意を得ざること也」（『不尽言』[24]）と述べて、人情につながる『詩経』観については朱子注を批判した。それが古義学や古文辞学の影響であることは、これまでしばしば指摘されてきた。景山は、父玄達の代から古義堂の仁斎・東涯と交遊し、享保十一年（一七二六）には、徂徠との二度にわたる往復書簡によって古文辞学を論難し、持論を展開した（景山三十九歳）。そしてその翌年、黄檗僧大通元信に唐音を学んでいる。春台の『倭読要領』が出版される前年のことである。朱子学者であってこのような経歴をもつ景山であれば、曾祖父点の改訓に際しても、一つの見識をもった考えがあったはずである。寛保二年（一七四二）、景山五十五歳のときの著作と思われる

『不尽言』に、彼の訓読観が示されている。

・文字は中華の物なるを、日本にては日本の語意を以て、それぞれの文字の意味を推量し、日本の語に翻訳し直し、文字に一々和訓をつけて通用し来れり。その和訓と云ものは、即ち字義にして、又和語也。文字の音と云ものは、日本にては畢竟いらぬもの、元より又日本人の合点ゆかぬ事也。

・すべて文字の意味は心にて合点せねばならぬものゆへに、意味まではどうも和訓につけおほせられぬ。文字は皆大概に和訓をつけておかねばならぬ也。

・日本は元来文字なき国なれば、文字の事においては、物の一重へだたりたる如くなり。

・又中華の人の語勢をとくと合点せねば、文字の意義に通達したばかりにては、又書が読まれぬもの也。

・中華の人のやうに書を直読して義を通ずる事は、日本人の意持《こころもち》でいる内は、なんぼでも合点のゆかぬと云事は、天性語勢の習《ならは》せが相違あれば也。

・中華人の語勢と字義とを通達せずしては、何を以て古聖賢の語意を合点すべきぞや。

漢文を読むとき、中国人のように直読して字義と語勢（語順の意）を把握して文章の義理を合点する。景山は漢籍を読むことの理想を、確かにここに置いている。しかし、日本人にはもともと文字の音《こえ》はないから、漢文を真似ても心の奥底から納得することができない。已むを得ず、日本通用の語をもって翻訳し、文字に訓をつけて理解を試みるが、その和訓とて文字の意味をすべて補うことは不可能である。漢文の語勢をわきまえ、字義を心で理解するしか方法はない。訓読についての景山の考えは、大略以上のようなものである。

しかしこれは、唐音による直読を理想としながら「文義ヲダニ失ハズハ」という条件付で、已むを得ず訓読を「第二等法」として認めた徂徠・春台の消極的訓読観とほぼ同じであると言ってよい。景山における徂徠派の影響の大きさを知るべきであろう。景山点の『左氏伝』の改訓は、その意味では彼独自の訓読観に基づいてなされたものとは必ずしも言い切れない。ただ、杏庵点の語句例（A～L）との比較では、引用例が少ないことによって判断しにくい面もあるが、景山点の『左伝』の全体を見たとき、魯堂点に比べて杏庵点の名残の多いのが目につく。蘭澤点ではなおさらである。これは、江村北海の述べた「至公ノ論」の訓読観に先立って、家祖に和刻本の最初の訓点者（杏庵）を持つ景山が、文義の把握を重んずる訓読界の時代の変化に対応して、改めて杏庵点をもとに点を施した結果であろう。堀家後裔による新しい訓法の実践である。

六

最後に、景山の訓読観と宣長の学問観とのつながりについて考察してみる。宣長が景山のもとで漢学を勉強したのは、二十三歳から二十八歳までの約五年半である。遊学を終え帰郷してまもなく、最も興味・関心を抱く歌の道について、自らの見解を述べるべく筆を起こした。未完の歌論書『排蘆小船』である。京都で学んだ学問・文化の成果を結集させたもので、後年の物語論・古道論に発展してゆく思想の萌芽が認められる書である。その中で論点の中心となる和歌を論ずるとき、宣長はしばしば対極に中国人の「言語」と「意」を置く。日本人にとっての「言《こと》」と「情《こころ》」の意義を、相手（読者）に納得させるには、効果的な反証の前提となると考えたからである。

詩ハ唐土ノ事也、イカニ通達シタレハトテ、人ノ国吾国言語モ通セヌ事ナルヲ、意ヲ以テシヰテ通スル也、……サレトモモトガ根カラ違《チカフ》タ事ユヘ、吾国ノ事ノヤウニハユカヌ道理也、……此方ニテタトヒイカホト奥旨ニ通シテモ、韈ヲヘダテテ痒ヲカク事ヲマヌカレス……毛頭チカハヌ唐人ノ詩ニナリテモ、第一ノ声音カラガ異ナレハ、詮ナキニ似タリ、通セヌ辞ヲシヰテ意ヲ以テ通シテ、ソノ辞ニ見ナラヒテ此方ニテ作リツラヌル、不自由ナル事也、（『排蘆小船』[25]）

中国の言語と日本の言語は根本的に相違している。多義を有する文字のすべてを把握することができず、生まれつきの声音をも異にする日本人は、「意」をもって強引に「辞」を理解しようとする。言語体系が全く別な日本人には、借り物である文字を媒体とする漢詩文でその真意を捉えることは不可能であり、また、自己の情を表現し尽くすこともできない。宣長の主張は、『不尽言』に見られた景山の訓読観の根底に流れる考え方と共通するものである。『宣長随筆』第二巻（筑摩版全集第十三巻所収）に、「右以屈先生自筆不尽言抜書之者也」として、主に和歌に関する記述を抜書している。宣長が『不尽言』を借覧していたことは確かである。

また、『排蘆小船』を数年後に改稿した『石上私淑言』(26)では、次のように言う。

歌の道に於《ヲキ》ては、今にいたる迄神代よりいひ来れるふる言《コト》をたふとむ事なれば、何事も詞の意をよく〳〵考ふべし。文字はまつたく仮《カリ》の物にて、其義をふかくいふにもをよぶまじき事也。然るに人みな此ことはりをわきまへず、文字を主として、古言をば仮の物のやうにこゝろえて、よろづをいふ故にひが事おほし。かの和訓といふ名目も此故にもちひあやまれる也。これかりそめの事に似たれ共、学問の大なる害となることおほき故に、今くはしく弁ずる也。（巻一）

「文字」（漢字）は、日本人にとっては本来、仮の物である。それを中心に置いて、日本人の詞を逆に仮の物だとする考えは本末転倒も甚だしい。「和訓」という名目も、その意味では誤りである。

「文字」を主、「言《コト》」を従とする世間一般の考え方は、学問をする上で大きな障害となる。したがって、われわれ日本人の心を述べる歌の道を学問的に考察するときには、日本古来の「言《コト》」を主とするべきである。宣長は、借り物の「文字」ではなく、わが国固有の「言」を介して、日本の「事」と「意」の解明にあたる方向に目を向け始める。

宣長の学問は、前半生に唱えた和歌・物語論から、後半生に展開する古道論へと深化してゆく。論ずる上で一貫して機軸としたのは、「言」を重視して文章の義理を正しく読解するという方法であった。宣長には、文章を正確に把握するための、「言」に対する強い信念とこだわりがあった。宣長が先賢の学問の中で、特に国学者契沖（一六四〇〜一七〇一）の学を高く評価するのは、古言を重んずる文献学的方法による学問だったからである。当時、まだよく知られていない契沖学を宣長に紹介したのは、他ならぬ景山である。契沖の孫弟子にあたる樋口宗武（一六七四〜一七五四）とはかって契沖の著『百人一首改観抄』を寛延元年（一七四八）に刊行したのはこの景山である。景山は、字義・語勢を重んじた漢学の分野のみならず、和学の分野においても、言語の果たす役割について一家言を有する学者であったと思われる。漢語と和語について合理的な考えをもつ景山のもとで、宣長は、学問に対する取りくみ方の基本を学んでいた。

宣長手沢本『春秋経伝集解』において、塗沫され、また新たに書き込まれた杏庵点・明霞点・景山点の三者三様の訓点のあり様は、中国人の文章を日本人が正しく理解することの難しさを具体的に示している。宣長にとって、景山の改訓を丹念に書き入れる作業は、和訓の難しさを説く『不尽言』の教えを身をもって知る一つのきっかけとなった。儒学者景山の言語観は、後年、学問の対象を日本人と日本語に向ける国学者本居宣長を生み出す大きな土壌となっていたのである。

注

（1）諸書の目録によれば、景山の著作は数多い。しかし杏庵以来の堀家の家訓とも思われるが、代々広島・尾張の二藩に儒者として仕えた後裔の著作の板刻は皆無に等しい。景山も例外ではなかった。広島藩執政に宛てた意見書を一書にまとめた『不尽言』と紀行文『ぬさのにしき』が転写本で今日伝わるだけで、自筆稿本を含め、景山の書はほとんど散逸してしまっている。景山の訓読法の実際は、かろうじて本章でとり上げる宣長手沢本『春秋経伝集解』を通してのみ、その一端を知ることができる。

（2）『倭読要領』勉誠社文庫66（昭和五十四年八月刊・勉誠社）による。

（3）江戸時代の訓読の発達史については、以下の書から多くの教示を得た。鈴木直治『中国語と漢文―訓読の原則と漢語の特徴―』（中国語研究学習双書12・昭和五十年九月刊・光生館）、大島晃「江戸時代の訓法と現代の訓法」（『講座日本語学』7文体史Ⅰ・昭和五十七年八月刊・明治書院）、村上雅孝『近世初期漢字文化の世界』（平成十年三月刊・明治書院）、村上雅孝『近世漢字文化と日本語』（平成十七年五月刊・おうふう）。

（4）「対客論文」日本儒林叢書・第四巻論弁部（昭和五十三年四月刊・鳳出版）による。

（5）『授業編』十巻は、天明元年（一七八一）の序説を付して、天明三年に上梓された。引用は、『日本教育文庫―学校篇―』（昭和五十二年八月刊・日本図書センター）による。

（6）徳田武「宇野明霞の訓法の悲劇」（『江戸漢学の世界』平成二年七月刊・ぺりかん社、所収）。斎藤文俊「漢文訓読史上の佐藤一斎と宇野明霞」（「訓点語と訓点資料」第102輯・平成十一年三月）参照。

（7）景山と明霞（一六九八～一七四五）は、生きた時代と場所（京都）を同じくする。享保十五年四月、景山は宇野明霞、石川麟洲、栗原文蔵と『太平記』巻二に登場する阿新丸（藤原国光）の伝の漢訳文を作っている（「日野阿新伝」）。明霞の漢訳文は、「書藤原国光事」と題して、『明霞先生遺稿』巻七に訓点を付して収める。

（8）上野賢知『春秋左氏伝雑考』（「東洋文化研究所紀要」第二輯・昭和三十四年三月刊・東洋文化研究所）の第二部に収める。

（9）上野賢知『日本左伝研究著述年表』（昭和三十二年十二月刊・東洋文化研究所）一二頁に、「春秋左伝注疏六十一巻・二十冊、句読訓点付、寛文頃の本屋松会三四郎板行の由、斎藤琳琅閣主人の談」とある。

（10）天理大学附属図書館古義堂文庫蔵。寛永八年跋刊の後印本で、三十巻十五冊。首巻のみ東所が補す。東涯の改訓は、古点を離れているという意味では後述する景山点に近い。

（11）前掲『春秋左氏伝雑考』二六頁。

（12）（　）内の読みは、私に補う。以下同じ。

（13）『春秋経伝集解』和刻本経書集成第七輯（昭和五十一年十一月刊・汲古書院）。

（14）諸論は、注（3）にあげた『近世初期漢字文化の世界』に収められるが、とくに第三章第三節「林羅山訓点『毛詩注疏』の和訓の性格とその意義」（三三六頁～）に、『十三経注疏』の羅山における意義が論ぜられている。

（15）林羅山手校本『春秋左伝注疏』六十巻二十冊。国立公文書館内閣文庫蔵。万暦刊本。

（16）清原宣賢点『春秋経伝集解』京都大学附属図書館清家文庫蔵。刊本・写本の合綴で、存巻は十一～三十の二十冊である。

（17）『羅山林先生集附録』万治二年跋刊本。秋田県立図書館蔵。

(18)『五経白文』和刻本経書集成第一輯（昭和五十一年一月刊・汲古書院）所収。
(19)『点例』益軒全集巻一（明治四十三年十一月刊・益軒全集刊行部）による。
(20)『物屈論文書』写本一冊。静嘉堂文庫蔵。
(21)村上雅孝「荻生徂徠の訓読観」（「共立女子大学文芸学部紀要」26号・昭和五十五年二月）に「第二等法」に着目した詳しい考察がある。
(22)村上雅孝「山崎嘉点の性格」（「文芸研究」昭和五十一年六月）参照。
(23)那波魯堂点『春秋左氏伝』宝暦五年刊・三十巻十五冊。静嘉堂文庫蔵本による。
(24)新日本古典文学大系99（平成十二年三月刊・岩波書店）所収本による。
(25)『本居宣長全集』第二巻（昭和四十三年九月刊・筑摩書房）所収。
(26)同右。

五　堀景山伝与本『日本書紀』考

（1）漢学者景山の視点

一

本居宣長記念館に、京都遊学中の宣長が、堀景山から譲られた『日本書紀』全三十巻九冊の版本が所蔵されている。第一冊・二冊の神代巻上・下二巻は、松浦英広の「神代巻跋」を付した正徳四年（一七一四）刊の『正訂日本書紀』、第三冊〜第九冊（巻三〜巻三十）の七冊は、寛文九年（一六六九）刊の『日本書紀』である[1]。寄り合わせ本ということになる。正徳四年版の二冊は、神代巻として独立して出版された刊本である。これを景山が、当時流布本として広く読まれた寛文九年版の巻一・二に替えて校訂していたのは、寛文九年版本や、松下見林の『校正評閲神代巻上下』（元禄八年・一六九五年刊）の本文と訓点を踏まえた新しい校訂本の故であろうと推測はできるが、はっきりとした理由はわからない。

第三冊の裏表紙に、宣長自筆の奥書を載せる折込みがある。そこに、該書が宣長に譲られた経緯が記されている。

此ノ日本紀者、景山堀先生ノ所蔵本也。自リ二神代巻一至ルマデ二安閑帝元年紀一ニ、先生親ラ以テ二小野田重好本一ヲ校讐訂正ス。如キハ二歌詠一ノ、引キ二契冲ノ厚顔抄一ヲ、増二註ス之ヲ一。然レドモ以テ二経業ヲ一不レ暇アラ。故ニ弗レ能ハレ終ヘルコト二其ノ功ヲ一。深ク以テ為スレ憾ト。則チ以テ二此ノ本ヲ一伝二与シ乎予ニ一、続ケシム二其ノ

緒業《ヲ》一。予謹《ンデ》領《シ》レ之《ヲ》、重《テ》以《テ》二小野田氏《ノ》本《ヲ》一校《ス》レ之《ヲ》。其《ノ》本有《リテ》二青朱墨《ノ》之別一、為《ス》レ識《ト》焉。詳《シクハ》見《ヨ》二奥書《ヲ》一矣。今、此《ノ》本、則《チ》無《ク》二復《タ》別《ノ》之朱墨一、従《フ》二便附《ニ》一焉。冠註訓点不レ遺《サ》二一字《ヲ》一。亦不レ加《ヘ》二管見《ヲ》一。唯旧《ニ》是《レ》従《ヒ》、以《テ》竣《フ》二其《ノ》功《ヲ》一。聊《カ》充《ツト》二先生《ノ》之素志《ニ》一云《フ》レ爾。

宝暦六年丙子七月念六日

神風伊勢意須比飯高本居春庵清宣長題《ス》

（句読点、返り点、送り仮名は私に付した）

この奥書で言うように、寄り合わせ本『日本書紀』三十巻のうち、巻一から巻十八の安閑帝元年紀までは、景山が友人小野田重好の校合本で校訂している。本文や訓点・傍訓の改補、記述内容に関する考証等の書入れがある。歌については、景山がさらに、契沖の『厚顔抄』によって増注している。儒者としての本業が多忙になり[2]、全巻の校訂ができないと考えて、景山は『日本書紀』三十巻九冊を宣長に譲り、この作業の継続を委託した。「伝与」は、意図するところを含んで与える、の意であろう。宣長は、景山が所持する小野田本を借り受けて校訂作業を続け、宝暦六年（一七五六）七月二十六日に、その仕事を成し終えた。

景山が譲渡した『日本書紀』をもとに、宣長の『書紀』研究について考察した論文に、西宮一民氏の「本居宣長と日本書紀」がある[3]。西宮氏はこの論文の前半において、宣長の右の奥書を手掛かりに景山伝与本の傍訓類を除く主に記事的なものの書入れを詳細に検討され、伝与本『日本書紀』の特徴の一端を明らかにしている。しかし、論題が示すように、西宮氏の関心は、論文の後半で展開されている宣長の『書紀』観であって、景山のそれではない。後に国学の大成者となる宣長には、『古事記』との比較の上で、『日本書紀』に言及した著作が多くあるが[4]、儒学者である景山にそうした著作はない。

ただ、景山の曾祖父杏庵は、寛永八年跋刊の板本『春秋経伝集解』に訓点を施した人物として知られるだけではなく、日本の歴史にたいそう関心を持つ儒学者であった。慶長十五年版の古活字本『日本書紀』（全三十巻十五冊）に杏庵の付訓したものが、内閣文庫に現存する。(5) 杏庵の年譜「頤貞先生年譜」(6) によれば、寛永十四年に『続日本紀』と『文徳実録』に訓点を施して別に一巻を作り、同十九年にも再び『続日本紀』に訓点を付している。同十七年には、京都で菅織染令に「神書」二巻を講じてもいる。景山の学問の中に、日本の歴史を重視する杏庵以来の家学の伝統があったことは十分考えられよう。

景山は儒者でありながら、

我国人皇の始、神武天皇と申し奉るは、日本創業の君、天照大神より五代の孫にて、今上皇帝までは三千余年に及び、皇統相承けて一王の血脈相続し、万民是を天子と仰ぐ事、実は中華にも例なき事也。（『不尽言』）

と、日本の皇統の優位をいう。とはいっても、景山には『日本書紀』に直接言及したものがない以上、具体的な彼の『書紀』観は不明としか言いようがない。唯一、『日本書紀』に並々ならぬ関心を抱いていたことの手掛かりとなる資料が、優秀な弟子に伝与したことで今日まで残った校訂本『日本書紀』ということになる。その中の書入れや注記には、小野田重好本からの転写ではなく、漢学者景山の独自のものがあるように思われる。巻十八までの景山の書入れの有りようを通して、景山の漢学者としての視点について考察してみたい。

二

『日本書紀』は、宣長が「漢文の格《サマ》にかける」（『古事記伝』一之巻〈訓法の事〉）「漢の潤色文《カザリノフミ》のみをむねとし（た）」（同上）書と述べるように、潤色によって中国の史書に似せようとした漢文体の文章で記されている。そのよみは、地名・神名などの字音表記を除いて、訓読みを原則としている。この二つは、今日に伝えられる『日本書紀』の表記上の大きな特徴である。『書紀』訓読の試みは、古くは平安時代の講書および博士諸家の古点に見られる。鎌倉時代以後は、それに卜部家などの神道的立場からの訓みが加わり、近世に入って、それらを踏まえる寛文九年版の刊本によって世に広まった。これまで『書紀』の訓読については、先学の多くの研究があり、そのよみが示されてきた。しかし『書紀』編纂者が、漢文体の文章をどのように読ませようと意図していたかについては、今日においてなお難問である。

宣長は晩年の著作『玉勝間』の中で、本文と訓について次のようにいう。

書紀の今の本は、もじの誤りもところ〴〵あり、又訓も、古言ながら多くは今の京になりてのいひざまにて、音便の詞などいと多きに、中にはまたいとふるくめづらかにたふときこともまじれるを、その訓おほくは全からず、あるはなかばかけ、或はもじあやまりなど、すべてうるはしからず、しどけなきは、いと〳〵くちをしきわざ也、板本一つならでは世になく、古き写し本はたいとまれなれば、これかれをくらべ見て、直すべきたよりもなく、すべて今これをきよらにうるはしく、改め直さむことは、いと〳〵かたきわざ也、今の世の物しり人、おのれ古へのこゝろ詞をうまらに明らめえたりと思ひがほなるも、なほひがことのみおほかれば、これ改めたらむには、中々の物ぞこなひぞ多かるべき、されば今これをゑり改めむとならば、文字の誤りをのみたゞして、訓をば、しばらくもとのまゝにてあらむかたぞ、まさりぬべき、（二の巻）

宣長が「板本一つならでは世になく」という「今の本」は、寛文九年版の刊本をさしていよう。この板本に「いとふるくめづらかにたふときこともまじれる」と、確かな古語が混じっている長所を見出しながら、宣長は誤字・脱字や古訓の誤り、付訓の不徹底に落胆している。しかし、対照・比較して校合するにも拠るべき古写本は数少なく、そうたやすく見ることはできない。したがって今の段階では、原本の本姿に戻し、当時のよみを確かめることは極めてむずかしい。今もし、寛文九年版を改刻しようとした場合、文字の誤脱だけを正し、訓はその儘にして手を加えないほうがよい。これが宣長の下した結論であった。古言に注目し、文献学的実証を重んずる宣長ならではの慎重な発言である。景山が宣長に『日本書紀』を伝与したのは、宣長がこの記事を書く三十年以上前のことである。景山の置かれた校合作業の環境も、宣長の言うところと大差ないと考えてよいであろう。それならば、巻十八までに景山が施した文字と訓の改補は、具体的にどのようであったのか。

最初に、文字に施す和訓についての景山の考えを確認しておく。それは、『不尽言』に明確に述べられている。次のような考え方をしていた。

・和訓と云ものは、即ち字義にして、又和語也。

・和訓と云ものは大概につけたるものにて、その字の意味をことごとくはどうもつけおほせられぬ事也。

・中華の人は、音ばかりにて、その字を見れば心に底の意味を合点する故、……字の意味をわきまへぬ事はなき也。天性文字の国に生れたる人なれば也。日本人は和訓を恃《たの》みにして、文字は和訓ぎりに心得るゆへに、精《くはし》く気をつけねば、その和訓によつて大きにはきちがへある事出来る也。和訓ばかりにて、文字の意味には通達ならぬ事也。心にて合点せねばならぬ事なり。

景山は漢字に付す和訓の限界を十分承知していた。『書紀』本文は「天性文字の国に生れたる人」でない日本人が、国内外に日本の最初の歴史書を誇示する意識をもって正格な漢文体で述作しようとしたものである。その本文には和習という限界がつきまとう。このことについては後述するが、景山は平安期から様々な変遷を経て訓み継がれてきた文字の和訓を、『不尽言』に述べる右の理由からあまりいじらず、基本的には踏襲しようとしている。寄り合わせ本の訓の訂正で目立つのは、返り点を改めることによって生ずる傍訓と送り仮名の改補である。

ここで、『書紀』本文の訓みを、景山本に施された訓点に着目して検討してみよう。宣長の言うように、寛文九年版の板本には、表記上の問題が数多い。誤字・脱字・衍字・衍文・錯簡があるほか、熟合訓が多用されているものの、訓も全てに施されているわけではなく、それがまた中途半端な返り点と相俟って、いっそう読みづらいという印象を読者に与えている。神代巻として聖典視されてよまれてきた巻一・二に比べ、巻三以降の人皇紀の各巻は、付訓・返り点ともにかなり粗雑であることは否めない。例示に事欠かないが、一例をあげると「留　使　虚　空　経　月《ヲ》　不　肯　聴上《タテマツリアケ》　京《ミヤコ》　都《ニ》」（巻十四・十二丁オ）(7)は、返り点を施していないために、読者には何とも理解しづらい。文の前後から推して訓むしかないが、一般の読者は寛文九年版の本文を、どの程度訓読できて、その内容を理解していたのだろうか。景山本では、この文を「留《メテ》使《テ》《ム》㆕虚‐空　経《ルマテ》㆑月《ヲ》　不《ラ》㆔肯《テ》　聴《ユルサ》㆑上《ルコトヲ》㆓京《ミヤコ》　都《ニ》㆒」と、上代の訓み方として正しいかどうかは別として、漢文を訓読して理解できるように、朱で返り点・傍訓・送り仮名を施している。訓点を付した者が、漢文をどのように読ませようとしているのかは、その返り点・送り仮名・傍訓を眼で追うことによって確認できる。

寛文九年版の板本には訓点が付されてはいる。しかし前述したように、巻三以降はことのほか粗雑である。一方、景山が校訂した巻十八の安閑帝元年紀までは、漢文の訓み方に必要な訓点、とくに返り点が、景山の筆（朱）で丁寧に書き加えられている。とすれば、景山が朱を入れたこの訓点は、景山が校訂本として用いた小野田本にもともとあったものなのかどうか。このことが次に問われねばならない。

三

小野田本『日本書紀』は、西宮氏のいわれるように現存しない。しかし、宣長が伝与本第九冊の末尾に書き写しておいた小野田重好の奥書から、小野田本の元本は今井似閑が賀茂別雷神社に奉納した三手文庫本であろうと、西宮氏は見当をつけられた。宣長が「詳見奥書矣」と前に言及していた本奥書は次のごとくである。

余《ガ》父友樋口宗武老先生之《ノ》游学《スルヤ》、今井似閑所蔵《ノ》日本書紀三十巻、刪㆓定《シテ》闕文譌字《ヲ》㆒而補《フ》㆓其《ノ》亡誤《ヲ》㆒。繕写《シテ》以為《テス》㆓定本《ト》㆒。

此《レ》即《チ》先師契冲蘭《(ママ)》梨研《キ》レ精《ヲ》竭《クシ》レ慮《ヲ》歴《テ》レ年《ヲ》所《ニシテ》レ訳《ス》、今在《ル》二加茂神庫《ニ》一本、是也。海北若冲本《モ》復《タ》無《シ》二他岐一矣。似閑翁、嘗考《テ》二正《シ》諸家《ノ》差異《ヲ》一、采二用《シ》其《ノ》簡《ニシテ》而奥《ナルヲ》一以《テ》二青朱墨《ノ》三色《ヲ》一為《ス》レ識《ト》焉。今也、混《ジヘ》二淄澠《ヲ》一以《テ》二朱字一為《ス》レ徴《ト》。辛酉《ノ》之会、諸名家《ノ》校本数品鋒起《ス》。於《テ》レ是《ニ》累《テ》撰《ビ》二其《ノ》佳絶《ヲ》一再《ビ》以《テ》二青字《ヲ》一為《ス》レ徴《ト》。唯、釈日本紀《ニ》所《ノ》レ引《ク》古典、及《ビ》管見《ノ》陋旨《ハ》墨字《ヲ》為《ス》レ識《ト》。以《テ》別《ス》二旧貫《ニ》一。冀《クハ》来者択《ベ》レ焉《ヲ》。

寛保辛酉夏六月

小野田重好

朱書　校合　元文庚申《ノ》歳夏四月二十二日、始《メ》二于神武紀《ヨリ》一辛酉《ノ》歳二月晦終《ル》二持統紀《ヲ》一。神代紀及自《リ》二清寧帝紀一至《ルハ》二敏達帝紀《ニ》一、元文丁巳《ノ》歳夏五月、以《テ》二海北若冲本《ヲ》一校《ス》レ之《ヲ》。庚申《ノ》歳冬十一月、再《ビ》以《テ》二今井氏《ノ》之本《ヲ》一正《ス》レ之《ヲ》。

青書　会読　元文辛酉《ノ》歳春二月十二日、披二講《ス》神武紀《ヲ》一。夏四月二日、一会、闕座《ス》。自《リ》二弘計帝一至《ルハ》二武烈及《ビ》継体紀《ニ》一、後日補《ス》レ之《ヲ》。夏六月十一日、終《リ》二于持統紀《ヲ》一成《ス》レ功《ヲ》。

墨書　私考

寛保元年辛酉秋七月

小野田重好　（句読点、返り点、送り仮名は私に付けた）

右の奥書から、契沖説を採り入れた契沖の弟子二人、今井似閑と海北若冲の校合本をもとに、重好は『日本書紀』を校正し、また仲間と会読していたことが知られる。海北若冲は重好の国学の師であるが、小野田本と同じくこの海北若冲本『日本書紀』も現存しない。重好が奥書で「海北若冲本復無他岐矣」と述べていることを考えれば、契沖の解釈を重んじた海北本は、今井本と大差ないということになる。だとすれば、今日見ることのできるものとして、賀茂別雷神社三手文庫に遺された今井似閑本が、小野田本に最も近い校合本であるといえるであろう。西宮氏の指摘されたとおりである。

今井似閑本は、景山の友人樋口宗武を介して賀茂別雷神社に奉納された全三十巻十六冊の写本である。重好の奥書に記すごとく、宗武の校訂が加わった浄書本である。半丁を八行十八字詰[8]にして、寛文九年版の板本の本文と訓点をもとにしている。契沖本による青の書入れが多く見られるが、神代巻上・下には、契沖が採り入れた松下見林の『校正評閲神代巻』頭注による書入れもある。

この今井本、すなわち賀茂別雷神社三手文庫本『日本書紀』の契沖本からの書入れについては、林勉氏が『契沖全集』（岩波版）第十六巻に、摘記したものを収めて紹介されている。そして契沖本に拠った青の書入れを、より詳細に検討し「三手文庫本日本書紀―本文に関する契沖本書入を中心にして―」（『論集上代文学』第十二冊）、「三手文庫本日本書紀書入に見られる契沖の書紀訓読㈠―合符より返点へ―」（同・第十三冊）にその成果を発表された[9]。精緻な検証を経た林氏の一連の研究では、本章とのかかわりから言えば、次の三点が明らかにされている。

① 三手文庫本『日本書紀』の本文は、ほぼ寛文九年版の板本をもとにする。

② 三手文庫本『日本書紀』の付訓は、本文と同様に寛文九年版の訓を中心にしているが、必ずしも板本のままではない。

③ 契沖の書入れでは、寛文九年版の熟合訓と合符に対して、『日本書紀』特有の熟合訓はそのままにして、漢文としての形式から、熟合符をほとんど返り点に改めている。

確かに今井本は、本文・訓ともに寛文九年版の板本をもとにしている。契沖仮名遣いによる「オ・ヲ・ホ」「エ・ヱ・ヘ」「イ・ヰ・ヒ」「ウ・フ」「ハ・ワ」の訂正が目立つ。文字の誤脱の指摘や改訓は、返り点の修訂に比べれば、それほど多いとは言えない。今井本には、付された訓とは別個に漢文の形式を整えるという姿勢が窺われる。板本に付される返り点の誤りを正し、全てではないが合符のある辞句にも新たに返り点をつけている。これらのことを踏まえて、ここで漢文の形式を整えるという観点から、今井本に景山の校合を重ねてみたい。寛文九年本・今井本・景山本を、次の三つのパターンに分けて、返り点を中心にして訓点を検討してみる。

四

〔Ⅰ〕今井本と景山本が同じで、寛文九年本と異なる訓点
〔Ⅱ〕今井本が寛文九年本のままで、景山本にのみ付されている訓点
〔Ⅲ〕寛文九年本・今井本・景山本が、それぞれ異なる訓点

紙幅の都合で詳細に例示はできないが、たとえば巻五「御間城入彦五十瓊殖天皇（崇神天皇）」の十年秋七月（五丁ウ）からの数丁で比較・対照してみると、次のようになる。返り点と傍訓の（　）は、寛文九年本を今井本・景山本が共に改補していることを示す。また、□は今井本のみ、○は景山本のみの改補である。

〔Ⅰ〕今井本と景山本が同じで、寛文九年本と異なる訓点

寛文九年本

(1) 詔《テ》群卿《マフチキミタチ》
(2) 導民《ヲ》
(3) 本在於教-化《ヨシヘオモフクルニ》
(4) 礼《イヤマヒテ》神祇《ヲ》
(5) 不受正-朔《ノリヲ》
(6) 未習王化《イマタナラハサレハカキミノオモケニ》
(7) 其選群卿《マウシキミタチヲ》遣《テ》于四《ヨ》-方《モニ》一令知朕《カ》憲《ノリヲ》

今井本・景山本

詔《テ》(二)群卿《マフチキミタチニ》(一)
導《(ヒク)》(レ)民《ヲ》
本《(ハ)》在(二)於教-化《ヨシヘオモ㋰クルニ》(一)
礼《イヤマヒテ》(二)神祇《ヲ》(一)
不(レ)受(二)正-朔《(ミ)ノリヲ》(一)
未(レ)習(二)王化《イマタナラハサレハカキミノオモケニ》(一)
其《㋹》選《テ》(二)群卿《マウ(チ)キミタチヲ》(一)遣《テ》(二)于四《ヨ》-方《モニ》一令《(ヨ)》(レ)知(二)朕《カ》憲《ノリヲ》(一)

〈以上五丁ウ〉

(8) 以テ大彦ノ命ヲ遣北陸《クメカノミチニ》
(9) 遣東《ウメツ》海《ミチニ》
(10) 遣西ノ道ニ
(11) 遣丹波ニ
(12) 有《アラハ》不《サル》レ受《ケ》レ教《ノリヲ》者《モノ》
(13) 授《タマヒテ》印‐綬《シルシヲ》為将軍《イクサノキミト》
(14) 到於和珥ノ坂ノ上
(15) 有テ少女《ヲトメ》
(16) 問テ童‐女《ワラワメニ》
(17) 勿《モノモ》言《イハス》
(18) 詠《ウタフテ》先ノ歌ヲ忽ニ不《ミヘス》見《ナヌ》
(19) 以テ状《アリツルカタチヲ》
(20) 識《シリ玉ヘリ》未‐然《ユクサキノコトヲ》
(21) 知テ其歌ノ恠《シルマシヲ》
(22) 言于天皇
(23) 知ヌ有《ラント》事焉
(24) 非ハ早図《スミヤカニハカルニ》
(25) 留テ諸ノ将軍《イクサノキミヲ》
(26) 未イ幾‐モ時

以テ(二)大彦ノ命ヲ(一)遣(シ)(二)北陸《ク(ム)(ガ)ノミチニ》(一)
遣(二)東《ウ(ミ)ツ》海《ミチニ》(一)
遣(二)西ノ道ニ(一)
遣ス(二)丹波ニ(一)
有《アラハ》(二)不《サル》レ受《ケ》レ教《ノリヲ》者《モノ》(一)
授《タマヒテ》(二)印‐綬《シルシヲ》(一)為(二)将軍《イクサノキミト》(一)
到(二)於和珥ノ坂ノ上(三)(一)
有テ(二)少女《ヲトメ》(一)

〈以上六丁オ〉

問テ(二)童‐女《ワラワメニ》(一)
勿《(ナ)(イ)(ヒ)(ソ)》(レ)言
詠《ウタフテ》(二)先ノ歌ヲ(一)忽ニ不《ミヘス》(レ)見《ナ(ン)ヌ》
以テ(レ)状《アリツルカタチヲ》
識《シリ玉ヘリ》(二)未‐然《ユクサキノコトヲ》(一)
知テ(二)其歌ノ恠《シルシヲ》(一)
言(シ玉フ)(二)于天皇(三)(一)

〈以上六丁ウ〉

知ヌ(レ)有《ラント》(レ)事焉
非ハ(二)早図《スミヤカニハカルニ》(一)
留テ(二)諸ノ将軍《イクサノキミヲ》(一)
未イ(二)幾‐モ時(一)

(27) 与妻吾田媛謀反《ミカトカタムケムト》逆《テ》興《テ》師《ヲ》
(28) 分《クハリテ》道《ヲ》
(29) 夫《ヲトクハ》従山背婦《ハ》従大坂
(30) 欲襲帝京《ミヤコヲ》
(31) 遣《テ》五《イ》十狭《サ》芹《セリ》彦《ノ》命《ヲ》一
(32) 撃吾田媛之師《ヲ》
(33) 殺《テ》吾田媛《ヲ》一
(34) 斬《ツ》其軍‐卒《イクサヒトヲ》
(35) 遣大彦与《ヲ》和珥《ノ》臣《ノ》遠祖国葺《フクヲ》
(36) 向山背《ニ》
(37) 撃埴安彦《ヲ》
(38) 以《テ》忌‐瓮《イハヒヲヘヲ》
(39) 鎮《スウ》坐於和珥《ノ》武《タケ》鐰《スキノ》坂《ノ》上《ニ》
(40) 卒《テ》精‐兵《シノケヲ》《トツハモノ》

与(二)妻吾田媛(一)謀《ミカト》(二)反《カタムケムト》逆《テ》(一)興《㋛テ》(レ)師《ヲ》
分《クハリテ》(レ)道《ヲ》
夫《ヲト㋙ハ》従《㋷(シ)》(二)山背(一)婦《ハ》従《㋛》(二)大坂(一)
欲(レ)襲《(ント)》(二)帝京《ミヤコヲ》(一)
遣《テ》(二)五《イ》十狭《サ》芹《セリ》彦《ノ》命《ヲ》一
撃《㋡》(二)吾田媛之師《ヲ》(一)
殺《テ》(二)吾田媛《ヲ》一
斬《ツ》(二)其軍‐卒《イクサヒトヲ》(一)
遣《㋛》(三)大彦与《ヲ》(二)和珥《ノ》臣《ノ》遠祖国葺《フクヲ》(一)
向《(ムケテ)》(二)山背《ニ》(一)
撃(二)埴安彦《ヲ》(一)
以《テ》(二)忌‐瓮《イハヒ㋬ヲ》(一)
鎮《スウ》(二)坐於和珥《ノ》武《タケ》鐰《ス㋖ノ》坂《ノ》上《ニ》(一)
卒《テ》(二)精‐兵《シノケヲ》《ト㋖ツハモノ》(一)

〈以上七丁オ〉

傍訓をだいたい温存したまま、漢文の訓読を明確にするために、寛文九年本の返り点の多くの不備を今井本と景山本がともに補っているのが分かる。寛文九年本の辞句には、ほとんど雁点や一・二点が付されていない。(7)(31)(33)のように、一点があって二点がないもの、また(12)のように雁点がありながら一・二点のないものもある。漢文訓読する上で、こうした中途半端な返り点の施し方は、読者にはきわめて不親切である。これは、寛文九年版本（とくに巻三以降の人皇紀）の特徴の一つであるといってよい。

〔Ⅱ〕今井本が寛文九年本のままで、景山本にのみ付されている訓点

寛文九年本・今井本

(1) 以　詔テ　之　曰
(2) 挙テレ　兵ヲ　伐テ　之
(3) 歌　之　曰
(4) 異《アヤシヒテ》　之
(5) 将‐謀‐反《ミカトカタフケントスル》　之　表《シルシ》　者《ナラム》　也
(6) 密ニ　来テ　之
(7) 反《カヘル》　之
(8) 必　後《オクレナム》　之
(9) 皆　大ニ　破ッ　之

景山本

以　詔㋹テ　之　日　〈以上六丁オ〉
挙テレ　兵ヲ　伐㋹テ　之
歌㋹　之　曰
異《アヤシヒテ》㋹　之
将㋹‐謀㋹‐反《ミカト　カタフケントスル》　之㋨　表《シルシ》　者《ナラム》　也
密ニ　来㋹テ　之　〈以上六丁ウ〉
反《カヘル》㋹㋞㋰㋗　之
必　後《オクレナム》㋹　之㋹㊁
皆　大ニ　破㋹ッ　之　〈以上七丁オ〉

景山本と今井本が、寛文九年本に対して、ほぼ同じ改補をしている〔Ⅰ〕に挙げた例を考えれば、景山本は今井本の契沖書入れの返り点をそのまま踏襲しているかのように見える。しかし、この〔Ⅱ〕の諸例からも知られるごとく、今井本は、寛文九年本と同じく「之」を不読字としているのに対して、景山本ではほとんど全てを訓んでいる。景山が校訂した巻十八の安閑帝元年紀までの訓読において、今井本との最も顕著な相違点は、「コレ」または「ノ」とよむ場合の助字「之」を、景山が徹底して訓んでいることである。

また、「之」以外の唯一の例である(5)「将謀反之表者也」では、今井本は寛文九年本のまま、合符のある「将‐謀‐反」を「ミカトカタフケントスル」と熟合させて訓むが、景山はそうは訓まない。「将」を再読文字として訓んでいる。ここでは雁点しかつけていないが、たとえば巻一・四丁オに「将　報《カヘリコトマウス》」（寛）→「将スレ　報《マサニカヘリコトマウサント》」（景）とあるように、「マサニ……ス」と再読している。この例は、景山本では随所に見られる。景山本は、『訂正日本書紀』及び寛文九年本・今井本『日本書紀』では、多く「ムベ」「ウベ」とする訓みを混在させる「宜」をほとんどすべて「ヨロシク……ベシ」と再読し、他の「当」「且」「未」「猶」「使」「令」「盍」も同様に再読して訓む。

〔II〕の例として、今井本と景山本の訓点の異同は、助字「之」の読・不読と「将」の再読の他にも、数は少ないがある。巻五の全体から拾ってみる。

	寛文九年本・今井本	景山本	
(10)	且大‐半《ナカハニスキナントス》矣	且㊁大‐半《ナカハニスキナントス》㊀矣	〈二丁オ〉
(11)	蓋《ナンゾ》命《ウラヘテ》神‐亀《ニ》以《テ》極《サラム》到レ災《ヲ》之所‐由《コトノヨシヲ》也	盍《ナンゾ》㊦(蓋を改む)命《ウラヘテ》㊁神‐亀《ニ》㊀以《テ》極《㋱》㊥到《㋨》レ災《ヲ》之所㊤㋹‐由《コトノヨシヲ》也	
(12)	敬‐祭《イヤマヒマツラハ》我《ヲ》者	敬‐祭《イヤマヒマツラハ》㋹我《ヲ》者	〈三丁オ〉
(13)	如此《カク》	如㋹此《カク》	〈五丁オ〉
(14)	不‐見《ミエタマハネハ》	不㋹‐見《ミエタマハネハ》	〈八丁オ〉
(15)	有‐恥《ハチテ》	有㋹‐恥《ハチテ》	〈八丁ウ〉
(16)	発‐路《ミチタチヌ》	発㋹‐路《ミチ㋟゙チ㋜》	〈九丁オ〉
(17)	帰化《マウオモムキヌ》	帰㋹化《マウオモムキヌ》	
(18)	校《カンカヘテ》人《オ》‐民《ヲ》	校《カンカヘテ》㊁人《オ》‐民《ヲ》㊀	〈九丁ウ〉
(19)	撃‐刀《タチカキス》	撃㋹‐刀《タチ㋕゙キス》	〈十丁ウ〉
(20)	被皇命《オホムコトヲウケタマハリテ》	被㊁皇命《オホムコトヲウケタマハリテ》㊀	
(21)	当《マタ》待《ナム》	当《マタ》㋹待《ナム》	〈十一丁オ〉

このように〔II〕の景山本にのみ付されている訓みを見ると、景山本では寛文九年本はもちろん、熟合訓に返り点を施

す今井本よりも、さらに徹底して漢文の形式に則った訓読をしていることがわかる。

〔Ⅲ〕寛文九年本・今井本・景山本が、それぞれ異なる訓点

右の〔Ⅰ〕と〔Ⅱ〕を検討した範囲〈五丁ウ〜七丁オ〉の中には、この三本の訓点がそれぞれ異なっている例はない。そこで〔Ⅱ〕の場合と同じく、巻五全体からそれを拾ってみる。

(1)　会《ツトヘテ》八十万《ノ》神《カムタチヲ》以《テ》卜《ウラ》-問《トフ》之（寛）
　　会《ツトヘテ》(二)八十万《ノ》神《カムタチヲ》(一)以《テ》卜《ウラ》-問《トフ》之（今）
　　会《ツトヘテ》(二)八十万《ノ》神《カムタチヲ》(一)以《テ》㋹卜《ウラ》-問《トフ》㋹之（景）　〈三丁オ〉

(2)　天皇勿-復《マタナ》為愁《ウレヘマシソ》国之不レ治《コトヲ》（寛）
　　天皇勿[四]-復《マタナ》為[三]愁《ウレヘマシソ》[二]国《(ノ)》之不レ治《コトヲ》（今）
　　天皇勿㊂-復《マタナ》為㋹愁《ウレヘマシソ》㊁国《(ノ)》之不㊀レ治《コトヲ》（景）　〈三丁ウ〉

(3)　謀反《ミカトカタムケムト》逆《テ》興《テ》師《ヲ》（寛）
　　謀反《ミカトカタムケムト》逆《テ》(一)興《テ》(レ)師《ヲ》（今）
　　謀㊁反逆《ミカトカタムケムト㋩㋕㋡テ》(一)興《㋛テ》(レ)師《ヲ》（景）　〈七丁オ〉

(4)　知《テ》不得免《エマヌカレマシキコトヲ》（寛）
　　知《テ》(レ)不(レ)得免《エマヌカレマシキコトヲ》（今）
　　知《テ》(レ)不(レ)得㋹免《エマヌカレマシキコトヲ》（景）　〈八丁オ〉

(5)　令羞《ハチミセツ》吾《ニ》。吾還《テ》令羞汝《ハチミセント云テニ》（寛）
　　令(レ)羞《ハチミセツ》(レ)吾《ニ》。吾還《テ》令(レ)羞《ハチミセント云テニ》(レ)汝（今）

令《ハヂ》（レ）羞《シムルニ》（レ）吾《ヲ》。吾　還《テ》　令《ハチ》（レ）羞《シム》（レ）汝《ヲ》（景）　〈八丁ウ〉

(6)　宜　継《ケ》　朕　位《ニ》（寛）

宜　継《ケ》（二）朕　位《ニ》（一）（今）

宜《ク》（レ）継《ケ》（二）朕　位《ニ》（一）（景）　〈十丁ウ〉

(7)　従　筑　紫　還《ヘリ》｜来《マウキテ》　之（寛）

従（二）筑　紫（一）還《ヘリ》｜来《マウキテ》　之（今）

従（二）筑　紫（一）還《ヘリ》（二）｜来《マウキテ》　之（二）（一）（景）　〈十一丁ウ〉

(8)　所　特《タノム》　以《テ》　生　也（寛）

所（レ）侍《タノム》｜以《テ》　生（イ）（ケル）　也（今）

所（二）侍《タノム》（テ）（特を改む）以《テ》　生（一）（ケル）　也（景）　〈十二丁ウ〉

この八例しか見出せない。まず、寛文九年本では(2)の雁点一ケ所を除いて、返り点が施されていない。今井本はみな返って訓むが、前述したごとく「之」を「コレ」と訓まないから、(1)(7)のように、景山本と異なる返り点となる。また(2)(3)(4)は、今井本の返り点が不備であり、景山本はそれを改補する。(4)の例では、今井本では「得免」を熟字と見ていたかもしれない。(5)の例は、今井本・景山本は返り点を同じくするが、再読文字「令」を、景山本では傍訓と送り仮名で、使役形であることを明確にしている。(6)は、同じく再読文字「宜」を景山本が再読していることを示す。(8)は、今井本と景山本の訓みの違いが返り点に出ている。

以上のように、寛文九年本をもとにした今井本と景山本を、返り点を中心にした訓点で比較してみたとき、〔I〕〔II〕〔III〕から次のことが言えるであろう。寛文九年版の板本の訓点の付し方は統一性がなく、きわめて粗雑である。林氏が指摘されたように、契沖の書入れを写した今井本は、漢文としての形式から訓もうとして、熟合符を返り点に改めているが、不徹底である。塾合度の強さによっては、返り点を施さない。漢文訓読の仕方において、「之」を不読にし、再読文字を再読文字として訓むことも徹底していない。また、熟字で返って訓むときに、たとえば「及ㇾ群臣」（寛・九巻十丁オの箇所）のように、雁点を用いて返る。これらは、江戸初期までに見られる一般的な返り点の付け方である。

それに対して景山本は、寛文九年本の傍訓を一部改めるものの、大体において温存しながら、江戸中期に見られる標準的な漢文のよみ方をしている。板本『日本書紀』の本文を、漢学者の眼で正格な漢文かどうかを朱筆で返点を付すことで、一つ一つ確かめながら訓んでいたということであろう。

五

それでは宣長が「今これをゑり改めむとならば、文字の誤りをのみたゞして」（前掲『玉勝間』）と述べる寛文九年本の「文字の誤り」は、景山本ではどのように改められているのだろうか。

前述したように、小野田本は現存しない。小野田本が依拠した今井本では、文字の誤脱の表記を、当該文字の右・左にあるいは上欄に、おおよそ次のような形で示す（○は漢字、△は漢数字）。

(1)○（直接改める）　(2)恐○　(3)○乎　(4)○歟　(5)○カ　(6)当去○字　(7)脱○字　(8)有疑　(9)疑有字　(10)恐脱字
(11)恐写誤　(12)疑脱名　(13)脱名歟　(14)脱字乎　(15)疑有脱誤　(16)誤作○乎　(17)当作○　(18)△字衍文　(19)△字衍文乎
(20)疑衍文　(21)○○如何　(22)△字未詳

こうした表記で文字の誤脱を改め、疑問を呈し、また衍字・衍文を指摘している。中でも漢字一字の誤りを、(1)(3)(4)の形で改めているものが圧倒的に多い。一方、景山本の修訂のし方は、次の如くである。脱字を補足するときには、先の○印を「甲○乙」のように、甲と乙の間に書き込み、上欄に補足する漢字を主に朱で記す。また、本文中の誤字を訂正する場合は、「甲乙㈤」のように「丙」文字の上、あるいは右傍に朱で〇印を付し、上欄や当該漢字の右・左に校合して改める漢字を朱で記す。ただ、この誤脱文字の指摘は、今井本に照らしてみると、すべてが今井本とは重ならず、景山本に見られる独自のものも多い。以上のような明らかな誤字脱字の訂正ではなく、修正の可能性を言う場合には、今井本に見られる表記法と似た形で、

(1)一作〇　(2)一本作〇　(3)当作〇　(4)恐当作〇　(5)〇字歟　(6)恐〇字　(7)恐脱　(8)恐有脱字　(9)恐当在〇字上　(10)恐〇字訛　(11)疑有誤脱

として示し、これらを上欄あるいは当該漢字の左・右に書き込む。「一本」「或本」「旧本」という書き方ではなく、その根拠が明確なものについては、「弘仁私記作〇」「加本作〇」（加本は加茂本で今井本）「国史作〇」のように、依拠した書あるいは異本名を「作」の上に付す。『古事記』『旧事紀』『釈日本紀』『弘仁私記』『類聚国史』『延喜式』『風土記』『日本書紀纂疏』『玉篇』『文選』『魏志』その他の多くの史書・注釈書・漢籍・字書等の書名が挙げられている。

ここで注意しなければならないことは、以上見てきた景山本の修訂のし方やその内容だけからでは、それが校合本として景山が用いた小野田重好本にすでに書き入れされていたものを転写したにすぎないという可能性を、まだ否定しきれていないことである。そうだとすれば、『書紀』本文の「文字の誤り」についての景山独自の訂正や指摘が、はたしてあるのかどうか。あるとすれば、それはどのような形で表記されているのだろうか。

宣長の奥書に記されていたように、小野田本に拠る景山の校合作業は、巻一から巻十八の安閑帝元年紀までである。その後を宣長が引き継ぎ、帰郷後も巻一から見直して伝与本に書き入れしている。(10) 宣長の云う「文字の誤り」、つまり衍字・衍文や錯簡を含む文字の誤脱の景山本の表記のし方は、これまでに述べてきたとおりである。

ところが、巻十八の安閑帝元年紀までは見られ、次の安閑帝二年紀から巻三十の持統紀の終わりまでには見られない次のような評語が目につく。第六巻・第七巻から挙げてみる。

(1)　孰愛兄与夫焉　此句不成語〈六巻・四丁オ〉
(2)　矣字　不穏当〈同・四丁ウ〉
(3)　唯字　不穏当〈同・十五丁オ〉
(4)　非字　不穏当〈同・十五丁オ〉
(5)　爰字　無落著〈同・十五丁ウ〉
(6)　此両三句不類前文勢而類字　不允〈同・十五丁ウ〉
(7)　車駕止之四字　不成語〈七巻・二丁オ〉
(8)　権令弟媛至五字　不成語〈同・二丁ウ〉
(9)　遊字　不妥貼〈同・二丁ウ〉
(10)　山谷響聚四字　恐倒置〈同・五丁ウ〉
(11)　賤賤陋口四字　不雅〈同・十三丁オ〉
(12)　以字　亦無落著〈同・十三オ〉
(13)　通字　未雅〈同・十三ウ〉
(14)　之字　無落著〈同・十七オ〉
(15)　愷悌還之四字　不雅〈同・二十丁オ〉
(16)　無誰語之四字　不成語〈同・二十丁オ〉
(17)　灼然二字　不知何所謂〈同・二十一丁ウ〉

(1)(7)(8)(16)に見られる評語「不成語」は、たとえば(1)を例にとると、「孰愛」と「兄与夫焉」が「兄与夫焉孰愛」の語順であるはずなのに転倒しているとして、語勢（語順）が誤りであることを指摘している。(10)の「恐倒置」も同様である。⑵⑶⑷の「不穏当」、⑹の「不允」、⑼の「不妥貼」は、字義に照らして、その文字が適当でないと判断する表現である。⑸⑿⒁の「無落著」は、どこか座りが悪い文字であることを言っている。また、⑾⒀⒂の「不雅」「未雅」は、雅語ではなく俗語であること、⒄の「不知何所謂」は、文脈からして「灼然」の二字が適当でないことを指摘している。字義を得た適切な文字の使い方や、正しい語順による表現は、「天性文字の国に生れたる人」ではない日本人にとってはなかなか難しい。景山は『不尽言』で、字義・語勢について次のような見解を示している。

・書をよむ時に、その字の底の意味の差別を合点せねば、同心の文字ゆへ表向では義もすむやうなれども、どこやら落著せぬやうに覚ゆる所があるもの也。

・中華の雅語は勿論の事、日用の俗語にても、その文字のつかいどころ、約束のとをりみぢんもちがはぬ事妙也。

・日本にて儒者と呼ばる丶人のかく文章には、精出してかいても、文法に転倒錯置ありて、よまれぬが多くある也。林羅山など、日本の大儒といはれし人なれども、羅山文集の内には大きな転倒が多くある事也。

・すべて中華人の語勢は、日用通俗の語勢も、雅文経子史集の語勢も、その勢は皆同じ様也。日本人の文を書いて語に顚倒の出来ると云ことは、中華人の語勢の様子をとくと考へず、やはり日本人の語勢の意持《こころもち》を以て文をかくゆへに、顚倒の出来る筈の事也。

漢籍を読むとき、あるいは漢文体の文章を書くときに、字義・語勢の理解がいかに重要であるかを、景山は説いている。日本人が字義・語勢をよく理解しないままに書く文章は、和習を免れない。⑴〜⒄の「不成語」「不穏当」「不妥貼」「倒置」「不允」「無落著」「不知何所謂」と記す批評の言葉は、指摘する箇所の語句が、「和習」であることを意味している。

「和習」を指摘する右の⑴〜⒄の書入れは、今井本には一つも書入れされていない。景山本にのみ見られる書入れである。つけ加えて言えば、「亦不　恐当作不亦」〈六巻・四丁オ〉、「敢勿　恐当作不敢」〈同・六丁オ〉、「勿字　恐不字謁」〈同・十六丁オ〉、「唯　恐嘸字訛」〈七巻・十三丁ウ〉など、助字の微妙な使い分けや訛音についての注記も今井本にはない。景山が校訂した巻十八の安閑帝元年紀から後、つまり宣長が引き継いだ巻三十までの小野田本による校合に、(1)〜(17)のような「和習」を指摘する評語はどこにも見当たらない。とすれば、このことと、景山が「和習」となる原因を字義と語勢の理解不足であることを主張していることを考え合わせたとき、『日本書紀』本文の「文字の誤り」のすべてを、景山が小野田本に拠ってのみ訂正していたとは言い切れなくなる。漢文をよむ漢学者の眼が、校合本の「文字の誤り」の指摘を新たに付け加えたと見るべきであろう。

六

儒学者であった景山が、正徳四年版（神代巻・上下）と寛文九年版（巻三〜巻十八）の板本をもとに、『日本書紀』の校訂に取り組んだ目的はどこにあったのだろうか。

正史の第一の位置にある『日本書紀』に、景山が強い関心を持っていたことは確かであろう。堀塾の門下生である宣長は、前掲の奥書に景山が小野田重好本をもって「校讐訂正」したと記していた。また、随筆『玉勝間』では、古写本が少ないことを理由に、板本の訓には触れずに、文字の誤りのみを正すべきであることを言っていた。今まで見てきたように、景山本と現存しない小野田本の元本である今井似閑本とを比較・対照することによって、景山独自の視点が見えてくる。それは、漢学者として『日本書紀』を正格の漢文として扱い、『書紀』の基本的な読み方である和読という方法に従って、文字と語句の適・不適を確かめてみるという視点である。景山が、小野田本をもって「校讐訂正」したということの真意は、記述内容に関わる考証以上に、『書紀』本文が正格な漢文であると想定しての復元にあったのではなかろうか。そのためには、字義の判別と語勢（語順）の確認作業が必要となる。景山は、小野田

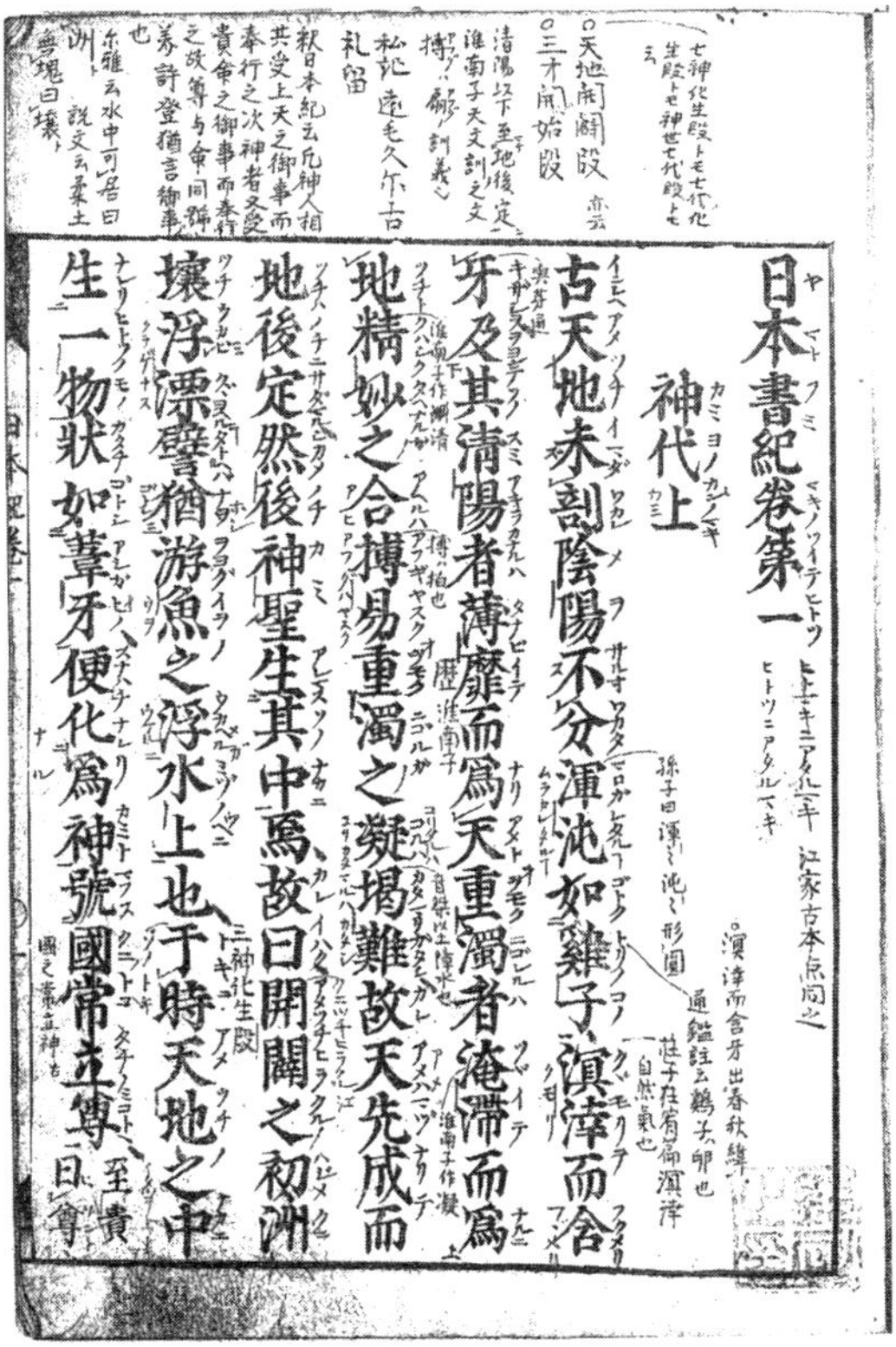
日本書紀巻第一
神代上
古天地未剖陰陽不分渾沌如雞子溟涬而含牙及其清陽者薄靡而爲天重濁者淹滯而爲地精妙之合搏易重濁之凝竭難故天先成而地後定然後神聖生其中焉故曰開闢之初洲壤浮漂譬猶游魚之浮水上也于時天地之中生一物狀如葦牙便化爲神號國常立尊

堀景山伝与本『日本書紀』（本居宣長記念館蔵）

本に依拠しながら、一方で字義・語勢を当然重視する漢学者の眼で、粗雑な板本の文字の誤りを正す。そして、日本人が編修したことに起因すると考えられる和習を指摘する。これには、漢文直読法を強く主張した徂徠・春台の影響があろう。華音を学んでいた景山も、字音読みの傾向にあったことは、『春秋経伝集解』の改訓によって知ることができる。しかし、『日本書紀』のよみは原則として和訓によむことである。景山によって板本に丁寧に徹底して施されている朱の句点と返り点は、板本『日本書紀』の本文が正格の漢文たり得ているかどうか、そしてまた、返読できる訓点になっているかどうかを、眼に見える形で検証してみた事跡に他ならない。

注

（1）寛文九年版の板本は、新刻本ではなく、赤塚芸庵手校本・元政上人本（刊年不明）の版木をそのまま使用した後刷本であることを、中村啓信氏が「古事記年報」47巻（平成十七年一月）で指摘している。また、その寛文九年版に二種類あることを、同氏が「古事記学会創立五十周年記念展示書目解題」（四四頁）で指摘する。活字形の異同から、元来の字形を第一種、新版木を含むものを第二種とする。例示された字形で見ると、景山の伝写本の第三冊から第九冊までは、第一種の寛文九年版である。
（2）景山は塾での教育に加え、京都東山七条にある宮門跡寺妙法院に、宝暦三年から没する同七年まで出入りして、堯恭法親王に講義している。同六年の五月には、広島藩主の命で『唐律疏義』（三十巻）の校訂や訓点を施す仕事を始める。
（3）西宮一民「本居宣長と日本書紀」（「鈴屋学会報」第十八号・平成十四年二月）。
（4）『古事記伝』『初山踏』『玉勝間』『神代紀髻華山蔭』『神代正語』等に見られる。
（5）堀杏庵旧蔵本『日本書紀』は、慶長十五年刊の古活字版で三十巻十五冊。内閣文庫所蔵。
（6）「名古屋人物史料二十、頤貞先生年譜」（『汲古』一・大正七年七月刊・汲古会）。
（7）小学館日本古典文学全集本『日本書紀』では、
留《とどメ》二 使《つかヒテ》 虚　空《ヲ》一、経《ふルマデ》レ 月《つきヲ》 不《す》レ 肯《かへニ》レ 聴《ゆるシ》二 上《のぼラセ》 京都《みやこ》ニ一
岩波日本古典文学大系本では、
留《とどメ》二 使《つかフ》 虚空《おほぞらヲ》一。経《ふルマデ》レ 月《つきヲ》 不《す》レ 肯《かへニ》レ 聴《ゆるシ》二 上《のぼラセ》 京都《みやこ》ニ一
と訓む。
（8）賀茂別雷神社三手文庫本（今井似閑本）の神代巻上・下は、半丁八行だが、一行は十七字詰である。巻三以降は、寛文九年版と同じく十八字詰である。『賀茂別雷神社三手文庫今井似閑書籍奉納目録』（神道書目叢刊二、昭和五十九年一月刊・皇學館大學神道研究所）の『日本書紀』の解説に、「本文中に似閑の書入がある。第三冊以降には黒筆（異筆）の書入も加はり、第五冊表紙裏には『東国通鑑』・『通典』抄録半紙約二枚分の付箋がある（異筆）。」とある。ここでいう異筆は、小野田重好が奥書に記していた樋口宗武の「刪定闕字譌字而補其亡誤」のことを指摘したものか。
（9）林勉「三手文庫本日本書紀―本文に関する契沖本書入を中心にして―」（『論集上代文学』第十二冊・昭和五十七年十一月刊・笠間書院）。林勉「三手文庫本日本書紀書入にみられる契沖の書紀訓読㈠―合符より返点へ―」（同・第十三冊・昭和五十九年三月刊・笠間書院）。
（10）宣長は、松坂に帰郷した後も校訂作業を続け、新たに谷川士清の考証や自分の考えを書入れしていたことについては、西宮氏の論文注（3）に詳しい。

一　（2）歌詠の増注

次に、歌謡に関する景山の書入れについて検討したい。

伝予本（全三十巻九冊）の第三冊裏表紙に、景山から譲渡された経緯を述べる宣長自筆の奥書がある。繰り返しになるが、その冒頭に

此日本紀者、景山堀先生所蔵本也。自神代巻至　安閑帝元年紀、先生親以小野田重好本校讐訂正。如歌詠、引契沖厚顔抄、増注之。

とある。景山は所蔵本『日本書紀』を、小野田重好本で校合し、歌謡については『厚顔抄』を引いて注を書き加えていたことを記す。宣長が云う歌詠、すなわち『日本書紀』の歌謡は、安閑帝元年紀（巻十八）までに、全百二十八首中、九十九首ある。『日本書紀』の本文が正格の漢文を意識して書かれているのに対して、歌謡はすべて万葉仮名で表記されている。伝予本『日本書紀』は、神代巻上下の二巻を正徳四年（一七一四）版、巻三以降を寛文九年（一六六九）版刊本とする寄り合わせ本である。

神代巻には歌謡は六首、それを刻む正徳四年版刊本は、万葉仮名による表記だけしかない。その半世紀前に出版されていた寛文九年版では、六首全部に万葉仮名の振仮名が、カタカナで付されている。『日本書紀』全三十巻のうち、

古来、神代巻の二巻が特別に関心をもたれてきたことは周知のところである。正徳四年版の刊本のように神代巻だけの出版もあり、それだけ多くの考証がなされてきた。寛永版の後刷本とされる寛文九年版でも、神代紀の訓点は巻三以降の訓点に比べて詳細であり、歌謡に関しても同じことが言える。

しかし巻三以降の人皇紀では、巻三の一首（10番歌）を除く、残り九十二首において、万葉仮名に付けられた振仮名は、本文の訓点と同様、はなはだ不徹底である。歌によっては、まったく付されていない。歌謡の振仮名という一つの視点からみても、寛文九年版が粗雑な流布本であったことは否めまい。このような刊本の歌謡を読むにあたり、景山は小野田重好の『日本書紀』校訂本に加えて、契沖の『厚顔抄』を参看していた。契沖の記紀歌謡の注釈から、景山は何を目的として、どのような書入れをしていたのであろうか。

二

歌謡九十九首についての景山の書入れを、大きく二つに分けて考察したい。一つは、万葉仮名表記と語意・語釈について、他の一つは万葉仮名に付された振仮名と歌謡を意味の面からとらえた漢字の表記についてである。

精細で実証的な注釈書である『厚顔抄』（三巻三冊）は自序により元禄四年（一六九一）閏八月に成ったことは知られるが、自筆本は現存せず、刊本も存在しない。写本は多くあるが、賀茂別雷神社三手文庫所蔵本が原本に最も近いとされ、岩波版の契沖全集でも今井似閑の手沢本であったこの写本を底本にしている。三手文庫本『厚顔抄』の巻上・中、すなわち巻下の『古事記』歌謡を除いた『日本書紀』歌謡の万葉仮名には、ほとんど振仮名がつけられていない。これを翻字する岩波版『厚顔抄』は披読の便を計り、円珠庵本によって振仮名を（　）で括って補記する。ただ、この円珠庵本『厚顔抄』にも振仮名のない句があって、その振仮名が今井似閑の手沢本『日本書紀』の歌謡に付けられたりしている。景山が参照した『厚顔抄』が、どのような写本であったかは知られない。三手文庫本『厚顔抄』の歌謡の大部分に振仮名がないことから、景山は円珠庵本に近い転写本『厚顔抄』を見ていたであろうと推測される。

流布本として広まった寛文九年版『日本書紀』には、精粗のばらつきはあるが、訓点が施されている。また、三手文庫本『日本書紀』の本文は、今井似閑が寛文九年版の板本を下敷きにして、それに契沖説を書入れしたものである。景山は、神代巻上下（正徳四年版）と巻三以降の寛文九年版の板本を、小野田重好本を以って校合している。西宮一民氏が指摘されたように、景山が校合に使用した小野田本『日本書紀』（現存せず）に最も近いのが三手文庫所蔵の今井本『日本書紀』だと想定した場合、歌謡に関しては次のことが言えるであろう。寛文九年本と、それをもとにした今井本、さらにそれを踏まえた景山伝写本のそれぞれの『日本書紀』と、『厚顔抄』を対校したとき、歌詠について宣長が「引契沖厚顔抄増注之」（前掲奥書）と景山伝写本に言及していることを考えあわせれば、寛文九年本と今井本『日本書紀』に無く、伝写本に書入れされている注記や振仮名、それに漢字の表記は、景山が直接『厚顔抄』から引いた可能性が高いということである。

そこで、歌謡九十九首を対象として、万葉仮名表記と語意・語釈の書入れについて最初に検討してみる。九十九首の歌には、様々な注が上欄外あるいは左右の行間に朱や墨で頭書・傍書され、また付箋をもって書入れされている。その書入れの筆には景山ばかりでなく、安閑帝二年紀（巻十八）以降の校合を景山に託されたとする宣長のものもある。宣長の書入れは相当な数にのぼる。伝写本の奥書に「冠註訓点不遺一字。亦不加管見。唯旧是従、以竣其功。聊充先生之素志云爾。宝暦六年丙子七月念六日」と述べているように、宣長は師に委託された仕事を、京都遊学を終えて帰郷する前年に、一旦けりをつけていた。しかしこの後、松坂に戻ってからも、小野田本『日本書紀』と『厚顔抄』、さらに谷川士清の『日本書紀通証』（未刊稿本、および宝暦十二年刊本）を傍らに置いて巻一から見直し、伝写本への書入れを継続していた。最初の校合作業には見られなかった宣長自身の見解も「宣長按」「宣長云」として書き加えられている。

このように伝与本には宣長の手による注記が景山の注記に新たにつけ加えられて、増注とするところは、景山のものか宣長のものか一見して見分けにくく、混雑した観がある。ただ、景山が書入れしていた注記の文字には、縦横の線が直線的で肉太であるという筆の特徴があって、宣長のやや細く柔らかい筆致で書く注記とは区別しやすい。この筆太で端正な景山の筆の跡をたどって、伝与本の歌謡に付された注記を考察してみる。

最初に言えることは、宣長が遊学中に借覧書写（巻一〜巻七）していた谷川士清の未刊稿本『日本書紀通証』を、伝与本の書入れを見る限り、景山が参照していた形跡は見て取れないということである。宣長が誰に未完の稿本『日本書紀通証』（宝暦元年成稿）を借りたのかは不明だが、少なくとも景山ではなかろう。

景山が歌について、小野田本『日本書紀』に加えて『厚顔抄』を閲覧していたことは、書入れの内容と表記の仕方から判断して、まず間違いない。『厚顔抄』の注釈から景山が引いたと判断される書入れの歌番号を次に列挙してみる（番号は、岩波版『契沖全集』第七巻の『厚顔抄』で採用する日本古典文学大系本『古代歌謡集』の歌番号）。『厚顔抄』は、万葉仮名表記の歌を句の切れ目ごとに句切り、その下に小書二行で注釈するという体裁をとる。書き入れされた歌番号の下に、当該歌の全句のうち、何句に注記が加えられているかを（　）内に分数表示した。

第一巻　増注なし

第二巻　増注なし　＊今井本からの転記あり

第三巻　7（4／14）、8（3／9）、10（1／2）、11（1／5）、12（3／8）

第四巻　歌謡なし

第五巻　20（2／5）

第六巻　歌謡なし
第七巻　21（2／3）、22（3／4）、23（3／6）、24（2／5）、26（2／3）、27（2／7）
第八巻　歌謡なし
第九巻　28（7／16）、29（2／8）、30（1／5）、32（3／12）、33（2／8）
第十巻　34（1／5）、35（4／15）、36（4／10）、37（1／5）、38（2／5）、39（3／6）、40（1／8）
第十一巻　42（3／5）、43（3／18）、44（1／3）、46（3／5）、47（1／5）、48（1／5）、50（1／5）、52（2／5）、53（1／9）、54（1／11）、57（1／9）、58（1／8）、59（2／6）、60（1／5）、62（1／10）
第十二巻　増注なし
第十三巻　65（1／5）、66（2／5）、67（2／5）、68（3／5）、69（2／10）、70（2／8）、71（1／6）、72（1／5）、73（1／5）
第十四巻　増注なし
第十五巻　85（1／4）
第十六巻　87（1／5）、88（1／3）、91（1／5）、93（1／5）、94（3／15）、95（2／7）
第十七巻　96（3／30）、97（1／23）、98（1／5）
第十八巻　歌謡なし

『日本書紀』本文の第四巻・第六巻・第八巻と、第十八巻の安閑帝元年紀には歌謡がない。また、第一巻・第二巻・第十二巻・第十四巻には、歌謡はあっても、景山による注の書入れがない。第十七巻までの歌謡九十九首のうち、右の一覧に示したように、五十八首に、景山の筆による注記が入っており、全体の約六割に相当する。しかし、引用句数で言えば、書入れがあるのは、九十九首の句数四百三十九句のうち、百十二句にすぎず、全句数の二割五分ほどである。『厚顔抄』で注釈する一句には、契沖の博覧強記ぶりが遺憾なく発揮されており、国書・漢籍・仏典から実に多くの資料が証例として挙げられている。無論、そのすべてを景山が書入れているわけではない。具体的にはどのように書入れているか。ここで句数の少ない21番歌（第七巻）を一つ例にとってみよう。後の（　）に、岩波大系本『古代歌謡集』の訓みを付す。

豫ハ夜ト通セハ愛哉ノ意ニテシハ助字ナリ

波辭枳豫辭《ハシキヨシ》《愛吉》、和藝幣能伽多由《ワ㋖゙㋬ノカタユ》《カイ反キ》《我家方従》、区毛位多知区暮《㋗モイタチク㋲》《雲居立来》

（はしきよし、我家《わぎへ》の方ゆ、雲居《くもゐ》立ち来《く》も）

句点と注記、それに振仮名と表意文字的意味合いをもつ漢字を、景山が伝与本となる寛文九年版の板本に書入れている。寛文九年版本には、〇印で囲った「藝《キ》」「幣《ヘ》」「区《ク》」「暮《モ》」四字の振仮名だけしか施されていない。振仮名と漢字については後述する。景山が『厚顔抄』から引いて注記しているのは、第一句と第二句である。『厚顔抄』では、第一句「波辭枳豫辭」の下に、煩雑に過ぎると思われるほどの資料を証拠として挙げ、注釈を二行の小書にしている。

波辭枳豫辭（ハシキヨシ）　愛吉也・或ハ豫ト夜ト通セハ愛哉ニテ・シハ助語ナリ・此詞万葉ニ多シ・ハシキヨシ・ハシキヤシ・ハシケヤシ・ハシコヤシ・或ハ只・ハシキ・トモ云ヒ・ハシ・トノミモ云ヘリ、下ノ継躰紀、勾大兄皇子ノ御哥ノ中ニ、波絁稽矩謨ト云ヘルモ同シ詞ナリ、ハシキヨシハ、ナツカシクヨシノ意ナリ、愛ノ字ヲ・ハシキ・ト讀證ハ、万葉第二、人麿ノ長哥ノ末云・玉桙之・道太尓不知・欝悒久・待加恋良武・愛伎・妻等者・第二十、家持ノ長哥ノ末云、奴婆多麻乃・久路加美之伎弖・奈我伎氣遠・麻知可母恋牟・波之伎都麻良波・後ノ家持ノ哥ヲ以テ人麿ノ哥ヲ見レハ、今ノ本ニハ愛伎ヲヲシキト點セレト、ハシキナリ、古事記、仁徳天皇ノ御哥ニモ・阿賀波斯豆摩トヨマセ給ヒ、万葉第八、山上憶良ノ七夕哥ニ・吾遠嬬トヨマレタルモ、一本ニハ波之嬬トアリ、第二十二又、波之伎多我都摩トモヨメリ、第四云、波之家也思不遠里乎、第六云、愛也思不遠里乃、後ノ愛也思ヲ、ヨシヱヤシト點セレト、共ニ湯原王ノ哥ニテ似タル二句ナレハ、初ノ哥ニテ證スルニ、是モ亦ハシキヤシナリ、又、第十一、人麿集哥云、早敷哉、不相子故、徒、是川瀬、裳襴潤・同巻又云、愛八師、不相君故、徒尓、此川瀬尓、玉裳沾津・右二首、大方似タル哥ナレハ、早敷哉ヲ以テ愛八師ヲヨムニ、又サキノ愛伎妻ノ如シ、此外、彼集ニ多ケレト、要ヲ取レリ

冒頭は「愛吉也・或ハ豫ト夜ト通セハ愛哉ニテ・シハ助語ナリ」で始まり、以下『万葉集』歌の巻二・四・六・八・十一・二十の歌を証例として並べ、また『書紀』（継体紀）の勾大兄皇子や『古事記』の仁徳天皇の歌句を引き、末尾に「要ヲ取レリ」とはいうものの、かなり徹底して字句の考証にあたっている。ところが景山は、「豫ハ夜ト通セハ愛哉ノ意ニシテテシハ助字ナリ」と傍書して、「豫」と「夜」が五韻相通で「愛哉」の意味であること、そして「辞」が助字であることを説明する。『厚顔抄』冒頭の一文を書入れしているだけである。

第二句「和藝幣能伽多由」ではどうか。『厚顔抄』注釈の全文は次のとおり、

和《ワ》藝《キ》幣《ヘ》能《ノ》伽《カ》多由

従我家方也・我以反藝ナレハ、ワカイヘヲツ、メテ、ワキヘト云・キノ字、濁ルヘキ理也、吾妹ヲ和藝母トヨムモ同シ意ナレト、脇ノ如ク云ヒ習ヒタレハ、ワキヘモ時ニシタカフヘシ

「弊」と「幣」の違いがあるが、万葉仮名では同じ甲類の「へ」である。「藝」字の右脇に、景山は「カイ反キ」と朱書し、寛文九年版刊本にもともと施されていた振仮名「キ」に、「濁ルヘキ理」を採って濁点を付す。反切に留意した簡単な注記である。

『厚顔抄』は実証主義の精神に立ち、歌を句切った一句一句に詳細な注釈を加えている。しかし、景山が『厚顔抄』の注釈を所蔵本『日本書紀』に書き入れているのは、右の21番歌のように一句のうち関心のある一部分でしかない。

契沖が九十九首（四百三十九句）に注釈を加えている数からみれば、その書き入れ、すなわち「増注」は、わずか数パーセントにも満たないであろう。後に増補する宣長のものと比べても、決して多いとは言えない。ならば、採り上げて注記する内容には、何か特徴といえるものがあるのだろうか。

三

『古今集』仮名序で和歌の起源とされた八雲の神詠は、神代巻上にあるただ一首の歌である。記紀歌謡の中で最もよく知られたこの歌の一句一句を、契沖は種々の観点から多くの証例をもとに考証している。前掲21番歌の三倍近い注釈の量である。ところが、景山は、熟知する歌だったからであろうか、この神詠歌にはまったく注記していない。

そもそも他の文献を参照して注を書入れるという行為は、人それぞれの興味・関心や知識・能力の程度によって異なり、ある意味では多分に恣意的なものである。本文を読み解こうとしたとき、不明な語句、曖昧な箇所があって、解決の手がかりが見つかれば、それを余白に書きしるす。注記とは、本来こうしたものであろう。景山においても、万葉仮名表記の歌謡を読むとき、正確な読解に資する注釈書として『厚顔抄』を利用していたはずである。

『厚顔抄』の自序に、「（源君）命余曰、日本紀中倭歌、宣子細注者」とあり、徳川光圀から『日本書紀』歌謡の詳細な注釈を求められたことをいう。『厚顔抄』の特色は実証的な考証にある。証例とする文献は、国書・漢籍・仏典等四十種を超えている。文献学的実証主義に立って、歌謡を注釈するものである以上、当然のことながら国書の古文献が多くなる。『古事記』『旧事紀』『続日本紀』『古語拾遺』『先代旧事本紀』等の史籍や『日本紀私記』のような講書の記録、さらに『万葉集』『古今集』をはじめとする私撰集・勅撰集・私家集等の歌集、『仙覚抄』『袖中抄』等の歌学書、『延喜式』『倭名類聚抄』等の律令の施行細則や辞書、契沖はこうした国書に漢籍・仏典を加えて考証にあたっている。この『厚顔抄』から、景山が寄り合わせ本に書き込みをした注記は、百十二句（五十八首）ある。注記内容で特徴のある具体的な例を、前述した21番歌（万葉仮名の解読と語意の考証）の他に、いくつか挙げてみよう。

「瀰概能佐烏磨志《ミケノサヲバシ》」（24番歌第二句）……瀰概ハミキト云ヘキヲミケト云ハ、私記云古者謂木為介トイヘリ、素戔嗚尊ノ御身ノ毛ヲ抜チラシ玉ヘハ、サマ〳〵ノ木トナルト云コトアレハイヘルナリ（万葉仮名の解読と語釈）

「揶莽之呂餓波烏《ヤマシロガハヲ》」（53番歌第二句）……古事記ニ泝於掘江随河而上幸山代トアレハ淀川ヲ山背川トノ玉ヘルナリ（同右）

「固奈瀰餓《コナミガ》」（7番歌第七句）……古奈美和名ニ前妻毛止豆女一云（万葉仮名の読みと語意）

「莵頭邏佐波磨枳《ツヅラサハマキ》」（20番歌第四句）……波ト夜ト通スレハ、佐波ハ鞘カ（音通と語意）

「瀰莵愚利能《ミツグリノ》」（35番歌第十一句）……万葉九ニ三栗乃中尓云、三ツアル物ニ必ス中アリ、イガ栗ハ多ハ三アレハト云枕詞ナリ（語釈と枕詞）

「訶那杜加礙《カナトカゲ》」（72番歌第三句）……金戸ハスヘテ門ヲ云、門ハ鉄ニテ飾ルモノナレハ、本ハ金戸トイヘルヲ、中略シテカト云（語意と語法）

「異枳廼倍呂之茂《イキドホロシモ》」（30番歌第四句）……イマタソノ屍ヲミネハ胸中フサカリ安カラヌトナリ、呂ト良ト通音〔茂〕助語（語釈と音通・助語）

このように、複数の内容を組み入れた注記もあれば、

「阿烏伽枳夜摩《アオガキヤマ》」（22番歌第十句）……青山ノ四方ニメクレルガ垣ノ如クナルヲ云（語釈）

「保枳玖流保之《ホキクルホシ》」（32番歌第十句）……保ト波ト通音（音通）

「等虚辞陪迩《トコシヘニ》」（68番歌第一句）……トコシナヘノ奈ヲ略ス（語法）

「異舎儺等利《イサナトリ》」（68番歌第三句）……鯨魚取ハ海ノ枕詞ナリ（枕詞）

「矢自矩矢盧《シシクシロ》」（96番歌第二十三句）……〔盧〕助語（助語）

とあるように、単独の内容の注を書き入れしたものもある。

景山が伝与本に書き入れた注記の数は多くはない。しかし、契沖が示した多くの証例と考証は、景山に『日本書紀』歌謡を読み解く有益な教えをもたらしていたことは、想像に難くない。古文献の実例を証拠とする『厚顔抄』の注釈は、歌謡の正しい読みと解釈を目的として、万葉仮名の解読・語意・語釈・語法・音通・助語・発語・枕詞・脱字・脱句等、実にさまざまな内容に言及している。この中で、景山が書き込んだ注（概数で152、以下の数字も概数）の約半分は、語意・語釈に関するものである。次に音転（五音と同韻）に関する注（21）、続いて助語（17）、万葉仮名表記（16）、語法（9）の順で、合わせて景山書入れの九割弱を占める。

景山の書入れの中心は、語句の意味に関するもの（語意・語釈）と、万葉仮名の解読に関するもの（表記・音転・助語・語法・発語）の二つにある。景山は、『日本書紀』の読みと語句の意味にこだわっているのである。しかしこのことは、注記ということの一般的なあり方にすぎないともいえるであろう。以上考察してきた注記は、万葉仮名表記の歌謡を読み解く景山の能力と関心事の一端を示してくれてはいるが、そこに景山書入れの、他とは異なる際立った特徴といえるものを見出すことはできない。

四

次に、歌謡九十九首の万葉仮名に付されている振仮名と、表意文字の意味合いをもつ漢字について検討してみよう。景山が書き加えた振仮名と漢字を、「増注」とした表現の中に、宣長がそのことを含めていたかどうかは判然としない。これまで論じてきた万葉仮名表記と語意・語釈だけを景山の注記と考えていたのかもしれない。ただ、私は景山の書入れには振仮名と漢字にこそ大きな特徴があると考えるので、この二つを「増注」に入れる立場で以下論じていく。

寄り合わせ本の神代巻二巻は、述べてきたように正徳四年版の刊本である。この上下二巻には、六首の歌がある。寛文九年版刊本では六首の万葉仮名に注としての漢字はあてがわれていないが、読みとしての振仮名はすべてに施されている。しかし、景山や宣長が書き込む前の、もとの正徳四年版刊本では、六首の歌に振仮名も漢字も付けられていない。その正徳四年本の歌謡六首の万葉仮名のすべてに、景山は朱で振仮名をつけた。それは、寛文九年版『日本書紀』の刊本のものを、そのまま転記した仮名ではない。寛文九年本（全三十巻）には、本文のルビおよび歌謡の振仮名に今井本『日本書紀』の振仮名を採っているのである。『厚顔抄』からでもない。結論を先に言ってしまえば、今井本『日本書紀』の振仮名を採っているのである。

濁点が打たれていない。八雲の神詠（1番歌）は、寛文九年版『日本書紀』では、

夜《ヤ》句《ク》茂《モ》多《タ》莵《ツ》伊《イ》都《ツ》毛《モ》夜《ヤ》覇《エ》餓《カ》岐《キ》莵《ツ》磨《マ》語《コ》昧《メ》尓《ニ》夜《ヤ》覇《ヱ》餓《カ》枳《キ》莵《ツ》倶《ク》盧《ル》贈《ソ》迺《ノ》夜《ヤ》覇《ヱ》餓《カ》岐《キ》廻《ヲ》

とある。円珠庵本『厚顔抄』を見ると、第二句目にある「ヤヱカキ」の「カ」に濁点を打っているだけの違いで、振仮名の片仮名表記は右の寛文九年版本と同じである。ところが、今井本『日本書紀』では、濁点を打つことは『厚顔抄』と同じだが、第二・四・五句の「ヤヱカキ」の「ヱ」を、「ヘ」と表記する。景山が伝予本『日本書紀』に書き込んでいるのは、この濁点と「ヘ」である。同様に、今井本と共通する伝与本における景山の振仮名は、

「以《イ》和《ワ》多《タ》邏《ラ》素《ズ》」（3番歌第三句）……「以《イ》」を、「イ」今井本　「ヱ」寛文九年版本・「ヱ」『厚顔抄』
「妹《メ》盧《ル》豫《ヨ》嗣《シ》尓《ニ》」（3番歌第七句）……「盧《ル》」を、「ル」今井本　「ロ」寛文九年版本・「ロ」『厚顔抄』
「飫《オ》企《キ》都《ツ》鄧《ト》利《リ》」（5番歌第一句）……「飫《オ》」を、「オ」今井本　「ヲ」寛文九年版本・「ヲ」『厚顔抄』

神代巻六首の振仮名は、寛文九年本『日本書紀』・今井本『日本書紀』と『厚顔抄』では、右のような差異を見せる。景山が正徳四年本『日本書紀』に書き込みしている神代巻歌謡の振仮名は、寛文九年本や『厚顔抄』からではな

く、今井本『日本書紀』に拠ったものと判断できよう。

次に、神代巻歌謡の六首における表意文字的な意味合いをもつ漢字の注記について考えてみたい。伝予本の2番歌・3番歌・4番歌には万葉仮名表記の左に漢字が墨書されている。これは、景山から譲り受けた宣長が、後に『厚顔抄』に拠って書き入れしたものである。今井本『日本書紀』では、神代巻の歌謡にほとんどこの手の漢字表記をしていない。ただ、例外が二つある。この例外となる漢字だけを、景山は正徳四年本『日本書紀』に書入れしている。

「和我謂祢志《ワガキネシ》」（5番歌第三句）……「謂祢」の左に「率寝」

「阿軻娜磨廼《アカダマノ》」（6番歌第一句）……「阿軻娜磨」の左に「赤珠」

むろん、「率寝」・「赤珠」の漢字の出所は『厚顔抄』である。しかし、景山は今井本にならって、同様にこの「率寝」と「赤珠」だけを朱で書き込んでいる。

こうして見てくると、万葉仮名だけで表記されている正徳四年本『日本書紀』の歌謡六首に、景山は、今井本『日本書紀』を用いて振仮名と一部の漢字を朱で書き入れていたことがわかる。

つけ加えれば、六首のうち振仮名と漢字以外で唯一注記されているのは、2番歌（巻二・八丁ウ）の第四句「多磨廼彌素磨屢」についての頭注である。それは「多磨陀磨箇清濁古事記亦同」と記す今井本にある注記であって、『厚顔抄』にはない。また、3番歌が載る伝予本巻二・九丁オに、

不レ須也、頗傾〇凶《シ》目《コ》杵之国歟
　　　也　加茂本

とある。加茂本、すなわち本章でいうところの今井本に拠る修訂であることを示している。景山がなぜ『厚顔抄』にある振仮名と漢字を、神代巻六首の歌謡に限って用いなかったのか。その理由はわからない。

以上見てきた神代巻（巻一・二）の例を踏まえて、安閑帝元年紀（巻十八）までの歌謡九十九首に、振仮名と表意を

意図した漢字がどのように施されているか、改めて確認しておく。正徳四年版（巻一・二）と寛文九年版（巻三〜十八）の刊本、伝予本（景山と宣長の書入れ本）、今井似閑手沢本（賀茂別雷神社三手文庫蔵）の各『日本書紀』、これと『厚顔抄』（岩波版『契沖全集』本）とを比較対照した一覧表をあげてみる。

表にある「／」は、寛文九年刊本、あるいは景山伝予本のうち、すでに全部が書き入れされていて、改めて書き入れする必要がないことを示す。また、「○」「□」「■」「△」「▲」「×」の印は、大ざっぱな分類の仕方だが、以下のように区分した。振仮名と漢字それぞれの表記において、「○」……全部、「□」……大体、「■」……半分、「△」……一部、「▲」……ごく一部（1〜3字）、「×」……なし、という区分の仕方である。「□」「■」「△」「▲」では、欠けている箇所、あるいは補訂する箇所が必ずしも一致しているとは限らない。また、同じ語句が同一歌で繰り返される場合は、いずれも振仮名あるいは漢字を繰り返していない。

振仮名は、一字一音節を表わす万葉仮名を、カタカナで読みとして表記したものである。前述したように、『厚顔抄』では、歌謡を句ごとに注釈する。その句ごとの注釈の冒頭には、句の意味を表す漢字が「○○ナリ（也）」（前掲21番歌では「愛吉也」）という形であてられている。景山は万葉仮名の左に、この「ナリ（也）」や「之」「者」等の助字を除いた漢字を該当する語あるいは語句ごとに記す。一首全体の意味を振仮名とは別に、漢字を介して読み取ろうとしているごとくである。ここでの漢字は、万葉仮名に即した表意文字であるから、一首全体の漢字表記をつなげて、漢文体の表現として見ることはできない。振仮名と表意文字としての漢字の例を、巻十三の71番歌で見てみよう。

まず、寛文九年本『日本書紀』は、こうである。

阿摩儾《ト》霧《フ》箇留惋等賣異哆儺介麼臂等資利奴陪《ヘ》瀰幡舍能夜摩能波刀能資哆儺企邇奈勾

万葉仮名「儾」「霧」「陪」の三字に、片仮名が付けられているだけである。表意文字的意味合いの漢字はない。したがって、前に区分した印でいえば、振仮名は▲印、漢字は×印となる。この寛文九年本をもとにした今井本では、

やはり表意漢字をあてておらず、

阿摩儺《ト》霧《ブ》箇留惋等賣《メ》異哆儺《ナ》介《カ》麼臂等資利奴陪《ベ》瀰幡舍《サ》能夜摩能波刀能資哆儺企邇奈勾

とある。振仮名は△印で、漢字は×印となる。この今井本では、寛文九年本に仮名が付されていた「儺」「霧」「陪」のうち、「霧」と「陪」に濁点を打ち、「賣」「儺」「介」「舍」に新たに振仮名を施している。しかし、これでも71番歌の読みと歌意を理解するのは、かなり難しい。それでは、伝予本ではどうか。景山の振仮名と漢字の書入れは次のごとくである。

阿《ア》摩儺《マト》霧箇《ブカ》留惋《ルヲ》等《ト》賣異《メイ》哆儺《タナ》介麼臂《カバヒ》等資《トシ》利奴陪《リヌベ》瀰幡《ミハ》—舍能夜《サノヤ》摩能波《マノハ》刀能資《トノシ》哆儺《タナ》企邇《キニ》
奈《ナ》勾《ク》

天｜飛｜軽｜娘｜子｜痛｜泣｜人｜知｜可｜山｜鳩｜下｜泣｜泣｜
高市郡ニアル山ノ名カ

振仮名・漢字ともに○印である。寛文九年本および今井本『日本書紀』との相違は明白であろう。だとすれば、宣長が奥書に記していたとおり、この書入れが『厚顔抄』に拠るものであるかどうかを確認する必要がある。『厚顔抄』の注釈における句ごとの読みと、小書された注釈の冒頭を（　）であげてみると、

阿摩儺霧《アマトフ》（天飛ナリ）、箇留惋等賣《カルヲトメ》（軽娘子ナリ）、異哆儺介麼《イタナケマ》（痛泣者ナリ）、臂等資利奴陪瀰《ヒトシリヌヘミ》（人可知ナリ）、幡舍《ハサ》能夜摩能波刀能《ノヤマノハトノ》（幡舎能山之鳩之ナリ、ハサハ、高市郡ニアル山ノ名歟）、資哆儺企邇奈勾《シタナキニナク》（下泣ニ泣ナリ）

とある。第三句目「異哆儺介麼」の「介《ケ》」を「介《カ》」と読み、また「霧」と「陪」に濁点を打つことでは、伝与本は今井本と同じである。しかし、振仮名と表意漢字全体から見れば、伝与本は明らかに『厚顔抄』に拠っているといってよいであろう。このような観点で比較対照した次の一覧を見ていただきたい。

巻		巻一	巻二					巻三								巻五	
歌番号		①	②	③	④	⑤	⑥	⑦	⑧	⑨	⑩	⑪	⑫	⑬	⑭	⑮	⑯
正徳四年版本（巻一・二）寛文九年版本（巻三～巻十八）	振仮名	×	×	×	×	×	×	□	□	△	○	□	■	■	△	▲	▲
	漢字	×	×	×	×	×	×	×	△	□	○	△	□	□	□	×	×
景山伝与本　景山	振仮名	○	○	○	○	○	○	○	○	○	／	○	○	○	□	○	○
	漢字	×	×	×	×	▲	▲	○	○	○	／	○	○	○	○	○	○
景山伝与本　宣長	振仮名	／	／	／	／	／	／	／	／	／	／	／	／	／	×	／	／
	漢字	×	○	○	■	×	×	／	／	／	／	／	／	／	／	／	／
三手文庫蔵今井本	振仮名	○	○	○	○	○	○	○	□	□	□	□	□	□	□	□	○
	漢字	×	×	×	×	▲	▲	×	△	□	□	△	□	○	○	×	×
岩波本『厚顔抄』	振仮名	○	○	○	○	○	□	□	□	□	□	□	□	○	○	□	○
	漢字	○	○	○	○	○	○	○	○	○	□	○	○	○	○	○	○

巻						巻七							巻九				
歌番号		⑰	⑱	⑲	⑳	㉑	㉒	㉓	㉔	㉕	㉖	㉗	㉘	㉙	㉚	㉛	㉜
正徳四年版本（巻一・二）寛文九年版本（巻三～巻十八）	振仮名	▲	△	△	△	△	△	△	△	△	×	△	△	△	△	■	×
	漢字	×	×	×	×	×	×	×	×	×	×	×	×	×	×	×	×
景山伝与本　景山	振仮名	○	○	○	○	○	○	○	○	○	○	○	○	○	○	○	○
	漢字	○	○	○	○	○	○	○	○	○	○	○	○	○	○	○	○
景山伝与本　宣長	振仮名	／	／	／	／	／	／	／	／	／	／	／	／	／	／	／	／
	漢字	／	／	／	／	／	／	／	／	／	／	／	／	／	／	／	／
三手文庫蔵今井本	振仮名	△	○	○	○	■	■	■	□	○	○	△	□	□	○	○	□
	漢字	×	×	×	×	×	△	△	×	×	×	×	×	×	×	×	×
岩波本『厚顔抄』	振仮名	○	○	○	○	□	○	○	□	□	○	○	○	○	○	○	○
	漢字	○	○	○	○	○	○	○	○	○	○	○	○	○	○	○	○

巻	歌番号	正徳四年版本（巻一・二）寛文九年版本（巻三～巻十八） 振仮名	正徳四年版本（巻一・二）寛文九年版本（巻三～巻十八） 漢字	景山伝与本 景山 振仮名	景山伝与本 景山 漢字	景山伝与本 宣長 振仮名	景山伝与本 宣長 漢字	三手文庫蔵今井本 振仮名	三手文庫蔵今井本 漢字	岩波本『厚顔抄』 振仮名	岩波本『厚顔抄』 漢字
	㉝	△	×	○	○	／	／	□	×	□	○
巻十	㉞	△	×	○	○	／	／	■	▲	○	○
	㉟	△	×	○	○	／	／	■	×	○	○
	㊱	▲	×	○	○	／	／	△	×	○	○
	㊲	▲	×	○	○	／	／	△	×	○	○
	㊳	▲	×	○	○	／	／	△	×	□	○
	㊴	▲	×	○	○	／	／	△	×	○	○
	㊵	▲	▲	○	□	／	×	△	△	□	□
	㊶	▲	×	○	○	／	／	△	×	○	○
巻十一	㊷	×	×	○	□	／	×	△	▲	○	○
	㊸	▲	×	○	○	／	／	△	△	○	○
	㊹	×	×	○	○	／	／	△	×	○	○
	㊺	×	×	○	○	／	／	▲	×	○	○
	㊻	×	×	○	○	／	／	▲	×	○	○
	㊼	▲	×	○	○	／	／	△	×	○	○
	㊽	▲	×	○	○	／	／	△	×	○	○

巻	歌番号	正徳四年版本（巻一・二）寛文九年版本（巻三～巻十八） 振仮名	正徳四年版本（巻一・二）寛文九年版本（巻三～巻十八） 漢字	景山伝与本 景山 振仮名	景山伝与本 景山 漢字	景山伝与本 宣長 振仮名	景山伝与本 宣長 漢字	三手文庫蔵今井本 振仮名	三手文庫蔵今井本 漢字	岩波本『厚顔抄』 振仮名	岩波本『厚顔抄』 漢字
	㊾	▲	×	○	○	／	／	▲	×	○	○
	㊿	▲	×	○	○	／	／	▲	×	○	○
	51	▲	×	○	○	／	／	△	×	○	○
	52	▲	×	○	○	／	／	△	×	○	○
	53	▲	×	○	○	／	／	△	×	○	○
	54	×	×	○	○	／	／	△	▲	○	○
	55	▲	×	○	○	／	／	△	×	○	○
	56	△	▲	○	○	／	／	△	▲	○	○
	57	▲	▲	○	○	／	／	△	▲	□	○
	58	×	×	○	○	／	／	▲	×	○	○
	59	▲	×	○	○	／	／	△	×	○	○
	60	△	×	○	○	／	／	△	×	○	○
	61	▲	×	□	○	×	／	×	×	○	○
	62	▲	×	○	○	／	／	△	×	○	□
	63	×	×	○	○	／	／	×	×	○	○
巻十二	64	▲	×	○	○	／	／	▲	×	○	○

								巻十四									巻十三
82	81	80	79	78	77	76	75	74	73	72	71	70	69	68	67	66	65
▲	▲	△	△	△	▲	▲	△	△	×	▲	▲	△	△	▲	×	△	△
×	×	×	×	×	×	×	×	×	×	×	×	×	×	×	×	×	×
△	×	△	▲	▲	×	×	△	△	○	○	○	○	○	○	○	○	□
×	×	×	×	×	×	×	×	×	○	○	○	○	○	○	○	○	○
○	○	○	□	□	□	□	○	△	／	／	／	／	／	／	／	／	×
△	△	○	□	□	○	○	○	○	／	／	／	／	／	／	／	／	／
■	△	■	■	□	△	△	△	△	△	△	△	△	△	▲	▲	△	△
×	×	×	×	×	▲	×	×	×	×	×	×	×	×	×	×	×	×
○	○	○	○	○	○	○	○	○	○	○	○	○	○	○	○	□	○
○	○	○	○	○	○	○	○	○	○	○	○	○	○	○	○	○	○

巻十八				巻十七									巻十六				巻十五
	99	98	97	96	95	94	93	92	91	90	89	88	87	86	85	84	83
巻四・六・八と同じく歌謡は無し	△	△	△	△	△	△	×	▲	▲	×	▲	×	×	×	△	×	×
	□	□	□	□	×	×	×	×	×	×	×	×	×	○	○	○	○
	○	○	○	○	○	○	○	○	○	○	○	○	○	○	○	○	○
	○	○	○	○	○	○	○	○	○	○	○	○	○	／	／	／	／
	／	／	／	／	／	／	／	／	／	／	／	／	／	／	／	／	／
	／	／	／	／	／	／	／	／	／	／	／	／	／	／	／	／	／
	△	■	△	△	○	○	○	○	○	○	○	○	○	▲	△	■	□
	□	□	□	□	×	▲	×	×	×	×	×	×	×	○	○	○	○
	○	○	○	○	○	○	○	○	○	○	○	○	○	○	○	○	○
	○	○	○	○	○	○	○	○	○	○	○	○	○	○	○	○	○

巻一・巻二の歌謡については既述してきたとおり、景山の書込みは今井本『日本書紀』に拠っている。右の一覧から、巻三から後の寛文九年版本の特徴をいくつか見出すことができよう。巻三の7番歌から巻十七の99番歌までの中で、振仮名と表意漢字がすべて施されているのは、10番歌のみである。漢字は、巻三・巻十五・巻十七に多く、他の巻にはほとんど見られない。振仮名は「△」「▲」「×」が全体に目立つ。つまり、寛文九年版本では歌謡は実に読みづらく、意味が理解しにくいということになる。こうした板本に、景山は振仮名と表意漢字を、どの程度書き入れしていたか。

一瞥してわかるように、巻十四を除いて、一部「□」印があるものの、振仮名と漢字ともにほとんどが「○」印である。巻十四では、景山の筆による書入れは、ごくわずかである。理由はよくわからない。伝与本に多く施されている振仮名と漢字は、宣長が後で『厚顔抄』によって補記したものである。巻十七の四首については、寛文九年本では、振仮名は一部において、漢字は大体において施され、今井本もそれに倣っている。景山は不足しているところを『厚顔抄』によって補訂している。

寛文九年本、今井本、伝与本の『日本書紀』と、『厚顔抄』を比較したこの表から、景山の書入れが『厚顔抄』に拠ったものであることは明らかであろう。宣長が伝与本の奥書に記していた言葉を確かめることができたということである。巻三以降、巻十四を除く寛文九年本『日本書紀』歌謡への振仮名と漢字の書入れは、景山の万葉仮名の読みと語彙の理解、一言でいうならば、歌謡の読解を意識した作業であったと思われる。

『日本書紀』の歌謡は、表音文字としての漢字である万葉仮名で表記された日本語である。その万葉仮名と語意・語釈を『厚顔抄』の注釈で確かめながら、上代日本語の音で正しく読み、そし漢字本来のもつ意味の漢字をあてがって視覚化し、語意と歌意を読み取る。伝与本に書き入れした景山の「増注」とは、歌謡のこうした方法による読解を大きな目的とする仕事であったと私は考える。

正格の漢文を目指した『日本書紀』の歌謡を除く本文は、地名・神名を除いて訓読することを原則としてきた。前に述べたように、景山は、句点と訓読するための返り点を書き加える一方で、漢文体の本文を目で追いながら文字と語句の適・不適を検証している。歌謡においては、万葉仮名の正しい音を上代語として認識し、傍書した漢字を目で読むことによって語句の意味を把握して、歌の大意をとる。本文は原則として訓読、歌謡は音読という違いを念頭に置きながら、漢学者景山は表意文字である漢字を歌謡読解の一助としていた。

※　本章で引用する『厚顔抄』は、『契沖全集』第七巻（昭和四十九年八月刊・岩波書店）に拠る。

Ⅲ　貴紳・儒者との交遊

一　堀家と妙法院宮

一

堀家の宗家（北堀）を継ぐ南湖と分家（南堀）の二代目となる景山は、ともに同時代を生きた服部南郭（一六八三〜一七五九）によって、古義堂の伊藤東涯（一六七〇〜一七三六）と並び称された碩学である。南湖と景山に、それぞれの文集をはじめとする多くの著作があったことは諸資料から知られるが、景山の『不尽言』の転写本などがいくつか残るだけで、現在ほとんどの書は散逸している。堀家には、著作を板行しないという家訓があったかのようにも思われるが、南湖と景山の著作も、中国史書の加点本の一、二を除けば、出版された形跡は無い[1]。儒学者として学問分野における相当の実力を有しながら、その著述を板に刻して世に出さないところが、京都出身の東儒南郭をして「堀景山南湖ハ文ヨクカケリ。光ヲツ、ミタル学者ナリ。平安ニハ東涯ト此二人マデナリ」（湯浅元禎『文会雑記』）と言わしめた所以であろう。

京都東山七条に、天台宗の宮門跡寺妙法院がある。正保四年（一六四七）に、三十五世門跡として後水尾天皇の皇子堯恕法親王（一六四〇〜一六九五）が就任した。宗門教義に精通し、学問や文化にも関心が深かった法親王の周りには、皇族・公家とは別に、僧侶・儒者・医師などの地下人を含む一流の知識人が大勢集う社交の場が形成されるよう

妙法院門跡（京都市東山区　写真提供：妙法院）

になる。これについては、妙法院史料の一つである『堯恕法親王日記』の記述から具体的に窺い知ることができるが、村山修一氏の論文「妙法院門跡堯恕法親王とその時代」（「史林」56の4・昭和四十八年七月）にすでに詳しく説かれている。

堯恕法親王の後、貞享元年（一六八四）に三十六世堯延法親王（一六七六～一七一八・霊元天皇皇子）、享保十二年（一七二七）に三十七世堯恭法親王（一七一七～一七六四・霊元天皇皇子）、明和六年（一七六九）に三十八世真仁法親王（一七六八～一八〇五・桃園天皇養子）と、妙法院門主が交代する。この歴代の法親王が遺した自筆の日記や、坊官が書き継いだ職掌日記『妙法院日次記』を読み進めていくと、十七、十八世紀に学問・教養そして文雅の面において、程度の差こそあれ、庶民層の地下人と交流をはかる場としての妙法院サロンは、依然として継続していたことがわかる。

中でも、天明・寛政期の妙法院サロンが、京都の文壇において果たした役割とその功績は注目に値する。そのことについて最初に言及したのは、宗政五十緒氏の「真仁法親王をめぐる芸文家たち」（「國語國文」29巻12号・昭和三十五年十二月、30巻1号・昭和三十六年一月）と題する論文である。次いで今中寛司氏の論文「『妙法院真仁親王御直日記』に現れた写生派絵師たち」（「同志社大学文化学年報」23・24合併号・昭和五十年三月）、さらにそれらを補うものとして、飯倉洋一氏の「本居宣長と妙法院宮」（「江戸文学」12号・平成六年七月・ぺりかん社）、「妙法院宮サロン」（論集近世文学5『秋成とその時代』所収、平成六年十一月刊・勉誠社）が発表された。いずれも真仁法親王を中心として、宮と宮を取り巻く文化サロンのメンバーとの交流を、様々な角度から精査されたものである。妙法院の歴史については、村山修一氏の『皇族寺院変革史―天台宗妙法院門跡の歴史―』（平成十二年十月刊・塙書房）に詳しい。

妙法院サロンを論じた諸先学の学恩に感謝しながら、以下、真仁法親王の先代にあたる堯恭法親王を門主とした時代のサロンに焦点を定め、そこに出入りしていた儒学者堀景山と堀南湖の実態と役割について、その一端を明らかにしてみたいと思う。

二

堯恕・堯延両法親王の時代、妙法院に出入りした地下人の中心人物の中に、伊藤宗恕（一六二三～一七〇八）と並ぶ儒医村上冬嶺（一六二四～一七〇五）がいる。冬嶺は、その詩文集『遊東詩集』に「今京師《ニ》、蔵書之多《キコト》、好学之厚《キコト》、莫《シ》レ出《ルモノ》二妙法親王之右《ニ》一」（〈送《ル》三尾片宗喆丈人宦《トシテ》赴《クヲ》二土州《ニ》一叙〉）と述べる。(2)この記述は、地下人との交流を持とうとする妙法院宮サロンには、実力ある京都の名士が召し集められていたことを推測させる。

堯延法親王が享保三年に入寂し、堯恭法親王が翌年、堯延の附弟として妙法院に入った。そして享保十二年に、十一歳の若さで門主となり、元文元年（一七三六）天台座主に補せられる。堯恭法親王は堯恕・堯延と同じく、本務とする宗教的活動のための教学は勿論、揮毫・詩歌・和漢書の勉強にも熱心であった。堯恭が好学の法親王であったことは、『堯恭法親王日記』(3)と『妙法院日次記』(4)の記述によって具体的に知ることができる。学問研究の中心は、仏書と漢籍である。堯恭は、十三歳になる享保十四年（一七二九）から本格的に学問に取り組む。

享保十四年以降、本章で取り上げる儒者堀景山が没する宝暦七年（一七五七・堯恭四十一歳）をはさむ宝暦九年までの間に、妙法院で開かれた仏書と漢籍の講釈（講談）と御会の内容を、年月を追って図表にしてみる。

年	尭恭法親王	講釈と御会	講釈と御会（霊空・一道・即霊）	出入りの輩（宗武・南湖・景山）	関連記事
享保十四年	十三歳	九月『古文真宝』講釈／四月『論語』講談／四月『大学』講談 七月	五月『四教儀集解』講談		
十五年		十二月 松下見櫟／八月『史記』御会／松下見櫟			
十六年		松下見櫟			
十七年		一月『杜律』講談 十二月 松下見櫟／十二月『論語』講談 井上右兵衛	即霊		＊井上右兵衛、妙法院の家頼となる（『妙法院日次記』）。
十八年		十二月	三月／四月『四教儀集註』講談	樋口主水	＊「樋口主水」の名、初出（『妙法院日次記』）。
十九年		松下見櫟／五月『孟子集註』講談	一道／二月『仏心印記』講談		
二十年		井上右兵衛	三月		
元文元年	天台座主就任	十月『唐詩訓解』講釈	霊空 一道	堀南湖	＊「堀南湖」の名、初出（『妙法院日次記』）。 ＊伊藤東涯没、六十七歳。 ＊近衛家煕没、七十歳。
二年		井上右兵衛 堀南湖／九月『春秋左氏伝』御会	『浄土境観要門』講談 十一月 十二月／十一月		＊樋口宗武と堀南湖が、初めて妙法院にて同席。 ＊九月、井上右兵衛没、四十二歳。
三年		四月／一月	霊空		＊千種有敬没、五十二歳。
四年					＊樋口宗武は、三手文庫へ今井似閑の蔵書の奉納完了。 ＊近衛本『大唐六典』刊（十二月）。
五年		松下見櫟／堀南湖			
寛保元年	二十五歳	四月			
二年		二月『論語』講談／十月 樋口宗武『万葉集』講釈			＊『不尽言』成るか。
三年		堀藤助 十二月／六月／二月／三月			

延享元年					
二年	座主辞任		四月 継天『指要鈔』講釈		
三年		五月 堀南湖『孟子』講談			＊松下見櫟没、八十歳。
四年	座主就任				＊九月、樋口宗武『百人一首改観抄』序を書く。＊堀蘭澤の縁談（青蓮院坊官鳥居小路大蔵卿の女）。
寛延元年	三十二歳	堀南湖『歴史綱鑑補』御会			＊『百人一首改観抄』刊。（景山六十一歳、宗武七十五歳、南湖六十五歳）。
二年	座主辞任　座主就任	二月（『孟子』講談）			
三年			十月（『指要鈔』講釈）		＊「樋口主水」の名、記載の最後（『妙法院日次記』）。
宝暦元年		八月（『歴史綱鑑補』御会）　御会の記事はここまで。出入りは宝暦三年正月まで見える。			
二年					＊三月、宣長、屈塾に入門。
三年	三十七歳	九月『歴史綱鑑補』御会		堀景山	＊七月十一日、堀南湖没、七十歳。＊八月、景山（六十六歳）、妙法院に初めて参上。
四年		堀景山			＊十一月十七日、樋口宗武没、八十一歳。
五年		五月（『歴史綱鑑補』御会）			
六年		堀景山　六月『周易』御会 十二月	閏十一月『四教儀』講談		
七年	四十一歳	出入りは宝暦七年四月まで見える。	継天		＊景山は「春から心地例ならず」（宣長『在京日記』）。＊九月十九日、堀景山没、七十歳。
八年		六月『論語』「杜律」講談　七月『孟子』講談			＊篠三弥は、四月廿八日に家頼として名が出る（『妙法院日次記』）。＊林義卿は六月五日に出入りの輩として参上（同右）。
九年		林義卿　篠三弥			

仏書は、天台宗の教観二門の入門書と言われる『天台四教儀』を、注釈書で読むことから始めた。学問の師範とした即霊に『四教儀集解』を、樹王院一道からは『四教儀集註』と『天台仏心印記』を学ぶ。『仏心印記』は一道のほか、霊空和尚からも講釈を受けている。霊空は、近世における天台教観の中興と称された人物であり、堯恭はさらに『浄土境観要門』をも霊空から学んだ。『堯恭法親王日記』と『妙法院日次記』によれば、元文二年（一七三七・堯恭二十一歳）までの九年にわたり、年間三十〜四十回のペースで仏書の講釈が行われている。比叡山の高僧を師として、天台の重要な基礎典籍を若いうちに修得したということであろう。延享二年（一七四五）以降は、正蔵院継天を仏書の学問師範と仰ぎ、『指要鈔』『天台四教儀』の講釈を受けた。堯恭にとって、天台教学についての学問は本業となるものである。『日記』や『日次記』に記録されていない自学自習の経典や時間も多くあったに相違ない。こうした仏書関係の学問と併行して、同様の頻度で漢籍の学習がなされていた。

三

堯恭の漢籍の学びは、四書から始まる。享保十四年四月十五日に、儒医松下見櫟(5)（一六六七〜一七四六）を師とする『大学』の講談、四日後には、儒者井上右兵衛（一六九六〜一七三七）による『論語』の講談を聴聞する。同十九年五月からは『孟子集註』の講談である。妙法院の諸大夫などからすれば、儒教の根本経典を若いうちに学ばせようとする意図があったであろう。また一方で、『古文真宝後集』『唐詩訓解』「杜律」などの文章や詩の学びがあり、享保十五年八月には新たに『史記』を始めている。仏書の講釈と同様に、漢籍の講釈・御会の開催は、年間にして三十〜四十回にも及ぶ。仏書、漢籍の両方を合わせると、初学びであるとはいえ、最初の数年間は相当な速度で勉強していたことが知られる。

この後、漢籍の学びはどのように続けられたか。図表からは、次の二点が特徴として浮かび上がる。まず第一に、堯恭の学問は四書に始まったことを前に述べたが、面白いことに、『論語』と『孟子』の勉強が時間を置いて何度か繰り返されている点である。また、『史記』『春秋左氏伝』『歴史綱鑑補』とつなげて、歴史の学問がほとんど途切れることなく継続されている。そしてそのことと関連して、講釈と御会の講師が、松下見櫟と井上右兵衛から堀南湖へ、さらに南湖から堀景山へと受け継がれて交代している。これが図表から読み取れる第二点である。

まず第一点について考察してみよう。幕府が官学として保護した朱子学を、天台の門跡寺門主が学ぶことは別に不思議なことではない。時代を生きてゆく上で、教養の基礎として修得しておかねばならない学問であったと思われる。宋学の基本となる経典は、四書五経である。堯恭は『大学』『論語』の学びから入っているが、記録されている『大学』講談はわずか六回のみで、二ケ月半で終了している。一方、『論語』は三年半余り続けられ、享保十七年十二月十三日に結講した。この後『孟子』講談が加わるが、何年か置いて再び『論語』『孟子』の勉強が始まる。加えて言えば、後述する景山の没した宝暦七年の翌年からは、林義卿（一七〇八～一七八〇）を師とする『論語』と篠三弥（一七一六～一七六六）による『孟子』の講談が再度繰り返される(6)。四書五経の中で、『論語』と『孟子』を重要な漢籍と見ていることは明らかであろう。堯恭の先代、堯延法親王の場合も、『論語』と『孟子』を重んずる同じ傾向にあったことが『妙法院日次記』によって知られる(7)。

であれば、妙法院において何故『論語』『孟子』なのか。元禄の中頃から正徳の末年まで、京都儒学界の中心にあったといってよい古義堂の感化影響であったことを、私はここで指摘しておきたい。『論語』を「最上至極宇宙第一書」（『童子問』上第五章）であるとし、『孟子』を「論語之義疏」（同前第七章）として、四書のうち特に語孟の二書を尊んだのは、言うまでもなく伊藤仁斎（一六二七～一七〇五）である。仁斎が宋学を離れて持説を展開した元禄時代は、妙法院においては堯恕・堯延が門主であった時期に重なる。妙法院サロンに出入りしていたのは、皇族・公家を除くと、次のような者たちであった。

来十六日獅子吼院宮（堯恕）三回御忌付、出入ノ輩へ被遣回請ノ旨……十六日御斎可被下之旨、坊官中より手紙ニテ申遣輩、
村上友佺・伊藤宗恕・坂口立益・小畠了達・田中小平太・山本権兵衛・行願寺・瑞仙院・北尾丈庵・奥田意伯・木坂越中・同右近将監・中井主水正・藤林道寿・親康喜安・水野慶雲・森道伴・緒方宗哲等也、

（『妙法院日次記』元禄十年四月十三日）

召し寄せられたのは、儒者・医師・儒医・僧侶・非蔵人たちである。この出入りの輩の中で、緒方宗哲（儒）・坂口立益（医）・水野慶雲（医）は、伊藤東涯の『先游伝』に載る仁斎の門人である。また、筆頭に挙げられている村上友佺（儒医・号を冬嶺）と伊藤宗恕（儒医・号を坦庵）は、前にも触れたが『堯恕法親王日記』や『妙法院日次記』の記事中に頻繁に登場する。堯恕・堯延両法親王に寵遇されていた人物である。二人は那波活所の門人で程朱学を学んでいるが、仁斎とは学派を超えて特に親しく交際した。京都における儒林の巨擘であり、一流の文化人である。友佺・宗恕と仁斎との雅交密度の濃さについては、『先游伝』からも窺えるが、石田一良氏の『伊藤仁斎』（昭和三十五年一月刊・吉川弘文館）や『當世詩林』（昭和五十六年四月刊・臨川書店）の大谷雅夫氏の解説に詳しい。こうした仁斎の門人や仁斎に親炙する者たちが出入りすることにより、妙法院宮サロンに古義堂の風が入り込んでいったと考えるのは自然であろう。

それならば、若い堯恭法親王に四書・史書・詩文集を教授した松下見櫟と井上右兵衛は、古義堂とどのように関わっていたのだろうか。正徳三年（一七一三）三月二十日、妙法院の庭積翠園での花見に、次の七人が招待された。

御庭の花さかりにつき於積翠亭御花見あり、依召伺候ノ輩、坂口立益・緒方宗哲・伊藤源蔵・原芸庵・大町正淳・松下見櫟・長玄随

（『妙法院日次記』）

伊藤源蔵（東涯）の『盍簪録』に、この日の賞花会のあらましが記録されている(8)。東涯をはじめとして、立益・宗哲・芸庵・正淳はみな仁斎の門人である（玄随は未詳）。一緒に参加した見櫟は、師の伊藤宗恕がかつてそうであったように、古義堂グループと交遊のあったことがわかる。仁斎父子に親しく接した富商那波古峯の蕉窓亭での詩会にも、元禄八年には東涯と同席している記録（『文翰雑編』巻十八）があることから、見櫟と古義堂の雅遊は、かなり以前から続いていたと考えるべきであろう。正徳四年十一月、見櫟は妙法院の家来に抱えられ、この頃から講学の中心人物となってゆく。そしてその下に、出入りの輩の二世が新しく妙法院に参上する。村上宗伯（父冬嶺）・坂口玄郁（父立益）・緒方甚之丞（父宗哲）・松下昌林（父見櫟）たちである。

　井上右兵衛はどうであろうか。右兵衛の人となりについては、従来ほとんど知られていない。妙法院関係の史料と『伝奏園大納言殿日記』(9)によって、園家の雑掌であったことが判明する。

　内々被相催候付、為講説井上右兵衛于時伝奏園家雑掌、中島庄助門人也、来、於御座ノ間論語読之、今日発端也、

（享保十四年四月十九日『妙法院日次記』）

門跡である妙法院には、年賀の伺候に始まり、様々な儀式・挨拶・依頼・相談・遊山等々の目的で、数多くの公家が頻繁に出入りする。『妙法院日次記』を見るに、尭恭が門主であった時代、特に訪問の頻度が高かった公家は、千種有敬・園基香・滋野井公澄・難波宗建の四人である。井上右兵衛は、右の四月十九日の記述から、園大納言基香を通じて『論語』講談の講師となったのではないかと考えられる。儒学の師は、割注に記された中島庄助であることが知られるが、庄助は『先游伝』に「中島義方」（字正佐。京師人。西谷翁之婿也。弱齢師二事先人一。）とある儒者であろう。とすれば、井上右兵衛は伊藤仁斎の孫弟子ということになる。

　『論語』に続いて享保十九年から『孟子』を担当するのも、その意味ではうなずけよう。享保十九年九月七日の『妙法院日次記』に、

　当春より住心院権僧正被上置候御書物語孟字義二本、童子問三本、今日御使を以被返遣也、

と、仁斎の学問の根源を述べる書『語孟字義』二巻と『童子問』三巻を借覧していた記事がある。この頃右兵衛は、毎月五と十の日に、つまり月五、六回のペースで『孟子』を講説していた。妙法院に古義堂の学風が入り込んでいた一つの証拠となろう。享保十七年には園家の雑掌を辞して妙法院の家来となり、詩を得意とする見櫟と二人で、若い法親王の漢学教育に専念した。「右兵衛」は通称であろう。前掲史料には他に、「勝知」「東塢」として出る。『熙朝文苑』巻三に、「秋宮怨」（七律）の作者として「井上姓井上名□字伊助号東塢」とある。「勝知」は名であろう。『妙法院日次記』元文二年十月二十六日の条に、「御出入之儒者井上右兵衛勝知、先頃相果候」とあって、四十二歳で没している。「先頃」は、『儒林源流補遺』によれば九月五日没で見櫟より二十九歳年下である。

　見櫟（字は子節）と右兵衛（東塢）に対する堯恭の信頼のほどは、次にあげる豊山遊山の記述によっても知ることができる。

　捃蕈様秋趣、携一道・永範等登豊山、攀東南峯、躋西北渓、今日景興不俗、只恨不提携子節・東塢二人、

（『堯恭法親王日記』享保十八年九月四日）

永範は妙法院の坊官、一道は既述の樹王院一道である。井上右兵衛は、元文二年に没するまで、松下見櫟と二人で漢学の師として、そして家来として妙法院に出入りしていた。

四

　次に、特徴の第二点としてあげた歴史の学問と、それを担当する儒者の交代について検討してみる。『妙法院日次記』に「今日ヨリ史記御会始ル也」（享保十五年八月十三日）とある「御会」は、会読のことであろう。堯恭が学ぶ

『史記』『春秋左氏伝』『歴史綱鑑補』は、すべて「御会」と記される。そこには、過去に学ぶ歴史の学問に、主体的に関わろうとする意図があるように思われる。他の漢籍および仏書の勉強は、聴聞を主とした講釈である。

かつて堯恕法親王は『後漢書』と『資治通鑑』を、堯延は『漢書』を学んでいた。この時期、村上冬嶺は、北村篤所（仁斎の門人）や景山の父堀玄達（号を蘭皐）等諸人と「二十一史」を会読する結社を作った。そして会主と会所を輪番にし、時に仁斎・東涯を迎えて「逐月六次、不レ避二寒暑伏臈一」（『先游伝』）という具合に、熱心に歴史を学んでいる。(10) こうした読史会の流行が妙法院にも及んだものであろう。堯恭は『史記』を最初に勉強する。

御会を指導したのは『古文真宝後集』と『大学』を教授していた松下見櫟である。見櫟は『史記』列伝の御会を始めてから、別に杜律の講釈（享保十七年一月～同年十二月）と『唐詩訓解』の講釈（元文三年四月～寛保元年四月）を担当する。歴史より詩をより得意とした見櫟は、元文二年六月に井上右兵衛に『史記』の御会を委ねている。見櫟の日記『真山居恒録』(11) から推測すると、見櫟はちょうどこの頃、近衛家煕の校訂本『大唐六典』を板行する校合作業の中心人物であったこと、それに加えて高齢（七十歳）にともなう持病に苦しんでいたのがその理由であったと思われる。ところが、右兵衛はわずか三ケ月間（六月～八月）『史記』を担当しただけで、九月に四十二歳で他界してしまった。『史記』御会の講師は、九月に右兵衛からもとの見櫟に戻らず、新たに堀南湖（五十四歳）を任用した。なぜ南湖なのであろうか。

堯恭法親王は堀南湖との初対面を次のように記す。

堀正蔵来、始而対面、兼而准后へも心安者也故今日対面、安芸之儒者也、松下見櫟心安故同道也、於書院対面、

（『堯恭法親王日記』元文元年五月晦日）

「准后」は、近衛前摂政家煕である。家煕の侍医山科道安の『槐記』に、見櫟と南湖がしばしば近衛邸に出入りしている記事が見える。また、『真山居恒録』の元文三年・同四年に見える『大唐六典』に関する多くの記事により、近

堀正意（杏庵）―正英―女　里村昌陸妻―里村昌億
　　　　　　　　　　　　　　　　　　昌西堂相国寺僧
　　　　　　正乙（早世）
　　　　　　正樸―南湖（母木下平之丞貞幹女）
　　　　　　玄達―景山（母脇平右衛門直弘女）

（「曠懐堂堀氏譜系」による）

衛本『大唐六典』の校合作業に尽力した見櫟を補佐していたのは、実は南湖であったことがわかる。見櫟は南湖の実力を熟知していた。

南湖は母方の祖父に木下順庵をもつ。伯母が連歌師里村昌陸に嫁したことから、古義堂とも遠い縁戚関係になる。南湖は程朱学を学んでいるが、仁斎・東涯父子との交遊は元禄八年、十二歳の頃からすでに見られる。[12]宝永五年八月十四日、里村昌億亭での月見の宴に東涯ら古義堂門の諸友と参集したり、[13]「享保辛亥（十六年）の冬、堀習斎に一士人の家にて夜語に邂逅す。習斎氏の物語に……」（伊藤東涯『輶軒小録』）と述べる語り口からも、東涯と親交のあったことがわかる。東涯『初見帳』にも、南湖による紹介者が記載される。[14]京儒の名門の出であり古義堂とも縁を持つ南湖を、井上右兵衛の代わりとして推挙したのは、おそらく直接には見櫟であろう。その背景には、近衛家煕のもとで南湖や見櫟と親しく交際していた公家の滋野井公澄と難波宗建の後押しがあったと思われる。

元文二年九月、右兵衛から『史記』を引き継いだ南湖は、新たに『春秋左氏伝』の御会を始める。

九月四日　一、春秋左氏伝、隠公一巻　堀正修、但シ自今日初ル、
九月十四日　一、歴史御会、堀正蔵、
九月廿四日　一、史記御会、堀正蔵、
九月廿九日　一、史記御会、堀正蔵、

（『妙法院日次記』）

『左氏伝』は、杜預の『春秋経伝集解』三十巻に訓点を施して板行した曾祖父杏庵以来、堀家の家学の中心にあった

と考えられる書物である。

ところで、妙法院では出入りの輩が一堂に会する機会が、毎年少なくとも二回あった。一つは、蓮華王院（三十三間堂）の鎮守として妙法院が所領する新日吉社の神事の祭礼の時である。その祭りは、陰暦四月二十九日にあった。他の一つは、十一月の子の日に大黒天を祭って祝う収穫祭（子祭）の時である。『妙法院日次記』には、例年のことながら、坊官の奉書等によってあらかじめ出入りの衆に通知され、そして当日参集したかどうかの出欠が丹念に記録されている。記載されるのは、宮との交際が親密であった者たちである。

南湖が『左伝』を始める年の子祭に招かれた人物は、『妙法院日次記』（元文二年十一月十四日）に、次のように記される。

　明後十六日子御祭ニ付、如例年御出入之輩被召、坊官奉書、……水口隼人正　青木兵部大丞　藤野井遠江　大賀陸奥　藤野井讃岐　観了院　高森敬因　柳川良安　祐生林安　石丸保安　樋口主水　堀正蔵今年始テ、

　右格通奉書、

　　住心院権僧正

　右青侍中御使ニ而申遣、且又養源院故前大僧正附弟真覚院、例年被召候へとも、故障故不被召也、

　　御家頼ノ山本立安　松下見櫟　同昌林　榎本主計江も坊官中申遣奉書ニてハ無之、

坊官の奉書によって通知を受けた水口隼人正と青木兵部大丞は地下公家、藤野井遠江・大賀陸奥・藤野井讃岐は非蔵人、観了院は僧侶、高森敬因・柳川良安・祐生林安・石丸保安は医師、樋口主水は公卿千種有敬に家臣として仕えた国学者である。

後年、契沖の『百人一首改観抄』を堀景山と相談して出版することになる樋口主水（宗武）は、『妙法院日次記』には享保十八年十一月の子祭に招待された輩の中に「樋口主水今年初而」として、その名をつらねる。この年宗武は六

十歳、十七歳になった堯恭法親王のもとに、禁中より初めて色紙揮毫の依頼があった年である。当時、水口隼人正（清光）と同じく、御家流の高名な書家でもあった宗武は、千種有敬を介して書の指導を依頼されたのではなかろうか。

ともあれ、元文二年の子祭の招待席に、妙法院出入りの輩として景山の従兄堀南湖と樋口宗武は初めて同席した。この後、南湖が没するまでの十五年ほどの長期間にわたり、子祭と新日吉社神事の祭礼における二人の面語は、特別な事情がない限り毎年繰り返されていたのである。

宗武は国学の師とした今井似閑の蔵書を、元文四年に賀茂三手文庫に奉納完了した後、寛保二年（一七四二）十月〜同三年三月まで、妙法院にて『万葉集』の講釈をしている。

寛保三年（『妙法院日次記』）

二月七日　一、論語御講談有之、堀藤助[15]、
二月九日　一、左伝御会、堀正蔵正修
二月十一日　一、論語御講談、堀藤助、
二月十二日　一、万葉集講談、樋口主水、
二月十三日　一、左伝御会、堀正蔵、
二月十九日　一、左伝御会、堀正蔵、
二月廿四日　一、左氏伝御会、堀正蔵、
二月廿七日　一、論語講釈、堀藤介、
二月廿八日　一、万葉集御講釈、樋口主水参上、右為御聴聞、難波前中納言殿宗建御伺候也、
二月廿九日　一、左氏伝御会、堀正蔵、

三月十一日　一、万葉集講釈、樋口主水、

六月九日　一、綱鑑御会今日初会也、堀正蔵正修、

樋口宗武の『万葉集』講釈の記載は、右の三月十一日以降見られない。しかし、『妙法院日次記』には、妙法院への出入りは寛延三年（一七五〇）まで、その名が見える。(16)

一方、南湖の『左氏伝』の御会も、この寛保三年二月廿九日の記載が最後であり、六月からは、新たに『歴史綱鑑補』の御会を始める。『歴史綱鑑補』三十九巻は、明の袁黄の撰、『資治通鑑』に関係する諸書を合併した書である。五年半続けた『左氏伝』をひとまず終え、宝暦三年（一七五三）に没するまでの十年近く、『歴史綱鑑補』の御会を指導してゆくことになる。その間に、『孟子』講釈（延享三年五月～寛延二年二月）も兼ねて担当した。

延享四年（『妙法院日次記』）

三月四日　一、御会　堀正蔵正修、

三月十四日　一、綱鑑補御会、堀正蔵、

三月廿四日　一、御会、堀正蔵、

三月廿九日　一、孟子講談、綱鑑補御会、堀正蔵、

四月十四日　一、孟子講談、綱鑑補御会、堀正蔵正修、

四月十九日　一、孟子講談、綱鑑補御会、堀正蔵、

妙法院に来客、行事等の事情がなければ、毎月四・九の日を定日に『孟子』講談と『歴史綱鑑補』の会読が、南湖を師としてなされていた。

『歴史綱鑑補』御会が始動する寛保三年頃から、妙法院宮の学問の師範は、仏書で正蔵院継天、漢籍では堀南湖の二人だけであった。特に南湖は、堯恭法親王の漢学の師であるだけではなく、様々な相談を受け意見を求められる顧

問格の存在となっている。南湖と堯恭とは、三十三歳の年齢差がある。南湖が、特に寵遇されていたことは、『妙法院日次記』の随所に窺われる。その一端を、次に示してみる。

元文五年九月十一日　一、堀正蔵正修私用ニ付関東へ近々下向仕候由御暇乞参上、依之御目録金三百疋被下之、

延享二年十一月七日　一、就近衛内府様御招請、為御取持、滋野井入道殿、難波前中納言殿御伺候、堀正蔵も依召参上、

延享四年七月十六日　一、入夜大仏殿芝為御涼御成堀正蔵被召連、子ノ半刻計還御、堀正蔵今晩一宿、

寛延二年九月十九日　一、堀正蔵、此度芸州江罷下候付、御暇乞参上、為餞別金子三百疋、綿弐把被下之也、

寛延四年五月十五日　一、巳半刻御出門、御参内、次有栖川宮様江被為成、巳後御里亭江被為入、御兼約ニよて難波中納言殿御伺候、堀正蔵参上、御菓子等出、申下刻本殿還御、

寛延四年九月五日　一、滋野井入道殿御伺候、於御座之間御対面、巳後於積翠亭ニ夕御料理出、赤塚土佐・堀正蔵両人参合、相伴也、

寛延四年九月十日　一、今日伏見指月江御成、辰上刻御出門、高瀬川御乗船ニ而被為成、……終日夜分迄御遊覧、子刻過御本殿江還御、堀正蔵・堀頼母御供也、

南湖は、宝暦三年七月十一日に没する。享年七十歳、妙法院に参上して十八年が経過していた。

宝暦四年七月十一日　一、今日貞白先生（南湖の諡号―著者注）一周忌ニ付、香儀として方金弐百疋被下之、堀六一郎江（南湖の孫―同上）式部卿より奉書ニ而被下之、

妙法院の家来でもなく、広島藩の一儒臣にすぎない堀南湖の存在が、妙法院宮にとっていかに大きく、その死がどれほど惜しまれていたかが推測されよう。

五

南湖が亡くなった翌月、妙法院は南湖の従弟堀景山（六十六歳）を召し寄せた。景山は南湖と同じく、広島藩の儒臣である。

八月廿三日　一、堀禎助正超、号ハ景山　初而参上、御目見被仰付、
九月八日　一、堀禎助正超、号ハ景山　綱鑑補御会、
（『妙法院日次記』）

さっそく、南湖が担当していた『歴史綱鑑補』の会読を景山は始めている。南湖の男である七左衛門（号を南雲、このとき二十九歳）は、父の依願により寛延元年七月朔日に、妙法院への出入りをすでに許されている。しかし、南湖の仕事を引き継ぐ儒者として、新たに景山が選ばれた。なぜ景山に白羽の矢が立ったのだろうか。理由としては二つ考えられる。一つは、近衛家と関わりを持ち(17)、従兄南湖と同等の学識を有する儒者であると認められていたからである。京儒は、東涯・南湖・景山の三人までと述べた前掲の服部南郭の評言を思い出してもらいたい。そして、そのことは東涯の次の言葉からも知ることができる。

就レ中屈家《ノ》両学博、高祖《ノ》規矩不レ失《ハ》レ程《ヲ》、伯仲競《ヒ》レ爽《ヲ》互《ニ》相倡《フ》、何《ゾ》数《ン》封胡羯末《ノ》名、
（『紹述先生文集』巻二十一・「文昌神《ノ》歌」）

「屈」は「堀」の省画である。堀杏庵の学問を継承する景山と南湖の博学を優劣定めがたいものとし、「封胡羯末」（『晋書』列伝巻四十九〈謝万伝〉）の兄弟を引き合いに出して、その優れた学才を評価している。東涯がこのように言えるのも、景山の父玄達や南湖と同じく、景山とも親交があったからである。東涯『家乗』(18)享保十二年の記事に、

四月十九日　応堀正超氏之招、往話、

六月二日　　田丸吉貞氏宅へ往話、柳馬場三条上ル町、赤塚香月・堀景山氏入来なり、

と見え、『紹述先生文集』巻二十六所載の詩「愛宕暁雪」小序には「真浄庵十勝之一、庚戌之春、堀禎助丈悲」（『家乗』にも享保十五年三月十九日の記事として載る）とある。東涯『初見帳』には、「虎渓　八幡神応寺之僧」の仲介者として景山の名が記される。また、幕府の医官山田正方の子息で荻生徂徠の門人であった正朝が、西遊して東涯の門を叩く時、入門の世話をしたのは景山であった（「復屈君燕書」）[19]。

父玄達や従兄南湖が、仁斎・東涯と交際していたことはすでに述べたとおりである。同じ京都の儒者として、朱子学を奉ずる堀家と古義堂の仁斎・東涯父子が、学派を超えて行き来していたことは興味深い事実である。景山が「愚拙、経学は朱学を主とする事なれども、詩と云もの、見やうは、朱子の註その意を得ざる事也」（『不尽言』）という後の宣長の「もののあはれ」論に発展する言葉の中に、古義堂との交際に由来する新しい思考の芽生えが看取できるであろう。堀家と古義堂の交際は、予想以上に深い。

景山が妙法院に召し寄せられることになったもう一つの理由は、出入りの輩である樋口宗武の推挙があったからではないかと思う。前述した契沖の『百人一首改観抄』の板行は延享五年（一七四八）であり、それは景山が妙法院に初めて参上する五年前になる。宗武と景山はすでに旧知の間柄であった。景山塾の書生であった宣長は、景山から借りて書写した『万葉集』二十巻の奥書に[20]、「先生与似閑之門人樋口老人宗武友善」と書き記している。景山と宗武との出会いのそもそものきっかけに、元文二年（一七三七）以来、妙法院で毎年のように宗武と顔を合わせていた南湖の存在があったのではないか、と私は推測する。

宝暦六年（『妙法院日次記』）

五月十四日　一、御会、堀禎助景山、

六月十三日　一、周易御会、御開講、堀禎助正超景山、

六月十九日　一、周易御会、堀禎助、
六月廿四日　一、周易御会、堀禎助、
七月廿四日　一、周易御会、堀禎助景山、
九月六日　一、堀禎助景山御会、
九月十四日　一、於積翠亭夕御膳被為被上、御相伴堀禎助、即席之詩御会アリ、
九月廿九日　一、堀禎助御会、
十月四日　一、堀禎助景山御会、
十一月十四日一、堀禎助景山御会、但、先達而国主より加恩有之由ニ付、為御祝儀御目六、方金弐百疋被下之、
十一月廿二日一、明後廿四日子御祭ニ付、御出入之輩、今年より被召候ニ付申達ス、

明後廿四日子御祭ニ付、参上可有之旨仰ニ候也、

十一月廿二日

藤野井遠江殿　同石見殿　大賀陸奥殿　柳川良安殿　同了長殿　祐生林庵殿　高森正淳殿　堀禎助景山殿

尚々、巳刻参上可有之候、已上、

『歴史綱鑑補』御会は宝暦六年五月十四日まで見え、六月からは『周易』が新たに景山によって始められる。この頃の景山について門弟の宣長は、次のように日記に記している。

妙法院宮の御せんさいに、茉莉花といふ物をうへ(ママ)られけるか、花咲ぬとて、景山先生に仰せて詩作らしめ給ふ、其詩（中略）、景山先生としころ彼宮にめされて、会読講釈なとし給ふゆへに仰付られし也、此宮は、霊元院帝の皇子にてましま す、学問好み給ふ宮なりける、

（『在京日記』宝暦六年八月十二日）

「会読」は『歴史綱鑑補』であり、『周易』は「御会」と『妙法院日次記』には記されているが、宣長の言う「講釈」であろう。

宝暦六年四月の新日吉社神事祭礼に、景山は初めて出入りの輩として招待を受け[21]、右に掲げた十一月の子祭を含めて、それは没年まで続く。この時期の出入りの輩は、藤野井遠江・藤野井石見・大賀陸奥が非蔵人、柳川良安・柳川了長・祐生林庵・高森正淳が医師、そして儒者は景山ただ一人である。

南湖の役割を引き継いで、景山が堯恭法親王のサロンで学問を教授したのは、亡くなるまでの三年半余りにすぎない。しかし、この間の『妙法院日次記』には、宝暦六年閏十一月十七日〜廿二日に継天による『天台四教儀』の仏書講談が記されるのみで、あとの会読・講釈は全て景山の指導による漢籍の学問である。南湖と同じく、景山も堯恭法親王に信頼され寵遇されていたと考えるべきであろう。宝暦六年十月二十日、景山は伏見で広島藩藩主浅野宗恒から講学励精の功によって、二百石に禄三十石を加増された[22]。そのことを祝い、堯恭は十一月十四日に景山に祝儀を下賜する。それは、景山の学問と人となりに敬意を表してのことであったと思われる。

以上見てきたように、南湖と景山は、京住みを許された広島藩の儒臣という本職の身分を一方に持ちながら、没年まで妙法院宮の学問指導にあたる栄を有した。かつての堯恕・堯延法親王の時代、京都の儒学界における中心的存在であったのは、市井の儒者伊藤仁斎・東涯の古義堂である。その東涯が亡くなる元文元年（一七三六）、東涯と交代するかのように南湖が初めて妙法院に参上している。そして南湖亡き後、その仕事を景山が引き継ぐ。同時代を生きた石田梅巌や手島堵庵の心学のごとき派手さは無いにしても、東涯没後の元文から宝暦期にかけて、京儒の世界では、古義堂から堀家へと学才の評価が移行していたことを意味していよう。堀家の南湖と景山は、一流の漢学者としての力を妙法院宮に請われたのである。

注

（1）堀杏庵が『春秋経伝集解』三十巻に訓点を施した十五冊本が板行（寛永八年跋刊）されている。南湖には『唐書』二百二十五巻（寛延三年跋刊）の加点本がある。南湖の加点本は他に『五代史』七十四巻もあるが、生前刊行されていない。景山には、長孫無忌らの『唐律疏義』三十巻の校訂本があるが未完である。また、『春秋経伝集解』の改訓本もあったが板刻されていない。

（2）訓点は私に付けた。『遊東詩集』（写本一冊）は、龍谷大学大宮図書館写字台文庫蔵。

（3）妙法院史研究会編『妙法院史料』第四巻所収。昭和五十四年二月刊・吉川弘文館。

（4）校訂妙法院研究会『史料纂集』第五巻（昭和六十三年十一月刊）〜第十五巻（平成十一年三月刊）・続群書類従完成会。

（5）見櫟は伊藤宗恕の門人で、のちに松下見林に学ぶ。

（6）林義卿（号東溟）は、山県周南門下の三傑の一人。『妙法院日次記』によれば、宝暦八年六月五日に高森正淳の取次願いにより初めて出入りを仰せ付けられて妙法院に参上し、同月十三日から『論語』と杜甫の律詩の講談を始める。篠三弥（武田梅龍）は、伊藤東涯・宇野明霞・堀南湖に学んだ儒者。宝暦八年四月の新日吉社神事祭礼に初めて招かれ、七月十七日より『孟子』の講釈を担当している。

（7）『妙法院日次記』の元禄七年〜十三年には、漢籍の講釈の記録が見られない。元禄十四年十月十八日の条に「於御座間辻昌賢論語集註講釈あり」と記され、二ケ月余りを経た十二月廿五日に終了するまで、都合二十七回の講釈があった。次いで翌十五年には、二月三日〜閏八月四日まで『孟子』の講釈が四十回、閏八月十六日〜同月廿八日に『大学』（五回）、九月二日〜十月一日に『中庸』（九回）という具合に四書の講釈が、元禄十四年十月から十五年の十月までの一年間に継続してなされている。尭延法親王の場合、『妙法院日次記』を見るかぎりこれ以降四書の講釈はなく、正徳四年からは『前漢書』の御会と「杜律」の講談が没年まで続く。

（8）『盍簪録』（国文学研究資料館蔵マイクロ資料、三〇・一二四五・四）には、玄随は元随と記される。東涯は、積翠園にしばしば招かれた。『紹述先生文集』には、正徳二年「初奉二陪《ス》妙法大王《ノ》積翠園《ノ》遊《ニ》一」（七律）、同三年三月廿日「妙法院《ノ》後園《ニ》観レ花《ヲ》」（五律）、同四年三月八日「積翠園《ニ》観レ花《ヲ》」（七律）、同四年「積翠池《ニ》泛レ舟《ヲ》賞《ス》レ月《ヲ》」（七律）、「積翠池《ニ》分《テ》レ題《ヲ》得二閨怨《ヲ》一」（七絶）、享保元年九月廿日「積翠園《ニ》賞レ菊《ヲ》」（七律）、同三年四月四日「積翠園《ニ》賜レ観《ルコトヲ》二牡丹《ヲ》一」（七律）、同三年六月十七日「積翠園《ニ》奉二陪《ス》皇子《ノ》遊一」（五律）の漢詩が載る。また、正徳四年には「中秋積翠池《ニ》賞《ス》レ月《ヲ》詩叙」（巻之三）の文と、かつて尭延法親王が東涯に依頼した「積翠園記」（巻之五）がある。

(9) 京都大学附属図書館蔵。写本一冊。享保十三年正月の記事に「家僕勝知」(六日)、「雑掌勝知」(二十八日)と見える。
(10) 『先游伝』〈村上友佺〉〈北村可昌〉の項参照。『當世詩林』巻下に『晋書』(「除夜蘭皐子宅読晋史」)を、『紹述先生文集』巻二十二に『南史』を東涯　冬嶺・篤所・玄達等七、八人で会読した記事が見える。
(11) 刈谷市中央図書館村上文庫蔵。写本六冊。
(12) 元禄八年九月二十三日、景山の父玄達は仁斎・東涯・村上冬嶺・北村篤所等を那波古峯の別宅耕雲庵に誘って宴を催し、また東山に登る。そこに南湖が参加している記事(『古学先生詩集』巻一・『紹述先生文集』巻二十五)がある。
(13) 『紹述先生文集』巻二十五。
(14) 天理図書館古義堂文庫蔵の東涯『初見帳』は、「ビブリア」第91号(昭和六十三年十月)～第96号(平成三年五月)に、山根陸宏・岸本真実により翻刻されている。「彭城政五郎　長崎大通事之息　堀正周ゟ書状ニ而申来」(享保二年五月十六日)、「石川平吉　小倉家之家中也　堀正修子之同道」(享保九年三月十七日)。
(15) 堀藤助は公家滋野井家の家臣で、南湖の家系とは直接関わらない。南湖と親しい滋野井公澄(法名良覚)の依頼で妙法院に出入りすることになった。「滋野井家家頼堀藤助、内々滋野井入道殿良覚願ニヨッテ今日御目見被仰付」(『妙法院日次記』元文四年三月廿七日)。
(16) 子祭・新日吉社神事祭礼における招待は、この寛延三年の子祭の後、宝暦六年の新日吉社神事まで「御出入之輩不召」であった。宗武は、没する宝暦四年まで出入りしていたと考えられる。
(17) 前掲『槐記』の享保九年四月十九日・同十四年六月廿五日の条に、漢語について意見を求められている記事が見える。
(18) 東涯『家乗』は、天理図書館古義堂文庫蔵。
(19) 静嘉堂文庫蔵の『物屈論文書』に収める荻生徂徠の景山宛書簡第一書。享保十一年に成る。「及乎菅童子(正朝)西游也。聞足下周旋甚勤。李陰君(正方)喜以見諗」とある。
(20) 本居宣長記念館蔵。同記念館蔵の板本『日本書紀』に、宣長が書写する小野田重好の奥書がある。その書出しに「余父友樋口宗武老先生」とある。小野田重好は、景山と早くから所持本の貸借を互いにしていた人物である。享保十九年に、景山本『古今集序六義考』を重好が書写したのが、現在知られる最初のもの。
(21) 注(16)に述べたように、寛延四年の新日吉社神事祭礼から宝暦五年の子祭まで、何かの事情があって出入りの輩は招待されていない。同六年十一月廿二日の『日次記』に、「明後廿四日子御祭ニ付、御出入之輩、今年より被召候ニ付申達ス」とある記述がそれを裏付ける。宝暦七年四月晦日の新日吉社神事祭礼の招きを受けるが、景山は辞退した。宣長の『在京日記』（九月）に「景山先生、春よりわつらひはかはかしからて、此程はいとおもくなり給ひにたれは」とある理由によるのであろう。

（22）「宝暦六年十月廿日於伏見加増三十石被下置」（「曠懐堂堀氏譜系」）。

二　近衛本『大唐六典』の板行と京儒のかかわり

――元文四年十二月蔵板成就説――

一

『大唐六典』（唐・玄宗勅撰、李林甫等奉勅注）は、唐の官職制度を載せた三十巻から成る書物である。わが国において、近衛家煕（一六六七～一七三六）の精密な校訂作業を経て上梓された近衛本『大唐六典』（『考訂大唐六典』）は、極めて質の高いテキストとして評価される。近衛本の板行が和刻本の最初であり、後に源信継校の寛政六年（一七九四）刊本や天保七年（一八三六）刊の官本も出るが、校訂の適確さは近衛本に遠く及ばない。家煕が、『大唐六典』の校訂に並々ならぬ精力を費やしていたことは、「校勘之功、経二十寒暑焉」（近衛本〈凡例〉前文）の記述からも推測できる。史書・政典・類書等の諸書を以てした本文・注文所引の校語（分注）を見れば、その苦心のほどが如実に知られよう。労作と言われる所以である。

近衛本は、奥付・刊年記を持っていない。ただ、家煕の自筆刻と思われる序文があり、その末尾に「享保甲辰（九年、一七二四―著者注）秋七月」の年記が付されている。しかしそれは、板行の年次を知る一つの有力な手がかりではあっても、そのまま刊年を意味したものと速断することはできない。近衛本は校訂本であるから、内部徴証によって板行年次を特定することは難しい。二十年の長きにわたる校訂を経た近衛本『大唐六典』は、何時、いかなる状況のもとに、板刻・出版されたのであろうか。歴史・法制史の研究分野において、近衛本『大唐六典』の意義については多く言及され、その重要さが指摘されてきてはいるものの、この課題に関しては未だ解明できないまま今日に至っている。近衛本に関わる別の視点からの考察が求められよう。

近衛本に対する評価は、質の高い校勘にある。比較・対照する書物が漢籍であることからすれば、近衛本の板行には、当時第一級の文化人であった家煕の漢学の実力とは別に、近侍していた儒学者の存在・関与を考えてみる必要があろう。そうであれば、儒学者が、近衛本『大唐六典』の板行にどのように関わっていたか。

ここでは、松下見櫟と堀南湖という京住みの二人の儒学者を取り上げる。見櫟と南湖は、家煕にとって学問分野における特別な相談相手であった。この二人は、天台宗の門跡寺院妙法院宮（堯恭法親王）の文化サロンにも出入りを許されていた儒者である。家煕没後も近衛家に出入りしていた彼らの言行を辿ることによって、近衛本『大唐六典』にかかわる事情と実態を明らかにし、それに付随する形で板行の年次を特定してみたいと思う。

二

江戸の処士源信継は、寛政六年に出版した校訂本『唐六典』の序の中で、半世紀前に京都で出版された近衛本『大唐六典』について、次のように述べる。

享保中、搢紳某氏、詳加訂正、刻於其家、謂復唐之故然、然亦秘不叨出、唯其王公貴族、一二請得者、亦比於禁方、

近衛本が享保年中に梓行された蔵板であること、そして什物として一部の王公貴族のもとに納め置かれる稀覯書であったことをいう。板行を「享保中」とするのは、家煕の「序」に付された年記「享保甲辰秋七月」を拠り所として

いるからであろう。これまで、近衛本の板行年次に言及したものとして、管見の及ぶところでは次の四説が挙げられる。

(1)　享保九年の板行（桂五十郎『漢籍解題』明治三十八年八月刊・明治書院、利光三津夫『律令制の研究』昭和五十六年六月刊・慶應義塾大学法学研究会叢書40、同『国史大辞典』第十巻〈唐六典〉の項・平成元年九月刊・吉川弘文館）。

(2)　享保九年より二、三年乃至数年後の板行（広池千九郎訓点・内田智雄補訂『大唐六典』再版の「解題」・平成元年五月刊・広池学園出版部、奥村郁三「大唐六典」滋賀秀三編『中国法制史—基本資料の研究—』所収・平成五年二月刊・東京大学出版会）。

(3)　近衛家煕没〔元文元年〕後の板行（名和修『国史大辞典』第五巻〈近衛家煕〉の項・昭和六十年二月刊）。

(4)　元文四年、家煕三周忌に板行（野村貴次、日本古典文学大系『近世随想集』〈昭和四十年九月刊・岩波書店〉に所収する『槐記』の頭注）。

(1)(2)は家煕の生前、(3)(4)は没後の刊行説である。

まず、家煕の「序」を刊年記と見る(1)の説から考察したい。家煕の侍医であった山科道安に、家煕の言行を筆録した『槐記』がある。この書に、『大唐六典』の新刻にかける家煕の意気込みを伝える記事が載る。近衛本の板本系統における位置を示す記述でもあるので、少し長いが引用する。[1]

六典ト云モノ、先近代ハ珍シ。タマ〳〵アレバ、嘉靖本ノミ也。先年荒井《ママ》筑後守ガ書写ノ本ヲ献上セシモ、嘉靖本ノ写也。御前ノ本ト異ナル事ナシ。ソレ故、先年ヨリ思召立テ、此六典ノ磨滅ト闕タル処ヲ、新旧唐書ソノ外唐代ノ書ドモニテ、コト〴〵ク正サレタリ。是見ヨカシトテ、此書写ノ本ヲ御見セナサル。臘《ママ》ウチノ紙ニテ、六典一部コト〴〵ク書写ナサレテ、点ヲ付ラレ、磨滅ト闕字トヲ他本ヲ以テ頭ニ書加ラレテ、大方ハ恨ナキホドニ成就シタリ。此ハ諸家ニナクテカナハヌ物ナルホドニ、板行ヲ仰付ラルベキト思召ケレドモ、今少シ御心ニカ、リシハ、本六典ハ唐ノ法ニテ、板行ノ行ハレシハ宋ノ紹興ノ本ガ根也。ソノ、チ絶テ、又正徳ニ一本板行アリシガ、又断絶シテソノ、チハ全ク滅シタリシヲ、明ノ嘉靖ニ印本シタリシ由、嘉靖本ノ跋ニ見ヘタリ。ソレヨリ以来御心ニカケラレシカドモ、終ニナクテ、如何様一両年ノ中ニ右ノ御本ヲ、御蔵板アルベキト思召シ折カラ、去月中旬ノ頃田舎ヨリ五六部来シ書ノ中ニ、正徳板ノ六典ヲ持来リテ御覧ニ入ル。早速召上ラレテ、其ヨリ以来昼夜御校合アリシニ、最前ノ磨滅ヲ補ハレ、闕疑ヲ挙ラレシ所々ドモ、一々符節ト合セタルコト也。然ノミナラズ、嘉靖ノ本ハアリモアラヌモノヲ板本ニシタリト見ヘテ、大分ニ落タル処モアリ、全ク別ノ物也。此嬉サ、昼ハヒメモス夜ハヨモスガラ寝ラレズ。六十ニアマリテ此ホドノ嬉シキ事ハナシトテ、御本ヲ拝スレバ、最前ノ頭書ドモヲ、一々ニ藍書ニテケサレタリ。拝感余リアル事、言語ニ述ガタシ。今マデモ最早板行セヨカシト進ムル人多カリシガ、悪ク板行セバ今日悔シカルベキニ、幸甚ナル事也。六年ノ精力、何ノ益ナシト思ヘドモ、此精力ノ冥加ニテアルベシト思召ス。是ヨリ又アラヌ心付テ、今一部新書シテ、此度ノ正本ヲ正シテ、紹興ヨリ正徳マデノシレヌ分ハ其通リ、正徳以来嘉靖マデハ明白ニ校正シテ、板行アソバスベシト思召ゾト也。

（享保十一年十二月五日の条）

右の記事が書かれた時点で、家熙校訂本が板行されていないことは明らかである。序の年記（享保九年）を刊年とする(1)の説は、『槐記』のこの一節によって否定される。

『大唐六典』の諸刊本の系統は、玉井是博「大唐六典及び通典の宋刊本に就いて（上）」（「支那学」七巻二号・昭和九年二月・支那学社）では、元豊北宋本のあと、次のように図示されている。

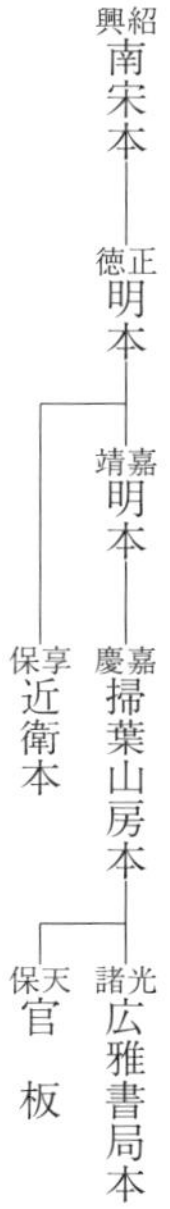

家熙の時代、『大唐六典』は伝本の少ない稀珍の書であり、たまたまあってもみな明の印本嘉靖本であったという。舶伝で手に入れた（近衛本「序」）家熙の所持本はそれであり、新井白石から献上された写本も嘉靖本の写しであった(2)。家熙は嘉靖本を底本にして、「新旧唐書ソノ外唐代ノ書ドモニテ」徹底した校訂を加え、「大方ハ恨ナキホドニ成就」した時点で一度板行を考えている。「蠟ウチノ紙」（『槐記』）を料紙とした「此度ノ正本」(3)（同上）に基づく出版である。しかし、嘉靖本の跋に記された宋の紹興本や明の正徳本の存在が気になり、この校訂本をもとに板を起こすことを躊躇した。その後、嘉靖本を遡る祖本は断絶して入手は不可能と見て、再度板行を思い立ったところへ、幸運にも正徳板『唐六典』の入手ということになった。さっそく校合してみて、嘉靖本より格段に優れていることを実感した家熙の喜悦のさまは、『槐記』に述べるとおりである。

当然、「今謄写文字一従正徳本、其嘉靖者謂之一本」（近衛本『大唐六典』凡例）とあるように、底本を嘉靖本から正徳本に切り替えることになる。校訂のやり直し、再吟味である。とすれば、近衛本の板行年次を特定する上での問題は、山科道安が享保十一年十二月五日にこの記事を筆録してから、「正徳以来嘉靖マデハ明白ニ校正シテ、板行アソバス」（『槐記』）まで、結果としてどのくらいの時間を必要としたかである。『槐記』は、享保九年正月から同二十年に至る間に、道安が家熙の側近くに仕えて口授を筆録したものである。その中に、『大唐六典』に言及する記述は散見するが、校勘を終えて板刻し出版に至ったという言葉はどこにも見当たらない。

前掲(2)の説、つまり「序」が書かれた享保九年より二、三年乃至数年後の板行とする考えでは、『槐記』にいう「去月中旬ノ頃」、すなわち享保十一年十一月中旬以降、正徳本を入手した喜びの勢いをかり、短期間のうちに校訂をやり直して板に刻したことになる。内田智雄氏の言及は、「近衛本が版行されたのは、近衛公が享保十一年十一月中旬に正徳本六典を入手し、それによって嘉靖本六典の全面改訂を行って以後、従って「序」の作られた年次よりさらに二、三年乃至数年後ということになるかと思う」（前掲書「解題」）というものである。この内田説を奥村説は是認し踏襲している。しかし、(2)の説は、引用した享保十一年十二月五日の『槐記』の記事を拠り所にしたものにすぎず、推測の域を出ていない。

(3)(4)説は、同じ日の『槐記』の記事「六十ニアマリテ此ホドノ嬉シキ事ハナシ」や「六年ノ精力、何ノ益ナシト思ヘドモ」、それに近衛本『大唐六典』〈凡例〉前文に「校勘之功、経二十寒暑焉」と記されている年数を計算することによって推定したものであろうか。この年数計算に従えば、家熙六十歳（享保十一年）の六年前（享保五年、一七二〇）頃から校勘作業を精力的に推す進め、二十年を経たということだから、板行は元文四年（一七三九）前後になる。(4)の野村説では、前掲書頭注に「家熙の校合定本は元文四年（一七三九）三周忌に梓行された」としか記していないが、刊行年を特定している。これは、近衛本の凡例と『槐記』記載の年数を踏まえ、さらに家熙の三周忌に着目したものかと推測されるが、家熙の三周忌は元文四年ではない。元文三年である。もし元文四年だとすると、三周忌のもつ意味は何か。また、「三周忌に梓行された」を重視すれば、梓行は元文三年十月となり、元文四年とする内容に齟齬をきたす。(2)(3)(4)説のいずれにしろ、各説には、その見解を裏づける明確な根拠が示されていない。

三

近衛本を板刻するまでの過程と、梓行前後の事情と実態を明らかにするために、ここで二つの書を取り上げたい。一つは、『真山居恒録』（刈谷市中央図書館村上文庫蔵）と題する松下見櫟（字は子節、号を真山）の日記である。他の一つは、近衛家代々の家司が書き継ぐ『雑事日記』（陽明文庫蔵）である。本章の課題は、以下この二つの資料を中心に考察してゆくことになる。

松下見櫟は、門跡・公家・僧侶・医師・儒者・歌人等、京都における一流の文化人たちと幅広い交渉をもった儒者である。[4]しかし、これまで研究の対象としてほとんど取り上げられてこなかった。彼の著作は十四種三百巻に至ると言われるが、[5]それを他に示すのを好まなかったごとくで、今日に伝わるものは極めて少ない。見櫟が研究対象とされなかった一つの理由であろう。中村幸彦氏は「今まで見得たのは詩集二巻のみ」という。[6]『真山居恒録』には、記中に「虫損……」として、判読不能の意を表記している箇所がいくつもある。したがって、自筆稿本ではなく転写本と定めて誤りはない。しかし、天下の孤本という価値をもつ。現存するのは、「享保十二年・同十三年」「享保十四年」「元文四年」「元文五年・同六年正月」「寛保二年」「寛保三年」の記事を載せるわずか六冊にすぎない。全冊揃わないのは惜しまれるが、残された六冊には、その年の一日も欠かすことなく、自分と家族の出来事を書き留めている。幸いにして六冊の中に、近衛本『大唐六典』の板行にかかわる記述が含まれる。それは元文四年と五年の記事に集中しており、他の年には見られない。

もう一つの資料『雑事日記』は、近衛家の家司が交替で記した公的な性格を帯びる職掌日記である。元文四年と同五年の分は、「元文四己未雑事日記　春夏」「同　秋冬」「元文五庚申雑事日記　春夏」「同　秋冬」の四冊からなる。見櫟の『真山居恒録』は、個人の日記という性格上、自分の体調を含め些細な事柄をも記す。関心事についての記述は細かい。一方、『雑事日記』は家司による記録であるから、近衛家に関した事柄が事務的に要領よく書き留められている。以下、見櫟の日記を中心に、『雑事日記』を傍証にして論を先に進めてみたいと思う。

四

最初に『真山居恒録』から、校訂本『大唐六典』（「新刻六典」）に関わる記述を拾い上げ、それを〔Ⅰ〕全三十巻三十冊の校合出来まで、〔Ⅱ〕同蔵板出来まで、の二部に分けて検討してみる。

〔I〕元文四年（1/19〜7/11）

1/19	中原織部ゟ新刻六典二冊来
1/22	新刻少校合
1/23	飯後校新刻
1/24	今朝撰新刻六典二冊了
1/29	奉謁陽明殿、刑部少輔修理大門主水掃部等面談、又兵庫逢織部、新刻校了二冊
2/8	新刻典十四巻今日校了
2/13	巳刻南湖来、尋百拙来……同伴奉謁陽明、九峰先在要人後来、大本考新刻一冊校了
3/5	織部ゟ新刻六典三冊来
3/7	五六巻了
3/10	新刻二冊半校了
3/11	新刻半冊校了……南湖ゟ新刻三冊来、文通共ニ請取、此方ニて校了、三冊使ニ遣ス
3/12	自早朝、校新刻典
4/13	巳刻南湖来暫談、同伴謁陽明殿、要人未至、元来一（本カ）冊考之、公自之序之議、且凡例之文等委細之評
5/2	巳刻南湖百拙同来談、移刻同奉謁陽明殿、又考元本新刻校合之議、各有一慮
5/13	南湖来誘暫談……同奉謁陽明殿、百拙先在、今日新刻校合、要人未至……予退出依腹痛也……暮前新刻二冊古本一冊来
5/14	昨日ノ残第二巻幷廿八ノ新刻校了、午半、南湖江遣也、校合未了之由ニて二冊共ニ不来
5/15	朝、南湖ゟ考本来
5/17	早朝、校合了
5/18	巳刻南湖来誘、同奉謁陽明殿、百拙要人西王不至、刑部雅閑助考、織部御忌故也、二三ノ巻清校了
5/19	六典第五校了
5/20	南湖江遣六典第五、第四来、孔目考来
5/23	南湖遅参……頃之、来誘百拙尋至、同謁陽明殿、午前也、要人織部刑部校四五巻了、第七巻携帰
5/24	第七校了
5/25	南湖江第七幷高□古本遣也
5/26	早朝ゟ典校合……午時校六巻了
5/29	自晨至午前、校第八巻了、南湖江為持遣ス、第九巻来

5/30	典第九校了
6/3	巳刻前南湖来誘暫談、同謁陽明家……頃之、集一間、午前要人西王寺尋至、百拙不来、申時殿中有校了、第十巻懐之、帰持退出
6/5	今朝、校第十巻了
6/10	六典十三、十五両冊校了
6/11	朝、帖南湖遣、校本二冊十四ノ巻来、六十六葉、未半刻校了
6/13	奉謁陽明殿、会衆悉集考了、又十六ノ巻校之校了、南湖江渡也、十七ノ巻携帰
6/14	典十七校了
6/15	朝、校第十七了、巳刻帖南湖遣典一冊
6/16	朝、堀氏江人遣ス、校本一冊至、則校合
6/20	校合随意
6/27	南湖労風、六典廿五ノ巻持参、余即校了、明日一所ニ可持参也
6/28	巳刻南湖誘来、携典二冊、謁陽明書館百拙先在、要人西王追々来……校廿五冊了
7/2	南湖過謁、置唐典廿六巻去
7/3	朝、校廿八巻……巳刻前、南湖来誘……同伴謁陽明殿、百拙西王先在、要人所労不出、新刻出来全三三(衍字)十冊、共見之大喜、諸大夫四人共ニ皆逢、此間之校合了、新刻十七ノ巻校合了、南湖へ渡也、廿九巻携帰
7/5	廿九巻校了、正蔵江為持遣ス、返状、十二、三十、弐大冊来
7/6	饗後、校十二巻了、又校卅巻
7/8	十二、卅ノ二巻持参、謁陽明殿、百拙南湖先至、要人出西王後来、校合相談相済、予肚痛甚、午後断申帰宅、第一巻携帰
7/11	陽明殿ゟ御使、白銀五枚賜也、依六典労也

現存する『真山居恒録』の中で、近衛本『大唐六典』(「新刻六典」)に関わる記事の初出は、元文四年一月十九日である。

十九日、春雪積亦二三寸、寒烈、中原織部ゟ新刻六典二冊来、別答之御文通留主、

中原織部は、この後もしばしば登場し、近衛家と見樂・南湖との間で、校訂本の取次ぎをする人物である。近衛家の諸大夫である（緑川明憲氏の『豫楽院鑑』〈平成二十四年七月刊・勉誠出版〉三一九～三二〇頁に収める「佐竹重威略伝」に拠る）。

また、ここに出る「新刻六典」は、次のようなものであったと思われる。『槐記』に記されていたように、嘉靖本を底本にした『唐六典』の校訂本は、「蠟ウチノ紙」を料紙とした十二冊本（「此度ノ正本」）としてほぼ成就し、板行直前の状態にあった。その後、家煕は嘉靖本を遡る正徳本（全四冊）を手に入れる。板行直前の十二冊本をこの正徳本と対校して、大本十冊の校訂本に書き改めた。正徳本、家煕の十二冊本と十冊本は、陽明文庫に現存する。『槐記』に、「此度ノ正本ヲ正シ」「今一部新書シテ」とあるのは、大本十冊の校訂本である。その校訂本の上欄には、青（△印）と朱（○印）を付した夥しい数の注記がある。十冊本は、本文と注文所引の分注にその頭書を組み入れ、さらに「殿下以之、属者、命書史某等、分巻謄写、以授剞劂」（近衛本〈凡例〉前文）とあるように、出版を目的として、巻ごとの全三十巻三十冊に分けて謄写された。『真山居恒録』にいう「新刻六典」は、この分巻された謄写本の三十冊を指している。この過程を図示すれば、次のようになる。

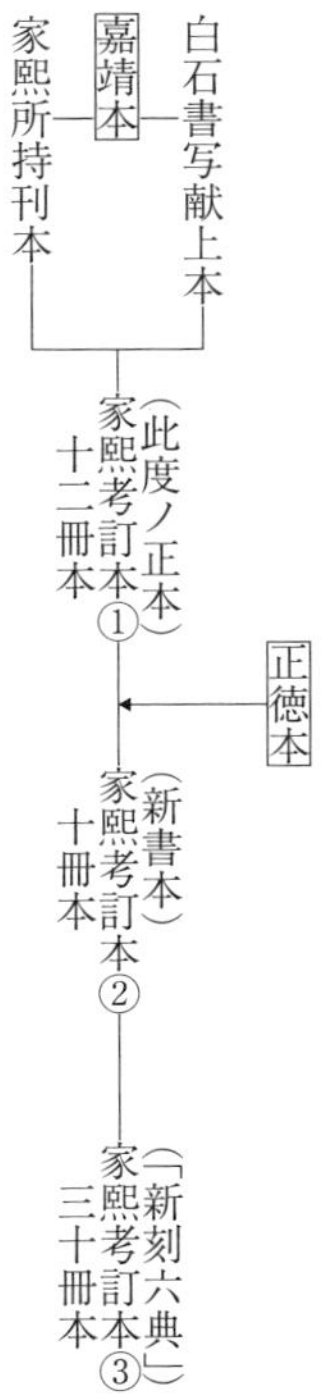

前掲の『槐記』からも窺えるように、「新刻六典」の板行は、家煕致仕後の業の集大成であり、彼の悲願であった。近侍する儒者は、当然協力を要請されていたと思われる。しかし、『真山居恒録』の写本は、享保十五年から元文三

年までのものが伝わらない。「新刻六典」に言及する記事があったことは、容易に想像されよう。

元文四年という年、近衛家の当主は家熙の孫に当たる内前（一七二六〜一七八五）、弱冠十三歳である。家熙は三年前の元文元年十月三日に七十歳で薨去し、後嗣家久（一六八七〜一七三七）も、その翌年の八月十七日に、父のあとを追うようにして亡くなる。まだ若い内前が家督を継ぐのには、このような事情があった。不幸が続くここ数年の御家の事情を抱えた中で、元文四年一月十九日、近衛家から見櫟のもとに「新刻六典」二冊が届けられているのである。『真山居恒録』を一瞥してわかるように、抜粋抄録した元文四年七月までは、「新刻六典」の板行に向けて校合が繰り返されている。織部が見櫟の所に持ち込んだ「新刻六典」は、校合を依頼するためのものであった。元文四年一月から同年七月十一日までの記事によって、次の三点が明らかになる。一つは、「新刻六典」の板行年次が、元文四年七月以降であることが確定することである。したがって、享保九年より二、三年乃至数年後の出版とする(2)の説は成立し得ないことになる。これについては、三点目のところで改めて詳述する。二つに、「新刻六典」の校合に直接携わった人物が判明する。第三に、校合出来までの具体的な作業の過程を辿ることができる。

二点目から考察してみよう。見てきたように『大唐六典』に興味・関心を抱き、長年にわたって校訂を手がけてきたのは家熙であった。その家熙が元文元年に没した後、「新刻六典」の校合は、誰の手によってなされたか。『真山居恒録』からは、陽明殿（近衛内前）のもと、諸大夫、雑掌らを仲介役として、見櫟・南湖・百拙・九峰・要人の五人が、その仕事に携わっていたことが知られる。儒学者は、松下見櫟（一六六七〜一七四六）と堀南湖（一六八四〜一七五三）の二人。百拙元養（法蔵寺、一六六八〜一七四九）と九峰元桂（西王寺、一六九〇〜一七六〇）は、ともに黄檗僧。岡本要人（甲斐守、書家、一七〇二〜一七六五）は、賀茂祠官で近衛家の家司（緑川氏の前著二四〇頁「岡本邦氏略伝」に拠る）。いずれも嘗て家熙の文化サロンに出入りしていた輩である。五人のうち、見櫟、それに「准三宮予楽藤公（家熙—著者注）数召して清問に対す。礼遇甚だ優なり」（『日本詩史』巻三）と言われた南湖、この二人の儒者が、校合作業にお

いて牽引的役割を果たしていたと考えられる。『槐記』に、

○享保十八年正月七日　御会始　六典　見櫟　正蔵　拙

○享保十八年正月廿七日　六典御会ニテ参候　入道殿　正蔵　九峰　見櫟

（正蔵は南湖の通称、拙は山科道安、入道殿は滋野井公澄―著者注）

と見え、家熙が生前『大唐六典』の研究会を組織していたことを知る。(7)見櫟、南湖、九峰、公澄は、その会衆であった。おそらく、百拙と要人も研究会の一員であったと思われる。

見櫟の儒学の師は、伊藤仁斎と親交のあった伊藤坦庵である。坦庵は、村上冬嶺（儒医）・坂口立益（医師）・緒方宗哲（儒者）等とともに、妙法院門跡に出入りしていた人物である。見櫟はその坦庵のあとを受けて、妙法院第三十六代門主堯延、第三十七代堯恭の両法親王に仕えている。妙法院の坊官が記録した『妙法院日次記』を繙くと、見櫟が長期間にわたり妙法院宮の学問・教育のほか、様々な相談に与る顧問とでもいうべき存在であったことがわかる。(8)『妙法院日次記』に見える見櫟の名の初出は、『古文真宝後集』の講釈を始めた宝永二年（一七〇五）二月であり、正徳四年（一七一四）十一月には妙法院門跡の家来に抱えられる。それ以後、妙法院において『漢書』『史記』『大学』『唐詩訓解』杜甫詩の会読や講釈を三十年以上にわたって続けた。

家熙が没する元文元年、古稀を迎えた見櫟は、妙法院における顧問格の後継者として、南湖（五十三歳）を推挙した。南湖は江戸初期の碩儒堀杏庵の曾孫にあたり、従弟に、同じく家熙および堯恭法親王と関わりをもつ堀景山がいる。寛永元年の冬、堀杏庵は京都に赴き、近衛信尋に『大学』の講説を請われて講じている（「頤貞先生年譜」）。それ以来の堀家と陽明殿とのつきあいである。

堀正蔵来、始而対面、兼而准后（家熙―著者注）へも心安者也故今日対面、安芸之儒者也、松下見櫟心安故同道也、於書院対面、

（『堯恭法親王日記』(9)元文元年五月晦日）

『妙法院日次記』によれば、見櫟は得意とした漢詩の講釈（『唐詩訓解』）を一部残し、元文二年を境に、堯恭法親王の学問・教育を南湖に託していることが知られる。南湖が担当したのは、『史記』『春秋左氏伝』『歴史綱鑑補』『孟子』であった。元文四、五年の『真山居恒録』の記述の中に、持病に苦しむ老儒見櫟が度々登場する。体調不良、そして高齢であるという自覚が、南湖の推挙を意識させたのであろう。元文四年の時点で、まだ抱儒者として近衛家と妙法院門跡に出入りしていた見櫟は、確かな実力を有する十八歳年下の南湖を、学問分野におけるよきパートナー、後継者として認めていた。『真山居恒録』に見える「新刻六典」校合本のやりとりの行間から、南湖に頼る見櫟と相互の信頼関係が読み取れよう。

『真山居恒録』の抄録から明らかになる第二点は、三十冊本「新刻六典」の校合出来までの作業過程である。見櫟と南湖の校合の仕事場は、自宅と近衛邸およびその書館であった。見櫟は近衛家から届けられる数冊を一、二日で校了し、南湖に送る。南湖のもとに近衛家から届けられた場合は、その逆である。そして二人が目を通した校訂本は、百拙、九峰、要人をまじえて、近衛邸で再吟味される。精確を期すこのようなやり方で、校合が進められていた。『真山居恒録』元文四年七月三日の条に、「新刻出来全三三（衍字）十冊、共見之大喜、諸大夫四[10]人共ニ皆逢」と見え、また十一日には、「陽明殿ゟ御使、白銀五枚賜也」とある。「新刻六典」全三十巻三十冊の校合が終了したことの関係者の喜びと、労をねぎらう祝儀を近衛家より拝領したことの記事である。「新刻出来全三十冊」の表記は、「考元本新刻校合之議、各有一慮」（五月二日）、「暮前新刻二冊古本一冊来」（五月十三日）などとあるから、元本あるいは古本と記される家熙校訂本（十冊）を親本として、史書、類書等を確認しながら分巻した三十冊本の校合を一通り終了したことを意味している、と思われる。

ただここで確認しておかねばならないことは、元文元年十月に家熙が他界した時点で、板行をめざした事業の進捗状況がどの段階にあったかである。後の筆録だが、『雑事日記』元文五年二月七日の条に、一位様（一条兼香）に対する近衛内前の口上が次のように載る。

六典と申書、世にまれに伝り候はんもあしく候故、予楽院様、御荘（ママ）年之御時分より、御勘へを加へをかれ候、先年御序なと遊はし、御蔵板被仰付候処、なかはにして薨去遊はし候、

この記録によれば、予楽院（家熙）が生前、序を作成し蔵板を命じていたことは明らかである。であれば、「先年御序なと遊はし、御蔵板被仰付候」という「先年」は、何時のことであろうか。その手がかりとなる記述が、『雑事日記』にある。

大唐六典板行之義、高辻通室町西江入、唐本や吉左衛門、元文元年辰六月廿三日願出候ニ付、差免候趣、留帳ニ相見候、乍然、追而出来之常、書物差出候様申渡茂、無之趣候へハ、此節板行出来之義、書林ゟ届出候ニ不及、勿論　御殿御届之節ニモ相及間敷之由奉存候、左様御心得可被成候以上、

十月廿九日　渡戸熊衛門

進藤修理殿

尚以外之板行と違、御蔵板之義故、右之通ニ而済可申義と奉存候、

（元文四年十月二十九日）

近衛家の諸大夫進藤修理（長盈）に宛てた開板手続きに関する通知の控えである。渡戸熊衛門は、「留帳ニ相見候」とある『行事渡帳』の帳簿の一つに言及していることから、京都の本屋仲間行事であると考えられる。右の控えに出てくる唐本屋吉左衛門は、元禄・享保にかけて、仁斎・東涯の著作の出版を多く手がけた出版書肆「玉樹堂」である。元文元年六月二十三日、すなわち家熙が没する三ケ月前に、「新刻六典」の開板願が、唐本屋吉左衛門を通して書林行事に提出され、そして赦免されていた。(11) ただ、気になるのは、板行許可願が家熙の他界するわずか三ケ月前に出されていることである。校勘を終え、新校訂本を刻する諸準備をすべて整えた上での家熙の蔵板命令であったかどうか。『真山居恒録』に記す家熙没後の、見櫟・南湖等による校合の過程を見れば、家熙が生前、自らの死を予期して一部

校合未了のまま、押して梓行しようとしたとも考えられる。

しかしいずれにしろ、家煕の他界により出版計画は頓挫した。そして「新刻六典」の板行事業は、父の遺志を継いだ家久も翌年に亡くなるという不幸が重なり、しばらく中断を余儀なくされたのである。この後、近衛家では若い当主内前を守り立て、生前、家煕の文化サロンに出入りしていた有識者と相はかって、家煕の悲願であった事業を成し遂げようと画策していたと思われる。

元文三年十月三日は、家煕の三周忌にあたる。この忌日を区切りとして、近衛家は満を持して板行事業の再開に踏み切ったのではないか。元文三年の『真山居恒録』の記事は見ることができない。現存する『真山居恒録』で、校合の記事の初出は、元文四年一月である。新刻本三十冊の校合は、短期間のうちに何度も繰り返され、足早に事を運んでいる様子が窺える。推測するに、家煕の三周忌の時点で、一年後の命日（元文四年十月三日）を目処に、「新刻六典」の蔵板出来を期していたのではあるまいか。見櫟・南湖・百拙・九峰・要人による共同の校合作業は、言ってみれば、蔵板出来にむけて家煕がやり残した最終段階の仕事であった。

『雑事日記』（元文四年十月二十九日）の開板手続の記事を見るかぎり、少なくとも家煕の三周忌から一年を経て、まだ蔵板出来に及んでいないことは明らかである。従って、(2)説は勿論、(4)説でいう「三周忌に梓行された」とする野村説も成立しないことになる。

五

続いて「新刻六典」の蔵板出来までを検討してみる。

〔Ⅱ〕元文四年（7／12～12／27）

7／12	今朝ゟ六典第一校合、午後校了、飧後南湖江為持遣也
7／18	南湖百拙来誘、暫談、同謁陽明殿、第一巻ノ吟味、先新刻紙ノ僉儀、上中下大抵作之也
7／20	晨起校六典第二巻、饔後校了、南湖江為持遣也
7／23	南湖百拙来誘……両人共ニ強出席、不得已同伴、奉謁陽明殿、少々考校、九峰要人隙入断
7／28	南湖九峰来誘、不得已同伴、謁陽明殿、校考訂分注二冊
7／29	晩六典刻本四冊来、中原氏事即返帖、但考注再校也
8／4	校閲二冊分注
8／6	帖中原氏、六典四冊文通共ニ遣也
8／7	織部返帖、又二冊来、晩飯後、即校閲了
8／8	飯後早々帖、南湖問、今日陽明殿会席有出……南湖西王要人在先、百拙後至、今日、補考草成、予八巻一冊校之
8／13	予赴陽明殿、御読書既了、南湖与中原同校、要人在座、両僧不至
8／17	詣大徳寺……不参方丈、直ニ詣御墓……心静ニ三拝了、奉拝予楽公御墓、六典之事等申、以胸臆落涙退
8／19	南湖来過、即同奉陽明堂、要人先達而在、今日板下了、改御書序文年号之事、凡例侍史之事、先一決了、西王来会、百拙明日有馬江発乞不来、板雕改出来迄ハ先会合延引
9／2	遂奉謁房君御方、幸内匠被詣談……六典成就之事なと議
10／1	饔後、奉謁陽明殿、隼人兵庫息大膳大蔵少輔、其外対談、六典沙汰、則参寝殿拝見也、板彫五人、摺手壱人、明日中一部摺立、板改雕も出来之筈也、織部案内ニて十二三巻摺立冊看也
10／3	詣大徳寺御墓、出門前隼人来、今日大膳大夫、献六典新刻全部、亜槐君ニモ今日ハ御墓参云々
10／4	奉謁御本殿……南湖百拙已校合也、予就校合第三巻、要人出、序与要人対校、三巻了、及晩時御料理後、校第一巻、薄晩校了
10／5	余与南湖同謁陽明殿……陽明御会、第二第五二冊校了、九峰百拙要人追々来会
10／6	南湖来、則同伴奉謁陽明殿、両僧岡本不来、独談三

	冊了、携新刻第七巻帰
10／10	鶏明起校合、飯前一冊了……謁陽明、正蔵先在、二人同行両僧不来、十二巻校了、十八半校携帰、十四巻六十五葉明日可校也
10／11	巳刻、謁陽明殿、百拙不至、残り半巻外ニ一冊校了、薄暮帰宅、夜校廿一巻了
10／12	朝校合一冊、巳刻奉謁陽明殿、南湖要人西王後至
10／13	奉謁陽明殿、南湖百拙西王要人会了、廿五六巻二冊携帰
10／14	午前、第六巻校了、雨湿難歩所、校了二冊、午後、中原方迄為持遣也、有返帖
10／18	謁五松君……言及六典沙汰、年号位名之事ニ付聞、故実依先可談、浪華君不得已則謁也、訓不得決断思趣尤也、且請新刻事、是モ賢意甚好、
10／19	南湖過訪、序文之事也
10／29	夜南湖来、大唐六典大字之事、議論往反
11／1	午後南湖来訪、大字議論一決、書各書大字也
12／12	奉謁陽明亜槐公、惟寒中也、兵庫修理隼人中原氏出逢、及六典沙汰、十六七比板改了、年中摺之去也
12／14	六典十六日マテニ板改了、摺校合廿三四之比敀
12／26	陽明君ゟ御使、斎藤伯耆守中川刑部少亟連状、幷目録一紙、即返帖、前紙目録之請取、使者ニ渡ス、委曲謝辞申上ル、唐六典御蔵板出来、就御気色賜之云々、正字通一部四十冊一函、白銀五枚、鱧以尾一折
12／27	奉謁謝陽明殿、伯州刑部亟幸在座、昨日之御礼委細申□、六典之沙汰も少有也

分巻謄写された三十巻三十冊本校合の労により、見櫟が近衛家から白銀を拝領したのは七月十一日であった。翌十二日、再び第一巻からの校合に入る。七月十八日には、新刻本の料紙についての僉議もあった。この後、本文以外の考訂分注の校閲や、補考の新たな作成などの記述が続く。蔵板成就にむけた共同作業が着々と進められ、大詰めの段階を迎えていることが知られる。

家熙の男家久の三周忌にあたる命日は八月十七日である。『真山居恒録』は、「奉拝予楽公御墓、六典之事等申、以胸臆落涙退」と記す。この日見櫟は、家熙・家久父子の墓所大徳寺に詣で、家熙の墓前で「新刻六典」の報告をした。この記事に見える「落涙」は、蔵板完成の目処がつき、ようやくそこまで漕ぎ着けることができたという老儒見櫟の感涙であろう。

二日後の八月十九日には、「今日板下了……板雕改出来迄ハ先会合延引」とあり、板下書きが終わったことが記され、近衛邸に参集した見櫟・南湖・要人等の次の会合は、板彫終了後ということになった。注目すべきは、家熙が「先年御序など遊はし」（前掲『雑事日記』元文五年二月七日の条）たとする問題の「序」の年号を、この日、「改御書序文年号之事、凡例侍史之事、先一決了」として、四月十三日以来改めて取沙汰していることである。家熙が「序」を書いたとする「先年」が、蔵板を命じた年と同じ元文元年を指しているかどうかは明らかでない。結果として、十五年前の享保甲辰（九年）の年号をもつ「序」を、議論の末「新刻六典」に載せることに衆議一決している。家熙が正徳本を入手する以前、ほぼ完成していた嘉靖本を底本とする校訂本の板行を考えた時の執筆と思われる「序」である。なぜそれを採用したのか、その理由は不明である。

十月一日には、板刻の彫師が五人、摺手が一人であること、そして明日中に、板木の修訂を含めて「新刻六典」三十冊の摺立冊が出来上がることを記す。家熙の命日である十月三日、近衛内前（亜槐君）は、諸大夫を引き連れて大徳寺に墓参した。大膳大夫（進藤長堅）が、家熙の墓前に「新刻六典」三十冊全部を供えている。しかし、この三十冊は完成した刊本ではない。なぜなら『真山居恒録』にはこの後、校合が再び第一巻から続けられ、さらに序文や字画の大きさについての議論、板の補修など、詰めの仕事が記されているからである。この日の『雑事日記』には、

六典大概出来ニ付、今日予楽院御廟前ヘ被備、金三百疋相添、尤御所様御持参也、

とある。「新刻六典」の出来に「大概」の語を付して記すのは、完成した刊本ではないことを意味している。一年前の三周忌に期したと思われる蔵板出来の目標は、「大概」というレベルにおいて果たされてはいる。しかし、成就し

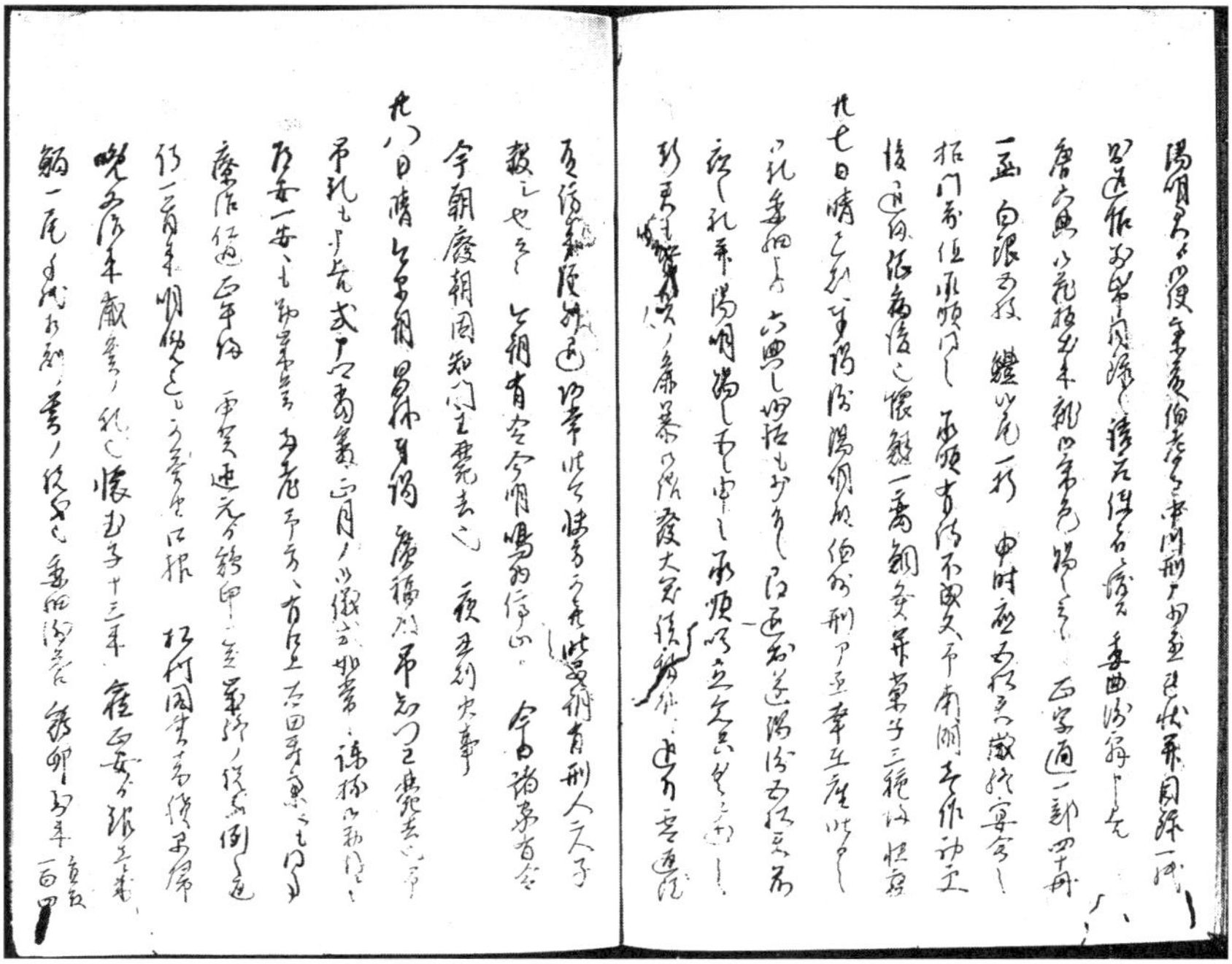

『真山居恒録』元文４年12月（刈谷市中央図書館蔵）

たものではない。

十二月に入り、板木の修訂を十六、七日頃までに全て終え、摺りの校合を経て年内中に成就するという記述が、『真山居恒録』の十二、十四日に見える。そして暮れの二十六日、近衛家より使者が見櫟宅に遣わされ、「唐六典御蔵板出来」の報告がなされた。二十六日の『雑事日記』には、次のように記載されている。

大唐六典全部出来ニ付　御祝儀　如左
杜氏通典一部　銀五枚　御肴一折
堀正蔵へ
正字通一部　銀五枚　御肴一折
松下見櫟へ
羽二重一疋ッヽ、銀五枚ッヽ、
法蔵寺
西王寺へ
硯一面紫石銘丹波能　銀五枚
岡本甲斐守へ
右之分奉書斗　以上
金子　五両
中原織部へ

右之通被下之候也

前掲『雑事日記』十月三日の「六典大概出来」は、十二月二十六日に「大唐六典全部出来」となった。

以上の事実により、近衛本『大唐六典』の蔵板出来、すなわち板行の成就は、元文四年十二月二十六日である、と特定することができよう。

家熙没後、新しい校訂本の蔵板出来にむけて尽力した人物は、御祝儀の下賜を記した右の記載により明らかである。近衛本『大唐六典』は、中原織部を世話役に、堀南湖・松下見櫟・百拙元養・九峰元桂・岡本要人の五人の助力を得て、家熙没後、三年余りを要して出版された。近衛本〈凡例〉前文によれば校勘二十年、家熙が新井白石書写献上本に跋を書き加えてからは、実に三十年近い歳月が経過していた。

六

蔵板出来の二日後、近衛家は内前（大納言）の仰せとして、南湖を抱える広島藩に御礼と挨拶を伝える。

大唐六典校合相済候ニ付、広島へ奉書指遣如左、

一筆致啓達候、然者先達而被仰入六典校合之儀、正蔵へ被仰付之処、此節校合相済、御満足不料思召候、依之、右之挨拶被仰入候、此段、各方迄宜申達之由、大納言殿仰御座候、　恐々謹言

十二月廿八日　斎藤――(13)

進藤――

岡本大蔵殿(14)

大久保権兵衛殿

（『雑事日記』）

年が改まった元文五年五月五日には、「予楽院様御考訂大唐六典一部桐箱入モヘキサナタ付　松平安芸守殿へ被遣」（『雑事日記』）とあり、広島藩藩主浅野吉長に近衛本を献上している。南湖の尽力に対する広島藩への気遣いが窺われる。

近衛本『大唐六典』は、あくまでも蔵板であって売本を意図したものではない。二の冒頭に掲げた源信継の「序」で言うように、近衛本は「禁方（秘伝の調薬方法）」にたぐえられるほどの稀覯書であった。常山の『文会雑記』でも、「唐六典ハ甚不自由ノ書ナリ。近衛関白殿刊行成サレ、諸侯へ贈物ニ成サレタル」と、同じことを言うが、寄贈を受けた「諸侯」の全貌ははっきりしない。(15) 信継や常山の言及、および伝存する近衛本の数の少なさから考えても、出版部数は限定されたものであったと推測される。

ただ、広島藩を含め、近衛家が特に配慮を怠ってはならない所への献上については、『真山居恒録』と『雑事日記』の元文五年の記事により知ることができる。蔵板出来後、真っ先に献上した所は、該書の性質上、幕府と朝廷であった。元文五年二月七日の『雑事日記』に、「日向守（近衛家諸大夫、中川長喬―著者注）下向ニ付、今度六典出来ニ付、大樹へ被申遣度事」として、一位様に「右の書物公方様へ被遣之度思召候」旨の伝遊を依頼している記述がある。『真山居恒録』には、この幕府献上本(16)について次のように記す。

同南湖、奉謁陽明殿、拝見所送関東六典、美麗不可言、白紙摺改唐紙、表紙□（黄カ）色三十巻、箱打キセ有紐　（二月五日の条）

巳半刻南湖来、即同伴、奉謁陽明殿於次間倚炉暫相侍、頃之、浪華君御参、山城介織部等、其外出挨拶、与黄門君暫談五之間へ御通、両人も同参、拝見献上ノ六典三十巻、共ニ一々被加吟味、両人も同之、表紙黄唐紙、白糸、紫包角、花唐紙摺也、印板甚鮮然　（二月十一日の条）

朝廷へも同様の特製本が、大典侍を通じて献上された。(17)『雑事日記』に、

大典侍殿迄、以御文今度出来候し六典被献上唐紙表紙黄唐紙普通の簟子也御返書永々朝廷之重宝と思召旨也　（二月十二日の条）

とある。五月に広島藩藩主へ献上したことは既述のとおりだが、同じ頃、伊勢神宮の豊宮崎文庫に、そして後に林崎文庫に各一部奉納している[18]。元文五年の『真山居恒録』と『雑事日記』に記載される献上・奉納先は、幕府・朝廷・伊勢神宮・広島藩に続いて、次の記述がある。

大唐六典一部ッ、松下見櫟堀正蔵ヘ被下
（『雑事日記』四月一日の条）

晩刻、斎藤伯耆守ゟ手帖、新刻六典一函拝領、則丁寧御礼申上返書委細也、永々家珍、大慶不可言、
（『真山居恒録』四月一日の条）

自らが板行事業に加わった近衛本『大唐六典』の拝領を、感激をもって記す見櫟だが、南湖も同じ思いであったに違いない。近衛家が、堂上でも大名でもない一介の京都の儒学者に、「諸侯へ贈物ニ成サレタ」（前掲『文会雑記』）貴重書を賜ったことは、破格の謝意であったと言ってよい。蔵板出来にむけた見櫟と南湖の貢献度の大きさを、十分に認めていた証拠であろう。

以上見てきたように、家熙の悲願であった新しい校訂本は、没後三年にして嘗て近侍していた者たちの協力を得て板行された。

しかし、事はこれで終わってはいない。近衛本『大唐六典』に関わった者たちは、本文・注文・分注・補考の精確を期して、上梓後も吟味を繰り返す。その結果、誤字や凡例の改作等、様々な問題が浮かび上がってきていたことが、『真山居恒録』の蔵板出来後の記述に見られる[19]。元文五年九月二日、こうした事情を背景としてか、見櫟・南湖は難波宗建（浪華君）と相談の上、『大唐六典』の会読を再開した。そして近衛本の蔵板出来からちょうど一年経過し、会読と校合をとおして修訂せねばならない箇所が多々目についたのであろう。「正蔵、物語六典再改新本、達江初本被返見云々[20]」（『真山居恒録』元文五年十二月二十三日の条）とあるように、南湖は幕府に献上した初板本の改訂を見櫟にもちかけている。

かつて、家熙が『大唐六典』の校訂に心血を注いでいたことを、近侍していた者は目の当たりにしている。それゆえ、家熙没後も校訂にかけた家熙の真摯な学問的態度と遺志を継承し、蔵板の成就は無論のこと、梓行後も校勘の完璧を求め続けた。中でも見櫟と南湖の場合、それは家熙の厚遇に対する忠義であるとともに、漢籍に携わる儒学者としての自負と責務に基づく仕事だったのではないか、と私は思う。

注

(1) 日本古典文学大系96（昭和四十年九月刊・岩波書店）所収の抄録本に拠る。

(2) 新井白石が書写し、家熙に献上した『大唐六典』（全八冊）には、家熙による付箋・挟込紙が多く残るほか、青筆による書込みや文字の訂正がある。巻末には宝永七年（一七一〇）の家熙自筆の跋が書き加えられている。「蠟ウチノ紙」を料紙にした校訂本の基になったものと考えられる。京都大学附属図書館所蔵。

(3) 表紙は濃緑色の大本全十三冊であるが、最後の一冊は『唐六典』以外の書の抜書を載せる。陽明文庫所蔵。

(4) 『妙法院日次記』『文翰雑編』『當世詩林』『當世詩林』続編等から、見櫟の交遊関係の一端が窺われる。

(5) 『漢学者伝記集成』（竹林貫一、昭和四十四年十二月刊・名著刊行会）。

(6) 『日本古典文学大辞典』（昭和五十九年四月刊・岩波書店、〈真山遺稿〉の項）。

(7) 『槐記』（史料大観本）享保十七年三月朔日の条に、「此コロ唐ノ六典ノ処ニ、御不審ノ所モアリ、医書ノ出処ノ可不可ヲモ、其方マカリ出タレハ御吟味ナサルヘシトテ、ヨケヲカレタリ、見櫟ヨリ抜書ノ参ルベシ、拝見シテ考ヘキノ由仰下サル」、また同年五月の条に「先頃ヨリ、又六典ノ御会初リテ、其序ニ儀礼ノ講習ヲ仰付ラル、罷出テ承ルベシ、且御会ノ御手伝ヲモ、致スベキノ由仰下サル」とある。「六典御会」は、享保十七年頃から始められたものか。また、道安も手伝いを依頼されているが、『真山居恒録』『雑事日記』を見るかぎり、校合の中心グループには入っていない。

(8) 妙法院史研究会校訂『妙法院日次記』第二～第九（『史料纂集』昭和六十年九月刊～平成四年十二月刊・続群書類従完成会）に見櫟の名が出る。

(9) 妙法院史研究会編『妙法院史料』第四巻に所収（昭和五十四年二月刊・吉川弘文館）。

(10) 諸大夫は、進藤長堅（大膳大夫）・進藤長盈（修理少進）・斎藤昌全（伯耆守）・中川長喬（刑部少亟兼任日向守）の四人。

『地下家伝』二十一に出る。

（11）『京都書林行事上組済帳標目』（宗政五十緒・朝倉治彦編『京都書林仲間記録』〈昭和五十二年十二月刊・ゆまに書房〉に収録）に、「唐六典　板行御赦免　元文元年六月廿三日」とある。

（12）校合担当の五人のほかに、五松君（滋野井公澄）と浪華君（難波宗建）二人の公家が板行事業に関わっている。

（13）斎藤――、進藤――は、注（10）にあげた近衛家の諸大夫。

（14）岡本大蔵は享保六年に、大久保権兵衛は享保九年に広島藩の御年寄となる（『藩士名鑑』〈歴代御役人帖〉（林保登編『芸藩輯要』（昭和四十五年七月刊・芸備風土研究会）に所収。また、元文五年正月、南湖は『大唐六典』の校訂を終えて、広島藩から銀三枚を賜る（『三百藩家臣人名事典』〈堀南湖〉の項、井野美津子執筆）。

（15）本章を論文として発表した（平成十八年）後、緑川明憲『豫楽院鑑　近衛家凞公年譜』（平成二十四年七月刊・勉誠出版）が出版された。緑川氏は『雑事日記』をもとに精査し、元文四年に蔵板出来となった『大唐六典』の献上・奉納先の全貌を明らかにしている。本章で言及したところを修訂補足する意味で参照されたい。

（16）幕府に献上された特製本は、宮内庁書陵部（秘閣本四〇二―九）と内閣文庫（史〇八二―〇〇〇二）に、それぞれ全三十冊現存する。

（17）「六典献上ノ事」（元文五年二月十二日付）として、大典侍宛の近衛内前の「御文」控えが陽明文庫に所蔵される。

（18）神宮文庫所蔵の旧豊宮崎文庫蔵本は美濃本で、第一冊はじめの遊紙に「旧豊宮崎文庫奉納掲札ノ記ニ曰ク、近衛亜相御寄附、大唐六典　三十冊　元文五年庚申五月二日」とある。また同文庫所蔵の旧林崎文庫本は、半紙本（二十冊）で、判型と冊数に違いはあるが、一部改板しているものの基本的には同じ版木を使用している。第一冊表紙に、朱筆で「近衛家御奉納」とある。旧豊宮崎文庫本より後に奉納されたものと考えられる。両文庫の奉納本は、幕府献上本のような特製本ではない。

（19）元文五年4／27錯簡あり、板を一枚改める。5／6見櫟と南湖は、「凡例」を改めることについて近衛家から呼び出され、翌日大議論。6／17織部より誤字の指摘あり、6／24に改板。閏7／7浪華君より、第七巻に不吟味の指摘あり。「秋□殿、玉海作秋景、諸之已下ノ闕、玉海具ニ載之」とするもので、「秋□殿」（巻七・十六丁ウ）の闕字が「景」であり、以下に出る闕字の多くが類書『玉海』に載ることをいう。

（20）注（18）に述べたように、旧林崎文庫本は、元文五年五月二日に奉納された旧豊宮崎文庫本（近衛本の初板本）に一部補修を加えた改訂本である。注（16）に記した宮内庁書陵部および内閣文庫所蔵の特製本は、旧林崎文庫本と修訂箇所が同じであるから、南湖のいう「再改新本」が改めて幕府に献上されたものか。

三　魁星像をめぐる漢詩

（1）伊藤東涯「文昌神歌」

一

伊藤東涯（一六七〇～一七三六）の「文昌神歌」は、天理大学附属天理図書館古義堂文庫本『紹述先生文集』巻二十一に収載される七言古詩である。堀南湖の詩に次韻したものだが、南湖の漢詩は今日に伝わらない。東涯がこの詩を作った経緯は、詩序に明らかである。次のように記している。

文昌神歌

芸藩屈景山子、家世蔵梓潼帝君像、閟于篋衍之中者久之、近者母孺人勧其俎豆以奉之、旁募当世文儒之歌詩、以徴其事、予亦与焉、因次其従兄習斎子韻以寄呈、

（芸藩の屈景山子、家世《かせい》、梓潼帝君《しとうていくん》の像を蔵して、篋衍《きょうえん》の中に閟《と》ること、之を久しうす。近者《ちかごろ》、母孺人《じゅじん》、其れ俎豆《そとう》して以て之を奉ずることを勧め、旁《かたわら》当世文儒の歌詩を募り、以て其の事を徴《もと》む。予も亦与《くみ》す。因て其の従兄習斎子の韻を次て以て寄せ呈す）

堀景山の家に、代々梓潼帝君（文昌神）の古像が蔵されていた。筐衍は、竹製の箱である。景山の母が梓潼帝君像を崇拝して、景山の従兄堀南湖に詩を作らせたという。南湖だけではなく、景山も作っていたこと[1]は、享保十一年に交わされた景山と荻生徂徠の往復書翰によって知られる。景山は徂徠に対してこのように述べる。

魁星詩、録呈按左。是雖同児戯、亦一奇事而先母崇奉喜甚。且命僕徧諗諸交游以詩之。伏乞足下酣暢之余、亦幸発一語。以蒙恵投、何賜如之。是婦女閑人之為、而営求不已者、私心、実以重先母之遺嘱也爾。

（魁星の詩、録して呈し左に按《なら》ぶ。是れ児戯に同《ひと》しと雖も、亦一奇事にして、先母崇奉し喜ぶこと甚だし。且つ僕に命じて徧《あまね》く諸《これ》を諗《つ》げ、詩を以て之に交游せしむ。伏して乞ふ、足下酣暢《かんちょう》の余に、亦幸ひに一語を発せよ。以て恵投を蒙らば、何の賜か之の如くならんや。是れ婦女閑人《かんじん》の為すことにして、営求《えいきゅう》して已まざる者なるも、私心、実に以て先母の遺嘱なるを重んずるのみ）

（八月六日「復物徂徠書」）

この書翰から三日後の徂徠の返書に、

来喩又以魁星詩求和。因獲見足下及身之君之作。諷咏味之。可謂当世作者已。

（来喩又、魁星の詩を以て和を求めらる。因りて足下及び身之《しんし》君《くん》の作を見るを獲《え》、諷咏して之を味はふに、当世の作者と謂ふべきのみ）

（八月九日「再復屈君燕書」）

とある。

この往復書翰の文言によって、景山の母が景山と南湖に、漢詩をもって当代の儒者と交遊させたことが裏づけられる。また、東涯の詩序に言う「近者」の時期を、享保十一年であると特定することができる。

和韻を求められた儒者で確認できるのは、管見するところ、荻生徂徠（六十一歳）[2]、室鳩巣（六十九歳）、そしてここで取り上げる伊藤東涯（五十七歳）の三人。十八世紀初頭の第一級と言っていい東西の儒学者である。時に景山三十九歳、南湖四十三歳、京都・広島以外の地では、ほとんど無名に近い儒者であった。

景山の母の意図は、どこにあったのだろうか。景山の「魁星詩」と南湖の漢詩「題神像」(3)が今日伝わらない以上、堀家の依頼に応えた徂徠・鳩巣・東涯三人の詩の内容にその手がかりを求めるしかあるまい。最初に東涯の詩を考察する。

二

東涯が詩題に用いる「文昌神」は、詩序でいう梓潼帝君である。鳩巣の「題神像之篇、依其韻賦」の詩および序では、その像を「鋳造古像」「斗魁神像」といい、徂徠の「斗之魁」序には「魁星象（ママ）乃其家古物」と記す。「斗魁」あるいは「魁星」と表記される星は、北斗の魁《あたま》の前に位置する六星、すなわち文昌星のことである。(4)『史記』巻二十七〈天官書〉では、その六星が匡形であることから、「斗魁戴匡六星、曰文昌宮（斗魁戴匡の六星、文昌宮と曰ふ）」と説明している。文昌星が斗魁であることによって、世間ではそれを祀り、学問の試（科挙）に、衆人に魁《さきがけ》て合格することを祈願するようになった。

東涯・徂徠・鳩巣たちとほぼ同じ時代を生きた天野信景（一六六三～一七三三）は、その随筆『塩尻』で、「北斗魁星は、文章を司りて、筆と紋銀とを執と云故に、書林魁本の象印とす」と述べる。(5)文昌星は、文章を司る星とされ、この魁星像を新刻の書籍に印するようにもなった。(6)

また一方、梓潼帝君は、道家で文昌府の事と人の禄籍を職掌する神として祀られていた。このことから、文昌職の梓潼君を以て、文章を司る魁星の化身とする俗説が生まれてきたらしい。東涯は、後掲する詩に「崇奉成俗始自宋」と記し、文昌神を厚く信仰する風習が宋代から始まったとしている。しかし、『明史』巻五十〈志第二十六・礼四〉では、梓潼帝君について、次のように述べている。

梓潼帝君者、記云、神姓張、名亜子、居蜀七曲山。仕晋戦没、人為立廟。……道家謂、帝命梓潼掌文昌府事及人間禄籍。故元加号為帝君、而天下学校亦有祠祀者。……夫梓潼顕霊於蜀、廟食其地為宜。文昌六星与之無渉。

（梓滝帝君は、記に云ふ、神姓は張、名は亜子、蜀の七曲山に居す。晋に仕へて戦没し、人、為に廟を立つ。……道家に謂ふ、帝、梓潼に命じて文昌府の事及び人間の禄籍を掌《つかさど》らしむ。故に、元、号を加へて帝君と為す。而して天下の学校、亦祠祀《しし》すること有り。……夫れ梓潼、霊を蜀に顕し、其の地に廟食《びょうしょく》するを宜と為す。文昌六星、之と渉《かかわ》ること無し）

末尾の「文昌六星与之無渉」とある「之」は梓潼帝君をさす。梓撞帝君（文昌神）が、斗魁の六星（文昌星）とは何ら関わりのないことを弁じている(7)。しかし、本邦では文昌神を文昌星の化身とする俗説が、しばらく生き続けていた。その梓潼帝君を鋳造した古像が、いつの頃からか堀杏庵を家祖とする堀家（南堀）に蔵され、受け継がれていたのである。

三

ここで「文昌神歌」の詩序に続く二十句からなる七言古詩を訓み、【通解】と【語釈】を付して次に掲げる。

文昌神歌　　文昌《ぶんしょう》 神《しん》の歌《うた》

冠裳偉然文昌像　　冠裳《かんしょう》 偉然《いぜん》たり 文昌《ぶんしょう》の像《ぞう》

相伝北斗魁星精　　相伝《あいつた》ふ 北斗《ほくと》 魁星《かいせい》の精《せい》

云弗无子常有験　　云《ここ》に 子《し》无《な》きにあらずんば 常《つね》に験《けんあ》有り

手執文衡住三清
崇奉成俗始自宋
梓潼所在締社盟
舟楫不隔大洋海
何年東来値昇平
方今五緯啓昌運
才子袞袞登蓬瀛
綿蕞当年徴叔孫
解頤従来説匡衡
就中屈家両学博
高曾規矩不失程
伯仲競爽互相倡
何数封胡羯末名
家蔵遺像幾星霜
母氏慫臾力経営
櫝之藉之募歌詩
会見芝蘭庭階生

手《て》に文衡《ぶんこう》を執《と》りて　三清《さんせい》に住《す》む
崇奉《すうほう》　俗《ぞく》を成《な》して　宋《そう》より始《はじ》め
梓潼《しとう》の所在《しょざい》　社盟《しゃめい》を結《むす》ぶ
舟楫《しゅうしゅう》　隔《へだ》てず　大洋海《たいようかい》
何《いずれ》の年《とし》か　東来《とうらい》して　昇平《しょうへい》に値《あ》はん
方《まさ》に今《いま》　五緯《ごい》　昌運《しょううん》を啓《ひら》き
才子《さいし》　袞袞《こんこん》として　蓬瀛《ほうえい》に登《のぼ》る
綿蕞《めんさい》　当年《とうねん》　叔孫《しゅくそん》を徴《め》し
解頤《かいい》　従来《じゅうらい》　匡衡《きょうこう》を説《よろこ》ぶ
就中《なかんずく》　屈家《くつけ》の両学博《りょうがくはく》
高曾《こうそ》の規矩《きく》　程《てい》を失《うしな》はず
伯仲《はくちゅう》　爽《そう》を競《きそ》ひて　互《たがい》に相倡《あいうた》ふ
何《なん》ぞ数《かぞ》へん　封胡《ほうこ》　羯末《かつまつ》の名《な》
家蔵《かぞう》の遺像《いぞう》　幾星霜《いくせいそう》
母氏《ぼし》　慫臾《しょうゆ》して　力《つと》めて経営《けいえい》す
之《これ》を櫝《とく》し　之《これ》を藉《しゃ》して　歌詩《かし》を募《つの》る
会《たまたま》見る　芝蘭《しらん》の庭階《ていかい》に生《しょう》ずるを

【通解】

冠と衣服をつけた文昌神像は、堂々として立派である。それは、北斗魁星の精魂を今日に伝えている。文昌神のまわりには、いつも優れた兆しが見え、文字を評する衡《はかり》を手にして、仙人のいる三清に住んでいるという。文昌神を崇め奉る風習は、宋の時代から始まり、梓潼県に祀られた帝君（文昌神）の廟では、人々は科第を取る誓いを立てる。帝君は、舟と楫をもって大海原を渡り、いつ頃東方にやって来て太平の世に遇ったのだろうか。当今、木火土金水の五星が物事の栄えゆく世を導き、才人があとからあとから絶えることなく続いて登用される。

その昔、劉邦は叔孫通を召して朝儀の礼を起こさせ、これまで人々は、匡衡の講説を聴いて、口を開いて笑い興じてきた。日本ではとりわけ、堀家の南湖と景山の二人が芸藩の儒官に登用され、先祖から伝わる家学をしっかりと受け継いでいる。才能に優劣のつけられない南湖と景山の二人は、ともに競い合ってこの神像の詩を作った。兄弟の傑出ぶりに、あの封（謝韶）・胡（謝朗）・羯（謝玄）・末（謝川）の名を出すまでもあるまい。堀家が文昌神像を蔵してどのくらいの年月が経つのだろう。このたびの詩の応酬は、景山の御母のたっての願いによる勧誘である。箱にしまってある家蔵の神像を口実にして、詩歌を当世の文儒に広く求め集めているのだという。折しも、堀家の庭のきざはし近くに、神草芝蘭が生えているのを見たことである。

【語釈】

○冠裳　冠と服をつけて正装する、の意。○偉然　盛大なさまをいう。○云　発語の助字。○文衡　文章を評量する衡（はかり）。○三清　仙人の住む玉清・上清・太清の三所をいう。○崇奉　あがめ奉る。○成俗　風俗を作り上げる、の意。○締社盟　土地の神を祀る社前で誓いを結ぶこと。ここは、梓潼帝君を祀る廟前で、文章・学問が上達し、科挙の試験に及第することを祈願することをいう。○値昇平　「値」は、遇う、の意。「昇平」は、国が栄えて世の中が太平であること。○五緯　木・火・土・金・水の五星。○昌運　栄えゆく世の中、の意。○袞袞　絶えることなく続く様をいう。○蓬瀛　神仙が住むという東海の蓬莱と瀛洲の二つの仙山。○綿蕞　野外で礼儀を習う所。『史記』巻九十九〈叔孫通伝〉に、「上の左右の学を為す者と、其の弟子百余人と、綿蕞を為《つく》り、野外に之を習ふ」とある。叔孫通は劉邦に仕え、秦の法を止めて新しく朝儀を定めた前漢の博士。稷嗣君《しょくしくん》と称した（『史記』同、『前漢書』巻四十三）。○解頤　口を大きくあけて笑うこと。『前漢書』巻八十一〈匡衡伝〉に、「家貧しく庸作《ようさく》し、以て資用に供す。尤も精力、人に過絶す。諸儒之が為に語りて曰く、詩を説くこと無かれ。匡鼎《まさ》に来たらん。匡、詩を説きて、人の頤を解くと」。匡衡が『詩経』を講ずること、はなはだ巧妙で、聴く人の頤を外し笑い興じさせたという故事。匡衡は少時勉学に励み、『詩経』を説くに至る。『蒙求』の標題に、「匡衡鑿壁」がある。○屈家　屈は堀の修姓。○両学博　芸藩の側儒である南湖と景山をいう。○高曾　ここは家祖堀杏庵のこと。○規矩　杏庵以来の歴史と文章を重んじた家学をいう。○伯仲　兄と弟。また、才能が互いに劣らないこと。「伯仲之間」に同じ。『文選』巻五十二〈魏文帝、典論論文〉「傅毅《ふき》の班固に於けるは、伯仲の間なるのみ」。ここは、景山と南湖の才能に優劣がないことをいう。○競爽　競いあって世に現れる。○封胡羯末　晋の謝氏一門の優れた人物四人。「封」は「謝韶」の幼名。「胡」は「謝朗」の幼名。「羯」は「謝玄」の幼名。「末」は「謝川」の幼名。『晋書』巻七十九・列伝四十九に出る。○母氏　脇平右衛門直弘女。名は佐濃。寛文八年戊申十二月十六日生まれ。享保十一年丙午三月十日に京都にて病死、五十九歳（「曠懐堂堀氏譜系」）。○慫臾　すすめそそのかす、の意。○櫝　箱に入れて収めること。○藉　かりる。口実にする。○芝蘭　霊芝とふじばかま。ともに香りの高い草。善人・君子をたとえる。「芝蘭玉樹」は善良な子弟のたとえ。『晋書』巻七十九〈謝玄

梓潼帝君の図（『三才図会』による。国立国会図書館デジタルコレクションより）

伝〉に、「玄字は幼度、少くして穎悟に、従兄朗と倶に叔父安が為に器重せらる。安嘗て子姪を戒約す。因て曰く、子弟も亦た何ぞ人事を予《たの》しみて、正に其れをして佳ならしめんと欲すると。諸人言ふ者有る莫し。玄答へて曰く、譬へば、芝蘭玉樹の如し。其れをして庭階に生ぜしめんと欲するのみと」。次の「庭階生」の語句もこの『晋書』〈謝玄伝〉に出る。東涯は南湖・景山を謝朗・謝玄にたとえる。

◇韻字　精・清・盟・平・瀛・衡・程・名・営・生（下平声八庚韻）。

四

南湖と景山は従兄弟の関係にある。堀の宗家（北堀）を継ぐ南湖と分家（南堀）の景山は、ともに朱子学者である。古義堂の東涯が、父仁斎の代から堀家の人々と雅遊していたことについては、前に紹介した。ここでは繰り返すことはしない。ただ、両家の間に深い交流があったことは、「文昌神歌」で南湖と景山に言及する東涯の言葉が、単なる社交的な賛辞でないことを容易に想像させよう。

景山より四歳年上の南湖は、元禄八年（一六九五）十二月、父正樸が病により致仕したことによって、広島藩第四代藩主浅野綱長に召されて儒員となる。そして正徳三年（一七一三）八月に、第五代藩主吉長の命により側儒となった。一方、景山も宝永五年（一七〇八）六月に父玄達が没したために、同年八月吉長に召されて同じく芸藩の儒員となり、享保四年（一七一九）九月に側儒を仰せつけられる。

堀家の宗家と分家の長男は、各々父の跡を継ぎ、東涯が「文昌神歌」を作る享保十一年には、ともに吉長の侍講をつとめる二百石取りの儒官であった。藩から招請があれば京都から広島に出向き、また参勤交代では江戸に御供する。二人の個性は当然異なるものの、この待遇と境遇は従兄弟にあって実によく似ている。宝永元年（一七〇四）八月、芸藩藩主綱長が参勤交代の途次、京都綾小路室町の景山宅を訪れている。藩儒である京都堀家の居宅に、藩主自らが立ち寄るという光栄は、祖父堀正英の代からあった。堀家は京儒の名家の一つである。

ここで改めて、文昌神の像が堀家に代々所蔵されてきた意味を考えてみよう。東涯が詩序に「母孺人勧其俎豆以奉之」と述べ、詩に「家蔵遺像幾星霜、母氏慫臾力経営」と記していることから、少なくとも景山の母は、文昌神の意味するところについては熟知していたと思われる。

景山と南湖が徂徠・鳩巣・東涯に次韻の詩を求めたのは、前述のごとく享保十一年である。この年にはまだ面識のない景山が、古文辞学で一世を風靡した徂徠に送った往復書簡の第一書は「与物徂徠論文書」、第二書は「復物徂徠書」である。第一書は題が示すとおり、文章について、正面きって疑問をぶつけた論である。長大な文章の議論の中心は、韓愈・欧陽脩の達意の文章を推して、模擬剽窃を標榜する古文辞学を批判することにあった。

これより前の正徳二年（一七一二）、南湖もまた面識のなかった鳩巣に対して、三度にわたる往復書翰で韓愈・欧陽脩、明の宋濂と門人方孝孺を文章の傑としてその文章を論じている(8)。いずれも、一面識もない当代を代表する巨儒に書翰を呈し、古今の文章について持論を展開している。徂徠から景山に、また鳩巣からは南湖に、その都度長文の、しかも丁寧な返書があった。それは、信奉する規範を異にするとはいえ、景山・南湖の論文書それ自体に、回答を促す力があったということであろう。

このように景山と南湖が揃って文章にこだわる意識は、どこから生まれてきたのだろうか。それはおそらく、二人の曾祖父である堀杏庵の学問に由来している。

慶長十三年（一六三六）朝鮮三使が来聘の折、杏庵は疑条数件をその学士権菊軒に問い質し、筆談を行った。翌十四年に権菊軒が京都に至った時、かねてより杏庵と親交のあった石川丈山も筆談した(9)。その時の筆語を記した『朝鮮筆談集』の中で、丈山は「有教授正意者、儒而医也、博聞強記、殊工文章、是又当時之英才也（教授正意といふ者有り。

儒にして医なり。博聞強記にして、殊に文章に工なり。是又当時の英才なり）」と、杏庵を特に文章に巧みであると評した。

権菊軒はこれに対して、

　正意雖不得見、而以書問答、真博雅之士也、不佞願以尊公為貴邦詩家之正宗、以正意為文苑之老将、其余亦有唱和之作、而詩不如尊公、文不如正意也、

（正意は見《まみゆ》ることを得ずと雖も、書を以て問答す。真に博雅の士なり。不佞願はくは、尊公を以て貴邦詩家の正宗と為し、正意を以て文苑の老将と為さん。其の余も亦唱和の作有れども、詩は尊公に如かず、文は正意に如かざるなり）

と記している。この菊軒の言葉に、外交辞令の気持ちがたとえあったとしても、「殊工文章」と評した丈山の言葉を考えあわせると、やはり杏庵の文章の才が秀でていたことは確かであろう。杏庵が尾陽に帰るを送る丈山の詩（『覆醬集』上）に、「文星輝洛邑、丹鼎返蓬丘（文星、洛邑に輝き、丹鼎《たんてい》、蓬丘に返る）」の句がある。文星は文昌星である。洛邑（京都）に輝く文昌星の学統が、子孫に受け継がれているのである。「文昌神歌」に、「就中屈家両学博、高曾規矩不失程」とある二句は、そのことを物語っている。また、『晋書』謝玄伝に語句を求めた末尾の句「会見芝蘭庭階生」も、杏庵以来の家学が有徳の曾孫に継承されていることを示すものである。

　室鳩巣が南湖に宛てた第一書「答堀正修書」に、

　足下以盛壮之年、能好学求益、如此、其必昌大乃祖之業乎

（足下、盛壮の年を以て、能く学を好み益を求む。此の如くんば、其れ必ず乃祖《だいそ》の業を昌大《しょうだい》せんかな）

と記し、祖先の業をいっそう盛んにする力が南湖に備わっていることを言う。また徂徠は、「斗之魁」序で

　屈在洛為名家。自其曾祖杏庵先生受経于斂夫滕公。四世于今。箕裘百年。弗墜其緒。書香馥郁。吁亦盛矣。

（屈、洛に在りて名家為り。其の曾祖杏庵先生、経を斂夫滕公に受けてより今に四世、箕裘《ききゅう》すること百年。其の緒を墜《おと》さず、書香馥郁たり。吁、亦盛んなるかな）

として、藤原惺窩（斂夫滕公）に経学を学んだ杏庵から、四世代百年、南湖と景山に至って先祖伝来の業が、ますます盛んであると述べている。

このように見てくると、南湖と景山の詩に応酬する東涯・鳩巣・徂徠たちの意識には、二人の才知とは別に、堀杏庵という大儒の存在がその背後にあったということは否めまい。

とすれば、堀家に代々伝わる梓潼帝君像は、学問、すなわち文章の才に長けた杏庵を祖とする学統であること、そのことを象徴する古像であったということになる。景山の母佐濃が、景山と南湖に当代の著名な儒者の応酬詩を募らせた意図は、杏庵を祖とする堀家が今なお健在であることを世に知らしめることにあったのではなかろうか。同じ京都の儒学者で、堀家の人々を知る東涯にしてみれば、「文昌神歌」は景山・南湖の立場を十分斟酌した上での詩であった。この詩は、天理大学附属天理図書館古義堂文庫蔵の『紹述先生文集』に拠る。

注

（1）景山の「魁星詩」も、南湖の詩と同じく現在不明で見ることができない。

（2）徂徠が景山に贈った「斗之魁」詩（『徂徠集』巻一）は、和韻の漢詩ではない。景山が依頼した魁星詩への和韻を、徂徠は一度断っている（「再復屈君燕書」）。その後、改めて景山に贈った詩である。

（3）南湖の詩題は、鳩巣が南湖に贈る詩序（『後編鳩巣文集』巻一）に、「従兄屈習斎有題神像之篇」とあることから、「題神像」（神像に題す）であったと思われる。

（4）『和漢三才図会』巻第一〈天部〉に、文昌星を次のように説明する。

文昌（六星）北斗の魁の前に在り。天の六府なり。天道を集計することを主る。一は、上将、大将軍、建威、武次。二は、将尚書、正左右。三は貴相、大常理、文緒。四は、司禄、司中、司隷功を賞し爵を進む。五は、司命、司怪、太史。滅咎を主る。六は、司寇、大理、佐理宝。

（訓みは、『日本庶民生活史料集成』第二十八巻・平成三年六月刊・三一書房による）

（5）神沢杜口の『翁草』に、「印本鬼形」と題して、この信景の文がそのまま孫引されている。

（6）魁星印については、井上和雄「異彩ある魁星像」（増補『書物三見』日本書誌学大系4・昭和五十三年九月刊・青裳堂書店）と、中野三敏『江戸の板本』（平成十五年三月刊・岩波書店）に詳しい。

（7）文昌星が文昌帝君と関わらないことは、明の謝肇淛『五雑組』巻一〈天部一〉に、はやく言及されている。

（8）南湖から鳩巣へ宛てた書翰は見ることはできないが、鳩巣から南湖への返書は、「答堀正修書」「答堀正修第二書」「答堀正修第三書」として『後編鳩巣文集』巻六に収める。鳩巣の書翰に記された文言によって、南湖の書翰の主題がおおよそ読み取れる。

（9）元和八年（一六二二）、芸藩の儒者であった堀杏庵は、尾張藩藩主徳川義直に請われて義直の儒臣となる。広島を去るにあたって杏庵が推挙した人物は、同じ藤原惺窩門下の石川丈山である。丈山は元和九年に芸藩の儒臣となった。

（2）室鳩巣の漢詩一首

――斗魁の神像――

一

次に取りあげる室鳩巣（一六五八～一七三四）の漢詩一首は、『後編鳩巣文集』巻一に収載される七言古詩である。堀景山の家に蔵する文昌神（梓潼帝君）の古像を題材とした詩である。鳩巣がこの詩を作った経緯は詩序に明らかで、次のように記す。

京師人屈景山家蔵鋳造古像。面貌甚異。一日按図始知是為斗魁神像。乃妥霊而尊崇之。景山従兄屈習斎有題神像之篇。国医村上某伝其詩使余和之。遂依其韻賦以為贈。

（京師の人屈景山の家に、鋳造の古像を蔵す。面貌甚だ異なり。一日図を按じて始めて知る、是れ斗魁の神像なるを。乃ち霊を妥《やす》んじて、之を尊崇す。景山の従兄屈習斎に、神像に題するの篇有り。国医村上某其の詩を伝へ、余をして之に和せしむ。遂に其の韻に依り、賦して以て贈と為す）

鳩巣の詩を検討する前に、堀習斎・景山と室鳩巣との関わりについて簡単に述べておく。習斎（堀南湖）は堀杏庵の曾孫で宗家（北堀）を継ぐ。分家（南堀）である景山の四歳年上である。「曠懐堂堀氏譜系」では、父を正樸（字毅父、号を蒙窩）、母を木下平之丞貞幹（号順庵）女として、貞享元年（一六八四）十月九日、京都で生まれた。習斎にとって、木下順庵は母方の祖父にあたる。堀杏庵を曾祖父に、そして松永尺五門下の木下順庵を外祖父に持つ習斎は、京都の儒学界において名門の出であったと言ってよい。

正徳二年（一七一二）、それまで名も知らず面識も無い習斎（二十九歳）から、文章を論ずる書翰を呈された鳩巣（五十五歳）は、その返書（「答堀正修書」）で次のように述べる。

僕昔従恭靖先生于洛陽之錦里、与其愛婿蒙窩君遊。乃恂恂篤学人也。当日交未熟心既親之。既而聞之傍人云君為名家子。所謂尾之大儒杏庵先生者、君大父也。於是知其家学之有伝、益郷慕之。（中略）我先生又以道徳文章為世儒宗。今両家婚媾合美毓秀。他日生児必英傑之人事固有不偶然者。

（『後編鳩巣文集』巻六）

（僕、昔恭靖先生に洛陽の錦里に従ひ、其の愛婿蒙窩君と遊ぶ。乃ち恂恂篤学の人なり。当日の交はり未だ熟さざれども、心既に之に親しむ。既にして之を傍人に聞きて云ふ、君は名家の子たりと。謂ふ所の尾の大儒杏庵先生は君が大父なり。是に於て、其の家学の伝有るを知り、益々之を郷慕す。（中略）我が先生も又、道徳文章を以て世の儒宗たり。今、両家の婚媾、美を合はせ秀を毓《はぐく》む。他日、児を生めば、必ず英傑の人たらん事、固より偶然ならざる者有り）

かつて京都で恭靖先生（木下順庵）に学んでいた頃、順庵の娘婿で堀杏庵の孫にあたる蒙窩と雅遊したことに想いを馳せ、木下、堀両家が縁組したことによって、将来男児が誕生すれば、その子は間違いなく優れた才能を有する人物になるだろうと予測していたことを述懐する。そして、その男児が、このたび初めて文章について問い質してきた堀習斎であることを鳩巣は感激をもって記し、その後に結構の法を軸とした持説の文章論を、この書翰で展開している。鳩巣と習斎の文章論を中心にした書のやり取りはこの後、少なくとも二度（「答堀正修第二書」「答堀正修第三書」）なされている。習斎に返書するこの時の鳩巣は、幕府の儒員であった。その職に就く鳩巣が、二十九歳の無名の一儒者に対して、短期間のうちに議論を戦わせる書翰を三度もやり取りしている。回答のし方は極めて懇切丁寧である。それは無論、送られてきた書に習斎の力と学問への真摯な姿勢を見て取ったからであろう。しかしそれ以上に、習斎が師木下順庵の孫であり、堀杏庵の直系であるという血統の認識があった故ではなかろうか。

習斎と鳩巣の交流は、正徳二年のこの往復書簡から始まる。正徳三年に習斎は、広島藩藩主浅野吉長の侍講となり、翌四年三月には初めて参勤交代の御供として江戸に随行した。「正徳五年二月日英賀室直清序」の識語を付す「杏庵先生詩文二集序」（『後編鳩巣文集』巻十二）に、

先生所作詩文、蔵之於家久。曾孫習斎君始克集録以為若干巻。去歳秋携至東都、以授直清曰吾子為我読而序之。

（先生の作る所の詩文、之を家に蔵すること久し。曾孫習斎君、始めて克《よ》く集録して以て若干巻と為す。去歳の秋、携へて東都に至り、以て直清に授けて曰く、吾子我が為に読みて之に序せよ、と）

と言う。在府中の正徳四年の秋、習斎は杏庵の詩文二集序の執筆を鳩巣に依頼する目的で、駿河台の屋敷を訪ねた。鳩巣との対面が実現したのは、この時が最初ではないかと思われる。

二

習斎と鳩巣のこうした交流は、享保四年（一七一九）に同じく広島藩藩主吉長の側儒となる従弟の景山に、大きな刺激を与えずにはおかなかった。景山が文章を論ずる相手として選んだのは、老大儒荻生徂徠（一六六六〜一七二八）である。享保十一年（一七二六）三月、景山は参勤交代で吉長に従って江戸に至り、七月には、まったく面識のない徂徠に、幕府の医官山田正方を介して書翰（「与物徂徠論文書」）を送った。すぐに徂徠から長文の返書（「復屈君燕書」七月二十一日）があり、景山は再度反論して、八月六日に第二の書「復物徂徠書」をしたためる。三日後の八月九日、徂徠は「再復屈君燕書」を景山に送る。この二度にわたる往復書簡が、わずか二ケ月の間に江戸でやり取りされていた。徂徠に景山と習斎が作った魁星詩への和韻を求めたのは、景山の第二書「復物徂徠書」の末尾に付した文章においてである。習斎が広島藩の医師村上某を通じて、すでに面識のあった室鳩巣に、和韻を依頼したのも同じ頃である

と思われる。

『後編鳩巣文集』（宝暦十四年刊・国立国会図書館鶚軒文庫蔵）巻三に、「和屈景山韻二首并序」として二百五十字余りからなる詩序と七言律詩二首が収められている。序の冒頭は次のように始まる。

屈君景山京師人也。自其先杏庵先生、以儒聞於当時。翼子賢孫不墜家声。至君大振前烈、恢祖業、旁求師友之益不已。観其志、将有大成其徳与古人頡頏於千載之上。

（屈君景山は、京師の人なり。其の先杏庵先生より、儒を以て当時に聞こゆ。翼子賢孫、家声を墜さず。君に至り、大いに前烈を振ひ、祖業を恢《さか》んにし、師友の益を旁求して已まず。其の志を観るに、将に大いに其の徳を成し、古人と千載の上に頡頏することと有らんとす）

景山もまた習斎と同様に、堀杏庵の家学を立派に継承する翼子賢孫として称えられる、鳩巣は景山と初めての出会いと関わりを、この後、こう述べる。

君従安芸侯役於東都、始顧余於草廬之中。其執礼甚恭、其敬道好徳之心藹然見於容貌。今歳春復従侯来。乃訪余意気悃悃有加於前。至秋季将帰京。方告別請余講中庸首章。既去即日造門来謝、又賦詩二篇、使人致之。

（君、安芸侯に従ひ東都に役し、始めて余を草廬の中に顧みる。其の礼を執ること甚だ恭しく、其の道を敬ひ徳を好むの心、藹然として容貌に見はる。今歳の春、復た侯の来るに従ふ。乃ち余を訪ね、意気悃悃として前に加ふる有り。秋季に至り、将に京に帰らんとす。方に別れを告げ、余に請ふ、中庸の首章を講ずることを。既に去り、即日門に造《いた》りて来謝す。又詩二篇を賦し、人をして之を致さしむ）

この一節から、初対面となる景山を、鳩巣がどのように観察していたかが知られる。また、年を改めた景山の二度目の訪問時には、『中庸』の講釈を依頼され、七律詩二首の和韻を求められていたことがわかる。当然、習斎の取り成しがあったと思われるが、この二回にわたる交際については、Ⅰ・三「堀景山年譜考証」享保十一年九月十五日の記事を参照されたい。

堀家に伝わる斗魁の神像をめぐる和詩を成した八年後、室鳩巣は、駿河台の自宅で七十七歳の生涯を閉じた。

三

ここで、詩序に続く二十句からなる鳩巣の七言古詩を訓み、【通解】と【語釈】を付してみる。

天之尚書文昌府　　天《てん》の尚書《しょうしょ》　文昌府《ぶんしょうふ》
邈矣魁星耀烈精　　邈《はる》かなるかな　魁星《かいせい》　烈精《れつせい》を耀《かがや》かす
何代降為人文護　　何《いず》れの代《よ》にか降《くだ》りて　人文《じんぶん》の護《まもり》と為《な》り
光焰万丈参泰清　　光焰《こうえん》　万丈《ばんじょう》　泰清《たいせい》に参《いた》る
粤自叔世科挙起　　粤《ここ》に　叔世《しゅくせい》　科挙《かきょ》起《おこ》る自《よ》り
禱告文壇誰主盟　　禱《いの》り告《つ》ぐ　文壇《ぶんだん》　誰《たれ》か盟《めい》に主《しゅ》たらんと
肸蠁上下洋如在　　肸蠁《きつきょう》　上下《しょうか》　洋《よう》として在《あ》るが如《ごと》く
大開賢路三階平　　大《おお》いに賢路《けんろ》を開《ひら》き　三階平《さんかいたいら》かなり
景山奕世文献伝　　景山《けいざん》　奕世《えきせい》　文献伝《ぶんけんつた》へ
兄弟競爽与抗衡　　兄弟《けいてい》　爽《そう》を競《きそ》ひて　与《とも》に抗衡《こうこう》す

豈意神冶感斗象
鋳為金人落東瀛
家収異像曾不識
毓霊孕瑞幾年程
按図忽悟如有数
乃知発祥成鴻名
千里勖君堂構美
依頼神助早経営
少年栄達何独古
不用徒羨棄繻生

豈《あ》に意《おも》はんや　神冶《しんや》　斗象《としょう》に感《かん》じ
鋳《い》て金人《きんじん》を為《つく》り　東瀛《とうえい》に落《お》とさんとは
家《いえ》に異像《いぞう》を収《おさ》むれども　曾《すなわ》ち識《し》らず
霊《れい》を毓《はぐく》み　瑞《ずい》を孕《はら》む　幾年《いくとせ》の程《ほど》ぞ
図《ず》を按《あん》じて　忽《たちま》ち悟《さと》る　数《うんめい》有《あ》るが如《ごと》しと
乃《すなわ》ち知《し》る　祥《しょう》を発《はっ》して　鴻名《こうめい》を成《な》すを
千里《せんり》　君《きみ》に勖《つと》む　堂構《どうこう》の美《び》
神助《しんじょ》に依頼《いらい》し　早《はや》く経営《けいえい》す
少年《しょうねん》の栄達《えいたつ》　何《なん》ぞ独《ひと》り古《いにしえ》のみならんや
用《もち》ひず　徒《いたずら》に棄繻《きじゅ》の生《せい》を羨《うらや》まんことを

【通解】

天にあって文章を主るのは文昌府、すなわち文昌星である。はるか遠くで、キラキラと盛んに光り耀いている。いつの頃からか、人倫の道を守護する星となり、その燃え盛る炎のような光は、天高く耀いている。ここに後世、科挙の制度が始まってからというもの、自分の外に誰が首席で合格できようかと、志ある者たちは魁星に祈願するようになった。衆星の中、三台六星の上星・下星が美しく盛んに光を放つがごとく、広く立身出世の道をひらいて優れた人材を登用し、天下は太平の世の中となった。

景山の家では、代々書物を子孫に伝え、従兄弟同士たがいに競って世に現れ、ともにその才を張り合っている。鍛冶の巧みな神が、魁星の有り様に深く感じ入り、梓潼帝君像を鋳造して東の海に落とすことなど、どうして想像できたであろう。堀家では、風変わりな像を所蔵しながら、それが神秘的な力を生み瑞兆を内に含む像であることを、どのくらいの年月知らずにいたことであろうか。神像の図を考えていて、ふと、それには定まった運命があるということに気がついた。とりもなおさずそれは、めでたいしるしを現して大きな名誉を獲得するということである。景山は、京都から離れた広島の地で藩主を補佐して父祖の業を継ぎ、文昌神を頼みとして、早くから儒業に勤しんでいる。年若い者の立身出世譚は、どうして昔だけのことであろうか。繻を棄てて後に出世した終軍を、いたずらに羨む必要もあるまい。

【語釈】

○文昌府　文昌天府。宮中の文書をつかさどる尚書省の称。○魁星　ここでは詩序に出る「斗魁」と同じで、北斗の魁《あたま》の前に位置する六星、文昌星をいう。天帝の居所といわれる紫微宮の外にある天の六府で、禍福を集計し、天道を明らかにし、天下を経緯することを主る。文昌星が斗魁であることによって、後世、世間ではそれを祀り、学問の試（科挙）に、衆人に魁《さきがけ》て合格することを祈願するようになった。○烈精　盛んに燃える光。○人文　礼楽の教え。人倫の道。○光焔　燃え光るほのお。火の光。○万丈　非常に高いこと。○泰清　天をいう。『駢雅』〈釈天〉に「泰清は天なり」とある。○粤　発語のことば。○叔世　末の世。○文壇　ここは「文場」のことで、科挙の試験場をいう。○主盟　科挙の試験に臨む者の中で、第一位であること。○肸蠁　「雲集」と同意。雲のように多く集まる、の意。ここは衆星が北斗に向かうさまをいうか。○上下　次の句に見える「三階」は、紫微宮（天子の居所）を守る三つの星の名で、「太階」「泰階」「三台」（上台星・中台星・下台星）に同じである。『晋書』志第一巻〈天文上〉に「三台の六星、両両にして居り、文昌に起り、太微に抵る。一に天柱と曰ひ、三公の位なり。人に在りて三公と曰ひ、天に在りて三台と曰ひ、徳を開き符を宣することを主る」とある。三台はそれぞれ両両（上星と下星）から成って、職位では三公に準える。「上下」は、この上星・下星をいうか。『漢書』巻六十五〈東方朔伝・注〉に、「太階は天の三階なり。上階を天子と為し、中階を諸侯公卿大夫と為す。下階を士庶人と為す。上階の上星を男主と為し、下星を女主と為す。中階の上星を諸侯三公と為し、下星を卿大夫と為す。下階の上星を元士と為し、下星を庶人と為す。三階平かなれば、則ち陰陽和らぎ、風雨時あり。社稷神祇、咸《ことごと》く其の宜しきを獲て、天下大いに安んじ、是を太平と為す」とある。「三階平」であれば、「天下大安」で太平の世となる。○賢路　才能のある人物が立身出世してゆく道。○奕世　歴代。累代。代を重ねる、の意。○兄弟　ここは景山と、従兄の習斎のこと。○競爽　競い合って世に現れる、の意。○抗衡　たがいに譲らずに張り合う、の意。景山と習斎の才能が同等であることをいう。○神冶　神のもつ霊妙な鍛冶の力。○斗象　斗魁のありよう、つまり文昌星が天の六府で天下の経緯を主る役割を担っていることをいうか。○金人　金属で造った人の像。道家で文昌府の事をつかさどる神として祀られた梓潼帝君を、魁星の化身とする俗説によって造ったものであろう。○東瀛　東の海。日本。○按図　このとき江戸在住の鳩巣は、京都の堀家が所蔵する「鋳造古像」を目にしていない。和韻を求めてきた習斎の漢詩と、梓潼帝君（文昌神）を描いた絵を見ていたと思われる。伊藤東涯は「文昌神歌」の詩序で、「屈景山子、家世、蔵梓潼帝君像、閟于筐衍之中者久之。近者、毋孺人勧其俎豆以奉之、旁募当世文儒之歌詩、以徴其事」と述べ、景山宅では代々古像を「筐衍」（竹製の箱）の中に、秘蔵しているとする。○有数　「数」は運命、の意。文昌神像を所蔵することによるさだめをいう。○発祥　めでたいしるしが、現れ出ること。○鴻名　大きな名誉。ここは、儒学者として名を揚げたことをいう。○千里勖君　「勖」は、はげみつとめる、の意。景山が享保四年に広島藩の側儒を仰せ付けられ、お召しがあれば在住する京都から広島へ、また参勤交代の御供で江戸に随行したことをいう。○堂構　父祖の業を継ぐこと。景山と習斎は、広島藩の儒員として召し抱えられるが、藩儒は杏庵の代からである。○神助　文昌神の助力のこと。○経営　文苑の家として、儒学者の仕事に専念すること。○棄繻生　「繻」は、帛に字を書き裂いて二分し、それを割符にしたもの。前漢の終軍が、立身出世を決意して函谷関を出た時の故事に拠る語。帰途の手形を捨てて行った書生、の意である。『漢書』巻六十四〈終軍伝〉に、「終軍字は子雲、済南の人なり。少くして学を好み、弁博にて能く文を属するを以て、郡中に聞こゆ。年十八、選ばれて博士の弟子たり。（中略）歩して関に入る。関吏、軍に繻を予《あた》ふ。軍問ふ。此を以て何にか為《す》る、と。吏曰く、復伝と為《な》す。還るときに当に以て符を合はすべし、と。軍曰く、大丈夫西に游ぶ。終《つい》に復伝もて還らず、と。繻を棄てて去る。軍、謁者と為り、使ひして郡国を行《めぐ》る。節を建て、東のかた関を出づ。関吏、之を識りて曰く、此の使者は迺ち前の棄繻の生なり」とある。この故事は、『蒙求』に「終軍棄繻」を標題として載る。

◇韻字　精・清・盟・平・衡・瀛・程・名・営・生（下平声八庚韻）。東涯の「文昌神歌」と韻字は同じだが、「衡」と「瀛」の順が逆である。

（3）荻生徂徠の風雅一首

――斗之魁有序――

一

荻生徂徠（一六六六～一七二八）の「斗之魁」は、『徂徠集』全三十巻の冒頭に置かれた雑言古詩である。『徂徠集』は、享保十三年（一七二八）の徂徠没後に、服部南郭を中心とする蘐園の門人により編纂・出版された詩文集である。その「総目録」によれば、補遺を含めて詩は七百首、序・紀事・雑文等の文章が九十九首、そして書牘二百八十四首を収める。「風雅一首」の文字を冠する「斗之魁」は、松下忠氏が指摘される[1]ように、詩の前に序を有し、後に「斗之魁四章章四句」と詩形を説明していることから、『詩経』の詩形を踏襲していると言える。『詩経』〈大序〉で定義する四始・六義を意識しているはずの徂徠の「風雅」[2]は、七百首の詩の中に、ただこの一首しかない。

「斗之魁」と題する詩は、堀景山に徂徠が贈った詩である。享保十一年八月六日付の景山の書翰（「復物徂徠書」）によって、和韻を求められたことによる詩である。景山の依頼は、

魁星詩、録呈按左。是雖同児戯、亦一奇事而先母崇奉喜甚。且命僕徧諗諸交游以詩之。伏乞足下酣暢之余、亦幸発一語。以蒙恵投、何賜如之。是婦女閑人之為、而営求不已者、私心、実以重先母之遺嘱也爾。

（魁星の詩、録して呈し左に按《なら》ぶ。是れ児戯に同《ひと》しと雖も、亦一奇事にして、先母崇奉し喜ぶこと甚だし。且つ僕に命じて徧《あまね》く諸を諗《つ》げ、詩を以て之に交游せしむ。伏して乞ふ、足下酣暢《かんちょう》の余に、亦幸ひに一語を発せよ。以て恵投を蒙らば、何の賜か

之の如くならんや。是れ婦女閑人の為すことにして、営求して已まざる者なるも、私心、実に以て先母の遺嘱《いしよく》なるを重んずるのみ）

というものである。

しかし、これを受けて徂徠がすぐさま「斗之魁」を作って酬したわけではない。この詩の成立については、少し込み入った事情を説明しなければならない。同年八月九日、つまり受信の三日後、景山に返した二度目の書翰（「再復屈君燕書」）において、徂徠は和詩を一度断っている。それは次のような理由からであった。

来喩又以魁星詩求和。因獲見足下及身之君之作。諷咏味之。可謂当世作者已。然祀星私室。不佞於経無稽。且和韻昉自元白。和之又和。宋人所長。宋詩不佞未之学也。雖太孺人遺愛所在乎。以不佞之無稽而未学。不敢奉命。如其高作併書法妙甚。留鎮蓬筆。惟足下恕之。

（来喩又、魁星の詩を以て和を求む。因りて、足下及び身之君の作を見るを獲、諷咏して之を味はふに、当世の作者と謂ふべきのみ。然れども、星を私室に祀るは、不佞経に於て稽《かんが》ふる無し。且つ和韻は元白より昉《はじま》る。之を和し、又和するは、宋人の長ずる所なれども、宋詩は不佞未だ之を学ばざるなり。太孺人の遺愛の在る所なりと雖も、不佞の稽ふる無くして、未だ学ばざるを以て、敢へて命を奉ぜず。其の高作、併びに書法の如きは、妙なること甚だし。留めて蓬筆《ほうひつ》を鎮めん。惟だ、足下之を恕《ゆる》せよ）

この一節から知られるように、和韻を謝絶した理由の一つは、星を私的なものとして祀ることに対する違和感にあった。今日に伝わる古文献の中で、中国の星座について最初にまとまった記述をしているのは『史記』巻二十七の〈天官書〉である。唐の司馬貞は、その注釈書『史記索隠』で、天界の星座を次のように言う。(3)

天文有五官、官者、星官也、星座有尊卑、若人之官曹列位、故曰天官、

（天文に五官有り。官は星官なり。星座に尊卑有るは、人の官曹《かんそう》列位の若し。故に天官と曰ふ）

人間界の官吏に重ね合わせて、古代星座は五官に分類されるという説明である。この考えを踏襲しているのだろうが、徂徠の学問の中では、星座は私的に祀るものではなく、公的（政治的）なものの表徴としてあると意識されている。[4]そして、唐代の元稹・白居易の元白体から始まり、宋代以降に流行した文人同士の唱和を、徂徠は「宋詩不佞未之学」と言い、それを二つ目の理由として断る。この二つの言い訳を添えて、景山と身之（堀南湖の字）の詩に和韻しないことを謝罪している。このとき徂徠は、和韻を承諾しない理由とお詫びの旨を書き送ることで、景山が納得してくれるものと考えていたであろう。

ところが、景山はこの返翰を受け取った後に、市ヶ谷に居を構える徂徠を訪れ、重ねて詩作を懇願したらしい。[5]後掲する「斗之魁」序に、景山との対面があって初めて書くことのできる内容の記述が見られる。景山は直接お目にかかることによって、詩を依頼する特別な事情を改めて徂徠に説明したかったのであろう。この面会において徂徠の気持ちは揺れ、和韻ではない詩の創作を約束したものと思われる。

参勤交代の広島藩主の御供として、景山が出府したのは享保十一年春三月である。その数ケ月後の二度にわたる書翰のやりとり（七月・八月）や、その後の面会を通して、景山は徂徠と交流する機会を持つ。藩主浅野吉長が就封の暇をもらい帰国の途につくのが同年の秋九月十五日（『徳川実紀』）、景山が江戸随行の謝礼として銀七百五十目を賜ったのは、「曠懐堂堀氏譜系」に拠れば九月十六日である。景山の在府の期間は半年に過ぎない。もし、江戸を離れるまでに「斗之魁有序」が恵与されていたとすれば、徂徠は短期間のうちにこの詩を作ったことになる。徂徠は一年半後の享保十三年正月十九日に六十三歳で没し、景山の次の江戸出府は同年三月を待たねばならない。結局、徂徠と景山が再会することはなかった。

そこで、次の二点を課題として「斗之魁」の序と詩に検討を加えてみたい。一つは、書面で和韻を辞退した徂徠が、後で詩作に応じたのはなぜか。そしてもう一つは、古文辞学を標榜し盛唐詩を理想とした徂徠が、それとはかけ離れ

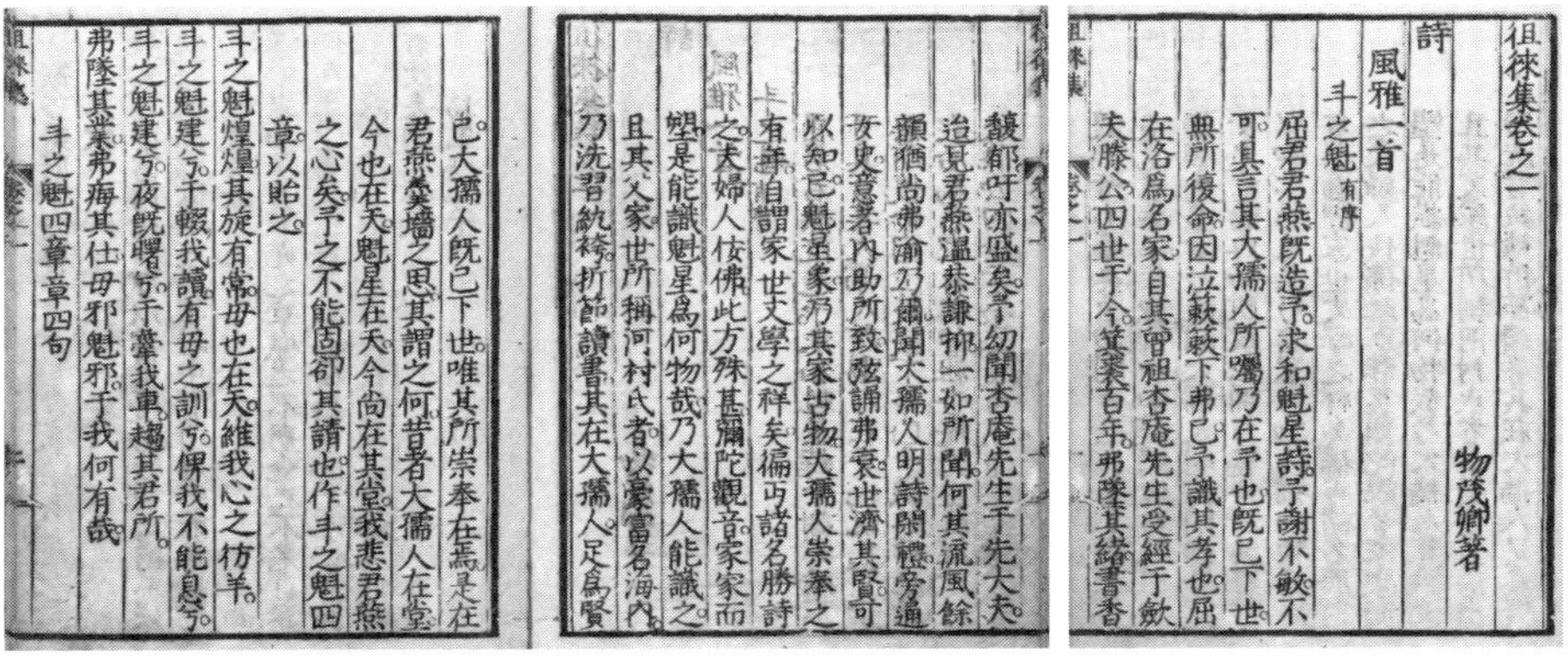
徂徠集巻之一
物茂卿著
詩
風雅一首
斗之魁 有序
屈君君燕既造予。求和魁星詩。予謝不敏。不可。具言其大孺人所囑乃在予也。既已下世。無所復命。因泣簌簌下弗已。予識其孝也。屈在洛爲名家。自其曾祖杏庵先生受經于歛夫滕公。四世于今。其業百年。弗隊其緒書香馥郁。吁亦盛矣。予幼聞杏庵先生于先大夫。迨見君燕温恭謙抑。一如所聞。何其流風餘韻猶尚弗渝。乃竊聞大孺人明詩閑禮。旁通女史。意著内助。所致弦誦弗衰。世濟其賢。可以知已。魁星象。乃其家古物。大孺人崇奉之有年。自謂家世丈學之祥矣。偏丐諸名勝詩咏之。夫婦人佞佛。此方殊甚。彌陀觀音。家家而塑。是能識魁星爲何物哉。乃大孺人能識之。且其父家世所稱河村氏者。以豪富名海内。乃洗習紈袴。折節讀書。其在大孺人。足爲賢已。大孺人既已下世。唯其所崇奉在焉。是在君燕羹墻之思。其謂之何。昔者大孺人在堂。今也在天。魁星在天。今尚在其堂。我悲君燕之心矣。予之不能固卻其請也。作斗之魁四章。以貽之。
斗之魁煌煌。其旋有常。毋也在天。維我心之彷徉。
斗之魁建兮。予輟我讀。有母之訓兮。俾我不能息兮。
斗之魁建兮。夜既曙兮。予輦我車。趨其君所。
弗隊其業。弗痗其仕。毋邪魁邪。予我何有哉。
斗之魁四章章四句

『徂徠集』巻之一（国立公文書館内閣文庫蔵）

た『詩経』の詩形を模して詠ったのはなぜかという疑問である。

二

最初に、「斗之魁」の序を検討してみよう。「屈君君燕」から始まり、「以貽之」で終わる序の文章は、三百二十七字からなる。書かれた内容から、全体をI～Ⅳの小節に区切って考察する。元文元年夏本多忠統序刊の内閣文庫本による。

I　屈君君燕既造予。求和魁星詩。予謝不敏。不可。具言其太孺人所囑乃在予也。既已下世。無所復命。因泣簌簌下弗已。予識其孝也。

（屈君君燕、既に予に造《いた》り、魁星の詩に和するを求む。予不敏にして可ならざるを謝す。具《つぶさ》に言ふ、其れ太孺人の嘱する所は乃ち予に在るなりと。既已《すで》に下世《かせい》して、復命する所無し。因りて泣《なみだ》簌簌《そくそく》と下ちて已まず。予、其の孝なるを識る）

「屈」は「堀」の修姓、「君燕」は景山の字である。徂徠に対して和詩を求めたのは、前述のごとく徂徠宛の景山の第二書（「復物徂徠書」）においてであった。その中で「魁星詩、録呈按左」と言っているから、景山と南湖の魁星の詩は、この書翰に付された形で徂徠の眼に触れていたはずである。

その詩に、どのような詩句が鏤められていたかは、残念ながら現在知ることができない。ただ、伊藤東涯と室鳩巣に徂徠と同じく和韻を依頼しており、南湖の魁星詩に次韻している東涯・鳩巣の詩から、南湖の詩は下平声八庚韻を押韻とする二十句で構成された七言詩であったことが分かる。徂徠は、景山・南湖の詩を「諷咏味之。可謂当世作者已」（前掲「再復屈君燕書」）と評し、また宋詩を自分は学んでこなかったと述べている。景山の詩も『詩経』に範をとったものではなく、南湖の詩と同じ詩形の詩であったと推測される。

「太孺人」は景山の母、脇平右衛門直弘女のことで、名を佐濃という。寛文八年十二月十六日に生まれ、享保十一年三月十日に京都で不帰の客となった（享年五十九歳）。母の訃報に景山が接したのは、江戸に到着して間もなくのことである。さらに、四ケ月後の七月十一日に、京都で留守を預かる妻の栄が病没した。その知らせが七月下旬に、景山のもとに届く。母の死のあと妻の死の追討ちを受けた景山が、筆舌に尽くし難いほどの悲しみの心境にあったことは、「復物徂徠書」（八月六日）に記す次の言葉から知られる。

僕春末抵東。亡何値聞母喪。罔極之痛。崩裂何及。心喪未闋。往月末。忽又夢炊臼。訃聞踵至。雖云三復南華至楽篇。凡情亦未能釈遣此耳。

（僕、春の末に東に抵《いた》る。何《いく》ばく亡《な》くして、母の喪を聞くに値《あ》ふ。罔極《もうきよく》の痛み、崩裂《ほうれつ》何ぞ及ばん。心喪《しんそう》未だ闋《おわ》らざるに、往月の末、忽ち又炊臼《すいきゆう》を夢み、訃聞踵《つ》いで至る。南華の至楽篇を三復すと云ふと雖も、凡情亦未だ此れを釈《と》き遣ること能はざるのみ）

母親と妻の死に目に会えず、しかも仕事を放棄して江戸から京都に戻るわけにもいかない景山は、せめて母の生前の遺嘱を叶えることが在府中にできる唯一の供養だと考えていたのではなかろうか。返書で和詩を断られながら、徂徠は直に面会を求め、誠意をもってもう一度頼み込む。その景山の姿に徂徠は「孝」を感じ取り、続いた不幸に心から同情したのであろう。景山宛第二書の冒頭に、景山の悲嘆を思いやる徂徠の気持ちが述べられている。[6]

Ⅱ　屈在洛為名家。自其曾祖杏庵先生受経于斂夫滕公。四世于今。箕裘百年。弗墜其緒。書香馥郁。吁亦盛矣。予幼聞杏庵先生于先大夫。迨見君燕温恭謙抑。一如所聞。何其流風余韻猶尚弗渝乃爾。

（屈は洛に在りて名家たり。其の曾祖杏庵先生、経を斂夫滕公に受くるより、今に四世、箕裘《ききゅう》すること百年なり。其の緒を墜さず、書香馥郁たり。吁《ああ》、亦盛なるかな。予幼くして杏庵先生を先大夫に聞く。君燕の温恭謙抑なるを見るに迨《いた》り、一《ひとえ》に聞く所の如し。何ぞ其の流風余韻の猶ほ尚《ひさ》しくして、渝《かわ》らざること乃ち爾《しか》る）

景山の曾祖父堀杏庵は、林羅山・松永尺五・那波活所と並ぶ斂夫滕公（藤原惺窩）門の高弟四人のうちの一儒者である。堀玄達の代に分家する南堀の家系は、杏庵―正英―玄達―景山―蘭澤と続き、代々広島藩の儒者として厚遇されてきた。徂徠が幼少の頃、杏庵の名を聞いたのは、館林藩の医官であった父（方庵）からだという。当時、杏庵が医を兼ねた高名な儒医であったことによると思われる。景山宛の徂徠の第一書「復屈君燕書」にも、

余不佞髫年時。聞之先大夫。昔洛有惺窩先生者焉。其高第弟子。若羅山活所諸公者五人。名聞海内。皆務以弁博相高。而屈先生者。独為温厚長者。乃詘然於四人之間。退譲自将。不求名高。其来東都。先大夫亦嘗一二接見云。

（余不佞、髫年《ちょうねん》の時、之を先大夫に聞く。昔、洛に惺窩先生なる者有り。其の高第の弟子、羅山・活所諸公の若き者五人、名海内に聞え、皆務めて弁博を以て相高くす。而るに、屈先生なる者は、独り温厚の長者たり。乃ち四人の間に詘然《くつぜん》とし、退譲して自ら将《ひき》ひ、名高きを求めず。其の東都に来るや、先大夫も亦嘗て一二接見すと云ふ）

とあって、「斗之魁」序Ⅱでいう杏庵像を補う。徂徠は、父方庵の言葉と目を介して、杏庵の学才と謙退・温厚な人柄を知っていた。父からかつて聞いていた杏庵像を思い浮かべながら、それとまさに重なり合わせるかのように、対面した景山を徂徠は見ていたらしい。

Ⅲ　聞太孺人明詩閑礼。旁通女史。意者内助所致。弦誦弗衰。世済其賢。可以知已。魁星象（ママ）。乃其家古物。太孺人

崇奉之有年。自謂家世文学之祥矣。偏丐諸名勝詩之。夫婦人佞仏。此方殊甚。弥陀観音。家家而塑。是能識魁星為何物哉。乃太孺人能識之。且其父家。世所称河村氏者。以豪富名海内。乃洗習紈袴。折節読書。其在太孺人。足為賢已。

（太孺人、詩に明らかに礼に閑《なら》ひて、旁《あまね》く女史に通ずるを聞く。意《おも》ふに、内助の致す所にして、弦誦衰へず。世に其れ賢と済《な》すこと以て知るべきのみ。魁星の象は、乃ち其の家の古物にして、太孺人、之に年有るを崇奉し、自ら家世文学の祥と謂ふ。偏《あまね》く諸《もろもろ》の名勝に之を詩《うた》ふを丐《こ》ふ。夫れ、婦人の仏に佞《へつら》ふこと、此の方殊に甚し。弥陀・観音、家家に塑す。是れ能く魁星の何物たるかを識らんや。乃ち、太孺人能く之を識る。且つ其の父家、世に称せらる河村氏なる者は、豪富を以て海内に名たかし。乃ち紈袴《がんこ》を洗ひ習れ、折節書を読む。其れ太孺人に在り。賢と為すに足るのみ）

徂徠は、聞いたこととして、景山の母が『詩経』『礼記』に精通・習熟し、その才能は周官の「女史」に匹敵する程のものであったと言う。「女史」は、文字に通暁して王后の礼事を掌った周官の女の職である。徂徠と景山の各々二通の往復書翰には、景山の母が才媛であったことについて全く言及がない。おそらく徂徠は、一度きりの対面の中で、そのことを直接景山の口から聞いたのであろう。母佐濃が、脇氏の女であることも、その場で話題になったことと思われる。

徂徠が「其父家、世所称河村氏者」という河村氏は、江戸時代前期の商人で大富豪となった河村瑞賢（一六一八〜一六九九）のことである。瑞賢の妻は、脇氏の女（名は不明）であり、(7) 佐濃の父、つまり景山の外祖父は、瑞賢の妻と兄弟であったと考えられる。海運・治水の功績で、巨万の富を獲得して名を天下に馳せた瑞賢は、一方で新井白石などの学者を経済的に援助する好学の士でもあった。(8) 商人でありながら、学問を特別重んじた瑞賢には、それに相応しい家柄として脇氏が選ばれ、その女が妻として入ったのであろう。脇氏については、これ以上の知るところが私には無い。景山の母も、徂徠のいう「紈袴を洗ひ習れ、折節書を読む」脇氏の家風を継ぐ才女であったと思われる。景山の父玄達は、宝永五年（一七〇八）六月に四十九歳で病没している。景山はその時、まだ二十一歳の青年であった。その後は、母佐濃の薫陶を受けて成長していったと思しい。

堀家に代々伝わる魁星像が、学問に長けていることを象徴する瑞祥の古像であることを、景山の母は知っていた。その母が、景山と南湖の詩を介して、徂徠をはじめとする諸賢に、魁星像の意味を問い、改めて堀家の学統を確認しようとしていたのである。

Ⅳ　太孺人既已下世。唯其所崇奉在焉。是在君燕羹墻之思。其謂之何。昔者太孺人在堂。今也在天。魁星在天。今尚在其堂。我悲君燕之心矣。予之不能固卻其請也。作斗之魁四章。以貽之。

（太孺人、既已《すでに》下世す。唯だ、其の崇奉する所在り。是に君燕、羹墻《こうしょう》の思在り。其れ之を何と謂はん。昔者、太孺人は堂に在り。今や天に在り。魁星は天に在り。今尚ほ其の堂に在り。我、君燕の心を悲しむ。予、之《これ》其の請を固く卻《しりぞ》くること能はず。斗之魁四章を作り、以て之を貽《おく》る）

「羹墻之思」は、『後漢書』巻六十三〈李固伝〉に典拠をもつ言葉である(9)。ここでは、母を仰ぎ慕い、その遺嘱を叶えようとする景山の強い気持ちを言っている。老儒徂徠は、悲しみを内に秘め「孝」を尽くそうとする若い景山を目の前にして、心を動かされたのであろう。このことについては、改めて四節で詳述したい。

三

以上見てきた詩序を踏まえて、それに続く「斗之魁」四章を訓読し、【通解】と【語釈】を付してみる。

斗之魁煌煌　　斗《と》の魁《かい》 煌煌《こうこう》たり
其旋有常　　其《そ》れ 旋《めぐ》ること 常有《つねあ》り
母也在天　　母《はは》は 天《てん》に在《あ》り
維我心之彷羊　　維《こ》れ 我心《わがこころ》の彷羊《ほうよう》す
斗之魁建兮　　斗《と》の魁《かい》 建《さ》し
于輟我読　　于《ここ》に 我読《われよ》むを輟《や》む
有母之訓兮　　母《はは》の訓有《くんあ》り
俾我不能息兮　　我《われ》をして 息《やす》んずること能《あた》はざらしむ
斗之魁建兮　　斗《と》の魁《かい》 建《さ》し
夜既曙兮　　夜《よ》は 既《すで》に曙《あ》けたり
于牽我車　　于《ここ》に 我車《わがくるま》を牽《ひ》き
趨其君所　　其《そ》れ 君《きみ》の所《ところ》に趨《はし》らん
弗墜其業　　其《そ》の業《ぎょう》を墜《おと》さず
弗痗其仕　　其《そ》の仕《し》に痗《や》まず
母邪魁邪　　母《はは》か 魁《かい》か
于我何有哉　　于《ああ》 我《われ》に何《なに》を有《あ》りとせんや

斗之魁四章章四句　　斗の魁四章章ごとに四句

【通解】
北斗の魁星がキラキラと輝き出し、いつものように中天を旋っています。あなたの母は天にいて、それを思うわたしの心は落ち着きません。北斗の魁星が寅の方角を指し、わたしは読書を途中でやめました。あなたの母の遺訓があって、わたしは安らぐことができずにいます。北斗の魁星が寅の方角を指し、夜はあけてしまいました。車を引いて、さあ急いであなたの所に行きましょう。あなたは生業にはげんで名を落とすことなく、しっかりと侍講の御勤めを果たしています。これは母の力、それとも魁星像の力があってのことでしょうか。ああ、このわたしに何が有るというのでしょう。

【語釈】
○斗之魁　北斗七星の第一星から第四星までを総称して「魁」と呼ぶが、第二・第三章の「斗之魁建兮」を最初に置く章の内容から判断して、ここの「魁」は北斗の第一星（天枢）を指している。○煌煌　キラキラ光るさま。『詩経』陳風〈東門之楊〉に「明星煌煌たり」とある。○其旋有常　「其」は発語の助字。皆川淇園の『詩経助字法』巻下〈用其法〉に、「其ノ時其ノ処ナド云フココロニテトカク既往未来ニ限ラズイヅレニモ今ノ此処トハ離レタルトコロノ物ニツケテ其中ニ含ミタル処ヲ指シ云フ文字ナリ」とある。「旋」は天極星（北極星）を中心にしてめぐること。「有常」は、いつものようにあること、一定不変、

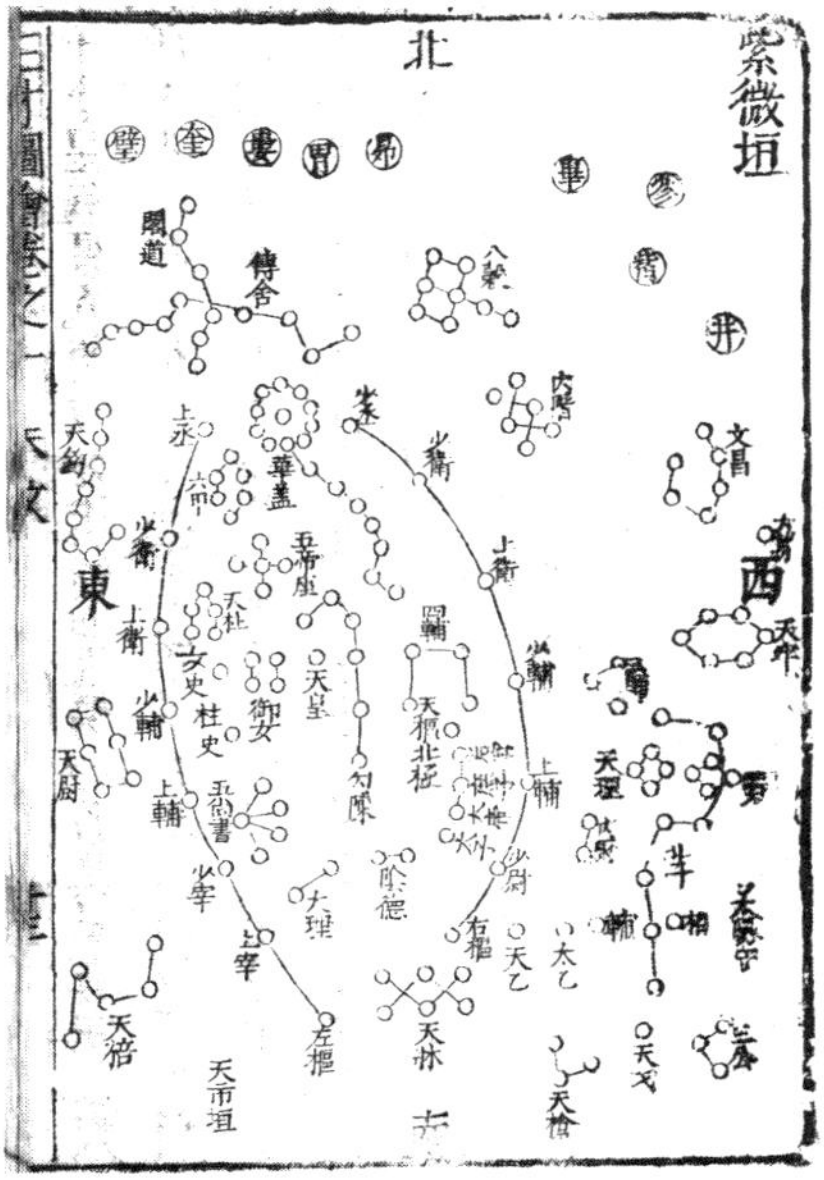

『三才図会』巻之一〈天文〉（国立国会図書館デジタルコレクションより）

の意。『詩経』唐風〈鴇羽〉に「曷《いつ》か其れ常有らむ」とある。○母也在天　母は詩序にいう太孺人のことで、景山の母佐濃。没して天にいるとする。『詩経』唐風〈綢繆〉に「三星天に在り」。○維我心之彷羊　「維」は、リズムを整える発語の助字。『詩経助字法』巻上〈用維法〉に「維ノ斥ストコロ常ニ其動キユクトコロニ引ツケテ付スソウユクニト云ココロナリ引分ケテ其方ヲサスココロ」と説明する。『詩経』では、我心・我思・我馬・我友・我生・我所・我室など「我」の字を冠した語が頻出する。「彷羊」は、「彷徉」「彷佯」に同じ。さまよい歩く、行きつ戻りつする、の意。『楚辞』〈招魂〉に「彷徉倚る所無く、広大にして極まる所無し」。○斗之魁建兮　「建」は、北斗星がめぐって或る方角を指すことをいう。『史記』〈天官書〉に「北斗の七星、所謂旋璣《せんき》玉衡《ぎょくこう》、以て七政を斉《ととの》ふ。……昏を用つて建する者は杓、……夜半に建する者は衡、……平旦に建する者は魁」とある。「杓」は、第五星から第七星までの総称でもあるが、ここでは第七星の揺光のこと。「衡」は、第五星の「玉衡」を指し、「魁」は既述したように第一星の天枢のことである。唐の張守節の『史記正義』(10)によれば、「杓」「衡」「魁」の「建」は時を異にしながら、みな「指寅」として、その光が寅（東北東）の方位を指すとする。「魁星」は「北斗、旦に建す。斗魁を用つて寅を指す」とあって、夜明けに寅の方角を指し示す。「兮」は、韻文の句末にあって語調を整える助字。休止符の役割をし、『詩経』で多く使用される。『詩経助字法』巻上〈用兮法〉には、「前ノ語意ヲ引ノバシテモツユエニ自然ニ其前語ノコトヲ味テ心ニモチ稽ルココロモチナリ」とある。○于輟　「于」は、句調を整える助字。「ソノトコロニト云ヒ又ソノトコロニテナドト云ニ用ユ」（同前書巻上〈用于法〉）とある。この助字も『詩経』に多い。「輟」は、途中でやめる、の意。○母之訓　景山が母の遺嘱として、徂徠に和詩を求めたことをいう。○俾我不能息兮　この一句は、『詩経』鄭風〈狡童〉の第二章四句目に見え、徂徠はそのまま一句を剽窃している。「俾」は使役の助字。一度は和韻を断った徂徠の気持ちが、揺れてきていることを表す句である。○夜既曙兮　「曙」は、夜が明ける、の意。「朝既に盈てり」「朝既に昌なり」（『詩経』斉風〈鶏鳴〉）のような類似の表現がある。○于牽我車　「牽」は、引くの意。「我車」も「我車既に攻《おさ》まる」（『詩経』南有嘉魚之什〈車攻〉）などのように、『詩経』に多用される語である。○趨其君所　「趨」は、急いで行く、の意。「其」は、語意を強めるために添える助字。「君所」は景山のもとへ、の意。○弗墜其業　「其業」は、堀家が代々生業としてきた儒学をさし、「弗墜」はその名声を失わないこと。○弗痗其仕　「痗」は病む、の意。「其仕」は、広島藩の御抱え儒者として仕えることをいう。○于我何有哉　ここの「于」は嘆辞で、「吁」「于嗟」に同じ。「我何有哉」は、反語表現。景山には母や魁星像の力が与っていることに比べて、自分には何も力を貸してくれるものがない、の意。

◇押韻

第一章　煌・常・羊（陽部）。

第二章　建（元部）、訓（文部）……元・文は合韻。

第三章　建（元部・第二章と遥韻）、曙・車・所（魚部）。

第四章　仕・有（之部）、邪（魚部・第三章と遥韻）……之・魚は合韻(11)。

四章章四句で構成されるこの詩は、『詩経』の基本詩形を踏まえる。「于」「維」「兮」の助字の使い方や、「我心」「我車」などの語の使用、そして「俾我不能息兮」の剽窃は、詩形のみならず、表現上の語句にいたるまで『詩経』を模倣して作った詩であることを示している。

第一章・第二章・第三章の冒頭を「斗之魁」で起こして反復する。徂徠はこの語を景山の母が自負する堀家の学統の隠喩とした上で、その象徴として用いたのであろう。第三章まで、夜空の下で時間の経過とともに景山の母の願いを思い、動いて止まない徂徠の心情を吐露する。そして第四章で転調し、母の力と堀家の家学を背景にした儒学者景山の仕事を褒め称えている。これは『詩経』の六義にある修辞上の分類（「賦」・「比」・「興」）で言えば、「興」と呼ばれる表現法である。

四

以上のように「斗之魁」の序と詩を見てきたところで、最初に課題として挙げた疑問に立ち返ってみよう。その一つは、徂徠が景山への返書で依頼された和韻を謝絶した後、なぜ前言を撤回して詩作に応じたのかということである。このことについての答えは、詩の前に置かれた序の記述から引き出される。結果として、まさに一期一会となった景山との対面が、徂徠をして「斗之魁」を作らしめる動因であったと言えるであろう。文面では容易に窺えない様々な事柄を、徂徠は景山と直接顔を合わせることによって知ることができた。序（Ⅰ～Ⅳ）の小節でいえば、

Ⅰ　太孺人が和韻を期待する熱意と、それを叶えようとする景山の「孝」。

Ⅱ　杏庵以来の堀家の学統と景山の人となり。

Ⅲ　太孺人の学識と魁星像への想い。

Ⅳ　太孺人を慕う景山の思い。

という事柄である。景山との面会を通して、徂徠はこれらのことを新たに知り、確認し、また景山の誠意を肌で感じ取っていたであろう。序の末尾に「我悲君燕之心矣。予之不能固郤其請也」とある言葉から、「斗之魁」の詩作が、Ⅰ～Ⅳを知った上での同情からなされたものであることがわかる。和韻の詩ではないものの、前に一度断った詩作を一転して承諾することになった背景には、右のような事情があった。

もう一つの疑問は、徂徠がなぜ『詩経』の詩形を模倣したのかということである。その答えの第一に挙げなければならないのは、景山の母が女性でありながら『詩経』に明るく、「女史」に匹敵するとまで言われるほどの学識の持

ち主であった点である。徂徠は、和韻を請う当代の「諸の名勝（名士）」の一人として、おそらく景山の母から指名を受けた。その光栄に対する見返りに、太孺人への敬意を意図して、あえて『詩経』の詩形を用いたのではなかろうか。

加えて言えば、景山が、後に「学者の第一に業とするものは、詩経と知るべきこと也」（『不尽言』）と述べている言葉が注目されよう。考えてみれば、人情に通じ、それを知るための書として『詩経』を第一に挙げて論じていたのは、他ならぬ徂徠である。[12] 景山とその母の『詩経』に対する思入れは強い。徂徠の詩作は、そのことを理解し、人情を第一とする『詩経』の効果を熟知した上でのものだったのではないか、と考えれば面白い。景山が「愚拙、経学は朱学を主とする事なれとも、詩と云もの丶見やうは、朱子の注その意を得さる事也」と敢言する背景には、仁斎・徂徠の詩経論を受け入れる土壌として、母佐濃の教育があったと考える。

『詩経』の詩形を採った理由として、もう一点あげておきたい。序Ⅰのところで述べたように、堀家から和韻を求められた「諸の名勝」の中に、徂徠のほかに室鳩巣と伊藤東涯がいた。二人の詩は、身之（南湖）の下平声八庚韻を押韻とする二十句からなる七言古詩に和韻したものである。この内容については前に論じているが、新しく次のことが言えるであろう。

東涯の「文昌神歌」と題する詩は、「芸藩屈景山子、家世蔵梓潼帝君像」から始まる六十字ほどの短い序を有し、「冠裳偉然文昌像、相伝北斗魁星精」を冒頭の一・二句とする七言詩である。鳩巣の詩は、七十字からなる序をもち、「京師人屈景山家蔵鋳造古像、面貌甚異」と書き起こす。そして同じく漢詩の一・二句を「天之尚書文昌府、邈矣魁星耀烈精」として、その後の詩句から、内容を科挙に展開させている。東涯詩の「崇奉成俗始自宋、梓潼所在締社盟」（五・六句）と、鳩巣の「粤自叔世科挙起、祈告文壇誰主盟」（五・六句）の詩句は、魁星と科挙とのつながりを端的に示している。

東涯・鳩巣の二人はいずれも、「魁星」を北斗の魁《あたま》の前にある六星、いわゆる文昌星と考えて、堀家所蔵の魁星像を文昌星が化身したとする文昌神（梓潼帝君）と見做し、文昌神が文学を主るという俗説に従って科挙に結びつけ、堀家の優秀性を詠いあげた。文昌星を梓潼帝君の化身とし、科挙の合格を願って祀るという俗説に対する批判は、『五雑組』巻一〈天〉をはじめ多くある。(13)しかし、東涯と鳩巣は、宋代に始まった俗説であることを承知のうえで、魁星像を堀家の瑞祥として南湖の詩に和韻している。

一方、徂徠の詩と序には、東涯・鳩巣の序と詩に見える「文昌」「梓潼帝君」「科挙」の語は全く見られない。前述したように、徂徠は依頼された和詩を辞退するのに「祀星私室、不佞於経無稽」と、「宋詩不佞未之学也」という二つの理由をあげていた。徂徠は魁星を文昌星ととらない。東涯と鳩巣が次韻した詩句の内容は、和韻を求めた南湖・景山の詩も魁星を文昌星ととっていたことを思わせる。だとすれば、徂徠の最初の和韻の謝絶は、魁星を文昌星と見なす俗説を、婉曲に批判したいという気持ちを内に含んだ行為だったのではないか。

魁星に纏わる俗説を景山の母は信じ、景山・南湖はその俗説による魁星像を詩に詠った。東涯も鳩巣も、その意図するところを汲んで和詩を贈った。ところが徂徠は、俗説は俗説として退ける。しかし、ただそれ以上に、杏庵以来続く賢明な堀家の学統と、初めて対面するその曾孫の景山という人物、そして、彼の母親の才女ぶりや生前の気概に徂徠は感心した。宋人が得意とする和韻の詩ではなく、景山の母が精通した『詩経』の詩形を用い、また魁星を文昌星（文昌神・梓潼帝君）ではなく、『史記』〈天官書〉に見える北斗第一星（天枢）として、景山の依頼、つまりは彼の母の遺言に応えた。それが斗之魁四章である。

注

（1）『徂徠集』（『詩集　日本漢詩』第三巻・昭和六十四年二月刊・汲古書院）解題。

（2）『経子史要覧』上に、『毛詩』の四詩（「国風」「小雅」「大雅」「頌」）六義（「風」「賦」「比」「興」「雅」「頌」）について、人情を主とした徂徠流の解説がある。

（3）和刻本正史『史記』（平成元年一月刊・汲古書院）所載の注記に拠る。

（4）元禄十六年から宝永二年にかけて出版された和刻本『晋書』志（一・二・三）「天文」の句読を、徂徠が担当している。

（5）平石直昭『荻生徂徠年譜考』（昭和五十九年五月刊・平凡社）一五七頁に、その指摘がある。

（6）『徂徠集』巻二十七「答屈景山」第二書（「再復屈君燕書」）の冒頭に、「再奉手書。乃知太孺人違養。申以鼓盆之戚。大喪荐至。胡昊天之弗弔也。況在宦邸。阻以千里。医薬弗親。斂殯弗誠。百事莫与。終天永訣。其謂之何。（再び手書を奉じ、乃ち太孺人養に違ひ、申《かさ》ぬるに鼓盆《こぼん》の戚《うれい》を以てし、大喪荐《しきり》に至るを知る。胡ぞ昊天《こうてん》の弔《いた》まざる。況《まして》や宦邸に在り、阻むに千里を以てし、医薬親しくせず。斂殯《れんぴん》誠ならず。百事与る莫く、終天永訣せらる。其れ之を何と謂はん）」とある。

（7）『河村瑞賢伝』（河村瑞賢遺跡保存会編・昭和九年十二月刊）に、「起身市井、致富巨万、終獲食禄、明時人、雖極為栄、而非君之志也、君娶脇氏（身を市井に起こし、富を巨万に致して、終に食禄を獲たり。明時の人、栄を為すを極むと雖も、君の志にあらず。君脇氏を娶る）」とあり、瑞賢の妻が脇氏であったことを記す。

（8）古田良一『河村瑞賢』（昭和三十年九月刊・吉川弘文館）参照。

（9）『後漢書』巻六十三〈李固伝〉に「昔堯殂之後、舜仰慕三年、坐則見堯於牆、食則覩堯於羹（昔、堯殂《そ》して後に、舜仰慕すること三年、坐すときは堯を牆《かき》に見、食するときは堯を羹《あつもの》に覩《み》る）」とある。

（10）和刻本正史『史記』（前掲）所載の注記に拠る。

（11）押韻は、王力『詩経韻読』（二〇〇五年六月刊・中国人民大学出版社）を参考にした。

（12）新日本古典文学大系99『不尽言』（平成十二年三月刊・岩波書店）二〇二頁に、『弁道』22と『徂徠先生答問書』中の一節を引いて、日野龍夫氏は景山の詩経論は徂徠の影響が強いと言われる。

（13）北静廬『梅園日記』（『日本随筆大成』第三期12）の〈魁星図二〉に、文昌星が梓潼帝君と関わらないことを弁ずる書として、『五雑組』『明史』のほかに、『曝書亭集』『経史問答』『三魚堂文集』『南州文鈔』『書隠叢説』『悦親楼詩集』『陔余叢考』『潜研堂文集』『随園随筆』『蜀輶日記』『詁経精舎文集』等を挙げる。

四　宝暦三年　本藩に赴く

宝暦三年（一七五三）九月に、景山は芸侯浅野宗恒の招聘により広島に出向いている。その時は、翌年四月までの約半年間にわたる長逗留であった。広島に滞在中、多くの人と交遊して様々な文章を書き残している。以下、（1）「逍遥篇」と「書逍遥篇後」（2）「厳島参詣記録」（3）「途次の吟詠」に分けて、景山の筆の跡をたどってみたい。

（1）「逍遥篇」と「書逍遥篇後」

「逍遥篇」と「書逍遥篇後」は、招請に応じて広島に赴き、藩儒として歓迎の接待を受けた時の、藩主宗恒の和歌一首を含む景山の漢詩文である。この全部を記した景山自筆のものは所在不明であるが、当時景山の塾に漢学書生として寄宿していた本居宣長がその一部を書写していた。現在本居宣長記念館が所蔵するその宣長の写し一葉（縦二十・一糎×横二十八・六糎）の識語には、「甲戌三月十九日　門生本居健蔵謹写」とある。甲戌は宝暦四年（一七五四）。景山が広島から京都の自宅に戻ったのは、宝暦四年三月二十三日であるから、景山が帰京する数日前にどこからか入手して宣長が書き写していたことになる。

「逍遥篇」は、景山が広島に着いた翌月の十月十九日に、藩主宗恒の特命によって受けた歓待の概略とそれへの謝詞を述べたものである。宗恒公の和歌や、時の家老職にあった岡本貞誠・寺西隆之の二人から詩を贈られたことなども加味して考えれば、景山が広島藩の側儒として特別に待遇されていたことが知られる。前述の、宣長の写した「逍遥篇」と「書逍遥篇後」は、宗恒の和歌一首と景山の漢詩文だけを書き抜いたものである。景山の和歌は写されていない。接待役の寺尾由生・澤輝古・長崎玄説や家老職（大夫）にある重鎮達との贈答詩のやり取りの中で、景山の和歌・詩文は作られている。近時、その全体を収めた資料の複製が広島県立文書館にあることを小林健太氏に御教示いただいた。この資料は、広島で酒屋酒造業を営む豪商松井古泉が写したものと考えられる。ただ、残念なことに、古泉による写本そのものは今は見ることができない。広島県立文書館所蔵の資料は、古泉の書写しを、関係者がかなり前に写真に撮ったと思われるもので、文字が鮮明でなく判読しづらい。「逍遥篇」と「書逍遥篇後」は「堀景山筆詩文集　宝暦三年」（個人蔵）として「厳島参詣記録」「独嘯亭記　外」と一緒に収められている。

松井古泉は、今西行と呼ばれた歌僧似雲の従弟に当たる。古泉は似雲を歌の師としてたびたび京都を訪れていた。筆まめな人物で、仕事上の記録のほか、日記・旅行記・和歌など文芸に関わる資料を多く残している。景山との関わりの詳細は不明だが、京都に旅する古泉の日記に、綾小路室町の景山宅を訪れた記事が何ケ所か見える。広島と京都を往復する中で、何かの縁で親しく交わるようになった人物であろう。古泉が仲介の労をとったと思われるが、延享三年（一七四六）冬に、景山（五十九歳）と似雲（七十四歳）は、次のような詩歌の贈答をしている。

送似雲師帰山　　屈景山

来時与雲似　去時亦似雲　飄然無跡染　来去孰同群

返　　似雲

皆人のありかさためて世に住も風のうへなる雲の一群

（似雲法師『としなみ草』巻十九）

似雲は、武者小路実陰に師事して歌道修業に励み、香川梅月、高松重季父子、賀茂真淵等の著名な歌人たちとの交流があった人物である。

また、同じ複製資料に、堀景山自筆の資料が数葉残されている。その中に、「逍遥篇」中の和歌と漢詩の草稿の一部がある。それは、この後に挙げる①〜⑥のうち、②の部分のものだが、再稿資料として宣長や古泉が書写としたものとわずかに異同がある。最初に起筆したときの草稿であろう。

浄書したものに近いと思われる「詩文集　宝暦三年」の翻刻は、概ね通行の字体に改めたが、行数や一行の字数は松井古泉の写しのままとした。ただ、景山の漢詩文「逍遥篇」「書逍遥篇後」に限って見れば、古泉の写しと宣長の写した文字にも若干の異同がある。その場合、詩文の内容からみて宣長の方が妥当であると判断されるものについては、古泉の文字を右側の（　）に入れ、宣長の書き写した文字を採った。また、宣長の写しにあって古泉のものにない語句・文章が三ケ所ある。その部分は、本文中に［　］で括って入れた。また、漢詩にはないが漢文体の文章には両方とも訓点が施されている。それを生かして、後に、景山の漢詩文について【訓読】と【語釈】を付した。訓読における送り仮名は原則的に歴史的仮名遣いとし、ルビを付した漢字の読みは新仮名遣いとした。正訓表記の漢字と万葉仮名を用いて記されている景山の和歌は、漢字平仮名交じりで表記するにとどめた（以下翻刻はすべて広島県立文書館の複製資料による）。

［逍遥篇小引］

宝暦三年癸酉秋九月臣正超欽

奉

命赴本藩同冬十月十九日
我
侯特
命寺尾由生汎宦（官）艦於城北河上使
臣賞詠山水以賜清燕之間為臣
使澤輝古長崎玄説陪侑従遊焉
辱就艦内賜盛饌厨伝供頓頗極
華腴且専使有
恩命賜国風一篇幷供御酒双壺寒
具一套篋凡治具創置咸出
侯勝意恩礼優渥固非臣所敢当焉
因悚懼失措不任感戴之至謹用
尊唱末字為韻走筆賦此奉謝特恩
又卒賦詩幷国風三篇別以進覧
聊攄寸忱以致万分一也已

①

尊唱国風一首

濁奈幾水濃流楚伊加可見牟霧仁
末加辺留山乃姿波

［謝詞］　　　　臣正超

平川明遠総堪詩沙鳥不驚舟楫移
山水清音誰得識風煙方且看幽姿

河上舟中賜宴席上卒賦

奉謝恩遇　　同

桂櫂蕩波錦纜牽仙舟疑入蔚藍天
殊恩先設王（説）（正）筵醴深愧吾非穆子賢

濁奈幾水乃流波伊加可登

仰阿連波

山川乃須女留流乎多免之丹也汲
天毛志留起国濃水上

舟中即興二首　　同

唐衣君加免久美乃由多加佐乎狭

②

幾袂丹以加可都々満牟
河水毛比加利乎添天流留免里朝
日丹幾保不朱乃曾本舟

舟中呈屈景山　寺尾由生

邂逅芝眉清話香且欣賜宴興猶長
請看山水知仁賞波絢日華樹染霜

国風二首

曇那幾空毛閑耳河水乃不加起恵
濃奈加連津幾世之
夕津久日峰濃紅葉々色楚辺天鐘
乃響曾独久礼由具

席上次寺尾君示韻
正超

官艦(盤)移厨膏沢香恩光偏覚昼陰長
錦鱗新落晴潭網(綱)盤上忽飛玉膾(正)霜

③

同次韻寺尾君

澤輝古
沙棠舟裏玉壺香唯聴棹歌沿岸長
満目山川総恩賜綺筵詞筆梜風霜
同次韻寺尾君
長崎玄説
舟裏詩歌語々香日喧十月似春長
望中渾耐養心気併看岸松傲雪霜
舟中卒賦　澤輝古
優恩美酒養微軀此日君休憶帝都
即見楼船饒勝事漢皇豈独極歓娯
国風一首
古已登乃美指天留須行舟濃又阿
羅多女天向不山乃端
次韻正超翁舟中作
玄説
鎮日不知世網牽平生且愧管窺天
豪談疎放皆恩沢陪座尽歓酔聖賢

席上以長河似帯為題

詠国風一首　　正超

流連来天幾重女具礼留山川濃帯
比超〈起カ〉須天之末乃一筋

同詠一首

一須千波帯登也見末之山川濃末
毛花田乃色耳流天

④

同賦詩一首　　玄説

含霧添煙日夜流長河十里入吟眸
天工深出一条帯映日時看玉色浮

次韻寺尾氏舟中作兼贈

屈正超　　岡本貞誠

綺筵対酌鬱金香十月河流引興長
官路風光等閑過向君却恥鬢辺霜

国風一首

以比尽之書毛津久佐之河水也計
不乃恵濃深幾心波

［此日別命漁舠撤網捕魚以供膳羞
所余鮮魚数十頭尽以賜臣故云］
岡大夫次韻寺尾君舟中作
兼見寄贈因奉和謝
正超
寵詞拝賜墨花香汾上風雲思更長
不怯夜来衣袖薄華筵酒気圧清霜

⑤

次韻寺尾氏舟中作兼寄
屈正超　寺西隆之
酣飲料知咲語香木蘭舟裏引盃長
美哉　君命膏粱具珍味須消両鬢
霜
寺大夫次韻寺尾氏舟中作
兼見寄示因奉和答
正超
恩宴壺觴雨露香蘭橈駐処勝情長
波催木葉鐘声冷回首寒山半夜霜

⑥

【訓読】

［逍遥篇　小引］

①　宝暦三年癸酉秋九月、臣正超欽《つつし》んで　命を奉じ本藩に赴く。同冬、十月十九日、我が　侯特に寺尾由生に命じ、宦艦を城北の河上に汎《うか》べ、臣をして山水を賞詠し、以て清燕《せいえん》の間を賜はしむ。臣が為に、澤輝古・長崎玄説をして陪侑《ばいゆう》従遊せしむ。辱《かたじけな》くも、艦内に就《つ》きて盛饌《せいせん》を賜ふ。厨伝《ちゅうでん》供頓《きょうとん》頗る華腴《かゆ》を極む。且つ専使に　恩命有り。国風一篇幷びに供御《きょうご》酒《しゅ》・双壺《そうこ》・寒具《かんぐ》一套篋《いっとうきょう》を賜ふ。

凡そ治具《ちぐ》創置《そうち》咸《み》な　侯の勝意に出づ。恩礼優渥《ゆうあく》、固より臣が敢て当る所に非ず。因て悚懼措《しょうくそ》を失し、感戴《かんたい》の至りに任《た》へず。謹んで　尊唱の末字を用ひて韻と為し、筆を走らし此を賦して特恩を奉謝し、又卒《にわか》に、詩幷びに国風三篇を賦して別に以て進覧す。

聊か寸忱《すんしん》を攄《の》べ、以て万分の一を致すのみ。

②　［謝詞］

臣正超

平川　明遠　総《す》べて詩に堪へたり
沙鳥　驚かず　舟楫《しゅうしゅう》　移る
山水の清音　誰か識ることを得ん
風煙　方に且つ幽姿を看る

河上、舟中にて宴を賜ふ。席上卒に賦して

恩遇を奉謝す。

同

桂櫂《けいとう》　波を蕩《うごか》して　錦纜《きんらん》の牽《ひ》く
仙舟　疑ふらくは蔚藍《うつらん》の天に入るかと
殊恩　先づ設く　王筵《おうえん》の醴《れい》
深く愧《は》づ　吾れ穆子《ぼくし》が賢にあらざることを

濁りなき水の流れはいかがと仰せあれば
山川のすめる流れをためしにや汲みてもしるき国の水上

舟中即興二首
唐衣君がめぐみのゆたかさを狭き袂にいかゞつゝまむ
河水もひかりを添へて流るめり朝日にきほふ朱のそほ舟

③

席上、寺尾君の示韻を次ぐ

正超

官艦　厨を移して　膏沢《こうたく》香《かんば》し
恩光　偏《ひと》へに覚ふ　昼陰《ちゆういん》の長きを
錦鱗《きんりん》　新たに落つ　晴潭《せいたん》の網
盤上　忽ち飛ぶ　玉膾《ぎよくかい》の霜

④

席上、長河の帯に似たるを以て題と為し、

国風一首を詠む

正超

流れ来て幾重めぐれる山川の帯引きすてし末の一筋

同詠一首

一すぢは帯とや見まし山川の末も花田の色に流れて

⑤

岡大夫、寺尾君の舟中の作に次韻し、兼て寄贈せらる。因て和謝し奉る。

正超

[此の日、別に漁舠《ぎよとう》を命じて網を撒《さん》じ、魚を捕へて以て膳羞《ぜんしゆう》に供す。余る所の鮮魚数十頭、尽く以て臣に賜ふ。故に云ふ。]

寵詞　賜を拝し　墨花香し
汾上《ふんしよう》の風雲　思ひ更に長し
怯《おそ》れず　夜来衣袖の薄きを
華筵《かえん》の酒気　清霜を圧す

⑥

寺大夫、寺尾氏舟中の作に次韻し、兼て寄示せらる。因て和答し奉る。

正超

恩宴の壺觴《こしよう》　雨露香し

蘭橈《らんどう》　駐《とど》まる処　勝情長し
波は木葉を催して　鐘声冷《すさ》まじ
首を回らせば　寒山半夜の霜

【語釈】

○少引　短い端書き。○宝暦三年癸酉秋九月　宝暦三年九月に芸侯の招請により、本藩に赴く。九月十五日卯刻に京都から広島にむけて発駕。伏見より難波に至り船に乗る。九月二十四日に広島に到着。翌年の宝暦四年三月十二日まで滞在し、京都に戻ったのは三月二十三日である（本居宣長『在京日記』に拠る）。○本藩　広島藩をさす。○我侯　広島藩第六代藩主浅野宗恒。父は第五代藩主浅野吉長、母は前田加賀守菅原綱紀の三女節姫。長男として享保二年（一七一七）八月二十三日に、江戸桜田本邸に生まれる。藩主在位期間は、宝暦二年三月七日～同十三年二月二十一日。天明七年（一七八七）十一月二十四日没、七十一歳。○寺尾由生　享保六年に上々様方附人、正徳三年に三次御横目の職位に就いた寺尾与三右衛であろう。○宦艦　軍船。江戸時代に、水軍の主力であった関船をいう。後に「官艦」とある。○城北河上　城の北を流れる太田川のほとり。○清燕之間　「清燕」は「清宴」と同意。風流な酒盛りの意。『漢書』巻三十六〈楚元王伝〉に「願くは清燕の間を賜ひて、図を指して状を陳べん」とある。○澤輝古　「古」は「右」の誤りか。文次・保太夫・茂十郎、弥太夫と称す。享保十七年に芸藩兵部少輔の御番頭、寛保元年に通訳、延享四年に奥小姓、宝暦三年には歩行頭であった。宝暦八年三月江戸において没（『芸藩輯要』第三編「藩士名鑑」〈歴代御役人帖〉および第四編「藩士家系録」に拠る）。○長崎玄説　「説」は「悦」の誤りか。玄悦は「玄竹」とも称し、享保二十年に芸藩の側医師となる（同右第三編「藩士名鑑」）。○陪侑　はべってもてなしをする、の意。○従遊　したがいあそぶこと。『史記』巻六十七〈仲尼弟子列伝〉に「子路喜び従游す」とある。○盛饌　すばらしい御馳走。『論語』〈郷党〉に「盛饌有れば、必ず色を変じて作《た》つ」とある。○厨伝　飲食と旅舎。ここは、後の「供頓」「華腴」の言葉からもわかるとおり、官船において歓待されている意を述べる。『漢書』巻八〈宣帝紀〉に「厨伝を飾り、称へて使客を過す」とある。○供頓　酒を出して客をもてなすこと。『顔氏家訓』〈風操〉に「其の日、皆供頓を為す」とある。○華腴　衣食の立派なことをいう。『宋史』巻三百二十七〈王安石〉に「性華腴を好まず、自ら奉ずること至倹なり」。○専使　特別に派遣した使者の意。特使。『白氏文集』〈与吐蕃宰相鉢闡布勅書〉に「三州を議してより已来、此に亦未だ専使を発せず」。○恩命　ありがたい御沙汰。『宋史』巻四百八十三〈陳洪進〉に「煜《いく》復た上言して、洪進の恩命を寝めんと請ふ」。○供御酒　藩主の用に充てる酒のこと。○双壺　ここは御酒の入った一対の壺をいう。○寒具　寒𩛰と同じ。『康熙字典』に「寒𩛰は餅の属」、『新撰字鏡』には「糫餅」（まがりもちい）とある。米麦の粉を練り、細長くのばして油で揚げた菓子の名。宣長の写しには「寒𩛰」。○一套篋　ひと組の器。寒具が入っているのであろう。○治具　接待の準備。『史記』巻百七〈魏其武安侯列伝〉に「魏其夫妻治具し、旦より今に至る。未だ敢て食を嘗めず」。○創置　ここは、景山のために、接待の場を初めて設けることをいうか。○勝意　宗恒公のすぐれた思召し。○恩礼　臣下をいつくしみ優待すること。○優渥　藩主の恩沢がねんごろで手厚いこと。『詩経』〈小雅・信南山〉に「既に優《ゆたか》に既に渥《あつ》し、既に霑《うるお》ひ既に足り、我が百穀を生ず」とある。○悚懼　おそれおののく、の意。『韓非子』巻一〈主道〉に「明君上に為す無くして、群臣下に悚懼すと」とある。○失措　狼狽すること。『宋史』巻四百八十六〈夏国下〉に「夏人の至るを聞き、茫然として措を失し、書を作し燕達を召さんと欲す」。○感戴　恩に感じて尊奉する、の意。○尊唱　宗恒公の詠まれた和歌をいう。宣長の写しには、この尊唱歌が漢字カタカナ交じりで「ニコリナキ水ノナカレハイカヽミル霧ニマカヘル山ノスカタモ」と表記されている。景山の草稿では、「御詠」として「濁りなき水の流れはいかゝ見む霧にまかへる山の姿も」とある。松井家文書の景山詩文集では、和歌はすべて正訓表記の漢字と万葉仮名を用いて記している。○末字　和歌の第五句にある「山の姿も」の「姿」の字をさす。韻は上平声四支韻。○進覧　上の人に一覧を請うこと。○寸忱　自分の志の謙称。「忱」はまごころの意。○謝詞　御礼のことば。○平川　平坦な川。ここは太田川の穏やかな流れ。雍陶〈西帰出斜谷〉に「平川を出で尽くせば家に到るに似たり」（『三体詩』巻一）。景山の自筆草稿では「長川」とある。○明遠　あきらかで深遠なさま。○沙鳥　砂浜にすむ水鳥。曾鞏〈寄鄆州邵資政〉に「渚花《しょか》紅にして四出《ししゅつ》し、沙鳥翠にして相親しむ」（『宋史別裁集』巻七）。○舟楫　舟と櫂。ここは景山の接待に使われている船のこと。杜甫〈戯作寄上漢中王〉に「謝安が舟楫風還た起る、梁苑の池台飛ばんと欲す」（『杜少陵詩集』巻十二）。○清音　清らかな音。左太沖の〈招隠詩〉に「糸と竹とを必ずとするに非ず、山水に清音有り」（『文選』巻二十二）。○風煙　風のたなびくもや。○幽姿　たおやかな姿。宗恒公の歌に詠まれた「山の姿」の様をいう。景山の七言絶句の韻字は、「詩・移・姿」である。景山自筆では、「看幽姿」が「問幽姿」とある。○恩遇　手厚いもてなし。○桂櫂　桂の香木で作った舟ざお。櫂は棹に同じ。長いものを「櫂《かい》」、短いものを「枻《かじ》」という。『楚辞』〈九歌・湘君〉に「桂の櫂、蘭の枻、冰《こおり》を斲《き》り雪を積む」。○錦纜　舟を繋ぎとめる錦のともづな。杜甫〈城西陂泛舟〉に「春風自ら牙檣《がしょう》の動くに信《まか》せ、遅日徐に錦纜の牽くを看る」（『杜少陵詩集』巻三）とある。景山の自筆は「金纜」。○仙舟　華麗な装飾を施した遊宴の際に乗る船。関船を仙舟に見立てた。『白氏文集』〈宴興化池亭、送白二十二東帰〉に「離瑟《りしつ》殷勤に奏し、仙舟委曲に回《めぐ》る」。○蔚藍天　青空。碧空。杜甫〈冬到金華山観因得故拾遺陳公学堂遺蹟〉に「上に蔚藍の天有り、光を垂れて瓊台を抱く」（『杜少陵詩集』巻十一）とある。○殊恩　格別の思召しの意。『後漢書』巻二十一〈杜詩伝〉に「陛下殊恩ありて、未だ放退を許さず」。景山の自筆は「優恩」。○王筵醴　「王筵」は帝王の席であり、「醴」は酒。既述の「供御酒」と同意であろう。○穆子賢　穆子は韓無忌（春秋時代の晋の人）の諡。晋侯にその仁を称せられる（『春秋左氏伝』〈襄公・七年〉）。○寺尾君示韻　寺尾由生が作った詩の韻字（下平声七陽韻　香・長・霜）を用いて、景山・澤輝古・長崎玄説・岡大夫・寺大夫が次韻している。○移厨　心の赴くままに酒食の席を移すことをいう。○膏沢　めぐみ。恩恵。『孟子』〈離婁・下〉に「諫め行はれ言聴かれ、膏沢民に下る」。○恩光　君恩のことで、めぐみを与える日の光になぞらえる。○昼陰　昼も薄暗く曇っていること。王維〈送李太守赴上洛〉に「板屋春雨多く、山城昼陰《く》れんと欲す」（『唐詩選』巻四）。○錦鱗　美しい魚。曾鞏〈寄鄆州邵資政〉に「芡《けん》老いて珠実含み、魚驚きて錦鱗を躍らす」（『宋詩別裁集』）。○晴潭　澄みきった淵。○盤上　食物を盛る皿や鉢のこと。○玉膾霜　「玉」は美称で「膾」はここでは魚のこと。「霜」は銀鱗のたとえ。結句は、捕ったばかりの魚が皿の上でピチピチと跳ねている様をいう。○漁舠　すなどりする小舟。○撤網　網を打つこと。○膳羞　ご馳走。「羞」はすすめ供する物の意。『周礼』〈天官、膳夫〉に「王の食飲膳羞を掌り、以て王及び后世子を養ふ」。○岡大夫　執政職にあった岡本大蔵（一七〇四〜一七五四、通称吉五郎、名は貞喬、後に貞誠）のこと。御年寄になったのは享保六年である。堀景山の著『不尽言』は、寛保二年（一七四二）に岡本大蔵の諮問に答えたものである。○寵詞拝賜　岡本大蔵から忝くも手厚い言葉（漢詩）を賜ったことをいう。○墨花香　書かれた文字から墨のいい香りがすること。○汾上　「汾」は、山西省の北部に発し、平陽の付近を流れ南に縦断して黄河に合流する川。昔、堯帝が汾水のほとりで姑射山に住む四人の賢者に会い、自分が天下の王者であることを忘れてしまったという故事（『荘子』〈逍遥遊〉）や、漢の武帝が河東に行幸して土地の神を祭ったときに、楼船を浮かべて遊宴を催し〈秋風辞〉を作った川として知られる。ここはそれになぞらえた太田川の河上のことであろう。○風雲　漢の武帝の〈秋風辞〉に「秋風起りて白雲飛び、草木黄落して雁南に帰る」（『楽府詩集』巻八十四・雑歌謡辞）、蘇頲の〈汾上驚秋〉に「北風白雲を吹き、万里河汾を渡る」（『唐詩選』巻六）とある。○華筵　美しい模様を織りなした敷物のことであるが、ここは歓待されている場をいうか。○酒気　酒を飲んで勢いよくなること。○清霜　清らかな霜。銭起の〈秋夜同梁鍠文宴〉に「秋水荷影《かえい》を翻へし、清霜柳枝を脆《ぜい》にす」（『三体詩』巻三）。○寺大夫　『芸藩輯要』第三編「藩士名鑑」（歴代御役人帖）によれば、寺西藤蔵（隆之は名か）が、寛保四年に御年寄（大夫）に就任している。○壺觴　酒を入れる壺とさかづき。陶潜〈帰去来辞〉に「壺觴を引きて以て自ら酌み、庭柯《ていか》を眄《かえり》みて以て顔を怡《よろこ》ばす」（『文選』巻四十五）。○雨露香　ここでは雨露が万物を養うような大きな恵みを、宗恒公から賜ることをいう。段成式の〈折楊柳〉に「枝枝影を交へて長門を鎖す、嫩色《どんしよく》曾て霑《うるお》ふ雨露の恩」（『唐詩選』巻七）。「香」は美しくすばらしいの意。○蘭橈　木蘭（いちいの木）で作った舟のかい。劉禹錫の〈竹枝詞〉に「日出でて三竿春霧消す、江頭の蜀客蘭橈を繋ぐ」（『三体詩』巻一）。○勝情　山水の景色のすぐれているのを好む情をいう。『世説新語』〈棲逸〉に「時人云ふ、許は徒《ただ》に勝情有るのみに非ず、実に済勝の具有りと」。○催木葉　木の葉が散ることを促すの意。沈佺期の〈古意〉に「九月寒砧《かんちん》木葉を催し、十年征戍《せいじゅ》遼陽を憶ふ」（『唐詩選』巻五）。○鐘声　この語は結句の「寒山」「半夜」「霜」とともに、張継の〈楓橋夜泊〉「月落烏啼霜満天　江楓漁火対愁眠　姑蘇城外寒山寺　夜半鐘声到客船」（『唐詩選』巻七・『三体詩』巻一）を意識している。

［書逍遥篇後］

臣正超窃謂撥乱者不可不以武
乃是湯武逆取所以止戈也及反
正而後舎文其亦以何為焉是以
先王之道具存于斯文也乃経国
大業必資諸文学矣設或得天下
於馬上者寧復可以馬上治之乎
亦是高帝所以慙色陸賈守成孫
通而漢四百年之業創基于此也

我
侯英明敏(恃)達有灼見于此日郷文学
信道愈篤今也河上之挙人咸以
為寵臣以師事之道或以為修養
老之敬臣以謂是固非然而必有
以也夫以
侯之明達豈何不知臣之譾劣無足
以崇尚焉而為此盛挙者固知徧
喩士大夫以文之不可不学焉奚
翅為臣一人稽古之力俾(得)之然邪
乃是我
侯右文之微意也乎而以臣承乏文
学偶膺此美選者亦可謂幸遇哉
詩云河上乎逍遥(乎)　疇昔河上遊
不亦逍遥乎顧(天)夫逍遥者文事也
厳粛者武備也武備具而文事挙
文武並用長久［之］術也文事武備其

不可偏廃也尚矣因以逍遥命此篇云爾

【訓読】

［逍遥篇の後に書す］

臣正超窃《ひそ》かに謂《おも》ふに、乱を撥《おさ》ふ者は武を以てせざるべからず。乃ち是れ湯武の逆取《ぎやくしゆ》、戈《ほこ》を止《とど》むる所以なり。正《せい》に反《かえ》るに及びて後、文を舎《お》きて、其れ亦何を以てか為さん。是を以て、先王の道、斯の文に具存す。乃ち国を経《おさ》むるの大業、必ず諸《これ》を文学に資《ただ》す。設或《かり》に天下を馬上に得る者、寧《なん》ぞ復た馬上を以て之を治むべけんや。亦是れ高帝、陸賈《りくか》に慚色《ざんしよく》し、孫通《そんとう》に守成《しゆせい》せしむる所以にして、漢四百年の業、創《はじ》めて此に基ゐす。我が　侯、英明敏達、灼《あきら》かに此に見ること有り。日《ひび》に文学に郷《むか》ひ、道を信ずること愈《いよい》よ篤し。今や河上、挙《こぞ》りて人咸《み》な以為《おも》へらく、臣を寵するに師事の道を以てすと。或は以為へらく、老を養ふの敬を修すと。臣以謂《おも》へらく、是れ固より然るに非ずして必ず以《ゆえ》有らん。夫れ　侯の明達を以てすれば、豈に何ぞ臣の譾劣《せんれつ》、以て崇尚《すうしよう》するに足ること無きを知らざらんや。而して此の盛挙を為す者は、固より知る。偏《あまね》く士大夫に喩《さと》すに、文の学ばざるべからざるを以てす。奚《なん》ぞ翅《ただ》に、臣一人の稽古の力の為に、之《これ》然らしめんや。乃ち是れ、我が　侯、文を右《とうと》ぶの微意なるか。而して臣が文学に承乏《しようぼう》するを以て、偶《たま》ま此の美選に膺《あた》るは、亦幸遇とは謂ふべけんや。詩に云ふ、河上に逍遥すと。疇昔《ちゆうせき》河上の遊、亦逍遥ならずや。顧《おも》ふに、夫れ逍遥なるは文事なり。厳粛なるは武備なり。武備具して文事挙す。文武並び用《もち》ふは、長久の術なり。文事武備其れ偏《かたが》た廃すべからざるや尚《ひさ》し。因て、逍遥を以て此の篇に命《なづ》くること云爾《しか》り。

【語釈】

○撥乱　世の乱れを治めること。「乱世を撥めて諸を正しきに反す」は、『春秋公羊伝』〈哀公・十四年〉にある言葉で、何休の注に「撥は治なり」とある。また、『史記』巻八〈高祖本紀〉に「高祖、微細より起こり、乱世を撥めて之を正に反し、天下を平定して漢の太祖たり」（『漢書』巻一下にも同様の文章がある）。「撥」を宣長の写しでは「（おさ）フ」と読む。○逆取　天下をとるときに、道に反した方法を用いること。『史記』巻九十七〈陸賈伝〉に「湯武逆取して順を以て之を守る。文武並び用るは、長久の術なり」とある。「書逍遥篇後」の後半の文章は、陸賈伝のこの部分を用いて書かれている。○止戈　戦乱をおさめること。「武」の字を分解すると、「戈」と「止」になることから、戈を止めることが「武」の本来の意義であるとされる。『春秋左氏伝』〈宣公・十二年〉に「戈を止むる。武と為す」とある。○文　「武」に対する「学問」の意。「文学」も同意。『論語』〈先進〉に見られる孔子の四科（徳行・言語・政治・文学）の一つで、詩・書・礼・楽などを学び、その意義に通ずることをいう。○経国大業　国家を治めるのに大切な大事業で「文章」のことをいう。『文選』巻五十二の魏の文帝〈典論論文一首〉に「蓋し文章は経国の大業、不朽の盛事なり」とある。○高帝　前漢の第一世の高祖劉邦（前二四七〜前一九五）。○慙色　恥じた顔色。恥じ入る様子。『史記』前出〈陸賈伝〉の引用文のすぐ後に「高帝懌《よろこ》ばずして、慙《はじ》る色有り」とある。もともと儒者嫌いであった漢の高祖が、陸賈の言によって儒者への認識を改めたという故事は、同じ儒者として景山の大いに気に入るところで、本文と同様の記事が『不尽言』ではさらに詳しく説明されている。

高祖ハ元不学ナル人ナレバ、始ハ儒者ハ用ニ立タヌモノ也トテ賤シミ嫌ハレシコト、チヤウド日本ノ文盲ナル武士ノ心ニヨク似テ、馬上ヲ以テ天下ヲ取ラレシコトヲ自慢ニ思ヒ、我武威ヲ推サバ勢ニテ天下ハ自由ニ治ルモノト思ヒ込マレシニ、陸賈ガ語ヲ聞キ忽チ悟ラレシハ、サスガ大英雄ノ気量アレバナリ、是ソノ漢四百年ノ基ヲ開カレシ所以也

○陸賈　楚の人。客となって漢の高祖に従い、天下を定めた。『史記』巻九十七、『漢書』巻四十三に伝が載る。○守成　出来上がった秩序を守って失わないこと。『史記』巻九十九〈叔孫通伝〉に「夫れ儒者、与に進取し難く、与に

守成すべし」とある。○孫通　叔孫通。薛の人。秦の時代、文学を以て徴用され、その後諸王に仕える。漢の劉邦につき従ってからは、魯の学者を徴して朝儀を制定した。『史記』巻九十九、『漢書』巻四十三に伝が載る。『不尽言』では、陸賈についての前掲の文章に続けて次のようにいう。

ソレヨリ儒者ヲ信向シ、叔孫通ニ命ジテ古聖人ノ礼ヲ用ヒ斟酌シテ、漢一代ノ礼式ヲ製作セシメ、朝廷ノ儀式事ソナハリ万事厳重ニナリケレバ、始メテ天子ト云フモノ、貴キコトヲ覚エタリトイハレシ也

○敏達　かしこく、物事の道理に通じていること。○譾劣　浅はかで劣っていること。○盛挙　ここは、盛大に歓待していることをいう。○趐　「趐」は「翘」の誤写か。○稽古之力　古の事を考え究める努力のこと。『後漢書』巻三十七〈桓栄伝〉に「其の車馬印綬を陳て曰く、犖蒙る所稽古の力なり」とある。○微意　奥深い心。○承乏　欠員の役を務めさせていただくことをいう謙遜の辞。『春秋左氏伝』〈成公・二年〉に「官を摂して乏しきを承けん」、『晋書』巻九十八〈桓温伝〉に「官を摂して乏しきを承け、属《たま》ま重任に当る」。○美選　適任者を選任すること。○膺引き受ける、の意。○河上乎逍遥　『詩経』〈鄭風・清人〉に「二矛重喬　河上に逍遥す」とある。○疇昔　以前。むかし。○文事　学問・芸術・教育に関することをいう。「武事」の対。『史記』巻四十七〈孔子世家〉に「臣聞く、文事有る者は必ず武備有り、武事有る者は必ず文備有り」とある。○武事　戦に対する備え。○文武並用長久之術也『史記』〈陸賈伝〉からの文章。前掲の注「逆取」の項参照。○偏廃　一方だけを捨てる、の意。

(2) 厳島参詣記録

前の「逍遥篇」「書逍遥篇後」と同じく、この「厳島参詣記録」も、広島の商人松井古泉によって写された「堀景山筆　詩文集　宝暦三年」に収められている（個人蔵）。その内容は、「厳島神廟」と題する漢詩文と、厳島に同道した古泉等と詠み交わした和歌と発句からなる。「厳島神廟」は、七言律詩二首と百四十八字の漢文一篇で構成されているが、古泉の書写には少なからず誤写がある。幸い、景山自筆のものが畳装一葉（縦十五・一糎×横九十五・一糎）に記されて本居宣長記念館に現存する。包紙には「景山ノ後裔堀東三氏所蔵ノ稿ト比較スルニ景山ノ自筆ナリ」とある。同記念館には、これとは別に、景山の門人宣長が漢詩のみを書写した一葉（縦十五・〇糎×横四十五・三糎）がある。それには宣長のものと思われる訓点が施されている。

ここでは、宣長記念館所蔵の景山自筆の「厳島神廟」を翻刻する。漢詩の訓みは宣長のそれに従い、漢字は概ね通行の字体に改めた。漢詩は一句ずつ八行に書かれているものを一行二句とし、後の漢文の行数や一行字数については原文のままとした。訓読における送り仮名は原則的に歴史的仮名遣いとし、ルビを振った漢字のよみは新仮名遣いとした。

厳島神廟

海嶠莽蒼迴不群　　楼台草木共氤氳

上方昼闇羽人窟　五色朝開神女雲
殿角分披飛鳳態　廊腰盤転臥竜文
閟宮中夜奏仙楽　疑在鈞天夢裡聞

其二

斯地当年駐六竜　綵雲飛尽紫氛鍾
相馴仙鹿揔攸伏　但説神鴉不易逢
夜雨金鐘烟外度　朝暉宝閣樹間重
欲操八詠沈家調　別浦独憐七里松

環島七里々別有浦
各置神祠因名七浦
随処巨岩平沙古松
成林老蒼陰表秀色
可愛大氏闔境名勝不遑
応接殆有滄洲之想
頃歳土人創置島中八

勝王人名家亦題詠頗
遍又山中有一双神鴉
祝司宿斎奠糈汎舟
放之海面以吹笛為号
乃双鴉飛下啣糈以
去即斎戒少有不潔
乃鴉不来享方俗畏悪
尤甚杜甫過洞庭湖
詩云迎櫂神鴉舞然
則洞庭祠傍亦有之
豈月古而有然与

癸酉冬十一月　平安　屈景山

【訓読】

厳島《いつくしま》の神廟《しんびょう》

海嶠《かいきょう》 莽蒼《もうそう》として 迥《はる》かに不群《ふぐん》
楼台《ろうだい》 草木《そうもく》 共《とも》に氤氳《いんうん》
上方《じょうほう》 昼闇《ひるくら》し 羽人《うじん》の窟《いわや》
五色《ごしょく》 朝《あした》に開《ひら》く 神女《しんにょ》の雲《くも》
殿角《でんかく》 分披《ぶんひ》 飛鳳《ひほう》の態《たい》
廊腰《ろうよう》 盤転《ばんてん》 臥竜《がりょう》の文《もん》
閟宮《ひきゅう》 中夜《ちゅうや》 仙楽《せんがく》を奏《そう》す
疑《うたが》ふらくは 鈞天《きんてん》に在《あり》て夢裡《むり》に聞《き》くかと

其二

斯《こ》の地《ち》 当年《とうねん》 六竜《りくりょう》を駐《とど》む
綵雲《さいうん》 飛《と》び尽《つく》して 紫氛《しふんあつ》鍾まる
相馴《あいな》れて 仙鹿《せんろく》 揔《すべ》て伏《ふ》す攸《ところ》
但説《ただと》く 神鴉《しんあ》 逢《あ》ひ易《やす》からず
夜雨《やう》 金鐘《きんしょう》 烟外《えんがい》に度《わた》り
朝暉《ちょうき》 宝閣《ほうかく》 樹間《じゅかん》に重《かさ》なる
八詠《はちえい》 沈家《しんか》の調《しら》べを操《とら》んと欲《ほっ》し
別浦《べっほ》 独《ひと》り憐《あわれ》む 七里《しちり》の松《まつ》

島《しま》を環《めぐ》ること七里《しちり》、里別《りべつ》に浦有《うらあ》り。各々《おのおの》神祠《しんし》を置《お》く。因《よつ》て、七浦《ななうら》と名《な》づく。随処《ずいしよ》に巨岩平沙《きよがんへいさ》あり、古松林《こしようはやし》を成《な》し、老蒼《ろうそう》の陰《かげ》、秀色《しゆうしよく》を表《あら》はす。愛《あい》す可《べ》し。大氐《たいてい》、闔境《こうきよう》の名勝《めいしよう》、応接《おうせつ》に遑《いとま》あらず。殆《ほとん》ど滄洲《そうしゆう》の想《おもい》有《あ》り。頃歳《けいさい》、土人《どじん》創《はじ》めて島中《とうちゆう》に八勝《はつしよう》を置《お》く。王人名家《おうじんめいか》、亦題詠《またたいえい》すること頗《すこぶ》る遍《あまね》し。

又《また》、山中《さんちゆう》に一双《いつそう》の神鴉《しんあ》有《あ》り。祝司《しゆくし》、宿《あらかじ》め斎《ものいみ》し糈《しよ》を奠《そな》へ、舟《ふね》を汎《うか》べて之《これ》を海面《かいめん》に放《はな》つ。以《もつ》て、笛《ふえ》を吹《ふ》き号《ごう》を為《な》せば、乃《すなわ》ち双鴉《そうあ》飛《と》び下《お》りて糈《しよ》を啣《ふく》み、以《もつ》て去《さ》る。即《も》し、斎戒少《さいかいすこ》しく潔《いさぎよ》からざるもの有《あ》れば、乃《すなわ》ち鴉来享《からすらいきよう》せず。方俗《ほうぞく》、畏悪《いお》すること尤《もつと》も甚《はなはだ》し。

杜甫《とほ》、洞庭湖《どうていこ》を過《す》ぐるの詩《し》に云《い》ふ、櫂《とう》を迎《むか》へて神鴉《しんあ》舞《ま》ふと。然《しか》るときは、洞庭《どうてい》の祠傍《しぼう》に亦之有《またこれあ》らん。豈《あ》に月古《つきふ》りて然《しか》ること有《あ》らんや。

癸酉冬十一月　平安　屈景山

【通解】

厳島の神廟

青々とした厳島が西海に浮かぶ。そこは俗世間から離れた神聖な地である。高殿や草木には、気が満ち溢れている。霊山弥山《みせん》の上方には、草木が鬱蒼と生い茂って昼なお暗く、その中には道士の窟《いわや》がある。朝に湧き起こる瑞雲は、巫《ふ》山《ざん》のあの神女を思い抱かせる。社殿の屋根は、空飛ぶ鳳凰のごとくひらき、幾重にも曲がりくねった廻廊は、臥している竜のさまを思わせる。おたまやでは、夜半にこの世のものとは思えない仙楽が奏でられる。もしかして、天上の調べを夢の中で聞いているのでは、と驚かされるほどだ。

其二

その昔、厳島神社に天子が幸してご滞在なされたことがある。朝焼けの美しい雲が飛び散り、そこには紫色の雲気が集まってくる。神の使者の人馴れした鹿は、みなあちらこちらに寝そべっているが、弥山に棲む神鴉には、なかなか逢うことができないという。夜雨をついて、鐘の音が、もやの立ちこめる外にまで響きわたる。朝日を浴びた華麗な社殿が、樹間に重なって見える。沈氏の八詠の調べにならって詩を賦そうと思うが、七浦の入江にあるみごとな松に、ただただ感心するばかりだ。

島の周囲は七里、その中に間をおいて七つの入江がある。それぞれに神を祭る祠（厳島神社の末社）を置き、それを七浦と名づけている。いたる所に大きな岩と砂浜が広がり、松の老木が林を成して、その古びた樹陰がみごとな景色をつくり出している。愛で楽しむことのできる絶景である。島内には、一つひとつに心をとめて見る暇もないほど景勝地が沢山ある。仙人が棲むのはこういう所かと思われるほどだ。近年、土地の人（恕信）が、はじめて厳島の名勝の地を八ケ所選定した。天皇家や名門の貴紳もまた、多くこの厳島八景を題にして詩や歌を作っている。

加うるに、霊山弥山の山中には、神意を伝えるとされる一つがいの鴉が棲んでいる。祠官《かんぬし》は、あらかじめ精進潔斎して神への精米を供え、舟を浮かべてこの米を海面にまき散らす。そして笛で曲を奏して呼び寄せると、雌雄の鴉が舞い下りてきて、糈を口にふくみ飛び去ってゆく。もし、船中に少しでも不浄汚穢な者があれば、その時には神鴉が飛んできて糈をもっていくことはない。土地の風習として、人々はこのことを最も畏れ忌むのである。

杜甫の「過洞庭湖」の詩に、「櫂を迎へて神鴉舞ふ」という句がある。そうであれば、洞庭湖の祠のあたりにも、神鴉が棲んでいたと考えられる。しかし、歳月が久しく経っているので、今では棲息しているとは思われない。

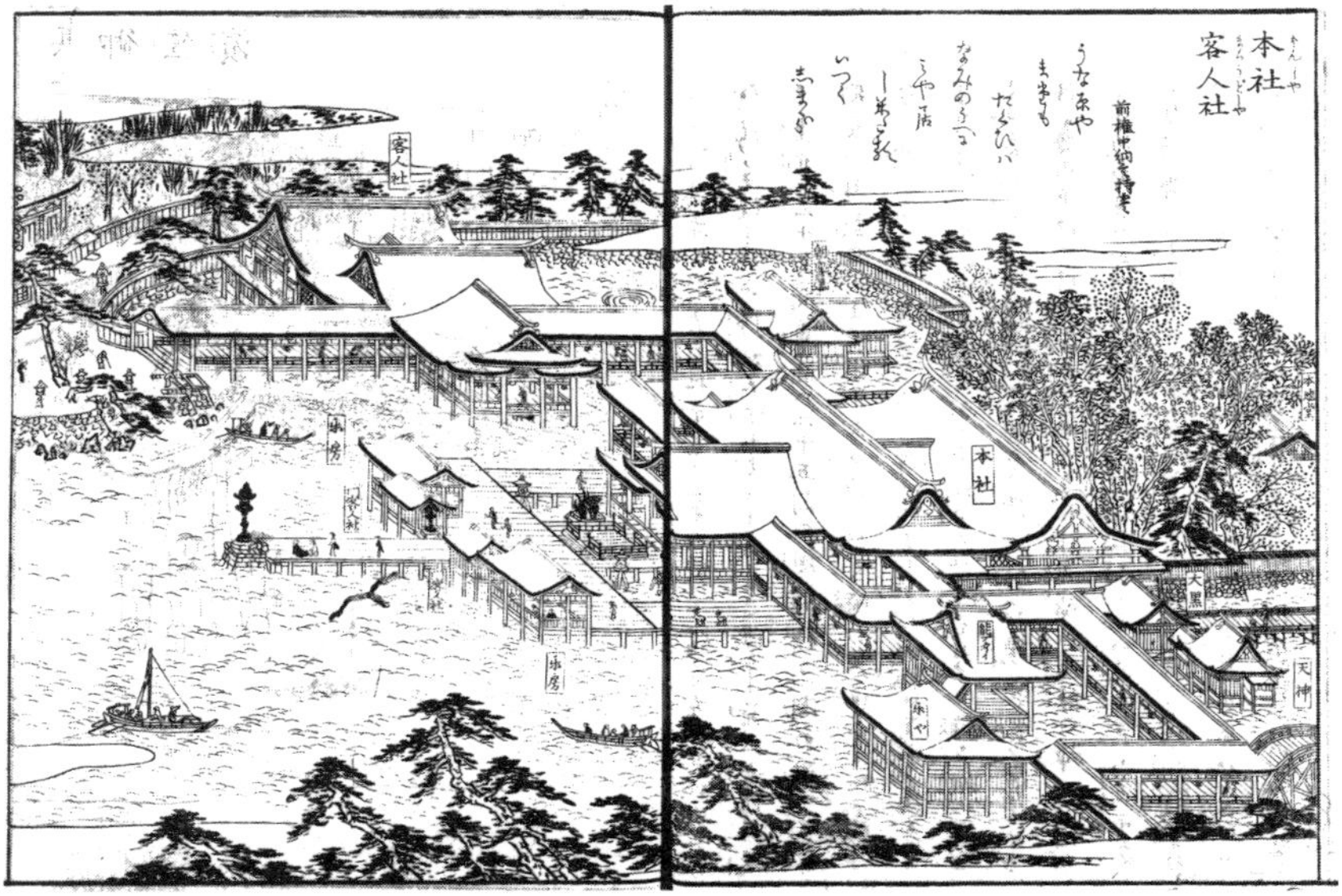

『厳島図会』巻一　挿絵（天保13年刊、国立国会図書館デジタルコレクションより）

癸酉（宝暦三年）冬十一月

平安　堀景山

【語釈】

○厳島　『厳島図会』（天保十三年刊）巻一の冒頭に、「厳島は、安芸の国西海中にあり。府城広島を去ること五里、佐伯郡に属せり。島周廻七里、西北を面とし東南を背とす。（中略）また宮島といへるも、其唱《な》既に久しくして、高倉帝御幸記及び殊域《もろこし》の書登壇必究《しょとうだんひっきゅうと》図書編《しょへん》等にも、みな宮島とかけり。島のうちに七浦八景《ななうらはっけい》の称ありて、日本三名区《さんめいく》の其一なり」とある。島内の最高峯は弥山《みせん》（御山）で、頂上に御山神社がある。厳島神社は弥山の北東麓に鎮座し、平安末期に平家一門の帰依を得ることにより、海上守護神としてにわかに信仰を集めた。戦国末期から江戸にかけては、毛利氏や芸藩藩主浅野氏の絶大な庇護のもとに、大社として栄えた。○神廟　祖先の霊を祀ったところ。おたまや。○海嶠　海にのぞむ山の多い地をいう。○莽蒼　青々として見えるさま。○不群　俗世間から離れている所「不群之境」の意。『本朝文粋』巻十・紀長谷雄〈九日後朝侍二宴朱雀院一、同賦三秋思入二寒松㆒応㆓太上皇製㆒詩序〉に「涼風の林に偃泊《えんぱく》し、坐《そぞ》ろに不群の境に入る」。○楼台　高殿のこと。杜甫〈詠㆓懐古跡㆒〉に「三峡の楼台日月淹《ひさ》しく、五渓の衣服雲山を共にす」。○氤氳　気が盛んなさま。張九齢〈湖口望㆓廬山瀑布泉㆒〉に「霊山秀色多く、空水共に氤氳《いんうん》たり」。○上方　この第三句と次の第四句は、厳島神社の後ろに聳える弥山についていうか。○羽人窟　羽人は仙人・道士の称。『楚辞』〈遠遊〉に「羽人に丹丘に仍《したが》ひ、不死の旧郷に留まる」。ここの「窟」は、弥山にある護摩《ごま》谷窟《だにのいわや》（竜窟《りゆうがいわや》）をいうか。『厳島図会』巻四に「竜窟（一に護摩谷の窟といふ。盤石上より覆ひかかりて、一に室屋のごとし。内に弘法大師の像を安けり）この所は弘法大師護摩修法のあとなりといふ。傍へに竜が洞《ほら》とていにしへ竜の出しといふ穴あり。其深さ知べからず。すべて此辺を竜が馬場といふも、名の起りはここなるべし」とある。○五色　五色の雲。めでたいしるしとする。○朝開神女雲　巫山に住む神女が、朝には雲となり夕方には通り雨となるという「朝雲暮雨」の故事（『文選』巻十九・宋玉「高唐賦」）を踏まえる。○殿角　社殿の屋根のかど。白楽天〈首夏同㆓諸校正㆒遊㆓開元観㆒弄㆑月〉に「光華一の照輝し、殿角相参差たり」。○分披　わかれひらいて、少しそりかえった様をいうか。○飛鳳態　翼を大きく広げて空を飛ぶ鳳凰のさま。○廊腰　社殿の廊下。杜牧〈阿房宮賦〉に「廊腰《ろうよう》縵廻し、簷牙《えんが》高啄す」。○盤転　曲がりくねること。○臥竜文　臥せている竜のさま。庾信〈同会㆓河陽公新造山池㆒聊得㆓寓目㆒〉に「暗石蔵虎を疑ひ、盤根臥竜に似たり」。○閟宮　神を祭るための奥深い宮。神廟のこと。『詩経』〈魯頌・閟宮〉に「閟宮侐《ひきゆうきよく》たり、実実枚枚《ばいばい》たり」。○中夜　夜半。中宵。○仙楽　仙人の奏でる美しい音楽。『長恨歌』に「驪宮高き処青雲に入り、仙楽風に飄りて処処に聞こゆ」。○鈞天　天の中央で、天帝の都と考えた所。ここで聴いているのではないかと錯覚する音楽は、『史記』巻四十三〈趙世家〉に「我帝の所に之き、甚だ楽し。百神と与に鈞天《きんてん》に遊ぶ。広楽に九奏万舞す。三代の楽に類せず、其の声人心を動かす」や、『列子』〈周穆王〉「清都紫微《しび》、鈞天広楽、帝の居る所なり」とある「鈞天広楽」（鈞天で奏でる美しい音楽）のことであろう。○夢裡　ゆめの中。原文では「声裡」と最初に書き、「声」を見せ消ちにして、右横に「夢」と書く。

◇韻字　群・氳・雲・文・聞（上平声十二文韻）。

其の二

○当年　往年。昔年。○駐六竜　『易経』〈乾〉に「大いなるかな乾元、万物資《と》りて始む。乃ち天を統《す》ぶ。雲行き雨施し、品物形を流《し》く。大いに終始を明らかにし、六位時に成る。時に六竜に乗りて、以て天を御す」（聖人は時として六頭の竜に引かせた車に乗って、天を自在に走らせる）とある。この詩の「六竜」は、天子の車につける六頭だての馬のこと。「駐」は行幸・御幸して滞在することをいうか。とすれば「駐六竜」は、具体的には後白河法皇（承安四年三月『百練抄』）や高倉上皇（治承四年三月・同年九月『高倉天皇御幸記』）が厳島神社に参詣したことをいうのであろう。李白〈上皇西巡㆓南京㆒歌〉に「誰か道ふ、君王行路難しと、六竜西に幸して万人歓ぶ」。○綵雲　五色の雲。美しい綾のある雲。李白〈宮中行楽詞〉に「只愁ふ、歌舞散じ、化して綵雲と作りて飛ぶを」。○紫氛　むらさき色の雲気。劉公幹〈贈㆓従弟㆒三首〉に「心の於《うち》に厭かざる有りて、翅を奮ひて紫氛《しふん》を凌《こ》えんとす」（『文選』巻二十三）。○仙鹿　厳島に住む鹿のこと。貝原益軒『厳島勝景図幷記事』には「此地に鹿多く神の使者といふ、町の民家の門に入て物を食す。奈良の鹿のごとし」とある。○神鴉　古くから神意を伝える霊鳥とされた鴉をいう。後に引用している杜甫の詩に出る。○金鐘　鐘の美称。杜甫〈寄㆓裴施州㆒〉に「金鐘大鏞《たいよう》東序に在り、氷壺玉衡清秋に懸る」（『杜少陵詩集』巻二十）。○烟外「烟」は立ちこめる霞や靄の類。○朝暉　朝日の光。陸士衡〈日出東南隅行〉に「扶桑朝暉升り、此の高台の端を照らす」（『文選』巻二十九）。○宝閣　立派な建物。厳島神社の社殿をいう。○八詠沈家調　南朝、梁の沈約（四四一～五一三）の作に「八詠詩」がある。それは「登台望秋月・会圃臨春風・歳暮愍衰草・霜来悲落桐・夕行聞夜鶴・晨征聴暁鴻・解佩去朝市・被褐守山東」の八句を、一句ごとに詩題にして一首を賦した詩である。『玉台新詠』巻九には〈登台望秋月〉〈会圃臨春風〉の二首を収める。○別浦　七浦のこと。七浦は、杉浦・鷹巣浦・腰細浦・青海苔浦・山白浜・州屋浦・御床浦の七つの入り江をいう。ここにはそれぞれ厳島神社の末社七社が鎮座している。三艘の船に乗って厳島を一周して七浦の神社を巡拝する御島廻りの行事がある。○七里松　厳島全体が神聖な地であり、松はその一つの象徴であろう。

◇韻字　竜・鍾・逢・重・松（上平声二冬韻）。　以上二首

○環島七里　「厳島」の項にあげた『厳島図会』巻一の冒頭参照。○各置神祠　「神祠」は神を祭った堂。『史記』巻二十八〈封禅書〉に「宮観名山神祠の所を繕治し、以て幸を望む」。厳島の七浦には、神を祭った小さな社殿がある。『厳島図会』巻三に「島巡の禊といふは、島中の七浦の神社を巡拝することなり。これ三神（厳島神社の祭神、市杵《いちき》島《しま》姫《ひめ》命・田《た》心姫《ごりひめ》命・湍津《たぎつ》姫《ひめ》命―著者注）この島に降臨ましまし、御座所の地を定めんとて、浦々を見めぐらせたまひし故事によれるとかや」とある。○平沙　平らで広々とした砂浜。○老蒼　ここは、松の古びたさま。○表秀色　すばらしい景色を見せているということ。○闔境　国境内のすべての意。ここは厳島の島内全体をさす。劉越石〈勧進表〉「外は以て敵人の志を絶ち、内は以て闔境《こうきよう》の情を固くす」（『文選』巻三十七）。○不遑応接　見るべき景色があまりに多くて、忙しいさまをいう。『世説新語』〈言語・中〉の「山川自ら相映発し、人をして応接に暇《いとま》あらざらしむ」に拠る表現か。○滄洲　隠者や仙人の住むところ。謝玄暉〈之二宣城一出二新林浦一向二版橋一〉に「既に禄を懐《した》ふ情を懽《よろこ》ばしめ、復た滄洲の趣に協《かな》ふ」（『文選』巻二十七）。○頃歳　近年。近頃。○土人　その土地の人をいう。具体的には、次にあげる恕信《じよしん》をさす。○八勝　厳島八景のこと。厳島光明院十六代恕信によって選ばれた厳島の八ケ所の名所（社頭明灯・大元桜花・滝宮水蛍・鏡池秋月・谷原麋鹿・御笠浜暮雪・有浦客船・弥山神鴉）。○山中有一双神鴉　以下の六～七行は、七浦の青海苔浦から山白浜の間にある養父《やぶ》崎《さき》沖で行われた御鳥喰《おとぐい》の神事についての記述である。『厳島図会』巻三に「船を出し鷹巣腰細《たかのすこしほそ》の浦をすぎ、青海苔《あおのり》の浦にいたる。此処にて午飯《ひるげ》を調《ととの》ふ。飯上に青海苔を粉にしてかくるこ

と例なり。さてその式をはりてまた舟を漕出し、養父崎につく。この地洲浜もなく、岩石かさなりてうちよする波いと清く、松の木の間に朱の玉垣みえさせたまふ。祠官ふなばたにたち出楶《しとぎ》を海上にうかべ、鳥向楽《ちょうこうがく》を奏すれば、たちまちに霊烏《れいう》一双嶺よりとび来り、祠官の船に移り、波にうかべる楶を雄烏《おがらす》まづおりてあぐ。次に雌烏《めがらす》また下りてあぐ。其時、前後の船舷《ふなばた》を叩き歓《よろこび》の声を発してどよめくこと暫《しば》しばなるもやまず。さばかりありて、また雄烏来りてあぐ。凡《すべ》て三度、大かた島巡の多き時は、一日に二三艘より十艘におよぶことありといへども、次第みなかくの如し。但し船中に不浄汚穢あれば、霊烏《ごからす》出ることなし。もしさる事あれば、祠官《かんぬし》船中を点検し、聊《いささ》かにても障りある人をばみな船よりおろし、跡《あと》の浜に残し、其後船中を修禊し、新たに楶をうかぶれば、ことなくあがる也。それより山白浜をすぎて洲屋の浦にいたる」と詳細な説明がある。○祝司　神主のこと。○糈　神に供える精米。○斎戒　神を祭ったりするときは、身を慎みけがれに触れないようにすること。○来享　飛んできて食べるの意か。享は、受け納める、自分のものとする、の意。○方俗　他方の風俗。○畏悪　おそれ嫌うこと。○過洞庭湖　『杜少陵詩集』巻二十三に収める五言律詩で、「蛟室《こうしつ》青草に囲まれ、竜堆《りょうたい》白沙に隠る、堤を護して古木盤《わだかま》り、櫂《とう》を迎へて神鴉舞ふ、浪を破りて南風正しく、檣《しょう》を回《かえ》せば畏日《いじつ》斜なり、湖光天と遠し、直ちに仙槎を泛べむと」とあるその第四句（「迎櫂舞神鴉」）。○洞庭祠　韓愈の「黄陵廟碑」（『唐宋八大家文読本』巻五）に、「湘の旁に廟有り。黄陵と曰ふ。前古より以て堯の二女、舜の二妃といふ者を祠《まつ》る。庭に石碑有り。断裂分散して地に在り。其の文剝欠《はくけつ》す」とあり、洞庭湖の近くにある黄陵という廟に、湖水の神として湘君と湘夫人を祀るという。「洞庭祠」はこれをさすか。湘君・湘夫人については『楚辞』〈九歌「湘君」「湘夫人」〉参照。○月古　歳月が久しく経ってしまった、の意か。○癸酉冬十一月　一七五三年（宝暦三年）十一月。景山は、芸州侯浅野宗恒の招請により、この年の九月十五日に芸州に向けて京都を出発し、翌年の三月十二日まで広島に滞在している。「逍遥篇」「書逍遥篇後」もこの間に執筆された。

次に、「厳島神廟」に続いて書写されている和歌を、景山（字は君燕）の新出資料として紹介する（「厳島参詣記録」所収。個人蔵。翻刻は広島県立文書館の複製資料による）。周知のように、景山の著『不尽言』からは、宣長に多大な影響を与えた和歌についての知識・教養が相当なレベルにあったことが窺い知れる。ただ、彼の詠んだ歌は、従来、門人であった宣長の『在京日記』宝暦六年三月十九日に書き留められた一首と、これを含む景山自筆の詠草四首（『本居宣長稿本全集』の注）、同じく宣長が在京中に『座右雑記』に筆記していた三首が知られるのみであった。その意味では、この「厳島参詣記録」に収められている景山の和歌（十九首）と発句（一句）の資料は極めて貴重であるといってよい。景山にとって、詠歌は手慣れたものであったことが分かる。

翻刻するにあたっては、読みやすさの便をはかって、適宜濁点を付した。歴史的仮名遣いでない場合には、右側の（ ）に改めて記した。また、脱字と思われるところが一ケ所あり、そこには〈 〉に仮名を推測して補足した。

宝暦癸酉冬十一月七日　松井の翁に伴ひて

厳嶋へ詣る船の中にて

さしむかふ心もともに行ふねの真帆にや神もさぞなうからむ　君燕

都人の為とやけふぞゆく汐に浪しづかなる船の追風　古泉

紅葉々に神の心の色見せてにしきおりかく秋の山姫　君

あ《(お)》ふ《(ほ)》けなき霜のしらゆふかけまくも神のいがきに残る紅葉々　古

座前にぬかづきて

うごきなきいつくしま根に跡たれし神のむかしを今もおぼえて　君

八日の夜　千鳥の鳴を聞て

浦づたふ千鳥の声に空すみて月影さびしいつく嶋山　君

神さびて心もすめる夕月にちどりしばなく声の寒けさ　古

九日の夜　初申の神わざを拝みて

神さびてあけのこう《か》だふ《う》との内にかゝげそへたる宮のともし火　君

ふくる夜に物の音すみて此嶋の宮ゐはじめて昔をぞ思ふ　古

鏡の池を見聞て

みかげなを《ほ》驚きまはる光をもむかふかゞみの池のこゝろに　君

十日の夜　出題小峯山月

峯高み嵐にそめる影ふけて木の葉くもらぬ月のさやけさ　君

山の端も梢まばらになるまゝにいとゞさへ《え》ゆく月の寂しさ　古

冬鹿

妻恋の秋にやまさる棹鹿の声せぬ冬の夜半の思ひは　君

さをしかの草の枕は冬がれて淋しき床に妻やこふらん　古

冬猿

冬枯の陰まばらなる木の葉猿まなくしぐるゝ空や侘らん　君

山松のかげより外は冬がれてかくれわぶらん子を《お》い《ひ》たる猿　古

神祇

曇らぬを神の心のためしとぞくまなき月の空にしられて　君
かげ高くすめるを神の心とや此宮じまの冬の夜の月　古

十一日　瀧の島に詣で　白糸のたきを見て

よしやたゞ心をあらへ瀧つ浪打きく耳は世にけがるとも　君

十二日　七浦を船にて遊めぐりて

七浦や神にねがひのみつ汐にしまわをかくるなみの友舟　君
舟とめてをらばやこゝにいく歳〈も〉よもぎが嶋も外ならぬかは　同
浦々のかはる見るめを都人つとにぞかたれいつくしま山　古
てりもせず曇もやらで追風はこゝろにかなふ浪の友ぶね　同

君燕先生いつくしまへ詣で給ひ　風景いみじく
おぼしめすと伝へきゝし折しも　消息の序に

いつく嶋見るめおほしとおもひなばその葉□□□の種やまくらん　富方
冬ながら草木色そへいつくしまたぐひもなみのまれ人の為　同

此日比　古泉翁に伴ひ　厳嶋に詣けるに　富方
のぬしの許より　海山の明くれ　見るめやいか
にとあれば

かくこそと詞も浪の明くれに見るめもあかぬいつくしま山　君

十三日の夜　御笠濱を見やりて

月すめばうかれや出む晴るゝ夜にさして御笠の濱の真砂地　君

神がきや更ゆく夜半の月すみて御笠の濱は霜の白ゆふ　古

十四日の夜　座敷にて手向とて　琵琶法師のうたひ物聞て

神もさぞかけて哥はん四の絃にひき伝へにし昔がたりを　君

神心猶やすむらん四の絃のしらべにかよふ浦のまつ風　古

紅葉の堂を語るを聞て

あはれなる聖の御代のふることをしらべあはする四の絃の音　同

発句

月雪のひかりまばゆし人心　祝師久覚

言種もいよ〳〵つもれ雪の宿　仮守久矩

四の絃のひきもとめばや雪の宿　久良

奉納天満宮

一しほは冬に秀つ松の色　君燕

十五日　神祇

みつ潮の中なる神の宮柱隙なくかくる波の白そふ　君

厳嶋の南谷とて里遠く山は浅けれど　谷の流に
まくらし　花に紅葉に木ぶかく庵しめて住なせ
る人を尋とひて
里つゞく外山の庵も住人の心にふかき奥は有けり　君
十六日　広嶋へ帰るとて　暮まで長川嶋に汐ま
ちしけるが　程なくみちくるに　月さしのぼれば
みつしほを松蔭ふかき嶋山に木の間はかなきいざよひの月　同
こがれ出る舟のとりかぢおも梶の波もうつろふ十六夜の月　古

（3）途次の吟詠

付　「堀景山詩歌」所収漢詩二首及び松井古泉宛て尺牘

層城儼鼓暁声佳　纔見風烟含日華
陌上塵沙吹暖景　雲辺睥睨倚明霞
山河洵美周封国　帯礪永膺漢世家
官舎春閑徒四壁　未縁詩興動梅花

右甲戌広城新年作　屈君燕

＊右の詩の注釈はⅥ・一・(1)「甲戌広城新年作」に掲出。

以下はすべて（1）（2）と同じく「堀景山筆　詩文集　宝暦三年」（個人蔵）に収められ、翻刻は広島県立文書館の複製資料による。

早春笠雨亭小集誌此呈謝　早春《そうしゅん》 笠雨亭《りゅううてい》 小集《しょうしゅう》 此《これ》を誌《しる》して呈謝《ていしゃ》す

園林春早已含花　園林《えんりん》 春早《はるはや》くして 已《すで》に花《はな》を含《ふく》み
雨色満城帯暖霞　雨色《うしょく》 城《しろ》に満《み》ちて 暖霞《だんか》を帯《お》ぶ
嘉樹先知封殖旧　嘉樹《かじゅ》 先知《せんち》して 旧《もと》を封殖《ほうしょく》す

侯邦奕葉大支家

侯邦《こうほう》　奕葉《えきよう》　大《おお》いに家《いえ》を支《ささ》ふ

是は此間、太田彦三郎殿へ御招かれ、またの日、太田君へ送られし作也

【通解】

早春、笠雨亭に数人集まった。感謝の気持ちをこめて詩を作る。

春の初め、庭の木々は花のつぼみをつけ、雨中の景色が城下一面に広がって、空にはぼんやりと霞がただよう。りっぱな木は春を先んじて察知し、自分を成長させる。（この木のように）浅野家は、広島藩の藩主としての後継者を育み、代々家をしっかりと支えてきたのである。

【語釈】

○太田彦三郎　寛延二年（一七四九）、広島藩の普請奉行となる（『芸藩輯要』第三編『藩士名鑑〈歴代御役帖〉』）。○笠雨亭　太田彦三郎の別宅であろう。○呈謝　感謝の気持ちを表す。○園林　庭の木々。梅林であろう。『唐詩選』巻四・祖詠の〈清明宴司勲劉郎中別業〉に、「霽日《せいじつ》園林好く、清明烟火新たなり」。○暖霞　春霞のこと。「暖霧」「暖靄」と同じ。○嘉樹　りっぱな木。『春秋左氏伝』〈昭公・二年〉に「季氏に宴す。嘉樹有り。宣子、之を誉む。武子曰く、宿敢へて此の樹を封殖せざらんや」とある。「封殖」は養って成長させる、の意。『左伝』に拠るか。○先知　前もって知る、の意。玉鈎〈雪裏梅花〉に「水泉猶ほ未だ動かず、庭樹已に先知す」。○侯邦　諸侯を意味する「侯王」「邦君」と同じ。ここは広島藩の浅野家をさす。○奕葉　代々。累代。累世。「奕世」に同じ。『康熙字典』奕〈増韻〉に、「奕葉は累世なり」とある。○文家　文はささえ保つ、の意。

◇韻字　花・霞・家（下平声六麻韻）。

※漢詩の後の一文は、古泉の注記である。

君燕

歳旦

のどけしな民のかまどのにぎはひにたつるけぶりも春にかすみて

おき出て朝戸ひらけるこゝろにもまつあら玉の春は来にけり

歳暮

老が身もまた来る春にさく花をこゝろのあつきとしぞ経にける

ふりそふや我身の老も冬にかき雪とつもりてとしぞ暮ゆく

早春鶯　於の字

おく山はまだしく雪のふる巣にも春をたどらぬ鶯の声

山陽道中作

久叨大梁詞賦陪
広陵原族観濤才
潮吹海雁寒声転
天接晴帆日色開
星気衝人猶倚剣

山陽道中《さんようどうちゅう》の作《さく》

久《ひさ》しく大梁《たいりょう》を叨《みだ》りにして　詞賦《しふ》を陪《かさ》ぬ
広陵《こうりょう》　原《たず》ね俟《ま》つ　観濤《かんとう》の才《さい》
潮《しお》　海雁《かいがん》を吹《ふ》きて　寒声《かんせい》転《うつ》り
天《てん》　晴帆《せいはん》に接《つら》なりて　日色《にっしょく》　開《ひら》く
星気《せいき》　人《ひと》を衝《つ》く　猶《な》ほ倚剣《いけん》のごとし

郷心薄夜屢含杯
秋風無限長征意
揺落更知楚客哀

郷心《きようしん》　薄夜《はくや》　屢《しばしば》　杯《さかずき》を含《ふく》む
秋風《しゆうふう》　限《かぎ》り無《な》し　長征《ちようせい》の意《こころ》
揺落《ようらく》　更《さら》に知《し》る　楚客《そかく》の哀《うれい》

【通解】

山陽道中での作

長い間、大藩の広島藩主にお仕えして畏れ多くも詩文を連ねさせていただいてきた。広島の地は、瀬戸内海の美しさを楽しむ者を待っている景勝地である。海辺の雁は、潮風に吹かれて寒そうな声で鳴き、空には晴れやかな帆掛け船の帆に連なって、日の光が一面に広がっている。星や雲を見て吉凶を占い、剣にすがって安心するかのようにして旅を続ける。故郷の都を思い、黄昏時にはついつい杯をかさねてしまう。秋の風は、いつまでも遠出のもの寂しさを感じさせて止むことがない。その風に吹かれて木の葉がひらひらと散り落ち、他国を旅する者の心をしみじみと思い知ることだ。

【語釈】

○叨　かたじけなくする、の意。卑下謙遜の辞。王勃〈滕王閣序〉に「他日庭に趨《はし》つて、叨りに鯉対に陪せん」（『古文真宝後集』巻三）。○大梁　星座の名で昴をいう。『爾雅』〈釈天〉に「大梁は昴なり」とある。『説文』に「白虎の宿星」。王者の象徴である。ここは、大きな梁《うつばり》の意で、中心人物として広島藩主に譬える。○詞賦　辞賦に同じ。詩文のこと。李白〈江上吟〉に「屈平が詞賦は日月を懸け、楚王の台榭《だいしや》は空しく山丘」（『唐詩選』巻二）。○広陵　江蘇省の長江以北一帯の地。枚乗〈七発〉に「諸侯遠方の交遊兄弟と並び行きて、濤《なみ》を広陵の曲江に観んとす」（『文選』巻八）とある。景山の詩では、「広陵」は広島のこと。「観濤」は「濤は観る」で、厳島を中心とした瀬戸内海を意識した表現。○寒声　寒さを感じさせる泣き声。○星気　吉凶を占う占星と望気の術。『史記』巻二十七〈天官書〉に「禨祥を察するに、星気を候《うらな》ふこと尤も急なり」とある。○衛人　人を動かす。○倚剣　剣にすがる。安心することをいうか。『呂氏春秋』〈壹行〉に「今行く者、大樹を見れば、必ず衣を解き、冠を懸け、剣に倚りて其の下に寝ん」とある。○薄夜　夕暮れ。○長征　ここは京都から広島までの長旅をいう。○揺落　木の葉などが風を受けてひらひら散ること。○楚客　楚の地に行く人、楚の地から来る人。他国を旅する者の意。『春秋左氏伝』〈襄公・二十六年〉に「楚客晋に聘せられ、宋を過ぐ」。

◇韻字　陪・才・開・杯・哀（上平声十灰韻）。

又

羈思逢秋白髪生
那堪計日問前程
授衣霜露怯寒疾
加飯僕僮促早行
客路乍平還乍嶮
衆山如送却如迎
遥天日落長安遠
回首無縁望帝京

又《また》

羈思《きし》 秋《あき》に逢《あ》ひて 白髪生《はくはつしよう》ず
那《なん》ぞ堪《た》へん 日《ひ》を計《かぞ》へて前程《ぜんてい》を問《と》ふを
授衣《じゆい》の霜露《そうろ》 寒疾《かんしつ》に怯《おび》え
加飯《かはん》の僕僮《ぼくどう》 早行《そうこう》を促《うなが》す
客路《かくろ》 乍《たちま》ち平《たい》らかに 還《ま》た乍《たちま》ち嶮《けわ》し
衆山《しゆうざん》 送《おく》るが如《ごと》く 却《ま》た迎《むか》ふるが如《ごと》し
遥天《ようてん》 日落《ひお》つ 長安遠《ちようあんとお》し
首《こうべ》を回《めぐ》らし 縁無《えんな》くして帝京《ていきよう》を望《のぞ》む

【通解】

又

秋の季節、旅路のもの思いが募り、頭が白くなってきた。行く先（広島）までの道中、もちこたえられるかどうかと日数を指折り数えてみる。晩秋の九月、霜が降り露に濡れて、風邪を引かないかとびくびくものだ。年若いしもべは御飯をよく食べ、夜が明けないうちから出立を急き立てる。旅中の道は、平坦な路かと思うと、すぐにまた嶮しい路になる。山々は旅人を見送っているかのようでもあり、また迎え入れるかのようでもある。はるか遠くの空に日が沈んで、京の都はどんどん遠ざかり、振り返って、むなしくその方向を望み見るばかりだ。

【語釈】

○羈思　旅愁。都を遠く離れた旅のもの思い。柳宗元〈柳州二月〉に「宦情羈思共に悽悽　春半秋の如くにして意転た迷ふ」（『三体詩』巻一）。○前程　先の道中。行く手。李端〈宿淮水浦寄司空曙〉に「別恨転た深し何れの処にか写さん、前程惟だ一登楼有るのみ」（『三体詩』巻二）。○授衣　九月の異名。九月に冬衣を家族に授けることからいう。『詩経』〈豳風・七月〉に「七月は流るる火、九月衣を授く」。『毛伝』に「九月霜始めて降り、婦功成る。以て冬衣を授くべし」とある。○霜露　霜や露が降りる。李頎〈望秦川〉に「客に帰らんかの歎き有り、凄たくも其れ霜露濃やかなり」（『唐詩選』巻三）。○寒疾　寒さによる病。風邪。『孟子』〈公孫丑・下〉に「寒疾有り、以て風すべからず」とある。○加飯　「加餐」と同じ。多く飲食する。飯をたくさん食べる。王維〈酌酒与裴迪〉に「世事は浮雲、何ぞ問ふに足らん、如かず、高臥して且つ餐を加へんには」（『唐詩選』巻五）。○僕僮　年少の召使い。○早行　夜の明けないうちに出立すること。郭良〈早行〉に「早行星尚ほ在り、数里未だ天明ならず」（『三体詩』巻三）。○乍　「乍A乍B（乍ちA乍ちB）」の形で、Aしたかと思うとBする、の意。『史記』巻百二十七〈日者伝〉に「先王の道、乍ち存し乍ち亡ぶ」とある。○衆山　多くの山。山陽道の山々をいう。○遥天　はるかに遠い空。釈処黙〈聖果寺〉に

「古木青靄に叢り、遥天白波に浸る」（『唐詩選』巻三）。○長安遠　長安は景山の定住地である京都（次の句の「帝京」）をさす。ここは、『晋書』巻六〈明帝紀〉に載る「日近くして長安遠し」（太陽と長安とでは、どちらが近いか遠いかの問答）の故事を踏まえていよう。

◇韻字　生・程・行・迎・京（下平声八庚韻）。

又

去国纔旬日
客心杳若年
片帆飛木末
乱鷺落洌前
発夕唯随月
薄暝多宿烟
方言聞且慣
不必用槧鉛

又《また》

国《くに》を去《さ》りて　纔《わず》か旬日《じゅんじつ》
客心《かくしん》　杳《よう》として年《とし》のごとし
片帆《へんぱん》　木末《ぼくまつ》に飛《と》び
乱鷺《らんろ》　洌前《れつぜん》に落《お》つ
発夕《はっせき》　唯月《ただつき》に随《したが》ひ
薄暝《はくめい》　多《おお》く烟《けぶり》を宿《やど》す
方言《ほうげん》　聞《き》きて且《まさ》に慣《な》れんとするも
必《かなら》ずしも槧鉛《ざんえん》を用《もち》ひず

【通解】

又

故郷を離れてわずか十日ばかり、はるか遠く旅して一年も経ったような気がする。風をはらんだ舟の帆は帆柱にはためき、乱れ飛ぶ鷺は、寒風を受けて降下する。夕方に港を出て、月の後を追うかのように舟がはしり、夜明け方には、たいがい靄が立ち込める。土地の言葉を聞いて、それに慣れようとしてきたが、今や、別に筆や紙を用いる必要もなくなった。

【語釈】

○旬日　十日ばかり。○客心　故郷を離れた旅人の思い。杜甫〈登楼〉に「花高楼に近くして客心を傷ましむ　万方多難なるとき此に登臨す」（『唐詩選』巻五）。○杳　はるか遠い。○若年　一年経ったような気がする、の意。○片帆　一方に傾けて風をはらませて舟をはしらせる帆。李郢〈江亭秋霽〉に「片帆帰り去りて鱸魚に就かん」（『三体詩』巻二）。○木末　枝の先。ここは、帆柱か帆桁をさしていよう。○乱鷺　乱れて飛ぶ鷺。○冽　寒い風。『文選』巻十九・宋玉〈高唐賦〉に「冽風過ぎて悲哀を増す」（李善注―冽は寒風なり）。○発夕　夕方に出発して夜通し行くこと。『詩経』斉風〈載駆〉に「魯道蕩たる有り　斉子発夕す」。○薄暝　夜明けを意味する「薄夜」と同意か。○烟　霞や靄。○方言　国訛り。王維〈早入栄陽界〉に「人に因りて風俗を見、境に入りて方言を聞く」。○槧鉛　「槧」は紙の代用にした木札。「鉛」は文字を書いたり消したりする胡粉。ここでいう槧鉛は筆紙のこと。筆紙を不用とするのは、これまでに何度も広島に招聘されて、土地の言葉に慣れてきたことを言っているのであろう。

◇韻字　年・前・烟・鉛（下平声一先韻）。

又

遠客魂銷日

窮秋木落初

又《また》

遠客《えんかく》魂《たましい》の銷《き》ゆる日《ひ》

窮秋《きゅうしゅう》木《き》落《お》ち初《はじ》む

長途詩作暦
荒店食無魚
花煖棉堪著
葉肥柿可書
行々心不愜
何地似郷閭

長途《ちょうと》 詩《し》作《さく》を暦《かぞ》へ
荒店《こうてん》 食《しょく》に魚《うお》無《な》し
花煖《はなあたた》かにして 棉《わた》著《き》るに堪《た》へ
葉《は》肥《こ》えて 柿《かき》書《か》くべし
行々《ゆきゆき》て 心《こころ》 愜《こころよ》からず
何《いず》れの地《ち》か 郷閭《きょうりょ》に似《に》たる

【通解】

又

故郷を離れた旅人の気持ちが沈むような日、晩秋の木々から葉が落ちはじめる。長旅の間には、詩作などを重ねてみるが、誰もいない旅籠の食事には魚もままならない。綿入れの着物は暖かくて、なんとか寒さは耐えられるし、紙がなくとも、柿の葉に文字を書くことはできる。しかし旅を続けていっても、一向に心が満ち足りることがない。いったい故郷のような落ち着ける場所はどこにあるというのだろう。

【語釈】

○遠客　故郷を遠く離れた旅人。徐凝〈長慶春〉に「山頭の水色薄く烟を籠む、遠客新たに愁ふ長慶の年」（『三体詩』巻二）。○魂銷　魂が消える。驚く。○窮秋　晩秋。陰暦九月の別名。○長途　長旅。『文選』巻八・司馬相如〈上林賦〉に「歩櫚周流して、長途に中宿す」。○荒店　荒れはてて人のいない旅舎。○花煖棉堪著　対となる次の句を考えれば、典拠となる故事があるか。○葉肥柿可書　柿の葉は肉厚で、紙がなくても手習いができる、の意。唐の鄭虔が、慈恩寺で柿の葉に手習いをしたという故事による。張懐瓘の『書断』に「鄭虔、広文博士に任ぜられ、書を学べども紙無きを病《うれ》ふ。……日々紅葉を取りて書を学ぶ」。○行々　行き行くさま。遠い旅を続けて行って、の意。『文選』巻二十九〈古詩十九首〉に「行行重ねて行行、君と生きながら別離す」。○郷閭　ふるさと。『後漢書』巻六十一〈朱儁伝〉に「義を好みて財を軽んず。郷閭之を敬す」。
◇韻字　初・魚・書・閭（上平声六魚韻）。

黄備公廟
児童今尚頌神君
廟貌儼然凌紫氛
琪樹夕晴含瑞日
巌廊夜冷栖仙雲
司存俎豆両邦粛
徳遠声華千載聞
一自明霊開大業
東方終未喪斯文

黄備公《きびこう》の廟《びょう》
児童《じどう》　今尚《いまな》ほ神君《しんくん》を頌《たた》へ
廟貌《びょうぼう》　儼然《げんぜん》として　紫氛《しふん》を凌《しの》ぐ
琪樹《きじゅ》　夕《ゆう》べ晴《は》れて　瑞日《ずいじつ》を含《ふく》み
巌廊《がんろう》　夜冷《よるひや》やかにして　仙雲《せんうん》を栖《とど》む
司存《しそん》して　俎豆《そとう》　両邦《りょうほう》粛《うやま》ひ
徳遠《とくとお》くして　声華《せいか》　千載《せんざい》に聞《き》く
一《ひと》たび　明霊大業《めいれいたいぎょう》を開《ひら》きしより
東方《とうほう》　終《つい》に　未《いま》だ斯《こ》の文《ぶん》を喪《ほろ》ぼさず

廟在備前備中両国各奉其祭典終古不墜云（廟は備前備中両国に在り。各《おのおの》其の祭典を奉じ、終古《しゅうこ》、墜《すた》れずと云ふ）

堀景山

【通解】

吉備真備公の廟

子供たちは、今でも神徳の高い吉備公をほめたたえ、御霊屋は、威厳を漂わせて神仙の紫色の雲の上に高くそびえている。夕方、周囲の美しい木々にはめでたいしるしとして陽光がさしこみ、夜は冷え冷えとして、御霊屋のひさしに雲がとどまる。備前や備中では、祭祀の掛りが礼器を設けてつつしみ敬う。その徳は遠くまで及び、その名声は、長い間世に語り継がれてきた。ひとたび吉備公の聡明な霊が偉業を成し遂げてより、東方にあるわが国には、聖人の教えがずっと受け伝えられてきている。

（公廟は、備前と備中の両方の国にある。それぞれの国では、吉備公を祭る儀式が催され、長い間廃れずに続いているという　堀景山）

【語釈】

○黄備公廟　吉備真備（六九三～七七五）の霊廟。備中国下道郡也多郷（現在の倉敷市真備町）に公廟が現存する。真備は、学者・政治家。七一七年、遣唐留学生として入唐、七三五年帰国して朝廷に仕えた。のち遣唐副使として再び唐に渡る。帰国後、その文化を伝え、右大臣にまで累進。○神君　神のように功徳の高い人。『後漢書』巻五十二〈荀淑伝〉に「出でて朗陵の相に補せらる。事に莅んで明理なり。称して神君と為す」とある。○頌　ほめたたえる。○廟貌　御霊屋。○儼然　おごそかでいかめしいさま。『論語』〈子張〉に「君子に三変有り、之を望めば儼然たり」とある。○紫氛　紫色の雲気。劉公幹〈贈従弟三首〉に「心に厭かざる有り。翅を奪ひて紫氛を凌がんとす」（『文選』巻二十三）。○琪樹　玉のように美しい木。孫興公の〈遊天台山賦幷序〉に「琪樹璀璨として珠を垂る」（『文選』巻十一）。○瑞日　吉兆を示す日。○巌廊　「巌」はおごそかの意で、ここでは公廟をいう。「廊」は廂。『漢書』巻五十六〈董仲舒伝〉に「虞舜の時、巌廊の上に游ばして、垂拱無為にして天下太平なり」とある。○仙雲　めでたい雲。ここでは神君にかけて、「仙」の字で形容した。玄宗皇帝〈幸蜀西至剣門〉に「灌木旗に縈りて転じ、仙雲馬を払ひて来る」（『唐詩選』巻三）。○司存　有司存に同じ。司は、役人、掛りの者。『論語』〈泰伯〉に「籩豆の事は、則ち有司存す」とある。○俎豆　「俎」と「豆」は、どちらも供え物を盛る器。ここは、俎豆を設けて偉人として祭り上げる、の意。『荘子』〈庚桑楚〉に「予を賢人の間に、俎豆にせんと欲す」とある。○両邦　詩後の注記にあるように、備前と備中をさす。○徳遠　その人の徳が遠くまで及ぶ、の意。『春秋左氏伝』〈昭公・四年〉に「善も亦之くの如し。徳遠くして而る後に興る」とある。○声華　立派な誉れ。○明霊　聡明な御霊。○未喪斯文　『論語』〈子罕〉の「天の将に斯の文を喪ぼさんとするや、後死の者、斯の文に与かることを得ざるなり。天の未だ斯の文を喪ぼさざるや、匡人其れ予を如何」に拠る。「斯文」は、周の文王亡きあと、孔子が継承したとする「文明」をいう。○終古　いつまでも、の意。

◇韻字　君・氛・雲・聞・文（上平声十二文韻）。

途中の口号

あかし潟明はなれたる浦浪になを《（ほ）》有明のかげをもそへて
心なき須磨の浦人あはれさを余所《よそ》になしつつ月や見るらむ
ゆふぐれはわきて露けき旅人の袖は草葉の外ならぬかは
俤《おもかげ》を月にぞ哥ふよひ〳〵の詠《ながめ》は同じ故郷の空
明渡る草野分ゆくたび人の小笠にしろき月の初しも
しらぬ野も秋風さむき夕暮はまねく尾花に道をまかせて

浪間ゆく船の帆かげはさだかにて夕はしぐる浦の遠山

君　燕

（「堀景山筆　詩文集　宝暦三年」了）

付　「堀景山詩歌」所収漢詩二首及び松井古泉宛て尺牘

以上紹介してきた(1)から(3)の「堀景山筆　詩文集　宝暦三年」は、広島の商人松井古泉が景山の詩歌・文章を書写したものである。次の漢詩二首は、個人蔵の「堀景山詩歌」に収められる。景山の自筆である。後掲する古泉宛ての景山の書簡などからみても、景山は古泉と相当親交を深めていたことが分かる。

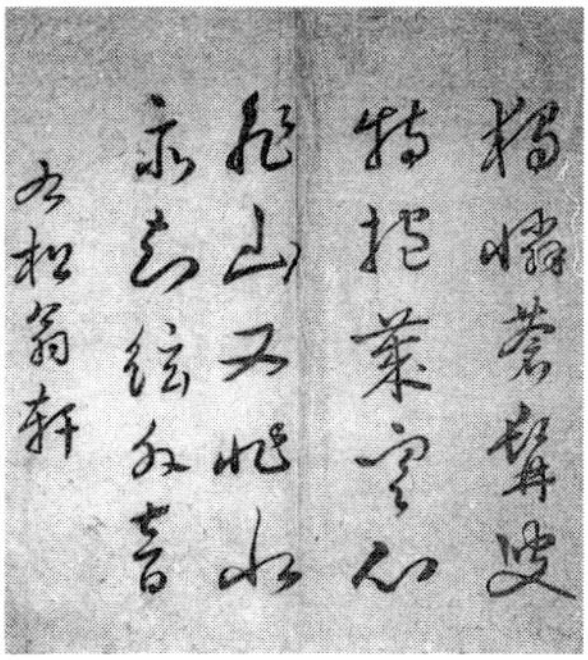

堀景山筆詩稿「松翁軒」（個人蔵。広島県立文書館の複製資料より）

独憐蒼髯叟　　独《ひと》り憐《あわ》れむ　蒼髯叟《そうぜんそう》
特抱歳寒心　　特《た》だ抱《いだ》く　歳寒《さいかん》の心《こころ》
非山又非水　　山《やま》に非《あら》ず　又水《またみず》に非《あら》ず
亦知絃外音　　亦《また》知《し》る　絃外《げんがい》の音《おと》
右松翁軒　　右松翁軒《みぎしょうおうけん》

【通解】

ひとり松の緑を見ていて感慨にふけり、わが身の老いを思うばかり。ここは山河の景色そのものではない。絃の奏でる音色のほかに、築山の松に吹く風の音が聞こえてくる。

【語釈】

○独憐　ひとりしみじみと感慨をもよおす。韋応物〈滁州西澗〉に「独り憐れむ幽草の澗辺に生ずるを」（『三体詩』巻一）。○蒼髯叟　「蒼髯」は年老いて灰色になったひげの意だが、「蒼髯叟」は「松」の別名である。『高僧伝』に「晋の僧法潜、剡山に隠る。或ひと問ふ、勝友誰とか為すと。乃ち松を指して曰く、此の蒼髯叟なり」とある。○歳寒　老年をいう。『文選』巻二十・潘安仁〈金谷集作詩一首〉に「春栄誰か慕はざらん、歳寒良に独り希なり」（李善注―春栄は少に、歳寒は老に喩ふ）とある。また、『論語』〈子罕〉に「子曰く、歳寒くして、然る後に松柏の凋むに後るることを知るなり」、寒い季節になってはじめて色を変えない松柏に気づくことをいう。○非山又非水　山水は山と水。「非」を冠するのは、ここは自然の山河ではないことをいう。松井古泉邸の庭の「築山」と、次の詩で読む「当盤池」を意味しているのであろう。○絃外音　「絃」は糸を張った楽器。景山が得意とした琵琶をさしているのかもしれない。絃外音は、築山の松に吹きつける風の音か。○松翁軒　広島にある松井古泉邸か別業であろう。

◇韻字　心・音（下平声十二侵）。

堀景山筆詩稿「当盤池」（個人蔵。広島県立文書館の複製資料より）

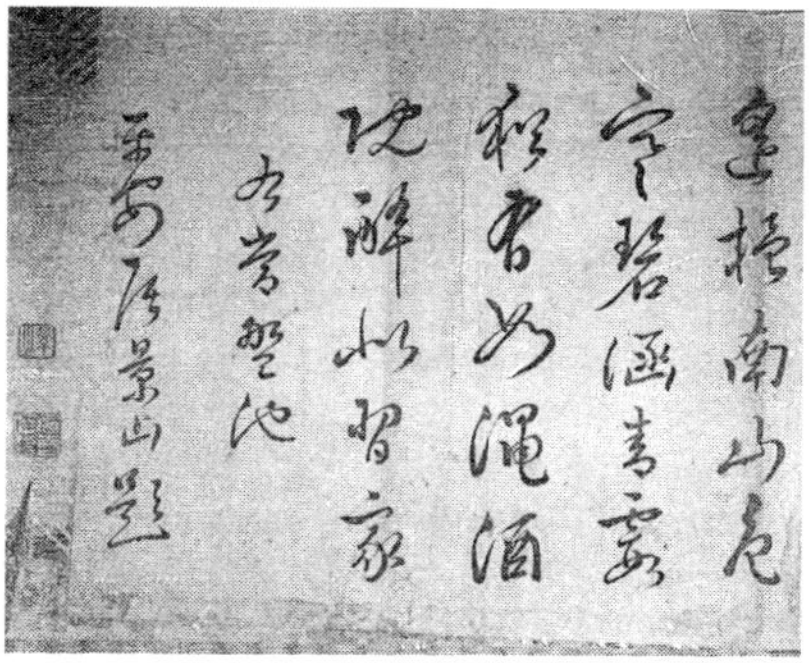

遥横南山色
寒碧涵青霞
猶有如澠酒
既酔似習家
　右当盤池
平安屈景山題

遥《はる》かに横《よこ》たふ　南山《なんざん》の色《いろ》
寒碧《かんぺき》　涵青《かんせい》の霞《かすみ》
猶《な》ほ　澠《じよう》の如《ごと》き酒《さけ》有《あ》り
既《すで》に酔《え》ふこと習家《しゆうか》に似《に》たり
　右当盤池《みぎとうばんち》
平安　屈景山題す

【通解】

はるか遠くに南山の景色が広がり、冬の寒そうな空に青色の霞がただよう。ここには、澠水の水のように沢山の酒がある。それをいただいて、その昔、山簡が習家池で酔っぱらったようになってしまった。

【語釈】

○南山　著名なのは、陶淵明の〈飲酒〉に「菊を采る東籬の下、悠然として南山を見る」と謳われる江西省九江市の南にある廬山や、『詩経』小雅〈節南山〉に「節たる彼の南山」とある西安南方に位置する終南山である。景山の詩でいう南山は、これらの詩を意識していようが、この詩では普通名詞として用いている。○寒碧涵青　碧青は群青色、涵はひたす、の意。ここは寒空が青く見えることをいう。○如澠酒　「澠」は川の名で、一名、漢溱水。山東省臨淄県の西北を流れる川。『春秋左氏伝』〈昭公・十二年〉に「酒有り、澠の如し。肉有り、陵の如し」とある。〇習家池の名。一名、高陽池。湖北省襄陽県にある。『晋書』巻十三〈山簡伝〉に「簡、襄陽を鎮む。諸の習氏は荊土の豪族なり。佳園池有り。簡出て遊嬉するごとに、多く池上に之き、置酒して輒ち酔ふ。之を名づけて高陽池と曰ふ」。この故事による。「高陽池」は、『史記』巻九十二〈酈生陸賈伝〉に載る酈食其の「高陽酒徒」の故事から、晋の山簡が名づけた池で、それがすなわち習家池である。〇当盤池　松井古泉の庭にある池の名であろう。

◇韻字　霞・家（下平声六麻韻）。

〔松井古泉宛て尺牘〕

堀景山筆「松井古泉宛て書簡」（個人蔵。広島県立文書館の複製資料より）

（釈文）松翁軒主人　奉レ復　堀禎助

華翰致ニ拝見一候、
先夜ハ外郎家氏
詣得ニ御意一大慶
此事ニ存候、愈以
御堅固ニ候、珍重之事

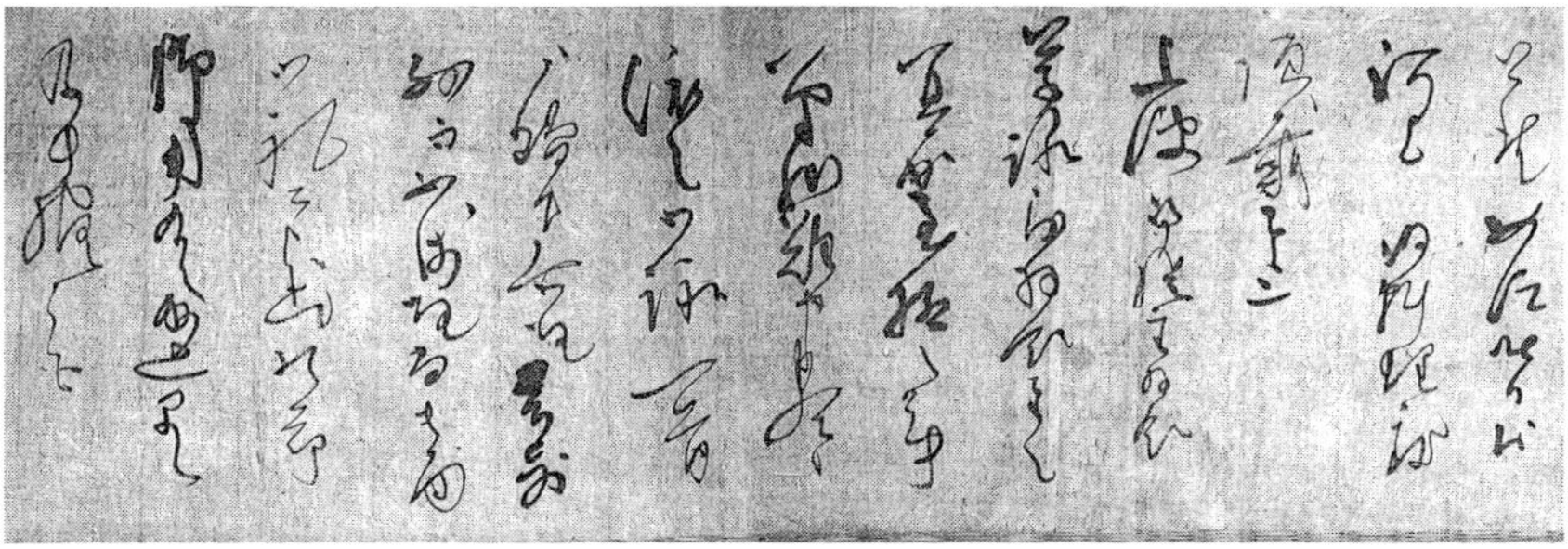

御座候、如レ仰昨日於二
河上一　御料理致二
頂戴一、其上
上使致二提重一拝領
尊詠致二拝領一奉候、
冥加至極之事
筆紙難二申尽一候、
依レ之御詠一首
被二贈下一忝存候、最前
初而不レ残拝候、尚貴面
御礼可二申述一候折節、
御用有レ之、取込早々
乃二貴報一候、已上、

孟冬廿日

個人蔵の資料の中に、先賢の消息文が一袋収められており、その中に景山のこの書状がある。「孟冬廿日」と日付けを記したこの書状は、内容から推して、宝暦三年十月二十日に松井古泉に宛てて認められたものであろう。景山は前日の十月十九日に、藩命を受けた寺尾由生たち家臣を接待役として、城外の太田川で手厚くもてなされていた。その時の彼らとの詩歌の贈答や、藩主浅野宗恒から拝受した尊詠は、前に紹介したとおりである。この書状の文面からは、広島藩の歓待に感激している景山の心情が読み取れると同時に、その情報を得て、すぐに祝福の和歌を贈った知己松井古泉の喜びが見てとれる。

五　景山への詩文

(1)　与屈玄伯書（寺田臨川）

与屈玄伯書

揖別清容、殆半歳矣。懸切之情、常耿耿於夢寐間。已寒、文候何似。伏惟清福。聞足下在家、常与賢師良朋、論道講学、而日新之功、大有所益也。尤為可羨。如僕、客居無聊、懶廃殊甚。況又平日所逢迎者、皆是徒人俗客、而嘔啞嘈雑、絶無文雅之気韻。故終日黙黙。動有不合人之譏。秖獲一文石、粗慰鬱陶耳。向煩足下、伝書於北老兄。紹介之労、謝而有余。今又裁一書、以托便風。再労足下以伝達之、莫拒為幸。征鴻翼直。不敢縷陳。為学万万自愛。亮察不宣。

【訓読】

屈玄伯に与ふる書

清容に揖別《ゆうべつ》して殆んど半歳、懸切《けんせつ》の情、常に夢寐《むび》の間に耿耿《こうこう》たり。已《はなは》だ寒く、文候何似《いかん》。伏して惟《おも》みれば、清福なり。足下家に在りて常に賢師良朋と道を論じ学を講じて、日新《ひび》たなる功、大いに益する所有りと聞く。尤も羨むべしと為す。僕の如きは、客居無聊《かくきょぶりょう》にして懶廃《らんはい》殊に甚だし。況んや又、平日逢迎する所の者、皆是れ徒人《とじん》俗客にして嘔啞《おうあ》嘈雑《そうざつ》、絶えて文雅の気韻無し。故に、終日黙黙《もくもく》たり。動《やや》もすれば、人に合はざるの譏《そし》り有り。秖《ただ》、一文石を獲て、粗《いささ》か鬱陶を慰するのみ。向《さき》に足下を煩はし、書を北老兄に伝ふ。紹介の労、謝して余り有り。今又、一書を裁して以て便風《べんぷう》に托す。再び足下を労して、以て之を伝達す。拒むこと莫くんば、幸いと為す。征鴻《せいこう》の翼、直《なお》し。敢て縷陳《るちん》せず。学の為に、万万自愛せよ。亮察《りょうさつ》不宣《ふせん》。

【通解】

堀玄伯への書

徳行のすぐれたあなたとお別れしてから、はや半年が経過しました。寝ていても、あなたのことを気にかける思いが絶えることはありません。とても寒くなりましたが、何如お過ごしでしょうか。謹んで思いますに、あなたは何とも幸せです。家にいて常にすぐれた師よき友に恵まれ、道を議論し学を講じて、日々自分を新たにしていくことは、大いに益するところがあると聞いています。なんとも羨ましい限りです。

私の方はと言えば、旅住まいの身の上とて、どうにも退屈で、学問から遠く離れてしまいました。また、ふだん接待する人は、みな普通の人で俗人です。やたら大きな声を出し、騒がしいだけで、文事のすぐれた趣など微塵もありません。だから終日、誰とも口を利かないでいます。ともすれば、他人に合わせることをしない人だという悪口まで出る始末です。ただ、一個の瑪瑙を手に入れて、ふさいでいる気持ちをかりそめに慰めているだけです。

以前、あなたの御手をわずらわして、北堀の老兄南湖氏に書状を届けていただきましたが、間をとりもってくださったことに深く感謝いたします。今回また、一書をしたためましたので、この便りに托します。再度あなたにお骨折りいただいて老兄南湖氏への取り次をお願いしたいのです、お引受けいただければ幸いに存じます。あなたの学問に対する姿勢はまっすぐです。そのことは今さら詳しく述べるまでもありません。学問のために、ご自身の身をどうぞ大切になさってください。あなたのことを思いやり、意を十分に述べ尽くさないままに。

【語釈】
○揖別　礼をして別れること。○清容　清らかな姿。ここは転じて、景山の徳のすぐれた様をいう。○懸切之情　気にかける心。深く心にかかる思い。○耿耿　気にかかることがあって眠れない様。○夢寐　寝ている間のこと。○文候　あなた、の意。○何似　「何若」に同じで、どうであるか、の意。○清福　書簡で相手の幸福をいう語。○日新之功　『大学』〈伝第二章〉「苟日新。日日新。又日新（苟に日に新たにして、日日に新たに、又日に新たなり）」に拠る語句。○客居　旅住まいのこと。景山と別れて半年とあるから、臨川は江戸の藩邸に勤番中のことか。○無聊　することがなく退屈なこと。○懶廃　やめおこたる、の意。○逢迎　人を出迎えてもてなす。○徒人　普通の人。○嘔啞　むやみに怒鳴るような声。○嘈雑　騒がしい、の意。○気韻　気品。けだかい趣。○黙黙　口を閉じてものを言わない様。○文石　瑪瑙のこと。○鬱陶　心が晴れないこと。○北老兄　景山（南堀）の従兄、北堀の堀南湖を指す。南湖は、臨川より六歳年下である。「老兄」は、広島藩の側儒である同輩に対する敬称としてつけたもの。○托便風　「便風」は、便りのこと。この「与屈玄伯書」に添えて依頼する。○征鴻翼直　遠くへ飛びゆくおおとりの翼が、大きく真っすぐである。ここは、景山の学問に対する態度、姿勢が立派であることを言う。○亮察　思いやる、の意。書簡に用いる語。○不宣　十分に述べ尽くさない、の意。書翰の末尾に用いる語。

【余説】

「与屈玄伯書」は、芸藩の執政岡本大蔵と堀南湖の序を付した『臨川全集』巻之五に収載されている。寺田臨川（一六七八～一七四四）、名は革・高通、字を立革・士豹、通称半蔵、臨川はその号。宝永元年（一七〇四）に登用され、寛保三年（一七四三）に致仕した広島藩の儒者である。朝鮮通信使との唱酬筆語や藩の講学所教授を務めたりするほどの才を有し、広島在住の儒者としてはその中心となる存在であった。京都に居を構えている堀南湖は正徳三年（一七一三）八月、景山は享保四年（一七一九）九月に、臨川と同じ広島藩御側儒として召し抱えられている。臨川の父正茂は、景山の祖父にあたる堀立庵に医術を学んでいる。また、臨川の男の桂叢は、南湖に儒学を学ぶ。堀家と寺田家は縁が深い。『臨川全集』は、秋田県立図書館所蔵本によった。

(2)　贈景山屈先生（日下生駒）

贈景山屈先生
都下有人名久聞
高山景仰思紛紛
千秋琴法伝中散
一代書才推右軍
弟子鶏冠来問礼
先生皐比坐論文
独醒我亦枯槁甚
何日行唫伴屈君

景山屈先生《けいざんくつせんせい》に贈《おく》る
都下《とか》に人有《ひとあ》り　名《な》久《ひさ》しく聞《き》く
高山景仰《こうざんけいぎょう》　思紛紛《おもいふんぷん》たり
千秋《せんしゅう》の琴法《きんぽう》　中散《ちゅうさん》より伝《つた》へ
一代《いちだい》の書才《しょさい》　右軍《ゆうぐん》を推《お》す
弟子《ていし》　鶏冠《けいかん》　来《きた》りて礼《れい》を問《と》ひ
先生《せんせい》　皐比《こうひ》に坐《ざ》して文《ぶん》を論《ろん》ず
独醒《どくせい》　我《われ》も亦《ま》た枯《こ》槁甚《こうはなは》だし
何《いず》れの日《ひ》か行唫《こうぎん》して　屈君《くつくん》に伴《ともな》はん

【通解】

堀景山先生に贈る

京師に立派な人（景山先生）がいて、その名を聞くことが久しい。先生の大きな徳を慕い仰ぐ私の思いは、どんどん膨らんでくる。琵琶を得意とする先生の弦を鳴らす作法は、中散大夫嵆康伝来のもの、一代の書の才能は、右軍将軍王羲之を髣髴させる。門人は鶏冠をつけ勇んでやって来て、先生に「礼」についてお尋ねし、先生は講義の席に座って、礼楽を載せた文章を論じている。私は独り醒めて世俗を離れ、たいそうやせ衰えてしまったけれど、いつか歩きながら詩を口ずさんで屈先生にお供したいと思う。

【語釈】

○都下　京都の中。○高山　高い山。ここは人が仰ぐもの、の意。「景仰」と続けているから、『詩経』〈小雅・車舝〉「高山仰止、景行行止（高山は仰ぎ、景行は行く）」を典拠としている。○景仰　（徳を）慕い仰ぐ、の意。○思紛紛　景山の徳を思い慕う気持ちが、大きくなってくることをいう。○千秋　長い年月。○琴法　中散大夫から伝わるとあるから、「琴」の作法といった意味合いだと考えられるが、門弟であった宣長の『在京日記』（宝暦六年正月九日の条）に、「そも堀先生は、もとより平家をよくし給ひける」とあって、景山が平曲を得意にしていたことが知られる。○伝中散　「中散」は竹林の七賢人の一人、魏の嵆康（二二三〜二六二）のこと。中散大夫を拝したのでいう。『晋書』巻四十九〈嵆康伝〉には、老荘を好み、弾琴・詠詩を楽しんでいたことが記される。ここは、景山の琵琶の力量を敬意をこめていう。○一代書才　景山のすぐれた書の才能のこと。○右軍　晋の書家、王羲之（三二一〜三七九）が、もと右軍将軍であったことによる称（『晋書』巻八十〈王羲之伝〉）。○推　推し量る。景山の書が立派で、あの王羲之のようだとする誇張した表現。○鶏冠　にわとりの羽毛で飾った冠のこと。『史記』巻六十七〈仲尼弟子列伝〉「仲由（子路）」の一節に、子路が九歳年上の孔子に対して初め、「冠雄鶏、佩猳豚、陵暴孔子（雄鶏を冠し、猳豚を佩び　孔子を陵暴）」したとある。「陵暴」は、軽んじて辱める、の意。『史記集解』では「冠以雄鶏、佩以猳豚、二物皆勇（冠するに雄鶏を以てし、佩びるに猳豚を以てす。二物皆な勇）」として、勇ましい装いだとする。孔子はこのあと「設礼、稍誘子路（礼を設け、稍く子路を誘ふ）」ことになる。ここは、『史記』〈仲尼弟子列伝〉を典拠としていよう。○皐比　「皐比」は、虎の皮のこと。ここでは、儒学者が虎の皮を敷物にしたので、講義の席をいう。○論文　文章を論ずること。○独醒　独りだけ醒める、の意。『楚辞』〈漁父〉にある屈原の「衆人皆酔、我独醒（衆人皆酔ひ、我独り醒む）」という言葉を典拠とするか。次の「枯槁」「行唫」の語も、『楚辞』〈漁父〉の「屈原既放、游於江潭、行吟沢畔。顔色憔悴、形容枯槁（屈原既に放たれて、江潭に游び、行きて沢畔に吟ず。顔色憔悴し、形容枯槁す）」に関連して出ている。○枯槁　やせ衰える。生気がない。○行唫　歩きながら歌う。「唫」は、歌うの意では「吟」に同じ。

◇韻字　聞・紛・軍・文（上平声十二文韻）。

【余説】

日下生駒（一七一二〜一七五二）の本姓は孔氏。名は文雄、号を生駒山人・鳴鶴陳人・愚拙農夫。通称直蔵。この七言律詩は内閣文庫蔵の『生駒山人詩集』（巻之四）に載るが、龍草廬の『草廬詩集』と一緒にした『孔龍詩鈔』の「生駒山人詩集」（但し抄録）の巻之二にも収める。ほぼ同年代の龍草廬とは大いに気が合い、草廬が二人の仲を刎頸の交わりと言うごとく、親しく交流していた。『草廬詩集』には、日下生駒との雅遊を詠む漢詩が数多く見られる。『草廬詩集』（二編巻之四）に、「哭屈景山先生」と題する七律一首がある。景山が生駒に送った書翰「復河内日下生書」（個人蔵「堀景山筆　詩文集　宝暦三年」所収）に、「足下以其未識僕之面、故介龍君使之将書命……」とあることから京都に住む草廬を介して、生駒は景山を知ることになったことが分かる（Ⅳ・二・⒀・六二二頁）。また、生駒の右の詩に応えた景山の七律の詩が、同じく「詩文集」に「次謝河内日下生見寄高韻」（Ⅳ・一・⑻・五〇九頁）と題して収められる。

(3)　奉送景山先生赴芸州（本居宣長）

奉送
景山先生赴芸州
揺落清秋万里行
啣盃共惜別離情
群山暮色雁鴻乱
駅路西風驪駒軽
功業日新師大国
徳音年発壮皇京
曾知優待君恩渥
須見載陽衣錦栄

景山先生《けいざんせんせい》の芸州《げいしゅう》に赴《おもむ》くを送《おく》り奉《たてまつ》る
揺落《ようらく》　清秋《せいしゅう》　万里《ばんり》の行《こう》
盃《はい》を啣《ふく》みて　共《とも》に惜《お》しむ　別離《べつり》の情《じょう》
群山《ぐんざん》　暮色《ぼしょく》　雁鴻《がんこう》乱《みだ》れ
駅路《えきろ》　西風《せいふう》　驪駒《りく》軽《かろ》し
功業《こうぎょう》　日《ひ》びに新《あら》たにして　大国《たいこく》に師《し》たり
徳音《とくいん》　年《とし》ごとに発《はっ》して　皇京《こうけい》に壮《さかん》なり
曾《かつ》て知《し》る　優待《ゆうたい》　君恩《くんおん》の渥《あつ》きことを
須《すべか》らく見《み》るべし　載陽《さいよう》　衣錦《いきん》の栄《えい》

【通解】

草木が揺落するさわやかな秋の末に、はるか遠くの芸州へと先生は旅立って行かれる。杯に口をつけながら、ともに別れを惜しむ情にたえかねている。多くの山々は夕暮のけはいにそまって、雁が乱れ飛び立ち、街道には秋風がたって、馬の足どりも軽やか。先生の功績は、日ごとにその徳を増したことにあって、大国の士民はわが師と仰ぎ、徳が高いという評判は年ごとに高まって、今では京の都で何とさかんなことよ。先生はこれまでに、芸侯から特別に待遇され、ねんごろな御恩をうけてこられた。先祖の名誉を汚すことなく、今また意気盛んなる栄誉をいただいてお帰りになる景山先生の御姿をぜひとも拝見しよう。

【語釈】

○芸州　安芸の国の別名。○揺落　草が枯れ木の葉が風をうけてひらひら散ること。宗子相の〈送唐大参之赴山西〉に「揺落秋風旧漢冠、当年草を奏して並《とも》に琅玕《ろうかん》」（『明七才子詩集』巻七）とある。○清秋　空の澄みわたった、さわやかな秋の意。杜甫〈秋興二〉に「信宿《しんしゅく》の漁人還《ま》た泛泛《はんはん》、清秋の燕子《えんし》故《ことさ》らに飛飛《ひひ》」（『唐詩選』巻五）。○万里行　景山が京都から広島へ行くことをいう。宋之問の〈別杜審言〉に「病に臥して人事絶え、君が万里の行を嗟《なげ》く」（『唐詩品彙』巻二十八）。「万里行」（『唐詩礎』）。○啣盃　杯を口にあてること。「啣」は「銜」の俗字。李白の〈送儲邕之武昌〉に「爾《なんじ》を送つて別れを為《な》し難く、杯を銜《ふく》み惜しんで未だ傾けず」（『唐詩選』巻四）の表現をふまえるか。○別離情　詩語例として『明詩礎』に載る。○群山　むらがり聳える山。鮑明遠〈舞鶴賦〉に「冰《こおり》は長河を塞《ふさ》ぎ、雪は群山に満つ」（『文選』巻十四）。○暮色　夕暮の色。けはい。けしき。李白〈江上秋懐〉に「黄雲暮色を結び、白水寒流を揚《あ》ぐ」（『李太白文集』巻二十五）。○駅路　宿場を通っている道。街道のこと。崔顥の〈行経華陰〉に「駅路は西のかた漢畤《かんじ》に連なりて平らかなり」（『唐詩選』巻五）。○西風　秋風のこと。五行説では秋は西にあたるのでいう。許渾〈秋思〉に「琪樹《きじゅ》の西風枕簟《ちんてき》秋なり、楚雲《そうん》湘水同遊を憶《おも》ふ」（『唐詩選』巻七）。○驪駒　黒馬の意。応休璉〈与満公琰書〉に「徒《ただ》に恨むらくは、宴楽始めて酣《たけなわ》にして白日夕に傾き、驪駒駕《が》に就《つ》く」（『文選』巻四十二）。○功業　てがら。いさお。功績の大きな事業。李白の〈酬崔五郎中〉に「幸《さいわい》に聖明の時に遭ひ、功業猶ほ未だ成らず」（『李太白文集』巻十六）。○日新　日ごとにその徳を増し新しくすることをいう。『大学』〈伝第二章〉に「湯《とう》の盤《ばん》の銘に曰く、苟《まこと》に日に新たにして日日に新たに、又た日に新たなり」とある。これをふまえた表現。○師大国　「大国」はここでは安芸の国、広島藩をさす。景山は、享保四年（一七一九）第五代の好学の藩主浅野吉長に側儒として召し抱えられ、第六代藩主となる宗恒にも、江戸や広島に出向いて進講した。「師」は景山を師と仰ぐことをいう。○徳音　徳望。徳声。徳が高いというよい評判の意。晩年の室鳩巣は「屈景山の韻に和す」と題する詩序で、「其の志を観るに、将に大いに其の徳を成し、古人と千載の上に頡頏すること有らんとす」と景山の徳を評している（『後編鳩巣文集』巻之三）。『荀子』〈王覇篇〉第十一に「徳音厚くして以て之に先んじ、礼儀を明らかにして以て之を道《みちび》く」とある。○壮皇京　「皇京」はみやこの意で、ここは景山の住む京都のこと。「壮」は、景山の徳望が京都で評判になっていることをいう。湯浅常山が『文会雑記』に「堀景山南湖ハ文ヨクカケリ。光ヲツヽミタル学者ナリ。平安ニハ東涯ト此二人マデナリ」（巻一・上）と、服部南郭の言葉を紹介している。江村北海の『日本詩史』巻三にも、景山の人となりが述べられているが、北海の弟である清田儋叟の『孔雀楼筆記』巻一では、「梁蜕巌・屈景山ノ二先生、誉望世ニ高キハ、イフマデモナシ。コノ二先生万人ニ勝レタル徳アリ」と述べる。必ずしも宣長がひいきして述べた表現ではないことがわかる。○優待　手厚くもてなすこと。○君恩渥　「君恩」は君主の御恩。「渥」は、ねんごろなさまをいう。慶長十六年（一六一一）、曾祖父にあたる堀杏庵は和歌山藩主浅野幸長に侍医として召し抱えられ、広島転封時にも長晟に随従して藩の文教・医術に大いに貢献した。杏庵以後、立庵、（宗家北堀）蒙窩―南湖―南雲、（分家南堀）蘭皐―景山―蘭澤と、代々、側儒として登用され藩主と世子の教育にあたってきた。第七句は、景山がこれまでに藩主から寵遇を得てきたことをいう。○載陽　あたたかい、の意。『詩経』〈豳風《ひんぷう》・七月〉に「春日載《はじめ》て陽《あたたか》に、鳴く倉庚《そうこう》有り」とある。○衣錦栄　錦を着て故郷に帰る栄誉。ここは、先祖の名を汚すことなく、景山が藩儒として本藩に赴いて進講して帰ってくる栄誉をいう。欧陽脩の〈相州画錦堂記〉に「此れ一介《いっかい》の士、志を当時に得て、意気の盛んなる、昔人《せきじん》此を錦を着るの栄に比するなり」とある。

◇韻字　行・情・軽・京・栄（下平声八庚韻）。

【余説】

この詩は次の詩(4)と一緒に『詩文稿』（東京大学文学部国文学研究室・本居文庫蔵）に収められている。宝暦三年九月上旬に開かれた送別会での作であろう。『在京日記』には、景山が芸侯浅野宗恒の招請によって広島藩に赴くことになり、門弟たちが、安井御門前の江戸屋亭に景山・蘭澤父子を招いて餞別の宴を催したことを記す。

(4)　賦松奉賀景山先生七十華誕（本居宣長）

賦松奉賀　景山先生七十華誕　　松《まつ》を賦《ふ》して　景山先生七十《けいざんせんせいしちじゅう》の華誕《かたん》を賀《が》し奉《たてまつ》る

偃蓋層々帯瑞雲　　偃蓋《えんがい》　層々《そうそう》として　瑞雲《ずいうん》を帯《お》び
雲中仙鶴自為群　　雲中《うんちゅう》の仙鶴《せんかく》　自《おのずか》ら群《ぐん》を為《な》す
一□（一字塗抹）春色占千歳　　一《いっ》（　）春色《しゅんしょく》　千歳《せんざい》を占《し》む
行看青牛来伴君　　行《ゆ》いて看《み》ん　青牛《せいぎゅう》　来《きた》りて君《きみ》に伴《ともな》ふを

【通解】

ふせた笠のように、松の枝は幾重にも重なりあって、めでたい雲をまとう。雲の中の仙鶴は、自然と群れをなしている。春のめぐみをうけた一本の松の濃い緑色は、千年もの長い栄えをあらわしているかのようだ。さあ、でかけて見てみよう、青牛がやってきて松のそばにはべるさまを。


【語釈】
○賦松　「松」を題として作詩すること。○華誕　人の誕生日の敬称。「華旦」に同じ。○偃蓋　松の枝がふせた笠のように地上をおおうさま。『詩林良材』(下)に「矮《ヒキ》、松也」とある。張説の〈遥同蔡起居偃松篇〉に「池に懸《かか》り的的として華露《かろ》を停《とど》め、偃蓋 重重《ちようちよう》 瑞雲を払《はら》ふ」(『唐詩選』巻五)。起句はこの句を模倣踏襲している。○層々　幾重にもかさなっているさま。「重重」と同義。○瑞雲　めでたいときに、そのしるしとして現れるという雲。起句では、「松」を景山にたとえ、「瑞雲」を古稀のめでたさとともに皇恩(藩主の恩寵)の深さにたとえるか。享保四年(一七一九)、景山は広島藩第五代藩主浅野吉長に側儒として登用され、後に宗恒、重晟にも進講する。ここは特に宗恒(第六代藩主)の君恩をいう。○仙鶴　仙界の鳥である鶴。姚合の〈採松花〉に「今朝試みに高枝に上りて採れば、覚えず仙鶴の巣を傾翻《けいほん》す」(『三体詩』巻一)。結句の「青牛」とともに道家の雰囲気を醸し出す。「雲中の仙鶴」は、『世説新語』〈賞誉〉に「公孫度、邴原《へいげん》を目《もく》すらく、所謂雲中の白鶴なり。燕雀の網《あみ》の能く羅《あみ》する所に非ざるなり」と記す「雲中の白鶴」のことで、高潔な人格の人をいう。「自為群」は、高潔の士が自然に景山のもとに集まってくることをいう。○春色　春景色。杜甫〈登楼〉の「錦江《きんこう》の春色天地に来り、玉塁《ぎよくるい》の浮雲古今に変ず」(『唐詩選』巻五)のように春景色をいうのが一般的である。しかし、ここでは「ときはなる松のみどりも春くれば今ひとしほの色まさりけり」(『古今集』春上・二四・源宗于)や、「京極殿にてはじめて人々歌つかうまつりしに、松有㆓春色㆒といふことをよみ侍りし」という詞書を付した次の歌「おしなべて木の芽も春のあさ緑松にぞ千世の色はこもれる」(『新古今集』賀歌・七三五・摂政太政大臣)を念頭に置き、春になってひときわ濃くなる松の緑色に焦点をあてていっているのであろう。

○千歳　千年の長寿をいう。劉廷芝〈公子行〉に「願はくは貞松《ていしよう》の千歳に古きと作《な》らん、誰か論ぜん芳槿《ほうきん》の一朝に新たなるを」(『唐詩選』巻二)。転句の二字目の一字は自筆稿本では「桂」と思われる字を「杜」と書きさしたまま、それを塗抹している。「松」を書き損じたのではなかろうか。この詩と同じ時に詠んだ和歌二首(【余説】参照)をもとに推測すると、「春のめぐみをうけた松の濃い緑は、千年もの長い栄えをそなえ、それを色にあらわしているかのようだ」というくらいの意味になるであろうか。○青牛　仙人の乗る黒毛の牛。前述の『詩林良材』(下)「偃蓋」の注に「千歳の松樹四辺に披起して上抄長からず、望て之を視れば、偃蓋の如きこと有らん、其の中に物有り、或は青牛の如く、或は黄犬の如く、或は青羊の如し、人服すれば寿万歳」（『玉策記』）を引く。老子が晩年、青牛車に乗って函谷関を過ぎ、西域に入ったという故事「周の徳の衰ふるや、乃ち青牛の車に乗り、去りて大秦に入らんとし、西漢を過ぐ」（『列仙伝』巻上・老子）をふまえ、景山の才能を聖人扱いされた老子のそれにたとえた表現か。「君」は「松」であり景山のたとえである。李白の〈尋雍尊師隠居〉に「花は暖かにして青牛臥し、松高くして白鶴眠る」（『李太白文集』巻二十一）とある。

◇韻字　雲・群・君（上平声十二文韻）。

【余説】

『石上稿』宝暦七年丁丑詠和歌に、漢詩と同じ時に作ったと思われる和歌二首が次のように載る。

景山先生七十初度　松契千春〔松平安芸守殿詠和歌賜先生之題也〕

松に見る春のめくみのひとしほや千代も色そふたくひなるらん

千世の春をのきはの松にしめをきていくとかへりの花をかも見ん

「松契千春」の歌題で景山に古稀の祝いの歌を贈ったのは、藩主浅野宗恒である。同じ題で景山の弟子たちが歌をよみ、詩を作ったのであろう。この歌二首は、『石上稿』では、二月十五日に開かれた有賀氏月次会で詠まれた和歌「橋辺霞」の前に置かれている。『在京日記』は一月十八日から二十三日の間の一丁分闕損しているが、一月二十八日の条に「堀氏のよみそめは廿日にありし」とあることから、この詩は新年の読み始めがあった一月二十日の作であろう。景山が自らの古稀をよんだ「歳朝自述」と題する自筆の七絶の詩が現存する（Ⅳ・一・(29)・五五二頁参照）。

（5）謹次景山先生春初高韻先生今茲華誕　及七袠併春賀（山田孟明）

謹次景山先生春初
高韻先生今茲華誕
及七袠併春賀

紫霞杯馥酔青春
寿色嶷然鶴髪新
詩賦幾篇逐池草
琵琶一曲払梁塵
宦情勝事談風月
禄隠平居養形神
鎮見君辺陽和在
況逢淑気稍吹人
田　孟明

謹《つつし》んで景山先生《けいざんせんせい》の春初《しゅんしょ》の
高韻《こういん》に次《じ》す。先生今茲《せんせいことし》の
華誕《かたん》、七袠《しちちつ》に及《およ》ぶ。併《あわ》せたり春賀《しゅんが》。

紫霞《しか》　杯《さかずき》　馥《かお》り　青春《せいしゅん》に酔《え》ひ
寿色《じゅしょく》　嶷然《ぎぜん》として　鶴髪《かくはつ》新《あら》たなり
詩賦《しふ》　幾篇《いくへん》　池草《ちそう》を逐《お》ひ
琵琶《びわ》　一曲《いっきょく》　梁《りょう》　塵《じん》を払《はら》ふ
宦情《かんじょう》　勝事《しょうじ》　風月《ふうげつ》を談《だん》じ
禄隠《ろくいん》　平居《へいきょ》　形神《けいしん》を養《やしな》ふ
鎮《つね》に見《み》る　君《きみ》が辺《あた》りに陽和《ようわ》の在《あ》るを
況《いわ》んや　淑気《しゅくき》の稍《ようや》く人《ひと》を吹《ふ》くに逢《あ》ひてをや
田《でん》　孟明《もうめい》

【通解】
景山先生が春の初めに作られた漢詩に次韻する。先生は、今年の誕生日を迎えて七十歳になる。新年の御祝いをあわせて申し述べる。

先生は、仙人が飲むという紫霞酒を香らせながら杯を傾け、春を満喫している。いつの間にかめでたい古稀を迎えられて、頭は鶴の羽のように真っ白である。何篇かの詩賦を作っては、昔の楽しい思い出を追い求め、琵琶にあわせた一曲の巧みな歌声は、梁の上の塵までうごかしてしまうほどだ。儒臣としての仕事を立派に果たし、その一方では風雅の思いを語る。俸禄をはみながら隠士の節操を守り、平生は心身の修養につとめている。先生のまわりには、いつも和やかな雰囲気が漂っている。ましてや、やわらかな春風が吹いてくるころは、なおさらのことだ。

山田孟明

【語釈】

○景山先生春初高韻　景山作「丁丑新年」の七言律詩の韻字（春・新・塵・神・人）をさす。○華誕　人の誕生日の敬称。華旦。○七袠　七十歳。「袠」は「秩」に同じで、十年の称。○春賀　新年のお祝い。○紫霞　中国の仙人は紫の霞を食べているという。ここでは酒の別名。○馥　芳香を発する。○青春　春のこと。五行説では、春の色は青。○嶷然　高くぬきんでたさま。ここでは、寿ぐべき年齢で七十歳になったことをいう。○鶴髪　鶴の羽のような白髪。景山が白髪であったことがわかる。○逐池草　朱子の詩〈偶成〉にある「未だ覚めず池塘春草の夢」を踏まえる。若かりし頃の楽しい思い出。○払梁塵　上手な歌声は、梁の上の塵まで動かすという故事から、巧みな歌声をたとえていう。『文選』巻十八・成公子安〈嘯賦〉に「虞公声を輟めて歌を止む」とあり、李善注に「七略に曰く、漢興りて善く歌ふ者、魯人虞公、声を発すれば梁上の塵を動かすと」。宣長の『在京日記』宝暦六年正月九日の条に、「山田孟明の宅へとふらひ侍りければ、堀先生、横関斎などはやうよりき給ひて、しめやかに物語などせられける、後には、平家をかたりて、酒のみなとし、夜ふくるまて、平家かたり物語せられける、そも堀先生は、もとより平家をよくし給ひける」と見え、景山が平曲を得意としていたことがわかる。○宦情　役人気質。景山は広島藩の儒臣である。その仕事ぶりをいう。○勝事　立派なこと。すぐれていること。○談風月　風流な趣を語る、の意。『南史』巻六十

〈徐勉伝〉に「今夕、止だ風月を談ず。宜しく公事に及ぶべからず」。〇禄隠　俸禄を貰いながら、無欲恬淡で隠士の節操を守ることをいう。『白楽天後集』巻二に「大隠は朝市に住み、小隠は丘樊に入る」とあるように、真に悟った隠者は、民衆の中で生活する。景山がそうだと孟明は言いたいのである。〇平居　常日頃。ふだん。〇形神　肉体と精神。『戦国策』〈仲尼〉に「子列子を視れば、形神相偶せずして、与に群すべからず」。〇陽和　のどかな春の気候。『史記』巻六〈秦始皇本紀〉に「時、中春に在りて、陽和方に起る」。〇淑気　春のなごやかな気。〇田孟明　山田孟明。生年不詳～明和六年（一七六九）。名は周蔵。字は孟明。叢桂と号す。京都の人。自宅は綾小路西洞院西入町にあり、景山宅の近所。明和五年版『平安人物志』巻一〈学者〉にその名が見える。景山の門下生で、学問はもちろん詩会・歌会・行楽などを通して、宣長が京都遊学中に最も親しく交際していた人物である。

◇韻字　春・新・塵・神・人（上平声十一真韻）。

＊「詩稿」〈丁丑新年〉（Ⅳ・一・(28)・五四九頁）参照。本居宣長記念館蔵。

(6)　哭屈景山先生（龍草廬）

哭屈景山先生
聞作修文地下郎
乾坤回首意茫茫
荊山乍失明珠色
豊獄終消宝剣光

屈景山先生《くつけいざんせんせい》を哭《こく》す
聞《き》く　修文地下《しゅうぶんちか》の郎《ろう》と作《な》ると
乾坤《けんこん》　首《こうべ》を回《めぐ》せば　意茫茫《いぼうぼう》たり
荊山《けいざん》　乍《たちま》ち失《うしな》ふ　明珠《めいしゅ》の色《いろ》
豊獄《ほうごく》　終《つい》に消《け》す　宝剣《ほうけん》の光《ひかり》

北海尊前人一去
西州門外涙千行
誰言仁者従来寿
今日教吾遺憾長

北海《ほっかい》の尊前《そんぜん》 人一《ひとひと》たび去《さ》り
西州《せいしゅう》の門外《もんがい》 涙千行《なみだせんこう》す
誰《たれ》か言《い》ふ 仁者《じんしゃ》 従来《じゅうらい》 寿《いのちながし》 と
今日《きょう》 吾《われ》をして遺憾《いかん》長《なが》からしむ

【通解】

堀景山先生の死を悼む

先生が亡くなり、冥土で修文郎になったことを伝え聞いた。わたしは遠くを見やり、茫然自失の体である。荊山から出た珠玉は、突然その美しい色を失い、豊城の獄屋から掘り出された二本の宝剣は、とうとうその光を消してしまった。その門に賓客が常に溢れていた孔北海のような景山先生の家から、人がみないなくなった。羊曇が西州門で嘆き悲しんだように、先生の死を悼んで、とめどなく涙を流す。仁徳のある者は今まで長生きしてきたなどと、一体、誰が言ったのだろう。先生を失った無念の思いを、今日から私に長く抱かせることになった。

【語釈】

○修文　文人の死をいう。死後、冥土で文章を掌るという修文郎のこと。『三十国春秋』に「顔回卜商、為地下修文郎（顔回、卜商、地下修文の郎と為る）」とある。○地下　あの世。冥土、の意。○乾坤　「乾坤」は天と地の意だが、ここは単なる天地ではなく、悲しみの情態で見るともなく目を遠くやることをいう。○荊山　『文選』巻四十二〈与楊徳祖書〉に「家家自謂、抱荊山之玉（家家自ら謂ふ、荊山の玉を抱く）」、李善注に「韓子曰、楚人和氏、得玉璞於楚山之中、奉而献之。文王使玉人治其璞而得宝。（韓子曰く、楚人和氏、玉璞を楚山の中に得、奉じて之を献ず。文王、玉人をして其の璞を治めしめて、宝を得たり）」とある。ここの一句は、玉のような才を持つ賢人をたとえたものだが、「乍失」

で、「明珠の色」（玉の光）が消える、つまり、賢人（景山先生）が亡くなったことをいう。〇豊獄　この語から始まる一句も、「荊山之玉」と同じく景山の死をたとえる。『晋書』巻三十六〈張華伝〉に「華大喜、即補煥為豊城令。煥到県、掘獄屋基、入地四丈余、得一石函。光気非常也。中有双剣、並刻題、一曰竜泉、一曰太阿。（華大いに喜び、即ち煥を補して豊城の令と為す。煥県に到りて、獄屋の基を掘る。地に入ること四丈余り、一石函を得る。光気非常なり。中に双剣有り。並に題を刻す。一には曰く、竜泉。一には曰く、太阿）」とある。雷煥が豊城令となって、獄屋の基を掘り、光を放つ二本の宝剣（龍泉・太阿）を得た故事に拠る。〇北海　後漢の文人で建安七子の一人。孔子二十世の孫である孔融（一五三～二〇八）のこと。献帝の時、北海の相となり、孔北海と称した。『後漢書』巻七十〈孔融伝〉に「性寛容少忌、好士喜誘益後進。及退閑職、賓客日盈其門、常歎曰、坐上客常満。尊中酒不空、吾無憂矣（性寛容にして忌むこと少なく、士を好みて喜んで後進を誘益す。閑職を退くに及びて、賓客日に其の門に盈つ。常に歎じて曰く、坐上に客常に満つ。尊中酒空しからざれば、吾憂ひ無し）」とある。『世説新語』〈豪爽〉にも、この故事が引用される。景山の人となりと、師として後進の門下生をうまく育成していた様子の一端は、景山宅に寄宿していた宣長の日記（『在京日記』）によって窺い知ることができる。〇尊前　酒樽の前、の意。孔融伝の「尊中酒不空」を意識している。〇人一去　門下生がみな景山宅から離れたことをいう。〇西州門外　晋の羊曇が、可愛がられていた叔父の謝安が亡くなった後、西州の城門に至り悲歎したという『晋書』巻七十九〈謝安伝〉の故事に拠る。「門外」は、人の往来が無くなった門前のさびしい様子のこと。〇涙千行　千すじの涙を流すこと。〇仁者従来寿　景山が亡くなったのは宝暦七年九月十九日であり享年七十歳。草廬は景山を仁徳を有する人とみている。

◇韻字　郎・茫・光・行・長（下平声七陽韻）。

【余説】

龍草廬（一七一五～一七九二）の姓は龍、名は公美・元亮、字を君玉・子明、草廬・竹隠・松菊主人はその号である。

景山が没した宝暦七年、草廬は四十三歳。『龍草廬先生集初篇』の跋に「君英　前受経屈先生、後学詩龍先生」（宝暦三年癸酉重陽日　蘭洲　幡君英文華謹書）の一文がある。「前受経屈先生」の屈先生は、堀南湖ではなく景山とみれば、経学を景山に学んだ後、詩を学ぶに龍草廬に師事したことになる。本詩の底本とした『龍艸廬先生集』（宝暦十二年刊・内閣文庫蔵）に掲載される「龍草廬先生伝略」には、草廬が「好和歌及和文、深信僧契沖之説（和歌及び和文を好み、深く僧契沖が説を信）」じていたことが記されている。景山と草廬が儒学者であって、和歌・和文を好み、契沖の学問を高く評価していたことが共通している。両者が交流するきっかけの一つであったのかもしれない。

Ⅳ　詩文稿

一　詩稿

※江村北海は、景山の詩を評して「其詩結構整斉、亦一時作家」（『日本詩史』巻之三）という。

(1)　甲戌広城新年作

甲戌広城新年作　　甲戌《こうじゅつ》 広城《こうじょう》 新年《しんねん》の作《さく》

層城儼鼓暁声佳　　層城《そうじょう》 儼鼓《げんこ》 暁声《ぎょうせい》佳《よ》く

纔見風烟含日華　　纔《わず》かに見《み》る 風烟《ふうえん》 日華《にっか》を含《ふく》むを

陌上塵沙吹暖気　　陌上《はくじょう》の塵沙《じんさ》 暖気《だんき》を吹《ふ》き

雲辺睥睨倚明霞　　雲辺《うんぺん》の睥睨《へいげい》 明霞《めいか》に倚《よ》る

山河洵美周封国　　山河《さんが》 洵《まこと》に美《び》なり 周《しゅう》の封国《ほうこく》

帯礪永膺漢世家　　帯礪《たいれい》 永《なが》く膺《よう》す 漢《かん》の世家《せいか》

官舎春閑徒四壁　　官舎《かんしゃ》 春閑《しゅんかん》にして 徒《た》だ四壁《しへき》のみ

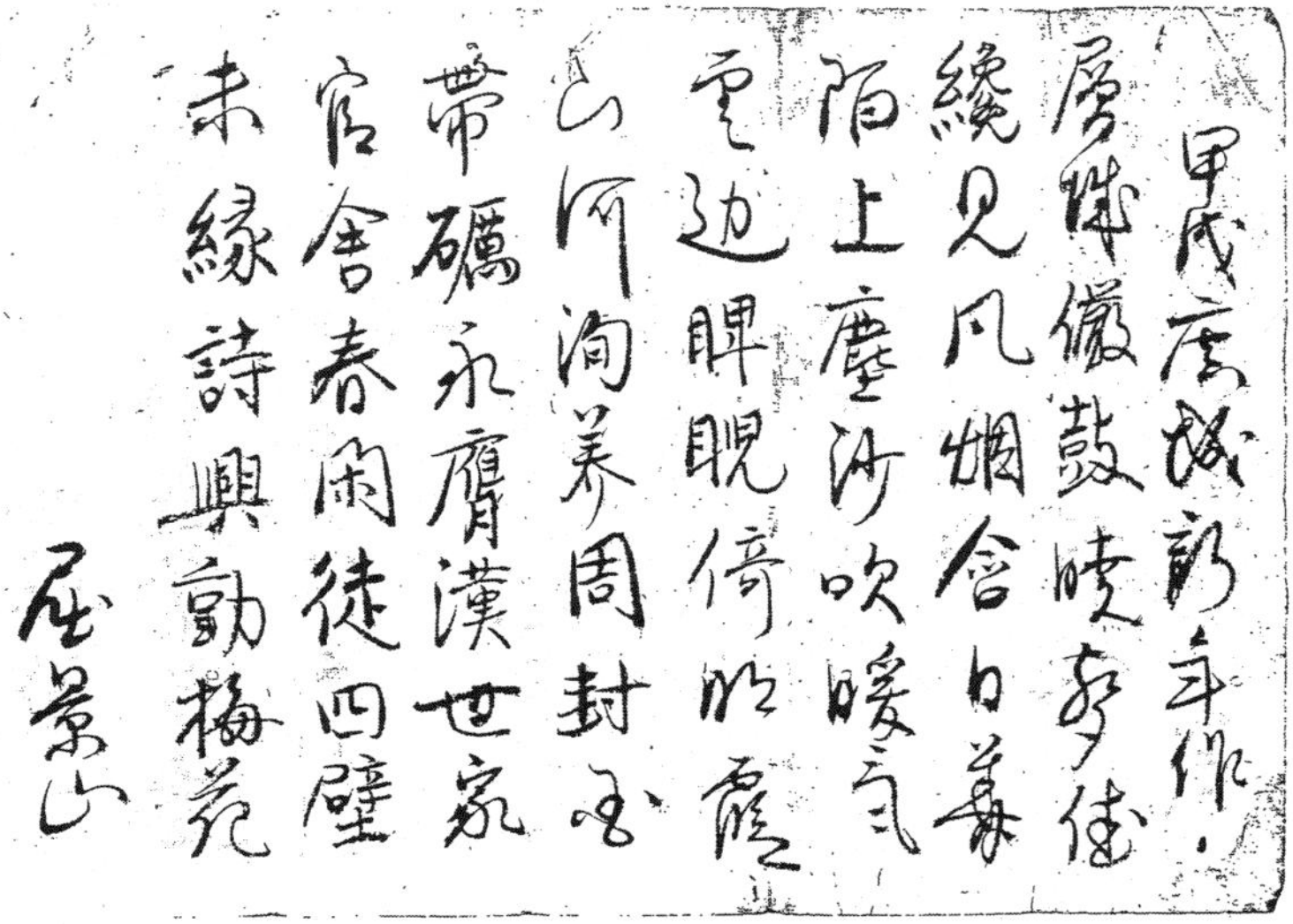

堀景山筆詩稿「甲戌広城新年作」（本居宣長記念館蔵）

未縁詩興動梅花　　未《いま》だ詩《し》興《きょう》に縁《よ》らず　梅花《ばいか》に動《おどろ》く

【通解】

宝暦四年、広島城にて新年の作

明け方、高くそびえたつ城に、おごそかな太鼓の音が響きわたり、風吹く朝靄の中に、日の光が包み込まれているのがわかる。路上の塵砂は、春の暖かさを吹き、雲のたなびく辺りの姫垣は、朝の清らかな霞にもたれかかっている。安芸の国の山や川は、周の時代の国々を思わせるかのように実に美しい。漢の世家のように、家系を永久に絶やさないという藩の約束がある。のどかな春、あてがわれた官舎には四方に壁があるのみ。ここであれこれと詩作をめぐらそうとするが、今を盛りと咲く梅の花に心がひかれてしまうことだ。

【語釈】

○甲戌　宝暦四年（一七五四）。景山六十七歳。○広城　芸州広島藩（四十二万六千石）の居城である広島城。鯉城、在間城とも。○層城　高くそびえる城。○儼鼓　おごそかな太鼓。「厳鼓」に同じか。○暁声　明け方に響く太鼓の音。

○風烟　風と靄。○日華　日の光。○陌上　道の上。路上。○塵沙　ちりと砂。○雲辺　雲のたなびくあたりをいう。○睥睨　城壁の上の姫垣（低い垣根）のこと。『釈名』〈釈宮室〉に、「城上の垣を睥睨と曰ふ。其の孔中にて非常を睥睨するを言ふ也」とある。○倚　よりかかる、の意。○明霞　ここは朝の清らかな春霞。○周封国　儒教で理想とする西周時代の国々。○帯礪　「帯厲」に同じ。帯と砥石。『史記』巻十八〈高祖功臣年表第六〉に、「封爵之誓ひに曰く、黄河をして帯の如く、泰山をして厲の如くならしむとも、国以て永く寧くして、奚に苗裔に及ぼさんと」とある。「帯厲之誓」は、黄河が帯のように小さくなり、泰山が砥石のように平らになっても変わらない義から、功臣の家を永久に断絶させないという約束をいう。ここは、曾祖父の杏庵が、初代広島藩主浅野長晟に仕えて以来、堀家が代々広島藩の儒臣として厚遇されてきたことを念頭においてもいるが、直接は、享保二十年十二月二十四日に、従兄の南湖と一緒に賜った永代禄のことをさしていると思われる。この約束どおり、堀家は宗家（北堀）・分家（南堀）ともに江戸幕府が閉じるまで、芸儒として召し抱えられた。○膺　受ける、の意。○漢世家　漢の時代に、代々扶持を受けた家をいう。○官舎　藩が貸し与えた居宅。景山は京住のまま、藩主の要請に従って広島や江戸に赴いている。今回の広島への京都出立は、宝暦三年九月十五日であり、帰京は同四年三月二十三日であった。○春閑　春ののどかなこと。○四壁　家のまわりの壁。『史記』巻百十七〈司馬相如列伝〉に、「家居徒だ四壁のみ立つ」とある。家には四方の壁があるのみで、何の道具もないことをいう。○詩興　詩を作りたい気持ち、の意。

◇韻字　華・霞・家・花（下平声六麻韻）。

【余説】

本詩は、本居宣長記念館所蔵の一葉（九十五・一糎×十五・一糎）に、「厳島神廟」と題する七言律詩二首と百五十字余りの漢文一編とともに記されている。景山自筆。

(2)　夏初奉謝　諸君見過

夏初奉謝
　諸君見過
袷衣緑木居然好
再世交游皆老蒼
但説雕虫真細事
無何飲酒定良方
論高不屑十年読
坐久更余三日香
緬識天文夜来異
賢人端爾集茅堂

夏初《かしよ》　諸君《しよくん》に過《よぎ》らるるを奉謝《ほうしや》す
袷衣《こうい》　緑木《りよくぼく》　居然《きよぜん》として好《よ》し
再世《さいせい》　交游《こうゆう》　皆老蒼《みなろうそう》
但《た》だ説《よろこ》ぶ　雕虫《ちようちゆう》　細事《さいじ》を真《まこと》とするを
無何《むか》　飲酒《いんしゆ》　良方《りようほう》を定《さだ》む
論高《ろんたか》し　屑《いさぎよ》しとせず十年《じゆうねん》の読《どく》
坐《ざ》すこと久《ひさ》し　更《さら》に余《あま》す三日香《さんじつこう》
緬《はるか》に識《し》る　天文《てんもん》　夜来異《やらいことな》るを
賢人《けんじん》　端爾《たんじ》として　茅堂《ぼうどう》に集《つど》ふ

【通解】

夏の初め、諸君が拙宅に立ち寄られたことに対して、つつしんで感謝申し上げる

衣更えをする。樹木に緑の葉がしげる初夏の頃は、なんとも心地よい。父子二代にわたり諸兄と交際を重ねてきたが、今では皆頭が真っ白である。些細な事柄を、字句に飾って詩や文章にして楽しみ、俗事に煩わされずに酒を飲むのをよしとする。談論風発して、長年の読書ももの足りず、じっと坐って熟考した言葉も、皆を納得させるには至ら

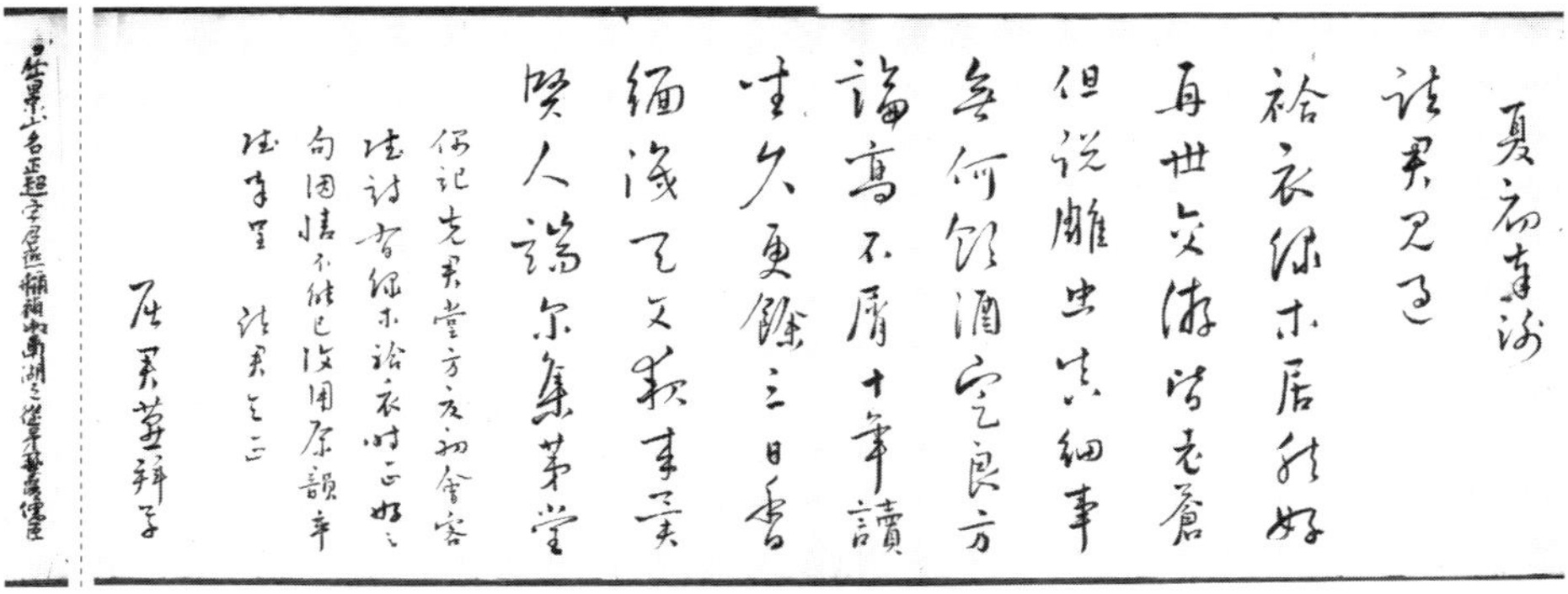

堀景山筆詩稿「夏初奉謝諸君見過」（天理大学附属天理図書館蔵）

ない。はるか遠く、月や星が夜ごとに様を変えているのをしみじみと思う。賢人が、今でも礼儀を正して拙宅に集う。

【語釈】

○袷衣　あわせ。裏地のついた着物。『守貞謾稿』二十四に「四月朔日、更衣と称し今日より五月四日に至り、袷衣を着す」とある。○緑木　緑の葉の茂った木。○居然　気づかぬうちに、そのようになっていることの形容。○再世　二世の間。二代。『左伝』〈宣公・十二年〉に「楚是を以て再世競はず」。○老蒼　年取って髪が白くなること。杜甫〈壮遊〉に「脱落す小時の輩、交りを結ぶ皆老蒼」とある。○雕虫　原義は、小さな虫の彫刻をつくること。転じて、細かい細工の意に用いるが、ここは「雕虫篆刻」（文章を作るのに、字句を飾り立てること）に同じ。○細事　つまらない事柄。細かい事柄。○無何　俗事に煩わされない、の意。○良方　よいしかた。良法。○不屑　「屑」は、いさぎよしとする、の意。「不屑」は、ここでは諸兄と議論や談話をする中で、自分の勉強不足を痛感することをいうのであろう。○十年読　十年間読書する。長い間書を読んで学問すること。『南史』巻三十七〈沈攸之伝〉に「攸之、字仲達、晩く読書を好む。手巻を釈てず、史漢の事記憶する所多し。常に歎じて曰く、早く窮達命有を知る。十年読書せざるを恨む」とある。○三日香　三日の間は芳しい、というのが原義。新しく珍しいものは、わずかの間は人は関心を向けるが、結局は厭わしくなることをいう。○

緬　はるか、とおい、の意。〇天文　日月星辰の現象をいう。『易経』〈繋辞・上〉に「仰いで以て天文を観、府して地理を察す」。〇端爾　「爾」は形容詞・副詞を形容する助字。「端」は正しい。ここは礼儀を正して、の意か。〇茅堂　自分の家の謙称。拙宅の意。自宅は、京都綾小路室町西入ル南にあった。

◇韻字　蒼・方・香・堂（下平声七陽韻）。

【余説】

この七言律詩には、次の添書がある。

偶記　先君嘗方夏初会客賦詩有緑木袷衣時正好之句　因情不能已復用原韻　卒賦奉呈　諸君乞正

屈君燕拝草

（偶々記す。先君、嘗て夏の初めに客を会し、詩を賦すに方り、「緑木袷衣時正好」の句有り。情、已むこと能はざるに因て、復た原韻を用ひ、卒に賦して奉呈す。諸君に正を乞ふ。　屈君燕　拝草）

また、この一葉をおさめた包紙には別の筆で「伊藤徳蔵様　樋口淑人」とあり、その裏に「屈景山名正超字君燕称禎助南湖之従弟芸藩儒臣」と記されている。徳蔵は、景山に遅れること一世紀半、古義堂六代目の伊藤輶斎の字であり、樋口淑人はいかなる人物かは未詳。景山の漢詩と添書は、かつて父蘭皐が自宅に諸友を招き詩会を開いた時のことを思い起こし、そのときの詩句の韻を再び用いて、今また自分（景山）の代にも、同様に諸友を招くことができた喜びを述べている。蘭皐の諸友が伊藤仁斎・東涯・村上冬嶺・北村篤所・那波古峯等であったこと、また、この一葉が古義堂に贈られていること、さらに漢詩の第二句「再世交游皆老蒼」などから判断して、景山のいう諸君の中心人物は伊藤東涯であったのではないかと推定する。

天理大学附属天理図書館古義堂文庫蔵（天理大学附属天理図書館本翻刻第１２０８号）。漢詩と添書は、景山自筆。

(3)　謹応方広大王教詠茉莉花

謹応　　謹《つつし》んで　方広大王《ほうこうだいおう》の茉莉花《まつりか》を詠《えい》ぜしむるに応《おう》ず
方広大王教詠茉莉花

西種儕天樹　　西種《せいしゅ》　天樹《てんじゅ》を儕《ともがら》とす
逆風堪作家　　風《かぜ》を逆《むか》へ　家《いえ》を作《な》すに堪《た》へたり
纔開朝気爽　　纔《わず》かに開《ひら》けば　朝気爽《ちょうきさわや》かなり
暫対暑氛遮　　暫《しばら》く対《むか》へば　暑氛遮《しょふんさえぎ》る
葱嶺欺凝雪　　葱嶺《そうれい》　凝雪《ぎょうせつ》を欺《あざむ》き
祇園媚散花　　祇園《ぎおん》　散花《さんげ》に媚《こ》ぶ
幽香専定夜　　幽香《ゆうこう》　定《じょう》を専《もっぱ》らにする夜《よ》
坐覚染袈裟　　坐《そぞ》ろに覚《おぼ》ゆ　袈裟《けさ》に染《そ》まるを

【通解】

謹んで、方広大王の命により茉莉花を題にして詩を作る

西域原産の茉莉花は、忉利天の天樹の仲間。風を迎え入れて、その芳しい香をあたり一面に漂わす。わずかに咲き開くと、朝の空気はさわやかになり、しばし向き合っていると、ものうい暑さもつい忘れてしまう。白い花の咲く前栽は、あたかも凝雪と見まがうばかりの葱嶺のよう。また、散華で美しい祇樹園のようである。禅定に専念している

夜、奥ゆかしい香が墨染の衣にしみ込んでゆくのを、何とはなしに感じることだ。

【語釈】

○方広大王　「方広」は、一般に広大な経典を意味する。「大王」は、親王の敬称。大乗経典を学ぶ親王の意で、ここでは、霊元天皇の第十九皇子で四度天台座主となった堯恭法親王（一七一七〜一七六四）をいう。享保四年（一七一九）、妙法院に入り、門主となる。この詩が作られた宝暦六年の時は四十歳であった。○茉莉花　香科植物として古くから有名。インド・サウジアラビア・イラン・東南アジアに自生する。常緑低木で花は白色。『大和本草』に「茉莉（中略）花の香蘭の如し」とある。○西種　西域産の草木の意であろう。ここは茉莉花をいう。○儕　ともがら。たぐい。○天樹　忉利天上の樹木の名。○逆風　風を迎え入れる。鳩摩羅什の『成実論』に「波利質天樹多く、其の香、風を逆へて聞く」とある。○作家　財産を作るを原義とするか。ここは、芳香を財産とする、の意であろう。○朝気　朝の清新の気。○暑氛　暑気と同意か。この時の季節は秋八月。○葱嶺　中央アジアのパミール高原の中国名。漢代から西域との交通路が開かれた。妙法院宮の庭をそれに見立てている。次の「祇園」も同じ。○凝雪　氷り固まった雪のこと。○祇園「祇樹園」「祇陀園」の略。インドの祇陀太子が所有した園で、須達長者がそれを買い取り釈尊に奉った。○散花　散華。仏を讃嘆し供養するために、仏のまわりをめぐりながら花を地に散らすこと。○幽香　奥ゆかしい香。○定「禅定」のこと。座禅によって精神を統一し、真理を考えること。○袈裟　僧衣。

◇韻字　家・遮・花・裟（下平声六麻韻）。

【余説】

この詩は、本居宣長の『在京日記』（本居宣長記念館蔵）宝暦六年八月九日の記事の中に載る。詩の前に

妙法院宮の御せんさいに、茉莉花といふ物をうへ《ゑ》られけるか、花咲ぬとて、景山先生に仰せて詩作らしめ給ふ、其詩、

とあり、詩の後には

この茉莉花といへるものは、西域より渡れる物にて、香たかきものとかや、景山先生としころ彼宮にめされて、会読講釈なとし給ふゆへ(五六)に仰付られし也、此宮は、霊元院帝の皇子にてましてます、学問好み給ふ宮なりける

と記して、作詩の事情を説明している。この数年、堯恭法親王に召されて、会読に加わりまた講釈していたことが知られる。『妙法院日次記』によれば、景山は宝暦三年八月二十三日に初めて妙法院に参上して、宮と対面している。それまで堯恭法親王に『歴史綱鑑補』を進講していた従兄の堀南湖が、一ケ月ほど前の七月十一日に亡くなり、それを引き継いだものである。宝暦六年六月十三日からは、『周易』を開講している。Ⅲ・一参照。

(4)　早春寓懐

早春寓懐

閶闔紅雲銜日懸
金鐘纔曙動新年
椒花献歳殷勤頌
濁酒寛心容易眠
上国韶華輝艸木
幾人騒思媚風烟
校書原是漢家業

早春《そうしゅん》の寓懐《ぐうかい》

閶闔《しょうこう》 紅雲《こううん》 日《ひ》を銜《ふく》みて懸《かか》る
金鐘《きんしょう》 纔《わずか》に曙《あけ》て 新年《しんねん》を動《うごか》す
椒花《しょうか》 献歳《けんさい》 殷勤《いんぎん》の頌《しょう》
濁酒《だくしゅ》 寛心《かんしん》 容易《ようい》の眠《みん》
上国《じょうこく》の韶華《しょうか》 艸木《そうもく》を輝《てら》す
幾人《いくたり》か騒思《そうし》し 風烟《ふうえん》を媚《よろこ》ぶ
校書《こうしょ》は 原《も》と是《こ》れ漢家《かんか》の業《ぎょう》

須識河間耽簡編　須《すべか》らく河間《かかん》の簡編《かんぺん》に耽《ふけ》るを識《し》るべし

我　芸藩侯、頃歳郷学、日夕校讐典籍、因以比諸漢河間王云　　屈景山

（我《わ》が芸藩侯《げいはんこう》、頃歳《けいさい》学《がく》に郷《むか》ひ、日夕典籍《につせきてんせき》を校讐《こうしゆう》す。因《よ》りて以《もつ》て、諸《これ》を漢《かん》の河間王《かかんおう》に比《くら》ぶと云《しか》ふ。　　屈景山《くつけいざん》）

【通解】

早春の即興詩

お城の門に、春の日を含んだ赤い雲がかかる。鐘の音が夜明けを告げ、新たな年が始まる。ねんごろに新年の祝詞をあげ、濁り酒を飲んでゆったりとした気分になり、ついうとうとしてしまう。安芸の国の春の光は、草木を照らして生気を吹き込む。どれほど多くの人が心を騒がせて、春がすみの時期になったのを喜んでいることか。宗恒公の携わっておられる書物の校合は、もともと中国漢王室のなせる業。河間献王ともいうべき宗恒公が、書物に没頭し、学問に励んでいることを知るがよい。

（わが芸藩侯は、近年学問に専念し、日夜校書していらっしゃる。そこで、宗恒侯を漢の河間献王になぞらえる、というわけである。　　堀景山）

【語釈】

○閶闔　天子の宮殿の門。ここは広島城の御門。『楚辞』〈離騒〉に「吾帝閽をして開関せしめ、閶闔に倚りて予を望む」とある。○紅雲　くれないの雲。○金鐘　鐘の美称。○椒花頌　新年の祝詞。『晋書』巻六十六・列女伝〈劉臻妻陳氏〉に、「劉臻の妻陳氏は、亦聡弁にして能く文を属す。嘗て正旦、椒花頌を献ず」とある。○献歳　正月の意。○殷勤　殷懃に同じ。手厚く親切なこと。○寛心　気分を大きくもつこと。○上国　石高が大きく、勢力の強い藩をいう。芸州藩がそうだというのである。○韶華　春の光。○騒思　心を騒がせる、の意。○媚　よろこぶ、の意。○

風烟　のどかな春の景色。○校書　校合と同じ。他の書物と比べて、異同・正誤を調べ正すこと。○漢家　漢の王室。○河間　前漢の劉徳のおくりな。漢の景王の第三子。河間王に封ぜられ、献と諡された。学を好み、書物を多く書写した。『漢書』巻五十三〈景十三王伝〉にその伝が載る。ここは、添書にあるように、芸藩侯浅野宗恒を河間献王になぞらえている。宗恒が好学の藩主であったことは、景山の「自警編序」によって知られる。○簡編　書物。典籍。○頃歳　近年。近ごろ。○郷学「郷」は「向」の意。ここは学問に専念するという意味であろう。○校讎　既出の「校書」に同じ。

◇韻字　懸・年・眠・烟・編（下平声一先韻）。

【余説】

本詩は、宣長の『在京日記』宝暦六年正月の記事に「十五日、屈先生読初左氏伝会、屈先生新年の作」と前書きして載せられている。その日は、景山塾で『春秋左氏伝』の新年の読書始めがあった。宣長は、景山塾に寄宿したその年の五月二十五日から、『左伝』の講釈を景山の息子蘭澤に受けている。そして、景山の自筆改訓本を借りて、所持本『春秋経伝集解』三十巻十五冊に「訓点国読旁註句読、是景山先生所校正也」を、「雖一字半点不加臆矣」という姿勢で丹念に書き写している。宝暦六年六月二日に全冊の書写を終えるが、その間四年あまり。新年の読書始めのあったこの時は、第十三冊目の書入れ作業をしている時期にあたる。

(5)　洞春深林

洞春深林

洞春《とうしゅん》の深林《しんりん》

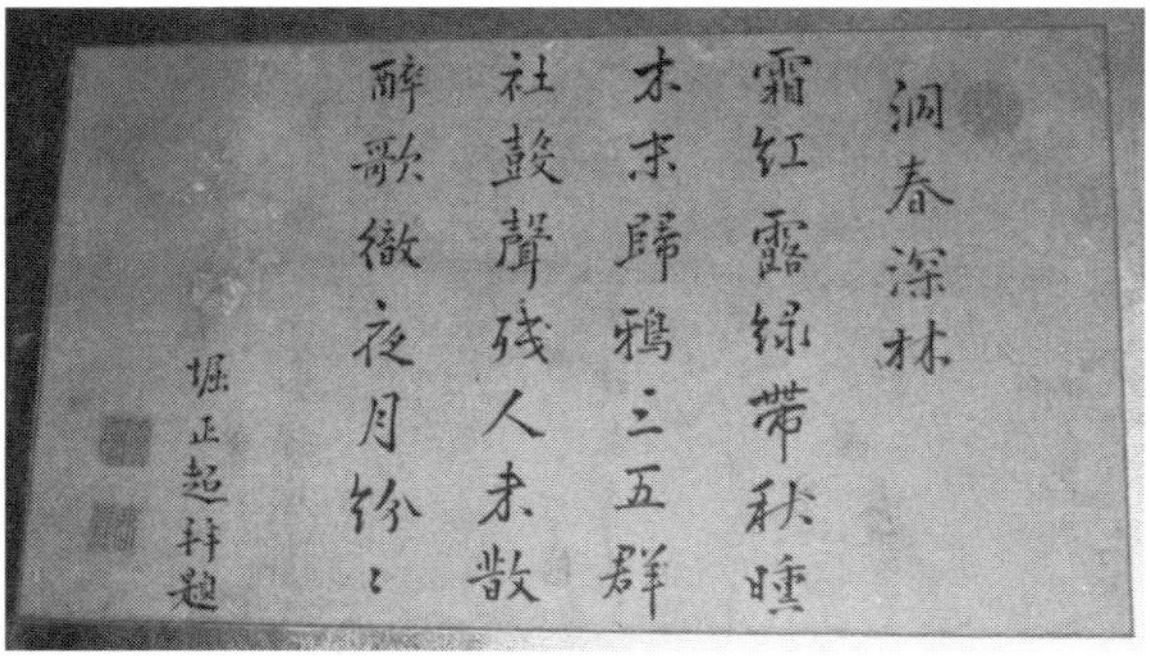

堀景山筆詩稿「洞春深林」（堀一郎氏蔵）

霜紅露緑帯秋曛
木末帰鴉三五群
社鼓声残人未散
酔歌徹夜月紛々
堀正超　拝題

霜《しも》は紅《くれない》　露《つゆ》は緑《みどり》にして　秋曛《しゅうくん》を帯《お》ぶ
木末《ぼくまつ》　帰鴉《きあ》　三五《さんご》の群《む》れ
社鼓《しゃこ》の声残《こえのこ》るも　人未《ひといま》だ散《ち》らず
酔歌《すいか》　夜《よ》を徹《てつ》し　月紛々《つきふんぷん》たり
堀正超《ほりしょうちょう》　拝題《はいだい》

【通解】

洞春の深林

霜で赤く色づいた葉や、露の降りた緑の葉をつける奥深い林は、秋の黄昏の気配である。こずえの上を、鴉が三羽、五羽と連れ立って帰って行く。秋祭りのつづみの音が消えようとしても、人々はまだここを立ち去ろうとしない。酔人の歌声が夜通し響き、そこには月も仲間として加わっている。

【語釈】

○洞春　「洞春寺」という臨済宗の寺が、毛利元就の菩提所として孫の輝元により、天正元年（一五七三）に安芸国吉田に創建されている。輝元が広島城に移った後は、城下広瀬（現、中区）に移されるが、慶長五年（一六〇〇）周防・長門への移封により、山口さらに萩へと寺地を移した。景山が、広島藩の儒者として度々広島を訪れていたことから、詩題の「洞春」は広島城下の広瀬の寺跡地をさしていると考えられる。広瀬の洞春寺は、鎮守に厳島明神を祀っていた。○深林　奥深く茂った林。○秋曛　「曛」は、入日のひかり。黄昏。○木末　こずえ。枝の先。○帰鴉　ねぐらに帰るカラス。○社鼓声　社日（ここは、立秋後の第五の戊の日に土地の神を祭る「秋社」）に奏するつづみの音。陸游〈秋社〉に「雨余残日照庭槐、社鼓鼕鼕賽廟回（雨余残日庭槐を照し、社鼓鼕鼕廟に賽して回る）」。○酔歌　酒に酔って歌をうたう。○紛々　入り交じって乱れるさま。○拝題　主君から詩題を承ること。主君は芸州第五代藩主浅野吉長（宝暦二年没）、もしくは第六代藩主宗恒。

◇韻字　曛・群・紛（上平声十二文韻）。

【余説】

この七言絶句は、景山の自筆で、堀一郎氏所蔵。「我与我周旋久」（『晋書』巻四十七〈殷浩伝〉に見える「我与君周旋久」の捩り）と刻む引首印と、「屈正超印」と刻んだ落款は、本居宣長記念館所蔵の景山の詩幅に押されたものと同一のものである。またもう一つの落款は景山の字「君燕」を刻む。

(6)　頃日社集諸君和詩□已　一以蘭字為韻

頃日社集諸君和詩□已
一以蘭字為韻
石麟洲秀才倚其韻摸
八音体余亦倣之書懐奉呈

頃日《ちかごろ》、社《しゃ》の集《つどい》、諸君《くん》、和詩□已。一《いっ》に、蘭字《らんじ》を以《も》て韻《いん》と為《な》す。石麟洲《せきりんしゅう》　秀才《しゅうさい》、其《そ》の韻《いん》を倚《よ》せ八音体《はちいんたい》を摸《も》したり。余《よ》も亦之《またこれ》に倣《なら》ひ、懐《おも》ひを書《しる》して　奉呈《ほうてい》す。

金粧尤物想渾乾　　金粧《きんしょう》 尤物《ゆうぶつ》 想《おも》ひ渾《すべ》て乾《かん》たり
石有文章花有蘭　　石《いし》に文章《ぶんしょう》 有《あ》り 花《はな》に蘭《らん》有《あ》り
絲網掃除好客癖　　絲網《しもう》 掃除《そうじ》す 好客《こうかく》の癖《くせ》

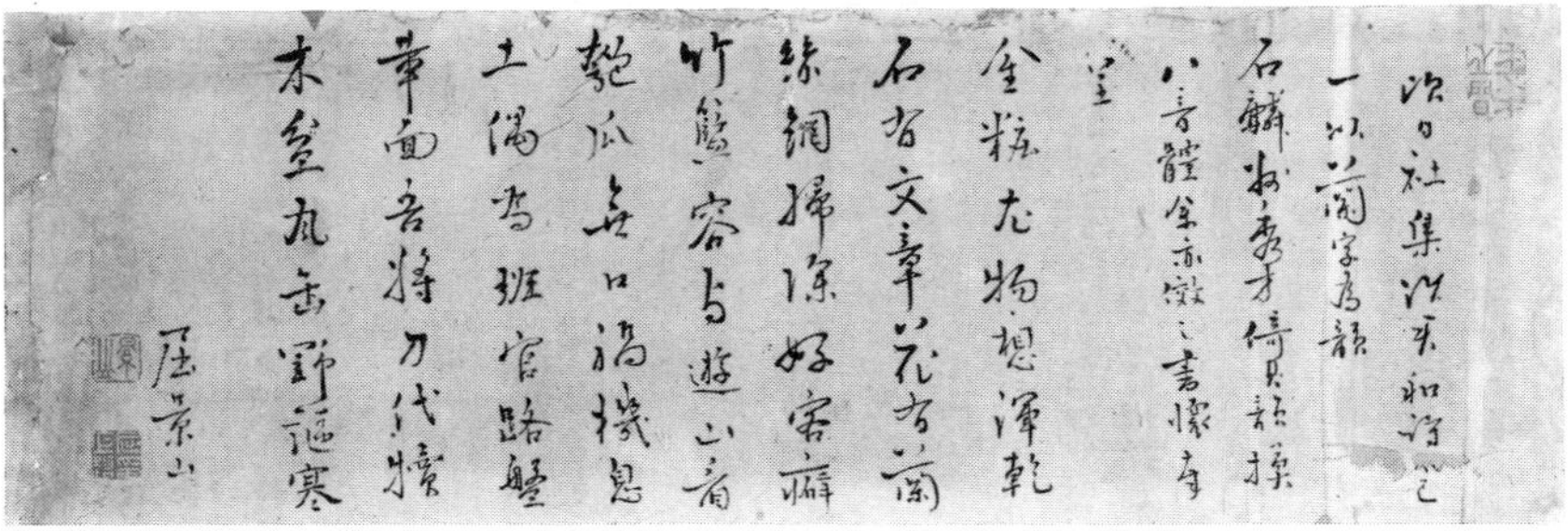

堀景山筆詩稿（架蔵）

竹籃容与遊山看
匏瓜無口禍機息
土偶為班官路盤
革面吾将刀代犢
木盆瓦缶野謳寒
屈景山

竹籃《ちくらん》 容与《ようよ》とす 遊山《ゆうざん》の看《かん》
匏瓜《ほうか》 口《くちな》無くして 禍機《かき》息《や》み
土偶《どぐう》 班《れつ》を為《な》して 官路《かんろ》 盤《わだかま》る
革面《かくめん》 吾将《われしたが》ふに 刀《とう》を犢《とく》に代《か》へん
木盆《ぼくぼん》 瓦缶《がふ》 野謳《やおう》の寒《かん》
屈景山《くつけいざん》

【通解】
最近、結社に参集して諸友が和韻の詩を作った。その一つは「蘭」を韻字とする秀才石川麟洲が、その韻字「蘭」に寄せ八音体を真似て詩を作った。小生もこれに倣って、心に思うところを書き述べて進呈する。

きれいに化粧した美人の思いやりは、みなうわべだけのもの。石川麟洲に詩あり、花に節操の香気漂う蘭がある。蜘蛛の古巣を払うのは、文雅の士の癖、竹かごに乗りながら、ゆったりと山遊びして眺めを楽しむ。瓢簞には口が無いから、わざわいが起きるはずもないけれど、口のきけない泥人形のような役人は列をなし、役所へ通ずる道にわだかまる。主君にお仕えするに、わたしは、刀ではなく書をもってしよう。木盆に酒器をのせて、人気のないものさびしい郊外で歌をうたうことだ。

堀景山

【語釈】

○頃日　頃日は、このごろ、近ごろの意。○□已　已の上の字は剝がれている。わずかに下の部分に筆跡の一部が残るが、判読不能。○石麟洲　石川麟洲、宝永四年（一七〇七）～宝暦九年（一七五九）。名は正恒、字は伯卿・伯毅、通称平兵衛、麟洲と号した。京都の儒学者。初め柳川滄洲、のちに景山の従兄堀南湖に学ぶ。元文四年（一七三九）、豊前小倉藩に仕える。荻生徂徠の『弁道』を駁した『弁道解蔽』一巻を宝暦五年に刊行。『太平記』巻二に載る日野国光（阿新殿）の仇討ちを漢訳した文が、堀景山、宇野明霞、栗原文蔵の漢訳文とともに『日野阿新伝』（刈谷市中央図書館蔵）に収められる。Ⅳ・二・⑽参照。○秀才　すぐれた才能のある人。○八音　金（鐘）・石（磬）・絲（絃）・竹（管）・匏（笙）・土（壎）・革（鼓）・木（柷敔）の八種の楽器をいう。『書経』堯典に「詩は志を言ひ、歌は言を永じ、声は永に依り、律は声を和す。八音克く諧し、倫を相奪ふこと無くんば、神人以て和せん」。八音体は、律詩の各句の頭に八音を順に置いた詩をいう。○金粧　美しく化粧する、の意。○尤物　すぐれた美人。『春秋左氏伝』〈昭公・二十八年〉に「夫れ尤物の以て人を移すに足る有り。苟し徳義に非ざれば則ち必ず禍有り」とある。○乾　うわべだけ、名義上だけ、の意。『史記』巻六十二〈酷吏列伝〉に「始め小吏と為り、乾没す。（注）正義―陽に浮慕するを乾と為し、心内に合はざるを没と為す」とある。○石有文章　「石」は石川麟洲を指している。「文章」は、ここでは、麟洲の八音体の詩が見事な出来栄えになっていることをいうか。続く「花有蘭」とは句中対となる。○蘭　キク科の香草である藤袴のこと。『春秋左氏伝』〈宣公・三年〉に「蘭に国香有り」とある。国中第一の香りであるとされる。また、『論衡』〈本性〉に「石の生じて堅く、蘭の生じて香しきは、善気を稟け、長大にして就成すればなり。（中略）蘭石の性を稟く、故に堅香の験有り」と見える。「石」と「蘭」は、節操の清く固いことにたとえられるから、麟洲の文章に「徳」をみているとも考えられる。○絲網　蜘蛛の巣のこと。『文選』巻三十一、江文通〈張司空、離情〉に、「蘭逕行迹少なく、玉台網絲を生ず」。○好客　風流人。文雅の士をいう。『王右丞集』巻九〈登裴迪秀才小台作〉に、「好客多く月に乗じ、応門関を上ること莫し」。○竹籃　あじろかご。乗物である。○容与　ゆるやかに行くさま。『文選』巻一・班固〈西都賦〉に「饗賜畢りて、労逸斉しく、大路鑾を鳴らし、容与として徘徊す」とある。○遊山　山に遊ぶこと。○匏瓜　うりの一種。ひさご。『論語』〈陽貨〉に「吾豈に匏瓜ならんや。焉くんぞ能く繋りて食らはれざらん」とあることから、「匏繋」は、食べられずにぶらさがっている瓢箪、役に立たない者にたとえられる。景山は自分を重ねているか。○無口　ひさごには口がない。余計なことを言わない、の意。○禍機息　「禍機」は、わざわいを引き起こすはずみ、の意。『北史』巻二十四〈崔彧伝〉に「夫れ恭倹は福の輿、傲侈は禍の機」とある。「息」は、やむ、やめる。○土偶　土人形。泥で作った人形。対になる第五句の「匏瓜」を、口を利けないという意味で意識している。ここでは、上司の命令だけに従う頑愚な役人への皮肉。○班　列。組。ならび。○官路　官道。官庁へ通ずる大道。○盤　わだかまる。ぐるぐるめぐる、の意。○革面　君に従う、の意。『易経』〈革〉に「上六は、君子は豹のごとく変ず。小人は面を革む。……象に曰く、君子は豹のごとく変ず、その文蔚なり。小人は面を革む、順にして以て君に従ふなり」とある。○刀代犢　犢は小牛の意だが、ここは犢鼻褌のことをいうか。『北史』巻八十一〈劉昼伝〉に「少くして孤貧、学を愛《この》み、伏膺《ふくよう》して倦むことなし。常に戸を閉ざして書を読む。暑月唯だ、犢鼻褌を着くるのみ」とある。○木盆　木製の盆。粗末な盆に、次の瓦缶を載せるのであろう。○瓦缶　素焼きの器で、酒などを入れるのに用いる。○野謳寒　野謳は、人気のない郊外で歌をうたう、の意。「官」に対しての「野」の意識があろう。

◇韻字　乾・蘭・看・盤・寒（上平声十四寒韻）。

【余説】

この架蔵の七言律詩は、縦十六・七糎×横四十九・六糎の未装一枚である。元は屛風に貼られていたもので、右一行目下部（「和詩」の下）に破損の痕跡があり、状態があまりよくない。引首印は「才不才之間」、落款は「景山」「屈正超印」の二つが押されている。

（7）　送田生石泉西還

叙別江楼風露涼
酒酣橘柚媚人香
明朝何限西悲意
回首可堪向夕陽
　送
田生石泉西還
平安屈景山

別《わか》れを江楼《こうろう》に叙《の》ぶるに　風露《ふうろ》涼《すず》し
酒《さけ》酣《たけなわ》にして　橘柚《きつゆう》　人《ひと》を媚《び》して香《かんば》し
明朝《みようちよう》　何《なん》ぞ限《かぎ》りあらん　西悲《せいひ》の意《い》
首《こうべ》を回《めぐ》らせば　夕陽《せきよう》に向《む》ふに堪《た》ふべけんや
田生石泉《でんせいせきせん》が西還《せいかん》するを送《おく》る
平安《へいあん》　屈景山《くつけいざん》

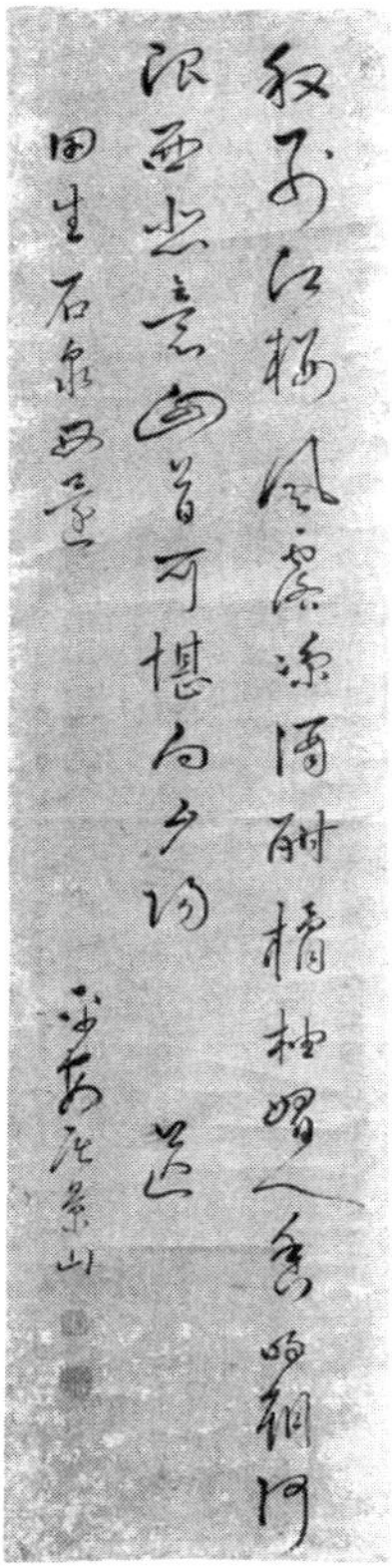

「送田生石泉西還」（佐賀大学附属図書館蔵）

【通解】

岸辺の楼で離別の宴を催していると、川風が吹き露がおりて、その涼しさがなんとも心地よい。酒宴が盛り上がり、みかんの香気があたりに漂ってきて、人々をいい気分にしてくれる。一夜明ければ、君の胸には故郷の家族への思いが限りなく膨らむであろう。西に帰って行く君の姿をふりかえって見たとき、私は別れの辛さに耐えられるだろうか。

田生石泉が西国に帰るのを送る

京都　堀景山

【語釈】

○江楼　賀茂川のほとりの楼閣。○風露　涼しい川風と露。○酒酣　さかもりの真最中。○橘柚　みかんとゆず。ミカン類の総称。○媚人　「媚」は、ここでは「阿媚」（こびへつらう）の意ではなく、いつくしむ、かしずくなどの意味合いをもつのであろう。『詩経』大雅〈巻阿〉に「維れ君子使し、天子を媚す……維れ君子命じ、庶人を媚す」とある「媚」と同じ用い方。○香　みかんの香気がただよう、の意。以上前半の二句は、送別の宴の景をのべる。王昌齢の七絶〈送別魏二〉（『唐詩選』巻七）の一、二句「酔ひて江楼に別るれば橘柚香し、江風雨を引き船に入りて涼し」に類似した表現がある。このあとの三、四句は、明朝別れた後の石泉の胸中と、彼を見送る自分の心情を想像してのべる。○明朝　あすの朝。○何限　反語表現。限りないことをいう。文宗皇帝の五言絶句〈宮中題〉（『唐詩選』巻六）の第三句に「高きに憑る何限の意」とある。「何限意」は、限りない思い、の意。○西悲　西に悲しむは、西の郷里で待つ家族を思って切なくなること。早く帰りたいという思い。『詩経』国風〈東山〉に「我東にして帰らんと曰へば、我心は西に悲しむ」とある。これを踏まえているか。○回首　ふりかえって見ること。○可堪　反語表現で、耐えかねる、の意。○向夕陽　ここは夕日が沈む西、つまり西国にある故郷に向かって帰って行くことをいう。

◇韻字　涼・香・陽（下平声七陽韻）。

【余説】

田石泉という人物は、堀景山塾で儒学を学ぶ門生であったと推測されるが、生没年・生国等については未詳。諸国から京都綾小路室町にあった景山塾に入門し、学業成って郷里に帰る様子の一端は、景山晩年の弟子本居宣長の『在京日記』や餞別詩文などによって窺い知られる。

「送田生石泉西還」と題するこの七言絶句は、佐賀大学附属図書館蔵。市場直次郎コレクション目録（掛軸目録リスト第三期）933番、紙本墨書。

(8)　次謝河内日下生見寄高韻

次謝河内日下生見寄高韻　　河内《かわち》の日下生《くさかせい》の寄《よ》せらるる高韻《こういん》を次謝《じしゃ》す

恬退寧須四十聞　　恬退《てんたい》　寧《やす》らかに須《ま》ちて　四十《しじゅう》を聞《き》き
優游老圃避塵紛　　優游《ゆうゆう》たる老圃《ろうほ》　塵紛《じんぷん》を避《さ》く
臭蘭忽報便如故　　臭蘭《しゅうらん》　忽《たちま》ち報《ほう》ず　便《すなわ》ち故《こ》の如《ごと》く
綵筆纔開亦出群　　綵筆《さいひつ》　纔《わずか》に開《ひら》く　亦群《またぐん》より出《い》づ
日下盛声鳴鶴傲　　日下《じっか》の盛声《せいせい》　鳴鶴《めいかく》の傲《ごう》
斗間瑞気伏竜文　　斗間《とかん》の瑞気《ずいき》　伏竜《ふくりょう》の文《ぶん》
著書閑対名山色　　書《しょ》を著《あら》はし　閑《しず》かに対《たい》す　名山《めいざん》の色《いろ》
肯道史才方属君　　肯《あえ》て道《い》はんや　史才《しさい》　方《まさ》に君《きみ》に属《ぞく》すと

【通解】

河内の日下生が贈ってくれた詩に感謝し、その韻を次ぐ君は名利にとらわれず、人と争わないでしずかに不惑の年になるのを待ち受け、ゆったりと畑仕事に従事して、煩わしい俗世を避けている。蘭花を思わせる快く綴った言葉を、旧知の友に対するかのように頂戴した。詩文のすばらしさは、垣間見ただけで群を抜いているのがわかろうというもの。都での君の名声は、あの隠れない大才を誇る荀鳴鶴のようであり、北斗星と南斗星の間の盛んな壮心は、潜み隠れる竜の気象のごとくである。一人ひっそりと生駒山と向かい合って著述に専念しているとのこと。史家としての才能が、君にあるということを、私は承知している。

【語釈】

○恬退　名利にとらわれず、人と争わないこと。○四十　不惑。『論語』〈為政〉に「四十にして惑はず。五十にして天命を知る」。○優游　ゆったりとした時間をもつことができる様。『後漢書』巻六十八〈符融伝〉に「優游として仕へず」。○老圃　畑仕事に慣れた農夫。『論語』〈子路〉に「圃を為るを学ばんと請ふ。曰く、吾は老圃に如かず」。日下生駒の号の一つに「愚拙農夫」がある。○塵紛　俗世の煩わしさ。○臭蘭　蘭の花のようにかぐわしいこと。『易経』〈繫辞・上〉に「二人心を同じくすれば、其の利、金を断つ。同心の言は、其の臭、蘭の如し」とある。○綵筆　詩文の才がすぐれていること。○日下　日が照らす下。ここは、京都をいう。生駒の姓「日下」と京都を意味する「日下」を掛ける。○盛声　「盛名」（高い評判、立派な名声）と同じ。○鳴鶴　晋の荀鳴鶴に准える。生駒の号の一つに「鳴鶴陳人」があって掛けている。晋の荀鳴鶴は、陸士龍とともに天下に名だたる名士であった（『世説新語』〈排調〉）。この故事に拠る。○斗間　斗は、天の南・北にある星座。「斗牛の間、常に紫気有り」（『晋書』巻三十六〈張華伝〉）。「紫気」は「瑞気」と同じ。○瑞気　めでたい雲気。『晋書』巻十二〈志・天文中〉に「瑞気は、一に慶雲と曰ふ。雲の若くにして、雲に非ず」。○伏竜　地中に潜む竜。将来、大成する素質のある優れた人物のたとえ。『三国志』巻三十五「蜀志」〈諸葛亮伝〉に「諸葛孔明は、臥竜なり」（注―時務を識るは、俊傑に在り。此の間、自ら伏竜、鳳雛有り）。○文　あらわれ。現象。『広韻』巻一〈上平声〉に「文　文章なり又美なり善なり兆なり」とある。『淮南子』〈詮言訓〉「文は、象なり」。〇名山　名高い山。生駒の号の一つに「生駒山人」がある。生駒山を意識している。
〇史才　史家としての才能。
◇韻字　聞・紛・群・文・君（上平声十二文韻）。

【余説】

本詩は、「堀景山筆　詩文集　宝暦三年」（個人蔵）の複製資料による。この詩とともに生駒に送られた「復河内日下生書」に、尾聯についての言及がある。Ⅳ・二・⒀・六二二頁参照。

⑼　春江花月夜

春江花月夜
浪華江上梅花樹
南枝開遍及北枝
浪華江水接大海
西海南海無津涯
春潮連江江不流
夜月纔生光陸離
江花江水相掩映
江上春色更熙熙

春江花月《しゅんこうかげつ》の夜《よ》
浪華《ろうか》　江上梅花《こうじょうばいか》の樹《じゅ》
南枝《なんし》　開《ひら》くこと遍《あまね》くして　北枝《ほくし》に及《およ》ぶ
浪華《ろうか》の江水《こうすい》　大海《たいかい》に接《せっ》し
西海《せいかい》　南海《なんかい》　津涯《しんがい》無《な》し
春潮江《しゅんちょうこう》に連《つら》なりて　江流《こうなが》れず
夜月《やげつ》　纔《わずか》に生《しょう》じて　光陸離《ひかりりくり》たり
江花《こうか》　江水《こうすい》　相掩映《あいえんえい》し
江上《こうじょう》の春色《しゅんしょく》　更《さら》に熙熙《きき》たり

昔日仁皇此営都
虞廷揖譲衣裳垂
万井皡皡人煙暖
江花献笑入麗詞
竜馭一去空千載
高陵松柏雨露滋
豊王重築浪華台
金湯不屑函関巇
駕御竜虎在掌握
威名赫奕震華夷
代換台空復何見
唯有江月閲栄衰
江月有待夜夜明
江花居然年年披
江水猶不舎昼夜
万古滾滾無尽時
仁皇邈矣豊王逝

昔日《せきじつ》　仁皇《にんおう》　此《ここ》に都《みやこ》を営《いとな》み
虞廷《ぐてい》の揖譲《ゆうじょう》　衣裳《いしょう》垂《た》る
万井《ばんせい》　皡皡《こうこう》　人煙《じんえん》暖《あたた》かに
江花《こうか》　笑《しょう》を献《けん》じて　麗詞《れいし》に入《い》る
竜馭《りゅうぎょ》一《ひと》たび去《さ》りて　空《むな》しく千載《せんざい》
高陵《こうりょう》の　松柏《しょうはく》　雨露《うろ》滋《しげ》し
豊王《ほうおう》　重《かさ》ねて築《きず》く　浪華台《ろうかだい》
金湯《きんとう》　屑《いさぎよ》しとせず　函関《かんかん》の巇《き》
竜虎《りゅうこ》を駕御《がぎょ》して　掌握《しょうあく》に在《あ》り
威名《いめい》　赫奕《かくえき》として　華夷《かい》に震《ふる》ふ
代《よ》換《かわ》り　台《うてな》　空《むな》しくして　復《ま》た何《なに》をか見《み》る
唯《た》だ　江月《こうげつ》の　栄衰《えいすい》を閲《み》る有《あ》り
江月《こうげつ》　待《ま》つこと有《あ》りて　夜夜《よよ》　明《あきら》かに
江花《こうか》　居然《きょぜん》として　年年《ねんねん》披《ひら》く
江水《こうすい》　猶《な》ほ　昼夜《ちゅうや》を舎《や》めず
万古《ばんこ》　滾滾《こんこん》として　尽《つ》くる時《とき》無《な》し
仁皇《にんおう》　邈《はる》かなり　豊王《ほうおう》の逝《ゆ》く

人世興亡忽可悲
此時須記春江好
春来勿誤花月期

人世《じんせい》の興亡《こうぼう》　忽《たちま》ちとして悲《かな》しむべし
此《こ》の時《とき》　須《すべか》らく記《しる》すべし　春江《しゅんこう》の好《よ》きを
春来《しゅんらい》　誤《あやま》ること勿《なか》れ　花月《かげつ》の期《とき》

【通解】

春の川辺に花が咲き、明月が冴えわたる夜

淀川のほとりに梅の木がある。南向きの枝につく花は皆開き、北向きのもちらほら咲いている。川の水は大海に流れこみ、海原の西にも南にも岸が見えない。春の日の湖水が満ちてきて、川の流れを塞き止め、夜にやっと上ってくる月の光は、水面に映えてキラキラと輝く。川辺の花が水面にかぶさり、川面にその様を映している。川べりの春景色は、なんとものどかである。

むかし、仁徳天皇はこの地に都をつくり、聖帝の名にふさわしく天下を平和に治められた。方万里の領地では、民はみなゆったりと生活し、人家からは、かまどの煙が立ちのぼっていた。川辺の梅花も咲いてほほ笑みを献じ、仁政を誉め讃えていた。天皇が崩御あそばされてから、長い年月が経過した。御陵の松柏は、天皇の御恵みがいつまでも変わらないことの象徴であるかのように見える。

この大坂の地に、ふたたび城壁を築いたのは豊臣秀吉である。堅固な城は、あの函谷関の険しさをものともしない。いずれ劣らぬ諸大名の上に立って天下を統一し、思いのままに世を治めた。威光と誉れは光り輝き、諸外国にも聞こえわたるほどであった。しかし、秀頼の代になって城が陥落し、後にはかつての栄光も何も残っていない。その栄枯盛衰を見て知っているのは、今も昔も変わらない淀川の水面にのぼる月だけだ。

川の上にかかる月を待ちうけていると、夜ごとに明るさを増してのぼってくる。川べりの梅は、毎年毎年、時が来れば花を咲かせる。川の水は、昼夜の別なく流れ去る。あとからあとから湧き立つようにして流れ、永久に尽きることはないであろう。仁徳天皇が崩御されて久しく、秀吉も逝ってしまった。世の中の盛衰を思うと、ふともの悲しくなる。こんな時には、春の川辺の好風景を、書きとめてみるがよい。春、花と月のすばらしい時を見逃してはならない。

【語釈】

○春江花月夜　題の「春江花月夜」は、楽府題の一つ。余説参照。「春江」は、本詩では春の淀川の川べりをいう。○浪華　大坂の旧称。○南枝　南に向いている梅の枝。『本朝文粋』巻八の慶滋保胤〈早春同賦春生逐地形詩序〉に、「東岸西岸の柳、遅速同じからず。南枝北枝の梅、開落已に異なり」とある。『和漢朗詠集』にも載る。○江水　淀川の流れる水。○大海　ここは大坂湾。○津涯　岸のこと。『書経』〈微子〉に、「今殷其の淪喪する、大水を渉り、其れ津涯無きが若し」とある。○春潮　春の日にさしてくる潮水。○夜月　夜に上ってくる月。○陸離　光がキラキラと美しく輝くさま。○江花　川の畔に咲く花。○掩映　おおってその様を映す、の意。○煕煕　和らいだのどかなさま。○仁皇　応神天皇の第四皇子の仁徳天皇。記紀の伝えるところでは、第十六代天皇。難波高津宮に都した。○虞廷　伝説上の聖天子舜が帝位にあった朝廷のことで、ここは仁徳天皇を舜帝に譬えていう。○揖譲　命令したり強制したりせずに、謙虚で温和な動作をすること。『漢書』巻二十三〈礼楽志〉に「揖譲して天下治まるとは、礼楽の謂なり」とある。これに拠る。○衣裳垂　昔の聖帝は、無為にして天下が治まったことをいう。『易経』〈繋辞・下〉に「黄帝堯舜、衣裳を垂れて天下治まる」とある。これに拠る表現。○万井　方万里の地をいう。『漢書』巻二十三〈刑法志〉に、「地方一里を井と為す」。○皞皞　おおらかで、ゆったりしている様子。『孟子』〈尽心・上〉に、「覇者の民は驩虞如たり。王者の民は、皞皞如たり」とある。○人煙　人家から立ち上るかまどの煙。○献笑　ほほ笑みをなげかける。花が咲く、の意。○麗詞　「麗辞」（美しいことば）に同じ。○竜馭　天子の車。『長恨歌』に「天旋り日転じて竜馭を廻らす」。○一去空千載　ここあたりは、崔顥の〈黄鶴楼〉を意識しているか。その七律の詩は「昔人已に黄鶴に乗りて去り、此の地空しく余す黄鶴楼、黄鶴一たび去りて復た返らず、白雲千載空しく悠悠、晴川歴歴たり漢陽の樹、芳草萋萋たり鸚鵡洲、日暮郷関何れの処か是なる、煙波江上人をして愁へしむ」。○高陵　高い丘。仁徳天皇陵をいう。○松柏　松とこのてがしわ。柏は日本では「かしわ」だが、中国では「かや」「ひのき」などの常緑樹。常緑樹は色を変えないため、ここは君子の節操があることをたとえる。『論語』〈子罕〉に、「子曰く、歳寒くして、然る後に松柏の彫むに後るるを知る」とある。○雨露　雨露のように広く恵むことで、大きな恩恵をいう。○豊王　豊臣秀吉（一五三六〜一五九八）のこと。○浪華台　秀吉が一五八三〜八五年に、石山本願寺跡に築いた大坂城。○金湯　金城湯池の略。守りの堅固な城。○函関巇　「函関」は、函谷関のこと。河南省霊宝県の西南にある。秦の時に置かれ、天険の地として知られる。「巇」は、高く険しいさま。○駕御　馬をつかいならすこと。ここは、人の上に立ってこれを治め扱う、の意。○竜虎　すぐれた人物。○威名　威光と名誉。○赫奕　明らかに光り輝く様。○華夷　中国から見ての中国と外国。ここは、中国を含む諸外国の意。○震　きこえわたる、の意。○唯有江月閲栄衰　人生の無常をうたっている李白の七絶〈蘇台覧古〉を意識しているか。その第三句・四句に「只今惟だ西江の月のみ有りて、曾て照らす呉王宮裏の人」とある。○居然　気づかないうちに、そうした状態になる、の意か。○不舎昼夜　『論語』〈子罕〉「子、川の上に在りて曰く、逝く者は斯の如きか。昼夜を舎めず」に拠る。水の絶え間なく流れるさまを嘆じた語。○万古　永久に。いつまでも。○滾滾　水が盛んに流れるさまをいう。つづく「無尽時」を考えれば、杜甫〈登高〉の「無辺の落木は蕭蕭として下り、不尽の長江は滾滾として来たる」に拠る語か。○人世　世の中。○春江　春の川。○春来　「来」は助辞で意味はない。

◇韻字　枝・涯・離・熙・垂・詞・滋・巇・夷・衰・披・時・悲・期（上平声四支韻の一韻到底）。

【余説】

江村北海編・安永六年刊『日本詩選』（『続日本儒林叢書』第三に所収）による。以下⑽〜⒃も同じ。巻之二所載の本詩の後に、次の文が書き添えられている。

春江花月夜。世以為隋楽府。不知陳時已有斯曲。唐人演作七言歌行。已異本辞。景山斯篇。特浪華懐古耳。

（「春江花月の夜」、世以て隋の楽府と為す。知らず、陳の時、已に斯の曲有るかを。唐人演べて、七言歌行を作す。已に本辞と異なる。景山の斯篇、特だ浪華の懐古のみ）

「春江花月夜」は、ここでも述べているように楽府題の一つである。そのもと歌は、南朝陳の陳叔宝が作詞したものに、何胥という人が曲をつけたと言われているが、陳叔宝のそれはすでに無い。『楽府詩集』巻四十七には、煬帝（二首）・諸葛穎・張子容（二首）・張若虚・温庭筠の計七首が挙げられている。とくに模擬作として著名なのが、『唐詩選』巻二に採られた張若虚（初唐）の七言三十六句からなる長編である。景山はこの詩を参照していると思われるが、景山のは七言二十八句。「江上」「江水」「江花」「江月」など、同じことばを繰り返す枝巧を用い、それら不変のものと人世の興亡を対比して、浪華を懐古している。

⑽　癸亥中秋伏見法蔵寺作

癸亥中秋　　癸亥《きがい》の中秋《ちゆうしゆう》

伏見法蔵寺作　　伏見《ふしみ》法蔵寺《ほうぞうじ》の作《さく》

偶人招提境　　偶《たまたま》招提《しようだい》の境《きよう》に入《い》りて

更知月色清　　更《さら》に知《し》る月色《げつしよく》の清《きよ》きを

行雲風不定　　行雲《こううん》風定《かぜさだ》まらず

遠水夜逾明
松覆翳人影
蘆深過櫓声
一生期此夕
能遇幾回晴

遠水《えんすい》 夜《よる》逾《いよいよ》明《あきら》かなり
松《まつ》 覆《おお》ひて 人影《じんえい》を翳《かく》し
蘆《あし》 深《ふか》くして 櫓声《ろせい》過《す》ぐ
一生《いっしょう》 此《こ》の夕《ゆう》べを期《き》すも
能《よ》く 幾回《いくかい》の晴《は》れに遇《あ》ふ

【通解】

癸亥（寛保三年）の中秋、伏見法蔵寺での作

たまたま寺の境内に足を踏み入れてみると、月の光が清らかに澄んで差し込んでいる。風の吹くままに雲は流れ、遠くに見える鴨川の水面は、月光に照らされて白く明るい。松は人影をつつみ隠し、水辺に生い茂る蘆のむこうからは舟の櫓をこぐ音が聞こえてくる。今日のような風情ある明るい月夜に遇おうとしても、一生のうちで何度めぐりあうことができよう。

【語釈】

○癸亥　寛保三年（一七四三）。○法蔵寺　紀伊郡竹田村（現在京都市伏見区）にあった寺。竹田村は街道筋に位置し、村域内を鴨川が貫流している。○招提　寺。寺院。魏の武帝がはじめて伽藍をつくり、招提と名づけた。○行雲　ただよう雲。○遠水　遠方に見える水。○人影　人の姿。蘇軾〈後赤壁賦〉に「人影地に在り、仰ぎて明月を見る」。
○櫓声　舟の櫓を漕ぐ音。
◇韻字　清・明・声・晴（下平声八庚韻）。

【余説】
『日本詩選』巻之三所載。『熙朝詩薈』『皇都名勝詩集』にも採られる。

⑾　磨針嶺酒楼望琵琶湖

磨針嶺酒楼　　磨針《すりはり》の嶺《みね》の酒楼《しゅうろう》に
望琵琶湖　　琵琶湖《びわこ》を望《のぞ》む

湖楼西望遠　　湖楼《ころう》 西《にし》のかた 遠《とお》くを望《のぞ》めば
郷思忽紛紛　　郷思《きょうし》 忽《たちま》ち紛紛《ふんぷん》たり
霞奪神竜気　　霞《かすみ》は奪《うば》ふ 神竜《しんりょう》の気《き》
波連天女雲　　波《なみ》は連《つら》なる 天女《てんにょ》の雲《くも》
水光含日閃　　水光《すいこう》 日《ひ》を含《ふく》みて閃《ひらめ》き
山影蘸春分　　山影《さんえい》 春《はる》を蘸《ひた》して分《わ》かる
目送晴烟末　　目送《もくそう》す 晴烟《せいえん》の末《すえ》
心随帰雁群　　心《こころ》は随《したが》ふ 帰雁《きがん》の群《むれ》

【通解】
磨針峠の茶屋から琵琶湖を望む

峠の茶屋から湖水を遠く西に望めば、郷里を思う心がしきりに湧いてくる。春霞は湖水の竜神の気を奪いさり、波は妙音天女のいる天界の雲に続いている。湖面は夕日の光をおびてきらめき、山は新緑の姿を水面に映している。かすかに青い霞の果てに目を凝らし、ねぐらに帰る雁の群れに心がついてゆく。

【語釈】

○磨針嶺　滋賀県彦根市と米原市の間にある中山道の難所。『木曾路之記』巻下に、「磨針嶺は、番場と鳥居本の宿の間にあり。湖水眼下に見えて好景也。竹生島は是れよりいぬゐの方にみゆる（中略）磨針嶺の下に入海あり」。『木曾路名所図会』巻一には、「此嶺の茶店より直下せば、眼下に礒崎筑摩祠朝妻里長浜はるかに、向ふを見れば、竹生島澳島多景島、北には小谷志津嶽鮮に遮りて湖水洋々たる中にゆきかふ船見えて、風景の美観なり」とある。○酒楼　茶屋。○紛紛　入れ交じって乱れるさま。多いさま。○神竜　琵琶湖の竜神。『平家物語』巻七〈竹生島詣〉に見える内容を踏まえた表現。竹生島で平経正が琵琶を奏したところ、竹生島明神がそれに感応して白竜となって姿を現したという。○天女　同書〈竹生島詣〉に、「或経の中に、閻浮提の内に湖あり、その中に金輪際より生ひ出でたる水精輪の山あり、天女住む所といへり。即ち此の島の事なり」とある。竹生島の弁才天（妙音天）をいう。○水光　水面の光。○蘸　ひたす。物を水中に入れる。ここは、新緑の山の姿を湖面に映していることをいう。○山影　山の姿。山かげ。○目送　目を離さずに見送る。○帰雁　夕方ねぐらに帰る雁。

◇韻字　紛・雲・分・群（上平声十二文韻）。

【余説】

『熙朝詩薈』・『日本詩選』巻之三に所載。景山の旅日記『ぬさのにしき』には、この磨針峠について、「此峠よりは、鳰てる海をまの前に見おろし、竹生島などもみゆれば、雨もまた奇ならむか。都の山をも見わたし、まづ、ひなびたる心をなぐさめむとおもひまけしに、いまだ夜の内にこえ過ぬれば、霧ふたがりてそこともわかず」と記す。

⑿　侍讌芸侯応命賦呈

侍讌芸侯応命賦呈

漢家盤石古諸侯
城闕雲開十二楼
万井人煙鶏犬暁
千村社酒稲粱秋
黔黎久受春台楽
政典永貽金匱謀
卜世応将仙劫数
神山紫気海頭浮

芸侯《げいこう》に侍讌《じえん》し
命《めい》に応《おう》じ　賦《ふ》して呈《てい》す

漢家《かんか》　盤石《ばんじやく》　古《いにしえ》の諸侯《しよこう》
城闕《じようけつ》　雲開《くもひら》く　十二楼《じゆうにろう》
万井《ばんせい》　人煙《じんえん》　鶏犬《けいけん》の暁《あかつき》
千村《せんそん》　社酒《しやしゆ》　稲粱《とうりよう》の秋《あき》
黔黎《けんれい》　久《ひさ》しく受《う》く　春台《しゆんだい》の楽《たのしみ》
政典《せいてん》　永《なが》く貽《のこ》る　金匱《きんき》の謀《はかりごと》
卜世《ぼくせい》　応《まさ》に仙劫《せんごう》を将《もつ》て数《かぞ》ふべし
神山《しんざん》の紫気《しき》　海頭《かいとう》に浮《う》かぶ

【通解】

芸州侯の宴席に侍り、命によって詩を作り献上する

ゆるぎない広島藩は、古来多くの君主によって統治されてきた。雲を押し開いて、城門と十二の楼閣が高く聳えている。夜明け方、方万里の領地には朝げの煙りが立ちのぼり、鶏と犬の鳴声が聞こえてくる。秋には、多くの村々では穀物の収穫を喜び、社に御酒をお供えする。庶民は、平和で盛んな世を長い間楽しんできた。先君の治世に関する

教えは、大切な遺訓として後世に伝えられる。藩主が何代続くかを占えば、きっと数限りないことが示されよう。厳島の霊山弥山の紫色の雲気が、海のあたりに漂っている。

【語釈】

○侍讌　「侍宴」に同じ。宴席に参列すること。○芸侯　第六句の「政典」が、広島藩第五代藩主浅野吉長の『遺教録』であるとすれば、第六代藩主宗恒をさしていることになる。○漢家　唐代の詩人が、漢になぞらえて唐の国家を漢家と言ったが、ここは、学問（儒教）を重んじて統治した芸州藩を漢王室になぞらえている。宝暦六年正月十五日に作る〈早春寓懐〉の詩に補筆された文で、景山は宗恒を学問を好んだ前漢の河間献王に比した。○盤石　どっしりとしてゆるぎないことのたとえ。国が安定していること。○諸侯　多くの大名。ここは、広島藩の歴代の藩主をいう。○城闕　城門。「闕」は門上の物見台のこと。○十二楼　十二の高楼。『史記』巻十二〈孝武本紀〉に「黄帝の時、五城十二楼を為る」とある。○万井　地が方万里であることをいう。『漢書』巻二十二〈刑法志〉に「地方一里を井と為す」。○人煙　人家から立ちのぼる竈のけむり。○鶏犬　『老子』「鶏犬之声相聞こゆ」に基づく陶淵明の『桃花源記』（「鶏犬相聞こゆ」）や、〈桃花源詩〉（「鶏犬互ひに鳴き吠ゆ」）を意識した語。○千村　多くの村。○社酒　社の秋祭りに供える酒。社日酒に同じ。○稲粱　穀物のイネとおおあわ。○黔黎　人民。庶民。○春台　盛んな世のたとえ。○政典　先王の政治に関する典籍。第五代藩主吉長の『遺教録』二巻二冊をさしていると考えられる。藩主の地位を継承するはずの子孫のために、領主たるものの心得について遺言として書き残したもの。○金匱　宮中の文書などを入れる金属または黄金製の箱。『漢書』巻四十九〈鼂錯伝〉に、「皆有司の覧る所、玉版に刻し、金匱に蔵す」とある。ここは極めて大切なものをいう比喩か。○卜世　君位が何代続くかを占うこと。『左伝』〈宣公・三年〉に「成王、鼎を郟鄏に定め、世を卜するに三十、年を卜するに七百」○仙劫　「仙」は「千」に通ず。「劫」は極めて長い時間の意。○神山　霊山。ここは厳島の霊山、弥山をいう。『日本詩選』の注に、「神山謂厳島（神山は厳島を謂ふ）」とある。景山の〈厳島神廟〉と題した詩文に、神山弥山のさまが記されている。○紫気　紫色の雲気。めでたいことのある前兆とする。『晋書』巻六〈張華伝〉に「斗牛の間、常に紫気有り」。
◇韻字　侯・楼・秋・謀・浮（下平声十一尤韻）。

【余説】

『日本詩選』巻之六所載。同書には詩題の下に「有小序略之（小序有り。之を略す）」と注記がある。『熙朝詩薈』にも採られる。

⒀　北山宝幢寺看楓（1）

北山宝幢寺看楓　北山《きたやま》の宝幢寺《ほうどうじ》に楓《かえで》を看《み》る
孤磬寒山夕　孤磬《こけい》寒山《かんざん》の夕《ゆう》べ
寺深秋樹叢　寺《てら》は深《ふか》し秋樹《しゅうじゅ》の叢《そう》
停車人不見　車《くるま》を停《とどむ》れども人《ひと》見《み》えず
霜葉為誰紅　霜葉《そうよう》誰《た》が為《ため》にか紅《くれない》なる

【通解】
北山の宝幢寺で、楓をながめる
磬の音だけが聞こえる秋の冷気につつまれた山の夕暮、むらがり茂るかえで林の奥深くに寺がある。車をとめてみても、人を見ない。霜で色づいた葉は、いったい誰のためにか紅く色を染めているのだろう。

【語釈】
○宝幢寺　京都の北、愛宕郡高野村にある浄土宗の寺。蓮華寺の南にあった。開基は旭移上人。寛永年中の創建である（『拾遺都名所図会』巻二・『雍州府志』巻四）。○楓　落葉高木。秋、霜にあって紅葉する。中国の「楓」は、まんさく科の落葉高木の「からかえで」。かえで科の日本のものとは異なる。○磬　「へ」の字形に作った石の板で、吊るして、ばちで打ち鳴らす打楽器。日本では銅や鉄製。寺で声明の合図として用いる。○寒山　秋から冬にかけての、ものさびしい山。○秋樹　秋の樹木。○霜葉　ここは楓の紅葉。
◇韻字　叢・紅（上平声一東韻）。

【余説】

この詩は、杜牧の〈山行〉「遠上寒山石徑斜　白雲生処有人家　停車坐愛楓林晩　霜葉紅於二月花」（七絶）と、王維の〈鹿柴〉「空山不見人　但聞人語響　返景入深林　復照青苔上」（五絶）を意識しており、詩語も借用している。『日本詩選』巻之八所載。『日本詠物詩』『熙朝詩薈』にも採られる。

⒁　北山宝幢寺看楓（2）

其二　　其の二

霜露連山気　　霜露《そうろ》　山気《さんき》に連《つら》なり
楓林暮色開　　楓林《ふうりん》　暮色《ぼしょく》開《ひら》く
更憐添返照　　更《さら》に憐《あわれ》む　返照《へんしょう》を添《そ》へ

還映一庭苔　　還《ま》た映《えい》ず　一庭《いってい》の苔《たい》

【通解】

その二

霜と露のひんやりとした冷気につつまれ、かえでの紅葉が夕焼け空に映えている。その上、赤い照り返しの夕日が差しこんできて、庭の青苔に映えて、なんとも美しい。

【語釈】

○山気　山の中にたちこめる霧やもや。山の冷え冷えとしたさわやかな空気。○暮色　夕暮のけしき。○憐　心が強くひかれる、の意。○返照　夕日の光。また、照り返し。

◇韻字　開・苔（上平声十灰韻）。

【余説】

前の詩と同じく、杜牧の〈山行〉と王維の〈鹿柴〉の詩の内容と詩語を参考にしている。『日本詩選』巻之八所載。

⒂　江南春

江南春　　江南《こうなん》の春《はる》

多少人家煙水涯　　多少《たしよう》の人家《じんか》　煙水《えんすい》の涯《がい》

江天雲暖夕陽遅　　江天《こうてん》　雲暖《くもあたた》かにして　夕陽遅《せきようおそ》し

落花飛絮纔吹尽　　落花《らつか》　飛絮《ひじよ》　纔《わずか》に吹《ふ》き尽《つく》して

但見春風在酒旗　　但《た》だ見《み》る　春風《しゆんぷう》の酒旗《しゆき》に在《あ》るを

【通解】

江南の春

多くの人家は、かすみの煙った水辺にある。江上の空には雲も暖かにうかび、夕日の没するのも遅い。春風は落花も柳絮も吹き尽くして、今はただ、酒屋の旗をひるがえすのみ。

【語釈】

○多少　多い。「少」は助字。○煙水　煙霞と水。かすみけむる水。○涯　水際。○江天　江水（揚子江）と空との連なる間をいう。○飛絮　風に飛ぶ柳のわた。柳の実が熟し、それにつく白毛が綿のように乱れ飛ぶ。○酒旗　中国で酒を売る家に立てる目印の旗。

◇韻字　遲・旗（上平声四支韻）。

【余説】

この詩は、杜牧の七絶〈江南春〉「千里鶯啼緑映紅　水村山郭酒旗風　南朝四百八十寺　多少楼台煙雨中」を意識して作られている。南朝の遺蹟をあしらわずに、江南の春景色を詠んだだけである。『日本詩選』巻之九所載。

⒃　楊柳枝

楊柳枝　　楊柳枝《ようりゆうし》

労労亭畔折残枝　　労労亭畔《ろうろうていはん》　折《お》り残《のこ》す枝《えだ》

幾度傷心贈別離
不分春風吹又緑
独教両鬢乱如糸

幾度《いくたび》か心《こころ》を傷《いた》めて　別離《べつり》を贈《おく》る
不分《ふぶん》なり　春風　吹きて又緑《またみどり》なるも
独《ひと》り　両鬢《りょうびん》をして　乱《みだ》れて糸《いと》の如《ごと》くならしむ

【通解】
　楊柳枝
労労亭のほとりに、折り残された柳の枝がある。今まで、どれくらい心を痛めて人を見送ったことであろう。いかんせん、春風が吹くとふたたび枝は青くなるが、自分の白いびんの毛は、糸のようにもつれているだけだ。

【語釈】
○楊柳枝　楽府題。七言四句からなる楽府で、唐代の白楽天の「楊柳枝詞」に始まる。『楽府詩集』巻八十一には、劉禹錫・温庭筠など十五人の詩人の作が七十九首載る。○労労亭　亭の名。江蘇省江寧県の南にあり、昔、送別の場所とされた。一名、臨滄観。李白〈労労亭〉に「金陵労労客を送るの堂　蔓草離離として道傍に生ず」。○不分　いかんせん、の意。○両鬢　両方の耳ぎわの髪の毛。びんずら。ここは、「鬢糸」（白くて乱れたびんの毛）をいう。○乱如糸　絹糸がもつれたような様をいう。劉廷芝〈代悲白頭翁〉に「須臾にして鶴髪乱れて糸の如し」。
◇韻字　枝・離・糸（上平声四支韻）。

【余説】
『日本詩選』巻之九所載。

〈八居題詠詩〉八首

景山の八居詩は、「山居」「巌居」「楼居」「鄽居」「船居」「水居」「村居」「茅居」の順で連作する七言律詩である。これは、中国清代の魏惟度が作った八居の詩に詩題をとった次韻詩であり、多く隠者の発想で作られている。享保六年（一七二一）に、京師書肆奎文館主人瀬尾源兵衛が編集・出版した漢詩総集『八居題詠』（一巻、付録一巻、二冊。京都大学文学研究科図書館蔵）に収録される。刊本『八居題詠』の巻頭に

清人魏惟度作《ル》二八居《ノ》詩《ヲ》一、友人多《シ》二和《スル》レ之《ヲ》者一。白石翁偶々看《テ》二其《ノ》集《ヲ》一、選《テ》書《シ》レ之《ヲ》、与二鳩巣諸老一和《ス》二其《ノ》韻《ヲ》一。蓋《シ》一時風流《ノ》勝事《ト》云。

とあり、新井白石が発起人となって、木下順庵門で同門であった室鳩巣をはじめとする諸友と次韻詩を楽しんだということがわかる。この刊本『八居題詠』には、魏惟度の八居詩に和した清の詩人魏裔魯の詩を最初に載せ、以下、新井白石、室鳩巣、堀習斎、梅園文石、堀景山、伊藤東涯、五井蘭洲、今西正立、入江若水、服部寛斎、服部橘洲、土肥新川、坂井桃渓、伊藤莘野、唐金垂裕、中御門宣顕の都合十六人の邦人の詩を収める。

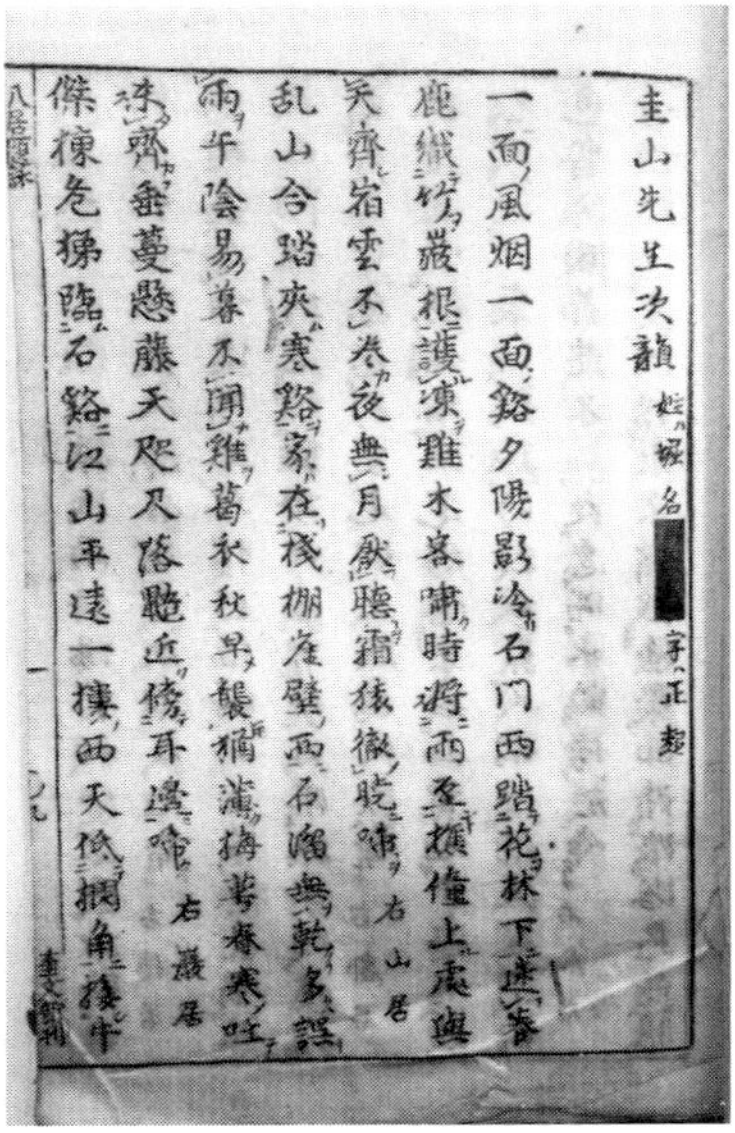
圭山先生次韻　姓ハ堀名[redacted]字ハ正超

『八居題詠』享保6年刊（京都大学文学研究科図書館蔵）

木門、白石門、鳩巣門、東涯門、あるいは彼らと何らかの関わりをもって親交のある者達であった。

このことについては、杉下元明氏の「新井白石と八居詩」（『江戸漢詩』平成二十年刊・ぺりかん社）に詳しい。『八居題詠』では、堀景山を「圭山先生次《グ》レ韻《ヲ》　姓《ハ》堀名□字《ハ》正超」として紹介する。名は未詳、字を正超とするが、正しくは「正超」は名であって字ではない。字は「彦昭」、または「君燕」である。号の「景山」を「圭山」と表記する例は極めて珍しい。景山は、この頃一時「圭山」と表記していたのであろうか。東涯の「八居詩」が『紹述先生文集』巻二十六に収載されており、『八居題詠』と同じく、「山居」に「圭山子見レ眎《セ》二八居詩《ノヲ》一和呈《シテ》請《フ》レ政《ヲ》」として作詩事情を説明している（傍点は著者、以下同じ）。版本において、号の「景山」を「圭山」として紹介する表記は、東涯のこの記述に依拠したものであろう。『紹述先生文集』に「圭山」とする記述は、もう一例ある。「磐梯晴峯」を詩題とする七絶を求められたことを「自堀圭山氏」（巻二十九、享保十年秋）と記している。ただ、『紹述先生文集』巻二十一には、翌年の作である「文昌神歌」（享保十一年）を載せるが、そこには「芸藩屈景山子」とあり、享保十二年六月二日の『東涯家乗』にも、「堀景山氏入来なり」とある。

ところで、杉下氏は、『紹述先生文集』巻二十六の配列から、東涯の八居詩を享保四年の作と推定している。八居詩の前後には、己亥（享保四年）の干支を記す詩が並べられており、この推測は間違いないであろう。であれば、景山が東涯に「八居詩」の次韻をもちかけ、東涯が景山に批正を請うていることから、景山自身も享保四年に（谿・西・鶏・斉・啼）を韻字とする七律八首の次韻詩を作っていたと考えられる。この時、東涯五十歳、景山は三十二歳であった。

景山は白石とは直接の面識はなく、鳩巣と初めて対面したのも享保十一年（一七二六）のことである。「八居詩」を景山が作ることになるのは、木下順庵の女を生母とする従兄堀南湖（習斎）を介してのことであった可能性が高い。邦人の作者十六名のうち、杉下氏が唯一伝不詳としている梅園文石は、元禄十一年に広島藩の御側医師になった正珉（名）のことである（『芸藩志』第百三十三巻）。南湖の従姉が梅園正珉に嫁していることから、広島藩の儒者であった南湖の口利きであったと思われる。以下⑰〜㉔まで八首を紹介する。

⑰　山居

山居

一面風烟一面谿
夕陽影冷石門西
踏花林下迷春鹿
織竹巌根護凍鶏
木客嘯時将雨至
樵僮上処与天斉
宿雲不巻夜無月
厭聴霜猿徹暁啼

山《さん》居《きょ》

一面《いちめん》の風烟《ふうえん》 一面《いちめん》の谿《たに》
夕陽《せきよう》 影《かげ》冷《ひや》やかなり 石門《せきもん》の西《にし》
花《はな》を林下《りんか》に踏《ふ》みて 春《はる》迷《まよ》ふ鹿《しか》
竹《たけ》を巌根《がんこん》に織《お》りて 凍《こご》えを護《まも》る鶏《とり》
木客《ぼっかく》嘯《うそぶ》く時《とき》 将《まさ》に雨《あめ》至《いた》らんとす
樵撞《しょうどう》上《のぼ》る処《ところ》 天《てん》と斉《ひと》し
宿雲《しゅくうん》巻《ま》かず 夜月《よるつき》無《な》し
聴《き》くを厭《いと》ふ 霜猿《そうえん》 暁《あかつき》に徹《てっ》して啼《な》くことを

【通解】

山居

山中の住まいからの眺めは、一方はたなびく霞、また一方は谷である。夕日は冷やかな光を残して、石門の西に落ちていく。樹下に散り敷く花びらで、春に踏み歩く鹿は道に迷い、岩が根に竹を編んだ垣根で、鶏は寒さから身を守る。樵夫が声を長く引いて歌っていると、雨が降りそうな空模様になってきた。樵の子どもらが上っている所は、天と同じくらいの高さかと思われるほどだ。昨夜来の雲がそのまま垂れこめて、夜になっても月は顔を出さない。霜の降りる夜に、猿が夜通し悲しそうに啼く声は聴くにしのびないものだ。

【語釈】

○山居　山中の住まい。○風烟　風にたなびく霞。○石門　石を穿った門。○踏花　花を踏み歩く。○織竹　竹を編んで作る。○巌根　大きな岩石。岩が根。○鶏　仙人はたくさんの鶏を養っていたという（『列仙伝』巻上〈祝鶏翁〉）。○木客　きこり。樵夫。○嘯　ここは、樵歌（きこりの歌）を、声を長く引いて歌うこと。○樵僮　樵夫のこども。○宿雲　前夜からの雲。「宿雲不巻夜無月」の句は、宋之問の〈早発始興江口至虚氏村作〉に「宿雲鵬際落、残月蚌中開（宿雲鵬際に落ち、残月蚌中に開く）」とある二句と逆の情景。中国では古くから、雲は深山の岩穴から湧き出るものと考えられていた。○霜猿　霜が降りる夜の猿。また、その鳴き声。薛能の〈華岳〉に「羽客時応見、霜猿夜可聴（羽客時に応に見るべく、霜猿夜聴くべし）」（『全唐詩』第九函第二冊）。○徹暁　夜明かしする。徹夜。

◇韻字　谿・西・鶏・斉・啼（上平声八斉韻）。以下の七律も、同じ韻字を用いる。

⒅　巌居

巌居

乱山合踏夾寒谿

家在桟棚崖壁西

巌《がん》居《きょ》

乱山《らんざん》合踏《ごうとう》　寒谿《かんけい》を夾《はさ》む

家《いえ》は　桟棚崖壁《さんほうがいへき》の西《にし》に在《あ》り

石溜無乾多誤雨
午陰易暮不聞鶏
葛衣秋早襲猶薄
梅萼春寒吐未斉
垂蔓懸藤天咫尺
落鼯近傍耳辺啼

石溜《せきりゆう》 乾《かわ》くこと無《な》く 多《おお》くは雨《あめ》を誤《あやま》り
午陰《ごいん》 暮《く》れ易《やす》くして 鶏《とり》を聞《き》かず
葛衣《かつい》 秋早《あきはや》くして 襲《き》れども猶《な》ほ薄《うす》し
梅萼《ばいがく》 春寒《はるさむ》くして 吐《は》きて未《いま》だ斉《ひと》しからず
蔓《つた》を垂《た》れ 藤《ふじ》を懸《か》く 天咫《てんし》尺《せき》
落鼯《らくご》 近《ちか》く耳辺《じへん》に傍《そ》ひて啼《な》く

【通解】

巌居

乱れつらなる山々が幾重にもかさなり、もの寂しい谷をはさみこむ。世俗から離れて隠れ住む家は、かけ橋のかかる切り立った崖の西側にある。石がごろごろしたこの土地は、いつもぬかるんでいて、雨が降ったかと勘違いしてしまうほどだ。昼間の木陰はほどなく暗くなって、鶏の鳴く声も聞こえない。夏に着る葛衣では初秋には肌寒く感じられる。梅花の蕾は、春寒のころにはまだ固く、花を咲かせるのもまばらである。藤のツルが入口に垂れ下がってかかり、そのすき間を通してわずかに空が見える。ムササビが岩穴の近辺に滑空して、その鳴き声が耳もとに聞こえてくる。

【語釈】

○巌居　世俗を離れた岩穴の住まい。『韓詩外伝』巻五に「巌居穴処、而王侯不能与争名（巌居穴処して、王侯も与に名を争ふこと能はず）」。○乱山　不揃いに聳えている山々。○合踏　重なる意の「合沓」に同じ。○寒谿　もの寂しい谷。○桟棚　「桟」「棚」ともに懸け橋の意。○崖壁　切り立ったがけ。○石溜　石留に同じ。石の多い土地。『文選』

巻六、左太沖〈魏都賦〉に「隰壌瀸漏而沮洳、林藪石留而蕪穢（隰壌瀸漏して沮洳たり、林藪石留にして蕪穢なり）」とある。○午陰　昼間の木陰。○葛衣　くずの布で作った粗末な夏用の衣服。『韓非子』〈五蠹〉に「堯之王天下也、茅茨不剪、采掾不斲……冬日麑裘、夏日葛衣（堯の天下に王たるや、茅茨剪らず、采掾斲らず……冬日は麑裘、夏日は葛衣）」とある。○襲　着る。○梅葶　梅花のもう少しで開こうとしている蕾。○吐　内から外に開くこと。ここは、つぼみの状態から開花することをいう。○咫尺　少々。わずか。○落鼯　滑空するムササビ。

⒆　楼居

楼居

傑棟危梯臨石谿
江山平遠一楼西
天低欄角接牛斗
風巻市声雑犬鶏
残雨斜陽望裡変
落霞孤鶩飛時斉
窮愁独有戍辺客
空過瓜期及雁啼

楼《ろう》居《きょ》

傑棟危梯《けつとうきてい》　石谿《せきけい》に臨《のぞ》む
江山平遠《こうざんへいえん》　一楼《いちろう》の西《にし》
天《てん》　欄角《らんかく》に低《た》れて　牛斗《ぎゆうと》に接《せつ》し
風《かぜ》　市声《しせい》を巻《ま》きて　犬鶏《けんけい》を雑《まじ》ふ
残雨《ざんう》　斜陽《しやよう》　望裡《ぼうり》に変《へん》じ
落霞《らつか》　孤鶩《こぼく》　飛《と》ぶ時斉《ときひと》し
窮愁《きゆうしゆう》　独《ひと》り戍辺《じゆへん》の客《かく》のみ有《あ》りて
空《むな》しく瓜期《かき》を過《す》ごして　雁《かり》の啼《な》くに及ぶ

【通解】

楼居

大きな屋根と高いきざはしの高殿が、岩間を流れる谷川に臨んで立っている。高殿の西側に目をやると、山水の景色が遥か遠くまで続いている。欄干の角には天空が垂れ下がり、牽牛星と北斗星に連なっているかのようだ。市中の騒がしい音を巻き込んだ風は、中に犬や鶏の声をまじえて吹き寄せる。名残の雨があがり、日が西に傾いて周囲の視界が変わると、霞蛾と一羽の野がもが一斉に飛び立つ。ここに一人故郷を離れ、愁いに沈んで国境を守る者がいて、何もないまま任期を終え、雁の啼く秋の時を迎えている。

【語釈】

○楼居　高い建物に住むこと。仙人は楼居を好む。『史記』〈孝武本紀〉に「公孫卿曰、……仙人好楼居（公孫卿曰く、……仙人は楼居を好む、と）」とある。○傑棟　傑は大きい、の意。棟は屋根の背に渡す棟木。○危梯　危は高い、の意。梯は、階段。きざはし。○石谿　石渓に同じ。岩間の間を流れる谷川。○江山　川と山。山水の景色。○平遠　土地が平らで、遠くまで続いていること。○欄角　欄干のすみ。手摺の曲がり角。○牛斗　牽牛星と北斗星。○市声　市中の喧しい車馬や人の声。○犬鶏　犬と鶏の声。『老子』「鶏犬相聞（鶏犬相聞こゆ）」などに拠る語で、市中の賑わいをいう。○残雨　なごりの雨。○斜陽　夕日。○望裡　視線の中。視界。○落霞　霞蛾。この語は、次の「孤鶩」「飛時斉」とともに、唐の王勃の大篇「滕王閣序」にある「落霞与孤鶩斉飛（落霞と孤鶩と斉しく飛ぶ）」に拠る語である。○孤鶩　一羽の野がも。○窮愁　はなはだしく愁える。○戍辺　国境を守る。辺境を守る。○瓜期　瓜時と同じ。役人の任期が終わって、交代する時期（陰暦七月）をいう。瓜が熟する時である。『春秋左氏伝』巻三〈荘公・八年〉に「斉侯、使連称管至父戍葵丘、瓜時而往（斉侯、連称・管至父をして、葵丘を戍らしむ。瓜の時にして往く）」とある。これに拠る語。

⒇ 鄽居

鄽居

水竹長思六逸谿
十年慣住洛橋西
五陵意気驕春馬
九陌佩珂先暁鶏
灯市徹宵侵月沸
旗亭随処指花斉
塵中忽忽人空老
城上瞑烏又欲啼

鄽《てん》居《きょ》

水竹《すいちく》 長《とこ》しへに思《おも》ふ 六逸《りくいつ》の谿《たに》
十年《じゅうねん》 慣《なら》ひ住《す》む 洛橋《らくきょう》の西《にし》
五陵《ごりょう》の意気《いき》 春《はる》に驕《おご》る馬《うま》
九陌《きゅうはく》の佩珂《はいか》 暁《あかつき》に先《さき》だつ鶏《とり》
灯市《とうし》 宵《よい》に徹《てっ》して 月《つき》を侵《おか》して沸《わ》き
旗亭《きてい》 処《ところ》に随《したが》ひて 花《はな》を指《かたり》て斉《ひと》し
塵中《じんちゅう》 忽忽《こつこつ》として 人《ひと》空《むな》しく老《お》ゆ
城上《じょうじょう》の瞑烏《めいう》 又《また》啼《な》かんと欲《ほっ》す

【通解】

鄽居

水辺の竹を見て、李白ら六人の賢人達が隠棲していた竹渓に思いをめぐらす。自分は、洛水にかかる橋の西に、十年余り住んでいる。郊外には富と権力を握る者が多く暮らし、春には乗る馬までが驕り高ぶる。市中の街路には、貴人の腰に帯びた飾り玉が響きわたり、それにつられて、まだ夜が明けないというのに鶏が鳴く。灯籠の市が夜通し開かれて、月明かりを凌いで賑わいをみせ、酒楼はどこもみな、花を話題にして酒盛りだ。この俗世間では、時はあっという間に過ぎ去ってしまい、人はいたずらに老いてゆく。城壁の近くで、眠っていた烏が鳴こうとしている。

【語釈】

○鄽居　店のある市中の住まい。大隠は朝市に隠る、の発想か。○水竹　水辺の竹。ここは、次の「竹渓の六逸」を意識していよう。○六逸　世俗を超越した隠者六人。唐代、徂徠山（山東省泰安県の東南）に隠れて日々沈飲した李白・孔巣父・韓準・裴政・張叔明・陶沔の六人の賢人。竹渓に社を結んで隠棲したので「竹渓の六逸」と呼ばれる。○洛橋　唐代の東都洛陽城の南を流れる洛水に架かる橋。天津橋をいう。洛陽の賑わいを象徴する景勝地であった。○五陵　漢の高祖劉邦以下、五帝の陵墓がある長安郊外の地。権勢豪遊の人が多く移住させられた地で、富裕な人びとが住んでいた。李白の〈少年行〉に「五陵年少金市東、銀鞍白馬度春風（五陵の年少金市の東、銀鞍白馬春風を度る）」とある。前漢時代の五陵の意気盛んな風俗を歌う詩語。○九陌　陌は道路、街路の意。駱賓王〈帝京篇〉に「三条九陌麗城隈、万戸千門平旦開（三条九陌城隈に麗き、万戸千門平旦に開く）」とある。○佩珂　腰に帯びる飾り玉の輪。「珂」には、玉のほかに、馬の轡の飾りの意味もあるが、ここは前者の意。○灯市　正月の上元節に提灯を飾る行事があり、その前に行われた提灯を売る市をいう。○旗亭　市中の酒楼。旗を門外に立ててしるしとしたことからいう。○塵中　俗世間。○怱怱　すみやかに過ぎ去っていくさま。○城上　城壁の上。または近く、の意。杜甫〈暮帰〉に「霜黄碧梧白鶴棲、城上撃柝復烏啼（霜に黄なる碧梧に白鶴棲む、城上柝を撃ち復た烏啼く）」とある。○瞑烏　眠っている烏。

⑵1　船居

船居

桃花豈必訪仙谿
泛宅悠悠東復西
買酒雲辺唱欸乃
閉篷雨裏弾鵾鶏
沙稜成聚人烟近
浦派分州樹色斉
海国蒼茫不知夜
忽聞水鶴傍船啼

船《せん》居《きょ》

桃花《とうか》　豈《あ》に必《かなら》ずしも仙谿《せんけい》を訪《と》ふのみならんや
泛宅《はんたく》　悠悠《ゆうゆう》たり　東《ひがし》復た西《にし》
酒《さけ》を買《か》ふ　雲辺《うんぺん》　欸乃《あいだい》を唱《とな》へ
篷《とま》を閉《と》ぢて　雨裏《うり》　鵾鶏《こんけい》を弾《だん》ず
沙稜《さりょう》　聚《むら》を成《な》して　人烟《じんえん》近《ちか》く
浦派《ほは》　州《しま》を分《わか》ちて　樹色《じゅしょく》　斉《ひと》し
海国《かいこく》　蒼茫《そうぼう》として　夜《よる》を知《し》らず
忽《たちま》ち聞《き》く　水鶴《すいかく》の船《ふね》に傍《そ》ひて啼《な》くを

【通解】

船居

桃花源に行きたいというのであれば、わざわざその仙境を訪ねるまでもない。水に浮かぶ舟を住みかとして、東へまた西へとのんびり気ままに漕いで行けばよい。酒を買って飲んでいると、雲のたなびく辺りから舟を漕ぐ船頭の掛け声が聞こえ、降る雨の中、舟に覆いをして「鵾鶏」の曲を弾奏する琴の音が聞こえてくる。岸辺にできた砂地には村落があり、人家からは夕餉の煙が立ちのぼる。川で分けられた中洲には樹木が生い茂り、みな同じ色合いにつつまれている。湖のほとりは、いつも薄暗い。とつぜん、舟のそば近くで鶴が鳴く。

【語釈】

○船居　舟を住まいとすること。○桃花　俗世間を離れた別天地。陶淵明が描いた「桃花源記」を意識している語。○仙谿　桃花源の仙境。○泛宅　水に浮かぶ家のことで、舟をいう。『唐書』巻百九十六〈隠逸・張志和〉に、「志和曰、願為浮家泛宅、往来苕霅間（志和曰く、願はくは浮家泛宅を為り、苕霅の間を往来せん）」とある。○悠悠　のんびりゆったりしているさま。○雲辺　雲のたなびくあたり。○欸乃　舟を漕ぐときに、船頭がエイオウと掛け合う声。柳宗元の〈漁翁〉に「欸乃一声山水緑、煙銷日出不見人（欸乃一声山水緑なり、煙銷え日出でて人を見ず）」。○篷　竹などで編んで、舟の覆いにするもの。○鵾鶏　大きな鶏。とうまる。鵾鶏の悲しい声に似た音を出す琴の糸を「鵾弦」「鵾絃」という。ここの「鵾鶏」は、古曲の名である。『文選』巻四、張衡の〈南都賦〉に「寡婦悲吟、鵾鶏鶗哀鳴」、李善注に「寡婦曲未詳、古相和歌有鵾鶏之曲（寡婦の曲未詳、古の相和歌に鵾鶏の曲有り）」とあって、相和歌すなわち楽府の一類とする。○沙稜　「稜」は、角、隅の意。風や川の流れによって岸辺にできた砂地。○成聚　「聚」は、村落。○人烟　人家から立ちのぼるかまどの煙。○浦派　「浦」は支流が本流と合流する所。「派」は川の支流の意。○州　川の中に砂が高く盛り上がってできた中洲。○樹色　木の茂った色。○海国　海辺に沿った地。ここは、湖水をたたえ、百川の注ぐところをいうか。○蒼茫　薄暗いさま。○水鶴　水辺の鶴。

⑵2) 水居

水居

古槎踏過度烟谿
水木翳然漁聚西
諳浪浴鳧傍曝鷺
近人沙鳥随家鶏
村灯夜久織簑密
汀樹風腥懸網斉
此夕阿誰江上泊
鉤輈頻喚暮愁啼

水《すい》居《きょ》

古槎《こさ》 踏《ふ》み過《す》ぎて 烟谿《えんけい》を度《わた》る
水木《すいぼく》 翳然《えいぜん》たり 漁聚《ぎょしゅう》の西《にし》
浪《なみ》を諳《そら》んずる浴鳧《よくふ》 曝鷺《ばくろ》に傍《そ》ひ
人《ひと》に近《ちか》づく沙鳥《さちょう》 家鶏《かけい》に随《したが》ふ
村灯《そんとう》 夜久《よるひさ》しうして 簑《みの》を織《お》ること密《ひそ》かに
汀樹《ていじゅ》 風《かぜ》 腥《なまぐさ》くして 網《あみ》を懸《か》くること斉《ひと》し
此《こ》の夕《ゆうべ》 阿誰《たれ》か江上《こうじょう》に泊《とま》らん
鉤輈《こうちゅう》 頻《しき》りに暮愁《ぼしゅう》を喚《よ》んで啼《な》く

【通解】

水居

古びた木筏が通り過ぎて、霞の立ちこめる谷川を渡ってゆく。漁村の西側は、水辺の木々に覆われていて薄暗い。波に慣れているはずの野がもが、ひなたぼっこしている鷺のそば近くに寄り添い、人の近くに寄ってくる水鳥は、家で飼う鶏の後について歩く。村の灯りは夜遅くまでともされて、家々では簑を編むことに精を出し、波打ちぎわの木には、漁網がきちんと並べ掛けられて、吹く風を生臭くしている。今晩、この川のほとりに、誰が泊まるのであろう。

鷓鴣が頻りに哀しげな声で鳴き、暮愁を呼び起こす。

【語釈】

○水居　水辺の住まい。○古槎　古い木筏。いかだ。○踏過　「踏」は、行くさまをいうか。○烟谿　霞が立ち込めている谷川。○水木　水辺に生えている木。○翳然　草木がおおい茂っている様。○漁聚　「聚」は、人家の集まっている所。村。ここは、漁師の村落のこと。○諳浪　「諳」は、覚える、経験するの意。鴨は、水に慣れているということであろう。○浴鳧　水浴する鴨。杜甫〈江亭送眉州辛別駕昇之得蕪字〉に、「沙晩低風蝶、天晴喜浴鳧（沙晩れて風蝶を低れ、天晴れて浴鳧喜ぶ）」とある。○曝鷺　「曝」は、日にかわかす、日にさらす、の意。のんびりと、日向ぼっこしているサギのことであろう。○沙鳥　砂浜にいる水鳥。○家鶏　家で飼っている鶏。○汀樹　水際に生える樹木。○阿誰　不特定の人物をさすことば。だれ。だれか。○鉤輈　鷓鴣の鳴き声。寂しく悲しげに聞こえるという。『本草綱目』〈禽部・鷓鴣〉に、「鷓鴣生江南、形似母鶏、鳴云鉤輈格磔（鷓鴣は江南に生じ、形母鶏に似る。鳴けば鉤輈格磔と云ふ）」とある。○暮愁　夕暮れの寂しい思い。

⑶　村居

村居

碧流一曲抱村谿
疎竹浅沙晩月西
度隴自随知課犢

村《そん》居《きょ》

碧流一曲《へきりゅういつきょく》 村《むら》を抱《いだ》く谿《たに》
疎《そ》竹《ちく》 浅沙《せんしゃ》 晩月《ばんげつ》の西《にし》
隴《うね》を度《わた》りて 自《みずか》ら随《したが》ふ 課《つとめ》を知《し》る犢《こうし》

隔隣更厭驚眠鶏
瓦盆社酒児孫長
枳殻春風門巷斉
但覚農家間月少
田禽関意四時啼

隣《となり》を隔《へだ》てて 更《さら》に厭《いと》ふ 眠《ねぶり》を驚《おどろ》かす鶏《とり》
瓦盆《がぼん》の社酒《しやしゆ》 児孫《じそん》長《なが》し
枳殻《きこく》の春風《しゆんぷう》 門巷《もんこう》斉《ひと》し
但《ただ》覚《おぼ》ゆ 農家《のうか》 間月《かんげつ》の少《すく》なきことを
田禽《でんきん》 意《こころ》に関《かか》り 四時《しじ》に啼《な》く

【通解】

村居

青く澄んだ谷川の流れの曲がりに、抱えられるようにして村がある。川の浅瀬には竹がまばらに生え、宵の月が西に傾いている。畑を越えてついてくるのは、自分のつとめを知っている子牛、なか一軒おいてもうるさいのは、目を覚まさせる鶏だ。村人は社の祭りに供える酒をかわらけで飲みながら、子や孫の成長を願う。生垣の枳殻に春風がそよぎ、家の門口や村の路地は白い花一色である。ただ、農家は忙しいばかりで、暇な月がほとんどない。田んぼの鳥は、一年中、そのことを心配するかのように啼いている。

【語釈】

○村居　田舎の住まい。○碧流　青く澄んだ川の流れ。○一曲　川の流れの曲がりをいう。杜甫〈江村〉に「清江一曲抱村流、長夏江村事事幽（清江一曲村を抱きて流る、長夏江村事事幽なり）」とある。○疎竹　まばらに生えた竹。○浅沙　水の浅いところにある砂の意で、浅瀬のこと。○晩月　宵の月。○隴　丘。畑の畝。○犢　子牛。○瓦盆　素焼きの杯。かわらけのこと。杜甫〈少年行〉に「莫笑田家老瓦盆、自従盛酒長児孫（笑ふこと莫れ田家の老瓦盆、自ら従す酒を盛りて児孫を長ずるに）」とある。○社酒　「社日酒」に同じ。社の祭に供える酒。○枳殻　からたちの木。春に小白花を開く。多くは生垣として植えられる。雍陶〈城西訪友人別墅〉に「村園門巷多相似、処処春風枳殻華（村園門巷多くは相ひ似たり、処処の春風枳殻の華）」とある。○門巷　家の門と村の小道。○間月　農事の暇な月のこと。○田禽　田んぼの中の鳥。○関意　「関心」に同じ。気にかける。心配する。○四時　春夏秋冬の四季をいう。

⑷ 茅居

茅居
誅茅老業在樵谿
烟火蕭条古木西
社日飛花風外燕
征人残夜月辺鶏
一村深雨窓声密
半砌落暉檐影斉
破屋三間春睡足
任佗布穀起予啼

茅居《ぼうきょ》
茅《ぼう》を誅《ちゅう》して　老業《ろうぎょう》　樵谿《しょうけい》に在《あ》り
烟火《えんか》　蕭条《しょうじょう》たり　古木《こぼく》の西《にし》
社日《しゃじつ》　飛花《ひか》　風外《ふうがい》の燕《えん》
征人《せいじん》　残夜《ざんや》　月辺《げつぺん》の鶏《けい》
一村《いっそん》の深雨《しんう》　窓声《そうせい》密《しず》かに
半砌《はんせい》の落暉《らくき》　檐影《えんえい》斉《ひと》し
破屋《はおく》　三間《さんけん》　春《はる》の睡《ねぶ》り足《た》る
任佗《さもあらば》あれ　布穀《ふこく》の予《われ》を起《おこ》して啼《な》くこと

【通解】

茅居

　茅で屋根を葺いた古びた粗末な家が、きこりの通う谷にある。年経りた木々の西側に、朝餉の煙がものしずかに立ちのぼる。春の祭りの頃には、花が風にひるがえり、風のかなたに燕が飛び回る。旅人が出立する夜明けには、まだ残る月明かりのもと、鶏が鳴く。村では、夜更けの雨が家々の窓を静かに濡らしていたが、夕方には石畳半分に日があたり、軒がみな影を落としている。三間四方の狭いあばら屋でも、春の眠りには十分だ。ままよ、鳲鳩が鳴いて、わたしを起こしてくれるのにまかせることとしよう。

【語釈】

○茅居　かやぶきの住まい。粗末な家。○誅茅　かやを刈る、の意。杜甫〈柟樹為風雨所抜歎〉に「誅茅卜居総為此、五月髣髴聞寒蝉（茅を誅し居を卜するは、総て此が為なり、五月髣髴、寒蝉を聞く）」とある。○老業　「業」は建物、の意。○烟火　炊事のときに出る煙。○蕭条　もの静かなさま。もの寂しいさま。○社日　立春または立秋後の第五戊《つちのえ》の日。この日、土地の神を祭り、豊作を祈る。○風外　風のかなた。○征人　旅人。○残夜　明け方。夜明け。杜甫〈月〉に「四更山吐月、残夜水明楼（四更山月を吐き、残夜水楼を明らかにす）」。○月辺　この月は、残夜のわずかな月明かりのことか。○深雨　夜更けの雨、の意。○窓声　窓を打つ雨音。○半砌　「砌」は、軒下の石だたみ。○落暉「落照」に同じ。夕日のひかり。○櫩影　「櫩」は、軒、廂。○破屋　あばらや。ここは、茅居。○任佗　訓は「さもあらばあれ」。そのなすがままに任せ、自分は関知しないということ。ままよ。どうなろうとも。○布穀　鳲鳩（つつどり、ふふどり）のこと。杜甫〈洗兵行〉に「田家望望惜雨乾、布穀処処催春種（田家望望雨の乾くを惜しむ、布穀処処春種を催がす）」とある。『和漢三才図会』四十三巻には、布穀鳥は、二月から五月まで鳴き、この鳥が鳴くと農家では雑穀の種をまくという。また、芸州（安芸）と石州（石見）の国に多く生息すると記している。芸藩の儒者であった景山は、布穀鳥を見聞きしていたであろう。

『煕朝詩薈』（友野霞舟編、弘化四年序）には、景山の八居詩のうち、「山居」「巌居」「船居」「茅居」の四首を収める。ただ、「船居」の尾聯を『煕朝詩薈』では、「此夕阿誰江上泊、鉤輈頻喚暮愁啼」としている。これは、刊本『八居題詠』の「水居」の尾聯の二句を誤ってもってきているものである。「船居」の尾聯は、内容から見ても刊本『八居題詠』のとおり「海国蒼茫不知夜、忽聞水鶴傍船啼」でなければならない。

〈詠物詩〉三首

以下、『日本詠物詩』（伊藤君嶺編・安永六年刊。内閣文庫蔵）より三首紹介する。

(25)　游糸

游糸
晴糸懸幻界
認得有無中
一簇閃難定
幾条随忽空
巻花争日気
惹柳任春風

游《ゆう》糸《し》
晴糸《せいし》　幻界《げんかい》に懸《かか》る
認《みと》め得《え》たり　有無《うむ》の中《うち》
一簇《いっそう》　閃《ひらめ》きて定《さだ》まり難《がた》し
幾条《いくすじ》か　随《したが》ひて　忽《たちま》ち空《むな》し
花《はな》を巻《ま》きて　日気《にっき》を争《あらそ》ひ
柳《やなぎ》に惹《まつわ》りて　春風《しゅんぷう》に任《まか》す

著物何曾染　物《もの》に著《つ》きて　何《なん》ぞ曾《すなわ》ち染《そ》まらん
禅心毋乃同　禅心《ぜんしん》　毋乃《むしろ》　同《おな》じならん

【通解】
游糸

春の晴れた日、クモの糸のようなものが空中に浮游している。たしかにあるけれども、日光の加減で見えたり見えなかったりする。一むらの糸游は、ゆらめいていて見定めにくい。糸が数本つき従うかと思うと、すぐに消えて無くなる。桜の花にまきついては輝きをきそい、柳の枝にまつわりついては春かぜの吹くままに流れ動く。物に付着して、どうしてその色に染まるであろうか。悟りを開いた禅の心に、むしろ通じるものがあるだろう。

【語釈】
○游糸　空中に浮游している、クモなどの吐き出した糸。糸游。○晴糸　晴れた日に見える糸游のこと。○懸　宙に浮く。○幻界　あるかないかはっきりしない場所。ここは、糸が浮いている空中をいう。○認得　わかる。知る。○有無中　あることとないこと。ここは、見えたり見えなかったり、の意。『和漢朗詠集』巻上〈春興〉に「林中花錦時開落　天外遊糸或有無（林中の花の錦は時に開くもあり落つるもあり、天外の遊糸は或は有りとやせん無しとやせん）」島田忠臣。○一簇　ひとむら。「簇」は、むらがるの意。○閃　見え隠れする。○争日気　「争光」（光明をあらそう）と同意か。「日気」は、太陽の気。○禅心　悟りを開いた心。○毋乃　「毋寧」ともに「むしろ」の意。

◇韻字　中・空・風・同（上平声一東韻）。

【余説】
『日本詠物詩』巻之一に所載。

㉖ 河漢

河漢
南楼天薄夜
一派澹高秋
色帯月輝曙
影含星彩流
能成懸水勢
安見細波浮
河津難得問
浪伝博望遊

河《か》漢《かん》
南楼《なんろう》 天薄夜《てんはくや》
一派《いっぱ》 高秋《こうしゅう》に澹《たん》たり
色《いろ》は 月輝《げっき》を帯《お》びて曙《あ》け
影《かげ》は 星彩《せいさい》を含《ふく》みて流《なが》る
能《よ》く 懸水《けんすい》の勢《いきお》ひを成《な》す
安《いずく》んぞ見《み》ん 細波《さいは》の浮《う》かぶを
河津《かしん》 得問《とくもん》し難《がた》し
浪《みだ》りに伝《つた》ふ 博望《はくぼう》が遊《ゆう》

【通解】

天の川

夜明け方、南楼にのぼって空をながめると、天の川が高く晴れ渡った秋空にかかっている。月の光をおびたまま夜明けをむかえ、きらきらとした星の光を内に含んで流れている。流れの様は滝のようであり、さざ波が立つのを見ることはできない。川の渡し場など、尋ねるだけ無駄というもの。張騫が黄河の源を遡って、この天の川に至ったという話が世に広く伝わっている。

【語釈】
○河漢　天の川。○南楼　『晋書』に載る観月の宴の故事「南楼会」に基づく。晋の庾亮が、武昌の南楼にのぼって殷浩の徒と秋夜談詠した故事。『晋書』巻七十三〈庾亮伝〉に「武昌に在るとき、諸佐吏殷浩が徒、秋夜に乗じ、往きて共に南楼に登る」とある。○薄夜　夜明け方。○一派　一筋の流れ。川のように細長く続いたもの。ここは天の川をいう。○澹　水がゆっくりゆれ動くさまをいう。○高秋　空が高く晴れわたる秋。○月輝　月の光。○曙　夜があける。○星彩　星の光。○懸水　瀑布。○細波　さざ波。○河津　川辺の渡し場。○博望　博望侯（前漢の張騫の封号）のこと。博く国々を望み見たという意から、張騫に賜った。『蒙求』の標題〈博望尋河〉に、『後漢書』〈張騫伝〉の賛を引き、その後に「旧注云、得支機石帰。未詳所出」と記す。張騫が黄河の源を遡って天の川に至り、支機石を持ち帰ったということである。「支機石」は、織女が機を支えたと伝える石。黄河を遡っていけば、天の川に通ずるという『博物志』『荊楚歳時記』『集林』などに見える伝説があった。
◇韻字　秋・流・浮・遊（下平声十一尤韻）。

【余説】

『日本詠物詩』巻之一に所載。『蒙求和歌』に、右の伝説を踏まえた話が載る。「漢ノ武帝張騫ヲツカヒトシテ、河ノミナカミヲキハメニツカハシケリ。ハルカニ十万里ノ浪ヲシノギテ、牽牛国ニイタリテ、タナハタツメノ紗アラフニアヒヌ。織女アヤシミトフニ、漢帝ノツカヒトシテ、河ノミナカミヲキハメニ、マウデキツルナリト云。織女ノ云ク、河ノ源ハキハムベキコトカタシ。コレヨリオクヲオモハバ、ナムヂイノチアルベカラズ。スミヤカニ故郷ヘカヘリテ、漢帝ニミエタテマツラムコトヲオモヘトイフ。サテヒトツノウキ、ニノセテ、ヒトツノ石ヲゾアタヘケル。張騫コレヲエテ、コトナクカヘリニケリ。漢帝封為二博望侯一。東方朔コノ石ヲミテ、織女ノ支機石トナム云ヒケル」。

⑵⑺ 杜鵑

杜鵑
浪伝亡国恨長存
独向蒼天猶訴冤
孤影飛過残月白
千声啼尽乱雲昏
幽花同染娥皇涙
滄海相追精衛魂
只管勧帰帰不得
似憐春草滞王孫

杜鵑《ほととぎす》
浪《みだ》りに伝《つた》ふ　亡国《ぼうこく》の恨《うら》み　長《とこし》へに存《そん》すと
独《ひと》り蒼天《そうてん》に向《むか》ひて　猶《な》ほ冤《えん》を訴《うった》ふ
孤影《こえい》　飛《と》び過《す》ぎて　残月《ざんげつ》白《しろ》く
千声《せんせい》　啼《な》き尽《つ》くして　乱雲《らんうん》昏《くら》し
幽花《ゆうか》　同《おな》じく染《そ》む　娥皇《がこう》の涙《なみだ》
滄海《そうかい》　相追《あいお》ふ　精衛《せいえい》の魂《たましい》
只管《ひたすら》　帰《かえ》るを勧《すす》むれども　帰《かえ》り得《え》ず
憐《あわ》れむに似《に》たり　春草《しゅんそう》の王孫《おうそん》を滞《とどこお》らすを

【通解】

杜鵑

ホトトギスは、亡国の恨みをいつまでも抱いていると巷でいわれる鳥である。ひとり大空にむかって、不満を訴えている。孤独なその影が飛び去って空には有明けの月が白く残り、苦しげに啼き尽くした後に、黒い雨雲が垂れこめてくる。杜鵑花（ツツジ）の花は、夫を亡くした娥皇の涙と同じく赤く染まり、杜鵑（ホトトギス）は、東海を精衛の魂をたずね求めるかのように飛んで行く。故郷に帰ることを幾度となく勧めてみても帰ろうとはしない。春の草が、王孫を山中に久しく留めおいたように、気の毒でならない。

【語釈】

○杜鵑　ほととぎす。伝説上の人物である蜀王杜宇（望帝）の魂が化してこの鳥になったという故事（『華陽国志』蜀志）や、冥途に通う鳥であるとする（『地蔵十王経』）の他、様々な伝説がある。○亡国　ほろびた国。○蒼天　大空。青空。○冤　うらみ。不平不満。○残月　有明けの月。○千声　ここは、ホトトギスがノドを赤くしてひっきりなしに鳴いていることをいう。○乱雲　雨雲。○幽花　おくゆかしい花。ここでは、ホトトギスの鳴く時節に花を開くことから名付けた「杜鵑花」（アカツツジ）をいう。四川省の花である。『埤雅』〈釈鳥・杜鵑〉に「杜鵑、一名子規。苦啼、啼血不止。一名怨鳥。夜啼達旦、血漬草木（杜鵑は、一名子規。啼くに苦しみ、啼血止まず。一名怨鳥。夜啼いて旦に達し、血草木を漬す）」と説明がある。血の赤を意識させる。○娥皇　堯の長女。次女の女英とともに舜の后となる。舜の死後、二人とも湘水に身を投じ神となった（『列女伝』一）。○滄海　東海。次の「精衛」の故事に基づく。○精衛　鳥の名。昔、炎帝の娘女娃が東海で溺死してこの鳥に化したといわれる。「精衛塡海」は、鳥に化した精衛が、常に西山の木石を銜んで東海を塡めようとしたという『山海経』〈北山経〉等に見える故事。○春草　春生える若草。○王孫　王者の子孫。「春草」とともに、『文選』巻三十三に載る劉安の〈招隠士〉の内容を踏まえた語である。この一篇中に「王孫遊兮不帰　春草生兮萋萋（王孫遊びて帰らず、春草生じて萋萋たり）」、末尾に「王孫兮帰来　山中兮不可以久留（王孫よ帰り来たれ、山中は以て久しく留まるべからず）」とある。

◇韻字　存・冤・昏・魂・孫（上平声十三元韻）。

【余説】

「招魂」の故事を踏まえた詩である。『日本詠物詩』巻三に所載。

宝暦七年正月作の漢詩四首

次に紹介するのは、宝暦七年（一七五七）正月に作る堀景山の漢詩四首を記した景山自筆の一葉である（本居宣長記念館蔵）。この一葉には、景山塾の門弟山田孟明の漢詩一首が含まれる（Ⅲ・五・⑸・四八三頁参照）本居宣長記念館所蔵の畳装（十八・七×二十五・三糎）で、包紙に「景山ノ後裔堀東三氏所蔵ノ稿ト比較スルニ景山ノ自筆ナリ」（本居清造筆）とある。

かつて神沢杜口は、「仮初の書入も字画を改め、常に行状威儀を正しくするの質なり」（『翁草』百九十五）と景山を評した。景山が、没する前年まで地道に校訂作業をしていた『日本書紀』（本居宣長記念館所蔵）版本への書入れや、「夏初奉謝諸君見過」と題する七言律詩（天理大学附属図書館・古義堂文庫蔵）、「洞春深林」と題する七言絶句（堀一郎氏所蔵）などの景山の筆跡は、たしかに杜口の言うごとく丁寧、かつ几帳面であるという印象を受ける。しかし、この一葉に記された景山の字体はかなりくずされている。山田孟明の詩の内容や、宣長の『在京日記』の記事からも、杜口の景山評とはまた別の一面が窺われて面白い。以下、(28)～(31)に紹介する。

(28)　丁丑新年

丁丑新年
挑菜頌花自媚春
今朝矯頭物皆新

丁丑《ていちゆう》の新年《しんねん》
挑菜《ちようさい》　頌花《しようか》　自《おのずか》ら春《はる》を媚《よろこ》ぶ
今朝《こんちよう》　頭《こうべ》を矯《あ》ぐれば　物皆新《ものみなあら》たなり

徒然旧学守経業
何厭弊廬近市塵
挂壁素琴聊有趣
過年濁酒尚能神
思詩不已堪遺世
窓外禽言亦助人

徒然《いたずら》に学《がく》を旧《ひさしく》して　経業《けいぎょう》を守《まも》る
何《なん》ぞ厭《いと》はん　弊廬《へいろ》市塵《しじん》に近《ちか》きを
壁《かべ》に挂《かか》る素琴《そきん》は　聊《いささ》か趣有《しゅあ》り
年《とし》を過《す》ぐす濁酒《だくしゅ》は　尚神《なおしん》を能《よ》くす
思詩《しし》已《や》まず　遺世《いせい》に堪《た》へたり
窓外《そうがい》の禽言《きんげん》　亦人《またひと》を助《たす》く

【通解】

丁丑新年の作

草を摘み花を愛でて、春の訪れをよろこぶ。今朝、辺りを見まわすと、目に映るものはみな新鮮である。経学ばかりを学んできて久しいけれど、埃舞う町なか近くにあるあばらやを、どうして厭うことがあろう。壁に掛かる琴はなんとも趣深い音色をかなで、年を越した濁り酒は飲めば何とも心地よい。詩情が次々湧いてきて、俗世間と縁を切りたい思いにかられる。外から聞こえてくる鶏の声もまた、自分を隠逸の世界に誘う。

【語釈】

○丁丑　宝暦七年（一七五七）。景山七十歳。以下四首、みな同年春の作。○挑菜　野菜を採るの意。ここでの「菜」は春の七草をいうか。次の「頒花」の語を考えれば、「挑菜節」（陰暦二月二日）・「花朝節」（同二月十五日）を背景に意識しているか。○矯頭　「矯首」（頭をあげる）と同意。『後漢書』巻四十九〈張衡伝〉に「仰ぎて首を矯げて以て遥かに望む」。○徒然　そればかり、それだけ、の意。○経業　経学の修業をいう。『後漢書』巻二十五〈鄭玄伝〉に「遂に隠れて経業を修め、門を杜ぢて出でず」。堀杏庵以来の家学は朱子学である。○弊廬　あばらや。ここは自分の家

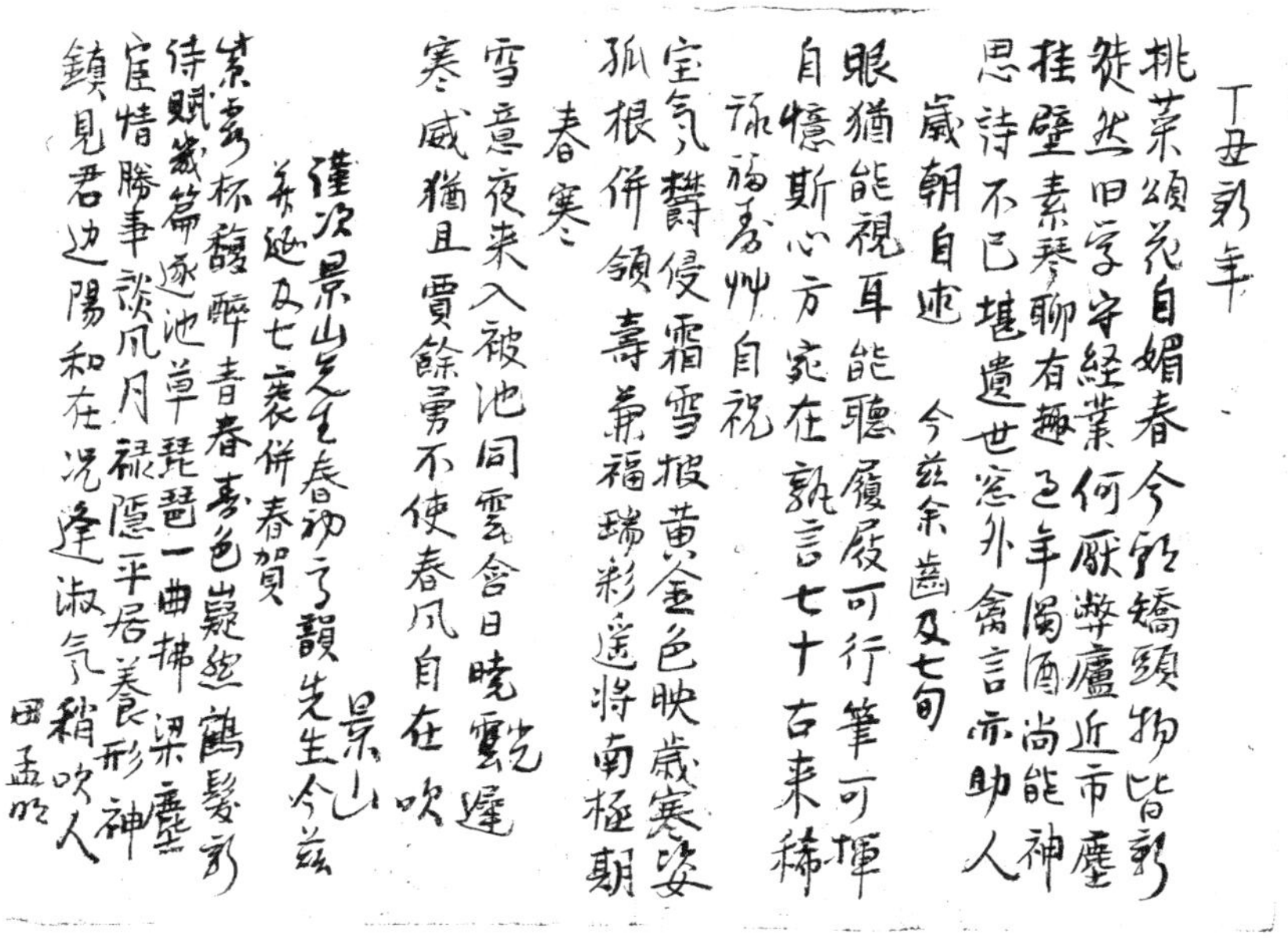
丁丑新年
桃菜頌花自媚春　今朝矯頸物皆新
然然旧学守経業　何厭弊廬近市塵
挂壁素琴聊有趣　乏年濁酒尚能神
思詩不已堪遺世　窓外禽言亦助人
歳朝自述　今茲余齒及七旬
眼猶能視耳能聴　履屐可行筆可揮
自憶斯心方寛在　孰言七十古来稀
祈福壽艸自祝
宝気欝侵霜雪披　黄金色映歳寒姿
孤根併領壽兼福　瑞彩遥将南極期
春寒
雪意夜来入被池　同雲含日曉晴遅
寒威猶且貫餘勇　不使春風自在吹
謹次景山先生春初之韻　先生今茲　景山
壽逾及七裒併春賀
紫雲杯馥酔青春　壽色巍然鶴髪新
侍賦巌篇遂池草　琵琶一曲拂梁塵
室情勝事談風月　禄隠平居養形神
鎮見君边陽和在　况逢淑気稍吹人
田孟明

堀景山筆詩稿（本居宣長記念館蔵）

の謙称。景山の本宅は、京都綾小路室町の西の町南方にあった。また、宣長の『在京日記』によれば、「木屋町松原上ル二町目わたり、鴨河にのそめる座敷かりて」（宝暦六年五月二十五日の条）、それを「樵亭」と名づけて芸藩藩主に依頼された仕事や門弟との会読をしている。ここは本宅であろう。『左伝』〈襄公・二十三年〉に「若し罪を免れなば、猶ほ先人の弊廬の在る有り」。『文選』巻三十七〈羊祜・譲開府表〉に「復た先人の弊廬を守らんと願ふも、豈に得べけんや」。○市塵　町中の雑踏をいう。「大隠は朝市に住む」（『白楽天後集』巻二）という隠者の意識がここにあろう。○挂　「掛」と同意。○素琴　飾りのない琴。『礼記』〈喪服四制〉に「祥の日、素琴を鼓す」。次の句に見える「濁酒」とともに、陶淵明〈時運〉の「清琴横牀濁酒半壺」の詩句を踏まえる。○濁酒　どぶろく。濁っている酒。○神　ここでは、霊妙ではかり知れない働きをいう。『易経』〈繫辞・上〉に「陰陽測られざるを之神と謂ふ」とある。○思詩　「詩思」（詩を作ろうとする思い・詩情・詩興〉に同じであろう。○遺世　「遺」は「棄」と同意。世間の事を一切棄てて顧みないこと。○窓外　窓の外。○禽言　とりの鳴き声。『老子』「鶏犬の音相聞こゆ」に基づく陶淵明の『桃花源記』（「鶏犬相聞こゆ」）や、〈桃花源詩〉（「鶏犬互ひに鳴き吠ゆ」）を意識したものであろう。

◇韻字　春・新・塵・神・人（上平声十一真韻）。

【余説】

この詩は、頷聯から後の詩句に特に目立つが、隠士の発想で作られている。

⑵⑼　歳朝自述

歳朝自述　今茲余歯及七旬

眼猶能視耳能聴

履屐可行筆可揮

自憶斯心方宛在

孰言七十古来稀

歳朝《さいちょう》 自《みずか》ら述《の》ぶ　今茲《ことし》 余《よ》の歯《よわい》 七旬《しちじゅん》に及《およ》ぶ

眼《め》猶《な》ほ能《よ》く視《み》え 耳《みみ》能《よ》く聴《き》こゆ

履屐《りげき》行《おこな》ふべく 筆《ふで》揮《ふる》ふべし

自《みずか》ら斯《こ》の心《こころ》を憶《おも》ふに 方《まさ》に宛《さなが》ら在《あ》り

孰《たれ》か言《い》はん 七十《しちじゅう》古《こ》来《らい》稀《まれ》なりと

【通解】

元日の朝に、自分の思いを述べる（今年、私は七十歳になる）

眼は今でもよく見えるし、耳もよくきこえる。細かいところまで気がつき、筆をふるうこともできる。このようでありたいと常々思ってきたが、七十を迎える新年の朝、まさにそうだ。いったい誰が言ったのだろう、古来七十歳まで生きる人は稀であると。

【語釈】

○歳朝　元日の朝。元旦。○歯　年齢。年。○七旬　七十歳。景山は元禄元年（一六八八）十月生まれ。○履屐　細かな事柄。『晋書』巻四十九〈謝玄伝〉に、「超曰く、吾嘗て玄と共に桓公の府に在り。其の才を使ふを見るに、履屐の間と雖も、亦た其の任を得たり。所以に之を知る、と」。○斯心　起句承句で言う状態にある気持ちのことか。○宛　さながら。まるで。○古来稀　杜甫「曲江」（『杜少陵詩集』巻六）中の詩句「酒債は尋常行処に有り、人生七十古来稀なり」に拠る語句。

◇韻字　揮・稀（上平声五微韻）。

【余説】

この年の九月十九日に景山は没し、七十歳の生涯を閉じることになる。宣長の『在京日記』のこの日の記事には「景山先生、春よりのわつらひはかはかしからて、此程はいとおもくなり給ひにたれは（中略）十九日のあさの暁につゐにゆかをかへて身まかり給ひぬ」とある。

(30)　詠福寿艸自祝

詠福寿艸自祝　　福寿艸《ふくじゆそう》を詠《よ》み、自《みずか》ら祝《いの》る

宝気欝侵霜雪披　　宝気《ほうき》　欝《さかん》に侵《おか》し　霜雪《そうせつ》披《ひら》く

黄金色映歳寒姿　　黄金《おうごん》の色《いろは》映ゆ　歳寒《さいかん》の姿《すがた》

孤根併領寿兼福　孤根《ここん》　領《うなじ》を併《なら》べ　寿福《じゆふく》を兼《か》ねたり
瑞彩遥将南極期　瑞彩《ずいさい》　遥《はるか》に将《ねが》ひ　南極《なんきよく》に期《き》す

【通解】

福寿草を詩に詠み、幸いをいのる

福寿草の中にめでたい気が満ちあふれ、厳しい霜や雪を押し開いて顔をのぞかせている。まだ寒い季節のなかで、黄金色の花が鮮やかに照り映える。根は一本であるのに、茎は分枝して寿と福の花を併せ持つ。そのめでたい色取りが永遠に輝くことを願い、わたしも南極星に長寿を誓うことだ。

【語釈】

○福寿艸　山の木陰に生える多年草。茎は十〜三十糎。上部は分枝している。早春に黄金色の花をつける。「元日草」ともいう。『和漢三才図会』〈元日草〉に、「歳旦の初黄花を開く。半ば開きて菊花に似、人以て珍と為す」とある。○宝気　「元日草」と異名を持つことなどから、めでたい気の意であろう。○侵　次第に入り込む。○披　わけるさく。福寿草が霜雪の下から出てくるさまをいう。○黄金色映　福寿草の花の色についていう。○歳寒　まだ寒い季節であることをいう。○孤根　ただ一本の根。○領　くび。うなじ。ここは、二本に分枝した先についている花をさす。○寿兼福　長生きで、かつ幸福なこと。○瑞彩　めでたい彩り、かがやき。○南極　星の名。南のはてにあって人の寿命を司るとされ、この星の見えるときには天下がよく治まるという。南極星・南極老人・老人星。『史記』巻二十七〈天官書〉に「狼の比地に大星有り、南極老人と曰ふ。老人見はるれば、治安く、見はれざれば兵起こる」。この部分の注『史記正義』に、「老人一星弧の南に在り。一に、南極と曰ふ。人主の寿命延長の応と為す」とある。

◇韻字　披・姿・期（上平声四支韻）。

⑶1　春　寒

春寒

雪意夜来入被池
同雲含日暁光遅
寒威猶且賈余勇
不使春風自在吹

景山

春寒《しゆんかん》

雪意《せつい》　夜来《やらい》　入《い》りて池《いけ》を被《おお》ひ
同雲《どううん》　日《ひ》を含《ふく》むも　暁光遅《ぎようこうおそ》し
寒威《かんい》　猶《な》ほ且《か》つ余勇《よゆう》を賈《う》るがごとく
春風《しゆんぷう》をして　自在《じざい》に吹《ふ》かしめず

景山《けいざん》

【通解】

春の寒さ

夜の間に雪になり、庭の池は一面真っ白くおおわれている。どんよりした雪雲は日をその中に含んでいるものの、夜明けの光はなかなか差してこない。冬の厳しい寒さは春に十分に残り、春かぜが思いのままに吹くのを許さない。

堀景山

【語釈】

○春寒　春まだ浅いころの寒さ。余寒。○雪意　雪ぞら。雪模様。○夜来　「来」は助字。○同雲　雪雲。どんよりして、同じ色合であるからいう。○暁光　夜明けの光。景山は「雲」を見せ消ちにして「光」に改めている。○寒威　きびしい寒さ。○賈余勇　『春秋左氏伝』〈成公・二年〉の「勇を欲する者は、余が余勇を賈らん」に拠る語句。「賈」は「売」に同じ。勇気の残りを売るということから、ここは寒威が余寒をもたらす、の意に転用している。

◇韻字　池・遅・吹（上平声四支韻）。

【余説】

宣長の『在京日記』宝暦七年元日の条には、「朝またきにおきいてて見侍れは、思ひかけす、いつこも〳〵ましろに雪ふりつもりぬ、冬さへふらさりし雪の、かく年あけてふりつもりぬることなれは、いとめつらかに見侍る（中略）さむけさは、冬にもまさりて、けさはいと〳〵さえ侍る」とあり、景山のこの詩の内容と重なる。

二　文稿

(1)　自警編序

堀家は杏庵の後、長男の立庵は芸藩に、次男三男の貞高・道林は尾藩に仕える。立庵の後は、〔北堀＝宗家〕蒙窩―南湖―南雲、〔南堀＝分家〕蘭皐―景山―蘭澤と二家に分かれて続き、代々、芸藩の儒官として召し抱えられ、藩主の教育にあたっている。

ここに紹介する「自警編序」は、広島藩第六代藩主浅野宗恒の手になる『自警編』に付された堀景山の序の写し一葉である。この資料は、かつて京都の儒医並河家の所蔵にかかり、末裔の羽倉敬尚（一八九一～一九七八）により京都大学附属図書館に預けられていたものであるが、その後、流出している。資料の所在については、髙倉一紀氏に御教示いただいた。景山に「自警編序」があることは、従来まったく知られていなかった。

宗恒の『自警編』は、『国書総目録』にもその名が見えず未見の書であるが、『広島県史』近世資料編Ⅵ（昭和五十一年三月刊）には「六代宗恒も論語・孟子・小学外篇などの経典や、漢書・後漢書・史記等の歴史書等から有益な文章を筆記して『自警編』（八冊）と名づけ、さらにそれを二冊にまとめた『自警編』という書を編している」と解説があり、「東京・浅野家蔵」とある。幸い『広島県史』近世2（昭和五十九年三月刊）に、『自警編』序の末尾と『自警編』本編の冒頭の見開きが写真版（図323）で掲載されている（1023頁）。それには「宝暦六年丙子春二月　本藩儒学平安屈正超欽叙」とあり、この識語によって執筆した年月が宝暦六年二月であることが明らかとなる。景山の「自警編序」は二冊本に付された序であろう。

後に掲げるように、この写しの本文は一行十二字で三十六行、およそ四百三十字からなる文章である。【語釈】の各項に示すごとく、『自警編』の序とするのにふさわしい経典や史書に典拠をもつ語句を多用している。「自警編序」の内容は、中国古代の聖人の例を引き、他の意見を取り入れながら道徳を重んじた政治を説くことにあり、宗恒が藩主としてそれを実践しようとしていることを讃えたものである。文武の両立、特に文事の重要性を説くが、「逍遥篇」に付された「書逍遥篇後」とその趣意を同じくする。

好学の藩主として聞こえた浅野吉長（宗恒の父）に、藩主としての心得を子孫に遺そうとして書いた『遺教録』がある。

文武両道ハ左右の手のごとく相共に不怠心懸へし、（中略）武ハ元来武士之本意、治平にも乱を不忘兼而不意之備を定置て法令軍礼等之事正しく、知謀武略計策之儀熟して何時にも其手当手配手分それ〳〵に試ミ置て丈夫にすへし、第一必勝之利を心懸申へし、武勇勝れて戦場の功ハ有といへ共、文有武ハ強く文なき武ハ弱しと申也、（中略）然る故に其善悪の道を糾し順道に成事ハ文学より出すして成間敷也、
（『遺教録』[1]上・原漢文）

文事武事の兼備をいうのは勿論、とくに実学としての学問（文道）を重視する吉長の姿勢は景山と同じである。堀家のみならず、才能のある儒学者を抜擢して侍講とし、彼らから経学を修め得た結果であろう。

僕迺ち正意の曾孫にして、従兄に正修なる者有り、亦た世《よよ》禅《ゆずりつた》へて儒を業とし、仕ふるに同藩に藉《とりたて》らる。是れ僕の宗家なり。嘗て滕公《とうこう》の門に及ぶ者、著録幾ばく人かを知らず。而るに其の子孫の業を伝ふるは、存するを見るに、亦尠《すくな》し。独り、今の祭酒林公と僕の家と有るのみ、其れ廑々《きんきん》として存す。
（景山「復物徂徠書」）

三十九歳になった景山が、時の大儒者六十一歳になる荻生徂徠に対して誇った堀家の家学の伝統である。その礎を

築いた杏庵は、文事と武事との関係を次のようにいっていた。

古より文教を以て人を治め、武事を以て国を威《おど》す。（中略）戦国淆乱し、白羽相望み、霜刃相接るときは、文は武に及ばず。時勢の然らしむるところなり。妖気掃退し、干戈既に韜《つつ》み、礼楽聿《つい》に修るときは、武は文に及ばず。守成の難き所以なり。国家を治る者は、兼備せざるべからず。

（杏庵『杏陰襍録』(2)・原漢文）

杏庵以来、文武兼備・文事の重視は、閑暇・承平の世の中において、藩主の教育にあたる子孫に脈々と受け継がれていたのである。

*

「自警編序」の翻刻は概ね通行の字体に改めたが、行数や一行の字数、および挿入の部分などはもとのままとした。本文の下に、その行と大体一致するように書き下し、後に【通解】と【語釈】を付した。

自警編序

舜察邇言禹拝昌言狂夫之言
聖人必択焉是毋乃以睿明之
資自視欲然者与或見以為生
知天資不須他求者乃用小人
之臆以揣聖人之(心)性也大氐小
人愚而好自用唯出諸己之尚
若夫望道而未之見者斯足以

自警編の序

舜は邇言《じげん》を察し、禹は昌言《しょうげん》を拝す。狂夫の言も
聖人必ず焉《これ》を択《と》る。是れ乃ち睿明《えいめい》の資を以てしても、
自ら視ること欲然《かんぜん》たる者毋《ことな》けんや。或は見るに以て
生知天資と為《な》し、他に求むるを須《もち》ゐざる者は、乃ち小人の
臆を用ゐて以て聖人の(心)《こころ》性を揣《はか》る。大氐《たいてい》小人は
愚にして自ら用ゐるを好み、唯だ諸《これ》を己れの尚《たか》きに出だす。
若し夫れ道を望みて未だ之を見ざれば、斯れを足《た》すに

知聖人之性《心》也且聖人亦人也
雖云睿明而一人《○之》智幾将有涯
天下至衆各有天稟分万不同
衆智無涯以有涯臨無涯仮令
聖智固未免不周給尺有所短
寸亦有長是以聖人虚己無《不》弐
好問察言狂夫必択蒭蕘有詢
焉乃是其睿明之資所以与衆
敻絶也我
芸藩侯寛簡有度未肯借色於
喜慍刻励節倹以躬率先垂意
経済夙抱有為之志方今海内
馬上之業久已成立而金鼓不
振亦百年而奇於是　侯以世
属文運非用武之時故敦詩書
而崇文化鄙力政以黜武断能
知其急先務顓修文備而武事

聖人の性(心)を知るを以てせん。且聖人も亦人なり。
睿明なりと云ふと雖も、一人の智は涯《かぎ》り有るものに幾将《ちか》し。
天下至衆《ししゆう》、各々天稟《てんぴん》の分有りて、万《よろず》同じからず。
衆智は涯り無し。涯り有るものを以て涯り無きものに臨むときは、仮令《たとい》
聖智固《もと》より、未だ周給《しゆうきゆう》せざるを免れずとも、尺《しやく》も短き所有り、
寸《すん》も亦長き有り。是を以て聖人己れを虚しくして、弐《ふたごころ》無く、
問ふことを好み、言を察し、狂夫を必ず択り、蒭蕘《すうじよう》に詢《と》ふ有り。
乃ち是れ其の睿明の資の、衆と敻絶《けいぜつ》する所以なり。
我が
芸藩侯、寛簡《かんかん》にして度《ど》有り。未だ色を喜慍《きうん》に借ることを肯《がえん》ぜず。
刻励節倹《こくれいせつけん》、躬《み》を以て率先し、意を経済に垂《た》れて、
夙《つと》に有為の志を抱けり、方今《ただいま》、海内《かいだい》
馬上の業、久しく已に成立すれども、金鼓《きんこ》振はざること
亦百年にして奇なり。是に於いて　侯、世を
文運に属《つ》き、武を用ゐるの時に非ずと以《な》す。故に詩書に敦《あつ》くして
文化を崇《たつと》び、力を鄙《いやし》む。政は武断《ぶだん》を黜《しりぞ》け、能く
其の先務《せんむ》を急にするを知り、文備《ぶんび》を顓修《せんしゆう》するを以てす。而も、武事《ぶじ》

固未嘗不講肄可謂知所先後
則近道矣者哉以故　侯清間
之燕俯首経史獲其格言眇論
有以埤益者便即収録懸諸宥
座昕夕披覧随獲随録日就月
将積成巻冊○命以自警編窃比聖人之弘好
問察言欲以弁当局之惑臣超
因祇奉　教旨題於簡端用叙
侯有為之志所以崇文化黜武
断至乃大邦在宥之化破觚斲
琱使臣庶享皥々之楽者亦其
何日之有斯以竢之斯以竢之
屈景山

固より、未だ嘗て講肄《こうい》せずんばあらず。先後する所を知るときは、道に近しと謂ふべきかな。故を以て　侯清間《せいかん》の燕《えん》に、首《こうべ》を経史に俯《た》れ、其の格言 眇論《びょうろん》を獲《え》て以て埤益《ひえき》する者有らば、便即《すなわち》収録す。諸を宥座《ゆうざ》に懸け、昕夕披覧《きんせきひらん》す。随《したがつ》て獲《え》れば随《したがつ》て録す。日に就《つ》き月に将《すす》み、積みて巻冊を成す。命《なづ》くるに自警編《じけいへん》と以《な》す。窃《ひそか》に聖人の弘《ひろ》く問ふことを好み、言を察するに比し、以て当局の惑ひを弁ぜんと欲す。臣超《ちょう》因て　教旨を祇奉《しほう》し、簡の端に題して用《もつ》て侯の有為の志の、文化を崇び武断を黜《しりぞ》くる所以を叙《の》ぶ。至れば乃ち、大邦在宥《たいほうざいゆう》の化は、觚《こ》を破り琱《かざり》を斲《けず》らん。臣庶《しんしょ》をして皥々《こうこう》の楽しみを享《う》けしむるは、亦其れ何《いつ》の日か之《これ》有らん。斯れ以て之を竢《ま》つ。斯れ以て之を竢つ。

屈景山

【通解】

舜は進んで身近な言葉をよく吟味して考察し、禹は皐陶（舜の名臣）の善き言葉を拝する。狂人の言葉であっても、聖人はとりあげる。このことはとりもなおさず、いくら賢くて道理に明るい資質を持っていたとしても、聖人は、自ら顧みて自分に満足しないということではなかろうか。

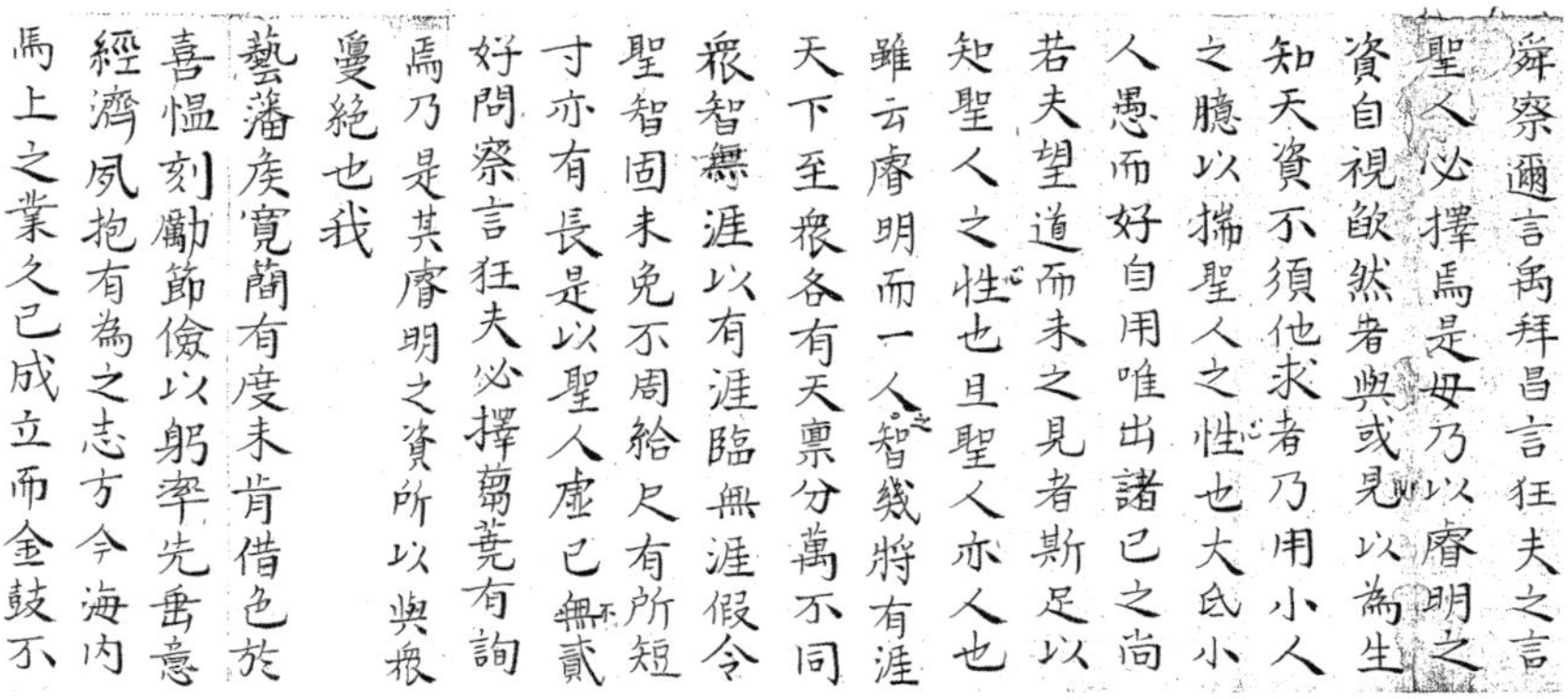
舜察邇言禹拜昌言狂夫之言
聖人必擇焉是毋乃以睿明之
資自視歉然者與或見以為生
知天資不須他求者乃用小人
之臆以揣聖人之性也大氐小
人愚而好自用唯出諸己之尚
若夫望道而未之見者斯足以
知聖人之性也且聖人亦人也
雖云睿明而一人之智幾將有涯
天下至衆各有天稟分萬不同
衆智無涯以有涯臨無涯假令
聖智固未免不周給尺有所短
寸亦有長是以聖人虚己無貳
好問察言狂夫必擇蒭蕘有詢
焉乃是其睿明之資所以與衆
夐絶也我
藝藩侯寛簡有度未肯借色於
喜愠刻勵節儉以躬率先垂意
經濟夙抱有為之志方今海内
馬上之業久已成立而金鼓不

堀景山筆「自警編序」 前半部

或いはまた、生まれながらにしてすぐれた資質を持っているとして、他人に助言を求めることを願わない者は、徳がなく心の正しくない小人の臆測でもって聖人の心を推し量ってしまう。おおかた、小人は愚かであるにもかかわらず、えてして勝手気ままに振る舞い、ただ自分の才能を誇ってするものである。もし、人の道を望んでまだ見ることができないときは、聖人の心を知ることをもってこれを補おうとする。

しかしながら、聖人もまた人間である。すぐれて賢いとはいっても、人一人の智恵には、限りがあると言っていい。天下には多くの人々がおり、それぞれが天賦の才能を持っていて、それもすべて同じものとてない。大勢の人々の智恵は、無限である。有限の智恵をもって無限の智恵に臨むときは、たとえ聖人の智恵が、もとよりあまねく行き渡らないものであったとしても、一尺一寸も場合によって長短があるように、事柄によっては愚者が優ることもあるものだ。

だから、聖人は私心をなくして二心をもたず、問うことを好み、浅近の言葉を吟味して考察し、狂人の言葉を採択して、草刈り人や樵夫に下問する。これこそ、聖人のすぐれた資質が、大衆とはるかに隔たっている所以なのである。

我が芸藩藩主浅野宗恒侯は、御心が寛大でありかつ志が大きく、度量がおありなさる。未だ喜びや怒りの表情を顔に表したことがない。藩主自ら、衆に先んじて仕事に精を出して励まれ、節約・倹約を旨とし、思いを経世済民にたれて、すぐれて立派な志を早くから抱いておられた。

軍人が馬にまたがり戦場を駆け回って天下を取ってから久しいが、今や鐘や太鼓を鳴らしたり打ったりすることがなくなって百年にもなる。すばらしいことである。そこで宗恒侯は、当世を学問の気運がいたり、武力を用いるご時勢ではないと判断なされた。だから、『詩経』や『書経』を重んじて文徳で教化することを尊び、力を用いて民を教え導くことをいやしめられたのである。

政治は、武力でおさえつけて事を処理するのをやめ、まずよく第一に為すべき務めをわきまえ、文教上の用意を専らにして行うことである。そうではあるが、もともと武芸は稽古して習わないわけにはいかない。学問と武芸の本末先後を心得るならば、道に至ること遠からず、やがて到達できるであろう。

こういう次第で、宗恒侯はお時間が少しでもあれば経書と歴史の学問に励まれ、戒めとなる言葉や妙論を得て、それがご自身の為になる言であればすぐにとり集めて記録しておかれた。その言葉を座右に留め置き、朝夕開いて御覧なさる。格言や眇論を得るそばから抄録する。日々にその努力をかさね、月々大いに進み、いまでは集め蓄えたものが一書をなすほどになった。その書を『自警編』と命名された。侯は心のなかで、聖人が広く問うことを好み、浅近の言葉を吟味して考察することにならい、ご自分の惑いを正そうとしておられる。

臣下である正超は御教えの趣旨を敬奉し、この書の端に巻頭の言葉を書きつけ、侯の立派な志が文徳での教化を尊び、武力で事を処理するのをやめる所以を述べさせていただいた次第です。侯の志が行き渡れば、芸藩において民の自らの為すに任せるという徳化は、角をとってまるくし装飾面を削るということ、すなわち法度の緩和になるものと思われます。臣民が、ゆったりと落ち着いて毎日の生活に満足できるようになるのはいつの日でしょうか。この日の到来を、切にお待ち申し上げております。

【語釈】
○舜察邇言　『中庸』第六章の「舜は其れ大知なるかな。舜は問ふことを好み、邇言を察することを好み、悪を隠して善を揚げ、其の両端を執りて其の中を民に用ゐる、其れ斯れ以て舜と為すか」に基づく。「邇言」は通俗できわめて卑近な言葉をいう。○禹拝昌言　『書経』〈皐陶謨〉にある「禹昌言を拝して曰く、兪《しか》り」に拠る。「昌言」は、ためになるよい言葉の意。○狂夫之言聖人必択焉　『史記』巻九十二〈淮陰侯列伝〉に「広武君曰く、臣聞く智者も千慮に必ず一失あり、愚者も千慮に必ず一得ありと。故に曰く、狂夫の言も聖人焉を択る」とあるのに拠る。『漢書』巻四十九〈鼂錯《ちようそ》伝〉に「狂夫の言も明主焉を択る」と類似の語がみえる。○睿明之資　賢くて道理に明るい性質・才能をいう。○欿然　自ら顧みて満足しないさまをいう。『孟子』〈尽心・上〉に「之に附するに韓魏の家を以てするも、如し其の自ら視ること欿然たらば、則ち人に過ぐること遠し」とあるのに拠る。〈集註〉では「欿然不自満之意」とする。○生知　生まれながらにして知っていること、転じて非常にすぐれた資質の人をいう。○天資　生まれつき、生まれつきの才能のこと。○小人愚而好自用　「小人」は『論語』〈為政〉に「君子は周して比せず。小人は比して周せず」、〈子路〉に「君子は和して同ぜず。小人は同じて和せず」などと見られるように、徳がなく心の正しくない者をいう。「自用」は自分の才能を誇って万事を処理し、人言を容れないの意。『中庸』第二十八章の「愚にして自ら用ゐるを好む」、『書経』〈仲虺之《ちゆうきし》誥《こう》〉の「問ふことを好めば則ち裕《ゆたか》に、自ら用ゐれば則ち小なり」などに依拠した語句であろう。○天下至衆　『漢書』巻六十〈杜周伝〉に「天下至りて大きく、万事至りて衆《おお》し」とある。これを踏まえた表現であろう。○天稟　天から受けた性質の意。天賦。天性。○衆智　多くの人の知恵のこと。○以有涯臨無涯　「涯」は、限りの意。『荘子』〈養生主〉に「吾が生や涯り有り、而も知や涯り無し。涯り有るものを以て涯り無きものを随《お》へば、殆きのみ」とある表現に拠るであろう。○聖智　すぐれた知恵の意。○周給　あまねく与えることをいう。『後漢書』巻十四〈馬援伝〉に「郷閭《きょうりょ》の故人に賑給《しんきゅう》す。周給せずといふこと莫し」とある。○尺有所短寸亦有長　『史記』巻七十二〈白起王翦伝〉に「鄙語に云ふ、尺も短き所有り、寸も長き所有りと。（中略）彼各々短き所有るなり」、また『楚辞』〈卜居〉にも「夫れ尺も短き所有り、寸も長き所有り」とある。これらに拠る表現である。賢者も事柄によっては劣ることがあり、愚者も事柄によっては優ることがあるの意。物は用い所によって、優劣があることの喩え。○虚己　私心をなくすこと。『易』〈下経・咸〉に「象に曰く、山の上に沢有るは咸なり。君子以て虚にして人を受く」とある。『資治通鑑』巻二十八〈漢紀・元帝初元元年〉に「上数々己を虚しうし、問ふに政を以てす」。注に「師古曰く、虚己、聴きて其の言を受くるを謂ふなり」とある。『漢書』巻二十七〈五行志〉に「周殷に克ち、箕子を以《ひきい》て帰る。武王親《みずか》ら己を虚しうして問ふ」。○好問察言狂夫必択　既述。○蒭蕘有詢焉　「蒭蕘」は、草刈り人と薪取り人（樵夫）のこと。『詩経』〈大雅・板〉に「先民（古の賢人の意―著者注）言ふ有り、蒭蕘に詢ふ」とあり、（鄭箋）では「疑はしき事有らば、当に采薪者と之を謀るべし。匹夫匹婦も之を知るに及ぶ。況んや我に於てをや」と解する。『不尽言』には「聖人の徳を称美して好《ム》レ問《フコトヲ》とも好《ムデ》察《ス》二邇言《ヲ》一とも詢《フ》二于蒭蕘《ニ》一ともいへることは、聖凡公私のわかれめは外の事はなく、此やうなる所にてその気量の大小、ここにて知る、事也」と、同じことを述べた文章が見える。○夐絶　はるかにかけ隔たっているさまをいう。○我芸藩侯　広島藩第六代藩主浅野宗恒（在位は宝暦二年三月七日～宝暦十三年二月二十一日）をさす。宗恒は、第五代藩主浅野吉長の嫡子であり、宝暦二年（一七五二）三月七日に原封四十二万六千二百石を嗣ぐことになる。○寛簡有度　「寛簡」は鷹揚で志が大きいことをいう。「度」は器量の意。『晋書』巻十九〈嵆康伝〉に「天質自然、恬静寡欲、垢《あか》を含み瑕《きず》を匿し、寛簡にして大量有り」、『史記』巻八〈漢高祖本紀〉に「常に大度有り」、『後漢書』巻六十四〈袁紹伝〉に「寛雅にして局度有り」とある。○喜慍　喜びと怒りのこと。『宋史』巻二百六十六〈王化基伝〉に「化基寛厚にして容る、有り、喜慍形《あらわ》さず」とある。○刻励　精を出して励むこと。○節倹　倹約、節約の意。○経済　国を治め民を救う、経世済民のこと。○垂意　おもいを垂れること。『後漢書』巻四〈和帝紀〉に「皇帝鴻業を崇び弘めて、徳化普治《あまね》し。黎民に意を垂れて、念を稼穡《かしょく》に留む」とある。○有為　役に立つことをいう。○方今　今日、ただ今、当今の意。○海内　天下国家。『荘子』〈逍遥遊〉に「堯、天下の民を治め、海内の政を平《ととの》ふ」。○馬上之業　馬にまたがって戦場に往来すること。『漢書』巻四十三〈陸賈伝〉に「公馬上に居て之を得たり。安んぞ詩書を事とせん、と。賈曰く、馬上にして之を得るとも、寧ぞ馬上を以て治すべけんや」とある。○金鼓　軍中に用いる鐘と鼓。進むのに鼓を用い、止まるのに鐘を用いる。○文運　学問の気運のこと。○武断　武力でおさえつけ事を処理すること。○先務　第一になすべき務め。急務。『孟子』〈尽心・上〉に「堯舜の知にして物に偏《あまね》からざるは、先務を急にすればなり」とある。○顓修　専修に同じ。もっぱら一事を修めるの意。○文備　学問上の用意。文教上の設備。武備の対。『史記』巻四十七〈孔子世家〉に、孔子の言葉として「臣聞く、文事有る者は必ず武備有り、武事有る者は必ず文備有り」とある。「武事」は武芸のこと。○講肄　稽古し習うこと。「講」「肄」ともに、習うの意。『漢書』巻二十三〈刑法志〉に「歳時に講肄して武備を修む」とある。○先後　あとさき。『大学』〈経〉の「先後する所を知れば、則ち道に近し」に拠る表現であろう。○清間之燕　「清間」は暇な時をいう。『漢書』巻八十九〈龔遂伝〉に「願はくは清間を賜り、愚を竭《つく》さん」とある。「燕」は休む、くつろぐの意。『論語』〈述而〉に「子の燕居するや、申申如たり」、『論語集註』は「燕居は間暇無事の時」と注する。○俯首　頭を垂れること。『史記』巻百三十〈太史公自序〉に「首を俯れて涕を流す」。○経史　経書と史書。○格言　戒めとなる言葉。○眇論　妙論、すぐれた論の意。『漢書』巻八十八〈張山拊伝〉に「厳然として五経の眇論を総《あつ》め、師伝の顕位に立つ」とある。○埤益　厚くし益すこと。『詩経』〈邶風・北門〉に「王事我に適《ゆ》き、政事一に我に埤益す」とある。○宥座　座右の意。○昕夕　朝夕、朝晩のこと。○披覧　開いて見ること。『北史』〈周明帝紀〉に「性、典籍を好み、聖賢の余論を披覧す」とある。○随獲随録　獲るそばから記録することを言う。○日就月将　日々に功業を積み、月々に徳行を成就すること。「就」は、なる、できあがるの意。「将」は、すすむ、進歩するの意。『詩経』〈周頌・敬之〉に「維《こ》れ予《われ》小子、聡ならざるも敬止《つつしむ》、日に就き月に将み、学んで光明に緝熙《しゅうき》すること有らん」とある。○当局之惑　当事者の心が乱れて分別が困難であることをいう。『宋書』巻六十二〈王微伝〉に「当局の苦迷、将に然らざらんや」とある。○超　堀景山の名は「正超」。○祇奉　つつしみ仕えること。敬奉。『晋書』巻七〈成帝紀〉に「以て祖宗の明祀を祇奉す」とある。○教旨　教えの趣旨の意。○大邦　大きな国。ここは安芸国、広島藩をさす。○在宥　人や物の自ら為すに任せること。『荘子』〈在宥〉に「天下を在宥することを聞くも、天下を治むることを聞かざるなり」とある。○破觚　「觚」は物の角。「破觚」は法度の四角四面な所をけずって緩和することをいう。『史記』巻百二十二〈酷吏列伝〉に「漢興り、觚《こ》を破りて圜《えん》と為し、雕《かざり》を斲《けず》りて樸《ぼく》と為す」とあるのに拠る表現であろう。○臣庶　百官。臣下。しもじもの者。『孟子』〈万章・上〉に「舜曰く、惟れ茲《こ》の臣庶、汝其れ予《われ》に于《おい》て治めよ」とある。○皞々　心が広くゆったりし満足しているさま。『孟子』〈尽心・上〉に「覇者の民は、驩虞《かんぐ》如《じょ》（喜び楽しんでいるが長続きしないの意—著者注）たり。王者の民は、皞皞如《こうこうじょ》たり」とある。

注

（1）『広島県史』近世史料編Ⅵ所収。
（2）東京大学史料編纂所の蔵本に拠る。

(2) 国字医叢叙

『国字医叢』五巻五冊（刈谷市中央図書館蔵）は、江戸中期の医学界における後世派の第一人者と呼ばれた香月牛山（一六五六〜一七四〇）の著作である。元文二年（一七三七）、国子監の司業江俊包と養子の香月玄洞則道の序、それに

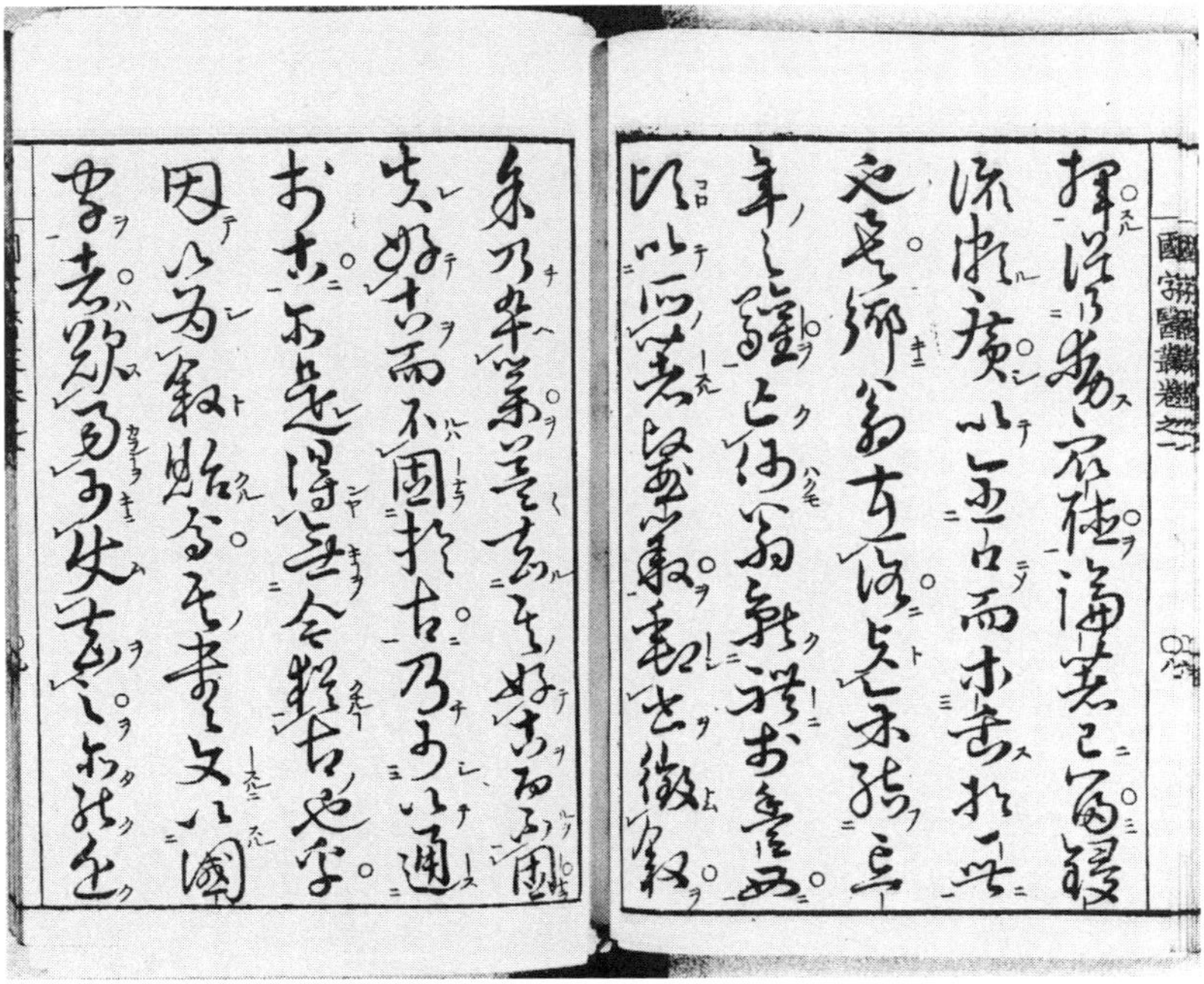

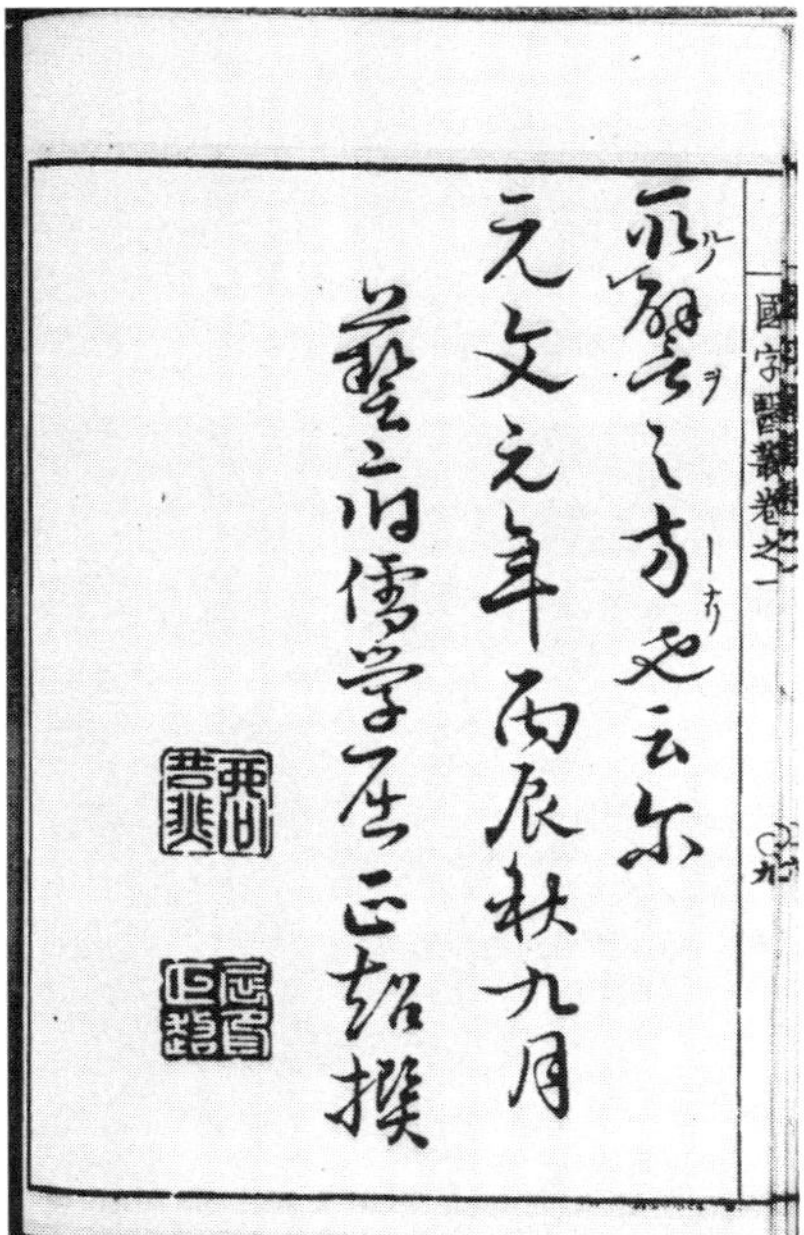

「国字医叢叙」 堀景山自筆刻 元文2年刊（刈谷市中央図書館蔵）

景山の叙を刻んで京師書舗小川左衛門によって刊行された。牛山は筑前国遠賀郡香月に生まれ、名を則真（一説に則実）、字啓益、通称貞庵。豊前中津藩に仕えた後、元禄十二年（一六九九）に辞して京都に赴き、医を開業する。享保元年（一七一六）、豊前小倉藩主小笠原忠雄侯の招聘を受け、客分として小倉に住んで自適の生活をする中で、八十五歳で世を去る。

京都に在住した四十四歳から六十一歳までの十七年間は、牛山にとって名医としての名を高めた時期であり、それゆえに多くの文化人と交流することになった。小倉藩の医官土屋昌英は、牛山の木牌碑文に次のように記している。

先生在洛也其所善者儒則伊仁斎父子崛家兄弟北可昌緒維文与言詩者笠柳二生論本草者稲松二子仏則大徳古外妙心無著建仁松堂華山義山是皆一時豪傑異能之士也

牛山が在京中に親しく交わった当時の儒・詩・本草・仏の各界における文化人の名が挙げられている。洛儒の「一時豪傑異能之士」は、これによれば伊藤仁斎・東涯・古義堂の面々と、「崛家兄弟」すなわち堀南湖と景山の従兄弟である。こうした交流があった上で、東涯が牛山の著作『医学鉤玄』や『薬籠本草』に序を求められたように、景山は刊行の前年に『国字医叢』の叙を請われたものと思われる。

小倉に身を寄せてすでに二十一年、八十一歳になった牛山は、景山（四十九歳）に叙の執筆を依頼する。『国字医叢』叙の内容からは、景山が牛山の医説の特徴をよく摑んでいることが分かる。在京中の雅遊が密であったことを物語っている。軒岐の文と独知の説にかかわる景山の批判的な意見は、堀元厚の著作『隧輸通考』に求められた景山の「跋」（後掲Ⅳ・二・(6)・五九〇頁）に、同じように述べられている。『国字医叢』叙の翻刻にあたっては、適宜句読点を加えた。

国字医叢叙

軒岐之文、曾不墜於祖竜之坑。毋乃今猶古与。然而迨周世、禹湯之文、既不足於杞宋。夫子僅得夏時坤乾而已。孟軻之時、距夫子亦已迩而曰、尽信書則不如無書。吾於武成、取二三策而已矣。夫然。故年代綿邈、作述不継、則文之残闕不得不然。縦令不罹祖竜之災、亦其不可今猶古也固矣。夫医伎也。軒岐之文、亦験諸伎、而擒諸文。是以考諸文而伎護以通、得諸伎而偶々与文符。然文之与伎其揆一而有不同者。且夫軒岐之文甚古、而残闕殊為不尠。亦不可不善読焉。苟尽信于文輙欲以験諸伎、乃不固而弗通者幾希。周諺云、以書為御者、不尽馬情。何者亦固也。此可以諭焉。蓋病之於人、彼此各々異機変百出。幾不可端倪。故其為伎也、自有独知之契也。世之不知文而進于伎、夫寔繁。雖詭遇之獲歳、亦唯有独知之契也。雖然舎文而拘于独知、則鹵莽滅裂亦不免為妄也。是世之金生家所以不固、則妄也。其独知而妄孰若尽信而固。但固之蔽也、雖不中不遠矣。妄之害也、乃与以刃者亦曷異焉。牛山香月翁工医、能考諸文而進于伎。且博渉淹識好古而不固。善読軒岐之文、亦不尽信焉。安所発揮聳動衆聴。論著已富、鋟流頗広。以金口而木舌於一世也矣。郷翁在洛、与余結忘年之驩。亡何翁就礼於豊西。頃以所著医叢、郵書徵叙。余乃卒業、益々知其好古而不固。夫好古不固於古、乃可以通於古。亦是得無今猶古也乎。因以為叙貽焉。其書之文以国字者、欲易可使知之。亦能近取譬之方也、云爾。

元文元年丙辰秋九月

芸府儒学　屈正超撰

【訓読】

国字医叢の叙

軒岐《けんき》の文、曾て祖竜《そりよう》の坑《あな》に堕ちず。乃ち今猶ほ古のごとくなること毋からんや。然して周の世に迨《およ》び、禹湯《うとう》の文、既に杞宋《きそう》に足らず。夫子僅かに夏時坤乾《こんけん》を得たるのみ。孟軻の時、夫子を距《へだた》ること亦已に迩《ちか》ふして曰ふ、尽《ことごと》く書を信ずるときは、書無きに如かず。吾武成《ぶせい》に於ける二三策を取るのみ、と。夫れ然り。故に年代綿邈《めんばく》、作述継がざるときは、文の残闕然らざることを得ず。縦《たと》ひ、祖竜の災に罹《かか》らざらしむとも、亦其の今猶ほ古のごとくなるべからざること固よりなり。夫れ医は伎なり。軒岐の文、亦諸を伎に験《こころ》みて諸を文に擒《とら》ふ。是を以て諸を文に考へて伎以て通ずることを護《え》、諸を伎に得て偶々文と符す。然して文と伎と其の揆《き》一にして同じからざる有り。且つ夫れ軒岐の文甚だ古にして、残闕殊に尠《すくな》からずと為す。亦善く読まずんばあるべからず。苟し尽く文を信じ、輙ち以て諸を伎に験みんと欲せば、乃ち固にして通ならずんばあらざること幾《ほと》んど希《まれ》なり。周の諺に曰ふ、書を以て御《ぎよ》を為す者は、馬情を尽さず、と。何者《なんとなれば》、亦固なればなり。此れ以て諭《たと》ふべし。蓋し病の人に於ける、彼此各々異に、機変じて百出す。幾んど端倪《たんげい》すべからず。故に其の伎為《た》るや、自ら独知の契有り。世の文を知らずして伎に進《すぐ》る、夫れ寔に繁《おお》し。詭遇《きぐう》の獲なる歳と雖も、亦唯だ独知の契有り。然りと雖も、文を舎《す》てて独知に拘《かか》はるときは、鹵莽滅裂《ろもうめつれつ》、亦妄為ることを免れず。是れ世の金生家、固ならざるときは妄なる所以なり。其の独知にして妄なるは、尽《ことごと》く信じて固なるに孰若《いずれ》ぞ。但、固の蔽《へい》や、中《あた》らずと雖も遠からず。妄の害や、乃ち刃を以てすると、亦曷《いずく》んぞ異ならん。牛山香月翁、医に工《たくみ》に、能く諸を文に考へて伎に進《ちか》づく。且つ博渉淹識《はくしようえんしき》、古を好んで固ならず。善く軒岐の文を読み、亦尽く信ぜず。発揮する所に安んじ、衆聴《しゆうちよう》を聳動《しようどう》す。論著已に富み、鋟流《しんりゆう》頗る広し。以て金口《きんこう》にして一世に木舌《ぼくぜつ》す。郷《さき》に、翁洛に在り。余と忘年の驩《よろこび》を結ぶ。何《いく》ばくも亡く、翁、礼に豊西《ほうせい》に就く。頃《このごろ》、著する所の医叢を以て、書を郵《しゆくつぎ》し叙を徴《もと》む。余乃ち業を卒《お》へ、益々其の古を好んで固ならざるを知る。夫れ古を好んで古に固ならざる。因て以て叙と為して貽《おく》る。其の書、文するに国字を以てするは、之を知らしむべきに易《やす》からんことを欲す。亦能く近く譬えを取るの方なりと、爾云ふ。

元文元年丙辰秋九月

芸府の儒学　屈正超撰

【通解】

国字医叢の叙

黄帝と岐伯の問答を記した書は、秦の始皇帝による焚書坑儒の災いを免れた。とすれば、今に伝えられる書は、古の教えのままなのであろうか。周の時代になり、夏と殷の礼についての文書は、子孫が継いだ周代の杞の国、春秋時代の宋の国ではすでに失われてしまった。孔子がかろうじて夏の暦書と、殷の「坤乾」を手に入れることができただけである。孟子の時代は、孔子が亡くなってからそれほど時間は経ってはいないが、孟子は次のように言っている。『書経』に書いてあることをすべて信じてしまうと、道を誤ってしまう。かえって『書経』は無いほうがいい。わたしは『書経』の武成篇の中では、二、三節を取るだけだ」と。まさにそのとおりである。したがって、書が、過ぎ去ったはるか遠い時代の先人の業績をそのまま受け継いでいないとすれば、不完全であってもそれはしかたないことだ。たとえ、始皇帝の焚書の被害に遭わなかったとしても、今に残った書の教えが、もとより昔のままであるとは言えないのである。

さて、医は術である。黄帝と岐伯の書は、医術でためして文にしたものである。したがって、軒岐の書で症を考えた後、術で験して文に書いてあることが通用することを知る。また、先に医術を験して、それがたまたま軒岐の教えと合致することがある。だから、軒岐の医教と医術の方の考えは同じであったとしても、結果として一致しないことがある。

軒岐の書は非常に古く、残った文は不完全ではあるが少なくはない。よく読む必要がある。しかしながら、かりに書に固執して軒岐の文をことごとく信じ、すぐに治験をためしても、術が全て通用するというようなことはないと言っていい。周の諺にいう、「書を読んで、その知識だけで馬を御そうとする者は、馬の情を理解して御することはできない」と。なぜなら、書から得た知識にもとづく観念に縛られているからである。このことを譬えとすることができよう。思うに、病は人の身体のあちこちに様々な形で発病する。それを全て推し測ることは不可能である。だから人は医術を施すにあたって、独自のやり方をためすのである。世間では、軒岐の教えを知らないで医術に携わっている者が実に多い。

軒岐の医教を学んで医術を行うという正しい方法によらずに、世間に受け入れられ、そして富貴を得ているときは、そこには誰も知らない独自の医術が介在している。しかし軒岐の教えを顧みず、自分だけが知る術にとらわれてしまっていては、事が粗略で疎かになり、治療はいい加減なものとなる。世の金生家が道理にかなった手順を踏まないで、勝手気ままにふるまってしまう所以である。独り合点していい加減であることと、軒岐の文を全て信じて頑なであることとでは、はたしてどちらがいいであろうか。ただ、軒岐の文に固執してしまう弊害は、大体において間違いなくある。また一方、軒岐の教えを無視したいい加減な医術の実害は、刃をもって人を害するのと大して変わるものではない。

香月牛山翁は、医に巧みで、軒岐の文をよく考えた上で術を行う医者である。また物事を広く知っていて古を好み、柔軟な思考をする人である。軒岐の書をよく読んではいるが、それをことごとく信じて追従することをしない。翁は自分が納得する医術でもって多くの人を驚かせる。今までたくさんの書を著し、その刊本は広く流布している。香月翁は、当世医学界におけるすぐれた指導者だといえよう。

以前翁は京都に住み、私と年の差を超えて親しく交際していた。しばらくして、小倉侯の招聘に応えるべく、豊前小倉の地に赴いた。最近書き著した『医叢』を上梓することになり、飛脚を使って書を送り、私に叙を依頼してきたのである。私は叙を書き終え、翁がいっそう古を好み、そして柔軟に考えていることを知った。古を好んで、古に執着しなければ、結局古に通ずることができる。今の世において、古のように医療に従事することができるのである。このような次第を叙として贈る。『医叢』を仮名交じり文にしたのは、容易に内容を理解してほしいと願っているからである。また、身近なことを譬えにとって啓蒙しようとしたときの一つのやり方でもある。述べることは以上のとおりである。

元文元年（一七三六）丙辰秋九月

広島藩の儒官　堀景山記す

【語釈】

○軒岐之文　「軒岐」は、黄帝軒轅氏と臣下の名医岐伯のこと。ともに古代伝説の医学の祖。黄帝と岐伯の問答を記したものとして『黄帝素問』がある。この書は、後世秦漢時代に黄帝に名を借りて作られたものである。医書の最古のもの。○祖竜之坑　「祖竜」は秦の始皇帝の異称である。「坑」は儒学者を穴埋めにしたこと。いわゆる焚書坑儒をいう。○禹湯　夏の禹と殷の湯王。儒家に尊ばれた古代の聖天子。○不足杞宋　「杞」は、周の武王が夏の子孫を封じた国。「宋」は、春秋時代に殷の子孫が封ぜられた国。ここの語句は、次の『論語』や、後の『書経』の文章に拠っている。『論語』〈八佾〉に「子曰く、夏の礼は吾能く之を言ふも、杞徴するに足らず。殷の礼は吾能く之を言ふも、宋徴するに足らざるなり。文献足らざるが故なり。足らば則ち吾能く之を徴せん」とある。○夏時坤乾　「夏時」は夏の暦書、「坤乾」は殷の陰陽思想に関する書。『書経』〈礼運〉「孔子曰く、我夏の道を観んと欲す。是の故に杞に之く。而して徴するに足らざるなり。吾夏時を得たり。我殷の道を観んと欲す。是の故に宋に之く。而して徴するに足らざるなり。吾坤乾を得たり。坤乾の義、夏時の等、吾是を以て之を観る」に拠る。○尽信書　『孟子』から引用する文は、〈尽心・下〉に見える。「武成」は、『書経』の〈武成〉篇をさす。○年代　過ぎ去った時代。○綿邈　はるかに遠いこと。『晋書』巻十三〈天文志・上〉に「唐虞は則ち羲和軌を継ぎ、有夏は則ち昆吾徳を紹ぐ。年代綿邈、文籍伝ふる靡し」とある。これに拠るか。○作述　先人の言行などを受け継いでそれを述べ行うこと。○残闕　損じ欠けていること。『漢書』巻三十〈芸文志〉に「周室既に微にして、載籍残欠す」。○伎　技。技量。ここは、医の術のこと。○揆一　考え方がおなじであること。『孟子』〈離婁・下〉に「先聖後聖、其の揆一なり」。○周諺　『戦国策』〈趙・武霊王平昼〉に、この諺が引かれている。「諺に曰く、書を以て御を為す者は、馬の情を尽くさず。古を以て今を制する者は、事の変に達せず」とある。○機変　機にしたがって変化に応ずる。○端倪　推し量る。事の本末を測り知る。○独知之契　「独知」は、他人が知らないことを自分だけが知ること。『淮南子』〈兵略訓〉に「独知とは、人の知らざる所を知るなり」。「独知之契」は、一方だけが知っている契約。独り合点。『戦国策』〈西周・司寇布〉に「今君の最をして太子為らしむるは、独知の契なり」。○詭遇之獲歳　「詭遇」は、正しい道によらずに迎合し、世に受け入れられて富貴となること。『孟子』〈滕文公・下〉に「之が為に詭遇し、一朝にして十を獲」とある。「獲歳」の意味が、もうひとつはっきりしないが、「歳」は、『広雅』巻五〈釈言〉に「歳遂也　遂育也」とあって、成し遂げるの意に取れる。後掲する(8)『楽志軒記』で述べる田中常澤の『医方円機序』に「詭遇之利」と見える。「利」と同意であろう。○鹵莽　粗略でおろそかなこと。○金生家　不詳。○博渉　広くものごとを見聞すること。『後漢書』巻七十〈孔融伝〉に「学を好み博く渉りて多聞なり」。○淹識　知識の広いこと。『唐書』巻百六十四〈王彦威伝〉に「自ら学に力め、明経甲科に挙げられ、古今の典礼を淹識す」。○聳動　驚かす。○衆聴　多くの人の聴覚。○鋟流　版本として流布すること。○金口木舌　もとは、古代中国で、民に命令する時に鳴らした木鐸のこと。言論で社会を指導する人をいう。○忘年之驩　年齢差を気にしないで交際する喜び。○豊西　豊前の西に位置する小倉をさす。○郵　しゅくつぎ。早馬、飛脚のこと。『漢書』巻七十五〈京房伝〉に「郵に因りて封事を上ぐ」（師古注）「郵は書を行るなり。今の文書を伝送するがごとし」。

(3) 源家伝統録序

『源家伝統録』二巻二冊（岡山大学附属図書館　池田家文庫蔵）は、伊藤龍洲が元文年間に編集した源家の家伝である。三人の序・跋を付す。いずれも元文五年の執筆である。景山の序の他は、

「源家伝統録序」（元文庚申夏六月某日）国子祭酒朝散大夫林信充　識

「跋」（元文五庚申夏下澣）武陵後学鳳谷林信言　識

龍洲がどのような経緯で林家に序・跋を依頼したのかは知らない。

元文五年は龍洲五十八歳、景山五十三歳である。幕府儒官と肩を並べて序を求められた景山には、龍洲と親しく交わる機会が多かったと考えられる。Ⅳ「詩文稿」に紹介する（後掲⑿）伊藤錦里（龍洲の長男）に宛てた景山の書簡は、「源家伝統録」の序を記した一ケ月後のものである。その文面からも分かるとおり、龍洲を養子として跡を継がせた伊藤坦庵の三十三回忌に景山は招かれていた。景山が「源家伝統録」序に「余と文を以て会すること三十年にして遥し」と記していることから、龍洲とはちょうど坦庵が亡くなった宝永五年（一七〇八）頃からの交際ということになる。同じく程朱学を奉じた坦庵が景山の父蘭皐とともに、伊藤仁斎を中心とした古義堂グループの文化サロンにしばしば参加し、会読・詩会、そして物見遊山にと雅遊していたことが、その前提として考えられよう。伊藤坦庵と父蘭皐との交流以来、伊藤家と堀家の関係は景山の代になっても続いている。

景山がこの序で論じている治世上の文武兼備の主張は、『不尽言』や芸藩侯浅野宗恒の『自警編』に寄せた序（前掲⑴）と、当然のことながら同じ見解である。景山の持説である。原文に適宜句読点を加えて次に紹介する。

序

記云、属辞比事春秋之教也。資於辞而事可以験焉。資於事而事之成毀得喪、足以稽諸古徴諸今也。是其所以為教也与。夫子曰、辞達而已矣。故辞不達不已。苟辞之不文、悪覩其能達焉。能文而達焉。而始可謂之属辞已矣。仮令辞不能文而達焉、乃何修而可以比事也。故曰、言之不文典謨不作経、譬諸玉不彫璵璠不作器。而辞之不文将奚貽諸久遠哉。其不可行也灼矣。且在易大畜。曰君子多識前言往行。是史之所以作也。亦唯非資於文辞、曷繇得識夫前往乎。夫春秋則尚矣。雖游夏、亦不能賛一辞也。降至於史漢之文、其行也亦遠也哉。而遷固之才之却後世鮮儷焉。乃才難不其肰乎。越藩儒学伊藤元基、材資英特博洽有文善。読書長于議論、余力游述作不輟。与余以文会者三十年而遥。嘗告帰之間、因源家旧史著伝統録若干巻。源家之業常赫奕、児女僕豎所誦且詠者、亦靡不収載焉。比事具体議論居正。其品藻、豈不可貽諸久遠也。君造余需一言弁諸。余以謂天下固非可以馬上治也。而世之鶡冠家、多不敦詩書、嫚罵縫掖、又敦不曰焉。用武為者、何推陋之甚。乃至秦用武力以威服天下、直欲喪斯文而愚弄黔首焚書坑儒而其不祀。忽諸亦因甲于武断。是鑑莫近於斯矣。夫武事文備不可偏廃。武取而文守長久之術也。是故使高帝知右文自新語載、則陸子之文、実啓漢家四百年之治基。是文之不可以已也。如是則書也比事之文議論之正、足以稽諸古徴諸今也。是亦毋乃為撥乱反正之資乎。請以為序云。

元文五年庚申秋七月　　芸府儒学平安屈正超撰

【訓読】

序

記に云ふ、辞を属《つら》ね事を比するは春秋の教へなり、と。辞を資《と》りて、事以て験すべし。事を資りて事の成毀得喪《せいきとくそう》、以て諸を古に稽《かんが》へ、諸を今に徴《あらわ》すに足る。是れ其の教へと為す所以か。夫子曰く、辞は達せんのみ、と。故に辞達せざれば已まず。苟くも辞之《これ》文ならざれば、悪んぞ其の能く達するを覩《み》ん。文を能くして達す。而して始めて之《これ》辞を属ぬと謂ふべきのみ。仮令《たとい》辞、文を能くせずして達するも、乃ち何をか修めて以て事を比すべけんや。故に曰ふ、言之典《これてん》謨《ぼ》を文にせずして経と作《な》さざるを、諸を玉の璵璠《よはん》を彫らずして器と作さざるに譬ふ、と。而して辞之文にせざれば、将《は》た奚くんぞ諸を久遠《くおん》に貽《のこ》さんや。其れ行ふべからざるや灼《あきら》かなり。且た易に大畜《たいちく》在り。曰く、君子多く前言往行を識《しる》す、と。是れ史の作る所以なり。亦唯だ文辞を資るに非ざれば、曷《なに》に繇《よ》りてか夫の前往を識すことを得んや。夫れ春秋は則ち尚し。游夏と雖も、亦一辞を賛する能はざるなり。降りて史漢の文に至りては、其の行や、亦遠くなるかな。而るに遷固《せんこ》の才、之却て後世に儷鮮《たぐいすくな》し。乃ち才其れ肰《しか》らざらんこと難いかな。越藩の儒学伊藤元基、材資英特、博洽《はっこう》にして文を善くする有り。書を読み、議論に長けて、余力を述作に游ばせども輟《つづ》らず。余と文を以て会すること三十年にして遥《なが》し。嘗て告帰《こくき》の間に、源家の旧史に因りて、伝統録若干巻を著す。源家の業、常に赫奕《かくえき》として児女僕《ぼく》豎《じゅ》の誦し且つ詠ずる所の者、亦収載せざるは靡し。事を比し体を具へて議論し、正に居す。其の品藻《ひんそう》、豈に諸を久遠に貽《のこ》すべからざらんや。君余に造《つ》げ、一言して諸を弁ずるを需《もと》む。余以謂へらく、天下固より馬上を以て治むべきに非ざるなり。而るに、世の鶡冠《かつかん》家多く詩書を敦《おもん》ぜず、縫掖《ほうえき》を嫚罵《まんば》し、又敦《あつ》く曰はず。武を用《もっ》て為す者は、何ぞ推陋の甚しき。乃至《また》、秦武力を用て以て天下を威服し、直《ただち》に斯の文を喪《ほろぼ》さんと欲して、黔首《けんしゅ》を愚弄し、書を焚き儒を坑《あなうめ》にして其れ祀《まつ》らず。諸を忽《ほろぼ》すは、亦武断を甲とするに因る。是の鑑《かがみ》、斯より近きは莫し。夫れ武事文備、偏廃すべからず。武取りて文守るは、長久の術なり。是故に高帝をして右文《ゆうぶん》を知り、新語の載に自《よ》らしむるは、則ち陸子の文、実に漢家四百年の治の基を啓《ひら》く。是れ文の以て已むべからざるなり。是の如くなるときは、書や比事の文、議論の正、以て諸を古に稽《かんが》へて諸を今に徴《あらわ》す。是れ亦毋乃《むしろ》、撥乱反正の資と為らんか。請けて以て序を為して云ふ。

元文五年庚申秋七月

芸府の儒学　平安　屈正超撰

【通解】

序

『礼記』では次のように云う。「属辞比事は春秋の教えである」と。記載された辞を元にして、事件の証拠とすることができる。その事件をもとにして、事がうまくいくかいかないか、得るか失うかを昔の例をもって考え、それを今に生かすことができる。教えとする所以である。孔子は「辞は、意志を伝達することにある」と言われた。したがって、辞がよく伝わらなければ意味をなさないことになる。仮に辞が文をなさないとすると、十分伝わったかどうかを、どのようにして見分ければいいのだろうか。

うまく文章を作って伝達する。そうなった時に初めて辞が機能したということになる。もし辞が文にならなかった時には、何を学んで事を比したらよいのだろうか。それゆえ、次のことが言えるであろう。古聖賢の教訓を文章にせず経典としないのは、美しい玉石を削らず器としないことに譬えられるということである。辞を文章にしなければ、教訓をどのようにして後世に遺すことができよう。できないことは明らかだ。

また『易経』の「大畜」に、「君子は、多く古聖賢の言行を記している」という文章がある。これは、君子が史書を作る理由を述べている。言語・文章に拠ることなしに、いったい何をもとにして古の聖人の言行を知ることができよう。やはり『春秋』はすぐれた書である。『春秋』には、文学に長じたあの子游や子夏でさえ一字も加えることができなかった。

時代が下がって、『史記』『漢書』の文章に至っては、それはまたそれですぐれている。ところが、司馬遷や班固のような才能を持った者は、その後ほとんど出ていない。そうした才を有する人物の輩出は難しいということか。

越前藩の儒官である伊藤元基君は、生まれつき才能にめぐまれ、広く物事に通じ、文をよくして書を読み、議論に長けている。余力を先人の言葉を述べ伝えたり、新しい考えをめぐらしたりして遊んでいるが、それを文章に綴ることをしない。私とは文のやり取りをして三十年来のつき合いである。

かつて伊藤君は故郷に帰り、源家の旧史にもとづいて『源家伝統録』数巻を著した。源氏の所業は常に輝いて魅力があり、こどもや下僕の者たちが詩歌にそらんじて歌うような事柄までも収載している。そしてその事柄を記した後、「論曰く……」として具体的に意見を交えて論じ、人として常に守らなければならない道を述べている。その批評の言葉や文章を、どうして後世に遺さないでおられよう。

伊藤君は私に、この書を弁ずる一言を求めてきた。私は次のように思う。天下は、馬上にまたがって治めることができるようなものではない。ところが、武人は詩書を重んじたりはせず、文官を侮って問題にもしないのである。武に頼っている者は、どうして見聞器量があれほど狭いのであろうか。

あの秦国は、武力をもって天下を恐れさせ従わせてきた。すぐに古聖賢の言行を記した文をなくそうと考え、人民を馬鹿にし、書を焚き儒学者を穴埋めにして、長く古聖賢を祀ることをやめたのである。これは、武力で物事を決めるのを第一とする考えによっている。教訓として、これほどいい例はないだろう。学問と武芸は共にあるべきもので、どちらか一方が欠けてもいいというものではない。

武芸をみがき学問を心得ておくことは、天下が平和に長く続くコツであろう。文武兼備が重要であるから、関心が文事になかった漢の高祖に『新語』の記述によって学問の大切さを知らしめたことからすれば、著者である陸賈の文が、まさしく漢家四百年の安定した治世の基をひらいたと言っても過言ではない。文は捨て置くことのできないものである。だとすれば、書の、事を比する文と正道に帰る議論は、古の例をもって考え、教訓として今に生かすことの任に堪えるものである。これはまた、世の乱れを治めて太平の世にかえす拠り所であるといってもいいのではないか。伊藤君の言葉を受けて、序を記すこと以上のとおりである。

元文五年（一七四〇）庚申秋七月

広島藩の儒官　京都の堀景山　記す

【語釈】

○属辞比事　『礼記』〈経解〉「（孔子曰く）属辞比事なるは、春秋の教へなり。（中略）属辞比事にして乱れざるは、春秋に深き者なり」、これに拠る。鄭注では、「属」は「合」と同意で、『春秋』には諸侯の朝聘会同の記事や相接の辞・罪弁の事が多く記されているとある。経書『春秋』の文に載る似たような言葉や事件を考え合わせて、批評を厳正にすること。○辞達而已矣　『論語』〈衛霊公〉「子曰く、辞は達せんのみ」に拠る。「辞」は文章・言語。「達」は意を十分に通達すること。○成毀　成立することと毀れること。○得喪　得ることと失うこと。○能文　文章を作ることの巧みなこと。○典謨　『書経』の堯典・舜典と大禹謨・皋陶謨・益稷の二典三謨のこと。古聖賢の訓戒の辞をいう。○璵璠　美しい玉の形容。○久遠　長く久しい。『孟子』〈万章・上〉に「舜・禹・益は、相去ること久遠なり」。○大畜　易の六十四卦の一。身に積みたくわえた徳の大きいかたち。『易経』〈大畜〉に「大畜は貞に利し、家食せざれば、吉」。○前言往行　『易経』〈大畜〉に「象に曰く、天山中に在るは、大畜なり。君子以て多く前言往行を識して、以て徳を畜む」とある。「前言」は、前代の聖賢の言葉。「往行」は、過去の聖賢の行い。「識」は記す、「畜」は積む、の意。○游夏　孔子の弟子の子游と子夏。ともに文学に長じた。『史記』巻四十七〈孔子世家〉に「春秋を為るに至りては、子夏の徒も一字を賛する能はず」とある。また、『文選』巻四十二〈曹植・与楊徳祖〉には「春秋を制するに至りては、游夏の徒も、乃ち一辞を措く能はず」とある。○遷固　司馬遷と班固の併称。○鮮儷たぐい少ない。○肰　「然」と同じ。『玉篇』〈肉部〉に「肰、然字、此に従ふ」とある。○越藩　福井藩。○伊藤元基　一六八三〜一七五五。播州明石の生まれ。本姓は清田氏。号は龍洲。伊藤坦庵の養子となり、宝永六年（一七〇九）に福井藩儒。子に伊藤錦里・江村北海・清田儋叟がいる。○材資　生まれつき。資質。○英特　優れて、他に抜きんでる。○博洽　広く物事を知っていること。『後漢書』巻二十七〈杜林伝〉に「林、張竦に従ひて学を受け、博洽多聞、時に通儒と称す」。○述而不作　先人の言説を述べ伝えるだけで、新しい学説を作りだすことをしない。『論語』〈述而〉に「子曰く、述べて作らず。信じて古を好み、竊かに我が老彭に比す」。○告帰　辞職あるいは休暇を願い出て故郷に帰ること。○旧史　昔の歴史。『文選』巻四十五〈杜預伝〉に「其の余は則ち、皆旧史を用ゐる」。○赫奕　光り輝くさま。『文選』巻十一〈何平叔・景福殿賦〉に「赫奕章灼として、日月の天に麗るがごとし」。○僕豎しもべ。○誦詠　詩歌をそらんじ歌う。○居正　常道にしたがって行う。『後漢書』巻八十九〈南匈奴伝〉に「春秋に、正に居ることを大なりとす」。○品藻　品定めする。優劣をつける。『漢書』巻八十七下〈揚雄伝〉に「尊卑の条、称述品藻す」。○以馬上治　武人が馬にまたがって天下を取る。『漢書』巻四十三〈陸賈伝〉に「高帝之を罵りて曰く、乃公馬上に居りて之を得たり。安んぞ詩書を事とせん、と。賈曰く、馬上に之を得とも、寧んぞ馬上を以て治むべけんや、と」。○鶡冠家　武人のこと。「鶡」は、やまどり。やまどりの性質が好戦的であることから、それにあやかって武人は鶡の羽毛で冠を飾った。○推陋　ずっと見聞器量が狭い、の意か。○敦　あつくする。重んずる。○縫掖　宮中で着る正式の上衣。ここは文官のことであろう。○嫚罵　侮りののしる。○威服　おそれ従わせる。『史記』巻六に〈秦始皇本紀〉に「海内を威服す」。○黔首　秦の時代、人民をいう。「黔」は、頭髪の黒いこと。『史記』〈同前〉に「更めて民を名づけて、黔首と曰ふ」とある。○武断　武力で抑えつけて事を取り決める。○文備　学問。○武事　武芸。○偏廃　一方だけを捨てる。○右文　学問を尊ぶこと。○新語　前漢の陸賈の著。二巻。『春秋』『論語』に拠るところが多い書で、王道を尊び修己を基本とする学説を展開している。○撥乱反正　世の乱れを治めて、正しい平和な世にもどすこと。『春秋公羊伝』巻十二〈哀公・十四年〉に「乱世を撥めて、諸を正に反すこと、諸春秋より近きは莫し」とある。

(4)　茶誌叙

享保戊申（一七二八年）、三谷宗鎮（一六六五～一七四一）の『和漢茶誌』（三巻三冊）が、京都書肆文林堂から出版された。宗鎮は播磨明石の人で、名を義方、字を良朴、通称は丹下、南川子・不偏斎・不易斎の号がある。京都に出て儒学を伊藤東涯に学ぶ一方、茶道を表千家六世の千宗左（原叟）に学び、その四天王の一人と言われた。芸州広島藩浅野吉長に、京都藩邸の定詰として儒者格二百石で召し抱えられる。『和漢茶誌』の序は、筆頭に伊藤東涯、次いで堀景山、香川修徳、大町正淳、三谷宗鎮の順に掲載され、跋に堀南湖の文を載せる。いずれも版行の前年、享保丁未（一七二七年）の秋に書かれたものである。版本の序・跋は各人の自筆刻であり、落款を刻む。

著者の三谷宗鎮は前述のごとく東涯に学び、香川修徳・大町正淳は仁斎に学んだ儒者であり、みな古義堂の門下である。堀家の景山と南湖は古義堂とは学派を異にする。しかし、景山の父である堀玄達の時代から、堀家と伊藤仁斎・東涯（古義堂）との雅遊は頻繁であった。景山が序を認めたこの年（享保十二年）だけ見ても、景山は正月二十七日に東涯門の朝枝玖珂や松室熙載等と一緒に、黄檗僧大通元信に華音を学び、四月十九日には東涯を綾小路室町の自宅に招いている。さらに六月二日には、田丸吉貞宅で東涯と談話している。景山の「茶誌叙」の執筆は、秋八月である。堀家と古義堂との親しい交流を背景に、広島藩の側儒格にあった景山と南湖に、宗鎮が序・跋を依頼したのも肯けよう。

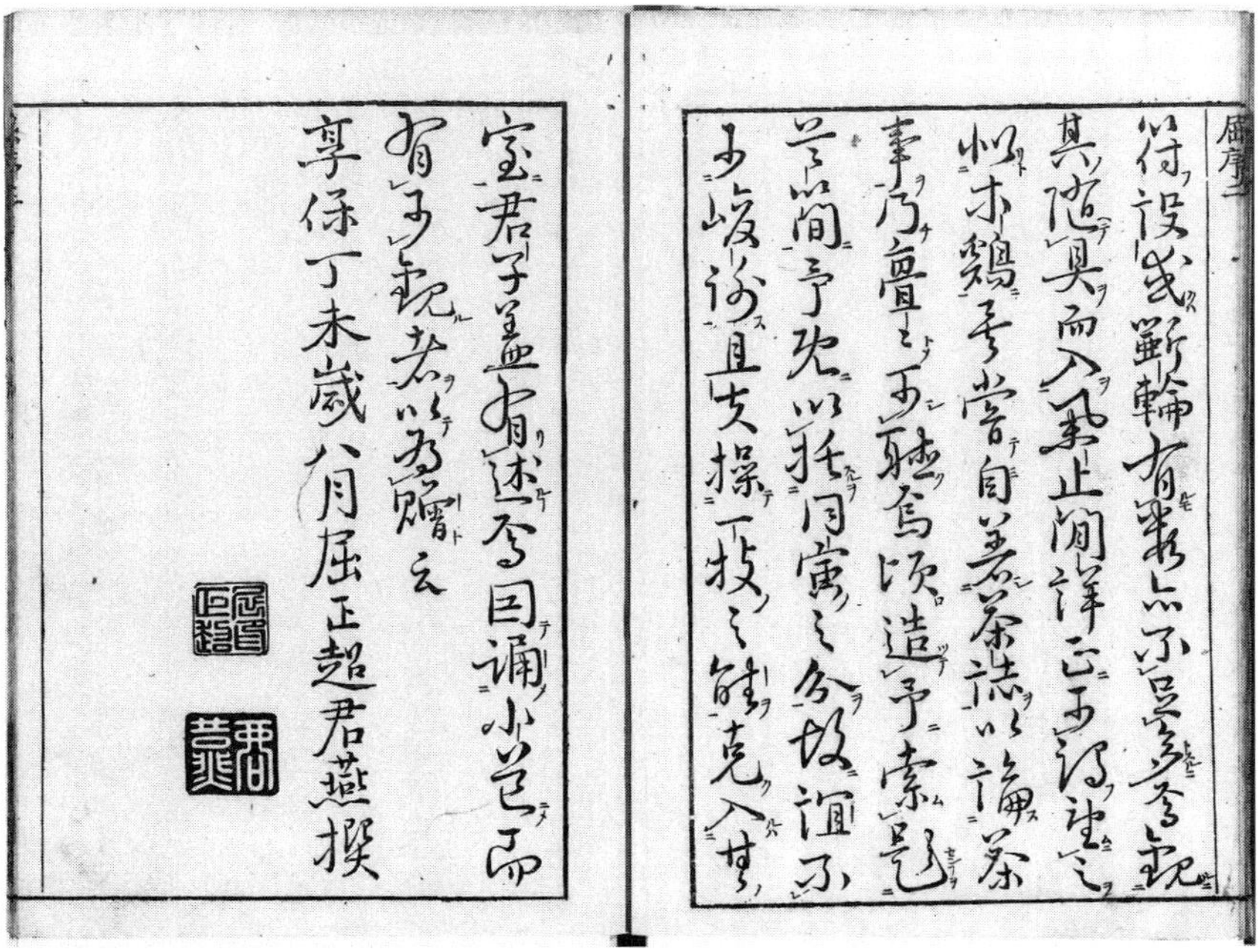
符。設或斵輪有数亦不足多焉。観
其随具而入挙止間詳正可謂望之
似木鶏矣。嘗自著茶誌以論茶
事。乃會之于聴者須造予索言
予間予先以托同寅之分。故誼不
可峻辞。且丈操一抜之能克入其
室。君子豈有述爲曰誦小芭而
有予観者以為贈云
享保丁未歳八月屈正超君燕撰

「茶誌叙」堀景山自筆刻　享保13年刊（静岡県立中央図書館葵文庫蔵）

茶誌叙

燔捭汙抔其礼之原也与。是故礼始諸飲食也。夫子曰礼者敬而已矣。其文則生乎自然不容彊人。徒為観美引於縄墨抑々末也。夫茶註諸爾雅而飲用代酒昉于孫氏。而謂茶飲独与礼無復相渉不可也。吾邦饗礼以茶飲為尚。而点茶専為一技而礼容備矣。故礼家者流不得不問焉。唐時陸羽与常伯熊皆精茶理且著茶論。至乃黄帔烏幘手執具口通名区分指点具有故事。宋南屏謙老亦妙于茶事。自云得之手而応於心。非可以言伝学到焉。雖固亦飲食之人之為也然其事則礼所以重而靡一不将敬矣。南川子少小潜心茶事幾進於技。及其抵掌而譚乃与夫謙老之言異世而符。設或斵輪有数亦不足多焉。観其随具而入挙止間詳正可謂望之似木鶏矣。嘗自著茶誌以論茶事。乃亹々可聴焉。頃造予索題首簡。予既以托同寅之分。故誼不可峻謝。且夫操一技之能克入其室君子蓋有述焉。因誦小道而有可観者以為贈云。

享保丁未歳八月　　屈正超君燕撰

【訓読】

茶誌の叙

燔《はん》・捭《はい》・汙《お》・抔《ほう》は、其れ礼の原《もと》なるかな。是の故に、礼は諸《これ》を飲食に始まる。夫子の曰く、礼は敬のみ、と。其の文《ぶん》は則ち自然に生じ、人を彊《し》ゆ容《べ》からず。徒《いたずら》に観美を為《な》し縄墨《じようぼく》に引かるるは、抑々《そもそも》末なり。夫れ茶は、諸を爾雅に註して、飲用するに酒に代《かえ》るは孫氏に昉《はじ》まる。而して茶飲、独《ひと》り礼と復《ま》た相渉《あひあず》かること無しと謂ふは不可なり。吾邦《わがくに》の饗《きよう》礼《れい》、茶飲を以て尚《たつと》しと為《な》す。而して、点茶《てんちや》専ら一技と為《な》して礼容《れいよう》備はる。故に礼家者流、問はざることを得ず。唐の時、陸羽と常伯熊とは皆茶理に精《くわ》しく、且つ茶論を著はす。至乃《しかのみならず》、黄帔烏幘《こうひうさく》、手に具を執り、口に名を通し、区分指点すること、具《とも》に故事有り。宋の南屏《なんぺい》の謙老《けんろう》も、亦《また》茶事に妙なり。自ら云ふ、之《これ》を手に得て心に応ず。言を以て伝へ、学んで到す可《べ》きものに非ず、と。固《もと》より亦飲食之《これ》人の為ざと雖《しわ》も、然れども其の事は則ち礼の以て重しとする所にして、一《ひとつ》として敬を将《もち》ゐざること靡《な》し。南川子《なんせんし》、少小《しようしよう》より心を茶事に潜め、幾《ほと》んど技《わざ》に進《す》ぐ。其の掌《たなごころ》を抵《う》ちて譚《たん》ずるに及んで、乃ち夫《か》の謙老の言と異世にして符《あ》ふ。設或《もしくは》、斲輪《たくりんすう》数有るも、亦多《た》とするに足らず。其の具を随《したが》へて入るを観るに、挙止《きよし》間詳《かんしよう》、正に謂ふ可《べ》し、之を望むに木鶏《もくけい》に似たり、と。嘗て自《みずか》ら茶誌を著はし、以て茶事を論ず。乃ち亹々《びび》として聴く可《べ》し。頃《ちかごろ》、予に造《いた》つて首簡に題せんことを索《もと》む。予既に、同寅《どういん》の分を托するを以てす。故に、誼《ぎ》、峻謝《しゆんしや》す可《べ》からず。且つ夫れ一技の能を操《と》りて、克《よ》く其の室に入るは、君子、蓋し述ぶること有り。因りて小道にして観る可き者有るを誦して以て贈と為《な》す、と云ふ。

享保丁未歳八月　　　　　　　　　　　　　　堀正超（君燕）記す

【通解】

黍を焼き（燔）、豚を割き（捭）、そして地面に掘った穴（汙）を酒樽にし、それを手ですくって飲む（抔）という粗野な飲食のし方が、そもそも礼のおこりではないか。だから、礼は飲食から始まるといえる。孔子は、礼は敬の一字につきると言われた。礼の美しさは自然に現れてくるものであり、人に無理に押しつけるものではない。ただ、いたずらに外面の見栄えを気にして規則に縛られるなどというのは、とるに足らぬつまらぬことだ。

もともと茶については、『爾雅』にその解釈があり、茶を酒に代えて飲むようになったのは、呉の孫皓に始まる。茶飲だけが、礼とかかわらないと言うことはできない。わが国では客人をもてなす礼儀として、茶飲を大事にしてきた。とくに点茶は、客人にふるまう一つのわざとして窮められ、その作法の中に礼儀正しさを備えている。それゆえ、礼を修める者たちは茶に無関心ではいられなくなった。

唐の時代、陸羽と常伯熊は茶事に精通し、また茶論を著している。それだけではなく、飲茶の時に、黄色の衣服を身にまとい黒い頭巾をかぶって、茶道具を手に取り、茶名を口にして一つ一つ説明していた。これらのことについては故事が伝わる。宋代の南屏の謙師もまた、茶事にとくにすぐれた人物であった。自ら次のように云う。茶事はこれを手ごたえでとらえ心にうなずくものであって、言葉をもって他人に伝え、学習することによって窮めることができるようになるというものではない、と。

もとよりまた飲と食は人のなすことではあるが、礼儀の原点として重んぜられ、一つとして尊敬の気持ちをもってしないことはない。南川子は若いころから茶事に心をひそめて、そのわざをあらかた窮めるまでになった。その手ぶりや話しぶりにいたっては、時代は異なるが、あの謙師の言葉と合致する。仮に車にぴったり嵌まる車輪を作ろうとして木を削るとき、うまく削るためには勘どころ（コツ）が必要である。しかし、その微妙な勘どころを、価値あるものとして言葉で説明することはできない。南川子が茶道具をもって室に入る様を見ていると、立ち居振舞いが落ち着いてゆったりとしている。それを遠くからながめると、まるで木で作った鶏のようである。

以前、南川子は『和漢茶誌』を著して、茶事を筋道立てて説明している。それには、十分に耳を傾けてよい。最近、私に著書の序を書くようにと言ってきた。もとより私は、南川子と同じく広島藩に儒者としてお仕えする身である。それゆえ同僚の誼をもって、その依頼を強く断ることができなかった。また、南川子は茶事の才能をもって、茶道の奥深いところを窮め尽くしている。徳をもつ君子は、思うにその道を述べ伝えるものである。そういうわけで技芸の道を説く書ではあるが、見るに値する好著であることを申し述べ、序言としてここに贈る次第である。

享保丁未（一七二七）歳八月　　堀正超（字君燕）記す

【語釈】

○燔捭汙抔　「燔」は焼く、「捭」は割く、「汙」は窪、「抔」は手ですくう、の意。これらの語に続く文の語句も、次の『礼記』〈礼運〉に拠る。「夫れ礼の初は、諸を飲食に始まる。其れ黍《きび》を燔《や》き、豚を捭《さ》き、汙尊《おそん》して抔飲《ほういん》し、蕢桴《かいふ》して土鼓《どこ》するも、猶ほ若《かくのごと》くして以て其の敬を鬼神に致す可し」とある。ほぼ同じ文章が、『孔子家語』〈門礼〉に見える。○也与　詠嘆の意を添える助字。○礼者敬而已矣　『孝経』〈広要道〉に「上を安んじ民を治むるは、礼より善きは莫し。礼は敬のみ」とある。これに拠る語句。○文　形式、美しさ、の意。○観美　見栄えすること。表面を飾ること。『孟子』〈公孫丑・下〉に「天子より庶人に達《いた》るまで、直《ただ》に観美を為すのみに非ず」とある。○縄墨　規則。法度。『礼記』〈経解〉に「礼の国を正すに於けるや、猶ほ衡の軽重に於ける、縄墨の曲直に於ける、規矩の方圜に於けるがごときなり」。○茶詮諸爾雅　『爾雅』〈釈草〉に「茶《と》は苦菜」、同〈釈木〉に「檟《か》は苦荼」とある。「茶」は、新茶をいう。陸羽の『茶経』には「其名一曰茶《ちゃ》、二曰檟《か》、三曰蔎《せつ》、四曰茗《めい》、五曰荈《せん》」とあって、茶の五つの呼び方が記されている。○孫氏　呉の孫皓のことであろう。『三国志』巻六十五・呉書二十〈韋曜伝〉に、酒好きであった孫皓が、下戸の韋曜（韋昭）に酒の代わりに茶を飲ませたという故事がある。ただ、この故事は唐の封演著『封氏聞見記』に採られており、そこに後に語釈する陸羽と常伯熊の故事もある。景山はこの二つの故事を、『封氏聞見記』に拠って記したのではなかろうか。『封氏聞見記』巻六〈飲茶〉に「呉主孫皓、毎に群臣と宴し、皆尽く酔はしむ。韋昭酒を飲むこと多からず。皓、密かに茶茗をして以て自ら代へしむ」とある。○饗礼　賓客をもてなす礼式。『礼記』〈王制〉に「凡そ老を養ふ、有虞氏は燕礼を以てし、夏后氏は饗礼を以てす」とある。○点茶　抹茶をたてること。○一技　「技」は、たくみにふるまうわざ。芸。ここは、茶道という一つの礼法をきわめる道をいう。○礼容　礼儀正しい態度。『史記』〈孔子世家〉に「常に俎豆を陳ね、礼容を設く」。○礼家　礼を修める家。○陸羽　唐の人。茶に精通し、『茶経』三巻を著した。茶を売る者は、茶神として祀った。『和漢茶誌』の最初に、陸羽の略伝を載せている。○常伯熊　唐の人。前述の『封氏聞見記』に、「常伯熊なる者有り。又鴻漸（陸羽）の論に因りて、広く之を潤色す。是に於いて、茶道大いに行はる」とあり、この後に「伯熊黄衫を著け、烏紗帽を戴き、手に茶器を執り、口に茶名を通し、区分指点す。左右刮目す」の文が続く。『唐書』巻百九十六にも陸羽と常伯熊の故事は載るが、景山の文章の表記は『封氏聞見記』により近い。『封氏聞見記』に和刻本はない。景山はこの書を、『説郛』巻四十六に所収されているもので見たと思われる。本居宣長が、景山塾で学んでいた時期の漢籍の抄録『本居宣長随筆』第二巻に、『説郛』に出づとして諸書をあげていることから推測される。○南屏謙老　南屏は山名。浙江省杭州西湖の南岸に位置する。謙老は、南屏山に住む謙道人。茶事に精通していたことは、『蘇東坡詩集』巻三十一〈送南屏謙師〉の詩序に説明されており、景山はそれに拠って文章を綴っている。詩序の冒頭に、「南屏の謙師、茶事に妙なり。自ら云ふ、之を心に得て、之を手に応ず。言を以て伝へ、学んで到る可き者に非ず、と」とある。景山は手と心を逆にしている。○設或　かりに。あるいは。○斲輪　斲は木を切る、削る、の意。木を切り削って車輪をつくる。○数　勘どころ。

コツ。「斲輪有数」は、『荘子』〈天道〉に載る桓公と車輪作りの男（輪扁）との議論を踏まえた故事に拠る。○不足多　ほめるに値しない、の意。○挙止　立ち居ふるまい。行動。○閒詳　閑詳に同じ。閒は安閑で心が落ち着いてゆったりしたさま、詳は行き届く、の意。○木鶏　木で作った鶏。『荘子』〈達生〉に「鶏の鳴く者有りと雖も、已に変ずること無し。之を望むに木鶏に似たり」とある。「徳」を完全に身につけていることをいう喩え。○亹々　やすまず努力するさま。○首箇　序言。○同寅　寅は敬（つつしむ）の意。臣下の者が、謹んで仕事に励むことから、同僚をいう。三谷宗鎮は景山と同じく広島藩儒であり、石高も同じ二百石取りであった。○誼　よしみ。○峻謝　峻拒と同じ。強く断る、の意。○小道　技芸の道としての茶道のこと。○入其室　学問・技芸などで、奥義を窮めていることをいう。『論語』〈先進〉に「由や堂に升れり。未だ室に入らざるなり」とある。○君子蓋有述焉　『論語』〈述而〉の冒頭は「子曰く、述べて作らず、信じて古を好む」で始まる。「述而」は祖述するという意味、「不作」は新しく作らない、の意味である。『論語』のこの文を意識して、古の教えを述べた著作として『和漢茶誌』の意義づけをした表現であろう。

(5)　宗箇松頌幷序

宗箇松頌幷序

宗箇松者、上田翁宗箇、游事我芸藩之日、嘗所自植焉也、初紀伊州、是芸旧封也、時慶長末、樫井之役、翁前甕敵梟将、以陥其陣、威望鷹揚、功無与二焉、而翁性沈雅閒遠、寓心茶社、嘗在紀営理私第、山池花石、極其幽致、別構茶寮、且植松於州東嶺、俾其旁刊除、一株離立、而寮与嶺対、相距数里許、而寮中矯首、乃樹身隠然于窓扉之間、亦供遠覧之勝也、州人因呼為宗箇松、迨国徙封芸、而起其第舎也、経営規制、亦写放一如在紀者、猶且植松於嶺、以準封茶寮、州人瞻望、又呼為宗箇松、夫二州之松、日益騰茂、而翁之名、終不朽于二州矣、棠陰桐郷、遺愛於民、亦類也、今上田君、乃翁之裔孫也、世為国老、不墜賞延之寵、余因飲作松頌、以祝其閥閲世家之保無疆、云頌曰樹以人命、人以樹思、棟梁之用、大夫之資、勁風謖々、呈歳寒姿、朝凌雪色、暮凝煙光、若遠而邇、無思不望、秀海南嶺、聳山陽峰、媲美両境、播名二邦、在彼所称、在此所言、国人具瞻、典刊尚存、茂勲赫奕、以蔭子孫

平安堀正超撰

※景山の「宗箇松頌并序」は、代々広島藩の家老を務めた上田家に伝わる宗箇松を讃えたものである。従兄の南湖も「宗箇松記」を作る。ともに文化十一年に編纂された『和風堂寄題詩文集』に収められている。この詩文集は未見であるが、「上田家文書調査報告書　上田家茶書集成」（政治史・茶道史研究協議会編・平成十七年三月三十一日刊）に翻刻・訓読して紹介されている。ここに掲載した「宗箇松頌并序」は、本文のみ転載した。

(6)　隧輸通考跋

景山が医学に言及している「隧輸通考跋」（京都大学附属図書館・富士川文庫蔵・請求番号富士川本ス21）を紹介したい。『隧輸通考』は、堀元厚（号を北渚・一六八六～一七五四）と衢昌栢（号を甫山）との共著とされる経穴学書である。六巻六冊の写本で、未刊。元厚の男元昌が書写した富士川文庫本には、延享元年（一七四四）十二月に記した堀南湖の

序、同年七月の堀元厚の自序、それにここで取り上げる同二年三月に書かれた堀景山の跋が付されている。

富士川文庫蔵「隧輸通考跋」の翻刻は、概ね通行の字体に改めたが、一行の字数と行数は原文のままとした。訓読における送り仮名は、原則的に歴史的仮名遣いとし、ルビを振った漢字のよみは新仮名遣いとした。

隧輸通考跋

病其人之急乎攻而達之而操薬以修焉
者是古之道也蓋人之経竅血脈摩頂放
踵靡弗処而在焉是以灼知其肯綮而後
始可以攻而達之也已自非攻而達之乃
薬亦何所見其瞑眩之効哉亦唯攻之与
達与薬三者相須而十全之功斯可復許
乎至後世乃以攻与達為粗而少効唯薬
之為上焉特坐其不断于経竅血脈也周
時訖六国黄帝陰陽之書世多有焉類皆
依託黄帝以神其道者爾班史之言固是
徴也夫医蓋出於陰陽家其書原人経竅
血脈陰陽表裏以起百病死生之本而度

鍼艾薬餌之所施其論尽精微故術亦十全周官置師其有所試於是乎其際緩和越人相踵輩出非後世所能及也迨漢興大収編籍而劉向李柱国与校方技医経亦往往乎出漢志之載可以概見今所見存黄帝内経乃古之遺已世或高明自喜者自以方技悪其居下流遂廃古医経而擯陰陽之説縁飾儒術以重其言雖論驚若以美然如其技術晻昧何北渚屈君以医学教授於洛顓門有赫赫名方来生徒横経游従戸外屨不許其幾両君編読古医経其経竅血脈陰陽表裏固未嘗不詳究其説而前修論弁亦彼善於此則有之故擥于彼而別于此揚搉有茲輯録成冊題曰隧輸通考顧君稽古之力其塵至矣頃属需余一言余雖素闇医理而以君与余雅游且同族誼不可峻拒故略道其後

世鮮能知経窬輒妄攻而達之所以与古舛馳不能攻十全者云爾

延享乙丑春三月平安屈正超撰

【訓読】

隧輪通考跋

病、其れ人の急なるや、攻《おさ》めて之に達し、而して薬を操《と》り、以て焉《これ》を修むるは是れ古の道なり。蓋し人の経窬《けいゆ》血《けつ》脈《みやく》、頂《いただき》を摩《ま》して踵《かかと》に放《いた》るまで、処として在らざるは摩《な》し。是を以て、灼《あきら》かに其の肯綮《こうけい》を知り、而して後、始めて以て攻めて之に達すべきのみ。自ら攻めて之に達するに非ざれば、乃ち薬も亦何ぞ其の瞑眩《めんけん》の効見《あらわ》れんや。亦、唯だ之を攻むると達すると薬と、三者相須《もち》ゐて、十全《じゆうぜん》の功、斯《ここ》に復た許すべきか。後世に至り、乃ち攻むると達するとを粗にして効少《まれ》なると為し、唯だ薬の上と為すのみ。特坐《とくざ》にして、其れ経窬・血脈を晣《まじ》へざるなり。周の時六国に訖《いた》り、黄帝陰陽の書世に多く有り。類《おおむ》ね皆黄帝に依託《いたく》し、以て其の道を神とする者のみ。班史《はんし》の言、固より是の徴《しるし》なり。夫れ医は、蓋し陰陽家より出づ。其の書は、人の経窬・血脈・陰陽・表裏に原《もとづ》き、百病を起こし死生の本となるを以て、而して鍼艾《しんがい》・薬餌《やくじ》の施す所を度《はか》る。其の論、精微《せいび》を尽す。故に、術亦十全たり。周官《しゆうかん》師を置き、其れ試みる所有らん。是に於てか、其の際《あいだ》に緩和《かんわ》・越人《えつじん》相踵《つい》で輩出《はいしゆつ》す。後世の能く及ぶ所に非ず。漢の興《おこ》るに迨《およ》び大に編籍《へんせき》を収めて、劉《りゆう》向《きよう》・李柱国《りちゆうこく》与《とも》に方技・医経を校《ただ》す。亦往往乎として、漢志《かんし》の載に出づ。以て概見すべし。今見る所、黄帝内経《こうていだいけい》に存するは、乃ち古の遺のみ。世に或は高明なるを自ら喜ぶ者は、自ら方技を以て其の下流に居するを悪《にく》み、遂に古医経を廃して陰陽の説を擯《しりぞ》く。縁飾《えんしょく》するに儒術《じゆじゆつ》を以て其の言を重んじ、論騭《さだ》め以て美然たるがごとしと雖も、其の技術の晻昧《あんまい》なるを如何せん。北渚屈君《ほくしょくつくん》、医学を以て洛に教授し、門を顓《もっぱ》らにして赫赫《かくかく》の名有り。方《まさ》に来る生徒、経を横たへて游び従ふ。戸外の屨《はきもの》、其の幾《つき》るを許さず。両君、古医経を編読《へんどく》す。其の経窬・血脈・陰陽・表裏、固より未だ嘗て詳ならずんばあらず。其の説を究め、而して前修《ぜんしゅう》の論弁、亦彼此に善きときは、之有り。故に、彼を擥《と》りて此を別つ。揚搉《おおよそ》、茲《ここ》に輯録《しゅうろく》する有り。冊と成し、題して隧輸《すいゆ》通考《つうこう》と曰《い》ふ。顧《おもんみ》れば、君の稽古の力は、其の廑《きん》至れり。頃《ちかごろ》、属《たまたま》、余に一言を需《もと》む。余、素《もと》より医理に闇《くら》しと雖も、而れども君と余とは雅游《がゆう》し、且つ同族の誼《よしみ》なるを以て峻拒《しゅんきょ》すべからず。故に略《ほぼ》、其の後世鮮《あきらか》に能く経窬を知るを道《い》ふ。輒《すなわ》ち妄《みだり》に攻めて之に達する所以は、古と舛馳《せんち》し、十全なる者を攻むること能はず、と云爾《しかい》ふ。

延享乙丑春三月　平安　屈正超撰

【通解】

隧輸通考跋

人が急に病気になったときは、適切な診療によって病状をよく見極め（「証」の判定）、最も適した処方を選んで投薬して治す。これが昔の治療のし方である。思うに、人には経窬・血脈というものが、頭の先から踵に至るまで、つまり全身にある。だから、ことの急所をよく知ることによって、そこではじめて治療が可能となるのである。自分で病態をよく観察し、その最適な処方を考えるのでなければ、薬を投与してみたところで、十分な効果がどうして現れてこようか。病気の診療とその見極めと薬の投与、この三者を必須のものとすることによってのみ、完全な治療の効果が期待できるのではあるまいか。

後世、病態観察とその見極めを、大雑把なものであってあまり意味がないとして、ただ投薬だけを治療では有益なものとするようになった。薬だけが幅を利かし、経窬・血脈を無視するようになったのである。

周の春秋戦国の世に、黄帝・陰陽の語を冠した書が多く出まわった。それらの書はほとんどみな、仮想の医神とする黄帝に名をよせたものである。『漢書』〈芸文志〉に見える記載からそのことは知られる。そもそも、医学は陰陽家から生まれたものである。その書は、人体の経窾（ツボ）や、気・血の走行路や、陰陽、表（陽）裏（陰）にもとづいて、もろもろの病気の原因や生死の分かれ目を見定め、施すべき針やもぐさ、薬の調剤や滋養となる物をあれこれと考えている。論の詳細は極まりない。だから、その医術は少しも欠点がないのである。『周礼』〈天官〉には、医師を置いている。官吏としてその職務を試みていたのであろう。この間に、緩和や扁鵲のような名医が次々と世に出ることになった。

漢の時代になると、失われた書物を大いに収集しようとして、劉向や李柱国が一緒に方技・医経の書を校訂した。これらのことについては、所々『漢書』〈芸文志〉に記載されて出ているから、ざっと目を通しておいたほうがよい。現在見ることができる『黄帝内経』の内容は、古代医学の教えの一部を伝えたものにすぎない。世間ではまた、自らが賢明であることに喜びを見いだす者がいて、医術に携わる立場を社会的に低い地位とみて嫌い、はては古医経を役に立たないものとして、陰陽の説も斥ける。外面を繕うために儒家の言葉を重んじ、事理の是非を正しくわきまえて言葉をいかに飾ったとしても、その医術が独り合点で曖昧であることは、どうしたらいいのであろうか。

北渚屈君は京都で医学を教え、専門分野では高い評判を得ている。やってくる書生は、みな北渚先生について熱心に勉強し、家の外の履物は尽きることがないくらいだ。屈君たち著者二人は、古医経をあまねく読み、その経窾・血脈・陰陽・表裏については、もとより非常に詳しい。その説を考究し、先賢の諸説が道理に叶っていれば、それを採り入れる。したがって本書は、あちらを採り、こちらを区別して、おおよそここに集録したものである。それを一冊となし、「隧輸通考」と名づけた。

ふりかえってみれば、屈君は心力を尽くして医の学問に励んできた。先だって、たまたま私に本書に寄せる一言を求めてきた。私はもともと医の理には疎いけれど、君と常日頃つきあいがあり、おまけに同宗の誼があるので固辞することはできなかった。以上、後世、経窬について明確に知ることができるようになったあらましを述べた次第である。無造作に、分別もなく診療して病状の判定を下したりするのは、昔とは大きくかけ離れたやり方であり、それでは十中の一つの失もなく治療することなどできはしない、というわけである。

延享乙丑（一七四五）春三月　　京都の堀正超記す

【語釈】

○隧輸通考　「通考」または「通攷」。『隧輸通考』の著者堀元厚は、後世方の劉張医方派に属する。日本で曲直瀬玄朔門の饗庭東庵によって提唱されたこの一派は、五運六気説、陰陽五行説、臓腑経絡説などを説く。東庵から味岡三伯、小川朔庵へと受け継がれ、朔庵の門下生であった元厚に伝えられた。○攻而達之而操薬　漢方の治療では、病的状態をまず見極め（「証」の決定）、最適な「処方」を選び、そのうえで効果が十分現れるように「投薬」する。「攻」は、診療すること、いわゆる臨床観察のことであろう。「達」は、病的状態を判定する、いわゆる「証」を決定することであろう。○経窬　「経穴」「兪穴」（いわゆるツボ）のこと。経路を運行する「気」「血」のうち、「気」が体の表面に流注されるところで、鍼灸治療の有効な身体部位である。○血脈　「気」「血」の走行路をいう。○摩頂放踵『孟子』〈尽心・上〉に「頂を摩して踵に放るも、天下を利するは之を為す」とある。頭の先から踵までの意。○灼「明」と同意。○肯綮　『荘子』内篇〈養生主〉に「技の肯綮を経ること未だ嘗てせず」とある。「肯」は骨についている肉、「綮」は骨と肉の結合する所。事の急所をいう。○瞑眩　『書経』〈説命・上〉に「若し、薬瞑眩せずんば、厥の疾瘳えず」とある。薬が強く効いて目眩がすること。景山のこの一文は、急進的な古医方派の処方に対する批判であろう。○至後世〜唯薬之為上焉　次の一文とともに前注と同様、古方派の医方に対する批判。○特坐　威張って他を相手にしない、の意。○周時訖六国　東周の春秋戦国時代に、古代医学の基礎理論となる陰陽五行説が流行して、『黄帝内経』のような医学書の原形ができあがったと言われる。「六国」は、燕・斉・楚・韓・魏・趙。○黄帝　仮想の医神。『漢書』巻三十〈芸文志〉に、「黄帝内経十八巻」「黄帝説四十篇（顔師古の注に、迂誕・依託）」「黄帝陰陽二十五巻」「黄帝諸子論陰陽二十五巻」など、黄帝の名を冠した書名が数多く挙げられている。〇班史　班固が書いた『漢書』の別名。〇其書原人～薬餌之所施　『漢書』〈芸文志〉の本文「医経者、原人血脈経絡骨髄陰陽表裏、以起百病之本死生之分、而用度箴石湯火所施」に拠る一文だが、異同がある。〇鍼艾　針ともぐさ。〇薬餌　薬と滋養物。〇周官　儒教の経典の一つである『周礼』のこと。周公旦の撰という。巻五〈天官〉には、周王朝における官吏としての医師の職務分担と勤務内容が記されている。〇置師　「師」は、医師をいう。〇緩和　春秋時代の秦の名医、緩のこと。『春秋左氏伝』〈成公・十年〉に「公疾病にして、医を秦に求む。秦伯医緩をして之を為さしむ」。『漢書』〈芸文志〉には「中世に扁鵲秦和有り」と見える。〇越人　魏の桓侯の時の名医。姓は秦氏、名は越人。前注『漢書』に出る「扁鵲」のこと。『史記』巻百五〈扁鵲倉公列伝〉に「扁鵲は、勃海郡鄭人なり。姓秦氏、名越人」とある。〇迨漢興大収編籍～方技医経　この一文の語句はみな『漢書』〈芸文志〉に拠る。〇編籍　書物のこと。〇劉向　字は子政、前漢末の学者（前七七～前七）。宮中の蔵書を校訂し、その図書目録を作った。『漢書』巻三十六〈楚元王伝〉に「劉向伝」を付載している。〇李柱国　『漢書』〈芸文志〉の記述のほかは、伝記未詳。〇方技　医術。〇医経　医学の経典。〇往往乎　あちこち、ところどころ、の意。〇漢志　『漢書』巻三十〈芸文志〉をいう。〇概見　ざっと目を通す、の意。〇黄帝内経　医療に関する原典というべきもの。今に伝わる『素問』『霊枢』の二書に、その原形をうかがうことができる。『素問』は基本的な医学理論を、『霊枢』は針術を主とした治療法を説く。〇高明　見識が高く、知恵が明らかなこと。〇古医経　ここでは『黄帝内経』などをさす。〇陰陽之説　前掲の注「周時訖六国」を参照。〇縁飾儒術　儒家の言葉を活用して外面を飾る、の意。『漢書』巻五十八〈公孫弘伝〉に「縁飾するに儒術を以てするを察し」と見える。〇其技術晻昧　「晻」は「暗」に同じ。その医術が明らかに伝わっていない、の意。『漢書』〈芸文志〉の末尾に見える語句。〇北渚屈君　貞享三年二月十六日～宝暦四年一月二十四日、享年六十九歳。名は貞忠、号を北渚、字は元厚。屈は「堀」の省画。山城（京都）の山科に生まれ、医を業として三代目になる。○教授於洛～赫赫名　元厚は、『素問』『霊枢』から宋元明代の医書を講ずる医学講説人として、京都では有名であった。医を学ぶ書生で、彼に頼らない者はないと言われるほどで、弟子は毎年百余人あったという（堀南湖「隧輸通考」序）。宝暦三年（一七五三）七月二十二日、景山の漢学書生であった本居宣長が元厚に入門し、『素問』『霊枢』『局方発揮』『運気論』などの医書の講説を聴いている（宣長『在京日記』）。○顓門　専門。○赫赫之名　立派な評判、の意。○横経　学問に一生懸命なこと。○游従　師について学ぶこと。○両君　本書の著者である堀元厚と衢昌栢をいう。○編読　あまねく読む（徧読）、の意。○前修論弁　「前修」は古の賢人、「論弁」は論じて筋道を明らかにすること。古の賢人が医経で説いた論。○揚搉　大略、の意。○稽古　ここは、古医経で展開する医説や先賢の諸説を学ぶことであろう。○其塵至矣　「塵」は「勤」と同意。心力を尽くす、の意。『漢書』巻八十七〈揚雄伝下〉に「其の塵至れり」とある。○君与余雅游且同族誼　「雅游」は常につきあうこと。堀景山と堀元厚は同じ一族で、日頃から交際があったことがわかる。宣長が元厚に入門したのは、一方で景山の勧めがあったからであろう。○峻拒　強く断る、の意。○略道　略述、略言と同意で、あらましを言う、の意。○舛馳　背き馳せる。思い思いの方向に進むこと。『漢書』巻八十七〈揚雄伝下〉に、「雄諸子を見て、各々其の知を以て舛馳せしむ」とある。

(7)　烏石散人草塚銘

京都洛中の地にある北野天満宮の境内に、「艸冢銘」と篆額する石碑が立っている。写真からもわかるように、銘文を刻んだ壁面の傷みが激しく、剝落が進む。幸いにして、この「艸冢銘」の文章は、「烏石散人草塚銘」と題して『日本文鈔』（三巻三冊、享和元年刊、源世昭編・内閣文庫蔵）の巻中に所収され、また、『拾遺都名所図会』巻一にも紹介

北野天満宮「艸冢銘」（京都市上京区）

される。この『拾遺都名所図会』には、四字句からなるこの韻文が、北野天満宮画馬殿の西に「艸冢銘」として立つ石碑に刻まれること、そして寛保三年（一七四三）夏四月に、篆額を滕康桓、銘を屈景山、書を松下烏石として、烏石によって建立されたことを記す。銘は、堀景山が松下烏石に依頼を受けて作ったものであろう。景山が記した「烏石散人草塚銘」を『日本文鈔』によって紹介する。

烏石散人草塚銘　　屈正超

鳥蹟已降。人文聿興。衣帛木葉。亦与斯文。惟顚将聖。克念入神。書草蘊崇。功進成山。肯比鶏肋。宜貽子孫。介而為石。石可与言。竜蛇所蟄。毋乃生雲。

【訓読】

烏《う》石《せき》散人草塚《そうちよう》の銘　　屈正超

鳥蹟《ちようせき》より已《い》降《こう》、人文聿《じんぶんふで》に興《おこ》り、衣帛木葉《いはくもくよう》、亦《また》斯の文《ぶん》に与《あず》かる。惟《こ》れ顚《てん》、将《ほとん》ど聖なり。克《よ》く念《おも》ひて神《しん》に入り、書草蘊《しよそううん》崇《すう》、功《こう》進みて山を成す。肯《あえ》て鶏肋《けいろく》に比せんや。宜しく子孫に貽《のこ》すべし。介《かい》として石に為《つく》る。石、与《とも》に言ふ可し。竜《りよう》蛇《だ》蟄《ちつ》する所、乃ち雲を生ずること毋からんや。と。

【通解】

烏石散人草塚の銘

堀正超

鳥の足跡を見て文字を思いついてから、人間の文化は筆によって新たに始まり、絹織物のような立派なものから、木の葉のごときつまらぬものまで、この文字によって表記されてきた。このすばらしい筆の力は、ほとんど聖人の域に近い。精神を集中し巧妙の域に達した筆で書かれた草稿は高く積み上げられ、成果を上げた筆は山を成している。鶏肋に譬えるまでもなく、それを棄ててしまうには惜しいと、心からそう思う。筆の功徳を子孫に伝えるべく、碑として石に刻むことにした。石は、次のことを語っているといってよい。竜蛇が潜む穴に雲が湧き起こり、その雲に乗って天にかけ昇るように、子孫たちの筆勢は、これからますます盛んになるであろうということを。

【語釈】

○烏石散人　松下烏石（一六九九～一七七九）、名は辰、字は君岳・龍仲・神力、烏石と号す。江戸時代中期の書家、儒者。書は佐々木文山、細井広沢に学び、儒学は服部南郭に学んだ。散人は、号の下に添える語。○草塚　草木の茂った塚。ここは筆塚をいう。○鳥蹟　鳥の足あと。蒼頡が鳥の足跡を見て、文字を思いついたということから、文字の意。許慎の「説文解字序」に「黄帝の史蒼頡、鳥獣号迒の迹を見て、分理の相別異す可きを知るや、初めて書契を造る」とある。○聿　ふで。筆。○衣帛　絹の衣服。贅沢なこと。○木葉　「衣帛」に対して、些細なもの、わずかなもの、の意。「衣帛木葉」は、ここでは筆による文字表現の多様性をいう。次々項の語釈にあげる『論語』〈子罕〉の前文「夫子は聖者か。何ぞ其れ多能なるや」の、「多能」を踏まえた記述であろう。○顚　頂、の意。筆の力がこの上もないものであることをいう。○将聖　聖人の域に達するほどである、の意。『論語』〈子罕〉に「子貢曰く、固より天之《これ》を縦《ほしいまま》にして、将《ほとん》ど聖なり」とある。○入神　巧妙の域に入る、の意。『易』〈繫辞・下〉に「尺蠖《せきかく》の屈するは、以て信《の》びんことを求むるなり。竜蛇の蟄するは、以て身を存せんとするなり。義を精《くわ》しくして神に入るは、以て用を致すなり」とある。○書草　草稿。文稿。○蘊崇　高く積み上げる、の意。○鶏肋　にわとりのあばら骨。価値はないが捨てがたいことの譬え。『後漢書』巻四十四〈楊修伝〉に「夫れ鶏肋は、之を食すれば則ち得る所無く、之を棄つれば則ち惜しむ可きが如し」とある。使い古した筆を比している。○貽　遺す、の意。○介而為石　「介」は、「介然」（固いさま）の意で、ここは筆塚として石碑に刻む、ということ。『易』〈繫辞・下〉には、〈豫〉六十二の「介于石（石に介たり）」について、「介如石焉（介たること石の如し）」とある。○竜蛇　竜と蛇は、非常にすぐれた人の譬え。また、草書の筆勢の形容。○蟄　隠れる、の意。「入神」「竜蛇」「蟄」は、みな前掲の語釈にあげる〈繫辞・下〉の一文に出る。○雲　『新論』〈均任〉に「竜蛇、翻騰の質有り。故に能く雲に乗り霧に依る」とあり、また、『易』〈乾〉に「雲は竜に従ひ、風は虎に従ふ」とあるように、才能のある者に従って、雲は湧き起こる。

【余説】

「曠懐堂堀氏譜系」によれば、「本貫近江国野洲郡野村里　姓菅原氏堀　家伝云右大臣菅原道真公之苗裔也」とあり、堀家は、江戸時代には学問の神、手習いの神として祀られていた菅原道真を遠祖とする。こうした縁があって、筆塚として景山の銘文が北野天満宮の境内に建立されたと思われる。

「烏石散人草塚銘」を語釈していて、次のようなことに思い至った。語釈に引いた『易』〈繫辞伝〉は、『易』全体の概論として孔子の哲学をよく示したものとして知られるが、景山が作ったこの銘に、〈繫辞・下〉に拠ったと考えられる語句が多く見られる。「入神」の語釈に引用した〈繫辞・下〉に「尺蠖之屈、以求信也」という一文がある。この「尺蠖（尺取り虫）」の「屈」は、身をこれから伸ばそうとする極致、つまり自分の身の「徳」をこれから高めようとする最上の状態をいう。「徳」を重んじ、易学に精通していた景山と従兄の堀南湖が、各々の著作に堀の省画「屈」を修姓として多用しているのは、ただ単に「土」偏を省いたのではなく、『易』〈繫辞・下〉でいう尺蠖の「屈」の持つ意味を意識裡に置いていたからではなかろうか。

⑻　楽志軒記

「楽志軒記」と題する四百七十字余りからなる文章は、個人蔵の「堀景山筆　詩文集　宝暦三年」の複製資料（四一六・四一七頁参照）に、この後に掲出する⑼「独嘯亭記」⒀「復河内日下生書」と一緒に収められている。景山の資料としては従来まったく知られておらず、「独嘯亭記」「復河内日下生書」と同様に、文章の背後から窺える景山の思想や交友関係を考察する上では貴重である。以下、その複製資料により翻刻し掲載する。

楽志軒は、大坂の医者田中牧斎（一六八六～一七五二）の別宅の名である。牧斎は号、ほかに得中堂。名を常澤、字を素行。肥前大村の生まれで、本姓富永氏。田中麗山（名、允澤）の養子となった人物である。寛延三年の自序を刻む『医方円機』（一冊）の著がある。以下、読みの便宜をはかって、原文には句読点を適宜加えた。

楽志軒記

水源於湖滙、為長河会浪華江。以朝宗于海。夫浪華地薄大海、四遠曠敞、江水縦横、街坊橋梁以通焉。漕粟魚塩之利四方。所以輻湊而人咸廃居為生。垂橐而往稛載而帰。比屋素封俠傲成俗。鳴鶏吠狗人烟千里、蓋海内一大都会也。田翁常澤医而隠於其囂塵湫隘之際。翁為人簡曠倹勤養性楽業、未敢希也。以務名高恬退、遠害不事王侯。以尚其志、且以其進於技。故謁病者、日方来踵門。頃属家政其子説別構一室、以屏居。顔以楽志請家身之書之。且徴余一言。顧翁之志其可知已。若夫不務名高以養其性、不事王侯以避過害、乃翁之志其楽固可知也。而又得。無以謂之知也乎。夫子曰知者楽、又曰知者楽水。夫然。故楽水者、知者之志也。而翁所居固瀕江海。所謂伊人在水一方。其所楽亦焉往而不在水也。時或買舟縦其所如。乃青蘋之末風漪悠揚。垂綸撒網需沙遵渚出。茭藡没菰蒲、自与蘆人漁子為伍、終忘夕而逮昏。遠寄冥捜、飄然有御風凌雲之想。或又上橋梁以放望。乃日辺明遠、雲帆靄至。晨光射潮、夕影色水載霞載陰。若邇若遐。使心魂飛騰将欲破万里長風、方此時也。翁之志、其楽亦可知也。至若清燕之間退居斯室、展道帙炷竜涎賞書品。書看雨聴雪。乃翁之楽、其楽亦可知也。而与夫知者之志、亦復不断而会焉。余第言翁之所楽也已。至於楽志之論、乃仲長子業已有悉焉。固亦無竢於余言也爾。

屈景山

【訓読】

楽志軒の記

水、湖を源として滙《めぐ》り、長河と為りて浪華江に会す。以て海に朝宗《ちょうそう》す。夫れ浪華の地は大海に薄《せま》り、四遠曠敞《しえんこうしょう》として、江水縦横に、街坊は橋梁以て通ず。漕粟《そうぞく》魚塩、之《これ》四方を利す。輻湊《ふくそう》する所以にして、人咸《みな》廃居して生を為す。嚢《おおぶくろ》を垂れて往き、稇載《きんさい》して帰る。屋を比《なら》べて、素封俠傲として俗を成す。鳴鶏吠狗、人烟千里、蓋し海内の一大都会なり。田翁常澤、医にして其の囂塵湫隘《ごうじんしゅうあい》の際《きわ》に隠る。翁の人となり、簡曠倹勤にして性を養ひ、業を楽しみ、未だ敢へて希《ねが》はざるなり。以て名高恬退《てんたい》に務め、害を遠ざけて王侯に事へず。以て其の志を尚くし、且つ以て其の技に進《はげ》む。故に病を謁《つぐ》る者、日々方《よも》より来り門に踵《いた》る。頃《ちかごろ》、家政を其の子に属《ゆだ》ね、説《よろこ》んで別に一室を構へ、以て屏居す。顔以て志を楽しむ。家に請ひ、身之《しんし》之《これ》を書す。且つ余に一言を徴《もと》む。顧みるに翁の志、其れ知るべきのみ。夫の名高きに務めずして以て其の性を養ひ、王侯に事へずして以て過害を避くるがごときは、乃ち翁の志にして、其の楽しみ固より知るべきなり。而も又得たり。無以《やむなくんば》之《これ》を知と謂はんか。夫子曰く、知者は楽しむと、又曰く、知者は水を楽しむと、夫れ然り。故に水を楽しむ者は、知者の志なり。而して翁の居る所は、固より江海に瀕《せま》る。謂《おも》ふ所の伊《こ》の人、水の一方に在り。其の楽しむ所は、亦焉んぞ往くとして水に在らざらんや。時に、或は舟を買ひ、其の如く所を縦《ほしいまま》にす。乃ち青蘋《せいひん》の末より風漪《なみ》たたせて悠揚たり。綸《いと》を垂れ網を撒き、沙《みずべ》を需《もと》め渚に遵《したが》ひて出づ。菼亂菰《たんらんこ》蒲《ほ》に没《うま》り、自与する蘆《ろ》人《じん》漁子と伍を為し、終に夕を忘れて昏に逮《およ》ぶ。遠くに寄せて冥捜《めいそう》し、飄然として御風凌雲《ぎよふうりようん》の想有り。或は又、橋梁に上り、以て望を放《ほしいまま》にす。乃ち日辺明らかに遠く、雲帆簇《むらが》り至る。晨光潮に射し、夕影水を色《いろど》りて霞を載せ陰を載す。邇《ちか》きがごとく、遐《とお》きがごとし。心魂をして飛《ひ》騰《とう》せしめ、万里長風を破らんことを将《ねが》ひ欲《もと》むるは、方に此の時なり。翁の志、其の楽しみは亦知るべきなり。至若《しかのみならず》、清燕の間に斯の室に退居し、道帙《どうちつ》を展《ひら》き竜涎《りようぜん》を炷《た》いて書品を賞す。書《しる》すに、雨を看て雪を聴く。乃ち翁の志、其の楽しみ亦知るべきなり。而も夫の知者の志にして亦復た斯《かくのごとく》にして会せず。余は第《ただ》、翁の楽しむ所を言ふのみ。楽志の論に至りては、乃ち仲張子業已《すで》に悉《つく》す有り。固より亦余言を竢つこと無かれ。

屈景山

【通解】

楽志軒の記

水は琵琶湖を源にして流れめぐり、長河となって大坂湾に入る。大河の水が海に注ぎ込む。大坂の地は、大海に近く、四方は広々として川が縦横にはしり、市街は掛け渡した橋で通じている。船で運漕される米・魚・塩などが周囲の人々に利益をもたらす。物が四方八方から集まってくるので、人はみな物を貯え価格の高騰を待って生計を立てている。空袋をさげて出かけ、それに大金を入れて帰ってくる。どの家も大金持ちで、勝手気ままに生きているような土地の風俗だ。朝には鶏が鳴き犬が吠え、人家のかまどの煙がはるか遠くまで立ちのぼっている。思うに、天下の一大都会である。

医者である田中常澤翁は、湿気の多い狭い市街地に隠れ住んでいる。田翁はこせこせせず、つつましやかでよく勤め、天賦の善性そのままで医業を楽しみ、それ以上のことをすすんで願うことをしない。評判が高くてもへりくだり、わざわいを遠ざけて官途につかない。志を高く抱き、本業である医術に熱心だ。それゆえ、病人が毎日あちらこちらから、田翁のところにやってくるのである。

最近、家政を息子に譲り、嬉々として別荘を建てて隠居した。志を楽しんでいるようである。わが堀家に「記」の執筆を請い、従兄の正修が認めたが、私にも一言もとめてきた。

振り返ってみれば、田翁の志とはどういうものか分かろうというもの。名声を高くすることに関心がなく、もって生まれた性質のままで仕官せず、余計なわざわいを避けるというようなことが、とりもなおさず田翁の志であり、その楽しみは本当によく理解できる。しかも、田翁はその志の楽しみを実践している。言うなれば、これは「知」というものであろう。

孔子は「知者は楽しむ」、また「知者は水を楽しむ」と言われた。まさにそのとおりである。水を楽しむことは知者の志なのである。田翁の住まいは、言うまでもなく大きな川や海に近い。つまり、田翁は水のほとりにいるのである。その楽しむ所が、どこへ行くとしても、どうして水にかかわる所でないことがあろうか。

ある時には、舟を手に入れて思いのままに走らせて行く。青蘋の末から起こる風が、波を立たせて遠くまで運んでくれる。また、釣り糸を垂れ、網を打ち、水辺をさぐり、岸辺に沿って移動する。荻が、菰と蒲の群生の中に埋もれている中で、蘆を採っている子が魚捕りしている子どもと仲間になって、日暮れを忘れて夜まで遊んでいる。

情を遠くに寄せて深く探っていると、行ったり来たりと風に乗り、俗世を離れた別天地に遊んでいるような気持ちになる。またある時は、橋に上ってあちらこちらと眺望をほしいままにする。朝日の光がキラキラと潮に差し込んで照り返る。また、夕陽の光は、海に彩を添えて夕もやを飾り、徐々に空を暗くしていく。この景は、近いようでもあり、また遠いようでもある。心魂を自由自在に解き放ち、はてしない大海の向こうまで大風に乗って行くことを願い求めるのは、まさにこの時である。

田翁の志と、その楽しみがどういうものかは理解できよう。しかしそれだけではない。風流な宴の最中に、一人この別宅に引き下がって道家の書物を繙き、竜涎香を焚いて『書品』を楽しむ。雨の降る様を見、雪の降る音を聴いて文を書きとめる。それはまた、田翁の志であり楽しみである。これもやはり孔子の言われた知者の志というものであり、皆と顔を合わせて会したときの楽しみではない。私は、田翁の楽しむところを述べているだけである。楽志の論については、仲張子がすでに言い尽くしているので、つけ加えていう言葉はこれ以上はない。

堀景山

【語釈】

○浪華江　摂津の国の入江。○朝宗　川の水が海に集まり注ぐこと。『書経』〈禹貢〉に「江漢、海に朝宗す」。○四遠　四方の遠く離れた土地。『論衡』〈超奇〉に「珍物、四遠に産す」。○曠敞　広々として開けているさま。○街坊　市街。○橋梁　掛け渡した橋。○縦横　東西南北。○漕粟　船で運ぶ米穀。『史記』巻二十九〈河渠書〉に「関東の漕粟、渭中従り上り、六月に度りて罷む」。○魚塩　海産物の総称。○輻湊　四方八方から物が多く集まってくること。『漢書』巻四十三〈叔孫通伝〉に「四方輻湊す」。○廃居　価格の安い時に物を貯えておいて、物価の騰貴を待つこと。『史記』巻三十〈平準書〉に「転轂百数、廃居して邑に居く」。○垂橐　空の袋を持つ、の意。『国語』〈斉語〉に「諸侯の使ひ、橐を垂れて入り、稛載して帰る」とある。○稛載　貨財などを満載にすること。「垂橐」と同じく『国語』〈斉語〉に拠る。○俠傲　ほしいまま、勝手気ままの意。○鳴鶏吠狗　にわとりや犬の鳴き声。人家が続いていることをいう。『孟子』〈公孫丑・上〉に「鶏鳴狗吠相聞えて、四境に達す」。○囂塵　繁華な街のさま。『春秋左氏伝』巻二十〈昭公・三年〉に「子の宅市に近く、湫隘にして囂塵なり」とある。○湫隘　土地が低くて狭いこと。○簡曠　こせこせしない、の意。○名高　評判が高い。○恬退　静かでへりくだり、名利にとらわれない。○知

者楽水　『論語』〈雍也〉に「知者は水を楽しみ、仁者は山を楽しむ。知者は動き、仁者は静かなり。知者は楽しみ、仁者は寿し」、これに拠る。知者は、水が滞ることがないのと同じように、物事の理に通じているからいう。○伊人　この人。○水一方　水のほとり。「伊人」と「水一方」の語句は、『詩経』〈秦風・蒹葭〉「所謂伊の人、水の一方に在り」に拠る。○青蘋　うき草の一種。『文選』巻十三〈宋玉・風賦〉に「夫れ風は地より生じ、青蘋の末より起こる」とある。これに拠る。○悠揚　はるかなさま。ゆったりとしたさま。○菼薍　おぎ。○菰蒲　まこもと、がま。『文選』巻二十二〈謝霊運・従斤竹澗起嶺渓行〉に「蘋萍沈深に泛び、菰蒲清浅を冒ふ」。○自与　自分でとること。○蘆人漁子　蘆を採り、魚を捕る子ども。『文選』巻十二〈郭景純・江賦〉に「蘆人漁子、江山に擯落す」。李善注に「蘆を採り、魚を捕る子を謂ふ」とある。○遠寄冥捜　はるか遠くにまで探し求める。『文選』巻十一〈孫綽・遊天台山賦〉に「夫の遠く寄せ、冥かに捜り、信を篤くして神に通ずる者に、何ぞ肯へて遥想して之を存せん」とある。○飄然　行ったり来たりするさま。○御風　風に乗って、の意。『荘子』〈逍遥遊〉に「列子、風に御て行く」。○凌雲　俗世間を超脱すること。『史記』巻百十七〈司馬相如伝〉に「天子大いに説び、飄々として凌雲の気有りて、天地の間に游ぶの意に似たり」。○日辺　日の出るあたり。東のはるか彼方。○雲帆　雲のように大きな帆をもった船。○飛騰　飛び上がる。『楚辞』〈離騒〉に「吾、鳳凰をして飛騰せしめ、之に継ぐに日夜を以てす」。○万里長風　遠くまで行く大風に乗って、はてしない大海の向こうまで行く、の意。『南史』巻三十七〈宗慤伝〉に「慤答へて曰く、願はくは長風に乗じて、万里の波を破らん」とある。これに拠る。○清燕　風流な宴。○道帙　道教の書。○竜涎香の名。竜涎香。○書品　書名。梁の庾肩吾撰、一巻。楷書・草書の能筆を九品に分けて、それぞれを論じた書。

(9) 独嘯亭記

「独嘯亭記」は、「楽志軒記」と同じく個人蔵の文書に収められる四百字余りの「記」であるが、『詩経』『論語』『春秋左氏伝』『史記』『晋書』『文選』等の、景山が好んで用いる古典籍から、故事や語句を引用して鏤めたやや難解な文章である。

冒頭に紹介される源士良なる人物については、名前の上に冠せられている「東門法主老臣大蔵卿」以外に私は知る史料をもたない。東門の法主は、東本願寺の法主、老臣は語釈にも記したように長年仕えてきた家来、大蔵卿は坊官の官名であろう。この時の東本願寺の法主は誰であったか。景山の「独嘯亭記」がいつ書かれたかによるが、延享元年十月、延享元年十二月の前後によって、次の三人のうちの一人となる。

第十七世　真如上人　近衛家熙の猶子　元禄十三年四月襲職　（天和二年二月生～延享元年十月二日遷化）

融如上人　近衛内前の猶子　延享元年十月二日に襲職　（三ケ月で入寂）

第十八世　従如上人　近衛内前の猶子　延享元年十二月十一日襲職　（享保五年六月生～宝暦十年七月十一日遷化）

＊『本願寺誌要』（明治四十四年四月刊・大谷派本願寺誌要編輯局）『大谷嫡流実記』（昭和四十七年八月刊・真宗大谷派出版部）に拠る。

右の三人、みな近衛家の猶子である。当時の第一級の文化人である近衛家熙の時代から、堀家は儒者の家として近衛家と交流があった。景山が東本願寺の家臣源士良と関係するのも、近衛家を介する経緯があったからであろうか。

独嘯亭記　同

東門法主老臣大蔵卿源君士良、置別荘於街左、自公而居無事。乃以為読書之攸。固非有敞闊輪奐之可観。亦無山池花石之成趣。版扉紙障不断椽不朽牆、以昭其倹也。亭所面唯鉅竹若千畝琅玕森立、翳然而陰爾。囂塵以阻暑気不爍而清冷之状与目謀。雨澆風撼而蕭瑟鏗鏘之韻与耳謀。含暉罩月而沈静深遠伏灌莽者与心謀。於是乎、君燕間自適、素絲之節倘羊其中。毎拒雑賓独泊超然焚香散帙則菉猗之咏、希心有斐切磋琢磨。亦以道学且其内交此君。乃外之足以直養、内之足以虚心而不肯譲。後凋於松柏之質者、亦足以矜式焉。至於其草干蒼翠、静嘉幽迥。遺物離人而立於独。毋乃以恬養知能使人遠乎。顧以君為群僚率。故思其共其職而対揚。君命毎藉此間、暇必将以有得。庶幾謀野而獲者也与。若夫屑々於目前之務不能違于終食之間、鞅掌煩溷日弗遑給。或受当局之闇者、則未有以与遠人之謀者也。亦唯君退食斯亭、独坐読書。日与道相親思深而慮遠。所以傲寵霊于法主、為法徒具瞻者、其念茲在茲哉。其念茲在茲哉。是故君独嘯于王家輞川之勝、而不敢復同。諸晋林把臂之游者、是乃君之志而斯亭之所以命也、云爾。

【訓読】

独嘯亭の記　同

東門法主の老臣大蔵卿源君士良、別荘を街左に置き、公よりして居するに事無し。乃ち、以て書を読む攸《ところ》と為す。固より敞闊《しょうかつ》輪奐の観るべきもの有るに非ず。亦、山池花石の趣を成す無し。版扉紙障、椽《たるき》を断たず牆《かき》を朽たさず、以て其の倹を昭《あきら》かにす。亭の面する所、唯だ鉅竹《きょちく》若しくは千畝《せんぽ》の琅玕《ろうかん》森立し、翳然《えいぜん》として陰るのみ。囂塵《ごうじん》以て阻《へだ》て暑気爍《あつ》からずして清冷の状、目と謀る。雨澆《そそ》ぎ風撼《ゆす》りて蕭瑟鏗鏘《しょうしつこうしょう》の韻、耳と謀る。含暉罩《とう》月にして沈静深遠、灌莽《かんもう》に伏すは、心と謀る。是に於て乎、君燕間《えんかん》自適し、素絲《そし》の節其の中に倘佯《しょうよう》す。毎《つね》に賓《ひん》と雑《まじは》るを拒み、独り泊《しず》かに超然として香を焚き帙を散ずるときは、菉猗《りょくい》の咏、心に斐たる有る切磋琢磨を希《ねが》ふ。亦道を以て学び、且つ其の内は此の君と交わる。乃ち、外は之《これ》以て養を直にするに足り、内は之以て心を虚しくするに足りて、譲るを肯んぜず。松柏の凋《しぼ》むに後るるの質は、亦以て矜式《きょうしょく》するに足る。其の草に至るまで蒼翠を干《たす》け、静嘉幽迥《ゆうけい》たり。物を遺《お》き、人を離れて独に立つ。毋乃《むしろ》恬を以て知を養ひ、能く人をして遠からしめんか。顧みるに、君を以て群僚の率と為す。故に思ふ、其れ其の職を共《うやうや》しくして対揚《たいよう》せんとするを。君、命を毎に此の間に藉《か》り、暇必ず将に以て得ること有らんとす。野に謀りて獲たる者に庶幾《ちか》からんか。若し夫れ目前の務めに屑々として、終食《しゅうしょく》の間も違ふこと能はざれば、鞅掌《おうしょう》煩溷《はんこん》にして日々給するに遑あらざらん。或は当局の闇を受くるときは、未だ以て遠人の謀を与にすること有らざるなり。亦唯だ、君斯の亭に退食し、独り坐して書を読む。日々道と相親しみ思ひ深くして慮り遠し。寵霊を法主に徼《もと》め、法徒の為に具瞻《ぐせん》する所以の者は、其れ茲《これ》を念ふに茲《ここ》に在るかな。其れ茲を念ふに茲に在るかな。是の故に、君独り王家輞川《もうせん》の勝に嘯《うそぶ》けども、敢へて復た同じうせず。諸れ晋林に臂《ひじ》を把《と》る游は、是乃ち、君の志にして斯の亭の命《なづ》くる所以なりと、爾云ふ。

【通解】

独嘯亭の記

東本願寺法主の古くからの家来である大蔵卿源士良君は、別荘を左京に置き、寺務の仕事から帰ってそこでくつろぐ。そしてこの住まいを読書する場所としている。その住まいは、もとより見晴らしがきく広々とした所にあるわけではなく、そこに風趣を醸し出すような庭の築山や池、花や庭石があるわけでもない。板の開き戸と障子があって、垂木は切らず壁がくずれかけている　そういうつつましやかな別荘である。別荘の前には、大きく美しい竹がずっと向こうまで並んで覆い立ち、小暗い感じである。竹林は、やかましい俗世間を遠ざけ、夏の暑さを遮って見た目に涼しい。雨が降り風が吹いてくると、そのもの寂しい金玉の美しい響きが耳に心地よい。また、日の光や月の光を包みこみ、遠くまで静まりかえって、群がり生える草木の中で横になっているような錯覚に陥る。

君は、休息しながら思いのままに楽しんで、私欲にとらわれない清らかな心をもって竹林の中をめぐり歩く。ここではいつも客人と交わるのを避けて、独り静かに超然としていて、香を焚き帙を開いて書を読む。そのときには、口をついて出る見事な詩句を、さらに磨きあげようと心で思う。また、道についての学問に励み、心の中では竹と触れあっている。竹のように、うわべは真っ直ぐであることをよしとし、心のうちは空っぽで何もない無私であることをよしとして、その信念を曲げない。そうした節操のある君の性質は、尊敬に値する。竹林に周囲の草むらまでもが青みどり色を加えて、なんとも美しく幽遠である。物を捨て人から離れて、ここで独りになる。それはむしろ平静無欲にして心を養い、他を自分から遠ざけている、と言ってもよいであろう。

顧みれば、君は家臣を率いる長である。それゆえに思わずにはいられない。君はその職を拝命し、力を十二分に発揮しようと務めているのではないか、と。君は法主の仰せを、この別荘でゆっくりと考える時間を持とうとしているのであろう。静かな所で思案するとうまくいったという古人の例に近いやり方である。もし、目の前の寺務をこまごまとつとめ、それから片時も離れることができなければ、忙しく働きわずらい乱れるだけで、ゆっくりとした時間をもつ余裕などはないであろう。寺務の仕事がうまくいかなくなった時に、誰かに相談するということもない。

君はこの別荘に来て、一人坐って書を読む。日々学問をして道に親しみ、その思慮は遠くかつ深い。君が法主に他に恵みを垂れたまうことを求め、僧徒のために尽力しているのは、考えてみれば、すべてこれ君の深遠な慮りによっている。だから、君が独り、景色のすばらしいこの地で詩歌を吟詠するとしても、あの王維が輞川に別荘を設けて詩を詠んだ心情のありようと同じであるとは言えないであろう。源君は、晋の時代、竹林で七人の賢人が親しく交流したさまに心を向けている。それでこの住まいを独嘯亭と命名した、というわけである。

【語釈】

○東門法主　東本願寺の門主。○老臣　長年経験を積んできた家来。○自公　役所の仕事を終えて家に帰るの意。後掲の「退食」の項、参照。○攸　「所」と同じ。○敞闊　広々として見晴らしのきく所。○輪奐　高くて大きいさま。○版扉　板の開き戸。○紙障　障子。○不朽牆　上塗りもできないほどの腐った壁。『論語』〈公冶長〉に「朽木は彫るべからず。糞土の牆は杇るべからず」とある。○鉅竹　大きい竹。○千畝琅玕　「千畝」は田地の広いこと。「琅玕」は美しい竹。『史記』巻百二十九〈貨殖伝〉に「陳夏に千畝の漆、斉魯に桑麻、渭川に千畝の竹」。杜甫〈鄭駙馬宅宴洞中〉に「主家の陰洞煙霧細かに、客を留むる夏簟琅玕清し」。○森立　並んでそびえたつ。○翳然　草木が覆い茂って、荒れはてたさま。○囂塵　やかましい俗世間。『文選』巻四十二〈応休璉・与従弟君苗君冑書〉に「宅を営むこと洛に濱く、囂塵に困む」。○清泠　すがすがしく、涼しい。○蕭瑟　もの寂しいさま。『文選』巻三十五〈張景陽・七命〉に「其の居たるや、崢嶸幽藹にして、蕭瑟虚玄なり」。○鏗鏘　「鏗」も「鏘」も、金属や玉石の鳴る音の形容。○含暉　日の光をつつむ。○罩月　月の光を包みこむ、の意。○灌莽　草木が群がり生えている地。『文選』巻十一〈鮑明遠・蕪城賦〉に「灌莽杳として際無く、叢薄紛として其れ相依る」。○燕間　休息する。○自適　思いのままに楽しむ。『晋書』巻九十二〈文苑・張翰伝〉に「翰心に任せて自適し、当世に求めず」。○素絲之節　「素絲」は「素絲羔羊」の略。『詩経』〈召南・羔羊〉に「羔羊の皮、素絲の五紽」。心が清く正しい。清廉者の誉辞。○倘佯　ぶらぶらと歩く。『文選』巻十三〈宋玉・風賦〉に「中庭に倘佯す」（李善注―倘佯は猶ほ徘徊のごとし）。○散帙　帙を開く。杜甫〈帰来〉に「門を開きて野鼠走り、帙を散じて壁魚乾く」。○菉猗之咏　『詩経』〈衛風・淇奥〉に「菉竹猗《い》猗《い》たり」とあり、緑竹が美しく茂っている様を歌う。○有斐　学問・道徳をみがくこと。『詩経』〈衛風・淇奥〉に「斐たる有る君子、切するが如く、磋するが如く、琢するが如く、磨するが如し」とある。これに拠る。○此君　竹の別名。晋の王徽之が竹を指して「此君」と言った故事に基づく。『晋書』巻八十〈王徽之伝〉に「徽之、但だ嘯詠して竹を指さして曰く、何ぞ一日も此の君無かるべけんや」。○後凋於松柏　『論語』〈子罕〉に「歳寒くして、然る後に松柏の凋むに後るるを知る」とある。これに拠る。○矜式　敬い、手本とする。『孟子』〈公孫丑・下〉に「諸大夫国人をして、皆矜式する所有らしむ」。○蒼翠　あおみどり色。○静嘉　清らかで美しいこと。○幽迥　奥深くはるかなさま。『文選』巻十一〈孫綽・遊天台山賦序〉に「豈に立つ所、冥奥して其の路の幽迥なるを以てにあらざらんや」（李善注─幽迥は遐遠なり）。○以恬養知　平静無欲にして心を養う。『荘子』〈繕性〉に「古の道を治る者は、恬を以て知を養ふ」とある。○群僚　多くの役人。○対揚　上の命にこたえて、その意志を表すことか。○謀野而獲者　『春秋左氏伝』巻十九〈襄公・三十一年〉に「裨諶能く謀り、野に謀るときは獲、邑に謀るときは則ち否らず」とある。さわがしい都で考えるとうまくいかなかったが、静かな郊外ではよく考えることができたという意である。これに拠っていよう。○屑々　落ち着かないさま。○終食之間　片時も、の意。『論語』〈里仁〉に「君子仁を去りて、悪んぞ名を成さん。君子終食の間も仁に違ふこと無く」。○鞅掌　忙しく働いて暇がないこと。『詩経』〈小雅・北山〉に「或は棲遅偃仰し、或は王事鞅掌す」。○煩溷　「溷」は乱れるの意。「煩溷」は「煩乱」（わずらい乱れる）と同義であろう。○当局之闇　「当局」は士良が勤めている所。「闇」はうまくいっていない、の意か。○遠人　人を遠ざける。ここは職場を離れて、の意か。陶潜〈帰田園居〉に「曖曖たり遠人の邨《むら》、依依たり墟里の煙」。○退食　役所から家に帰ること。『詩経』〈召南・羔羊〉に「退食、公自りす」。○寵霊　ここは法主が恵みを垂れ、福を与えること。○具瞻　人が共に仰ぎ見ること。『詩経』〈小雅・節南山〉に「赫赫たる師尹、民は具に爾を瞻る」。「瞻」は目をあげて見る、の意。○念茲在茲　『書経』〈大禹謨〉に「帝、念はんかな。茲を念ふに茲に在り。茲を釈るに茲に在り。茲を名言するに茲に在り。允に茲を出すに茲に在り。惟帝、功を念へ」。同文が『春秋左氏伝』巻十六〈襄公・二十一年〉に「夏書曰く」として見える。ここは、徳のある源士良が適任であることをいっている。○輞川之勝　「輞川二十景」（王維の別荘があった輞川の二十ケ所の景勝地）をいう。「輞川」は、陝西省藍田県の西南を流れる川の名。○晋林晋の時代の竹林の七賢のこと。○把臂 お互いに肘をとり合って、親しみの情をあらわすことをいう。『後漢書』巻七十五〈呂布伝〉に「太守張邈、使ひを遣はして之を迎へ、相待つこと甚だ厚し。別れに臨んで臂を把り、言ひて誓ふ」。

⑽ 日野阿新伝

刈谷市中央図書館の村上文庫に『日野阿新伝』（全一冊・請求番号4甲五門19号）が所蔵されている。『太平記』巻二に載る阿新（藤原国光、中納言資朝の子）伝の四人の漢訳文を収める。

漢訳を試みたのは次の四人

栗原文蔵 「記阿新復讐事」
屈君燕 「阿新伝」
宇 鼎 「記藤原国光事」
石川正恒 「阿新伝」

この中で、堀景山（屈君燕）と石川正恒、正恒と宇野明霞（宇 鼎）のそれぞれの交流は別に資料として残るが、栗原文蔵は未詳の人である。誰が発起人であったかは分からない。また、『日野阿新伝』の墨付は全十九丁で同じ筆であるが、誰が書写したかは不明である。四人の漢訳文の試筆の中で、明霞の漢訳文のみが『明霞遺稿』巻七に訓点を施して掲載されている。ここではそれに倣い、景山の「阿新伝」に訓点を施して紹介したい。

景山の阿新伝は、殺された父の資朝の復讐を記した漢訳文と、その後に「評曰」として景山自身の意見を付記した文章から成る。景山は軍記物の和文を漢訳するにあたり、中国古典籍の語句や文章表現を念頭に置いて作文していたと思われる。とくに、『春秋左氏伝』『史記』『漢書』『後漢書』『晋書』『資治通鑑』などの、景山が好む史書を典拠とした語句を多く鏤めている。また、「評曰」以下の見解には、『春秋公羊伝』『史記』『漢書』『後漢書』のほかに、韓愈と柳宗元の「復讐」についての議論を援用する。とりわけ、礼法と刑法の並立が可能かどうかを論点にした柳宗元「駁復讐議」の結論の上に立って、景山は阿新を論じ讃える。

「阿新伝」は和文の漢訳であるから、通解と語釈は省略に従う。村上文庫蔵の『日野阿新伝』には、句読点が朱で付されている。見せ消ちが数ケ所あり翻刻はそれに従うが、また明らかに誤字と思われる漢字もある。（　）内に訂正した漢字を入れた。漢字は通行の字体に改め適宜ルビを付した。

阿新伝

藤原国光小名阿新《ハ》、中納言資朝子《ノ》也。時《ニ》天朝積二困《りくるしみテ》東府《ノ》伯政《ニ》一、而北条氏跋扈《シ》日横《ス》。元徳《ノ》初《メ》、帝竊《ニ》図《ル》下誅《シ》二北条氏《ヲ》一以《テ》復《スルヲ》中王業《ヲ》上。常《ニ》引《キ》二資朝《ヲ》一主《つかさどラシム》二其《ノ》謀《ヲ》一。事泄《もレ》、東府議《シテ》二以《テ》資朝《ヲ》一為《シ》二謀首《ト》一、下《シテ》教《ム》二京都《ノ》両監《ヲシテ》断《ゼ》一。収《とらへテ》二資朝《ヲ》一錮《こ》二送《そうシ》鎌倉《ニ》一、糾問《スレバ》首服《ス》。乃《チ》流《シ》二之《ヲ》佐渡《ノ》州《ニ》一、使《ム》二州司本間氏《ヲシテ》禁護《セ》一焉。府朝重《ネ》レ議《ヲ》資朝《ノ》以《テ》レ反《スルヲ》レ法《ニ》、論次(決)《シ》、趣《せかシテ》令《メントス》二本間《ヲシテ》戮《セ》レ之《ヲ》。阿新時《ニ》歳甫《はじめテ》十三、以《テ》二父《ノ》罪《ヲ》一配《セラル》。故《ニ》従《ヒテ》レ母《ニ》屏《へい》二跡《せきス》郭西《ニ》一。聞《キ》二父《ノ》将《ニ》《ルヲ》レ被《レント》レ刑《セ》、欲《ス》下赴《キ》二佐渡《ニ》一与《ニ》訣《セント》上。母泣《キテ》制《スレドモ》レ之《ヲ》、不レ可《ナラ》。便即《すなわち》従《へ》二一奴《ヲ》一、星夜《ニ》跋渉《シ》、経《テ》レ句《ヲ》抵《いたル》二敦賀《ノ》津《ニ》一。候風航絶《シ》、直《チニ》到《ル》二佐渡《ニ》一。亟《すみやカニ》造《いたり》二本間《ノ》庁第《ニ》一、宁《ちよ》二立《りつス》門首《ニ》一。有《リテ》レ僧出《ヅ》。異《トス》下阿新《ノ》将《ニ》《ルヲ》上レ有《ラント》二控訴《スル》者《ノ》状一。即《チ》前《すすミテ》詰《とフ》レ所《ヲ》レ由《ル》。阿新因《テ》具《ニ》白《ス》二其《ノ》情《ヲ》一。言与《ト》レ涙倶《ニス》。僧感《ジ》二其《ノ》孝誠《ナルヲ》一、還入《リ》諗《リテつグ》三阿新《ノ》所《ヲ》二以来《タル》一。本間惻然《トシテ》曰《ク》、今夫《レ》資朝朝《ハ》暮《ノ》人也。而《ルニ》見《レバ》二阿新《ヲ》一、恐《ラクハ》生《ゼン》二逐兎聴鶴《ノ》之念《ヒヲ》一。且《タ》囚法禁厳《ニシテ》、而私《ひそかニゆるシ》允二外交《ヲ》一、事聞《ユルトキハ》二府朝《ニ》一、則為《ルコト》レ過《あやまちト》不細《ナラン》。豈若《ニシ》使《メバ》三阿新《ヲシテ》不《ラ》二復《タ》相見《セ》一、資朝得《とく》二全《ぜんセン》夏侯《ノ》之色《ヲ》一哉《ト》。命《ジテ》レ僧延《ニひキ》二阿新《ヲ》於仏室《ニ》一、供具労勉。而阿新請早見父不已。本間陽諾。令僧誘解、以延時日。居亡何《いくばくもなく》、本間属族人《ぞくにん》三郎、斬資朝。資朝見閉外舎、守視《しゅし》謹密。向《さき》亦伝聞阿新至、哀思不措、屢求容一見。知本間拒阿新不令相近、始大怨望。絶口不復言。臨刑神色如常。作絶命詞而終焉。先是資朝度《はかり》将遇刑、頗郷《むかひ》仏理、請講僧聴法。及被害僧為収遺骸、令阿新見之。阿新輙悲慟号絶、哀感行路。於是阿新深憾本間誘我不令逮見父、冤憤切歯欲図狙撃。使奴負父屍喪還京。佯《いつわり》称毀疚《ききゅう》、猶舎《やど》庁内。昼乃伏臥、及夜人歇、竊起偸歩。毎室伺覘《み》、関鎖驚衛。未易乗便。一夕風雨迅烈、番兵散宿、防備頗弛《ゆるむ》。阿新密覰《うかがふ》本間臥房。会《たまたま》此夜移寝佗所、房中空闇。見別室漏燭光。就視燭下有人寝臥。乃郷《さき》行刑人本間三郎也。阿新以為所命雖在本間、然手自刃父者三郎也。毋《むしろ》乃亦父仇乎。欲径《ただ》入、顧身不佩刀。且恐燭下明朗、彼若驚覚、逆見中傷。思計無所出。適暑夕、群蛾就明、叢《むらが》黏紙障。因微開障。蛾輙趍《お》光群赴。登時《とうじ》撲滅燭。阿新乗闇漸入、摸索捫《さぐ》得三郎枕旁刀二口、且佩且挺《ぬ》擬《む》向。郎猶甘瞑不覚。阿新又以為伺睡殪《たお》之、是与戮尸侔《ひと》。固為不武。一脚踢《け》枕以驚郎。郎忽寤将起。阿新就跨《またが》郎身上、以刀刺心。刀尖達席即斃。輙走出庁後、潜身箐《たけ》叢。方郎中《あた》刃、絶叫一声外聞。番兵愕起、各把火炬《かきよ》来照捜賊。認血蹤隠然幼児脚度、始知阿新所為。部分大索。阿新見火炬乱明、捜捕《そうほ》厳急、自度不得脱。将引決。忽謂《おも》儻《も》獲迸竄《ほうざん》還京、密図義挙、以継父勤王、不亦韙《よ》乎。今徒死無益也。急為脱計、出竹中。濠周《めぐ》庁外、下瞰黒不見水。欲跳梁以過、遠不可跂《すす》。阿新臨濠、試縁《よ》接鉅竹。竹自反張。作弓勢度対岸、遂翻身而過。欲赴埠頭附商(啇)船逃去。冒夜躑躅以走。天向明、又潜道旁麻畦。有頃追兵麇至《ぐんし》、毎逢人物色而去。阿新竟日蠖《かく》伏、際《いた》闇出走。道遇一老行者。恠《あやし》阿新幼稚孤旅。且愍《あわれ》其羸露《えいろ》、邀《むかへ》問所適。阿新察其無佗、以告情由、請勤恤《きんじゆつ》。老行素慷慨好侠謂《おも》児儇《つかれ》甚、必為追躡《ついじよう》所及。何忍棄去。乃負阿新夜歩、行数里遅明到埠頭。値天新霽、商(啇)船守風者、皆已四散。有殿《しんがり》発者。亦挙帆傃《むか》洋。老行厲《はりあ》声急呼求便航。挙舟偽不聞。潮張舟駛《はや》不可止。老行善禱《ぜんとう》聖。因奮怒、攘臂踊躍《じようひとうやく》、弄念珠誦密呪以呼風。須臾猛颶《もうぐ》驟《にわか》作、海濤如山。求哀遽《にわか》回梶撐《さおさ》舟近岸。老行叱舟夫扶阿新、躍登其舟。乃風濤頓息。又張帆前進。一日抵越州。阿新竟逃還京云。

評曰、鎌倉氏以《な》資朝賛《たす》帝密謀。故論為反賊。抑不知反者為不反、不反者為反也。然則資朝焉能受誅。夫春秋之義、父不受誅、子復讐可也。則阿新之挙、雖不獲逞《たくましく》、嗚呼亦孝哉義也《や》。若《もし》乃原《たず》其讐首、則在鎌倉氏、而不在本間氏也。然而阿新幼小孤独、雖欲狙撃本間勢猶不克。而況鎌倉氏乎。至於本間令阿新不見父、乃遵奉厳教、惟恐失墜。亦謂之能忍則可也。謂之未忠其所事則不可也。而本《もとづ》阿新之情、則出於冤抑沈痛而号《さけ》無告者、其刃三郎也。均之予譲撃衣。夫亦可也。且童子之知、而有成人之行若此。豈得不謂孝義両《ふたつ》完《まつた》。才武兼資者哉。而頼禱聖行者庇護之力、獲以出百死還郷里。毋《むしろ》乃至誠感神之使然也与《なるかな》。噫夫媲《なら》美汪踦《おうき》、駢《なら》称娥親者哉。

屈君燕述　　堀　貞蔵(ママ)(助)

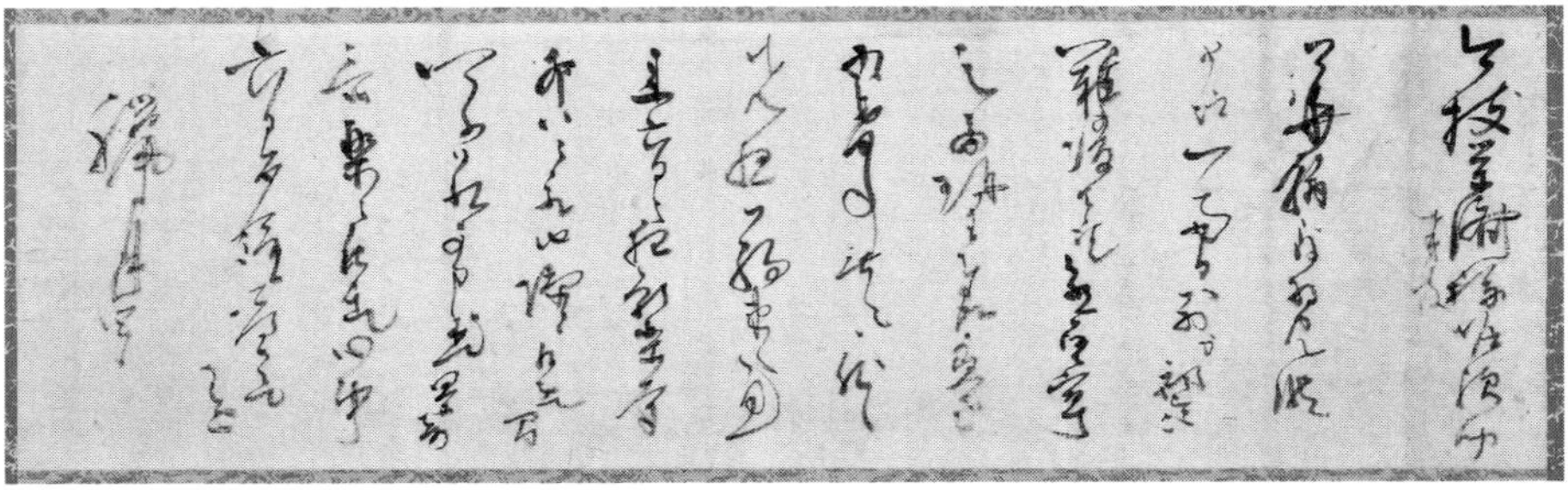

堀景山尺牘　今枝栄済宛て（架蔵）

⑾　今枝栄済宛て尺牘

（釈文）

今枝栄済様　　堀禎助

奉㆑復

華翰、致㆓拝見㆒候、
如㆑仰、一両日別而初寒
難㆑凌御座候、愈御堅寧
之由、珎（珍）重奉㆑存候、愚老、
相出向事無㆑之候、然者、
先夜御約束之通、
来六日之夜、願楽寺
外ハ被㆑参候由、隙ニ罷在候間、
以㆑参御礼可㆓申置㆒候、思召寄
忝、楽ニ罷在候、心中、
六日一夕、緩々可㆑得㆓御意㆒候、

已上

臘月四日

今枝栄済は『平安人物志』(明和五年版・天明二年版)によれば、西洞院丸太町下ル丁に住む本草家である。栄済は名。字は允明、号を令斉。生没年未詳。栄済は本草学を松岡玄達(通称、恕庵　一六六八〜一七四六)に学んだ。玄達の著作『怡顔斎梅品』(宝暦十年刊)や『用薬須知』(正編享保十一年・後編宝暦九年)等に、校訂した門人として今枝栄済の名が載る。

栄済の本草に関する著『園塵』(延享三年序)には、景山の従兄堀南湖(正修)の序が付されている。

また、京都を中心に伝えられてきた平曲波多野流の節博士についての口伝集「奥村家『波多野流詠曲師伝口訣』」の解題・翻刻が、生形貴重氏によって「同志社国文学」第十七号(昭和五十六年三月)に掲載されているが、それによれば、中野検校の口伝を書き留めた人物として今枝栄済の名が挙げられている。生形氏は、今枝栄済について詳細は不明だとしているが、活躍したとする年代から推定するに、景山が本書翰を差し出した相手の今枝栄済である可能性は高い。景山が平曲を好んでいたことは、本居宣長の『在京日記』(宝暦六年正月九日の条)の記事によって知られる。儒学者景山が本草学者栄済と、平曲を介して雅遊していたことを想像してみても面白い。

⑿　伊藤惣治宛て尺牘

ここに紹介するのは、京儒伊藤惣治に宛てた堀景山の自筆の書状一通である。現在、天理大学附属天理図書館所蔵の『近世諸家書翰集』(稀書目録・和漢書之部第三)十軸・第二巻に収める(天理大学附属天理図書館本翻刻第1209号)。

伊藤惣治(一七一〇〜一七七二)、名は縉、字は君夏、号を錦里また鳳陽。通称は荘治・惣治・宗太郎。『平安人物志』明和五年版・巻一には、「伊藤縉　惣治　字君夏　号錦里　上京本阿弥ノ辻子」とある。福井藩儒伊藤龍洲(一六八三〜一七五五)の男。舎弟に江村北海・清田儋叟がいる。京都の人で、父と同じく福井藩に仕えた儒者である。

近世中期の儒学者として世に知られた伊藤錦里と堀景山との間に、家を背景とする交流のあったことが、この書状によって明らかになる。

文中の坦庵、すなわち伊藤坦庵（一六二三～一七〇八）、名は元務、通称宗恕、号を坦庵、錦里の祖父に当たる。はじめ曲直瀬玄理について医術を修めたが、藤原惺窩門の那波活所に程朱学を学んで儒者に転じ、京都在住の福井藩儒となった人物である。坦庵は京都で伊藤仁斎東涯父子・村上冬嶺・那波裕英・北村篤所等と親交を深めていた文化人である。「年譜考証」（Ⅰ・三）で具体的に交流の様を見てきたように、景山の父、堀蘭皐（一六六〇～一七〇八）も、その仲間に積極的に加わっていた。

坦庵が没したのは、宝永五年（一七〇八）八月二十四日、奇しくも蘭皐の没した年と同じである。京都東山にある大雲院に葬る。書簡中の「坦菴先生三十三御遠忌」は、坦庵の三十三回忌の法事のことであるから、八月二十二日は、元文五年（一七四〇）である。一ケ月前の七月、景山は坦庵の男龍洲の著作『源家伝統録』の序を記している。「御坐」は、法事のために人が寄り合うことをいう。「御坐候由被贈下」とあり、「何れ、貴面之時分、御礼等、可得貴意候」とあるから、景山は伊藤家の法事に招待され、それを承諾していたことがわかる。時に堀景山五十三歳、伊藤錦里三十一歳である。

繰り返して掲げるが、錦里（龍洲の長男）の弟の江村北海（同次男）・清田儋叟（同三男）は、景山の学問と人柄とを次のように言っていた。

景山篤学精通。而和厚近人。循循奨掖後学。是以従遊之士多嚮彬雅。

（江村北海『日本詩史』巻三）

梁蛻巌・屈景山ノ二先生、誉望世ニ高キハ、イフマデモナシ。コノ二先生、万人ニ勝レタル徳アリ。マケヲシミトイフコト、我ヲ立ルトイフコト、才ヲ妬ミ己ニ勝ル人ヲ排スルトイフコト、襟ニ附クトイフコトナド、露バカリモナシ。後輩末学ノ詩文ヲミルトテモ、必ズ心ヲ潜メテコレヲ読ムコト二三遍ス。此等ノコトハ元ヨリ儒者分

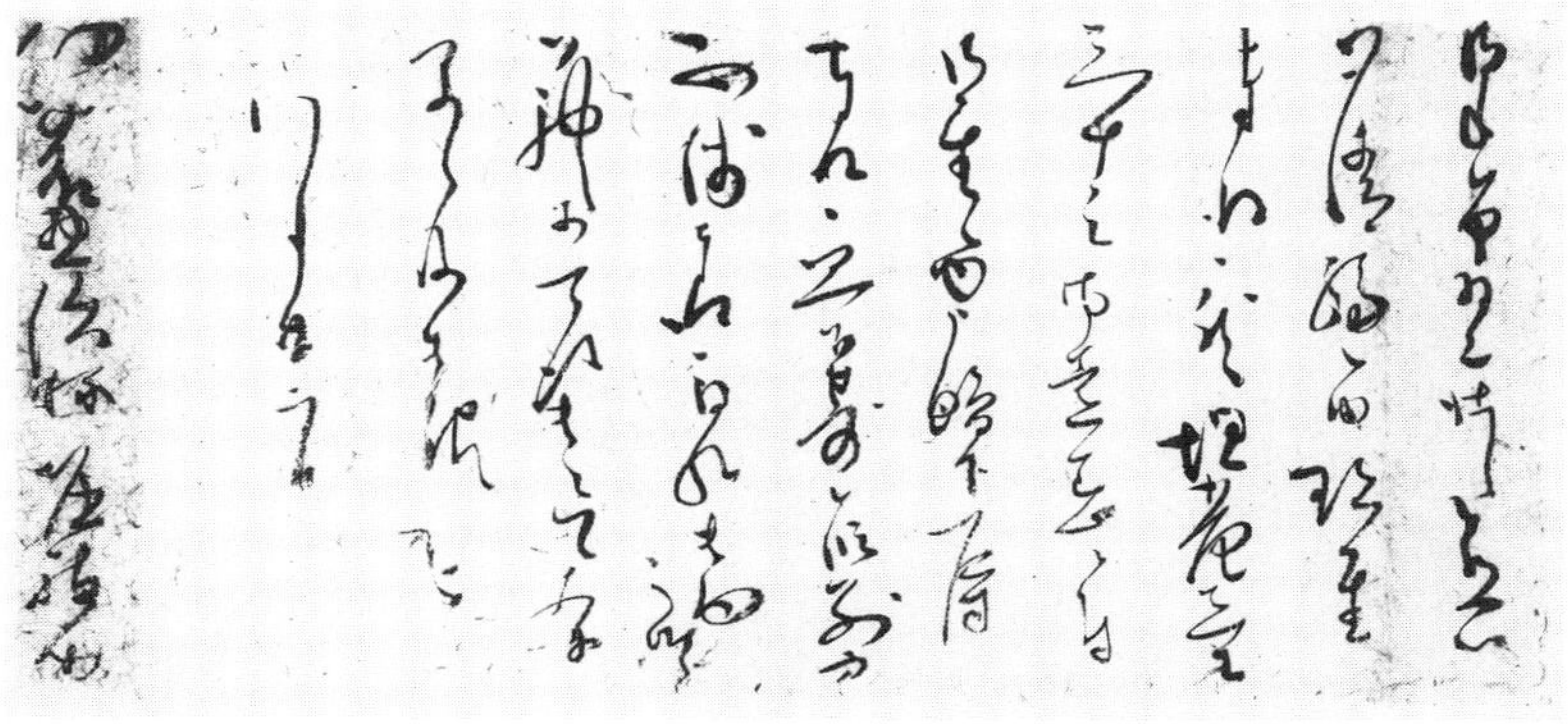

堀景山尺牘　伊藤惣治宛て（天理大学附属天理図書館蔵）

（釈文）

御手帋（紙）拝見仕候、愈以
御清福之由、玠（珍）重
奉レ存候、然者、坦菴先生
三十三御遠忌ニ付、
御坐候由被ニ贈下一、辱
奉レ存候、思召寄之段、別而
不レ浅奉レ存候、何れ、貴面
之時分、
御礼等、可レ得ニ貴意一候、右条、
早々及ニ貴報一候、　已上

八月廿二日

堀禎助

伊藤惣治様

上ノコトナレドモ、コレヲナス人ハ甚少シ。

（清田儋叟『孔雀楼筆記』巻一）

伊藤・堀という京都における儒家の名門が、父祖の代から交誼を結び、お互いの人となりをよく知っていた上での評言であろう。

⒀　復河内日下生書

日下生駒については、Ⅲ・五・⑵「贈景山屈先生」の【余説】（四七六頁）で言及しているので参照されたい。生駒の史論書『慶延史断』二十巻は、現在『近世漢学者著述目録大成』によって、その存在が知られるのみである。松井古泉が写していた景山のこの書簡と、景山のもとに届けられた生駒の詩に対する景山の次韻詩「次謝河内日下生見寄高韻」の第一句「恬退寧須四十聞」から、日下生駒（一七一二〜一七五二）が不惑の年を前に『慶延史断』を脱稿しようとしていたことが分かる。だとすれば、生駒が没した年（宝暦二年・一七五二）の前年か、あるいは前々年に生駒から景山に詩を添えた書が届けられ、景山がそれに応えて詩と書を生駒に送ったものだということになる。ただ、この書の末尾の文から推して、日下生駒に宛てた書の全文を古泉が書き写していたとは思われない。

景山の返簡の冒頭に、二日は雪・霰が降って、寒さが一段と厳しい旨の記述があるから、一月か二月であろう。原文には、適宜句読点を加えた。

復河内日下生書

二之日雪霰洊集、栗冽殊甚。忽領華畢副以高作。適与白雪相映発。奚翅妙語驚人、亦墨彩足以奪目已。

足下以其未識僕之面故、介龍君使之、将書命僕。方接尺一、雖云未接其面、而僕之神已接于足下。乃亦不必面接、而神已交也。伏審足下頃養痾留滞在洛。亦可以比太史周南之観也哉。宛在咫尺均之。阻水会少間乃恵然見臨日以顒竢。顧足下於僕也、亦有何先容。乃足下不金玉其音、又見推之崇過義之至、僕泚顙之不啻也。便即欲作答字、為斗米所掣肘。終又貽魯皐之誚也。其所以然者、弊藩世子、頃歳郷学待僕以師儒。手書提命屢祗校書訳字之役。鉛槧靡鹽、拮据黽勉殆将奔命之弗給。僕亦一刀筆吏也耳。頃日、偸間方始削牘修報、且依原韻酬厚意。以效元白之嚬。固不能有。愈風祇資軒渠已。承足下本河内之逸民、土着稼穡、以世素封之業。且雅性好学、著述竊比夫艸玄者、客与卒歳不復名高也。敬服々々。又承其居所郷在生駒山。足下豈復吐哈雲霞於晨夕、以養其英鋭之気与。且嚮修野史、近垂脱稿。足下設或欲伝之、亦難乎。其人於今之世、乃名山之蔵其可以幾焉爾。歳亦際声、至若陽春之調。更張一新亦在足下、毋乃競其高於名山之巓也乎。俗務蝟紛不復多及。

【訓読】

河内の日下生に復する書

二の日、雪霰洊《しき》りに集《ふ》り、栗冽《りつれつ》殊に甚だし。忽ち華畢《かひつ》を領《う》け、副《そ》ふるに高作を以てす。適々白雪と相映発す。奚ぞ翅《ただ》に妙語《みょうご》人を驚かし、亦墨彩《ぼくさい》以て目を奪ふに足るのみならんや。足下、其れ未だ僕の面を識らざる故を以て、龍君を介して之を使はし、書を将《もつ》て僕に命《あた》ふ。方に尺一に接して、未だ其の面に接せずと云ふと雖も、而れども僕の神、已に足下に接す。乃ち亦、必ずしも面接せずして、神、已に交る。伏して審らかにするに、足下、頃《ちかごろ》痾《やまい》を養ひ、留滞して洛に在り。亦以て太史周南の観に比すべきかな。宛として咫尺に在りて、之を均しうす。水会を阻《へだ》てども、少しく間あれば、乃ち恵然として臨まるる日を以て顋《つつし》んで竢《ま》たん。顧みるに、足下の僕に於けるや、亦何の先容有らんや。乃ち足下其の音を金玉《きんぎょく》にせず、又推さるるところの崇《たか》さ、過義の至り、僕顙《ひたい》に泚《せい》たるの啻《ただ》ならざるなり。便即《すなわち》、答字を作《な》さんと欲すれども、斗《と》米《べい》の為に掣肘《せいちゅう》せらる。終に又、魯《ろ》皐《こう》の誚《せ》めを貽《のこ》す。其の然る所以は、弊藩の世子頃歳《ちかごろ》学に郷《むか》ひ、僕を待するに師儒を以てす。手書提命し、屢々、校書訳字の役を祗《つつ》しむ。鉛槧《えんざん》するに盬《もろ》きこと靡《な》く、拮据《きっきょ》して黽勉《びんべん》、殆ど将に奔命之《ほんめいこれ》給せざらんとす。僕亦、一刀筆の吏たるのみ。頃日《このごろ》、間《ひま》を偸み、方に牘を削り報を修め、且つ原韻に依りて厚意に酬いんことを始む。以て元白の顰《ひそみ》に效《なら》ふこと、固より有る能はず。愈々風、祇《ただ》以て軒渠《けんきょ》に資するのみ。承るに足下、本《もと》河内の逸民、土着して稼穡《かしょく》し、世に素封の業と以《な》す。且つ雅性《がせい》、学を好む。著述、夫の玄を艸するに竊かに比するは、客と与《とも》に卒歳《そっさい》、復た名高からしめざるなり。敬服せん、敬服せん。又、承るに、其の居所の郷、生駒山に在り。足下豈に復た雲霞を晨夕に吐き哈《すす》り、以て其の英鋭の気を養ふのみならんや。且つ嚮《さき》に野史を修め、近く稿を脱するに垂《なんな》んとす。足下、設或《もし》之を伝へんと欲すれば、亦難いかな。其れ人の今の世に於けるや、乃ち名山の蔵、其れ以て幾《ねが》ふべきのみ。歳ごとに亦声を際《あわ》せて、陽春の調べのごときに至り、更張一新すること亦足下に在り。田《むしろ》乃其の高さを名山の巓《いただき》と競ふかな。俗務蝟紛《いふん》にして、復た多く及ばず。

【通解】

河内の日下生駒生への返書

二日の日は、雪や霰が降り続き、寒さの一段と厳しい一日でした。思いもよらず、あなたからの見事な漢詩を添えたお手紙を頂戴しました。それは、降っている白い雪に照り映えているかのようでした。詩文のすぐれた言葉は、ただ単に私を驚かせ、また、その筆跡の美しさが私の目を釘づけにしてしまったというだけのものではありません。あなたは私とまだ面識がないので、龍氏を介して書を送ってくれました。お手紙の文面を拝見し、一度もお会いしたことはないのに、私の心はすでにあなたと触れあっています。顔を突き合わせなくても、交際しているのと同じです。

聞くところによりますと、最近あなたは病気になり治療と休養を兼ねて、京都に滞在しているとか。あの司馬遷が見舞った父（談）が、病気で都近くの周南に滞在していたのと似ています。あなたは、私のごく近くにいます。まだお会いできていませんが、あなたの病気が少しよくなりましたら、ぜひ拙宅にお越しください。その日を、切にお待ちしています。

思いますに、私に対しては誰の紹介もいりません。あなたは自分の詩文が大したものではないとお考えのようですが、その見事さ、美しさに、私はただただ驚くばかりで、額に尋常でない冷汗をかいています。すぐに返事をと思いましたが、少禄を食む身で仕事に邪魔され、今日まで怠惰であることの責めを残してきてしまいました。少し言い訳をさせてもらいます。私がお仕えする広島藩の世子が、近頃学問を志すようになり、私を師とすることになりました。世子のために書きものをしたり、ねんごろに教えたりしていますが、またほかに、たびたび命をつつしんで受け、校書や訳字の仕事に携わっています。文筆にかかわる仕事はなかなか大変で、多忙をきわめて走り回っていますが、それでもまだ足りないくらいです。私は、文書にかかわる一介の小役人に過ぎません。

先だってから、時間を見つけては返事の手紙の文章を削ったり修正したり、またあなたの詩の韻に次してご厚意に報いようとしたりしています。元稹・白楽天の唱和詩を真似ようとしても、なかなかうまくいきません。私の詩は、大きな笑いをもたらすだけで下手なものにすぎないのです。

あなたは、もとは河内にひっそりと隠れ住み、畑を耕して素封家となったよし。また、生来学問を好み、著述したものを揚雄の『太玄経』と引き比べて、同じように客人に嘲笑われる程度の出来の悪いものとしています。私は、その謙虚さに感心させられます。あなたのお住まいが、もともと生駒山にあることをうかがいました。その生駒山で、あなたは朝夕に雲や霞を吐いたり吸ったりして、すぐれた盛んな気を養っているだけでしょうか。いやそうではないでしょう。先に稗史を修正し、その著作の脱稿が間近いとのこと。もしその著を世に広めたいとお考えであっても、それはまたなかなか難しいことです。今の世の中、人は書物を書庫に所蔵するのを願うだけのようです。毎年、声を調整して、あの高尚で難しい「陽春白雪」の曲に和するのを試みるかのように、あなたが歴史の記述を一新して改めたものを凡人に理解してもらおうとする難しさは、名山といわれる山の嶺と、その高さを競うようなものです。

私は、繁雑な仕事に追いまわされてばかりいて、とてもあなたに及ぶものではありません。

【語釈】

○栗冽　寒さの厳しいさま。○華畢　華も畢も「簡」（かきつけ）の意。○高作　人の詩文に対する敬称。○映発　光や色彩が互いに映りあって美しいこと。○妙語　立派なことば。趣のあることば。○墨彩　墨の色。○龍君　龍草廬（一七一五～一七九二）。日下生駒と最も親交のあった人物である。○留滞　とどまる、の意。○太史周南之観　太史は太史公司馬遷。周南は洛陽の地、つまり、ここでは京都をいう。『史記』巻百三十七〈太史公自序〉には、司馬遷の父司馬談が病で周南にとどまり、使命を終えて帰ってきた司馬遷が父を見舞ったことが記されている。○水会　諸水路が落ち合うところ。ここは、生駒と景山が面会することをいうか。○少間　病気が少しよくなること。○恵然見臨　恵然は、好意を表すさま。「恵然肯来」（人の来臨をいう）と同意。『詩経』〈邶風・終風〉に「終風且霾ふる、恵然として肯へて来たる」とある。○先容　人を推薦すること。○金玉　大事なものとして大切にする。『詩経』〈小雅・白駒〉に「爾の音を金玉にして、遐心有る毋からしめん」とある。○泚顙　「泚」は汗のでるさま。「顙」は額。『孟子』〈滕文公〉に「其の顙、泚たる有り」とある。○斗米　少々の稼ぎ、俸禄のことをいうか。○掣肘　干渉して自由を妨げること。○魯皋　「魯」は愚か、「皋」は頑な、の意。○弊藩　広島藩。○世子　藩主の跡継ぎ。生駒と景山の往復書簡が、宝暦元年（一七五一）だとして、翌年の宝暦二年三月に、宗恒が第五代藩主吉長の跡を継いでいるから、ここは宗恒のことであろう。○師儒　道を教える先生。『周礼』巻十〈地官・大司徒〉に「本俗六を以て万民を安んず。一に曰く、宮室を媺にす。（中略）四に曰く、師儒を聯《あ》はす」（鄭玄注―師儒は、郷里教ふるに道芸を以てする者）とある。○提命　「提耳面命」の略。ねんごろに教え諭す。○鉛槧　文章を書いたり削ったりすること。○靡盬　堅固なこと。『詩経』〈小雅・四牡〉に「王事は盬きこと靡し。我が心傷悲す」。○拮据　忙しく働くさま。『詩経』〈豳風・鴟鴞〉に「予が手、拮据す」。○黽勉　つとめはげむこと。『詩経』〈小雅・十月之交〉に「黽勉事に従ひ、敢へて労を告げず」とある。○奔命　忙しく走り回ること。『春秋左氏伝』巻十二〈成公・七年〉に「余必ず爾をして、奔命に罷れて以て死せしめん」とある。○刀筆吏　文書をつかさどる小役人。○元白之嚬　元稹と白楽天が唱和した詩体を真似ることをいう。○軒渠　高らかに笑うさま。『後漢書』巻八十二〈方術下・薊子訓伝〉に「児の父母を識るや、軒渠として笑悦し、往きて之に就かんと欲す」。○逸民　世に隠れて住んでいる人。隠者。『論語』〈微子〉に「逸民には、伯夷・叔斉・虞仲……」。○土着　その土地に住みつくこと。『史記』巻百二十三〈大宛伝〉「其の俗土着して、田を耕す」。○稼穡　作物を植えつけ、刈り取ること。農業。『書経』〈洪範〉に「土爰に稼穡す」。○素封　金持ちのこと。『史記』巻百二十九〈貨殖伝〉に「今、秩禄の俸、爵邑の入無くして楽しみ、之と比する者有り。命づけて素封と曰ふ」。○雅性　もともとの性質。『後漢書』巻十〈皇后紀・光烈陰皇后〉に「帝、后の雅性寛仁なるを以て、尊位を以て崇めんと欲す」。○艸玄　「玄」を草す、の意。「玄」は前漢の揚雄が著した『太玄経』の文章。揚雄は『易』に真似て『太玄経』を作り、『論語』に真似て『法言』を作った。『本朝文粋』〈三善清行・詰眼文〉に「揚子雲の玄草、遂に客の嘲りを招く」。『蒙求』の標題に「揚雄草玄」。○卒歳　一年中。ここは、ずっと、の意か。○野史　民間の人が書いた歴史。ここは日下生駒の著『慶延史断』二十巻を指す。○名山之蔵　書庫に書物を収めておくこと。『史記』巻百三十〈太史公自序〉「百家の雑語を整斉し、之を名山に蔵す。副は京師に在り」。○陽春之調「陽春白雪」は楚の国の歌曲。高尚な音曲の名。『文選』巻二十九〈張景陽・雑詩〉に「陽春は和する者無く、巴人皆下節なり」、『文選』巻四十五〈宋玉・対楚王之問〉に「其の陽春白雪を為すや、国中属して和する者数十人」とある。ここでは、すぐれた人の言行は、凡人には理解されにくいことをたとえていう。○更張　改めなおす。『漢書』

巻二十二〈礼楽志〉に「之を琴瑟調ぜず、甚だしき者は必ず解きて之を更張し、廼ち鼓すべきに辟ふる」。〇俗務　世の中の煩わしいつとめ。杜甫〈詠懐二首〉に「老纏老病加わり、瑣細俗務に隘む」。〇蝟紛　「蝟」はハリネズミ。ハリネズミの毛のように、多く集まること、物事が繁雑になることをいう。「蝟集」と同意であろう。

V 紀行文

一　『ぬさのにしき』注解稿

堀景山の著作の一つに、『ぬさのにしき』と題する旅日記がある。現在、宮内庁書陵部所蔵の堤朝風（一七六五～一八三四）による転写本のみが知られる墨付十七丁の孤本である。椿亭叢書巻之二十一に、「湯沢紀行」（京極高門）、「走湯行紀」、「上水記首巻」（石野庭迫）とともに収録されている。注解を加えて翻刻する。

凡　例

一　底本は、宮内庁書陵部蔵「ぬさのにしき」一冊（椿亭叢書巻之二十一所収、函号103―11）を用いた。

二　底本の誤記と思われる部分を改めた箇所は〔　〕で括って傍記した。

三　本文の翻刻に際しては、以下のような方針をとった。

1　底本の漢字は、原則として現在の通行の字体に改めた。

2　底本の清濁については、著者の見解で適宜これを区別した。

3　通読の便をはかり、適宜段落を分かつために改行し、句読点を加えた。

4　仮名遣いは底本のままとし、底本の仮名遣いが歴史的仮名遣いと異なる場合には、歴史的仮名遣いを（　）に入れて傍記した。

5　送り仮名は原則的に歴史的仮名遣いとし、必要な場合には（　）に括って入れた。

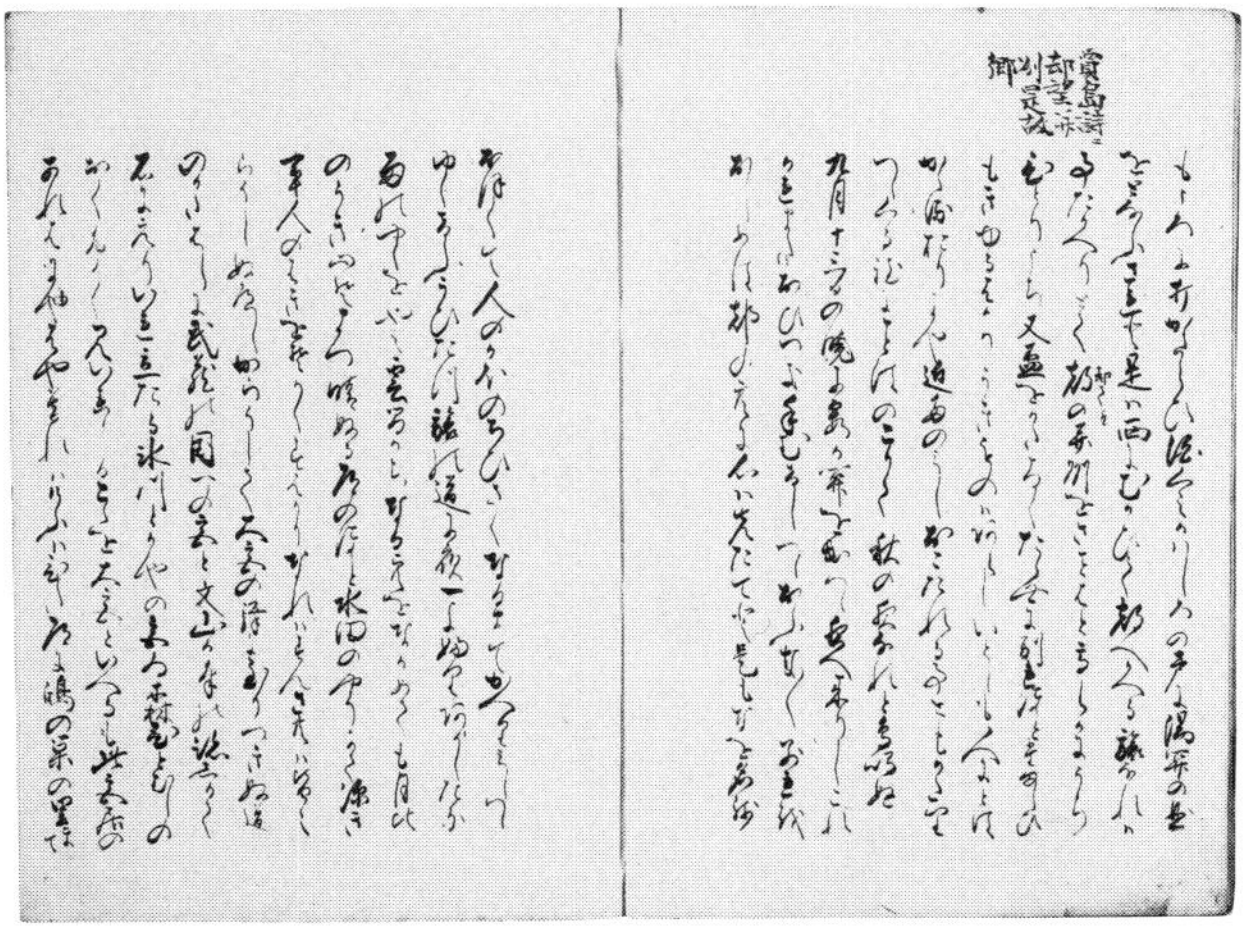
堤朝風写『ぬさのにしき』（宮内庁書陵部蔵）

6　適宜付した漢字の読みは、新仮名遣いとした。

ぬさのにしき(1)

去(2)年の春より、あづまのかたに旅ゐし、心(3)あは《わ》たゞしき出（で）入（り）に明（け）暮（れ）て、秋(4)の最中《もなか》の影をさへふたたび見（て）しは。(5)いつしか過（ぎ）来し月日をおもへば、かくても(6)経ぬる世にこそと、くやしきも心おそしや。かしこまり、ことはて、瓜(7)の時もあれば、長月の初（め）、暇《〔ま〕》たりひて故郷(8)にかへらむいそぎをす。

明日とての暮（れ）に、同（じ）く仕日送《〔る道〕》(9)によくしつるみたりよたり、わかれがたくてつどひ来（た）り、馬(10)のはなむけす。まの(11)あたりならずとも、鴈(12)のつてにだに、さるべき此あたりの事をうけ給はらまほしきなど、ねもころ(13)に打（ち）かたらひ、酒くみかはし、ろ(14)の声に陽関(15)の曲をとなふ。されど是（れ）は、西にむかひて都へかへる旅なれば、事たがへりとて、都(16)の并州《へいしゅう》をさせばと、高らかにうちひとりごち、又盃をかたぶく。

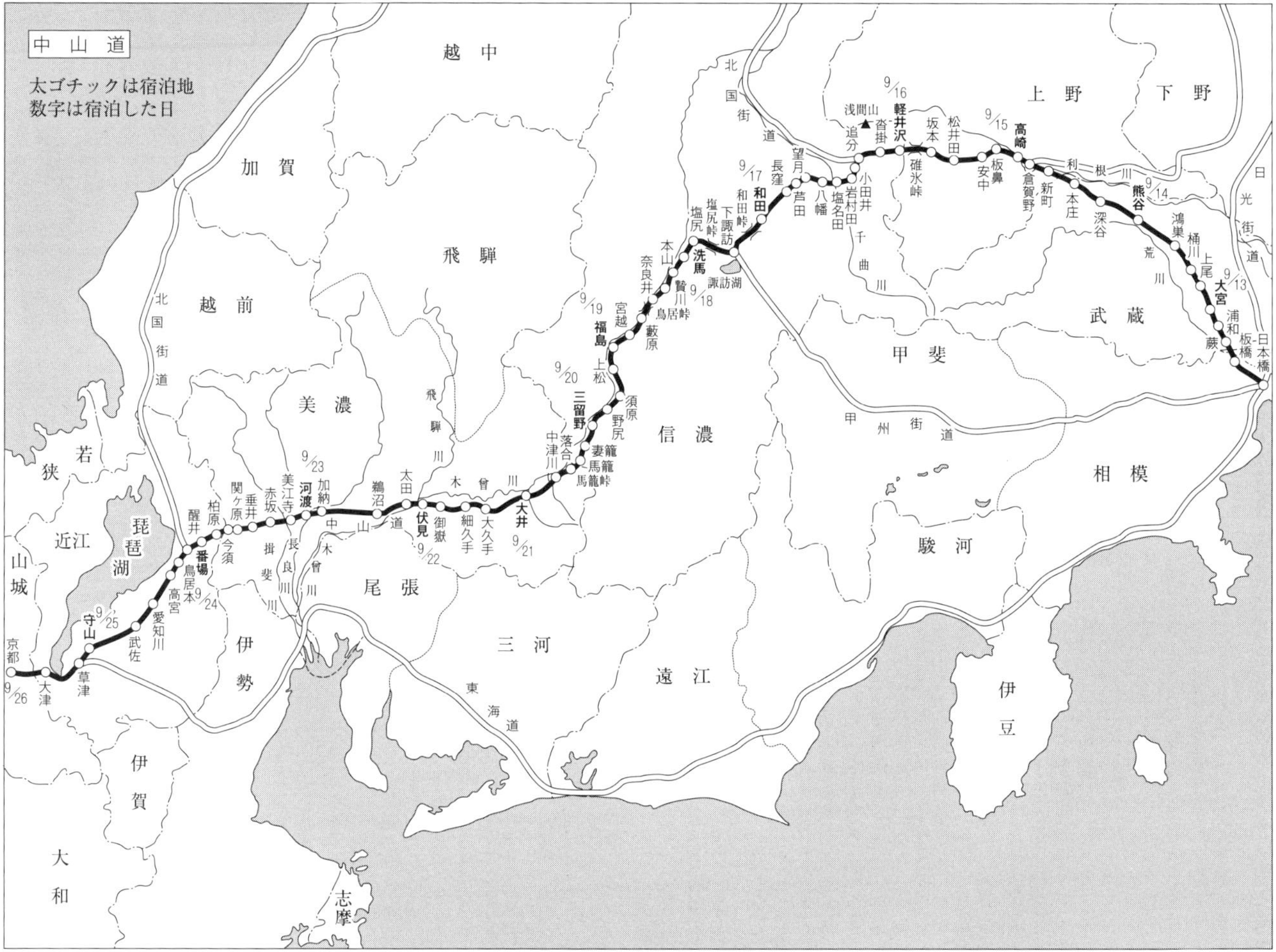

堀景山「ぬさのにしき」の旅

たゞ、世(17)に別れほど、たましひもきゆるばかりうきものはあらじ。(18)いとしも人にとは、かゝるおり（を）にや。近《ちかごろ》たのみしおこたれる事ども、かたりつゞくる程に、(19)ことばのこりて、秋の世なれど鳥鳴（き）ぬ。

注

（1）書名の「ぬさのにしき」は、『古今集』〈巻九・羇旅・四二〇〉（『百人一首』）の菅原道真の和歌、

　このたびは幣も取りあへず手向山紅葉の錦神のまにまに

に拠る。道真は「堀氏譜図」に、「本貫　近江州野洲郡野村里　堀氏ノ先、本ト贈相国菅原公ノ苗裔ヨリ出ヅ」とあるように、堀家の遠祖とされている。

（2）景山が広島藩儒官として江戸勤務のため、京都から江戸に赴いていたことは、「曠懐堂堀氏譜系」（I・二）に記されているが、この江戸詰の帰途の時期は特定できない。ただ、景山の門弟本居宣長の『石上稿』宝暦二年（一七五二）壬申詠和歌に

　景山先生、さいつころ秋の末に東より木曾路を過て、みやこに帰りのほり給ふ。其あいたの日記を、ぬさの錦となんなつけられたりける。いと興あるさまに書なせり。これをみて、かへすとてよみ侍りける。

　故里に帰り木曾路の言の葉の秋の錦そ深く見えける

　おりたちてさこそは神も受つらめこゝろことなるぬさのにしきは

とあり、詞書の「景山先生、さいつころ秋の末に」が注目される。「旅ゐ」は、一年半余りの江戸での生活をいう。

（3）江戸の藩邸で、儒者としての仕事が多忙であったことは、かつて荻生徂徠に宛てた書翰（「与物徂徠論文書」享保十一年七月）の中で、「一たび邸門に入りて自りは、卯より申まで鞅掌《おうしょう》（忙しく働いて暇がないの意）し、敢へて喘息する莫く、且つ邸約（藩邸の規則）は厳苛にして、妄りに外の交りを允《ゆる》さず」（原漢文）と述べていることからも推察できる。

（4）秋八月十五夜に見られる月の光。
『拾遺集』〈巻三・秋・一七一〉、『和漢朗詠集』〈巻上・十五夜付月〉源順

水の面に照る月浪をかぞふれば今宵ぞ秋の最中なりける

この歌を踏まえているであろう。

（5）「は」は、詠嘆の意を表す終助詞。

（6）『古今集』〈巻十五・恋五・八〇六〉よみ人しらず

身をうしと思ふにきえぬ物なればかくてもへぬるよにこそ有りけれ

この歌の下句に拠る表現。

（7）任期が満ちて役人の交替する時期をいう。春秋時代の斉の襄公が、家来を瓜の熟する頃に任地に遣わして、来年の瓜の熟する頃に交替させようと言った『春秋左氏伝』の故事「斉侯、連称・管至父をして葵丘を戍《まも》らしむ。瓜の時にして往く。曰く、瓜に及びて代へん、と」〈荘公・八年〉に拠る語。

（8）京都をいう。

（9）底本では「仕日送」とあるが、意味が通らない。右傍に「（仕）る道歟」と注記がある。これを採れば、仕事をともにした有能な同僚三・四人の意となる。

（10）物を贈ったり、送別の宴を催したりしてくれたのである。

（11）漢文訓読体の表現で、直接お会いしなくても、の意。『源氏物語』〈帚木〉に、「まのあたりならずとも、さるべからん雑事等は、うけ給はらん」と類似の表現がある。

（12）雁のことづての意で、雁書、手紙、便りのこと。前漢の蘇武が捕われた匈奴の地から、雁の足に絹に書いた手紙をつけて都に送ったという『漢書』巻五十四〈蘇武伝〉の故事に拠る語。

（13）（上代語）親しみ深いさまをいう。『万葉集』に頻出する語。

（14）舟をこぐ櫓の音。芭蕉の句「櫓の声波ヲうつて腸氷ル夜やなみだ」（『武蔵曲』）などが参考になろう。

（15）王維の詩「送三元二使二安西一」（『王右丞集』巻十四）の別名。その第四句に「西のかた陽関を出づれば、故人無からん」とあるのにもとづく。送別の曲として広く愛唱された。

（16）底本の「都の并州」の右傍に「却て歟」の注記があり、頭注に「賈島詩ニ却望并州是故郷」とある。その句は、『唐詩選』七之巻〈桑乾を度る〉と題する賈島の七絶の詩、「客舎并州已に十霜、帰心日夜咸陽を憶ふ、端無く更に桑乾の水を渡つて、却つて并州を望めば是れ故郷」の第四句である。「并州」は、山西省太原市、「桑乾」は并州の北方にある川。芭蕉の『野ざらし紀行』の冒頭「秋十とせ却つて江戸を指す故郷」は、賈島の詩を意識した同趣の句。

（17）『文選』巻十六・江淹の〈別賦〉の冒頭、「黯然として銷魂する者は、唯だ別れ而已矣」を踏まえる。

（18）『拾遺集』〈巻十四・恋四・九〇〇〉よみ人しらず

思ふとていとしも人にむつれけむしかならひてぞ見ねば恋しき

この歌の第二句に拠る。

（19）『伊勢物語』二十二段、『続古今集』〈巻十三・恋三・一一五七〉よみ人しらず

業平朝臣、やちよしねばやといひける返事に

秋の夜の千よをひとよになせりともことばのこりてとりや鳴きなん

この歌の第一・四・五句に拠る。

九月十三日の暁に(1)霞が関を出(で)つゝ、夜べ来(た)りしこれかれ、またおひつき手むけしつゝ、(2)おふ《(ほ)》なく〵別れをお《(を)》しめば、都の空に心は先だてど、是もなを《(ほ)》名残おほくて、人のかほのちひさくなるまでかへりみしつゝゆく。

けふ、(3)うひだつ旅の道に、夜一よふりあかしたる雨のやゝ(4)をやみ、雲間がちなる空をながめても、月比のうき心ぞまづ晴(れ)ぬる。道のほど水田のやうにて、深き事人のはぎをぞかくすばかりなれば、(5)ずんざ共は皆(6)えらうしぬべし。からうじて、(7)大宮の駅《うまや》に至りつきぬ。

道のかたはらに、武蔵の国一の宮と(8)文山が筆の跡しるく、石に(9)え《(ゑ)》りいれ立(て)たる(10)氷川とかやの宮ゐ、森ひとむらのおくふかく見いれたる《(り)》。こゝを大宮といへるも、此(の)宮居のあればにや。はや暮(る)れば、けふは(11)ひた道に(12)鴻の巣の里までと心ざしゝもかひなし。やがてこゝにやどりをとる。たゞ一夜の(13)かりながらも、(14)いぶせきはにふの軒に、(15)今宵名におふかげさへかきくもれば、旅の空いとものうし。

注

(1) 江戸の外桜田霞が関桜田門の近くに、広島藩の上屋敷があった。

（2）ひたすら、精一杯、の意。

（3）「初立つ」。久しぶりに旅に出る、の意。

（4）「小止み」。雨がすこしの間やむ、の意。

（5）従者。供の者（下僕、家僕）たちのこと。

（6）（歩くのに）苦しい思いをしているようだ、の意。

（7）大宮の宿駅は、江戸から七里十六町、浦和の宿駅から一里十町の距離にある。

（8）「文山」は江戸中期の書家、佐々木文山（一六五九～一七三五）をいう。名は襲、淵龍、臥龍。通称は百助。号を墨花堂、文山は字である。「社頭のさま一鳥居大宮宿の入口右にあり。傍に武蔵国一宮氷川大明神と彫たる石標を立、それより大門十八丁を過て社地に至る」（『新編武蔵風土記稿』巻百五十三）。石標は現存する。

（9）「彫る」。きざみつける、の意。

（10）『木曾路名所図会』巻四〈氷川神社〉に、「大宮の駅にあり、延喜式云、足立郡氷川神社名神大月次新嘗武蔵国一宮と称す。（中略）夫れ当社は当国の一之宮にして、社頭広く神前の池には反橋有中に弁財天を安す。神領森然として、並樹の松原一鳥居まで十八町、其中に神主岩井角井等居住し、社領三百石、例祭は六月十五日まづは当国の大社にして、詣人陰晴を嫌はず、常に絶る事なし。氷川社は江府などに多くあれども、みな当社を勧請の御神なりとぞしられける」。

（11）ひたすら、の意。

（12）鴻巣の宿駅は、大宮から約四里二十八町、江戸から十二里八町。

（13）「かり」は「かりいほ（仮廬）」と同意。仮に泊まった宿のこと。

（14）「はにふ」は「埴生の小屋」（土で塗った賤しい家）の略。粗末な造りの宿だったのであろう。

(15)　観月の行われた陰暦九月十三夜の月光。

十四日、き(1)のふのさはりに、道のほども心にまかせず、秋の日のくれやすければ、けふこそと道をむ(2)さぼり、松(3)ともして夜ふかく出（で）たつ。夜なかより雨いたくふり、道のくらく心もとなきに、松さへしとゞにぬれて、けぶりしろうなり、さ(4)いだつものもなければ、行（く）さきいとたど〳〵し。雨なほふりしきりて、道の泥いやましに深く、重荷おへるはたこら(5)、足もふみあへずよろぼひ(6)たふれ、道すぢも見えわかねばゆきもやられず。

さばかりふる雨の盛りに、まだよふかくて、野(7)ら藪原《やぶはら》にたへ〔え〕〴〵みゆる賤が屋も、門さしかためたれば、笠(8)やどりせむたよりもなく、さ(9)れたる戸口に皆こぞりゐつゝ、明（く）るおそしとまつ事ぞ千夜をふる心地せらる。やゝほの〴〵あけゆくに、雨(10)なほうつす事なれば、(11)上下《かみしも》もみなわびあへれど、よ(12)きぬべき道なく、ぬれそぼちつゝゆく程、日もはや夕方ならむと思ふに、雨すこしふりすさみ、西の山ぎはあかりて、入（り）日の影ほのめけば、よき日出（で）きなむと、皆(13)いさみあへり。

こなたへ来る人にとふに、是れより先も泥お〔な〕ほふかしと聞（こ）ふ〔ゆ〕れば、まだくれねど熊谷(14)といふ里にやどりぬ。もとより、ゆきとまるを宿と定むれば、夜(15)な〳〵かはる草の枕、ものはかなげなる住（ま）ゐ〔ひ〕も、い(16)づこかさしてとおもへば、げ(17)に宮もわらやも同じことなり。

注

（1）昨日は雨のため道がぬかるみ、思うように距離がかせげなかったことをいう。
（2）欲張る、の意。
（3）「松明（たいまつ）」の略。
（4）「さいだつ」は、「さきだつ」のイ音便。道案内する、の意。
（5）「はたこ」（畠子）は上代語。農夫をいう。「はたこらが夜昼といはず行く路を吾はことごと宮道にぞする」（『万葉集』巻二・一九三）。
（6）よろめいては倒れ、の意。
（7）草木の茂る荒れた野原。
（8）雨宿りする所がない、の意。
（9）風雨がまともにあたる賤が屋（身分の卑しい者の家）の戸口。
（10）雨が依然として降り続く、の意。
（11）主従。自分と下僕たちのことであろう。
（12）避けて通る別の道もなく、の意。
（13）皆気持ちが奮い立った、の意。
（14）鴻巣から四里八町の距離。『木曾路名所図会』巻四〈熊谷〉には、「此駅三四町、民家相対して巷をなす。余は左右にも町あり。至つて賑しき所也」とある。大宮駅から八里三十四町四十間、江戸からは十六里十四町四十間。
（15）『風雅集』〈巻九・旅・九五八〉前大納言為兼
むすびすてゝよなよなかはる旅まくらかりねの夢の跡もはかなし

この歌を踏まえているか。

(16)『万葉集』〈巻十・二一三八〉

　鶴がねの今朝鳴くなへに雁がねはいづく指してか雲隠れらむ

(17)「わらや」は、埴生の藁ぶき小屋。粗末な家。「げに」と相づちを打ったのは、平曲を趣味としていた景山が、『平家物語』〈巻十・海道下〉等に見られる蝉丸説話を想起したからであろう。蝉丸の次の歌（『和漢朗詠集』〈下・述懐・七六四〉、『新古今集』〈巻十八・雑・一八五一〉）を踏まえる。

　世の中はとてもかくてもおなじこと宮も藁屋もはてしなければ

十五日、きのふをやみなかりし空のけしき、夜べより名残なくすみわたれば、けふはなほ道をむさぼり、いまだ夜(1)のほどろにやどりを出づ。暁(2)月夜のさやけきに、そこはかとなくあるしげ(3)木の中をわけゆく程に、入(4)（り）方の影の、木の間、月のめでさへ心づくしなるに、(5)寺ありとしるく、(6)ねぶたげなる読経の声、鐘(7)の音の松風にひゞきあひたる暁、(8)〔払〕行ふ袖の露けさまで思ひしられて、哀（れ）にはかなげなり。

松原をはなれて広野にいづ。か(9)りわたし〔り〕たる沢田の水に、月(10)影の底すみてみゆるもえならず。いつしか西の山の端に、なから入（り）たるさへ(11)まねかまほしく、あたら夜のさま也。しのゝめ明（け）はなれて、(12)蓮生《れんせい》法師が行(13)ひすませしたる(14)熊谷寺《ゆうこくじ》をへつゝ、(15)忠澄《ただずみ》といひしものゝふのすみし(16)岡部村を過（ぐ）るに、其(17)のしるしも今にありとなむ。武蔵と上野の境なるか(18)むな川をうちわたれば、はや、むさしの国は出（で）ぬ。倉賀野[19]を経て、高崎[20]の駅にとまる。

注

（1）（上代語）夜が明けはじめる頃。「夜のほどろわが出でて来れば吾妹子が面へりしくし面影に見ゆ」（『万葉集』〈巻四・七五四〉）。

（2）「あかつきづくよ」。古くは「あかときづくよ」ともいう。有明けの月のこと。

（3）茂った木。『源氏物語』〈橋姫〉に「入りもてゆくまゝに、霧ふたがりて、道も見えぬ、しげきの中をわけ給ふに」と類似の表現がある。

（4）「木の間よりもりくる月の影見れば心づくしの秋は来にけり」（『古今集』〈巻四・秋上・一八四〉よみ人しらず）の和歌を意識している表現。

（5）『更級日記』に「紫生ふと聞く野も、蘆荻のみ高く生ひて、馬に乗りて弓もたる末見えぬまで、高く生ひ茂りて、中をわけ行くに、竹芝といふ寺あり」。この前後の文章は、注（3）～（8）に見られるような王朝文学作品の旅の描写を参考にして書いているように思える。

（6）『源氏物語』〈若紫〉に「すこしねぶたげなる読経の、たえ〴〵すごく聞ゆるなど、すゞろなる人も、所がら、ものあはれなり」。

（7）『源氏物語』〈明石〉に「三昧堂ちかく、鐘の声、松風にひゞきあひて、物悲しう、岩に生ひたる松の根ざしも、心ばへあるさまなり」。

（8）底本は「行（ふ袖）」だが、右傍に「払歟」と注記がある。これを採るべきであろう。『源氏物語』〈帚木〉「うちはらふ袖も露けきとこなつにあらし吹きそふ秋も来にけり」が参考になろう。

（9）「かり〈雁〉わた〈渡〉りたる」とあるべきところ。『万葉集』〈巻九・一六九九〉「巨椋の入江響むなり射目人の伏見が田井に雁渡るらし」が参考になる。

（10）月そのものをいう雅語的表現。

（11）「招かまほしく」。半ば山の端に沈んだ月を呼び寄せたい、の意。

（12）蓮生は、熊谷次郎直実（一一四一～一二〇八）の法名。はじめ平知盛に仕え、ついで源頼朝に従って源平の合戦で活躍。『平家物語』巻九〈敦盛最期〉で名高い。

（13）サ行四段活用の動詞「行ひ澄ます」の連用形で、「せ」は衍字か。ひたすら仏道修行にはげむ、の意。

（14）蓮生山熊谷寺。『木曾路名所図会』巻四〈蓮生山熊谷寺〉には、「熊谷の宿中にあり。浄土宗、京師知恩院末なり」とあり、蓮生法師の木像、同墓があるという。

（15）岡部忠澄は平治の乱には源義朝に従い、のちに源頼朝に従って一の谷の合戦で平忠度を討ったことで知られる。軍記物語のほかに、とくに浄瑠璃『一谷嫩軍記』で庶民によく知られるようになった。

（16）貝原益軒の『木曾路之記』巻上に、「熊谷より深谷へ二里三十町、（中略）深谷より本庄へ二里二十九町、深谷家数三百ばかり。此間に岡部村あり。岡部の原名所也。古歌有り。岡部六弥太忠澄旧宅あり」。

（17）『木曾路名所図会』巻四〈岡部忠澄古趾〉に、「岡部村にあり、むかし此地領分也といふ」。また〈普済寺《ふさいじ》〉に「上岡部村にあり。禅宗曹洞開山栄朝禅師。（中略）忠澄墳、森の中にあり。又夫婦の木像堂内に安す」と述べる。

（18）神流川。埼玉・群馬・長野の県境にある三国山あたりを水源とし、群馬・埼玉の県境に沿って流れ、烏川に合流する。

（19）倉賀野宿。高崎藩領。

（20）熊谷宿から十里十七町。江戸からは二十六里三十一町四十間。『木曾路名所図会』巻四〈高崎〉に、「此所は、松平右京亮侯居城の地也。城下の町長く、凡そ三十町ばかり、繁昌の地也」とある。

十六日、けふも明（け）ぬさきにとて、(1)蓐《しとね》にくらひ、(2)よそひしひしめくに、(3)鳥しば〱なけば、茅《ぼう》店《てん》の暁と打（ち）ずむ《ん》じつゝ、いそぎ出（で）行（く）程に、明（け）がたしるき(4)烏川《からすがわ》の水の辺、霧くもりながら、残る月影にしらみあひ、はるかに見のべたる川つら、を《お》しなべて氷れるやうに、(5)わたらば足も中たゆべく、あたり近き野辺の尾花の(6)おぼゝれて、ひとつ色にしら〱としたるが、風にふかれて(7)ひかるまで、霜枯（れ）のけしきすごく見わたさるゝ〔衍字〕。末の雲間には、(8)浅間の高根はや雪の色しるきに、墨をながしたるやうに、けぶりの立（ち）のぼるも(9)聞（き）ふるすは。(10)げに、誰か見やはとがめぬと、(11)けうとくあやし。(12)佐野の渡りも近しといへど、(13)おもひわたりし舟橋の跡も見えず。こゝは昔、入（り）海なりしと聞（け）ば(14)さかし〔こそ〕、舟橋もわたしけめ。(15)鎌倉の大将の朝夕の(16)おものに、肴もとめられしとかや。今はこゝに肴山とて山に名をのこせしも、誠に青海のかれて田となれるためしに、こゝこそ海の、山となれるならめ。(17)しるしもしるく、此山に今もかくるゝ、(18)いつ物など、ほり出（づ）るとなん。(19)松井田の里を過（ぎ）て、横川の関をこゆれば、妙義山道の左に高し。ふりにたる世に、(20)ゆり若の君とかいへる人、世にすぐれたる強弓にや有（り）し。此山をあなたへ射ぬかれしとて、峰に一つの穴あきて、むかひの穴あかりて見ゆ。もろこしにもかゝる山あるにや。(21)老杜も、箭括《せんかつ》天に通ずといへれば、他の国にも、むかしは山を射ぬきしものありけらし。

坂[22]本の里に至り、そこより碓氷[23]の坂を登る。こ[24]よなき道のさがしさに、道[25]《(有)》とある上下四人五人、足を十文字にふみ、う[26]す《(す)》つき、汗[27]あへての[28]ぼりなづむ。駒の毛のかはるばかり、我が僕も痛[29]（め）ぬれど、けふはひ[30]なぐもり、晴（れ）わたりて、山のたゝずまひ、紅葉の色々なる、こゝかしこの目うつりに、春[31]ならぬ木《こ》のめもいとなきにまぎれつゝ、旅のうさをわすれはてし。

いつしか上野の国を出（で）はなれ、しなの路にかゝり軽[32]井沢に至れば、日もくれぬ。山ふかき所なれば、ながら月なれど冬の気色にことならず。いとゞ、い[33]ねがてなる旅ねのす[34]がきの床の下さへ《(え)》て、す[35]びつの火の灰がちのすさまじさ、いとゞわりなく、夜[36]もすがら目もあはず。

注

（1）「蓐食（じょくしょく）」。朝早く、寝床の中で食事すること。

（2）旅の支度をし、押し合い騒ぎ立てる、の意。

（3）温庭筠の五律〈商山早行〉「晨に起きて征鐸《せいたく》を動かす　客行《かくこう》故郷を悲しむ　鶏声茅店《ぼうてん》の月　人迹板橋《じんせきばんきょう》の霜　槲《こく》葉《よう》山路に落ち　枳《き》花《か》駅牆《えきしょう》に明らかなり　因て思ふ杜陵の夢　鳧《ふ》雁回塘《がんかいとう》に満つ」（『三体詩』）の第三句をふまえる。「茅店」は、上等でない木賃宿のような旅籠屋。

（4）烏川（柳瀬川）。川幅は四十間、碓氷郡の山々から流れ出し、末は利根川に合流する。

（5）古くは歩行によって川を越えたが、後に船を利用するようになる。雨が降ればすぐ増水したらしく、烏丸光栄の『木曾路紀行』に「此河にはかに水の出来たる時は、ふつか三日船もかよひがたしときゝし」とある。

（6）水に沈む、の意。

（7） 一つの方向に動かされる、の意。「る」は受身の助動詞。
（8） 群馬・長野の両県にまたがる活火山。
（9） 何度も聞いていて珍しくもないよ、の意。
（10） 『伊勢物語』八段、『新古今集』〈巻十・羇旅・九〇三〉に出る在原業平の次の和歌を踏まえる。「浅間山」は歌枕。

信濃なる浅間の嶽にたつ煙をちこち人の見やはとがめぬ

（11） 恐ろしく異様な感じがする、の意。
（12） 『木曾路名所図会』巻四〈佐野舟橋旧蹟〉に、「佐野むらにあり。むかし烏川を船橋にてわたせし。その橋をつなぎし榎の大樹、今にあり」。『木曾路之記』巻上には、「舟橋をつなぎし木なはとて、近き頃まで有しと云」と説明がある。「佐野の舟橋」は歌枕。
（13） 『後撰集』〈巻十・恋二・六一九〉源ひとし朝臣

東路の佐野の舟橋かけてのみ思ひ渡るを知る人の無き

この歌に拠る言葉であろう。
（14） 「さかし」は「さこそ」の誤写か。
（15） 源頼朝。
（16） 貴人の召上がり物。
（17） 証拠も残っている、の意か。
（18） 「逸物」。大田南畝の『壬戌紀行』には、「此わたりには塚のやうなるもの多し。去年も土にてつくりたる馬の形したるものほり出せり。下佐野にての事なりと云」とある。古墳が多いことを言っている。

(19) 現在の群馬県安中市松井田町。

(20) 百合若大臣。幸若舞曲や説経節に登場する伝説上の人物。『木曾路之記』巻上に、「松井田と坂本の間に、世俗にいはゆる、ゆり若大臣の足あとの岩と云あり。凡そゆり若大臣と云人古書に見えず。世俗のいひ伝ふること、信じがたし。（中略）強力武勇ありてつよ弓引し人なりといひ伝ふ」。『木曾路名所図会』巻四〈射抜巌〉には、「是も俗説に、右の岩に踏張り、箭を射しが、嶺の巌に穴あきしといふ。今に丸く穴見ゆると也」とある。今は星穴岳といい、大きな穴が二つ開いて現存する。

(21) 『杜少陵詩集』巻六〈望岳〉の頸聯に、「車箱《しやそう》谷に入れば帰路無く　箭括天に通ずる一門有り」とあるのに拠る。「箭括」は、矢の先をいう。

(22) 高崎から坂本まで、約七里十九町。

(23) 『木曾路之記』巻上に、「坂本より軽井沢へ二里三十町、坂本に人家二三十軒ばかり、是より坂を越て碓日嶺へ上る。（中略）うすひたうげは坂西より坂東に入る境にある山也。東海道の足柄山箱根山のごとし。されど足柄箱根の如く、険難にはあらず。坂本の上碓日嶺の下に、長くさし出たる山有り。其坂石多くしてさがし」とある。

(24) はなはだひどい道のけわしさに、の意。

(25) 『土佐日記』の承平四年十二月二十四日の記事に、「講師、馬のはなむけしにいでませり。ありとある上下、童まで酔ひ痴れて、一文字をだに知らぬ者しが、足は十文字に踏みてぞ遊ぶ」とあって、類似した表現が見える。「道」と「有」は字のくずしが似ている。「道とある」は「有とある」の誤読か誤写であろう。そこに居合わせた、の意である。

(26) うろうろする、の意。

(27) 汗がしたたり落ちる、の意。

(28) のぼるのに難渋する、の意。
(29) 馬を鞭打って痛めつける、の意。
(30) 「ひなぐもり」は日の曇る薄日（うすひ）の意から、同音の地名「碓氷」にかかる枕詞となるが、ここは逆に、「碓氷」を意識しながらもとの意味で用いる。『万葉集』〈巻二十・四四〇七〉他田部子磐前《おさだべのこいわさき》「ひなくもり碓日の坂を越えしだに妹が恋しく忘らえぬかも」。
(31) 「いと」は「暇（いとま）」の意。「このめもいとなき」で、この目のやすまる暇がない、の意。「木の芽」に「この目」を掛けている。
『一条摂政（伊尹）集』に
　夜はさめ昼はながめに暮らされて春は木の芽ぞいとなかりける
とあり、これを引いて、『源氏物語』〈空蟬〉に「昼はながめ、夜はねざめがちなれば、春ならぬ木のめも、いとなく嘆かしきに」と述べる。景山は、このいずれかに拠ったものであろう。
(32) 現在の長野県北佐久郡軽井沢町。高崎宿からは十里十七町、江戸から三十七里十三町十四間。
(33) 寝ることができない旅寝、の意。
(34) 「すがきの床」は、竹や板をすき間をおいて張った床のこと。「さえ」は、冷える、の意。次の歌に拠る語か。
『久安百首』上西門院兵衛、（『夫木抄』〈巻三十一・一四九〇七〉）
　山がつのすがきの床の下さえて冬来にけりとしらせがほなる
(35) 『枕草子』第一段の末尾「火桶の火も白き灰がちになりてわろし」に類似した表現。
(36) 一晩中眠れない、の意。

十七日、例の(1)夜をこめて出(で)たつ。浅間山の裾野ちかく、はや(2)ふみからしたる草葉の色も、(3)置(き)そへし霜の、雪はづかしげなるが、有(り)明けのひかりにきほひて、明(く)る空もわかれず、たゞしはすの月夜のごとし。

けふの(4)寒さに慰めかね、旅の道は(5)姨捨山も遠からず。(6)雪げならねど、(7)秋の水のいとすめる(8)筑摩川を打(ち)渡り、(9)瓜生《うりゆう》峠をこゆるにも、(10)仕ふる道には、(11)時ならねど、(12)うり生ときけば、故郷の空も近きやうに覚え、(13)望月の里を過(ぎ)て、(14)御牧《みまき》の跡はいづらととふに、しるものもなけれど、此里人は今もなほ、(15)月毛の駒をかはぬよし聞(こ)ふ《(ゆ)》るも、いとなつかしく哀(れ)なり。

けふは山路の程遠ければ、秋の日かげも、暮(れ)はてゝ、ふみなれぬ(16)岩根つたひ、(17)谷かげたどく〱しき夕闇の道、(18)月も木の葉ごもり、夜にかくれたる(19)紅葉とては、にしきくらく、たゞ谷川の音をしるべとし、山田にともす(20)鹿火《かひ》を目にかけつゝ行(く)程、やう〱(21)和田といふ山ふところにやどる。

注

(1) まだ夜が明けないうちに、の意。

(2) 踏んで枯らす、の意。『万葉集』〈巻十一・二七七六〉に「道の辺の草を冬野にふみ枯らしわれ立ち待つと妹に告げこそ」。

(3) 枯れた草葉の色の上に、さらに置き加わった霜の色。藤原定家『拾遺愚草』〈上・冬〉の次の歌の内容に通う表現。

冬はまだ浅葉の野らにおく霜の雪よりふかきしののめのみち

（4）『古今集』〈巻十七・雑上・八七六〉よみ人しらず

わが心慰めかねつ更級や姨捨山に照る月を見て

『新古今集』〈巻十四・恋四・一二五九〉凡河内躬恒

更級の山よりほかに照る月もなぐさめかねつこのごろの空

『金槐集』〈巻上・秋・二四二〉源実朝

山寒み衣手うすし更級や姨捨の月に秋ふけしかば

これらの和歌を念頭に置いた表現であろう。

（5）『木曾路之記』巻上に、「姨捨山は上田より五里先に有と云。更級郡也」とある。「姨捨山」は歌枕。

（6）雪解け水のこと。参考「射水川ゆきげ溢（はふ）りて逝く水の……」（『万葉集』〈巻十八・四一一六〉）。

（7）『風雅集』〈巻一・春上・三六〉順徳院

ちくま川春ゆく水はすみにけり消ていくかの峰のしら雪

（8）『木曾路名所図会』巻四〈筑摩川〉に、「大河なり。流れ二つ、両橋をかくる千隅川、或は千曲川、また知具麻河とも書す。水源は佐久郡金峯山の陰に出づ」。

（9）『木曾路名所図会』巻四〈瓜生坂〉に、「上り坂也。下りを金山坂といふ」とある。

（10）「仕ふる」は、ここでは「支ふる」（なかなか旅程がはかどらない）の意で書かれていたか、存疑。

（11）思いがけず、の意。

（12）左京区北白川の北東にある瓜生山《うりゅうやま》を想起したということであろう。京の瓜生山は歌枕として知られる。

(13)『木曾路名所図会』巻四〈望月〉に、「八幡まで三拾弐町、これより善光寺へ十五里、越後高田へ弐拾八里」。また〈望月御牧〉に、「望月の駅の上の山をいふ。今牧の原といふ」。現在の長野県佐久市。

(14)「御牧（みまき）」は、平安時代の朝廷御用の牧場。『木曾路之記』巻上に、「望月の牧は名所なり。望月の駒、望月の牧、古歌によめり。此辺に御牧七郷とて有。此近辺皆御牧有しといふ。望月の駒むかし名物也。今も馬の性よし。望月の神の嫌の由にて、望月並に御牧七郷の内、鹿毛の馬おかず」とある。

(15)やや赤みがかった白い馬の毛色。『木曾路之記』では「鹿毛」（茶褐色で足とたてがみ・尾が黒い馬の毛色）とある。

(16)しっかりと大地にくいこんだ岩。

(17)谷の中の陰になっているところをいう。

(18)月の光が木の葉に遮られる、の意。『万葉集』〈巻十一・二六六一〉の次の歌を意識した表現であろう。

妹が目の見まく欲しけく夕闇の木の葉ごもれる月待つ如し

(19)『源氏物語』〈賢木〉に、源氏の言葉として「もみぢは、ひとり見侍るに、にしきくらう思ひたまふれば」とある。

『古今集』〈巻五・秋下・二九七〉紀貫之

北山に紅葉折らむとてまかれりける時よめる

見る人もなくて散りぬる奥山のもみぢはよるの錦なりける

この歌を踏まえる表現であろう。

(20)田畑を荒らす鹿や猪を追うために焚く火のこと。

参考『万葉集』〈巻十一・二六四九〉

あしひきの山田守る翁が置くかひの下焦《こが》れのみわが恋ひ居らく

(21) 『木曾路名所図会』巻四〈上和田〉に、「長久保まで弐里也。駅のひがしに八幡のやしろあり。和田義盛の霊を祭るといふ。宿の出口におひ川橋あり。和田が原をすぎて、長窪の南に大門嶺大門村あり。街道より遥に見ゆる下和田は、立場にして茶屋あり」。現在の長野県小県郡長和町。軽井沢駅からは十二里十一町、江戸から四十九里二十四町十四間。「山ふところ」は、周囲を山にすっぽり囲まれた所をいう。

十八日、[1]明(く)る、すなはち[2]和田峠にかゝり、入(り)もてゆけば、秋の梢どものうすくこく染(め)なせる色々にけぢめわかれて、峰幾重ともなくかさなりたる中に、一つの峰とほくそびへ《(え)》て、ひときはしろく見ゆるは、何の色とも、雪かとのみあやしみゆく〳〵、やがて近づくに、[3]かぶろなる山ひとつ、そこと草は見えず。たゞ麓ばかり、尾花の隙なく生(え)つゞきたるが、わきてましのな《〔ろ〕》るなり。

かく秋の色々なる内にこの峰ひとつ色かはれるを、[4]しきにしげりあひたる谷川の[5]岩垣紅葉、ことに[6]紅深く染(め)まさりて、下(り)行(く)水まで色に流るゝ、[7]もえならず。[8]おもふどちみまほしきあたり也。かゝるけしきどもにけを《(お)》されて、中々[9]ことこめたれば、からのも大和のも歌よまむとも覚えず。

むかふの諏訪の湖を見おろしつゝ、和田の坂を下れば、ふりたる森の木の間より、[10]千木《ちぎ》かたそぎあらはれて、[11]諏訪の宮居いとかう〴〵し。[12]春宮秋宮とてみやしろ二所にわかれ、春秋につけて神のうつりますとなむ。神だに折ふしの物ずきは有(る)ならめ。こゝを下の諏訪といひて、女神にてまします。

[13]上の諏訪は男神にて、これより湖をへだてゝ、甲斐路に宮居し給ふも程近し。常は、上の諏訪より神のかよはせ給ふに、冬は湖水の氷れるを馬にてわたらせ給へば、氷の上に馬のひづめしるしといへり。年毎に、神のわたり初（め）給ふ路を[14]とめて、遠近人馬牛なども氷の上を踏（み）ならし、行（き）かふに、[15]草地のごとくあつきこと幾重ともしらず。されば、[16]氷の橋と読（め）るも、まほならずおぼえてあやし。大かた危（ふ）きためしにこそ、氷をふむといへるに、神のちからをたのまば、何の事《か》をならざらむとたのもし。

谷へ下り、流（れ）に口すゝぎ、手あらひ、[17]広前《ひろまえ》にぬかづきて、すへ《ゑ》に[18]塩尻の坂をのぼり、なを《ほ》湖をかへりみれば、富士の高根とほく、影をうつし、青き波の上に雪の色いとしら〴〵し。ひとつに氷れる色ならば、いかで遠き影をもわかむと、[19]過（ぎ）がてに[20]すさみゐたれど、かきとゞむべきことの葉も例ならねば、筆打（ち）を《お》きつゝ、[21]なか〳〵ともゆかず、今夜は[22]洗馬の駅にやどる。

注

（1）夜が明けるとすぐに、の意。

（2）『木曾路之記』巻上に、「和田嶺あり。坂長し。上下おの〳〵二里半余あり。東坂はやすらかにして、西坂はけはし。はなはだ峻難にはあらず。三月末までみねに雪おほし。路にもなほのこれり。嶺より東七八町にもちや村あり。嶺より西五六町にちや屋あり。此あたり冬は雪ふかし」とある。

（3）山に樹木のないはげ山。

（4）（上代語）かさねがさね、の意。「一日には千重波しきに思へどもなどその玉の手に巻きがたき」（『万葉集』〈巻三・四〇九〉）。

（5）高い岩が築山のように立っている陰にある紅葉のこと。「いはかげもみぢ」ともいう。『古今集』〈巻五・秋下・二八二〉藤原関雄

おく山のいはかきもみぢ散りぬべしてる日のひかり見る時なくて

（6）ここあたり、注（5）の「岩垣紅葉」と同じく、『古今集』秋下に収められている次の歌などを参考にしているか。

ちはやぶる神代もきかず竜田川唐紅に水くゝるとは　〈二九四・在原業平〉

竜田川もみぢみだれて流るめりわたらば錦なかやたえなむ　〈二八三・よみ人しらず〉

（7）なんとも言いようがないほどすばらしい、の意。

（8）気のあった仲間。友達。

（9）言い出しかねる、口ごもる、の意。

（10）「千木」は神社建築で、屋根の棟の両端に交差させて突き出させた長い二本の木。「かた削ぎ」は、その片端を縦に切り落としたもの。

（11）長野県諏訪郡下諏訪町にある下諏訪神社をさす。

（12）『木曾路名所図会』巻四では、〈諏訪春宮〉「（下諏訪の）北の坂の下り口に鎮座す。毎歳正月朔日に遷し奉る」、〈諏訪秋宮〉「駅中にあり、毎年七月朔日こゝにうつし奉る。毎度神輿に乗せ参らせば、元日には祭礼なく、七月朔日には祭礼有。春宮にまします時、秋宮空社なり。秋宮にまします時は、春宮空社なり」と説明している。

（13）長野県諏訪市中州にある上諏訪神社をさす。『木曾路名所図会』巻四〈上諏訪神社〉に、「下諏訪より三里あり。

（中略）下諏訪より坤の方に当る諏訪湖をめぐる」とある。

(14)「とむ」は、あとをつけて行く、たずねる、の意。神が氷の上を渡って行くことを「是を御渡《みわたり》と云。又神先《かみざき》とも云。御渡ありて後人わたる。御渡なき内は渡らず。氷なほうすきゆゑ也」（『木曾路之記』巻上）と説明する。「御神渡《おみわたり》」は厳冬期に湖面が厚く氷り、夜間の収縮によって亀裂を生じ、日中に膨張して盛り上がる現象であるが、これは、上社の男神が下社の女神を訪ねていくものだ、と解されている（『中山道分間延絵図』解説による）。

(15)『木曾路名所図会』巻四〈須波乃湖〉に、「この湖、冬の頃より春にいたり、氷はりて尺寸も透間《すきま》なく、湖一面にふさがり、年の寒温によりて霜月のうち、あるいは師走の初より氷はりて、後、人其上を通る。春も年により て正月の末二月の半まで、氷のうへをゆきゝす。氷の厚さ年により八九寸一尺二三寸あり。其上を何程の大木大石を置ても破る事なし。幾千人わたりても危からず」と説明がある。

(16)『堀河院御時百首和歌』〈冬・凍〉源顕仲

　　諏訪の湖氷の橋はちはやぶる神の渡りてとくるなりけり

(17)神の前をいう。「皇神等の広前に白さく」（『祝詞』〈春日祭〉）。

(18)〈塩尻嶺〉「塩尻と下諏訪の間にあり。塩尻より二里。登る嶺より諏訪の湖遥に見る絶景なり」（『木曾路名所図会』巻三）。「塩尻嶺より西筑摩の郡なり。此坂より富士山みゆる。又上の諏訪、高島の城みゆる。〇塩尻より洗馬へ二里」（『木曾路之記』巻上）。

(19)通り過ぎようとして通り過ぎることができそうにもない、の意。

(20)その場にじっとすわって景色を楽しんでいる、の意。

(21)容易に動こうとはしない、の意。

(22)現在の長野県塩尻市。和田宿から十里九町、江戸からは五十九里三十三町十四間。

十九日、霜のいとしろきにおき出（づ）る道の程、[1]暁かけて出（づ）る月影、むかふの山の[2]端さやけく、[3]妻よぶ鹿の二こゑ三声、山おろしにきほひて、いとさだかに髪[4]もたちあがるばかり身にしめば、秋がそこにと成〔涙〕もおちぬべし。桜の葉むくの葉などの、[5]山風にあらそひかねてはらめき落（つ）るが、笠の端に音つくまで、旅の哀はたゞ木の葉のみしるらめ、世にしらずいと心うし。

[6]本山の駅より木曾路におもぶく。山の木だち谷の流（れ）、まづ[7]山口しるく、[8]比叡も外山と覚ゆ。[9]鳥居峠をこゑ《え》て、道の左に山の[10]よこほれこそ[11]城山とて、義仲の古き跡とかや、巴、山吹が住（み）けむ所もそこと見やりて、日のまだくれぬに、[12]福島の駅にやどりをかる。

こゝに[13]しるべのありて、松井の某が家をとふ。かゝる山里の[14]人気うときも、わけたる跡あなる道をやゝ遠く入（る）所に、竹あめる垣、石の橋など、[15]山かたつきのどかなるを、[16]しめたるさま絵にかきたらむやう也。何がし出（で）むかひ、年頃の物語し、[17]たけそかにと打（ち）よろこび、[18]谷のそこにまでほり出（で）てあかく〔ママ〕するも、所につけて、興ありて[19]し〔ひ〕なびたり。湯あみなどしつゝ、あたゝめ、酒かたみにくみかはし、宵の間過（ぐ）るほど、月さし出（で）て、山々の木かげ、いとゞこぐらく見えわたり、やゝふくる夜の河音すごく心もすめるに、かく秋[20]ふかき山里のこよひさへ、鹿の啼（か）ざるこそ口お《を》しけれなど聞（こ）ゆれば、[21]こよひはいねにけらしなと、[22]ざき〔れ〕ばむも折にあひたり。

となりて住（み）ぬる三村の何某も出（で）来り、打（ち）かたらふに、その親の親なむ、都に住（ま）ゐ《ひ》し[23]やつがれが父の友にぞ有（り）ける。昔の事などかたり出（づ）るも、[24]すゞろなりや。夜いたくふけて、やどりにかへりふす。

旅ねのならひ、さらでもいさとき[25]を、枕上ちかく、村雨のさと打(ち)したゝるに夢さめぬ。明日またこえむ峰の雲を、ふりそふ雨になほや分[26](け)わぶらむとねんじわづらひて、いとゞねられねば、おき出(で)て窓を《(お)》しあくるに、星の光、木の間にきらめき、山しづかに月高し。たゞ谷川のひゞきの雨をまねぶがそら耳なれば、やがて心もおちゐてふしぬ。

注

(1) 夜が明けるまでずっと出ている月。「かけて」は、その間ずっと、の意。「暁かけて」は次の「出(づ)る月影」とともに、平安朝以降の和歌に多く見られるが、後の「山の端さやけく」を考えれば、定家の次の歌を踏まえているか。『拾遺愚草』〈上・残春〉(『続古今集』〈巻二・春下・一六八〉)

　春はたゞ霞ばかりの山の端に暁かけて月いづるころ

(2) 山の稜線のあたりが、うっすらと明るくなってくる、の意。

(3) 鹿の鳴声が、山から吹き下ろす強い風と先を争って、の意。「妻よぶ鹿のこゑ」の語句は『万葉集』以後、和歌に多く用いられている。参考『千載集』〈巻五・秋下・三〇七〉二条太皇大后宮肥後「みむろやまおろすあらしのさびしきに妻よぶ鹿の声たぐふなり」。ここでは『古今集』〈巻四・秋上・二一五〉よみ人しらず

　おく山に紅葉ふみわけなく鹿のこゑきく時ぞ秋は悲しき

が意識にあるか。

(4) 髪が逆立つ。ぞくぞくする気持ちの形容。『枕草子』〈笛は〉に「いみじううるはしき髪持たらむ人も、みな立

ちあがりぬべき心ちぞする」とある。

（5） 山風に逆らいきれなくなり、乱れ散る。

『詞花集』〈巻四・冬・一四三〉左衛門督家成

いろいろにそむる時雨に紅葉ばはあらそひかねて散りはてにけり

（6） 洗馬より本山へ三十町。本山は洗馬と同じく現在の塩尻市。『木曾路之記』巻上に「本山の町家八十軒程有。町の西の出口に橋有。右に川ながる。是も木曾山より出る川也。木曾の本谷にはあらず」。中山道の一部である木曾路は、鳥居峠から馬籠峠あたりまでの街道をいう。

（7） 〈猟師がその山の入口に立って、早くも獲物の有無を明らかに知るということから〉きざしがはっきり現れる、つまり、山にさしかかったところで奥山の様子が察せられる、の意。「山口」は山の入口、「しるく」は「著（しる）く」。『源氏物語』〈松風〉に「かくこそは、勝れたる人の山口は、しるかりけれ」とある。

（8） 京の比叡山も人里近い麓の山のようにしか思われない、の意。

（9） 『木曾路名所図会』〈巻三・鳥居嶺〉に、「駅路坂峻し。馬に乗がたき危き所なり。むかし木曾の御岳の鳥居ここにありしより、名とす。今はなし」とある。

（10） どっしりと横たわっている山、の意。『土佐日記』二月十一日に「東のかたに、山の横ほれるをみて」とある。

（11） 『木曾路名所図会』〈巻三・宮腰〉に、「木曾義仲城、駅の東にあり。里人其の地を呼んで宮原といふ」。また、「巴御前第蹟、駅の北にあり。巴女居する所の下、深潭に臨む。此辺大石多し。土人云、巴が礫を投し所なりと」。また、「山吹山、駅の北にあり。土人云、此所山吹女の居する所なり」。『木曾路之記』巻上には、「宮の越の前、徳恩寺村の川むかへ、左に八幡の宮有。是木曾義仲の社と云。其上の山を宮の尾と云。上に少平なる所みゆる。城のごとく也。少なるほり有と云。社の下に木曾義仲の屋敷の跡有。平地なり。横二町ばかり、長六町程有。其川むかへ右に徳恩寺有。巴が屋敷のあと爰に有。山吹が平も右に有」。

(12) 本山宿から福島宿まで約九里。『木曾路之記』巻上に「福島の町家数百二三十軒ばかり。木曾山中にかぎらず。信濃路にて尤よき町也」とある。現在の木曾郡木曾町。江戸からは六十九里二十四町四十四間。

(13) 知り合いの人。

(14) 人の気配もないような所を切り開いた跡と思われる道。

(15) 山の傍らにあって、の意。『万葉集』〈巻十・一八四二〉「雪をおきて梅をな恋ひそあしひきの山片付きて家居せる君」に拠る語か。

(16) その土地に住んでいるさま。

(17) 思いがけなく、の意。『万葉集』〈巻六・一〇一五〉の「珠敷きて待たましよりはたけそかに来る今夜し楽しく思ほゆ」、この榎井王の歌の内容を意識して「たけそかに」を使用している。

(18) 『源氏物語』〈若紫〉の「僧都、見えぬさまの御くだ物、何くれと、谷の底まで掘り出で、いとなみ聞え給ふ」に拠る語句であろう。谷の底まで探し求めて（できる限りのことをして）せっせと接待をすることをいう。それに続く「あかくするも」（底本）は、文意のつながりから考えて、「あ（飽）かするも」（満足するまでもてなす、の意）か。

(19) 「しなひたり」は、「ひな（鄙）びたり」を訛ったものであろう。

(20) 参考『百人一首』、『古今集』〈巻四・秋上・二一五〉よみ人しらず

おく山に紅葉ふみわけなく鹿のこゑきく時ぞ秋は悲しき

(21) 『万葉集』〈巻八・一五五一、巻九・一六六四に重出〉に「夕されば小倉の山に鳴く鹿はこよひは鳴かずい寝にけらしも」とある。この歌を、歓待してくれた某が意識して口にしたというのである。

(22)「ざればむ」の誤記か誤写であろう。鹿の声が聞こえないというので、万葉の古歌「こよひは鳴かずい寝にけらしも」（前注にあげた歌）を引き、寝てしまったのだろうと戯れたもの。
(23) 堀蘭皐（一六六〇〜一七〇八）。名は玄達、字は彦直・三四郎。堀正英の三男で杏庵の孫にあたる。広島藩の儒臣。
(24) 思いがけなかった、という詠嘆・感動の意。
(25) 目の覚めるのが早い、の意。
(26) 道中歩み行くことが困難だろうと、耐えられない思いで。

二十日、けふも猶、木曽路。山路ふかく分（け）つゝ、よ(1)とともに岩ふるし、谷水の耳かしまし。さうるさきに、道のほどすべて谷伝（ひ）なれば、年ふりおひしげれる松杉、空をおほひ、日のかげもおぼろにて、秋のけしきことにすさまじ。あるは山のそばみち(2)中たえ、下は木曽路、川、太山(3)もさやに落（ち）たぎりて、こゞしき(4)岩ほども、つるぎをたてならべたるに、生(5)（ひ）すがふ梢を、くもでにかきわたし、花のみか(6)、ちらぬ紅葉をもふ(7)みならせしかけ(8)橋を打（ち）わたるに、是も葛城(9)の神こそ、しを《お》きたらめと、いひしらずあやう《ふ》し。延喜(10)のいにしへ、三帰の翁とかやの住（み）けむ三帰村をへて、寝覚の里にやすらひ、物など打（ち）くふ。こゝに寝覚(11)の床とて、谷の底に、こゝらの人の住（ま）ゐもすべく見ゆる巌ども、いくらも立（ち）ならび、生(12)（ひ）たる松の根ざしまで、心ばへある岩きりとほす。水滝なつて、くまぐ〳

にみなぎり、所々よどめる色、藍[13]よりも青し。げに、物ふり、見どころあるあたりなれば、たゝずみ立（ち）もやられず。さながら、斧[14]の柄もくちぬべし。浦島[15]が子の釣（り）せし所といひふるせしは、おぼろけなることぞかし。いつの世に、いかなる人の寝覚（め）せしならむ、といふべし。岩[16]にも屏風葛籠など、程につけつゝ名を残せるもつきなし。

小野[17]の滝を、道のほとりに見つゝ、過（ぎ）ぬ。この滝、むかしはこゝに落（ち）ざりしにや、歌枕にももれぬるぞ口惜しき。けふは三留野[18]《みとの》といふ駅にとまる。

今夜、山嵐あらゝに吹（き）て、いもやすからず。あるじの女房、此里こそ風伯[19]のやどれる所ならめ、日毎に山風はげしければ三留野風といへるよしを聞（こ）ゆ。

かの竜田[20]まつり穴師[21]《あなし》などおもひつゞけらる。明（け）がたに、風やう〲ふきやみぬ。

注

（1）年月を経て岩が苔むして古い、の意。

（2）けわしい山道、の意。岨道。

（3）「太山」（みやま）は、奥深いやま。「さやに」は、物がふれあって立てるざわめいた音の擬声語。「落ちたぎりて」は、どうどうと落ちてわきかえって、の意。『万葉集』〈巻六・九二〇〉笠朝臣金村の歌「あしひきのみ山もさやに落ち激《たぎ》つ吉野の川の川の瀬の清きをみれば……」に類似の表現がある。

（4）ごつごつと重なった峻しい大岩。『万葉集』〈巻七・一一三四〉および『夫木抄』〈巻二十・八八七六〉読人不知に、

神さぶる磐根こゞしきみ吉野の水分山を見ればかなしも

（5）生えて並んでいる本の梢を、蜘蛛の足のように四方八方に組んで橋をかけることであろう。「生（ひ）すがふ梢を」以下、「くもで」「花」「ちらぬ」「ふみ」「かけ橋」の語を用いた文章は、後鳥羽院宮内卿の次の和歌を下敷きにしているか。

生ひすがふ谷の梢をくもでにてちらぬ花ふむ木曾のかけはし

ただ、『仙洞五十首』〈建仁元年十二月・橋下花〉および『夫木抄』〈巻二十一・六六六六〉には、第一句は「信濃路や」とある。『木曾路名所図会』〈巻三・馬籠〉に、『続後撰集』収載歌として第一句を「生ひすかふ」にして引いている。

（6）前の注（5）に引用した和歌の「花」。

（7）上代語。足で踏んで平らにする、の意。

（8）桟道。木曾のものが有名であった。近世に入って残っていた桟道は、福島と上松間の波許《はばかり》の桟《かけはし》のみで、木曾の桟と呼ばれていた（『中山道分間延絵図』解説による）。『木曾路名所図会』巻三に、「上松より福島の間に桟道の旧跡あり。むかしは上の山に街道ありて桟道には鎖にてつなぎわたせし也。後世今の如く石を積て橋も短く嶮《けわし》きことなし」と、桟道の旧跡を示す絵と説明がある。後世の橋は、慶安元年（一六四八、石垣に改修）および寛保元年（一七四一、木橋に改修）の二度にわたって作り替えられたもので、旧桟道の下に位置する。文章中に「山のそばみち中たえ、下は木曾路」とあることから、後鳥羽院宮内卿が和歌に詠んだ桟道の旧跡を景山が見物に行ったということであろう。その「かけ橋を打わた」ったとするのは、文飾としての表現か。宝暦元年に書かれた竹田昌忠の『木曾路記』には次のようにある。

木曾のかけはしもこゝなりと、所の者のいふを見れば、今はさのみあやうくもあらず。したは川ふかく水あらく、山のかたそばにかけたれば、昔はさこそありけめとおぼえける。

あやうさを名にのみ聞て今は世にわたるもやすき木曾のかけはし

かへりみて猶もあやうき名に聞て渡りしあとのきそのかけ橋

（9）大和の葛城山に住むという一言主神。役行者から、葛城山と吉野の金峰山との間に岩橋を架けることを命じられたが、容貌の醜いことを恥じて、夜間しか仕事をしなかったため完成しなかったという。

（10）「延喜のいにしへ」とあるが、『木曾路名所図会』巻三では、「三帰廻翁閑居（三帰村にあり）」の説明として「此人中むかし弘治年中の人にして、世栄を厭ひ、此木曾の山中に居して、不老の薬を人に与ふ。其頃の名医なり。あるときは、山中に奥深く入りて薬を掘り、これを製して薬味を調ふ。世に三帰といふ。謡曲にも此人を出せり。良方の名世にあるを、爰に著す」としている。弘治年中は一五五五～一五五七で、京都の医師河越三喜を想定している。謡曲『寝覚』に三帰の翁が登場するが、ここでは延喜の御代で語られており、人物の名は明確にされていない。『木曾路之記』巻下では、「むかし」とあるのみ。

（11）寝覚の床は木曾第一の眺望を誇る所。『木曾路名所図会』巻三には「臨川寺の前栽のかたより、岩間を伝ひてくだる道あり。其道はなはださがし。ねざめの床は、木曾川の汀にあり。大岩にして、横はゞ十間長四十間ばかり有り。こは木曾川のいと狭き所なれば、滝なしてみなぎる。水のさま目もくるめく心地す。深さもはかりがたし。そのねざめの床は、いと〳〵大きなる巌にて河に臨めり。高きところには、さゝやかなる祠おはします（弁天をまつる）。卑き平なる所をわきて床といふ」とあり、この後にも詳しい説明がある。

（12）「根ざし」は、地中に根をのばすこと。また、その根をいう。『源氏物語』〈明石〉に「岩に生ひたる松の根ざしも心ばへあるさまなり」と類似した表現が見える。

（13）『荀子』〈勧学篇〉の「青《ハ》取《リテ》二之《ヲ》於藍《ヨリ》一、而青《シ》二於藍《ヨリモ》一」に拠る語句。

(14) ほんの少しの時間と思っているうちに、長い年月を過ごすことのたとえ。『述異記』に見える爛柯の故事に拠る。ここは、あっという間に時間が過ぎてしまったことをいう。

(15)『木曾路名所図会』巻三では『木曾路之記』をふまえて、「こゝは旧《もと》浦島が釣をたれし所といふ俗説あり。浦島が事は、日本紀雄略帝の条、又は扶桑略記に見へたれども、此地に至りし事見へず」と述べる。

(16)「屏風を立たるごとくなる岩」(『木曾路之記』巻下)を屏風岩といい、対岸の弁天をまつる祠の近くに葛籠(つづら)岩がある。

(17)『木曾路名所図会』巻三には、「見事なる滝なり。細川玄旨の老の木曾越といふ紀行に、木曾路小野の滝といふは、布引箕面などにもおさ〱おとりやはする。是程の物の、此国の歌枕にはいかにもらしたるにやとかけり」と細川幽斎の言葉を引用するが、景山も歌枕にもれたことを残念がっている。

(18) 現在の木曾郡南木曾町。野尻より二里半。福島宿からは十里三町三間、江戸から七十九里二十七町四十七間。

(19) 風の神のこと。『文選』班固〈東都賦〉に「雨師《うし》泛灑《はんさい》し、風伯塵を清む」と見える語。

(20) 竜田風神祭(たつたかぜのかみまつり)をいう。風による被害を免れて豊作になることを祈願する竜田神社(奈良県生駒郡三郷町)の祭り。四月と七月の四日に行われた。

(21) 風の名。西日本では一般に北西風をいう。悪い風、被害をもたらす風をいったものらしい。

二十一日、まだ人がほ見えぬ程に、馬籠峠(1)をこえゆく。こゝより入(り)もてゆく程、なほ山ふかく、こゝら年経て生(ひ)つゞける常盤木(2)ども日影をさゝへ、有(る)だに小ぐらき谷(3)のした道ゆきなやむ。ひな(4)の長路に、さらでもみじかき秋の日の、はやくるゝかと心もあしもそら也。かたへは谷ふかく、槙檜松杉おひかさなれる[5]木のくれ[6]かくれより、二筋別れて岩間づたひに落（ち）くる水のいとしろく、あたりこぶかき紅葉の色にはへ《え》たる、えもいはれず。谷の木[7]根に腰をしつゝ、是も[8]立（つ）ことやすきかげかはと、山なつかしみ、えさらず。物見しるまじき[9]しも人も、しばしは[10]たちやすらへし。

かくて[11]十石坂をのぼる。坂のなからまでは信濃国にて、これより美濃国となむ。暮（る）れば、[12]大井の里にやどる。

注

（1）三留野より妻籠へ一里半、妻籠より馬籠へ二里。『木曾路之記』巻下に「妻籠嶺《とうげ》をこえ、馬籠にくだれば、木曾の山中を出る。此間の坂木曾の御坂《みさか》なり。俗には馬籠嶺と云」。

（2）常緑樹。参考『玉葉集』〈巻十六・雑三・二二一九〉今上御製
　ときは木のしげきみどりのしたにして日かげも見えぬ谷陰の宿

（3）谷間にある道をいう。参考『新撰六帖』〈第二帖・六二〇〉藤原光俊
　入るまでも末をこそ見えねかくらくのはつせの山の谷の下道

（4）田舎から都への遠く長い道のこと。『万葉集』〈巻三・二五五〉柿本人麿
　天離る夷之長道（ひなのながぢ）ゆ恋ひ来れば明石の門より大和島見ゆ

（5）木陰の暗がりのこと。

（6）物陰。近世では「かぐれ」ともいう。

(7) 樹木の根に腰をおろしながらの意で、「をろしつゝ」の「ろ」脱か。《お》

(8) 『万葉集』〈巻七・一三三二〉の次の和歌を踏まえた表現であろう。
岩が根の凝《こご》しき山に入り初めて山なつかしみ出でかてぬかも

(9) 十三日の記事に出てくる「ずんざ共」のことであろう。

(10) 「たちやすらふ」は、たちどまるの意。

(11) 『木曾路名所図会』〈巻三・十曲嶺〉に「落合と馬籠の間にあり。里人は十石峠といふ。十曲とは坂路《ばんろ》九折《つづらおり》多ければ、名に呼ぶ」と説明がある。

(12) 現在の岐阜県恵那市。三留野より八里二町二十一間、江戸から八十七里三十町八間。

二十二日、暁の空そこはかとなくきりわたり、有(り)明(け)もかげかくし、いと心もとなきに、(1)巻鐘山《まきかねやま》をのぼる。

峠よりとばかり見わたせば、(2)いつしか日さし出(づ)る程に、峰いくらもたゝなはり、(3)霧みな山にしづみて麓は見えず。ひとへに入(り)海のたゝへたるがごとく、大久手を経て(4)琵琶坂(5)を下れば、道のかた辺に二つの大石(6)あり、ならびたてり。打(ち)あふぎて、しばしはゆきもやらず。かへりて思ふに、久方の天(7)にては、星に七夕の契(り)かはらず、あらかねの地《つち》にては、山(8)もいを〔も〕せの名高し。されば、星は地に落(ち)て石となれるとなむいへば、石と星とはもとより同気あひもとむる物とおもふに、石にも妹背の契(り)などるなから〔か〕む。かゝれど、かの望夫石(10)などもいへるなれば、石にだにすくせ(11)といふことはあるぞかし、と人の世のうきまで思ひあはせられて哀(れ)也。

とかくする程に、日影西にかたぶけば、たゞいそぎにいそぎゆく。夕[12]づけて、山風俄にはげしくよろづ吹（き）ちらし、空はふすまをはりたらむやうにて、ふりくる雨のしきりに笠もとりあへず、いとあは（わ）たゞし。野中の一つ廬[13]《いお》に立（ち）よれば、中の外〔衍字〕とよりも里[14]《うれい》まされど、しばしやどる程に、やがて雲間見えゆき、日のあしさし入る空、はや時雨だち冬めきたり。くれぬ先にといそぎ出づ。一夜伏[15]見の里にあかしぬ。

注

（1）『木曾路名所図会』〈巻二・美濃大湫《おおくて》〉に「伊勢参宮又名古屋へ別れ道、巻金村山中にあり」「七本松、巻金の東にあり。此辺四方晴れて景色絶妙なり」とある。

（2）しばらくの間、の意。

（3）「畳なはる」。幾重にも重なり合って聳えている、の意。

（4）岐阜県瑞浪市。大井より六久手へ三里半。

（5）『木曾路名所図会』〈巻二・琵琶嶺〉に「細久手より一里余にあり。道至つて峻しく岩石多く、登り下り十町許也」。

（6）母衣岩と烏帽子岩をいう。『木曾路名所図会』巻二では、「いづれも其貌《かたち》をもつて名とせり」という。

（7）後の「あらかねの」の文とは、ともに枕詞を用いた対句的表現。

（8）歌枕として有名な「妹背山」は、和歌山県伊都郡にある紀ノ川を挟んだ北岸の背山と南岸の妹山。奈良県の吉野川を挟んだ北岸の妹山と南岸の背山である。

（9）『易経』〈乾〉に出る「子曰く、同声相ひ応じ、同気相ひ求む」に拠る語句。同じ気質の者は、互いに相集まる、の意。
（10）『神異経』や『幽明録』に載る故事。湖北省武昌の北山にある石。昔、貞婦が遠方に赴く夫の後ろ姿を見送り、そのまま石に化したという石。
（11）宿世。
（12）夕方になって、の意。
（13）農事などに使用する仮小屋。
（14）「里」は、憂いの意。
（15）現在の、岐阜県可児郡御嵩町。大井宿から九里、江戸からは九十六里三十町八間。

二十三日、(1)大〔太〕田の渡に舟(2)よばふて、朝、川わたる。(3)観音坂をのぼれば、(4)苔むせる岩穴に世貴〔尊〕の(5)霊依〔像〕ゐます。(6)法施《ほうせ》などまゐらせ、ぬかづき打（ち）過（ぎ）て、坂より見おろせば、木曾川の末、こゝにも落（ち）たぎりて、(7)岩うつ波のおのれくだけて高瀬さしおとす。舟もいとあやう(ふ)し。まことにゆく先として、(8)行路難ならざるはなし。

此（の）日比、ゆきなやみし木曾の山路も、けふはじめて出（で）はなれ、(9)加納の府に入（り）たつほど、人の家居、隣しげくにぎはしきに、何となく心の花やかに、都めきたるもめづらかにお(を)かし。(10)野すぢより(11)因幡山を見やるにも、(12)いなばいねとか、さる世の(13)ふることながら、都の空も遠からねば、折ふしの心になぞらひて、中々うれしくもおぼゆ。たそがれの頃に、(14)河渡《ごうど》川《がわ》の(15)さざれふみわたり、(16)堤むかひの里に、今宵かりねす。

注

（1）『木曾路之記』巻下に、「太田の宿の東のきはに太田川あり。船渡なり。木曾川の下也。舟にてわたる大河なり。水急也。早き瀬多し」とある。太田は現在の美濃加茂市。

（2）何度も呼ぶことをいう。『万葉集』〈巻七・一一三八〉「宇治川を船渡せをと呼ばへども聞えざるらし楫の音もせず」。大田南畝の『壬戌紀行』上に「大田川をわたるには、一町ばかり川上より舟に乗るに、流れ急にして目くるめくばかりなり。此川は木曾川と飛騨川と落あひて流るゝゆゑにかくの如し」とある。

（3）『木曾路名所図会』〈巻二〉に「観音坂は大岩多くして、下は太田川流れ、船のゆきかふさま、美濃路第一の風景なり」とある。

（4）同右書〈巻二〉に「勝山窟観音（かちやまいはやのくはんおん）木曾川の西傍に有（中略）大巌の中に石像の観世音を安置し傍より清泉流れ出る。此側の風色いちじるくして、岩石崔嵬《さいかい》たり。他境にすぐれて奇絶の所也」とある。「世貴」の「貴」は、「尊」の誤写であろう。

（5）「霊依」の「依」は、「像」の誤写か。「霊像」は神仏等の意で、ここは『木曾路名所図会』の説明にある勝山窟観音の石像のこと。『中山道分間延絵図』の解説によれば、この観音像はもと金で造られたもので、それが盗まれ、元禄四年（一六九一）高さ二尺一寸の石仏を建てたという。現存する。

（6）神仏に対して経を読み、法文を唱えること。「ホッセ」ともいう。『壬戌紀行』上には、「岩の上なる道よりのぼり見るに、翁と童と岩屋のもとにありて、線香をひさぐ。岩のしたゞりをもて手水とす。岩の上より声のかぎり往来の人をよびて、こゝに正観音たゝせ給ふ」とある。

（7）『詞花集』〈巻七・恋上・二一一〉、『百人一首』源重之

風をいたみ岩うつ波のおのれのみくだけてものをおもふころかな

この和歌のことばを踏まえている。

（8）道を行くことが険しくて困難なこと。「行路難」は楽府題。

（9）『木曾路名所図会』〈巻二〉には、「鵜沼まで四里八町、当城主永井侯三万二千石を領ぜらる。町長く、又商人多し。岐阜へ壱里町続きなり」とある。

（10）野の道筋になぞらえて作った庭の道を意味する造園用語であるが、ここは野の道筋そのものをいう。

（11）『木曾路之記』巻下に、「岐阜の山をすべていなば山といふといへども、就中因幡の社の上の山也。峯に松多し。岐阜の周の岐山になぞらへて名付しと也。昔、斎藤龍興が城也。其時までは稲葉山と云」とある。「因幡山」は歌枕。

（12）『夫木抄』〈巻二十一・九五五五〉の次の歌を踏まえる。

みのゝくにへくだりける時、女につかはしける　津守国基

しばしともなどかとゞめぬふはのせきいなばの山のいなばいねとや

（13）古歌の意。

（14）『木曾路名所図会』〈巻二・河渡川〉に「水源は山県郡武義郡上を過て、賀茂郡の所々にて落合、長柄岐阜墨俣へ流れ、末は勢州桑名へ入る。此所舟わたし也」、『木曾路之記』巻下には「合渡川は舟渡し也。深さ十尋にあまると也。我此川をわたる時、舟の上にて三間の竿をさすにとゞかず。川のながれはしづかなり。洲の股川の河上也」とある。

（15）「さゞれ水」のこと。浅い流れ、の意。

（16）河渡の宿駅。伏見宿からは九里二十八町、江戸から百六里二十二町八間。

二十四日、(1)河渡の駅を出（で）て(2)青墓《あおはか》の里を過（ぐ）れば、(3)源の大夫の進の墓所に(4)御曹司のうえ（ゑ）おかれしみて、(5)よし竹の一村、今も生（ひ）茂れるに、むかししのばる。(6)青野の松原をわけゆくに、物見の梢しるかりしも、いつの比か枯（れ）はて、、その跡さへいづくともしら波の、(7)立石のみなほくちやらで、只往来の人の口ずさみになれり。

すべて人の世になし得たるわざのよきは、いふべくもあらず。あしきだに人にこえぬれば、後の世までその名のこりて、くちせず。されば、むげにいふかひなきも多からず、すぐれたるは、いとかたき世なりや。しかれども、人並（み）に世を過（ぐ）さむは、なべて木草のくちたらむにひとしければ、かのきをのこさむとねがへるも、はかなき事ながら、まことに哀れ也。

こゝも(8)野上《のがみ》の里といへば、(9)霞たち春の色まで思ひやられ、(10)鶏籠《けいろう》の山もちかければ、(11)さすがに明仄《あけぼの》の姿をしのぶ。(12)不破の関屋こそ、今は里の名をのみとゞめ、むかしをわすれぬものは、(13)たゞ秋風身を吹（き）とほすばかりなり。(14)わらやどの、まばらに立（ち）なみたるあたりに、あやしき(15)茅ぶ（き）の軒をならべたる所、美濃と近江の国の境也とて、わづかに賤が屋の土壁ひとへに、国は二つにさかひたる故、夜べも壁へだてゝ、ね、かくものいひかはすなれば、こゝを(16)寝物語の里と名づくとなむ。(17)はるかなる世に、尊き御かげうつりし醒井《さめがい》の水の流には、道行（く）人の口すゝぎ、あるは、あしあらひなどするもかしこくかたじけなし。暮（れ）にせまれば、(18)番場の駅に旅ねす。

注

（1）現在の岐阜市。『木曾路名所図会』巻二に「加納まで一里半、宿の東端れに川あり。長柄《ながら》川の下流也。此所より岐阜へ三十町あり」とある。

（2）現在の大垣市。『木曾路之記』巻下に「青墓はむかしは垂井赤坂と同く宿駅也。今は小里なり。町なし。名所也。古歌有。長者が屋敷の路とてあり。朝長の社は青墓の西の道より北の谷のおくに有。海道より四五町ありと云。朝長八幡と云。其北の山上に朝長の墓あり」と記す。

（3）源義朝の次男朝長。平治の乱後、近江から美濃の青墓に落ちてきて、ここで父義朝の手にかかる（『平治物語』〈義朝青墓に落ち著く事〉）。謡曲『朝長』では、自害したことにして脚色している。墓は医王山円願寺にある。『壬戌紀行』には、「左の方に弘医山円願寺といふ廃寺あり。義朝、朝長、義平の墓ありといふ。昔は北山のふもとにありしが、近比こゝにうつせりといふ」とある。

（4）御曹司は源義経のこと。円願寺の境内に葭竹と名付けた竹があり、義経の歌といわれるものがその傍らに立っている（『中山道分間延絵図』解説による）。

　さし置くも形見となれや末の世に源氏栄えば葭竹《よしたけ》となれ

『木曾路名所図会』〈巻二・青墓里〉の図画に円願寺があり、朝長、義朝、義平の塚の後に、「源義経蘆竹」としてその画が描かれている。「よし竹」（蘆竹）は、イネ科の大形多年草「葮竹《だんちく》」のこと。

（5）「よし竹」は、前注を参照。「一村」は一群、一叢と同じ。ひとかたまり、の意。

（6）現在の大垣市。『木曾路之記』巻下に「青墓の西に青野村あり。其西は青野が原也。名所也。古歌有。熊坂の長範が物見の松とて大なる松あり」とあり、『木曾路名所図会』巻二には、「伝云、朱雀帝の御宇、東夷平将門退治の時、中山金山彦太神に祓ひまし〳〵て、幣掛《しでかけ》松の名を賞せり。然るを、世人熊坂長範といふ夙賊《ふるぬすびと》、此ほとりに住んで徒党を集め旅客を襲ひ、此松より遠見せしとて、土人熊坂物見松といふ。古代の松は正徳年中大風に倒れ、今存ずるは植継の松なり」とある。熊坂長範は、平安末期の伝説的な盗賊。美濃の国赤坂の宿で金売り吉次を襲い、牛若丸に討たれたという。謡曲『熊坂』『烏帽子折』などに見える。

（7）白波が立つの意で、「立石」にかかる。また、「しら波」の「しら」は「知ら」、「波」は、形容詞「無し」の語幹に、接尾語「み」を付けることを意識した表現。盗賊の異名「白波」をかける。

（8）現在の岐阜県不破郡関ケ原町。『木曾路之記』巻下に「野上の里名所なり。古歌おほし。今は民家少有。垂井と関が原の間也。其南に鶏籠の山とて有」。

（9）『風雅集』〈巻一・春上・五十四〉よみ人しらず

霞たつ野上のかたに行しかば鶯鳴つ春になるらし

この歌を踏まえて言っているのであろう。

（10）注（8）の引用文にその名が見える。南宮山（中山）の西続きの山をいう。

（11）紀斉名に「鶏籠の山曙けんと欲す」（『本朝文粋』巻八・詩序「仲秋陪《シテ》二中書大王《ノ》書閣《ニ》一、同《ク》賦《シ》二望《メバ》レ月《ヲ》遠情多《シト云コトヲ》一、応《ズ》レ教《ニ》」、『新撰朗詠集』巻下・酒）の句がある。また、斉名のそれを踏まえて、『平家物語』巻三〈少将都帰〉に、「鶏籠の山明けなんとすれども、家路はさらにいそがれず」、謡曲『班女』に「淋しき夜半の鐘の音、鶏籠の山に響きつつ、明けなんとして別れを催し」などと見える。ただ、斉名のいう鶏籠山は、中国武昌府にある山を、山村の明け方の風景を描くのに用いたものであるが、景山のいう鶏籠山は『班女』に見えるのと同じく、野上の南方に位置する山の名である。

（12）不破の関（古三関の一つ）の番小屋。関ケ原町に不破関跡がある。『木曾路名所図会』〈巻二・不破関古跡〉に「松尾村の内、西の方藤川東の岸上也。此辺の字を今大木戸といふ。不破の関の始は、天武天皇二年より、此関を建らる」。

（13）『新古今集』〈巻十七・雑中・一五九九〉摂政太政大臣

　人住まぬ不破の関屋の板びさしあれにし後はたゞ秋の風

この歌を意識していよう。

（14）九月十四日の記述に、「わらや」の語が見える。「ど」は、ところ、場所を表す接尾語か。

（15）茅草（ちがや）で葺いた軒。

（16）『木曾路之記』巻下に「今洲と柏原の間に、長久寺といふ小里あり。是美濃と近江のさかひなり。車がへし共いふ。両国より家をちかく作りならべ、其間に小溝をひとつへだつ。国をへだてゝ寝物がたりをするといふ。此ゆゑに此所をねものがたりとも云」とある。その寝物語は、常盤御前と源義朝の臣江田源蔵行義、静御前と源義経の臣江田源蔵広綱などとする言伝えもある。

（17）『木曾路之記』巻下に、「醒井の水は、古来名を得し所也。むかし日本武尊東征し給ひし時、伊吹山にて大蛇を踏て、通り給ひしに、山中に雲霧おこりて、はなはだくらかりしが、尊山を出給ひて、御心地わづらはしかりければ、此水をのみて、即醒給ひぬ。是によつて醒が井といふ」と説明がある。

（18）現在、滋賀県米原市。『木曾路名所図会』〈巻一・番場〉に「此宿は山家なれば、農家あるは樵夫ありて、旅舎も麁なり」。河渡宿からは十里二十三町、江戸から百十七里九町八間。

　二十五日、京へ明日こそかへらめと、上下(1)みないさめる(2)心のはやりかに、けふは、いで守山《もりやま》(3)までさゝむ(4)とおもひたつ。夜のいたくふかきもわかず、いそぎ出（づ）るに、空しぐれめいて打（ち）

そゝぎ、有明の光も(5)くらまぎれなれば、(6)〔朱〕手火ともして(7)摩針山《すりはりやま》をのぼる。此（の）峠よりは、(8)鳰《にお》てる海を(9)まの前に見おろし、(10)竹生島などもみゆれば、(11)雨もまた奇ならむか。都の山をも見わたし、まづ、ひなびたる心をなぐさめむと(12)おもひまけしに、いまだ夜の内にこえ過（ぎ）ぬれば、霧ふたがりてそこともわかず。けふの(13)有増《あらまし》も空しくなりぬ。此（の）山を摩鍼《すりはり》と名づけしにつけても、いにしへくろがねのぬかづきを石にすりて針となせる(14)うばがふる事思ひ出（で）られて、身のを《お》こたりにいとつたなく、させるわざもなさで、いたづらに我世のふりぬることをのみなげかる。

人の命をつかさどらせ給ふと聞（け）ば、道をまげて(15)多賀の御社に詣で、我残る齢をつくし、文の道のすゝまむ事をいのりを《お》き、また本の道にかへり来しつゝ、(16)愛知川《えちがわ》を渡れば、(17)鏡山《かがみやま》ちかくみゆ。東の旅に(18)年経ぬる身は老（い）やしぬると、立（ち）より見まほしけれど、秋の日なゝめなれば、よそにながめて過（ぎ）ぬ。けふは道の程もはるかなれば、夜に入（り）て守山の駅にやどをかる。けふまでは、(19)ふしよからぬ竹の程、(20)草の筵、(21)椎の葉せばきかれいひの、むつかしくいぶせく、国かはる境もいく度か越（え）来て、たゞ明（け）暮（れ）木の葉に埋（も）れし山賤にのみ面なれしが、こゝははや都ちかく、あるじの清げに、家の人の言葉いで入（る）まで所めきてにくからねば、心もまづさはやぎ、家に帰る心地す。(22)此（の）比の空、時雨だちて、山の下葉のこらず紅葉しぬらむとおもへど、軒からてらす月影さへなきぞ口をしき。

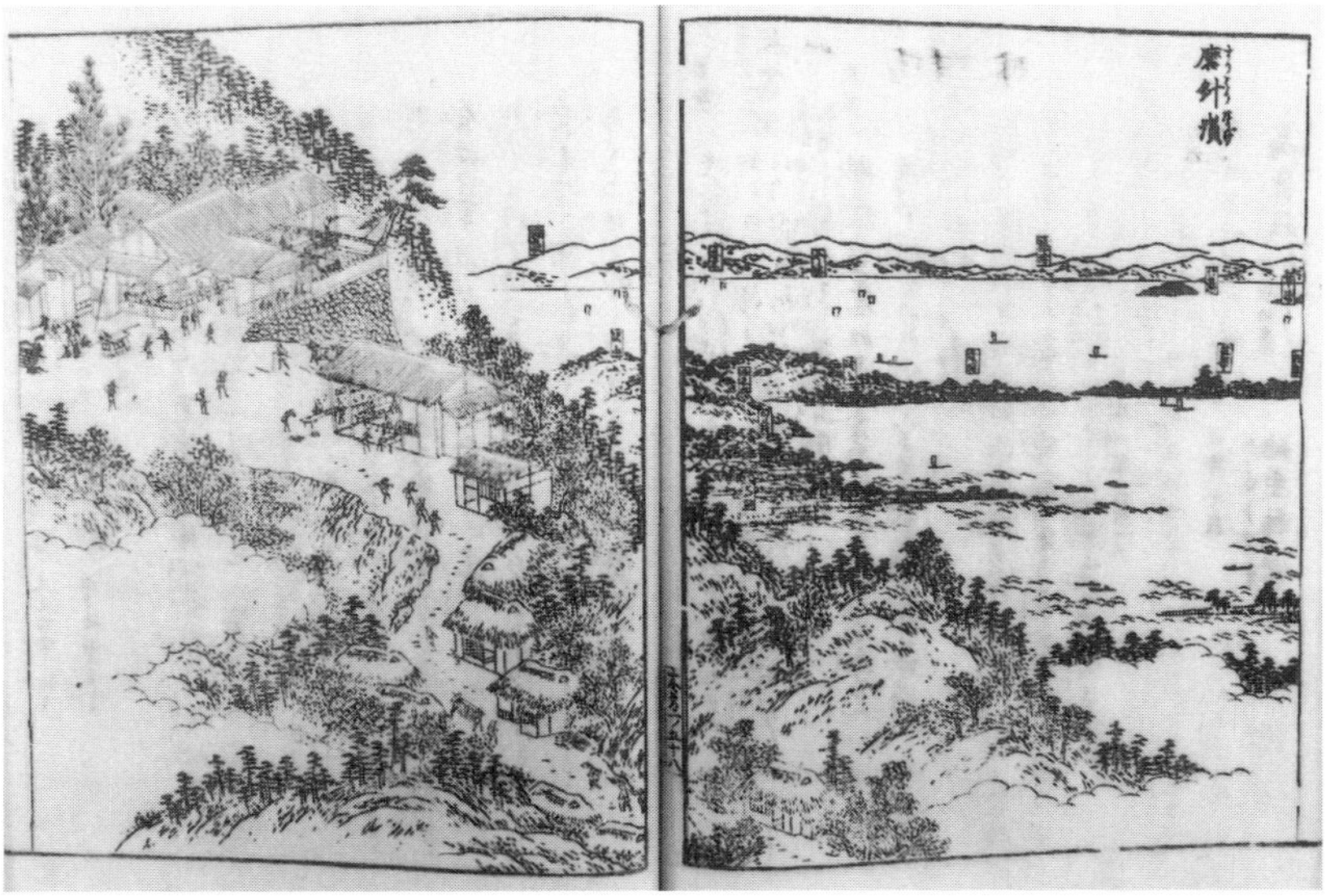

『木曾路名所図会』巻一「磨針嶺」挿絵（文化11年刊・東北大学附属図書館蔵）

注

（1）十四日の記事に出る。
（2）気持ちがはやりたつ、の意。
（3）現在の滋賀県守山市。番場の駅からは十里十九町の距離、江戸から百二十七里二十八町八間。
（4）目指そう、の意。
（5）暗やみにまぎれること。
（6）「朱火」の誤写か。朱火は、灯火の意。
（7）一般には「磨針山」と記す。滋賀県彦根市と米原市の間にある中山道の難所。『木曾路之記』巻下に、「磨針嶺は、番場と鳥居本の宿の間にあり。湖水眼下に見えて好景也。竹生島は是よりいぬゐの方にみゆる。（中略）磨針嶺の下に入海あり」。『木曾路名所図会』〈巻一・磨針嶺〉には、「此嶺の茶店より直下《みおろ》せば、眼下に磯崎筑摩祠朝妻里長浜はるかに、向ふを見れば、竹生島澳島多景島、北には小谷志津嶽鮮に遮りて湖水洋々たる中にゆきかふ船見えて、風色の美観なり」とある。
景山に次の漢詩がある。

磨針嶺酒楼望琵琶湖
湖楼西望遠　郷思忽紛紛
霞奪神竜気　波連天女雲
水光含日閃　山影蘸春分
目送晴烟末　心随帰雁群

（8）琵琶湖をいう。
（9）眼前、まのあたり、の意。
（10）琵琶湖の北部に浮かぶ島。
（11）蘇軾が西湖の風景を詠む「飲湖上初晴後雨」（七絶、二首）の第二首
水光瀲灩として晴れて方に好く
山色空濛として雨も亦奇なり
西湖を把つて西子に比せんと欲すれば
淡粧濃抹総て相宜し
この漢詩の第二句を用いる。
（12）「思ひ設け」。心構えして待ち受ける、の意。
（13）心積り、の意。
（14）「うばがふる事」は「姥が故事」の意で、「只要功夫深、鉄杵磨成針」という中国の俗諺に拠る。唐の李白が、若く未だ学業が成らずに遊んでいる時に、お婆さんが石の上で鉄の杵を磨っていて、問いただすと刺繍の針にするのだと言った。李白は、その言葉から時間をかけて物事を行うことの大切さを感じ取り、それからは学業を怠

らず、ついには偉大な詩人になったという伝説による諺（『潜確居類書』巻六十）。
(15) 滋賀県犬上郡多賀町にある。中世以降、寿命神として信仰される。
(16) 滋賀県東部の川。琵琶湖東岸に注ぐ。『木曾路名所図会』〈巻一・愛知川〉に、「水源萱尾滝《かやおのたき》、常に東風ふく時は水出る。諺云、勢田の竜神、此滝へ通ひ給ふときは、かならず水出るといふ」。
(17) 滋賀県南部。野洲市と竜王町の境にある山。ふもとに鏡宿があった。標高三八五メートル。歌枕。『木曾路之記』巻下に、「鏡山は、武佐《むさ》と守山との間にあり。西の方よりむかへば、鏡をたてたるごとくなれば、鏡山といへるか。名所也」とある。
(18) 『古今集』〈巻十七・雑上・八九九〉

鏡山いざ立ちよりて見てゆかむ年へぬる身は老いやしぬると

作者を大伴黒主とするこの歌の言葉を用いている。
(19) 寝ていて心地よくない竹で作った床、の意。
(20) 旅先で草を敷物や寝床にすること。
(21) 椎の葉を食器の代用にした例として、『万葉集』〈巻二・一四二〉有間皇子

家にあれば笥《け》に盛る飯を草枕旅にしあれば椎の葉に盛る

がある。椎はブナ科の常緑高木で、葉の長さは六～七センチと小さい。「せばき」は「狭き」、「かれいひ」は旅の携行食のこと。ここは、旅の食事もままならないことをいっているのであろう。
(22) 『古今集』〈巻五・秋歌下・二六〇〉紀貫之

もる山のほとりにてよめる

しらつゆも時雨もいたくもる山はしたばのこらず色づきにけり

『続古今集』〈巻六・冬・五七一〉参議雅経

千五百番歌合の歌

このごろは月こそいたくもる山のしたばのこらぬこがらしのかぜ

地名（守山）を詠みこむ古歌二首を、文章に生かしている。

二十六日、けふは関入(1)るとうれしく、夜べもいねられず。有（り）あへる人々も皆ほこりかにそゝ(2)めき、明（く）るよりのちはと、髪けづり、ゆあみなどして旅姿をよそひつくろふ。鳥(3)もまだ鳴（か）ぬに、とな《ヒヒ》どあかで、などいへど、いそぎ出(4)き〔衍カ〕出（で）、とかくしのゝしる。

かくて出（で）立（つ）程に、横雲たなびくあたり、都のふじ(5)のいちじるきをみつけて嬉しきことかぎりなし。膳所(6)《ぜぜ》の松原ゆきすぎ、大津(7)の駅に入る程に、人の家々軒をあらそひ、を《（お）》のがじしのいとなみに、往来しげくひびくけはい《（ひ）》、馬の行（き）ずり、牛の力車に物つみ引（き）とゞろかすなど、いはんかたなきらうがはしさに、耳なれし松風の音、谷のひびきもいづちへいにけむ。粟田山(8)こえ過（ぎ）て、やうやく京へ入（り）たつつゐ《（い）》で、所々見しりたる家ゐども、大路のあきもの(9)、かたまで、きのふみしやうに覚えて、さしもかはりたるさまはなけれど、ひなの旅ゐに年月へだゝれば、我（が）心ばかりは改まれるやうにて、見る物ごとにめづらしげなり。

家(10)に至れば童僕(11)よろこびむかへ、門に入れば家童子(12)などまちとりて、我（が）家ながら、まれ人(13)のあるじするやうにとかくいとなみ、肴もとめにいそぎありくもお《（を）》かし。さるべきこれかれ聞（き）つけて、つぎ〳〵とひ来れば、うちみるよりめづらしく、うれしさ日比の事ども、なきみわらひみかきくづし、うちかたらふ。よしあるさまの[14]家産《いえづと》などとり出(で)て、人々にとらするもほこらしげ也。

[15]園生《そのう》のかたを見やれば、ふみ分(け)たる三(つ)[16]の道も、はや冬枯(れ)の色淋しきに、籬の菊のみ霜の後にもまたき盛りを残し、松のを《お》のれひとり木だかくなりし年月の程もしるく、を《お》のづから[17]柴桑の里の趣をなせり。[18]南の窓を《お》しあけ、[19]のど〳〵と見出し、[20]かはらけあまた〻びかたぶけ、いつしかはひふして、我酔(ひ)てねぶらむとするこそ、いとこゝろゆくわざなれ。

このぬさのにしき一巻は、景山堀先生の江戸より木曾路を経て、京にかへりませし時の日記也。その和文集[21]といへるもの〻うちに見えたるをうつし出(で)たる也。伝写の誤(り)と見ゆるは、そのま〻にものせり。

源[22]朝風

注

(1) 三関の一つで、古く逢坂の関が置かれた関山。東国から京都への入口にあたる。

(2) 落ち着かずにそわそわしているさまをいう。

(3) 『史記』巻七十五〈孟嘗君列伝〉に見える鶏鳴の故事を踏まえる。鶏がまだ鳴かないから、旅籠屋の戸も開かないと言った戯れ。

(4) 「き出」は、前の「いそき出」に引かれた衍字であろう。

(5) 比叡山の異称。『木曾路名所図会』〈巻一・三上山〉に、「三上山を見て野径《やけい》をつたひ、小篠原てふ中へ出て顧れば、比叡の山三ツの峯に見へて富士の俤《おもかげ》に似たり」とある。

（6）琵琶湖に臨み、近江八景の一つ「粟津の晴嵐」で知られる。

（7）『木曾路名所図会』〈巻一・大津〉に、「此駅は都よりはじめての所なればにや、旅舎人馬多くこぞりて喧し。浜辺のかたは、淡海国に領ぜらる、諸侯の蔵屋しきならび、入船出船賑ひ、都て大津の町の数、九十六町ありとなん」と宿駅の賑わいについての説明がある。

（8）京都市東山区華頂山から日ノ岡に至る山の総称。その京都側からの入口を粟田口という。

（9）商売。

（10）景山の自宅は、京都綾小路室町西にあった。守山宿から自宅までは約九里。江戸から家に至るまでの旅程は、日数十四日、距離延べ約百三十六里である。ここからの文章は、陶淵明が任地から家に帰る時にその決意を述べた「帰去来辞」をオーバーラップさせて書かれている。後に大田南畝も景山と同じ趣向を用い、「帰去来辞」を踏まえて『壬戌紀行』の最後を締め括っている。筆の運びがよく似ている。「僮僕よろこびむかへ、稚子門にまつといひけん。親戚の情話はかきもつくさじ。庭の桜はちりはて、青葉になりしかど、石楠草の花さきのこりて小百合葉の莟なつかしげなり。先《まず》かはらけとり〴〵に、したしき友どちいり来りて、日のくる、もしらず、そこともわかぬ酔心地に、なほも旅寝の心地なるべし」（『壬戌紀行』下）。

（11）召使いのこと。「帰去来辞」に、「僮僕歓び迎へ、稚子門に候《ま》つ」とある。

（12）「家刀自」に同じ。主婦を尊んでいう語。妻の房である。

（13）客をもてなすこと。饗応すること。

（14）「家土産」（易林本節用）の意。家の者へのみやげ。

（15）植物の生えている庭のこと。

(16) 庭にある（門と裏口と井戸に行く）三つの小道のこと。「帰去来辞」に「三径荒に就いて松菊猶ほ存せり」とある。庭にはまだ松と菊が、秋の霜にも枯れないで残っているという文章構成も、この句に拠るのであろう。
(17) 現在の江西省九江市の西南にある。陶淵明の郷里。
(18) 「帰去来辞」に「南窓に倚りて以て寄傲《きごう》し」とある文を意識している。
(19) ゆっくりと、の意。
(20) 「帰去来辞」の「壺觴を引いて以て自ら酌み、庭柯《ていか》を眄て以て顔を怡ばしむ」と同趣の文章。
(21) 『景山先生和文稿』を指す。
(22) 堤朝風（一七六五～一八三四）。明和二年に江戸に生まれる。姓は源、通称文五郎・三五郎。号は正心斎・竹裏亭・不占。幕府の賄組頭を勤める。本居大平の初期の門人。また、本居宣長の年譜を編むことを志した没後の門人である。

二　『ぬさのにしき』考

一

堀景山の著作に、『ぬさのにしき』と題する旅日記がある。書名は、『百人一首』（『古今集』巻九・羇旅・四二〇）の菅原道真の歌、

このたびは幣も取りあへず手向山紅葉の錦神のまに〳〵

に拠る。また、転写本の識語には次のようにある。

このぬさのにしき一巻は、景山堀先生の江戸より木曾路を経て、京にかへりませし時の日記也。その和文集といへるもの、うちに見えたるをうつし出たる也。伝写の誤と見ゆるは、そのまゝにものせり。

源朝風

これによれば、書写した人物は、宣長の年譜を編むことを志した没後の門人堤朝風（姓は源、一七六五～一八三四）であり、景山の「和文集」から写したものという。「和文集」は、現在、所在不明の『景山先生和文稿』一冊のことであろう。『景山先生和文稿』には、「木曾路日記」「風のしるべ」「一予亭記」「虫の宴」等数編を収めていた（本居清造編『本居宣長稿本全集』第一輯、五五頁）という。宣長の歌稿である『石上稿』の宝暦二年四月の詠に、『ぬさのに

しき』を景山から借覧した後に詠んだ和歌二首がある。

景山先生、さいつころ秋の末に、東より木曾路を過てみやこに帰りのほり給ふ。其あいた《(ママ)》の日記を、ぬさの錦となんなつけられたりける。いと興あるさまに書なせり。これをみてかへすとてよみ侍ける。

故里に帰り木曾路の言の葉の秋の錦そ深く見えける

おりたちてさこそは神も受つらめこゝろことなるぬさのにしきは

右の詞書にある「さいつころ秋の末」はいつを指しているのだろうか。宣長の記録が宝暦二年四月であるから、そこから遡って参勤交代で一年半近く江戸に滞在していた年を考えればよいことになる。「さいつころ」の語から推して、宝暦二年に最も近い江戸からの帰京は寛延三年（一七五〇）となるが、三月に宗恒公の御供をして伏見にいるので該当しない。とすれば寛保二年（一七四二）か元文四年（一七三八）が考えられるが、特定できない。

いずれにしろ、五十歳を過ぎていた景山は、広島藩の儒官としての江戸勤務を終え、秋九月に、中山道を経由して京都綾小路室町の西の町南方にある自宅に戻る。九月十三日から二十六日までの十四日間、延べ百三十六里の旅程であった。その間の所感を和文で記した日記が、この『ぬさのにしき』である。

江戸時代、木曾路紀行を内容とする著作は数多い。なかでも『木曾路之記』（貝原益軒、宝永六年序）、『木曾路名所図会』（秋里籬島、文化二年）、『壬戌紀行』（大田南畝、享和二年）等の作品がよく知られている。これらを含む木曾路を記した他の旅日記と比べてみたとき、宣長が前掲の詞書や和歌で評価していたごとく、『ぬさのにしき』が「いと興あるさま」に書かれた質の高い紀行文であることに驚かされる。

それが何に起因しているのか。また、そのことは、景山の学識の何を物語ることになるのか。本章では、これらの点について考察してみたいと思う。

二

まず、作業の手続きとして、『ぬさのにしき』の冒頭と末尾の一節を取りあげたい。この部分を分析することで、本書全体のもつ特性が概観できると思うからである。序章ともいえる冒頭は、次のようにして始まる。

去年の春より、あづまのかたに旅ゐし、心あは《(わ)》たゞしき出入に明暮て、[a]秋の最中の影をさへふたたび見しは。いつしか過来し月日をおもへば、[b]かくても経ぬる世にこそと、くやしきも心おそしや。かしこまり、ことはて、[c]瓜の時もあれば、長月の初、暇たり《(ま)》ひて故郷にかへらむいそぎをす。明日とての暮に、同く仕日《(る)(道)》送によくしつるみたりよたり、わかれがたくてつどひ来り、馬のはなむけす。[d]まのあたりならずとも、[e]鴈のつてにだに、[d]さるべき此あたりの事をうけ給はらまほしきなど、ねもころに打かたらひ、酒くみかはし、ろの声に[f]陽関の曲をとなふ。されど是は、西にむかひて都へかへる旅なれば、事たがへりとて、[g]都の并州をさせばと、高らかにうちひとりごち、又盃をかたぶく。たゞ、[h]世に別れほど、たましひもきゆるばかりうきものはあらじ。[i]いとしも人にとは、かゝるお《(を)》りにや。近《ちかごろ》たのみしおこたれる事ども、かたりつゞくる程に、[j]ことばのこりて、秋の夜なれど鳥鳴ぬ。

九月十三日の暁に霞が関を出つ、……

また、旅程の最終日、自宅に到着した九月二十六日の末尾の一節は、次のごとくである。

[k]家に至れば童僕よろこびむかへ、門に入れば家童子などまちとりて、我家ながら、まれ人のあるじするやうにとかくいとなみ、肴もとめにいそぎありくもお《(を)》かし。さるべきこれかれ聞つけて、つぎ〳〵とひ来れば、うちみるよりめづらしく、うれしさ日比の事ども、なきみわらひみかきくづし、うちかたらふ。よしあるさまの家産などとり出て、人々にとらするもほこらしげ也。園生のかたを見やれば、[l]ふみ分たる三の道も、はや冬枯の色淋しき

に、籬の菊のみ霜の後にもまたき盛りを残し、松のを《(お)》のれひとり木だかくなりし年月の程もしるく、を《(お)》のづから柴桑の里の趣をなせり。南の窓をしあけ、のど〳〵と見出し、かはらけあまたゝびかたぶけ、いつしかはひふして、我酔てねぶらむとするこそ、いとこゝろゆくわざなれ。

江戸時代の旅日記には、旅の途中における事実（宿駅・地名・名物・距離・出来事など）を、備忘録として記しているものが多い。しかし、『ぬさのにしき』の筆づかいは、そうした旅日記とは明らかに異なる。冒頭部分の一節を見てみると、まず一年半にわたる江戸詰を回顧することから筆を起こし、次いで、送別の宴を開いてくれた仲間達との語らいを書き記している。読んでいて第一に気づくことは、書かれている文章が、あった事柄を単に記述しているだけではない、ということである。江戸での生活を振り返り、脳裏に去来する様々な思いや帰京できるひそかな喜び、そして送別の宴に見られる友情、別離の哀しみなど、景山の心情の起伏がうまく文章に添えられて書かれている。

この特色は、末尾の一節においても同様である。幾つもの峠の難所が待ち構える中山道の旅を終えて、自宅に無事辿り着く。そこで書かれた文章は、鶴首して待つ家族や友人達と再開できた喜び、また、仕事や長旅から久々に解放されて安息するくつろぎの気分などを綴っているが、その場の雰囲気を実感させるような書きぶりである。旅立つ前と帰京後の状況に応じた哀歓が、読者となる我々の心によく伝わってくるのはなぜであろうか。

本書全体から、和文を書き慣れているという印象を受ける。しかし、それ以上に注目されるのは、抒情的性格を有した文章表現の技巧である。その場の実情が、情趣的な内容をもつ表現に生かされ、それを意図して用いるという文章技法の工夫がなされているのである。とくに目につくのは、著名な漢詩文や和歌・物語に典拠を有する故事や語句を援用していることであり、それが文飾として情趣的な効果をもたらしている。言い換えれば、引歌に近い技法を随所に使い、文章全体を意識して構成している、ということである。巧みな表現技巧と構成力、これが心情を伝えることに成功している理由であろう。『ぬさのにしき』は、旅の途次、日々書き留めた文章をまとめた作品ではあるまい。帰京した後に、物語・歌集・漢籍等の資料を参照して構想を練って執筆したものと考えられる。

前掲の冒頭と末尾の文章の中で、傍線を付したa～mの部分は次のような典拠を有する語句である。

a　『拾遺集』〈巻三・秋・一七一〉、『和漢朗詠集』〈巻上・十五夜付月〉源順

　水の面に照る月浪をかぞふれば今宵ぞ秋の最中なりける

b　『古今集』〈巻十五・恋五・八〇六〉読人不知

　身をうしと思ふにきえぬ物なればかくてもへぬるよにこそ有りけれ

c　『春秋左氏伝』〈荘公・八年〉の故事

　斉侯使《ム》三連称・管至父《ヲシテ》戍《ラ》二葵丘《ヲ》一。瓜《ノ》時《ニシテ》而往《ク》。曰《ク》、及《ビテ》レ瓜《ニ》而代《ヘン》。期《マデ》戍《ル》。

d　『源氏物語』〈帚木〉

　まのあたりならずとも、さるべからん雑事等は、うけ給はらん

e　『漢書』巻五十四〈蘇武伝〉に載る雁書の故事

f　王維の詩〈送三元二使二安西一〉（『王右丞集』巻十四、『三体詩』）の別名。送別の曲として広く愛唱された。七絶の結句に、「西《ノカタ》出《ヅレバ》二陽関《ヲ》一無《カラン》二故人一」。

g　賈島の詩〈度二桑乾一〉（『唐詩選』巻七）七絶の結句に、「却《テ》望《メバ》二并州《ヲ》一是《レ》故郷」。

h　『文選』巻十六・江淹の〈別賦〉に、「黯然《トシテ》銷魂《スル》者《ハ》唯《ダ》別《レ》而已矣」。

i　『拾遺集』〈巻十四・恋四・九〇〇〉読人不知

　思ふとていとしも人にむつれけむしかならひてぞ見ねば恋しき

j　『伊勢物語』二十二段、『続古今集』〈巻十三・恋三・一一五七〉読人不知

秋の夜の千よをひとよになせりともことばのこりてとりや鳴きなん

k〜m　陶淵明〈帰去来辞〉に、

「僮僕歓《ビ》迎《ヘ》、稚子候《ツ》レ門《ニ》、三径就《テ》レ荒《ニ》、松菊猶《ホ》存《セリ》、攜《ヘテ》レ幼《ヲ》入《レバ》レ室《ニ》、有《リ》レ酒盈《テリ》レ樽《ニ》、引《テ》二壺觴《ヲ》一以自《ラ》酌《ミ》、眄《テ》二庭柯《ヲ》一以怡《バシム》レ顔《ヲ》、倚《テ》二南牕《ニ》一以寄《テ》傲《シ》、審《ス》二容《ルルノ》レ膝《ヲ》之易《キヲ》レ安《ンジ》(1)」

和漢の古典から、語句を長短とりまじえ、巧みに本文に取り入れている。景山が、京都屈指の儒学者であったことを考慮すれば、取り込んだ言葉の中で、ここに挙げた程度の漢詩文の援用は容易であったはずである。『ぬさのにしき』全体の中で、漢籍に関わる語句は、他に九例ある。

・温庭筠の詩〈商山早行〉（『三体詩』）五律の首・頷聯「晨起動《テ》二征鐸《カス》《ヲ》一、客行悲《シム》二故郷《ヲ》一、鶏声茅店月《ノ》、人迹板橋霜《ノ》」は、『ぬさのにしき』では、「鳥しば〳〵なけば、茅店の暁と打ずむ《(ん)》じつゝ」〈九月十六日〉

・『易経』〈乾〉「子曰《ク》、同声相《ヒ》応《ジ》、同気相《ヒ》求《ム》」は、「石と星とは、もとより同気あひもとむる物とおもふに」〈同二十二日〉

・『史記』巻七十五〈孟嘗君列伝〉に載る有名な故事は、「鳥もまだ鳴（か）ぬに、とあかでなどいへど、いそぎ出（で）、とかくの、しる」〈同二十六日〉

他の六例は、「注解稿」を見ていただきたいが、杜甫の詩〈望岳〉、蘇軾の詩〈飲湖上初晴後雨〉、『述異記』〈爛柯の故事〉、『神異経』（『幽明録』にも載る）〈望夫石の故事〉、『潜確居類書』〈姥が故事〉、『荀子』〈勧学篇〉から、語句や故事を和文に取り入れている。

これらの漢詩文に典拠をもつ語句の中でも、「雁のつて」（『漢書』）、「藍よりも青し」（『荀子』）、「斧の柄もくちぬ」（『述異記』）などは日常的に用いられ、直接その出典に拠ったものとは言いきれない。ただ、後述する日本の古典を典拠とした語句と比較してみた場合、漢詩文を典拠とする語句の数は極めて少ない、ということは言える。それは、本書が和文で書かれた紀行文であるという性格にもよるであろう。しかし、景山が旅日記の和文で記す文章に、とりわけわが国の古歌・古文を意識して利用しようと考えていたことは、採用した数（約五十ケ所）からいっても、また個々の表現内容からみても明らかである。本章では、このことを特に問題にしたいのである。

三

そこで、わが国の古歌・古文の引用について検討してみることにする。一つの表現が、ある古典作品から引用されていることが明確な場合に、その作品を典拠として特定することができる。しかし、意識して引用していると思える表現が、必ずしも原文に沿った形でないために、拠り所とした作品だと断定できない場合がある。あるいはまた、その表現が二つ以上の作品に見出されて、いずれに依拠したか特定できない場合もある。ここでは、明らかに指摘できるものは勿論、断定するには至らないが、恐らく意図して用いたであろうと判断するものをも典拠の範疇に入れることとし、そこからの引用に見られる特徴について考えてみたい。

典拠をもつと思われる表現は、見落としや判別の誤りのあることを懸念するが、前述したとおり五十数ケ所ある。墨付十七丁の小品であることを考えれば、けっして少ない数とは言えまい。拠り所としたと思われる古典は、次のような作品である。

万葉集　古今集　後撰集　拾遺集　詞花集　千載集　新古今集　風雅集　続古今集　続後撰集　金槐集　久安百首　堀河院御時百首和歌　拾遺愚草　百人一首　夫木抄　和漢朗詠集　本朝文粋　伊勢物語　土佐日記　源氏物語　枕草子　更級日記　平家物語

典拠として一度しか用いられていない作品もあれば、引用される頻度の高いものもある。ここでは、古歌・古文の引用で目立った特徴を四点指摘しておきたい。

まず第一に、古歌からの語句の引用が非常に多いということである。それは、全体の七割（約三十五ケ所）を占めている。『不尽言』で展開する詩歌論や古今伝授批判の言説から、景山の和歌に対する知識の深さは予想されるところであったが、古歌に関わる『ぬさのにしき』の文章表現の数からいっても、そのことを再認識させられる。また、古歌をどのように用いるかという趣向については、冒頭の一節にあげた例からも知られるが、今度の旅の最大の難所であった木曾の桟道（福島と上松の間にかかる波許《はばかり》の桟）を渡った時の文章などは、古歌の引用のし方をよく表している。

あるは山のそばみち中たえ、下は木曾路、川、太山もさやに落たぎりて、こゞしき岩ほども、つるぎをたてならべたるに、生すがふ梢をくもでにかきわたし、花のみか、ちらぬ紅葉をもふみならせしかけ橋を打わたるに、是も葛城の神こそ、しを《（お）》きたらめと、いひしらずあや《（ふ）》うし。

〈九月二十日〉

傍線部分a・b・cの語句は、次の三首を意識していると見ていいであろう。

a　あしひきのみ山もさやに落ち激《たぎ》つ吉野の川の川の瀬の……

（『万葉集』巻六・九二〇、笠朝臣金村）

b　神さぶる磐根こゞしきみ吉野の水分山を見ればかなしも

（同前・巻七・一一三四、『夫木抄』巻二十・八八七六、読人不知）

c　信濃路〈生ひすかふ〉(2)や谷の梢をくもでにてちらぬ花ふむ木曾のかけ橋

（『仙洞五十首』建仁元年十二月・橋下花、『夫木抄』巻二十一・六六八八、後鳥羽院宮内卿）

木曾のかけ橋の下を流れ落ちる激流を見て、宮滝あたりの吉野川の急流と岩盤のすごさを詠んだ万葉歌人の歌（九二〇の長歌に続く九二一・九二二の反歌も、激流と巨岩を詠み込む）を想起し、また、古来難所と言われたこの桟道を詠む和歌の中から、時節やイメージが重なる後鳥羽院宮内卿の歌を選び出している。これらの歌から詞を取り込み、さらに、仕事が完成しない例として、和歌や物語によく引かれる葛城の神の故事をつけ加え、険しい崖にかけ渡した危うい橋のさまを巧みに描写している。拠り所とする古歌は、その数ばかりではなく、このように趣向を凝らして用いられている点も注目される。

趣向を凝らした表現は、歌枕の場合に一層顕著であり、それが特徴の第二としてあげられる。旅の途中で目に触れ、あるいは立ち寄ってみた歌枕について言及するとき、その名所を詠んだ古歌を文章に生かすことを意図していた、ということである。それは、『ぬさのにしき』に登場する歌枕（五ケ所）すべてに認められる。

高崎から坂本に至る途中、遠くに浅間山を眺め、かつて存在したと言われていた佐野の舟橋のあたりを通過した時、末の雲間には、浅間の高根はや雪の色しるきに、墨をながしたるやうに、けぶりの立のぼるも聞ふるすは。げに、誰か見やはとがめぬと、けうとくあやし。佐野の渡りも近しといへど、おもひわたりし舟橋の跡も見えず。

〈九月十六日〉

と記す。「浅間山」と「佐野の舟橋」は、ともに歌枕である。

信濃なる浅間の嶽にたつ煙をちこち人の見やはとがめぬ

（『伊勢物語』八段、『新古今集』巻十・羇旅・九〇三、在原業平）

東路の佐野の舟橋かけてのみ思ひ渡るを知る人の無き

（『後撰集』巻十・恋二・六一九、源ひとし朝臣）

著名なこの二首の和歌が、右の文章の下敷きにされている。古歌を用い、情趣的効果をねらうこうした技巧は、特定のイメージが結びついてしまっている歌枕を描写する場合には、有効な手法であったに違いない。九月二十日の記事では、三留野の宿駅近くにある小野の滝を見て、その景観のすばらしさに感じ入っているが、そこが歌枕でないことを「歌枕にももれぬるぞ口惜しき」と述べる。旅の楽しみの一つとして、景山は名所・旧跡にかなり関心をもっていたらしい。

第三の特徴として、『万葉集』と『古今集』収載歌が、引用される古歌の中では目立って多いということである。詩歌は、思邪無き所から生まれてくることを、『不尽言』で力説していることは周知のところ。『万葉集』については、「別しては、万葉集時代の和歌は、詩経の詩によく似たるもの、殊勝なるものなり」（『不尽言』）といい、『詩経』の詩と同じく、質直に実情が吐露され表現されている故にすぐれている、との見解を景山は持っていた。

中村幸彦氏が指摘されたように、その先駆的言辞は、伊藤仁斎の和漢の人情論・文学論にある。(3) 近世儒学における人情論の展開は、和学にも大きな影響を与えた。学流が違っても、仁斎・東涯父子と堀家の蘭皐（景山の父）・景山・南湖（景山の従兄）の親交があったことは、Ｉ・一「曠懐堂記」をはじめとして、本書でくり返し述べてきた。そうした中で受け入れた文学や人情についての考え方であろうか、堀杏庵以来の家学である朱子学を奉じながら、「愚拙、経学は朱学を主とする事なれども、詩と云ふものの見様は、朱子の註その意を得ざる事也」（『不尽言』）と言い切る。その口調から、景山が道徳的な立場を離れて、実情を基本とした広義の文学を容認する立場にあったことを知ることができる。実情と文学の結びつきを重視する景山にしてみれば、わが国の古典の中で、『万葉集』に価値を置くのは当然のことであった。

引歌とは言えないまでも、「ねもころに」「たけそかに」「はたこ」「夜のほどろ」「しきに」などの上代語を、『ぬさのにしき』の本文の中に使用していることからも、『万葉集』への愛着のほどが窺えよう。

一方ではまた、古今伝授を批判する言説の中で、次のようにいう。

　和歌の道の極意は、古今の序に言を尽し、その外よみ方心持は、詠歌大概又は八雲御抄用意部、頓阿法師が愚問賢注にて、何の伝授もいらぬこと、思はる、なり。（『不尽言』）

歌道についての右の見解は、当時において特に目新しいものではない。平安時代に既に定着していた『古今集』に対する古典的評価は、中世歌学を経て近世まで受け継がれる。古今伝授を、堂上の附会説であるとする論の中で、

『詠歌大概』をはじめとする右の歌学書を推挙している立場からすれば、『古今集』への評価は、揺るぐはずのないものであったに相違ない。実情論と文学、歌道論のそれぞれにおいて、『万葉集』と『古今集』は、景山にとって重要な意味をもつ歌集であつた。

木曾路の宿駅福島で、近くに住む知人某の家を訪ね、歓待された様子を次のように書き留めている。

湯あみなどしつゝ、あたゝめ、酒かたみにくみかはし、宵の間過るほど、月さし出て、山々の木かげ、いとゞこぐらく見えわたり、やゝふくる夜の河音すごく心もすめるに、かく秋ふかき山里のこよひさへ、鹿の啼ざるこそ口おし《(を)》けれなど聞ゆれば、こよひはいねにけらしなと、ざ《(れ)》きばむも折にあひたり。〈九月十九日〉

秋の夜に、川音しか聞えない木曾の山奥の一軒家で、主人と酒を酌み交わしながら風流めいた会話を楽しむ。その記述は、次の二首を念頭に置いてなされている。

奥山に紅葉ふみわけ鳴く鹿の声聞く時ぞ秋はかなしき　（『古今集』巻四・秋上・二一五、読人不知、『百人一首』）

夕されば小倉の山に鳴く鹿はこよひは鳴かずい寝にけらしも　（『万葉集』巻八・一五五一、巻九・一六六四に重出）

抒情的に文章を綴る中で、『古今集』と『万葉集』に拠った言葉を会話にうまく取り入れている。知人某が、万葉歌をもって景山の言葉に洒落たきり返しをしたことは面白いが、少なくとも景山はその情趣を楽しんでいる。散文に、あるいはこの場合の会話のように、古歌を生かす場合には、それが著名なものであればあるほど表現効果が期待できよう。

特徴の第四として、平安朝の散文、とくに『源氏物語』の文章を意識していたことがあげられる。

十五日、きのふをやみなかりし空のけしき、夜べより名残なくすみわたれば、けふはなほ道をむさぼり、いまだ夜のほどろにやどりを出づ。暁月夜のさやけきに、そこはかとなくあるしげ木の中をわけゆく程に、入方の影の、木の間、月のめでさへ心づくしなるに、寺ありとしるく、ねぶたげなる読経の声、鐘の音の松風にひゞきあひたる暁、行《（払）》ふ袖の露けさまで思ひしられて、哀にはかなげなり。

熊谷に宿をとり、翌朝、夜が明けはじめる頃に出立する九月十五日の記事の冒頭部分である。数日来降り続いた雨に悩まされ、行程がはかどらないことに苛立っていた景山であったが、昨晩からの天気の回復で、今日こそ距離をかせごうと意気込む。本書が、旅日記であることを考えてみれば、第一文のこのような書出しや表現のし方は、ごく一般的なものと言っていいであろう。

ところが、それに続く「暁月夜のさやけきに」から始まる第二文は、松原の中を通り、広野に出るまでの様子を記述しているが、私には、それが必要以上に文飾されて書かれているように思える。まるで、王朝文学の情調に浸って書いているかのような筆致なのである。第二文から、こうした印象を受けるのは、文章を構成している語句が、以下に示すa～fの古歌・古文との関わりを想起させるからであろう。

a　入りもてゆくまゝに、霧ふたがりて、道も見えぬしげ木の中をわけ給ふに、　（『源氏物語』橋姫）

b　木の間よりもりくる月の影見れば心づくしの秋は来にけり　（『古今集』巻四・秋上・一八四、読人不知）

c　紫生ふと聞く野も、蘆荻のみ高く生ひて、馬に乗りて、弓もたる末見えぬまで高く生ひ茂りて、中をわけ行くに、竹芝といふ寺あり。　（『更級日記』）

d　すこしねぶたげなる読経の、たえ〴〵すごく聞ゆるなど、すゞろなる人も、所がらものあはれなり。　（『源氏物語』若紫）

e　三昧堂ちかく、鐘の声、松風にひゞきあひて物悲しう、　（『源氏物語』明石）

f　うち払ふ袖も露けきとこなつにあらし吹きそふ秋も来にけり　（『源氏物語』帚木）

まだ夜が明けない時刻に、空に月のかかった松原を通り過ぎる。その時に感じた秋の旅のもの悲しさは、木の間から漏れくる月光、ねぶたげな読経の声、寺の鐘の音と松風の響き合い、うち払う袖の露、などの語句を用いて表現されている。右のa～fに見られるような『源氏物語』を中心とした中古文学的な繊細な香りを意図的に文章に盛り込むことにより、旅空の哀感の表現を増幅させることができる、と景山は考えていたのではなかろうか。それはすなわち、文章に彩りを添え、情趣的な表現効果をねらう場合には、王朝文学が意識されるということである。中でも、藤原俊成が「源氏見ざる歌詠みは遺恨の事也」（『六百番歌合』十三番〈枯野〉判詞）と言う歌人の必読書『源氏物語』は、自然を媒体にして人の心を表現する手本として、最も魅力的な作品であったと思われる。

以上見てきた『ぬさのにしき』の文章の特徴は、要約すれば、一に、書き慣れた和文に、漢詩文を含む古典を典拠とした語句の引用が見られ、とくに、わが国の古歌・古文の引用の多さが目立つ。二に、その中では、古歌・古文の代表ともいえる『万葉集』『古今集』『源氏物語』といった作品の語句を引く頻度が高く、趣向を凝らして用いることで情趣に富んだ内容を形づくっている、となる。

十四日間にわたる旅日記は、日々の事実の記載もさることながら、一方で抒情的ともいえる視点で、対象を把えようとする特性を持っているように思う。「哀なり」「哀にはかなげなり」「いと心うし」「心もとなし」等々、本書全体にわたって、心情を表す語彙が多用されていることが、そのことの一端を示している。自分の目で見、肌で触れた風景・名所・旧跡・人間などに対する感情を素直に表し、時にはまた、古歌・古文や漢詩文を援用して、その場の状況に応じた表現にするための工夫をする。『ぬさのにしき』は、実情の眼で見て感じた全行程を、随筆風なタッチを交え、生き生きとした描写を心がけて、楽しみながら書き記した日記であるように思える。その文章には、景山の感性が裏打ちされている。

ただ、紀行文として、これだけ情趣に富む和文をものしているのに、和歌や漢詩を一首も載せていない。それは、景山の文章構成に関わる意識の問題であろうが、しかし例えば、諏訪湖が見おろせる和田峠で、「かゝるけしきどもにけを《お》されて、中々ことこめたれば、からのも大和のも歌よまむとも覚えず」〈九月十八日〉と述べていることから、逆に推し測れば、実際には旅の途中で漢詩を作り、また和歌を詠んでいたと思われる（二十五日の注（7）の漢詩参照）。

四

『不尽言』などを除いて、景山の著書をほとんど目にすることができない現在、彼がわが国の古典に関してどの程度の知識を有していたか、その全貌を知ることはできない。しかし『不尽言』[4]で展開されている人情論や古今伝授についての独自の見解、さらにはまた、宣長の写本識語に見える景山が関わっていたと思われる和書名[5]（主に樋口宗武本・小野田重好本からの転写）から、日本の古典についてはかなりの学識を有していたらしいことは容易に想像できる。

寛延元年（景山六十一歳）に、今井似閑の門人樋口宗武が「屈景山子にはかりて校合」し、契沖の『百人一首改観抄』を刊行したという事実[6]も、景山の和歌・和文の教養・学識が相当なレベルにあったことの傍証となる。また、宝暦三年十一月の厳島における詠歌の連作も参考になり、景山の和学の輪郭は、このような知識である程度は描くことができる。しかし、その輪郭の中味を充足させる和歌・和文の力量の程を知るには、それでは不十分である。『ぬさのにしき』は紀行文であるものの、景山のその力量の一端を改めて窺い知ることができるという意味では、貴重な一資料であるといえよう。

前に、『源氏物語』を参照していることについて言及したが、景山に『源氏物語』をめぐる一つのエピソードがある。Ⅰ・四・九五頁に掲出した南川維遷の『金渓雑話』である。

この記事の中で、景山二十七歳とある年齢が三十九歳の誤りであることは、岩田隆氏が既に指摘しているように[7]、享保十一年七月と八月に取り交わされた徂徠との往復書簡から明らかである。時に徂徠は六十一歳であり、一年半後の享保十三年正月に没する。

維遷の語る二人の終日の談論が、訛伝ではなく事実であったとして話を進めれば[8]、景山が若かりし頃に源氏を読み、後に徂徠の話し相手をするほどの知識を有していたことは、注目すべきことである。徂徠が『源氏物語』に通じ、中古の風習を評したことは、「古今ニ大家ナル人、如何ニ暇多クシテ、是ラノ書ニモ渉ラレケルニヤ」の言葉に示されるように、景山にとっては大きな驚きであった。

だからといって、この発言はその時の景山に、徂徠ほどの古歌・古文の教養が無かったということを意味してはいない。「景山予ニ語テ曰、……」と言う維遷が、景山と面会する機会があったのは、岩田氏の考証によれば[9]寛延二、三年から宝暦二、三年までの三ケ年ということであるが、これは景山が『ぬさのにしき』を執筆し終えた頃に重なろうか。とすれば、二十数年前の対談を思い起こし、わが国の古典に関する徂徠の教養に改めて感心しているのは、景山にそうした知識・教養が無かったからではなく、徂徠が「古今ニ大家ナル人」故であったことになる。彼にしてみれば、既に没している徂徠は、儒学界においては海内を風靡し、傑出した力を示して逝った「大家」であった。

しかし一方で、服部南郭の言として紹介される「堀景山南湖ハ文ヨクカケリ。光ヲツ、ミタル学者ナリ。平安ニハ東涯と此三人マデナリ」（『文会雑記』巻一・上）や、清田儋叟の「梁蛻巌・屈景山ノ二先生、誉望世ニ高キハ、イフマデモナシ。コノ二先生万人ニ勝レタル徳アリ」（『孔雀楼筆記』巻一）の言葉、さらには、直接景山と面識をもつ室鳩巣の「和二屈景山韻一」の詩序[10]（『鳩巣先生文集』巻三）や、門弟であった宣長の詩「奉レ送三景山先生赴二芸州一」（Ⅲ・五・(3)・四七七頁参照）などに、景山の徳を誉め称えた言葉が見える。同じ儒学者として、徂徠に匹敵する影響力をもつことはなかったとはいえ、景山自身が徳を有する京儒として高く評価されているのである。

今まで見てきた所から知られるように、景山の和歌・和文の教養・学識は相当高いレベルにある。してみれば、かつて徂徠の学識に対して発した驚きの言葉「古今ニ大家ナル人、如何ニ暇多クシテ、是ラノ書ニモ渉ラレケルニヤ」は、われわれから、そのまま景山に返していいのではなかろうか。

旅日記『ぬさのにしき』は、『不尽言』とはまた別に、具体的な表現を通してその資格を語っている作品である。

注

（1）大田南畝の『壬戌紀行』の末尾も、本書と同じく、「帰去来辞」のこの部分を下敷きにした和文でしめ括る。
（2）文化二年刊の『木曾路名所図会』巻三〈馬籠〉に、『続後撰集』収載歌として、第一句を「生ひすかふ」として引くが、『続後撰集』の通行本には「生ひすかふ」とするものはない。和歌のための名所便覧ともいえる『歌枕名寄』『歌枕秋の寝覚』などにも見えない。
（3）「文学は『人情を道ふ』の説」（「國語國文」二十巻二号、後に『中村幸彦著述集』第一巻・昭和五十七年十一月刊・中央公論社に所収）。
（4）『不尽言』で言及している和書は、『万葉集』『日本紀』『古今集』をはじめとする二十一代集、『源氏物語』『枕草子』『平家物語』『詠歌大概』『百人一首』『八雲御抄』『愚問賢注』『井蛙抄』、それに「古今系図」である。
（5）『古今集序六義考』『藤経衡集』『蜻蛉日記』『馬内侍集』『勢語臆断』『古今余材抄』『百人一首改観抄』『枕詞鈔』『厚顔抄』『万葉代匠記』『万葉集』『日本紀』など。
（6）『近世畸人伝』巻三。
（7）岩田隆「徂徠書牘二首」（「名古屋大学国語国文学」昭和四十三年十一月。後に『宣長学論攷』昭和六十三年一月刊・桜楓社に所収）。
（8）岩田隆前書、二二九頁で「多分伝手を求めて広く名儒の謦咳に接して、自らの啓発に資したとすべきであろう」と、維遷と景山の面会について触れている。
（9）同書、二二七頁。
（10）「屈君景山京師人也自二其先杏庵先生一以レ儒聞二於当時一翼子賢孫不レ墜二家声一至レ君大振二前烈一恢二祖業一旁二求師友之益一不レ已観二其志一将レ有丙大成二其徳一与下古人上頡乙頏於千載之上甲……」
この序は、享保十三年（鳩巣七十一歳、景山四十一歳）の作である可能性が高い。

人名索引

・本書中の主要な人名を、五十音順に配列して収める。
・本書の内容に関係する明治時代以降の人名は、採録していない。また、漢詩文の語釈に挙げた人名では、原拠と考えられる語例の作者以外のものは省略した。
・異称や別称がある場合には、それを（　）内に示した。

〈初出一覧〉

Ⅰ　曠懐堂と堀景山年譜
一　「曠懐堂記」（「金沢大学国語国文」第29号、平成十六年三月）
二　「曠懐堂堀氏譜系」と「堀氏譜図」（本居宣長学会編「鈴屋学会報」第20号、平成十六年一月）
三　堀景山年譜考証（書き下ろし）
四　堀景山小伝（「鈴屋学会報」第16号、平成十一年二月）

Ⅱ　学問論と思想
一　下学の道から上達の理へ（「金沢大学国語国文」第23号、平成十年二月）
二　荻生徂徠宛て書簡訳注
（1）「与物徂徠論文書」（「金沢大学国語国文」第22号、平成九年二月・富山女子短期大学文学科「秋桜」第14号、平成九年三月）
（2）「復物徂徠書」（「北陸古典研究」第12号、平成九年十月・「秋桜」第15号、平成十年三月）
三　『不尽言』考
（1）『不尽言』の伝本（「秋桜」第16号、平成十一年三月）
（2）側儒としての自負（「金沢大学国語国文」第34号、平成二十一年三月・同第36号、平成二十三年三月）
四　本居宣長手沢本『春秋経伝集解』考
（1）慶長古活字本（盛岡大学文学部「日本文学会誌」第19号、平成十九年三月）

（2）堀景山改訓の意義　（二松学舎21世紀COEプログラム「日本漢文学研究」第3号、平成二十年三月）

五　堀景山伝与本『日本書紀』考

（1）漢学者景山の視点　（「金沢大学国語国文」第37号、平成二十四年三月）

（2）歌詠の増注　（「金沢大学国語国文」第38号、平成二十五年三月）

Ⅲ　貴紳・儒者との交遊

一　堀家と妙法院宮　（「鈴屋学会報」第23号、平成十八年十二月）

二　近衛本『大唐六典』の板行と京儒のかかわり―元文四年十二月蔵板成就説―　（京都大学文学部「國語國文」第75巻第9号、平成十八年九月）

三　魁星像をめぐる漢詩

（1）伊藤東涯「文昌神歌」　（「日本文学会誌」第21号、平成二十一年三月）

（2）室鳩巣の漢詩一首―斗魁の神像―　（「金沢大学国語国文」第35号、平成二十二年三月）

（3）荻生徂徠の風雅一首―斗之魁 有序―　（「日本文学会誌」第22号、平成二十二年三月）

四　宝暦三年　本藩に赴く

（1）「逍遥篇」と「書逍遥篇後」　（「日本文学会誌」第26号、平成二十六年三月）

（2）厳島参詣記録　（同右）

（3）途次の吟詠　（「日本文学会誌」第27号、平成二十七年三月）

五　景山への詩文

(1)　与屈玄伯書（寺田臨川）　（書き下ろし）

(2)　贈景山屈先生（日下生駒）　（書き下ろし）
(3)　奉送景山先生赴芸州（本居宣長）　（拙書『本居宣長の歌学』和泉書院、平成八年一月刊から転載）
(4)　賦松奉賀景山先生七十華誕（本居宣長）　（同右）
(5)　謹次景山先生春初高韻先生今茲華誕　及七袠併春賀（山田孟明）（「日本文学会誌」第14号、平成十四年三月）
(6)　哭屈景山先生（龍草廬）　（書き下ろし）

Ⅳ　詩文稿（詩稿については、漢詩を収めた雑誌・書、および書き下ろしごとに括って示した）

一　詩稿

「日本文学会誌」第14号、平成十四年三月
(28)　丁丑新年　(29)　歳朝自述　(30)　詠福寿艸自祝　(31)　春寒

「日本文学会誌」第15号、平成十五年三月
(1)　甲戌広城新年作　(2)　夏初奉謝諸君見過　(3)　謹応方広大王教詠茉莉花　(4)　早春寓懐
(5)　洞春深林　(17)　山居　(18)　巌居　(21)　船居　(24)　茅居　(25)　游糸　(26)　河漢　(27)　杜鵑

「日本文学会誌」第18号、平成十八年三月
(6)　頃日社集諸君和詩□巳　一以蘭字為韻

『文学部の多様なる世界』（盛岡大学20周年記念論文集、平成十五年一月）
(9)　春江花月夜　(10)　癸亥中秋伏見法蔵寺作　(11)　磨針嶺酒楼望琵琶湖　(12)　侍讌芸侯応命賦呈
(13)　北山宝幢寺看楓（1）　(14)　同（2）　(15)　江南春　(16)　楊柳枝

（書き下ろし）

(7) 送田生石泉西還　(8) 次謝河内日下生見寄高韻　(19) 楼居　(20) 鄽居　(22) 水居　(23) 村居

（「金沢大学国語国文」第21号、平成八年二月）

二　文稿

(1) 自警編序　（書き下ろし）
(2) 国字医叢叙　（書き下ろし）
(3) 源家伝統録序　（書き下ろし）
(4) 茶誌叙　（書き下ろし）
(5) 宗箇松頌幷序　（『上田家文書調査報告書　上田茶書集成』から転載）
(6) 隧輸通考跋　（「日本文学会誌」第13号、平成十三年三月）
(7) 烏石散人草塚銘　（「日本文学会誌」第25号、平成二十五年三月。原題「北野天満宮の石碑〈艸冢銘〉」）
(8) 楽志軒記　（書き下ろし）
(9) 独嘯亭記　（書き下ろし）
(10) 日野阿新伝　（書き下ろし）
(11) 今枝栄済宛て尺牘　（書き下ろし）
(12) 伊藤惣治宛て尺牘　（「日本文学会誌」第13号、平成十三年三月）
(13) 復河内日下生書　（書き下ろし）

Ⅴ　紀行文

一　『ぬさのにしき』注解稿　（「北陸古典研究」第18号、平成十五年十月・同第19号、平成十六年十月）
二　『ぬさのにしき』考　（「鈴屋学会報」第15号、平成十年十二月）

あとがき

堀景山という人は、彼を知る儒者（江村北海・清田儋叟兄弟）の言葉を借りれば、学識・才能に優れ、大きな徳を有する、実に魅力的な儒学者であったらしい。負け惜しみということ、他人の才を妬むということ、我を立てるということが露ばかりもなく、後輩・末学の指導にも熱心であったと言う。本書で分析し検討した資料を振り返ってみて、北海と儋叟の景山評は、正鵠を得た言葉であると思う。

景山は堀家の分家筋（南堀）にあたり、宗家（北堀）の堀正修と共に広島藩の側儒としてその才能を発揮し重宝されたが、従兄の正修（南湖）の方が堀家の筆頭として景山に一歩先んじて活動している観がある。定住する京都においても、洛儒を代表する古義堂の仁斎・東涯との交際、門跡寺院妙法院の堯恭法親王や近衛家煕の信頼を得て相談役になったことなど、みなそうである。当時の京都では、おそらく景山以上に儒者としての知名度が高かったはずである。その正修をさしおいて、我々が景山にこだわるのはなぜか。それは日野龍夫氏が言われるように、景山塾の本居宣長という青年が、後に学者として超有名人になったためである。門下生の活躍によって歴史に名が残ったという意味では、確かに景山は運がよかったと言えるかもしれない。しかし、前述の景山の人柄から言えば、後世に名が残るなどということにはまったく関心がないと言っているように私には思える。景山はそういう人である。

平成八年に前著を出版したとき、日野龍夫氏から景山をまとめてみてはという御手紙をいただいた。しかし、宣長の学問形成期における景山の重要さは気になってはいたものの、残された資料が少ない中でどのように景山を研究していくか、方法を考えあぐねていたのも事実である。幸い、東京の神田で不動産業に就いていた義兄が、東京在住の堀家累代の御墓の存在を確認してくれて、南堀と尾張堀の御子孫とつながることが可能になった。景山（南堀）の後裔である堀創氏からは、所蔵しておられた「曠懐堂堀氏譜系」「堀氏譜図」等、また尾張堀の堀貞一氏からは、「堀家略系図」と家祖堀正意と妻貞順の一対の肖像画を拝見させてもらい、また、景山のみならず、遡っての御先祖の情報を教えていただいた。これを機に、今にして思えば重い腰がやっと椅子を離れたような気がする。

前々から、資料の発掘を含めて堀家の御子孫との接触が必要不可欠だと考えていたので、それがもし可能であれば景山研究は何とかしなければならない、不可能であれば研究は諦めようと勝手に心に決め込んでいた。まさに、危うい「くもの糸」の心境であった。結果、縁あって糸が切れないで繋がることができた。それは、堀家との仲介の労を取ってくださった東京渋谷区神宮前の龍巌寺、芝の金地院の御住職のお陰である。

家祖とする正意以後の広島藩に仕えた堀家一族（北堀・南堀）の御墓は、京都市左京区にある南禅寺の塔頭帰雲院に現存する。今は、家督を継いだ者の墓石や墓誌は立っているが、その妻子の墓は墓域の傍らにまとめて置かれ、風化が著しい。大げさな物言いだが、墓石が砂となってしまう前に景山研究をまとめなければ、堀家をはじめとしてお世話いただいた人たちに申し訳が立たない、とは妻の弁である。その言葉に鞭打たれたわけではないが、遺墨のいくつかを除き、今抱いている景山像を変えるほどの資料がこれから新しく出てくる可能性は少ないだろうと思うようになり、一書にまとめることを考え始めた。そこで、本年度の上半期に勤務校から無理を言って時間をもらい、京都大学文学研究科に研修員として籍を置いて、大谷雅夫先生の御指導のもと、まがりなりにも今までの草稿の整理を終えることができた。

景山研究を意識し始めて二十年になる。その間、南堀末裔の堀創氏・堀豊子氏、尾張堀の堀貞一氏・堀一郎氏には、貴重な資料の提供を含めて御協力賜った。このことに対して改めて御礼申し上げる。そしてまた、私の怠慢ゆえの刊行の遅れを心からお詫びしたい。

堀景山の研究・調査にあたっては、本居宣長記念館、鈴屋学会員の皆さまには様々かつ有益な御助言・御指導をいただいた。京都や松阪から遠く離れた地方住まい（金沢・富山・盛岡）をしてきた私にとって、とくに吉田悦之氏（本居宣長記念館館長）、髙倉一紀氏（鈴屋学会代表委員）、故小尾俊人氏、故岩田隆氏、小林健太氏からの堀景山に関する情報提供は大変有り難かった。

また、京都大学附属図書館・同文学研究科図書館・同経済学部図書館・天理大学附属天理図書館・東京大学史料編纂所・同文学部国文学研究室・岡山大学附属図書館・静岡県立中央図書館・佐賀大学附属図書館・東北大学附属図書館・国立公文書館内閣文庫・国文学研究資料館・国立国会図書館・足利学校遺蹟図書館・石川武美図書館・南禅寺塔頭帰雲院・陽明文庫・静嘉堂文庫・広島市立中央図書館・広島県立文書館・宮内庁書陵部・刈谷市中央図書館・秋田県立図書館・上田流和風堂・大東文化大学・北野天満宮・賀茂別雷神社・妙法院・太宰府天満宮文化研究所などの関係諸機関には、資料の閲覧・調査において格別の御配慮ご協力を賜った。それぞれに、心より感謝の意を申し上げる。

和泉書院の廣橋研三氏には、前著に引き続いてお世話になることになった。この数年、ありがたくも何度か出版のお声を掛けていただいたが、公私の事情に託けた私の怠惰な日常から、なかなか好い返事ができなかった。今回やっと一冊にまとめようという気持ちになり、遅ればせながら相談させていただいたところ、出版を快くお引き受けくださった。深甚の謝意を表する。

平成二十七年八月

梅宮町にて

高橋俊和

※本書は、独立行政法人日本学術振興会平成二十八年度科学研究費助成事業（科学研究費補助金）（研究成果公開促進費　課題番号一六ＨＰ五〇三九）の交付を受けて刊行した書である。

■著者紹介

高橋俊和（たかはし　としかず）

一九五〇年生まれ。金沢大学大学院文学研究科修士課程修了。

専攻　日本近世文学。

現在　盛岡大学文学部教授。

著書　『本居宣長の歌学』和泉書院　一九九六年。

主要論文

「『排蘆小船』述作の由来と成立」（「國語國文」第六十巻三号・平成三年三月）、「宣長の新古今主義―地下二条派と古文辞学とのかかわりをめぐって―」（「国語と国文学」第七十巻三号・平成五年三月）など。

研究叢書481

堀景山伝考

二〇一七年二月一五日初版第一刷発行

（検印省略）

著者　高橋俊和

発行者　廣橋研三

印刷所　亜細亜印刷

製本所　渋谷文泉閣

発行所　有限会社 和泉書院

大阪市天王寺区上之宮町七－六

〒五四三－〇〇三七

電話　〇六－六七七一－一四六七

振替　〇〇九七〇－八－一五〇四三

ISBN978-4-7576-0823-8　C3395

研究叢書

（価格は税別）

研究叢書

471	栄花物語新攷 思想・時間・機構	渡瀬　茂著	一二〇〇〇円
472	鷹書の研究 宮内庁書陵部蔵本を中心に	三保忠夫著	二八〇〇〇円
473	伊勢物語校異集成	加藤洋介編	一八〇〇〇円
474	中世近世日本語の語彙と語法 キリシタン資料を中心として	濱千代いづみ著	九〇〇〇円
475	中古中世語論攷	岡崎正継著	八五〇〇円
476	紫式部日記と王朝貴族社会	山本淳子著	一二〇〇〇円
477	国語論考 語構成的意味論と発想論的解釈文法	若井勲夫著	九〇〇〇円
478	万葉集防人歌群の構造	東城敏毅著	一〇〇〇〇円
479	『保元物語』系統・伝本考	原水民樹著	一六〇〇〇円
480	近世寺社伝資料『和州寺社記』・『伽藍開基記』	神戸説話研究会編	一四〇〇〇円

（価格は税別）